WANDERATLAS ÖSTERREICH

200 Touren

1:50 000 Basismaßstab

W0409455

Autoren: Günter, Luise und Roland Auferbauer, Sepp Brandl, Robert Demmel, Helmut Dumler, Franz und Rudolf Hauleitner, Henriette Klier, Günter Lehofer, Johann Lenzenweger, Walter Mair, Herwig Mayer, Herbert Mayr, Fritz Peterka, Hubert Peterka, Dieter Seibert, Marcus und Rosemarie Stöckl, Wolfgang Wittmann in Zusammenarbeit mit Bergverlag Rother

freytag & berndt
www.freytagberndt.com

032078A - 10855 ⇨ 12/2012

Inhaltsverzeichnis

Legende Planungskarte

Farbleitsystem Touren

Legende Tourenkarten

Blattübersicht Planungskarte

Planungskarte 1 - 14

Burgenland

1 Zur Brücke von Andau

2 Rund um die Lange Lacke

3 Leithagebirge Höhenweg

4 Kirschblütenweg

5 Von Loretto auf den Buchkogel

6 Brenntenriegel und Herrentisch

7 Geschriebenstein

8 Ruine Landsee und Pauliberg

Wien

9 Obere Lobau

10 Prater

11 Hermannskogel

12 Schönbrunn

13 Kaltbründlberg

14 Sophienalpe

Niederösterreich

15 Stopfenreuther Au

16 Schlosspark Laxenburg

17 Buschberg und Oberleiser Berg

18 Karnabrunner Wald

19 Eichkogel

20 Husarentempel

21 Tulbinger Kogel

Inhaltsverzeichnis

22 Hafnerberg-Kleinmariazell

23 Hohe Wand - Plateau Rundwanderung

24 Araburg

25 Mirafälle, Hausstein und Kreuthsattel

26 Dürre Wand

27 Mamauwiese, Sebastian-Wasserfall

28 Von Maria Schutz zum Sonnwendstein

29 Falkensteinhöhle, Gaiskirchl und Luckete Wand

30 Erdgeschichtswanderweg Eggenburg

31 Manhartsberg

32 Kukubauerwiese

33 Über den Schlossberg nach Dürnstein

34 Von Maria Langegg zur Ruine Aggstein

35 Große Krems und Wotansfelsen

36 St. Michaeler Höhenweg

37 Hiesberg-Runde

38 Grüntalkogel-Überschreitung

39 Ötscher - von Lackenhof

40 Von Rappottenstein zur Wiesmühle

41 Ysperklamm

42 Naturpark Blockheide - Eibenstein

43 Brandstätterkogel

44 Prochenberg

45 Nebelstein

46 Sonntagberg

Inhaltsverzeichnis

47 Kieneck

48 Schneeberg - Nördlicher Grafensteig

49 Schneeberg - Klosterwappen

50 Gahns und Bodenwiese

51 Rings um Hardegg

52 Von Rosenburg nach Steinegg

53 Von Eibenstein zur Ruine Kollmitz

54 Türnitzer Höger

55 Wachauer Höhenweg

56 Von Spitz auf den Jauerling

57 Hochbärneck

58 Vordere Tormäuer und Nestelberg

59 Hintere Ötschergräben

60 Gamsstein

61 Hohe Wand - Hanselsteig

62 Große und Kleine Klause

63 Schneeberg - Fadensteig

64 Weichtalklamm

65 Raxalpe

66 Großer Sonnleitstein

67 Gippel

68 Hirschwand und Seekopf

69 Ötscher - Rauher Kamm

70 Dürrenstein

Inhaltsverzeichnis

Steiermark

71 Von Loipersdorf zum Köglberg

72 St. Anna am Aigen: Weinweg der Sinne

73 Sommeralm und Plankogel

74 Silberbergwarte und Kreuzkogelwarte

75 Von der Bürgeralpe nach Mariazell

76 Bründlweg und Hocheck

77 Stainzer Panoramaweg

78 Rund um den Grünen See

79 Rund um den Leopoldsteinersee

80 Sagenweg

81 Um das Pürgschachenmoos

82 Toplitzsee und Kammersee

83 Rund um den Altausseer See

84 Stoderzinken

85 Hohe Veitsch

86 Durchs Seetal auf den Hochschwab

87 Brendlhütte und Großer Speikkogel

88 Eisenerzer Reichenstein

89 Über die Hirschegger Alpe

90 Tamischbachturm

91 Zirbitzkogel von Osten

92 Loser

93 Bodensee - Hüttensee - Obersee

94 Klafferkessel

Inhaltsverzeichnis

95 Schöckl

96 Riegerin

97 Wasserfallweg und Planspitze

98 Großer Buchstein

99 Natterriegel und Bärenkarmauer

100 Hochgolling

Kärnten

101 Mostlandwanderweg, St. Pauler Berge

102 Die Wehrkirchenwanderung

103 Friesacher Burgen- und Kulturwanderweg

104 Magdalensberg - Christofberg

105 Vom Falkertsee auf den Falkert

106 Raggaschlucht

107 Über die Saualpe zum Eisernen Kreuz

108 Hochobir

109 Tscheppaschlucht

110 Mittagskogel

111 Klomnock

112 Mirnock

113 Lieserquelle und Lanischseen

114 Duisburger Hütte und Schareck

115 Staller Wölla und Kreuzeck

116 Kleiner Pal, Landsturmweg

117 Feistritzer Spitze (Hochpetzen)

118 Ankogel

Inhaltsverzeichnis

119 Hoher Sonnblick

120 Großglockner

Oberösterreich

121 Barockkloster am Mittellandweg

122 Moorromantik im einsamen Freiwald

123 Stillensteinklamm

124 Mühlenweg, Heidenstein, Grenzsteig

125 Dr.-Vogelsang-Klamm

126 Zum Sternstein, dem Dach des Mühlviertels

127 Hutterer Böden

128 Große Mühl und Schwemmkanal

129 Erlebniswelt Granit und Schwarze Kuchl

130 Almsee-Ostweg

131 Langbathseen-Rundwanderung

132 Hallstättersee - Ostuferweg

133 Vorderer und Hinterer Gosausee

134 Schwarzensee-Rundtour

135 Auf den Spuren der Pferdeeisenbahn

136 Kasberg

137 Dreiländerrunde zum Plöckenstein

138 Schlögener Donauschlinge

139 Dachsteinwarte und Hoher Dachstein

Salzburg

140 Landawirseen

141 Von St. Gilgen nach St. Wolfgang

Inhaltsverzeichnis

142 Riedingtal-Höhenweg

143 Um den Fuschlsee

144 Frommerkogel

145 Tappenkarseealm und Tappenkarseehütte

146 Kötschachtal

147 Gollinger Wasserfall und Kühschwalb

148 Krumltal

149 Rotmoos und Trauneralm

150 Mayrbergklamm, Schoberweißbachklamm, Triftsteig

151 Habachtal

152 Krimmler Achental und Tauernhaus

153 Oberhütte, Seekarscharte und Klamml

154 Predigtstuhl

155 Burggrabenklamm und Schwarzensee

156 In zwei Tagen um den Gosaukamm

157 Pitschenberg

158 Über den Regenspitz

159 Großer Silberpfennig

160 Geiereck und Salzburger Hochthron

161 Riemannhaus und Breithorn

162 Schwalbenwand

163 Schmidt-Zabierow-Hütte

164 Kürsinger Hütte

Inhaltsverzeichnis

165 Hochgolling

166 Große Bärenstaffl und Steinfeldspitze

167 Mosermandl

168 Über die Schrovinscharte zu den Rotgüldenseen

169 Erichhütte und Taghaube

170 Über den Hirschkopf

Tirol

171 Gletscherweg Innergschlöß

172 Vom Schwarzsee zum Gieringer Weiher

173 Kleiner Ahornboden - Falkenhütte

174 Von der Hungerburg nach Thaur

175 Obernberger See und Wildgrube

176 Riffelseehütte

177 Schnadiger Weiher

178 Vilsalpsee und Bärgächt

179 Obstanser See und Pfannspitze

180 Gratlspitze

181 Vomper Loch

182 Glungezer

183 Westfalenhaus

184 Von der Zugspitze nach Ehrwald

185 Wildes Mannle

186 Kogelsee

187 Durchs Gamor zum Nauderer Höhenweg

188 Rauher Kopf

Inhaltsverzeichnis

189 Ellmauer Halt

190 Defferegger Pfannhorn

191 Ahornspitze

192 Serles

193 Wilder See

194 Biberkopf

Vorarlberg

195 Rehenberg-Vorsäß

196 Rohrspitz

197 Gandasee

198 Kirchle (Rappenloch- und Alploch-Schlucht)

199 Rote Wand

200 Panüelerkopf

Index Touren

Notizen

Legende Planungskarte

- Autobahn
- Tankstelle, Autobahnstation - mit Übernachtung, Parkplatz
- Autobahn in Bau mit Fertigstellungstermin
- Autobahn in Teilausbau
- Autobahn geplant
- Autobahn mit getrennten Fahrspuren
- Autobahn mit Anschluss - und Halbanschlussstelle
- Fernverkehrsstraße, 4-spurig
- Fernverkehrsstraße
- Hauptstraße
- Nebenstraße
- Autobahnentfernungen in km
- Entfernungen in km
- Steigungen
- Wintersperre (auf Fern- und Hauptstraßen)
- Mautstraße
- Für Wohnanhänger gesperrt
- Für Wohnanhänger nicht empfehlenswert (auf Fern-und Hauptstraßen)
- Straßennummern
- Hauptbahn, Nebenbahn
- Zahnradbahn, Seilschwebebahn

- Autoverladung
- Autofähre, Personenfähre
- Kirche - Kloster - Kapelle
- Schloss, Burg - Ruine
- Antike Ruinenstätte, Höhle
- Denkmal, Aussichtswarte
- Hotel - Gasthof - Schutzhütte
- Campingplatz, Heilbad
- Internationaler Flughafen, Flughafen
- Marina
- Besonders sehenswertes Objekt
- Nationalpark
- Truppenübungsplatz
- Landschaftlich besonders schöne Strecke, Wald
- Staatsgrenze, Internationaler -, Zwischenstaatlicher Grenzübergang
- Landesgrenze
- WIEN — Bundeshauptstadt
- SALZBURG — Landeshauptstadt
- Fluss, Kanal
- Staudamm, Sumpf

Farbleitsystem Touren

Die Touren sind in drei Schwierigkeitsgrade eingeteilt und mittels Farbleitsystem entsprechend gekennzeichnet:

leichte Tour, Spaziergänger und Familien mit Kindern

mittelschwere Tour, Wanderer und Bergfreunde

anspruchsvolle Tour, erfahrene Bergwanderer und Kletterer

Legende Tourenkarten

Wanderkarten

- leichte Tour
- mittelschwere Tour
- anspruchsvolle Tour
- *in Bau* Autobahn (in Bau)
- Fernverkehrsstraße, 4-spurig (Schnellstr.)
- Straßen (Keine Aussage über Befahrbarkeit mit Kfz.)
- Fahrweg (Keine Aussage über Befahrbarkeit mit Kfz.)
- Karrenweg, Fußweg, Steig
- *H.St.* *Bhf.* Normal-Schmalspurbahn
- Zahnrad-Standseilbahn
- Seilschwebebahn
- Sessellift
- Schlepplift
- Materialseilbahn
- Jugendherberge, Campingplatz
- Schutzhütte - Berggasthaus
- Hotel - Gasthof - Restaurant
- *Jh.* Jagdhaus
- Kirche, Kapelle
- Bildstock, Wegkreuz
- Bildbaum (Nadelbaum, Laubbaum)
- Schloss, Ruine
- Denkmal, Aussichtswarte
- Heilbad, Quelle
- Steinbruch, Höhle
- Sender, Kraftwerk
- Höhenpunkt
- Autobushaltestelle, Parkplatz
- Radwanderroute
- Mountainbikeroute
- Schiroute
- Langlaufloipe

Reitwege

Nationalparkgrenze, Naturparkgrenze

636 Wanderweg meist markiert

Klettersteig, Schwieriger Steig

Wanderweg-Kontrollstelle

204 404 Weitwanderwege

4 Fernwanderwege

Aussichtspunkt

M Museum

ÖBB-Eisenbahnhaltestelle

i Information

Nordic Walking

NIEDERÖSTERREICHISCHER LANDESRUNDWANDERWEG

8 Stadtwanderwege

Bahnwanderweg

Weitwanderweg ALPANNONIA

37A Autobus-Endstelle

64 Straßenbahn-Endstelle

Schnellbahn-Haltestelle

Mountainbikeroute ALPENTOUR AUSTRIA

Weingarten

Stadtpläne

leichte Tour

mittelschwere Tour

anspruchsvolle Tour

Öffentliches Gebäude (Auswahl)

Sehenswürdigkeit (Auswahl)

Kirche, Kapelle

Friedhof

Fußgängerzone

Industriegebiet

Kleingartenanlage

Weingarten

Praterstern Eisenbahn

PRATERSTERN Schnellbahn

10A Autobus

Autobusbahnhof

60 Straßenbahn

Schönbrunn U4 U-Bahn

P Polizei

Post

Campingplatz, Jugendherberge

Touristeninformation

Öffentliches Schwimmbad

Wald, Baumbestand

Blattübersicht Planungskarte

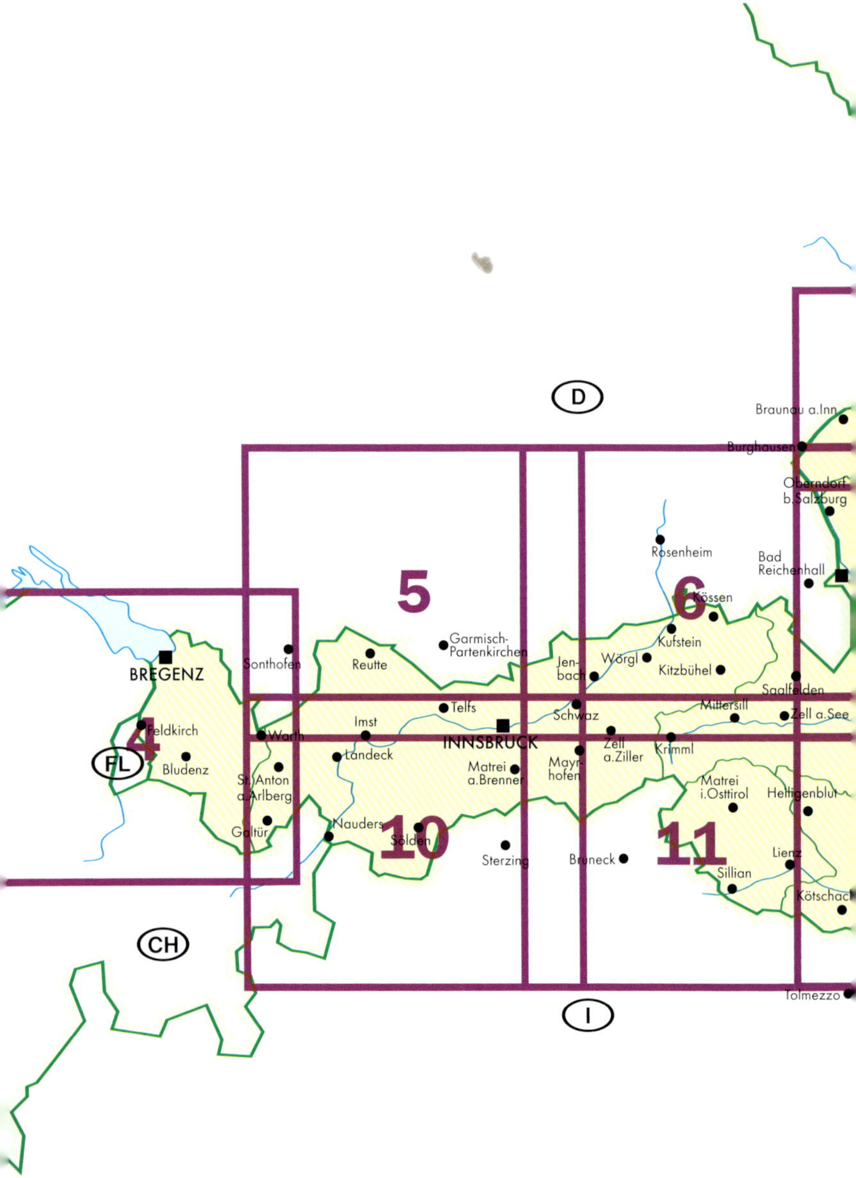

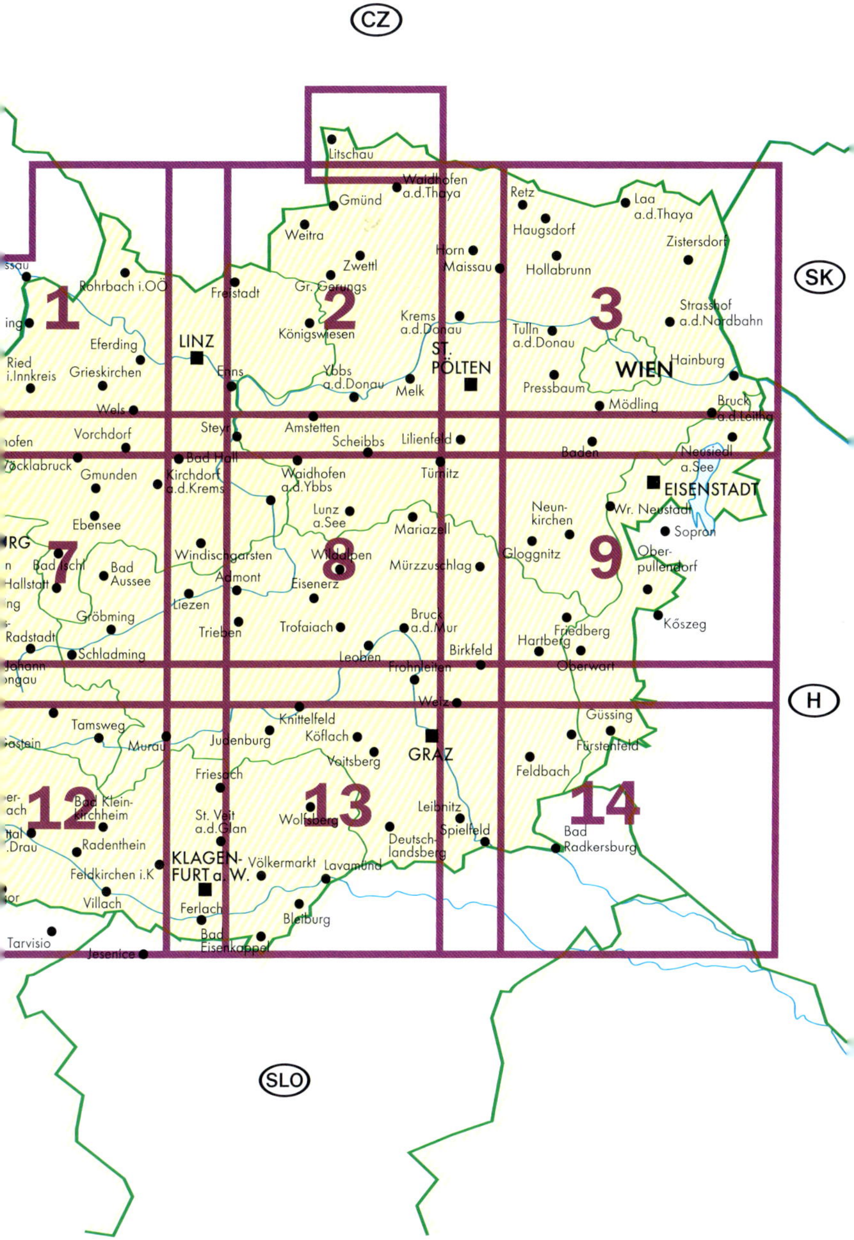
CZ
SK
H
SLO
1
2
3
7
8
9
12
13
14
Litschau
Waidhofen a.d.Thaya
Gmünd
Weitra
Zwettl
Gr. Gerungs
Königswiesen
Horn
Maissau
Krems a.d.Donau
ST. PÖLTEN
Melk
Ybbs a.d.Donau
Retz
Haugsdorf
Hollabrunn
Laa a.d.Thaya
Zistersdorf
Strasshof a.d.Nordbahn
Tulln a.d.Donau
WIEN
Hainburg
Pressbaum
Mödling
Bruck a.d.Leitha
Rohrbach i.OÖ
Freistadt
LINZ
Eferding
Grieskirchen
Ried i.Innkreis
Enns
Wels
Vorchdorf
Steyr
Amstetten
Scheibbs
Lilienfeld
Baden
Neusiedl a.See
EISENSTADT
Wr. Neustadt
Sopron
Bad Hall
Gmunden
Kirchdorf a.d.Krems
Waidhofen a.d.Ybbs
Türnitz
Lunz a.See
Mariazell
Ebensee
Windischgarsten
Wildalpen
Mürzzuschlag
Neunkirchen
Gloggnitz
Ober-pullendorf
Bad Ischl
Bad Aussee
Hallstatt
Admont
Eisenerz
Liezen
Gröbming
Trieben
Trofaiach
Bruck a.d.Mur
Friedberg
Kőszeg
Radstadt
Schladming
Leoben
Birkfeld
Hartberg
Oberwart
Frohnleiten
Weiz
Tamsweg
Murau
Knittelfeld
Judenburg
Köflach
GRAZ
Voitsberg
Güssing
Fürstenfeld
Feldbach
Friesach
Bad Kleinkirchheim
St. Veit a.d.Glan
Wolfsberg
Leibnitz
Spielfeld
Deutschlandsberg
Bad Radkersburg
Radenthein
KLAGENFURT a. W.
Völkermarkt
Lavamünd
Feldkirchen i.K
Villach
Ferlach
Bleiburg
Bad Eisenkappel
Tarvisio
Jesenice

Planungskarte

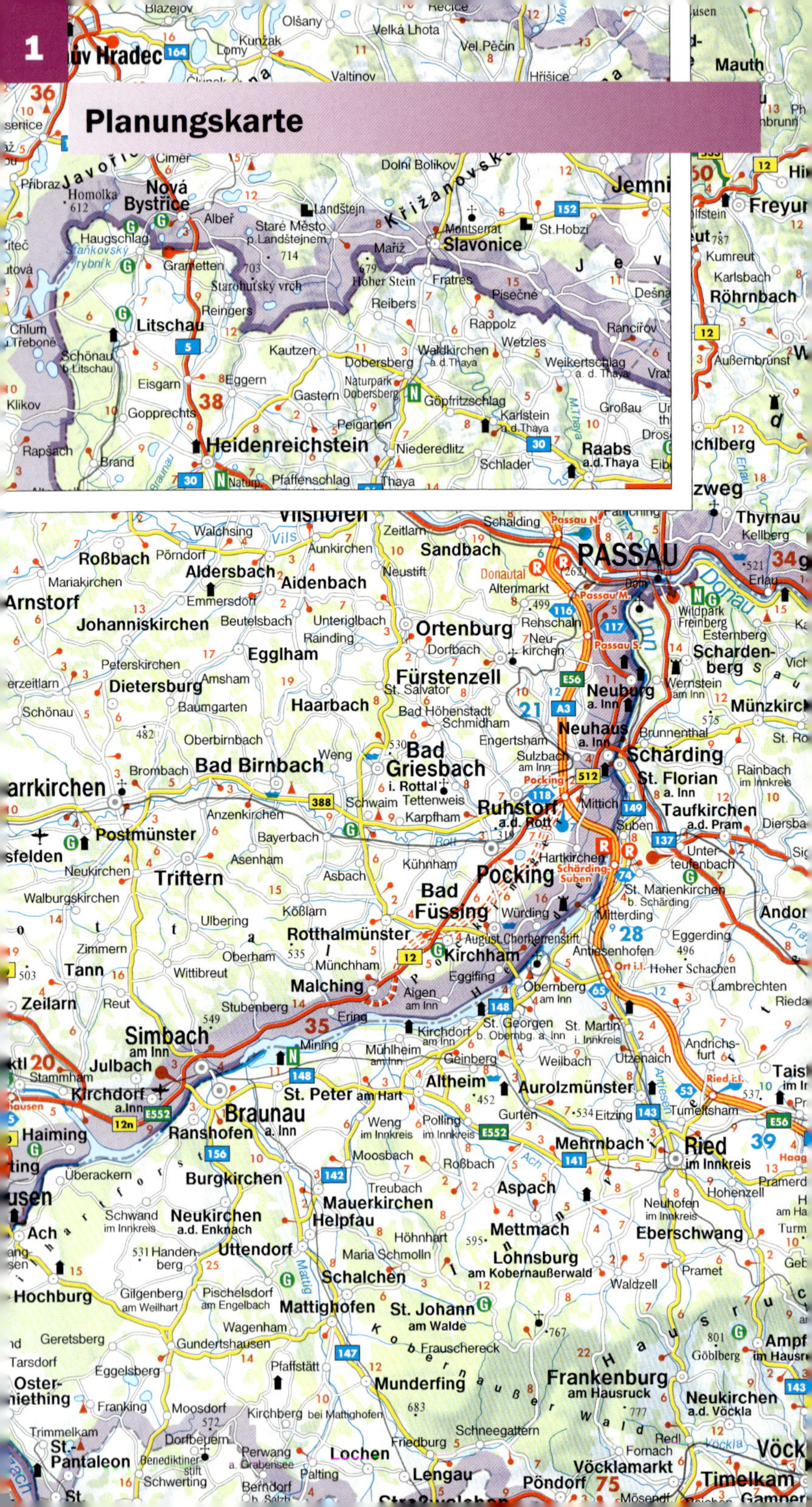

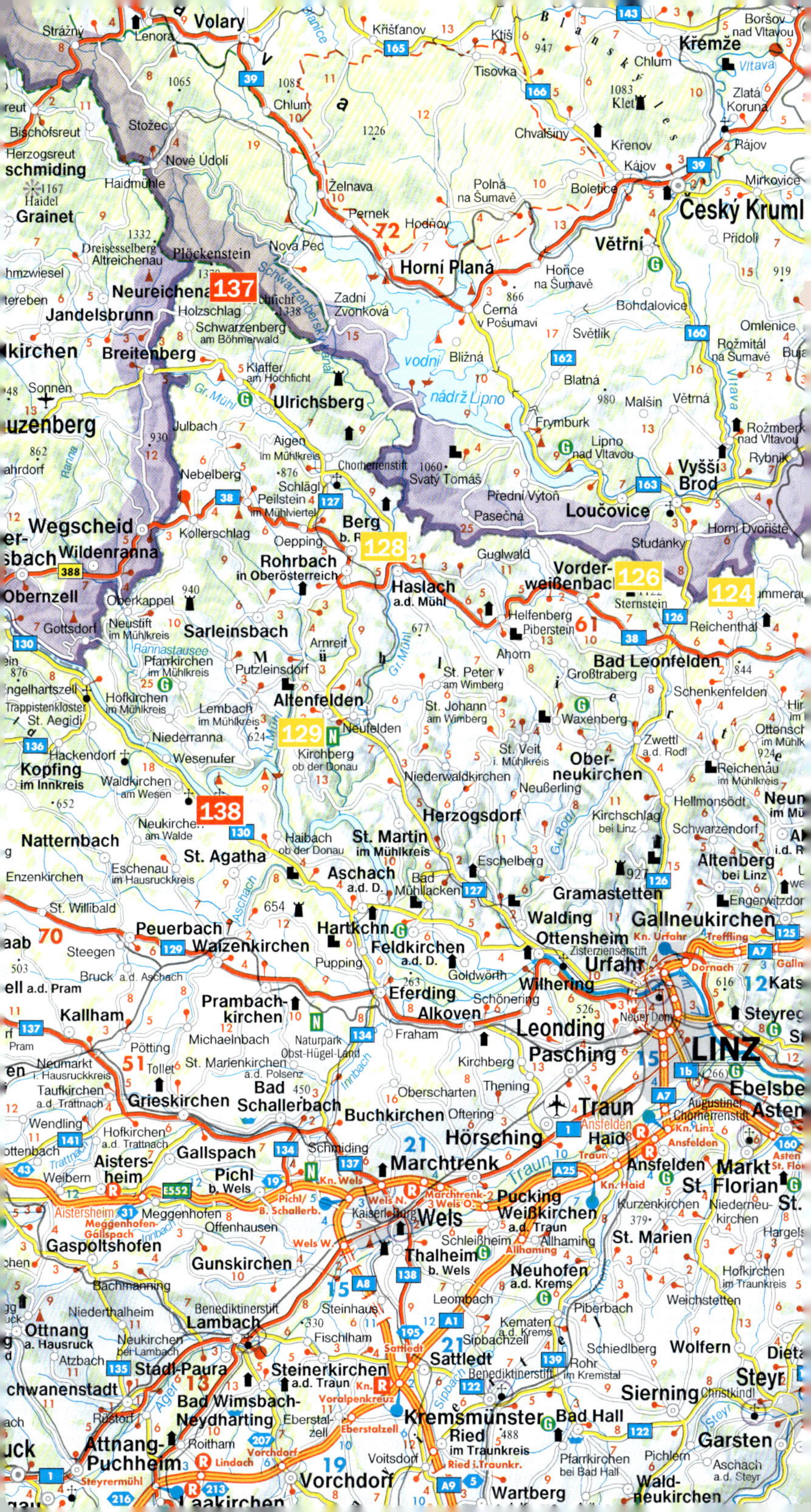

Volary
Lenora
Strážný
Křišťanov
Kťiš
Boršov nad Vltavou
Křemže
Chlum
Tisovka
Klet
Zlatá Koruna
Bischofsreut
Herzogsreut
schmiding
Stožec
Nové Údolí
Haidmühle
Haidel
Chlum
Želnava
Pernek
Hodňov
Polná na Šumavě
Chvalšiny
Křenov
Kájov
Boletice
Český Krumlov
Rájov
Mirkovice
Grainet
Dreisesselberg
Altreichenau
Plöckenstein
Nová Pec
Horní Planá
Hořice na Šumavě
Větřní
Přídolí
Neureichenau
Jandelsbrunn
Holzschlag
Schwarzenberg am Böhmerwald
Zadní Zvonková
Černá v Pošumaví
Bohdalovice
Světlík
Omlenice
Rožmitál na Šumavě
Breitenberg
Klaffer am Hochficht
Ulrichsberg
vodní nádrž Lipno
Bližná
Blatná
Malšín
Větrná
Sonnen
Julbach
Aigen im Mühlkreis
Schlägl
Chorherrenstift
Svatý Tomáš
Frymburk
Lipno nad Vltavou
Rožmberk nad Vltavou
Rybník
Vyšší Brod
Nebelberg
Peilstein im Mühlviertel
Přední Výtoň
Pasečná
Loučovice
Studánky
Horní Dvořiště
Wegscheid
Wildenranna
Kollerschlag
Oepping
Berg b. Rohrbach
Rohrbach in Oberösterreich
Guglwald
Haslach a.d. Mühl
Vorderweißenbach
Sternstein
Reichenthal
Obernzell
Oberkappel
Neustift im Mühlkreis
Sarleinsbach
Helfenberg
Piberstein
Ahorn
Bad Leonfelden
Großtraberg
Gottsdorf
Rannastausee
Pfarrkirchen im Mühlkreis
Putzleinsdorf
Arnreit
St. Peter am Wimberg
Schenkenfelden
Engelhartszell
Trappistenkloster
St. Aegidi
Hofkirchen im Mühlkreis
Lembach im Mühlkreis
Altenfelden
St. Johann am Wimberg
Waxenberg
Zwettl a.d. Rodl
Niederranna
Neufelden
Kirchberg ob der Donau
St. Veit i. Mühlkreis
Oberneukirchen
Reichenau im Mühlkreis
Hackendorf
Kopfing im Innkreis
Wesenufer
Waldkirchen am Wesen
Niederwaldkirchen
Neußerling
Hellmonsödt
Neukirchen am Walde
Herzogsdorf
Kirchschlag bei Linz
Natternbach
Haibach ob der Donau
St. Martin im Mühlkreis
Schwarzenford
Altenberg bei Linz
Enzenkirchen
Eschenau im Hausruckkreis
St. Agatha
Aschach a.d. D.
Bad Mühllacken
Eschelberg
Gramastetten
St. Willibald
Engerwitzdorf
Hartkirchen
Walding
Gallneukirchen
Peuerbach
Steegen
Waizenkirchen
Pupping
Feldkirchen a.d. D.
Ottensheim
Zisterzienserstift
Urfahr
Treffling
Bruck a.d. Aschach
Goldwörth
Dornach
Kallham
Prambachkirchen
Eferding
Schönering
Wilhering
Steyregg
Alkoven
Neuer Dom
Pram
Michaelnbach
Naturpark Obst-Hügel-Land
Fraham
Leonding
Pötting
Pasching
LINZ
Neumarkt i. Hausruckkreis
Tollet
St. Marienkirchen a.d. Polsenz
Kirchberg
Taufkirchen a.d. Trattnach
Bad Schallerbach
Thening
Ebelsberg
Grieskirchen
Oberscharten
Traun
Augustiner Chorherrenstift
Asten
Wendling
Buchkirchen
Oftering
Hofkirchen a.d. Trattnach
Hörsching
Ansfelden
Haid
Gallspach
Schmiding
Aistersheim
Weibern
Pichl b. Wels
Marchtrenk
Markt St. Florian
Meggenhofen
Wels
Pucking
Weißkirchen a.d. Traun
Kurzenkirchen
Niederneukirchen
Offenhausen
Schleißheim
Allhaming
St. Marien
Hargelsberg
Gaspoltshofen
Thalheim b. Wels
Gunskirchen
Neuhofen a.d. Krems
Hofkirchen im Traunkreis
Bachmanning
Leombach
Weichstetten
Niederthalheim
Benediktinerstift
Lambach
Steinhaus
Piberbach
Ottnang a. Hausruck
Fischlham
Kematen a.d. Krems
Neukirchen bei Lambach
Sipbachzell
Schiedlberg
Wolfern
Atzbach
Stadl-Paura
Sattledt
Rohr im Kremstal
Steinerkirchen a.d. Traun
Schwanenstadt
Sierning
Steyr
Christkindl
Bad Wimsbach-Neydharting
Kremsmünster
Bad Hall
Rüstorf
Eberstalzell
Ried im Traunkreis
Attnang-Puchheim
Roitham
Pfarrkirchen bei Bad Hall
Pichlern
Garsten
Aschach a.d. Steyr
Voitsdorf
Vorchdorf
Laakirchen
Wartberg
Waldneukirchen

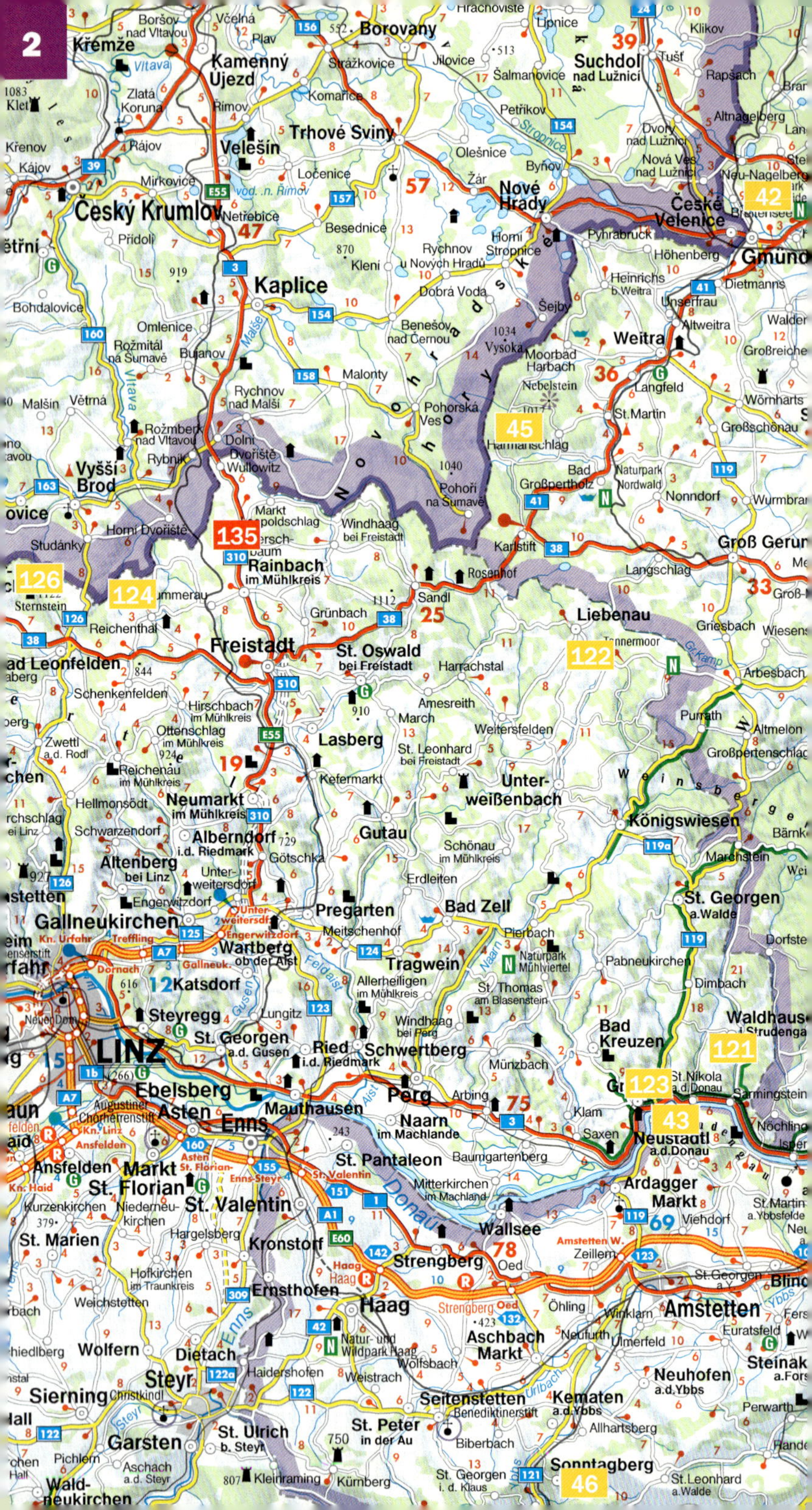
Křemže
Boršov nad Vltavou
Včelná
Kamenný Újezd
Borovany
Hrachoviště
Lipnice
Suchdol nad Lužnicí
Klikov
Tušť
Rapšach
Jílovice
Šalmanovice
Strážkovice
Komařice
Římov
Zlatá Koruna
Kleť
Křenov
Kájov
Rájov
Trhové Sviny
Velešín
Petříkov
Olešnice
Byňov
Altnagelberg
Dvory nad Lužnicí
Nová Ves nad Lužnicí
Neu-Nagelberg
Mirkovice
Ločenice
Žár
Nové Hrady
České Velenice
Český Krumlov
Netřebice
Besednice
Rychnov u Nových Hradů
Horní Stropnice
Pyhrabruck
Höhenberg
Gmünd
Přídolí
Kleni
Kaplice
Dobrá Voda
Heinrichs b. Weitra
Dietmanns
Unserfrau
Altweitra
Bohdalovice
Omlenice
Benešov nad Černou
Šejby
Vysoká
Moorbad Harbach
Weitra
Rožmitál na Šumavě
Bujanov
Malonty
Nebelstein
Langfeld
Großreichenbach
Malšín
Větrná
Rychnov nad Malší
Pohorská Ves
St. Martin
Wörnharts
Rožmberk nad Vltavou
Dolní Dvořiště
Wullowitz
Harmanschlag
Großschönau
Rybník
Vyšší Brod
Pohoří na Šumavě
Bad Großpertholz
Naturpark Nordwald
Nonndorf
Wurmbrand
Horní Dvořiště
Markt Leopoldschlag
Windhaag bei Freistadt
Studánky
Karlstift
Groß Gerungs
Rainbach im Mühlkreis
Rosenhof
Langschlag
Sternstein
Summerau
Sandl
Grünbach
Reichenthal
Liebenau
Griesbach
Freistadt
St. Oswald bei Freistadt
Harrachstal
Tannermoor
Arbesbach
Bad Leonfelden
Schenkenfelden
Hirschbach im Mühlkreis
Amesreith
March
Zwettl a.d. Rodl
Ottenschlag im Mühlkreis
Lasberg
St. Leonhard bei Freistadt
Weitersfelden
Purrath
Altmelon
Großpertenschlag
Reichenau im Mühlkreis
Kefermarkt
Unterweißenbach
Hellmonsödt
Neumarkt im Mühlkreis
Gutau
Königswiesen
Schwarzendorf
Alberndorf i.d. Riedmark
Götschka
Schönau im Mühlkreis
Bärnkopf
Altenberg bei Linz
Unterweitersdorf
Erdleiten
Marchstein
Engerwitzdorf
Pregarten
Bad Zell
St. Georgen a. Walde
Gallneukirchen
Meitschenhof
Pierbach
Treffling
Wartberg ob der Aist
Tragwein
Naturpark Mühlviertel
Pabneukirchen
Dorfstetten
Urfahr
Katsdorf
Allerheiligen im Mühlkreis
St. Thomas am Blasenstein
Dimbach
Lungitz
Steyregg
Windhaag bei Perg
Bad Kreuzen
Waldhausen i. Strudengau
LINZ
St. Georgen a.d. Gusen
Ried i.d. Riedmark
Schwertberg
Münzbach
St. Nikola a.d. Donau
Sarmingstein
Ebelsberg
Perg
Arbing
Klam
Augustiner Chorherrenstift
Asten
Enns
Mauthausen
Naarn im Machlande
Saxen
Neustadtl a.d. Donau
Nöchling
Ansfelden
Markt St. Florian
St. Pantaleon
Baumgartenberg
Ardagger Markt
Niederneukirchen
St. Valentin
Mitterkirchen im Machland
St. Martin a. Ybbsfelde
Kurzenkirchen
Viehdorf
St. Marien
Hargelsberg
Kronstorf
Wallsee
Zeillern
Strengberg
Oed
Hofkirchen im Traunkreis
St. Georgen a. Y.
Weichstetten
Ernsthofen
Haag
Öhling
Winklarn
Amstetten
Wolfern
Dietach
Natur- und Wildpark Haag
Aschbach Markt
Neufurth
Ulmerfeld
Euratsfeld
Steinakirchen
Wolfsbach
Steyr
Haidershofen
Weistrach
Neuhofen a.d. Ybbs
Sierning
Christkindl
Seitenstetten
Benediktinerstift
Kematen a.d. Ybbs
Perwarth
Garsten
St. Ulrich b. Steyr
St. Peter in der Au
Biberbach
Allhartsberg
Pichlern
Aschach a.d. Steyr
Sonntagberg
Waldneukirchen
Kleinraming
Kürnberg
St. Georgen i. d. Klaus
St. Leonhard a. Walde
Vltava
Stropnice
Malše
Gusen
Feldaist
Aist
Naarn
Donau
Enns
Ybbs
Urlbach
Novohradské hory
Weinsberger Wald
Donau
A1
A7
E55
E60
3
38
39
41
119
119a
122
123
124
125
126
160
163
310
510
42
45
46
121
122
123
124
126
135

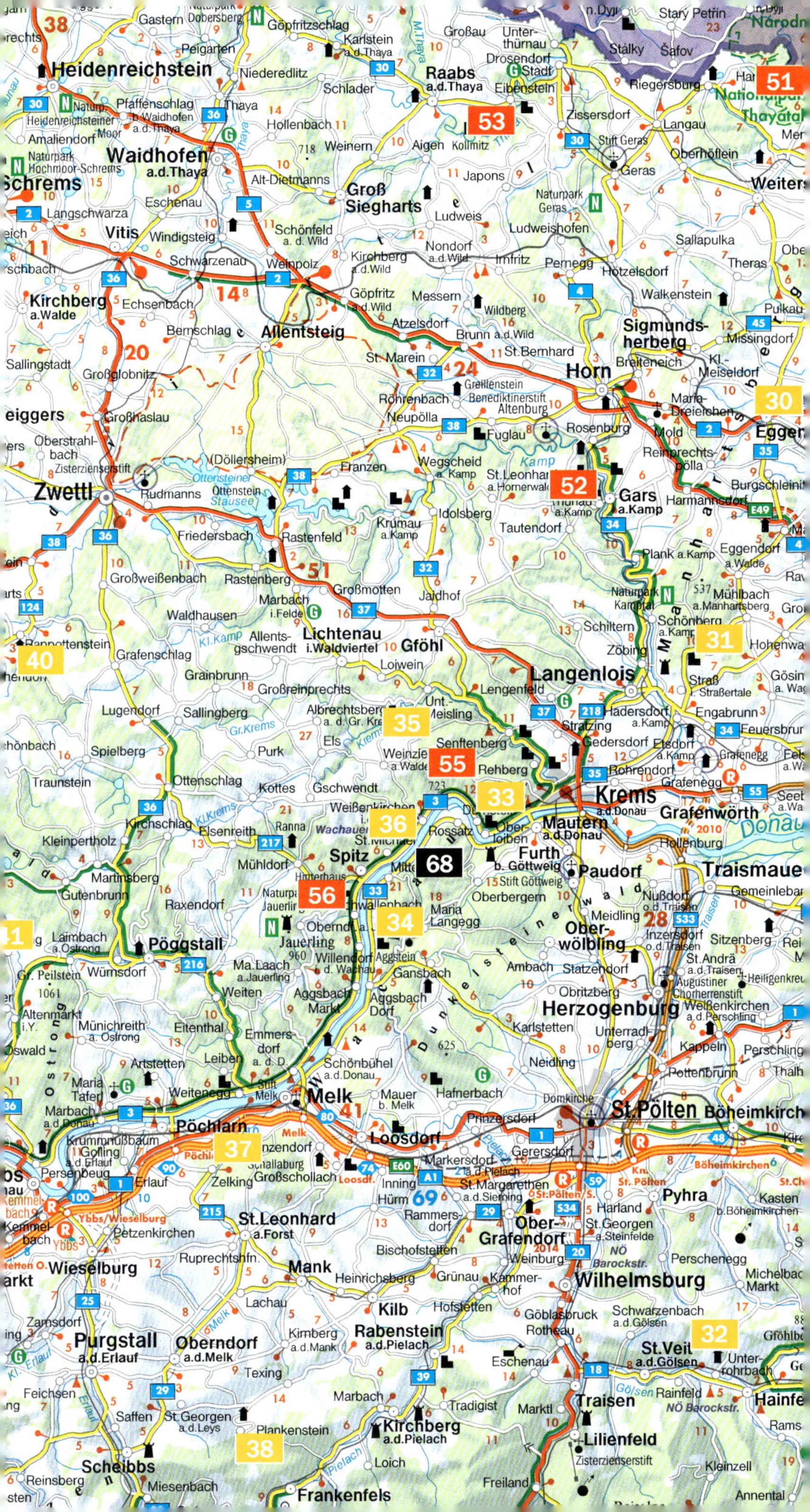
Heidenreichstein
Gastern
Göpfritzschlag
Karlstein a.d.Thaya
Großau
Raabs a.d.Thaya
Stary Petrin
Stálky
Šafov
Drosendorf Stadt
Eibenstein
Riegersburg
Nationalpark Thayatal
Pfaffenschlag b.Waidhofen a.d.Thaya
Thaya
Hollenbach
Schlader
Niederedlitz
Peigarten
Weinern
Aigen
Kollmitz
Zissersdorf
Stift Geras
Geras
Langau
Oberhöflein
Weitersfeld
Amaliendorf
Naturpark Hochmoor-Schrems
Schrems
Waidhofen a.d.Thaya
Alt-Dietmanns
Groß Siegharts
Japons
Naturpark Geras
Eschenau
Langschwarza
Vitis
Windigsteig
Schönfeld a. d. Wild
Ludweis
Ludweishofen
Sallapulka
Theras
Nondorf a.d.Wild
Kirchberg a.d.Wild
Irnfritz
Pernegg
Hötzelsdorf
Schwarzenau
Weinpolz
Kirchberg a.Walde
Echsenbach
Göpfritz a.d.Wild
Messern
Wildberg
Walkenstein
Pulkau
Sigmundsherberg
Missingdorf
Bernschlag
Allentsteig
Atzelsdorf
Brunn a.d.Wild
St.Bernhard
Sallingstadt
Großglobnitz
St. Marein
Horn
Breiteneich
Kl.-Meiseldorf
Greillenstein
Benediktinerstift Altenburg
Röhrenbach
Neupölla
Maria-Dreieichen
Eggenburg
Großhaslau
Fuglau
Rosenburg
Mold
Oberstrahlbach
Zisterzienserstift
(Döllersheim)
Franzen
Wegscheid a. Kamp
St.Leonhard a.Hornerwald
Reinprechtspölla
Burgschleinitz
Zwettl
Rudmanns
Ottensteiner Stausee
Ottenstein
Kamp
Gars a.Kamp
Thunau a.Kamp
Harmannsdorf
Idolsberg
Krumau a.Kamp
Tautendorf
Friedersbach
Rastenfeld
Plank a.Kamp
Eggendorf a.Walde
Großweißenbach
Rastenberg
Großmotten
Jaidhof
Mühlbach a.Manhartsberg
Naturpark Kamptal
Marbach i.Felde
Waldhausen
Lichtenau i.Waldviertel
Gföhl
Schiltern
Schönberg a.Kamp
Allentsgschwendt
Kl.Kamp
Rappottenstein
Grafenschlag
Loiwein
Zöbing
Straß i. Straßertale
Hohenwarth
Langenlois
Grainbrunn
Großreinprechts
Lengenfeld
Gösing a. Wagram
Lugendorf
Sallingberg
Albrechtsberg a. d. Gr. Krems
Unt.-Meisling
Hadersdorf a.Kamp
Engabrunn
Stratzing
Feuersbrunn
Gr.Krems
Senftenberg
Gedersdorf
Etsdorf a.Kamp
Grafenegg
Spielberg
Purk
Els
Weinzierl a.Walde
Rehberg
Rohrendorf
Traunstein
Ottenschlag
Kottes
Gschwendt
Krems a.d.Donau
Grafenwörth
Weißenkirchen
Dürnstein
Mautern a.d.Donau
Donau
Kirchschlag
Kl.Krems
Elsenreith
Ranna
Wachau
St.Michael
Rossatz
Ober-Loiben
Furth b. Göttweig
Kleinpertholz
Mühldorf
Spitz
Hollenburg
Traismauer
Martinsberg
Hinterhaus
Mitterarnsdorf
Stift Göttweig
Paudorf
Gemeinlebarn
Gutenbrunn
Raxendorf
Naturpark Jauerling
Schwallenbach
Maria Langegg
Oberbergern
Nußdorf o.d.Traisen
Dunkelsteinerwald
Meidling
Oberndorf
Jauerling
Laimbach a.Ostrong
Pöggstall
Ober-wölbling
Inzersdorf o.d.Traisen
Sitzenberg
Willendorf i.d. Wachau
Aggstein
Ambach
Statzendorf
St.Andrä a.d.Traisen
Gr. Peilstein
Würnsdorf
Ma.Laach a.Jauerling
Gansbach
Augustiner Chorherrenstift
Heiligenkreuz
Weiten
Aggsbach Markt
Aggsbach Dorf
Obritzberg
Herzogenburg
Weißenkirchen a.d.Perschling
Altenmarkt i.Y.
Münichreith a. Ostrong
Eitenthal
Karlstetten
Unterradlberg
Kappeln
Perschling
Oswald
Emmersdorf a. d. D.
Ostrong
Leiben
Schönbühel a.d.Donau
Neidling
Pottenbrunn
Thalheim
Artstetten
Maria Taferl
Weitenegg
Stift Melk
Melk
Mauer b. Melk
Hafnerbach
Domkirche
St.Pölten
Böheimkirchen
Marbach a.d.Donau
Pöchlarn
Prinzersdorf
Krummnußbaum
Golling a.d.Erlauf
Loosdorf
Gerersdorf
Persenbeug
Ganzendorf
Schallaburg
Großschollach
Markersdorf a.d.Pielach
Erlauf
Zelking
Inning
St.Margarethen a.d.Sierning
Pyhra
Kasten b.Böheimkirchen
Kemmelbach
Ybbs
Hürm
Rammersdorf
Harland
St.Georgen a.Steinfelde
Petzenkirchen
St.Leonhard a.Forst
Ober-Grafendorf
Ruprechtshofen
Bischofstetten
Weinburg
Perschenegg
Wieselburg
Mank
Heinrichsberg
Grünau
Kammerhof
Wilhelmsburg
Michelbach Markt
Lachau
Kilb
Hofstetten
Göblasbruck
Schwarzenbach a.d.Gölsen
Zarnsdorf
Kirnberg a.d.Mank
Rabenstein a.d.Pielach
Rotheau
Purgstall a.d.Erlauf
Oberndorf a.d.Melk
Eschenau
St.Veit a.d.Gölsen
Unter-rohrbach
Texing
Feichsen
Rainfeld
Hainfeld
Marbach
Tradigist
Traisen
Saffen
St.Georgen a.d.Leys
Marktl
Plankenstein
Kirchberg a.d.Pielach
Lilienfeld
Rams
Scheibbs
Loich
Zisterzienserstift
Reinsberg
Kleinzell
Miesenbach
Frankenfels
Freiland
Annental

Národní park Podyjí
Nationalpark Thayatal
Znojmo
Hrádek
Jaroslavice
Laa a.d.Thaya
Hrušovany n.Jevišovkou
Weitersfeld
Retz
Sigmundsherberg
Zellerndorf
Eggenburg
Wullersdorf
Sitzendorf a.d.Schmida
Hollabrunn
Gars a.Kamp
Ziersdorf
Göllersdorf
Ernstbrunn
Groß weikersdf.
Kirchberg a.W.
Sierndorf
Stockerau
Krems a.d.Donau
Grafenwörth
Donau
Traismauer
Zwentendorf a.d.D.
Tulln a.d.D.
Zeiselmauer
Korneuburg
Bisamberg
Langenzersdorf
Klosterneuburg
St.Andrä-Wördern
Herzogenburg
Atzenbrugg
Michelhsn.
Sieghartskchn.
Gablitz
Purkersdorf
St.Pölten
Böheimkirchen
Neulengbach
Maria Anzbach
Pressbaum
Eichgraben
Altlengbach
Breitenfurt
Kalksburg
Liesing
Perchtoldsdf.
Kaltenleutgeben
Mödling
Brunn a.Gebirge
Wr.Neudf.
Guntramsdorf
Gumpoldskchn.
Wilhelmsburg
Biosphärenpark Wienerwald
St.Veit a.d.Gölsen
Hainfeld
Baden
Traiskirchen
Bad Vöslau
Pottenstein
Ober-waltersdf.
Schöpfl
St.Corona a.Schöpfl
Klein-Mariazell
Heiligenkreuz
Altenmarkt a.d.Triesting
Weissenbach a.d.Triesting
Furth a.d.Triesting
Kaumberg
Ramsau
Kleinzell

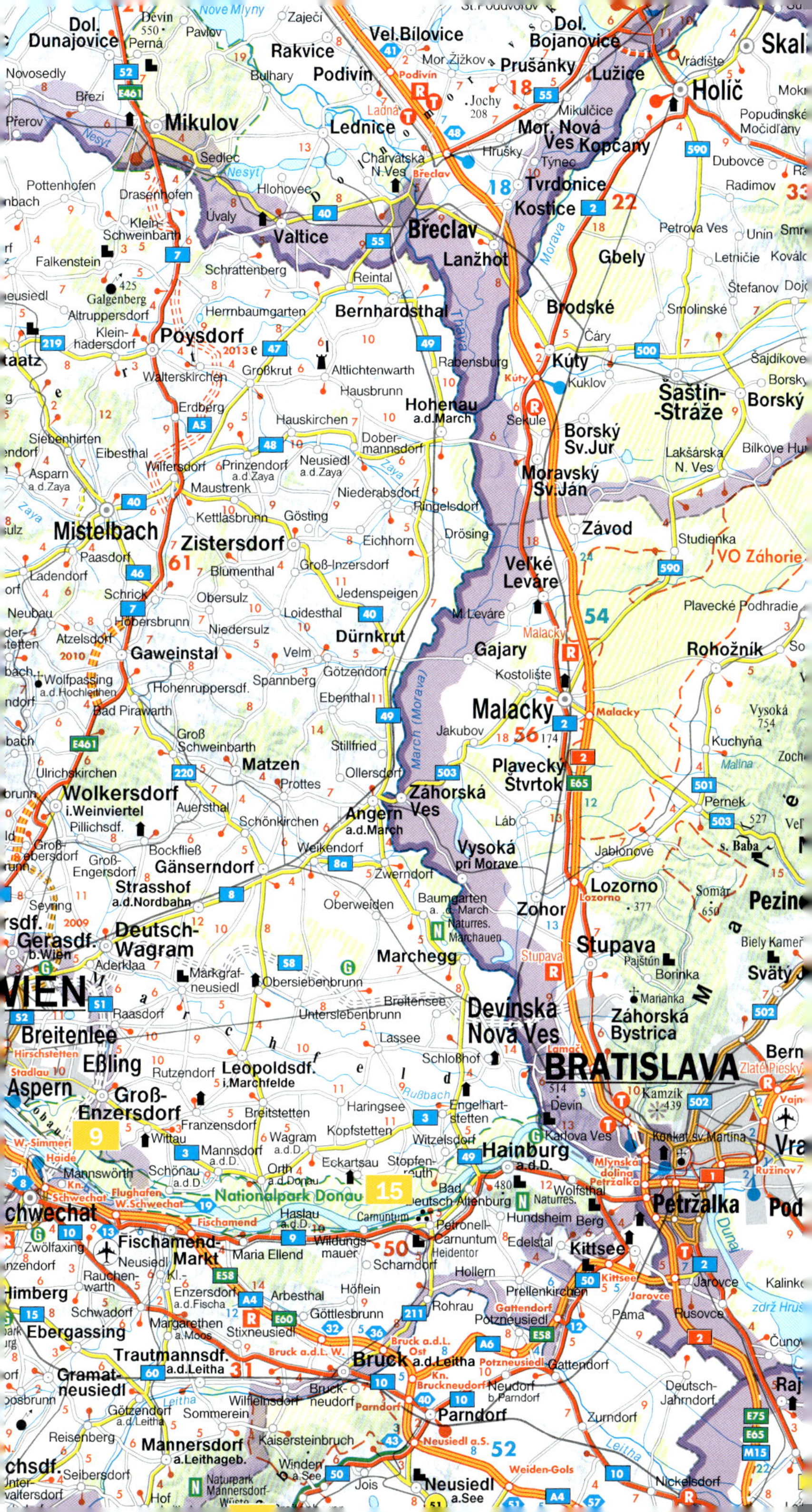

Dol. Dunajovice
Dévín 550
Perná
Pavlov
Nove Mlýny
Zaječí
Rakvice
Bulhary
Podivín
Vel.Bílovice
Mor. Žižkov
Dol. Bojanovice
Prušánky
Lužice
Holíč
Skal
Vrádište
Novosedly
Březí
Přerov
Mikulov
Sedlec
Nesyt
Lednice
Ladná
Jochy 208
Mikulčice
Mor. Nová Ves
Kopčany
Hrušky
Charvátska N.Ves
Břeclav
Týnec
Tvrdonice
Kostice
Popudinské Močidľany
Dubovce
Radimov
Pottenhofen
Drasenhofen
Hlohovec
Klein-Schweinbarth
Úvaly
Valtice
Lanžhot
Morava
Gbely
Petrova Ves
Unín
Letničie
Falkenstein
Schrattenberg
Reintal
Galgenberg 425
Altruppersdorf
Herrnbaumgarten
Bernhardsthal
Thaya
Brodské
Smolinské
Štefanov
Klein-hadersdorf
Poysdorf
Altlichtenwarth
Rabensburg
Čáry
Kúty
Kuklov
Šaštín-Stráže
Borský
Walterskirchen
Großkrut
Hausbrunn
Hohenau a.d.March
Sekule
Erdberg
Hauskirchen
Borský Sv.Jur
Lakšárska N. Ves
Siebenhirten
Eibesthal
Dobermannsdorf
Bílkove Humence
Asparn a.d.Zaya
Wilfersdorf
Prinzendorf a.d.Zaya
Neusiedl a.d.Zaya
Zaya
Moravský Sv.Ján
Maustrenk
Niederabsdorf
Ringelsdorf
Kettlasbrunn
Gösting
Závod
Mistelbach
Zistersdorf
Eichhorn
Drösing
Studienka
VO Záhorie
Paasdorf
Blumenthal
Groß-Inzersdorf
Veľké Leváre
Ladendorf
Schrick
Obersulz
Jedenspeigen
Neubau
Hobersbrunn
Niedersulz
Loidesthal
M.Leváre
Malacky
Plavecké Podhradie
Atzelsdorf
Dürnkrut
Gaweinstal
Velm
Gajary
Rohožník
Wolfpassing a.d.Hochleithen
Hohenruppersdf.
Spannberg
Götzendorf
Kostolište
Ebenthal
Bad Pirawarth
Malacky
Vysoká 754
Groß Schweinbarth
Stillfried
March (Morava)
Jakubov
Plavecký Štvrtok
Kuchyňa
Malina
Matzen
Ulrichskirchen
Ollersdorf
Prottes
Wolkersdorf i.Weinviertel
Auersthal
Záhorská Ves
Angern a.d.March
Lab
Pernek
Pillichsdf.
Schönkirchen
Groß-Ebersdorf
Bockfließ
Weikendorf
Vysoká pri Morave
Jablonové
s. Baba
Groß-Engersdorf
Gänserndorf
Zwerndorf
Lozorno
Strasshof a.d.Nordbahn
Seyring
Oberweiden
Baumgarten a.d.March
Naturres. Marchauen
Zohor
Sómar 650
Pezino
Gerasdf. b.Wien
Deutsch-Wagram
Marchegg
Stupava
Pajštún
Biely Kameň
Borinka
Aderklaa
Markgraf-neusiedl
Obersiebenbrunn
Svätý J
WIEN
Raasdorf
Breitensee
Devínska Nová Ves
Marianka
Untersiebenbrunn
Záhorská Bystrica
Breitenlee
Lassee
Lamač
Bern
Hirschstetten
Eßling
Rutzendorf
Leopoldsdf. i.Marchfelde
Schloßhof
BRATISLAVA
Zlaté Piesky
Stadlau
Aspern
Groß-Enzersdorf
Haringsee
Rußbach
Engelhart-stetten
Devín 514
Kamzík 439
Breitstetten
Franzensdorf
Kopfstetten
Witzelsdorf
Karlova Ves
Konkat.sv.Martina
Vajn
Wittau
Wagram a.d.D.
Mannsdorf a.d.D.
Eckartsau
Stopfenreuth
Hainburg a.d.D.
Mlynská dolina
Petržalka
Ružinov
Vra
W.Simmeri
Haide
Mannswörth
Schönau a.d.D.
Orth a.d.Donau
Nationalpark Donau
Bad Deutsch-Altenburg
Wolfsthal
Naturres.
Flughafen W.Schwechat
Schwechat
Fischamend
Haslau a.d.D.
Carnuntum
Hundsheim
Berg
Petronell-Carnuntum
Heidentor
Edelstal
Kittsee
Pod
Zwölfaxing
Fischamend-Markt
Neusiedl
Maria Ellend
Wildungs-mauer
Scharndorf
Hollern
Dunaj
Rauchen-warth
Kl.-Enzersdorf a.d.Fischa
Arbesthal
Höflein
Prellenkirchen
Jarovce
Kalinkovo
Himberg
Schwadorf
Göttlesbrunn
Rohrau
Gattendorf
Pama
Rusovce
Margarethen a.Moos
Stixneusiedl
Potzneusiedl
Ebergassing
Bruck a.d.L. W.
Bruck a.d.L. Ost
Čunovo
Trautmannsdf. a.d.Leitha
Bruck a.d.Leitha
Gattendorf
Gramat-neusiedl
Kn. Bruckneudorf
Neudorf b.Parndorf
Deutsch-Jahrndorf
Raj
Bruck-neudorf
Wilfleinsdorf
Leitha
Götzendorf a.d.Leitha
Sommerein
Parndorf
Zurndorf
Reisenberg
Kaisersteinbruch
Neusiedl a.S.
Mannersdorf a.Leithageb.
Weiden-Gols
Seibersdorf
Winden a.See
Jois
Neusiedl a.See
Nickelsdorf
Naturpark Mannersdorf-Wüste
Hof

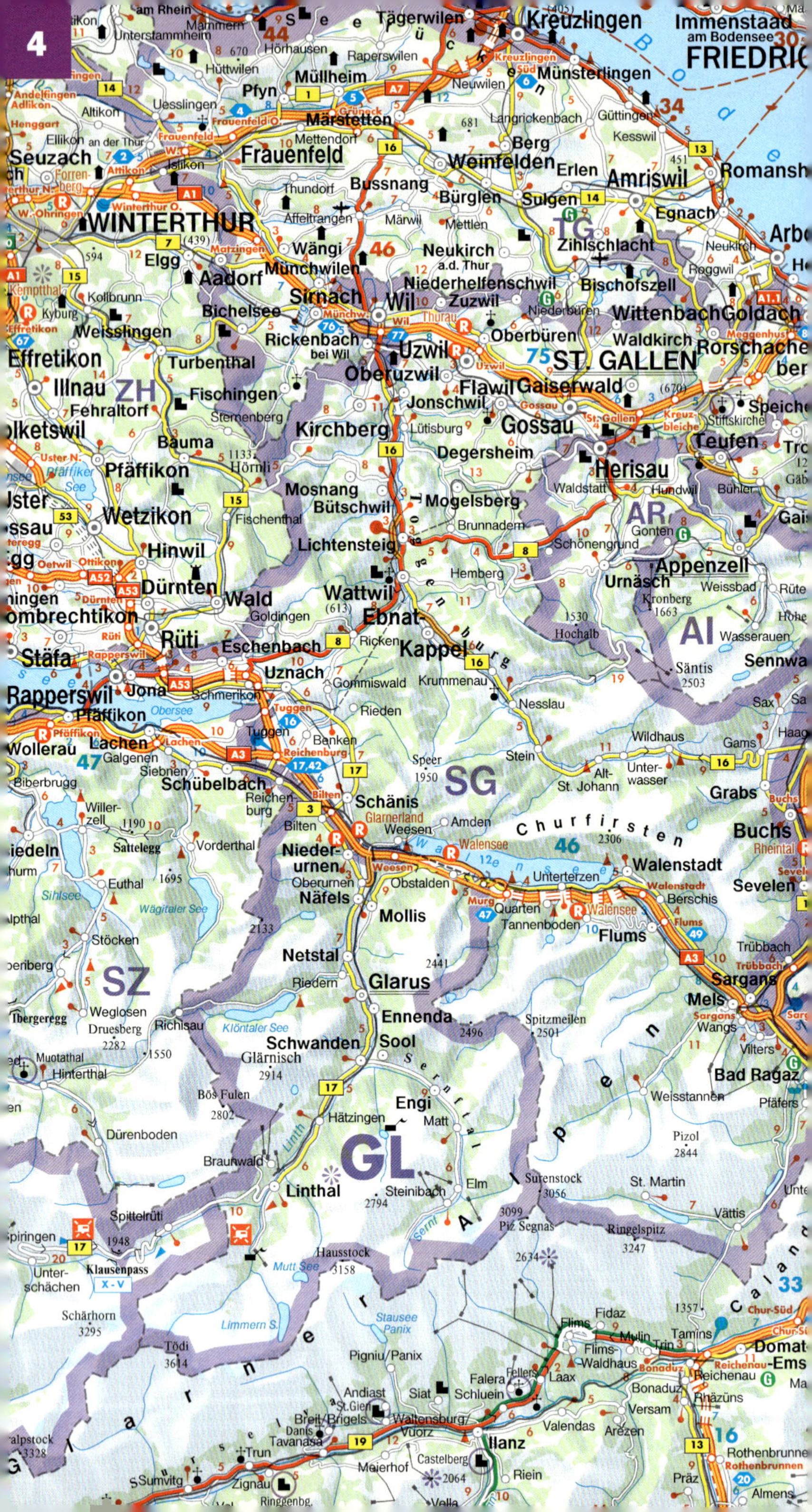

Kreuzlingen
Immenstaad am Bodensee
FRIEDRIC
Tägerwilen
Münsterlingen
Müllheim
Pfyn
Märstetten
Frauenfeld
Weinfelden
Amriswil
Romansh
Seuzach
WINTERTHUR
Bussnang
Bürglen
Sulgen
Erlen
Egnach
Arb
TG
Zihlschlacht
Elgg
Aadorf
Wängi
Münchwilen
Sirnach
Wil
Neukirch a.d. Thur
Niederhelfenschwil
Zuzwil
Bischofszell
Wittenbach
Goldach
Rorschach
Oberbüren
Waldkirch
ST. GALLEN
Gaiserwald
Uzwil
Oberuzwil
Flawil
Gossau
Jonschwil
Rickenbach bei Wil
Bichelsee
Turbenthal
Weisslingen
Effretikon
Illnau
ZH
Fehraltorf
Fischingen
Kirchberg
Degersheim
Herisau
Teufen
Speicher
Bauma
Pfäffikon
Mosnang
Bütschwil
Mogelsberg
Waldstatt
Hundwil
AR
Gonten
Uster
Wetzikon
Hinwil
Lichtensteig
Schönengrund
Appenzell
Urnäsch
Weissbad
Dürnten
Wald
Wattwil
Hemberg
Ebnat-Kappel
Rüti
Eschenbach
Säntis 2503
AI
Wasserauen
Hochalb
Kronberg 1663
Stäfa
Uznach
Krummenau
Nesslau
Rapperswil
Jona
Obersee
Pfäffikon
Lachen
Wollerau
Galgenen
Siebnen
Tuggen
Benken
Rieden
Schübelbach
Reichenburg
Speer 1950
SG
Stein
Wildhaus
Alt-St. Johann
Unterwasser
Grabs
Buchs
Schänis
Amden
Weesen
Churfirsten
Walensee
Walenstadt
Unterterzen
Sevelen
Nieder-urnen
Oberurnen
Näfels
Mollis
Obstalden
Quarten
Tannenboden
Flums
Berschis
Netstal
Glarus
Riedern
Sargans
Mels
Wangs
Vilters
Bad Ragaz
Ennenda
Schwanden
Sool
Klöntaler See
Glärnisch 2914
Spitzmeilen 2501
Weisstannen
Pfäfers
Sihlsee
Euthal
Wägitaler See
Stöcken
SZ
Weglosen
Druesberg 2282
Richisau
Muotathal
Hinterthal
Bös Fulen 2802
Hätzingen
Engi
Matt
Sernftal
GL
Dürenboden
Braunwald
Linthal
Steinibach
Elm
Surenstock 3056
St. Martin
Pizol 2844
Vättis
Piz Segnas 3099
Ringelspitz 3247
Spittelrüti
Klausenpass
Unter-schächen
Hausstock 3158
Mutt See
Schärhorn 3295
Limmern S.
Stausee Panix
Tödi 3614
Pigniu/Panix
Flims
Fidaz
Flims-Waldhaus
Trin
Tamins
Domat-Ems
Reichenau
Bonaduz
Rhäzüns
Laax
Falera
Schluein
Andiast
Siat
Breil/Brigels
Waltensburg/Vuorz
Ilanz
Valendas
Versam
Arezen
Trun
Sumvitg
Castelberg 2064
Riein
Rothenbrunnen
Präz
Almens
Glarner Alpen
Calanda

Tettnang
Schomburg
Argenbühl
Niederwangen
Waltenhofen
Lochbrücke
Tannau
Eglofs
Großholzleute
Wengen
Hellengerst
Langnau
Neukirch
Wohmbrechts
Hergatz
Maierhöfen
Heimenkirch
Gestratz
Grünenbach
Niedersonthofen
Kressbronn
am Bodensee
Achberg
Neuravensburg
Opfenbach
Lindenberg
im Allgäu
Röthenbach
(Allgäu)
Sibratshofen
Weitnau
Oberreitnau
Esseratsweiler
Niederstaufen
Scheidegg
Simmerberg
Wilhams
Diepolz
Montfort
Langenargen
Bodolz
Sigmarszell
Hohenweiler
Stiefenhofen
Missen
Nonnenhorn
Wasserburg
(Bodensee)
Maria Stern
Weiler-
Alpsee
Lindau
(Bodensee)
(401)
Hörbranz
Hörbranz/Lochau
Scheffau
Oberreute
Oberstaufen
Immenstadt
im Allgäu
Thalkirchen
Deutsche
Alpenstr.
Lochau
Bregenz
Pfänder
1063
Sulzberg
Blaichach
Weißach
Rorschach
Altenrhein
Rheineck
Hard
Stift
Langen
bei Bregenz
Sonthofen
Thal
Gaissau
Kennelbach
Riefensberg
Hochgrat
1834
Ofterschwang
Rheineck
Lauterach
Buch
Doren
Krumbach
Balderschwang
St. Margrethen
Höchst
Lauterach/ Wolfurt
Wolfurt
Wolfurt/Lauterach
Hittisau
Bolsterlang
Lingenau
Berneck
Au
Dornb. N.
Dornb. S.
Schwarzach
Alberschwende
1787
Obermaiselstein
Balgach
Lustenau
Egg
Sibratsgfäll
Rebstein
Widnau
Schwarzenberg
1464
Amagmach
1877
Diepoldsau
Dornbirn
Andelsbuch
Breitachklamm
Altstätten
Hohenems
Bezau
Schönenbach
Vorsäß
Kriessern
Götzis
Mäder
Hohenems
Reuthe
Bizau
Bregenzerwald
Straße
2229
Hoher Ifen
Riezlern
Koblach
Altach
Mellau
Schnepfau
Oberriet
Götzis
Ebnit
1656
Kanisfluh
2044
Au
Kl. Walsertal
Breitach
Klaus
Koblach
Klaus
2004
Hoher Freschen
Schoppernau
Baad
1156
Mittelberg
2320
Meiningen
Sulz
Röthis
Furkajoch
1760
Widderstein
2533
Feldkirch N.
Rankweil
Damüls
2403
2397
Hochkrumbach
Bregenzerach
Feldkirch
Rankweil
Laterns
Bad Laterns
Zitterklapfen
Buchboden
Schröcken
Warth
Sennwald
(455)
Biosphärenpark
Gr. Walsertal
Sonntag
Göfis
Satteins
Blons
Braunarl Sp.
2649
Lutz
Gr. Walsertal
Flexenstr.
Feldkirch
Frastanz
Schnifis
Frastanz
Schlins
Thüringen
Raggal
Zug
Lech
Nendeln
Nenzing
Bludesch
Ludesch
Rote Wand
Lech
Rüfikopf
2632
2105
Bludesch
Nüziders
1979
Lechquellengebirge
Zürs
Valluga
2809
Nenzig
Bludenz
Flexenpass
Spullersee
Bludenz/Nüziders
Bludenz/Bürs
Innerbraz
1773
Arlberg P.
Vaduz
Brandnertal
Bürserberg
Bürs
Bings
Klostertal
Klösterle
Stuben
Langen
a. A.
St. Christoph
a. A.
Triesen
Bludenz-Montafon
St. Anton
i. M.
Dalaas
Vandans
Zimba
2643
Bartholomäberg
Silberthal
Klösterle
Arlbergtunnel
13945m
Malbun
Nenzinger
Himmel
Tschagguns
Schruns
Kaltenberg
2896
Naafkopf
2571
Schesaplana
2965
Falknis
2562
Montafon
Verwallgruppe
Lünersee
Patteriol
3056
Kuchen Sp.
3148
Drusenfluh
2827
Rätikon
St. Gallenkirch
Maienfeld
Seewis
i. Pt.
Jenins
Malans
Ischgl
Mathon
Landquart
Schuders
Gaschurn
Grüsch
Partenen
Zeinis J.
1842
Galtür
Landquart
Schiers
St. Antönien
Gargellen
Vergalda
Igis
Madrisahorn
2826
Silvretta
Hochalpenstraße
Zizers
Prättigau
Schlappiner J.
2202
Vermunt-
Stausee
Madlener
Hütte
Bodenhaus
Hinterberg
Jenaz
Fideris
Luzein
Saas
Trimmis
Küblis
Landquart
Bielerhöhe
2036
Silvretta-Stausee
Gr. Litzner
3109
Fluchthorn
3399
Hochwang
2532
Serneus
Klosters
Selfranga
Monbiel
Chur
Strassberg
Piz Buin
3312
3197
Val
Sinestra
St. Peter
Weissfluh
2843
Sapün
Langwies
Silvretta
Molinis
Tschiertschen
Weißhorn
2653
Davoser See
Vereinatunnel 19042m
Motta Naluns
2155
Ftan
Churwalden
Davos-
-Platz
Dorf
Piz Linard
3410
Guarda
Ardez
Lavin
Tarasp
Parpan
Arosa
Frauenkirch
Tschuggen
Flüelapass
2383
Flüela-
Wisshorn
3085
Susch
Sagliains
Parpaner Rothorn

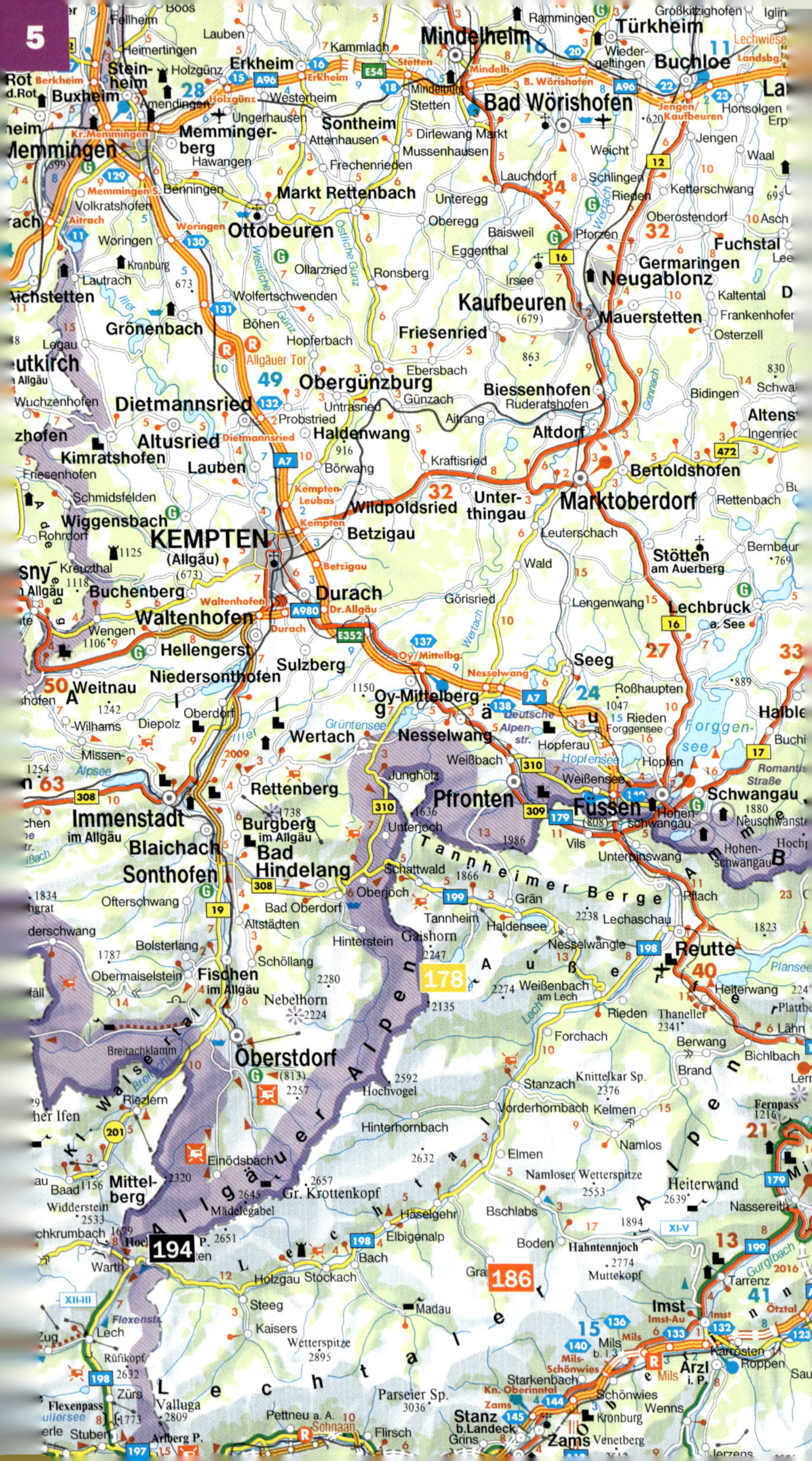

Mindelheim
Türkheim
Buchloe
Erkheim
Rammingen
Kammlach
Bad Wörishofen
Memmingen
Buxheim
Holzgünz
Westerheim
Sontheim
Memmingerberg
Ungerhausen
Attenhausen
Dirlewang
Markt
Mussenhausen
Frechenrieden
Hawangen
Benningen
Markt Rettenbach
Volkratshofen
Ottobeuren
Woringen
Untereggr
Oberegg
Lauchdorf
Schlingen
Rieden
Ketterschwang
Oberostendorf
Fuchstal
Asch
Germaringen
Neugablonz
Kaufbeuren
Mauerstetten
Pforzen
Baisweil
Eggenthal
Irsee
Lautrach
Kronburg
Ollarzried
Ronsberg
Wolfertschwenden
Böhen
Grönenbach
Friesenried
Hopferbach
Allgäuer Tor
Legau
Leutkirch
Obergünzburg
Ebersbach
Günzach
Biessenhofen
Ruderatshofen
Dietmannsried
Untrasried
Probstried
Haldenwang
Aitrang
Altdorf
Altusried
Kimratshofen
Lauben
Börwang
Kraftisried
Bertoldshofen
Marktoberdorf
Wiggensbach
Wildpoldsried
Unterthingau
KEMPTEN (Allgäu)
Betzigau
Leuterschach
Stötten am Auerberg
Buchenberg
Durach
Görisried
Wald
Lengenwang
Lechbruck a. See
Waltenhofen
Hellengerst
Wengen
Sulzberg
Seeg
Niedersonthofen
Weitnau
Oy-Mittelberg
Roßhaupten
Rieden a. Forggensee
Oberdorf
Wertach
Nesselwang
Hopferau
Forggensee
Rettenberg
Jungholz
Weißbach
Weißensee
Pfronten
Füssen
Hopfen
Schwangau
Neuschwanstein
Hohenschwangau
Immenstadt im Allgäu
Burgberg im Allgäu
Blaichach
Bad Hindelang
Sonthofen
Unterjoch
Vils
Unterpinswang
Tannheimer Berge
Schattwald
Oberjoch
Grän
Pflach
Ofterschwang
Bad Oberdorf
Tannheim
Haldensee
Lechaschau
Altstädten
Hinterstein
Gaishorn
Nesselwängle
Reutte
Bolsterlang
Schöllang
Obermaiselstein
Fischen im Allgäu
Weißenbach am Lech
Heiterwang
Nebelhorn
Rieden
Thaneller
Forchach
Berwang
Bichlbach
Breitachklamm
Oberstdorf
Hochvogel
Stanzach
Knittelkar Sp.
Kelmen
Brand
Fernpass
Riezlern
Kleinwalsertal
Hinterhornbach
Vorderhornbach
Elmen
Namlos
Einödsbach
Namloser Wetterspitze
Heiterwand
Mittelberg
Baad
Widderstein
Gr. Krottenkopf
Mädelegabel
Allgäuer Alpen
Häselgehr
Bschlabs
Nassereith
Elbigenalp
Boden
Hahntennjoch
Muttekopf
Warth
Holzgau
Stockach
Bach
Tarrenz
Imst
Madau
Steeg
Lech
Kaisers
Wetterspitze
Mils
Karrösten
Roppen
Arzl i. P.
Rüfikopf
Zürs
Flexenpass
Valluga
Stuben
Arlberg P.
Lechtaler Alpen
Parseier Sp.
Pettneu a. A.
Schnann
Flirsch
Starkenbach
Schönwies
Wenns
Stanz b. Landeck
Zams
Kronburg
Venetberg
Grins
Landsberg
Jengen
Kaufbeuren
Waal
Honsolgen

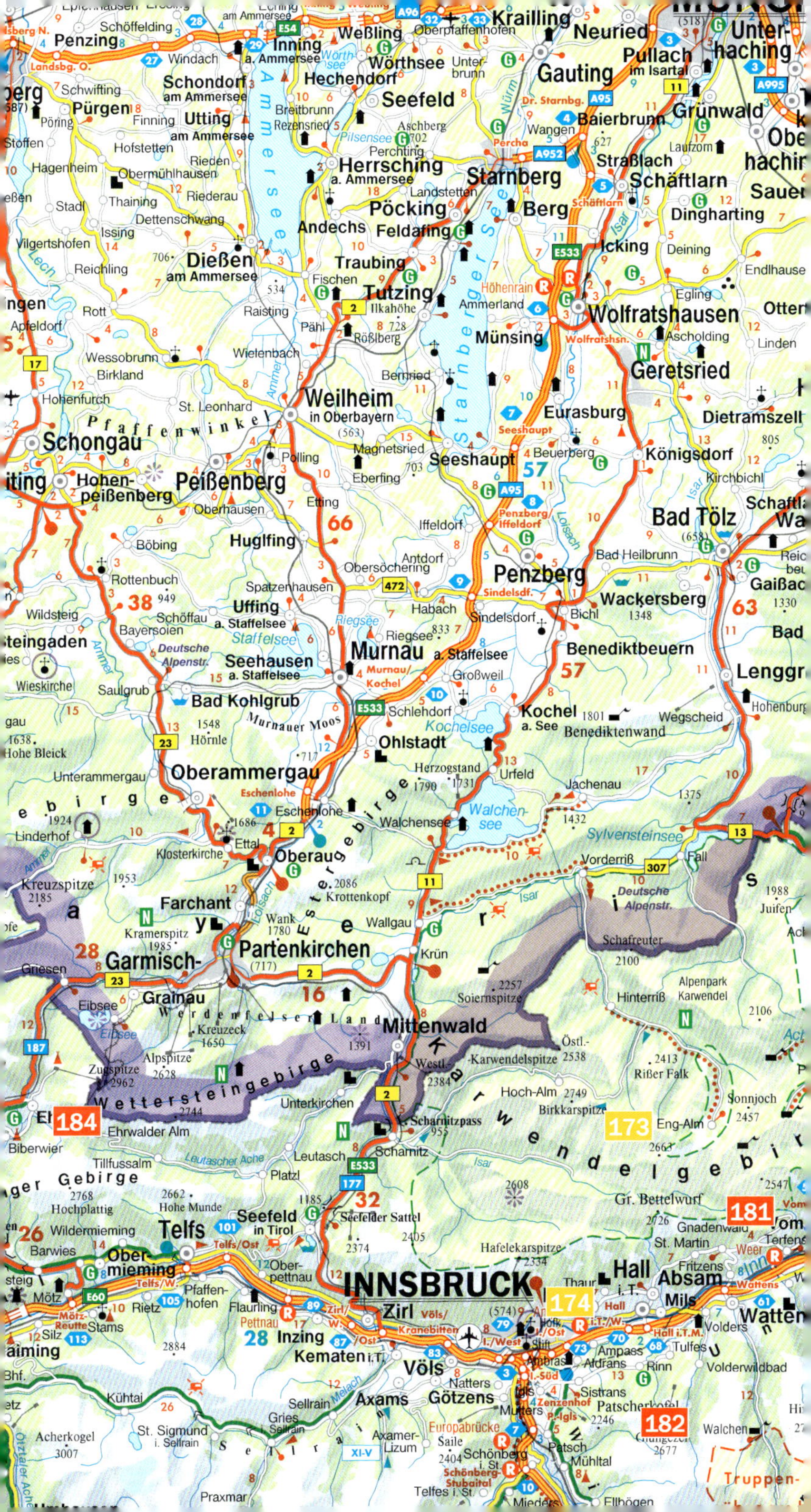

Penzing
Schöffelding
Windach
Inning a. Ammersee
Weßling
Oberpfaffenhofen
Krailling
Neuried
Unterhaching
Pullach im Isartal
Wörthsee
Hechendorf
Gauting
Schondorf am Ammersee
Seefeld
Schwifting
Pürgen
Utting am Ammersee
Grünwald
Baierbrunn
Pöring
Finning
Breitbrunn
Rezensried
Pilsensee
Aschberg
Wangen
Hofstetten
Perchting
Straßlach
Laufzom
Hagenheim
Obermühlhausen
Rieden
Herrsching a. Ammersee
Starnberg
Schäftlarn
Stadl
Thaining
Riederau
Landstetten
Dingharting
Dettenschwang
Pöcking
Berg
Issing
Andechs
Feldafing
Vilgertshofen
Icking
Deining
Dießen am Ammersee
Traubing
Endlhausen
Reichling
Fischen
Tutzing
Höhenrain
Egling
Ammerland
Rott
Raisting
Ilkahöhe
Wolfratshausen
Apfeldorf
Pähl
Rößlberg
Münsing
Ascholding
Linden
Wessobrunn
Wielenbach
Geretsried
Birkland
Bernried
Hohenfurch
St. Leonhard
Weilheim in Oberbayern
Eurasburg
Dietramszell
Pfaffenwinkel
Schongau
Magnetsried
Seeshaupt
Beuerberg
Königsdorf
Polling
Hohenpeißenberg
Peißenberg
Eberfing
Kirchbichl
Oberhausen
Etting
Bad Tölz
Iffeldorf
Böbing
Huglfing
Bad Heilbrunn
Antdorf
Obersöchering
Penzberg
Rottenbuch
Spatzenhausen
Wackersberg
Gaißach
Uffing a. Staffelsee
Habach
Sindelsdorf
Bichl
Wildsteig
Schöffau
Riegsee
Staffelsee
Bayersoien
Murnau a. Staffelsee
Benediktbeuern
Steingaden
Deutsche Alpenstr.
Seehausen a. Staffelsee
Großweil
Lenggries
Wieskirche
Saulgrub
Bad Kohlgrub
Schlehdorf
Kochel a. See
Kochelsee
Benediktenwand
Wegscheid
Hohenburg
Hörnle
Murnauer Moos
Ohlstadt
Hohe Bleick
Unterammergau
Oberammergau
Herzogstand
Urfeld
Jachenau
Eschenlohe
Walchensee
Linderhof
Ettal
Sylvensteinsee
Klosterkirche
Oberau
Vorderriß
Fall
Kreuzspitze
Krottenkopf
Estergebirge
Farchant
Wank
Wallgau
Deutsche Alpenstr.
Juifen
Kramerspitz
Schafreuter
Garmisch-Partenkirchen
Krün
Griesen
Grainau
Soiernspitze
Hinterriß
Alpenpark Karwendel
Eibsee
Werdenfelser Land
Mittenwald
Kreuzeck
Östl.-Karwendelspitze
Alpspitze
Zugspitze
Westl.-Karwendelspitze
Rißer Falk
Wettersteingebirge
Unterkirchen
Hoch-Alm
Birkkarspitze
Sonnjoch
Ehrwald
Scharnitzpass
Eng-Alm
Ehrwalder Alm
Biberwier
Scharnitz
Leutascher Ache
Tillfussalm
Leutasch
Karwendelgebirge
Platzl
Mieminger Gebirge
Hochplattig
Hohe Munde
Seefelder Sattel
Gr. Bettelwurf
Gnadenwald
Wildermieming
Telfs
Seefeld in Tirol
Hafelekarspitze
St. Martin
Terfens
Barwies
Obermieming
Ober-pettnau
Fritzens
Absam
Pfaffenhofen
INNSBRUCK
Hall i. T.
Mils
Wattens
Mötz
Rietz
Flaurling
Zirl
Volders
Stams
Pettnau
Inzing
Kranebitten
Ampass
Tulfes
Silz
Kematen i. T.
Völs
Aldrans
Rinn
Volderwildbad
Kühtai
Natters
Sistrans
Sellrain
Axams
Götzens
Mutters
Patscherkofel
Gries i. Sellrain
Europabrücke
Walchen
St. Sigmund i. Sellrain
Acherkogel
Axamer Lizum
Saile
Schönberg i. St.
Patsch
Mühltal
Glungezer
Praxmar
Telfes i. St.
Mieders
Ellbögen
Truppen-

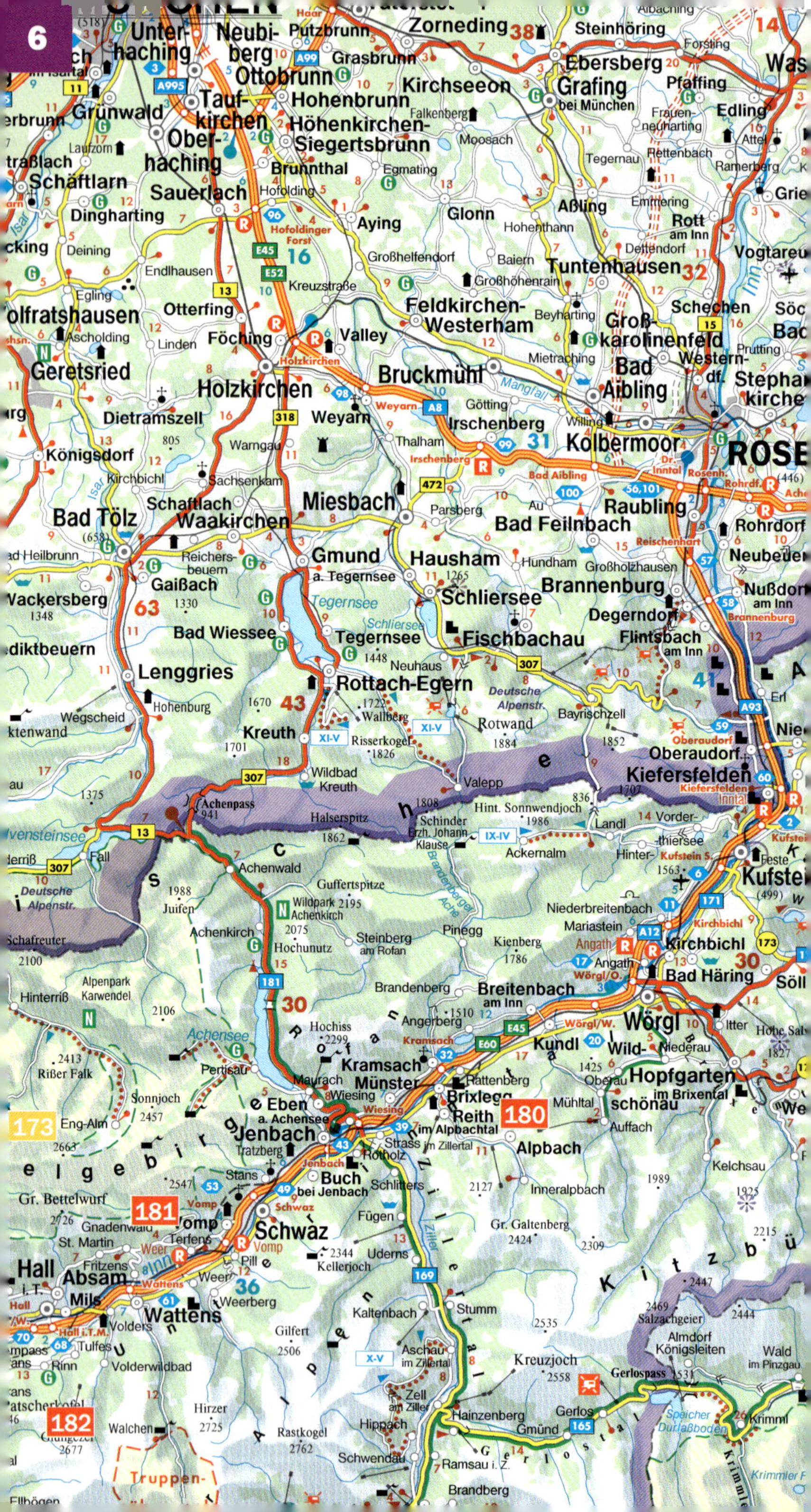
Unterhaching
Neubiberg
Putzbrunn
Zorneding
Steinhöring
Ottobrunn
Grasbrunn
Ebersberg
Pfaffing
Grünwald
Taufkirchen
Hohenbrunn
Kirchseeon
Grafing bei München
Edling
Oberhaching
Höhenkirchen-Siegertsbrunn
Falkenberg
Moosach
Frauenneuharting
Attel
Laufzorn
Tegernau
Rettenbach
Straßlach
Schäftlarn
Brunnthal
Egmating
Ramerberg
Sauerlach
Hofolding
Glonn
Aßling
Emmering
Dingharting
Hofoldinger Forst
Aying
Hohenthann
Rott am Inn
Deining
Großhelfendorf
Dettendorf
Vogtareuth
Endlhausen
Baiern
Tuntenhausen
Großhöhenrain
Kreuzstraße
Egling
Otterfing
Feldkirchen-Westerham
Beyharting
Schechen
Wolfratshausen
Ascholding
Linden
Föching
Valley
Großkarolinenfeld
Geretsried
Holzkirchen
Mietraching
Bruckmühl
Bad Aibling
Western-dorf
Prutting
Stephanskirchen
Mangfall
Dietramszell
Weyarn
Götting
Irschenberg
Willing
Kolbermoor
Rosenheim
Königsdorf
Thalham
Warngau
Sachsenkam
Kirchbichl
Miesbach
Parsberg
Au
Bad Feilnbach
Raubling
Rohrdorf
Neubeuern
Bad Tölz
Schaftlach
Waakirchen
Bad Heilbrunn
Reichersbeuern
Gmund a. Tegernsee
Hausham
Hundham
Großholzhausen
Reischenhart
Brannenburg
Nußdorf am Inn
Gaißach
Wackersberg
Tegernsee
Schliersee
Degerndorf
Flintsbach am Inn
Bad Wiessee
Fischbachau
Benediktbeuern
Lenggries
Neuhaus
Rottach-Egern
Deutsche Alpenstr.
Bayrischzell
Hohenburg
Wallberg
Erl
Wegscheid
Kreuth
Rotwand
Risserkogel
Oberaudorf
Kiefersfelden
Wildbad Kreuth
Valepp
Achenpass
Halserspitz
Schinder
Erzh. Johann Klause
Hint. Sonnwendjoch
Landl
Vorder-thiersee
Hinter-thiersee
Sylvensteinsee
Fall
Achenwald
Ackernalm
Kufstein
Guffertspitze
Juifen
Wildpark Achenkirch
Niederbreitenbach
Mariastein
Schafreuter
Achenkirch
Hochunutz
Steinberg am Rofan
Pinegg
Kienberg
Kirchbichl
Angath
Bad Häring
Söll
Hinterriß
Alpenpark Karwendel
Brandenberg
Breitenbach am Inn
Wörgl
Itter
Achensee
Hochiss
Angerberg
Kundl
Wild-schönau
Niederau
Rißer Falk
Pertisau
Kramsach
Münster
Rattenberg
Oberau
Hopfgarten im Brixental
Maurach
Eben a. Achensee
Wiesing
Brixlegg
Reith im Alpbachtal
Mühltal
Auffach
Sonnjoch
Eng-Alm
Jenbach
Strass im Zillertal
Rotholz
Alpbach
Tratzberg
Buch bei Jenbach
Schlitters
Inneralpbach
Kelchsau
Stans
Gr. Bettelwurf
Gnadenwald
Vomp
Fügen
Gr. Galtenberg
St. Martin
Terfens
Schwaz
Pill
Uderns
Kellerjoch
Hall i. T.
Absam
Mils
Fritzens
Wattens
Weer
Weerberg
Volders
Tulfes
Kaltenbach
Stumm
Salzachgeier
Rinn
Gilfert
Aschau im Zillertal
Kreuzjoch
Almdorf Königsleiten
Wald im Pinzgau
Volderwildbad
Gerlospass
Zell am Ziller
Hainzenberg
Gerlos
Speicher Durlaßboden
Krimml
Walchen
Hirzer
Hippach
Gmünd
Rastkogel
Schwendau
Ramsau i. Z.
Brandberg
Truppen-
Karwendelgebirge
Tuxer Alpen
Kitzbüheler Alpen
Gerlostal
Zillertal
Rofan
Mangfallgebirge

Trostberg
Altenmarkt a. d. Alz
Stein a. d. Traun
Traunreut
Tittmoning
Kirchweidach
Tacherting
Schnaitsee
Obing
Seeon
Seebruck
Eggstätt
Amerang
Halfing
Nußdorf
Chieming
Chiemsee
Gstadt am Chiemsee
Breitbrunn am Chiemsee
Rimsting
Prien am Chiemsee
Grabenstätt
Traunstein
Surberg
Teisendorf
Freilassing
Ainring
Laufen
Oberndorf b. Salzb.
Waging am See
Waginger See
Tachinger See
Petting
Fridolfing
Kirchanschöring
St. Georgen b. Salzb.
St. Pantaleon
Lamprechtshausen
Surheim
Saaldorf
Bernau a. Chiemsee
Übersee
Siegsdorf
Bergen
Grassau
Marquartstein
Unterwössen
Chiemgauer Alpen
Ruhpolding
Inzell
Anger
Piding
Bad Reichenhall
Bayerisch Gmain
Groß-gmain
Grödig
Schleching
Reit im Winkl
Kössen
Walchsee
Schneizlreuth
Sonntagshorn
Melleck
Unken
Bischofswiesen
Berchtesgaden
Schönau am K.
Königssee
Ramsau b. Berchtesg.
Hochkalter
Watzmann
Nationalpark Berchtesgaden
Lofer
Pass Strub
Waidring
Steinplatte
Loferer Steinberge
Kirchdorf in Tirol
Erpfendorf
St. Johann in Tirol
St. Ulrich am Pillersee
St. Martin bei Lofer
Weißbach bei Lofer
Fieberbrunn
Hochfilzen
St. Jakob in Haus
Oberndorf in Tirol
Going am Wilden Kaiser
Kitzbühel
Kitzbüheler Horn
Kirchberg in Tirol
Leoganger Steinberge
Leogang
Saalfelden am Steinernen Meer
Steinernes Meer
Maria Alm am Steinernen Meer
Saalbach
Hinterglemm
Glemmtal
Viehhofen
Maishofen
Zell am See
Zeller See
Bruck a. d. Großglocknerstr.
Taxenbach
Jochberg
Kitzbüheler Alpen
Pass Thurn
Mittersill
Uttendorf
Piesendorf
Niedernsill
Kaprun
Stuhlfelden
Hollersbach im Pinzgau
Neukirchen am Großvenediger
Fusch a. d. Großglocknerstraße
Bad Fusch
Kitzsteinhorn
Salzach

Mattighofen
St. Johann am Walde
Frauschereck
Munderfing
Frankenburg am Hausruck
Neukirchen a.d. Vöckla
Eggelsberg
Franking
Moosdorf
Kirchberg bei Mattighofen
St. Pantaleon
Lochen
Lengau
Friedburg
Schneegattern
Vöcklamarkt
Pöndorf
Timelkam
St. Georgen b. Salzb.
Lamprechtshausen
Straßwalchen
Frankenmarkt
Mattsee
Seeham
Nußdorf am Haunsberg
Obertrum am See
Schleedorf
Köstendorf
Neumarkt a. Wallers.
Oberhofen am Irrsee
Seewalchen a. Attersee
St. Georgen i. Attergau
Oberndorf b. Salzb.
Laufen
Seekirchen a. Wallers.
Henndorf a. Wallers.
Zell am Moos
Mondsee
Surheim
Anthering
Saaldorf
Elixhausen
Eugendorf
Abtsdorf
Nußdorf am Attersee
Freilassing
Bergheim
Hallwang
Oberwang
Ainring
Thalgau
Hof b. Salzburg
Plainfeld
St. Lorenz
Unterach a. Attersee
Steinbach a. Attersee
Anger
Piding
SALZBURG
Faistenau
Fuschl am See
St. Gilgen
Wals-Siezenheim
Anif
Elsbethen
St. Wolfgang i. Salzkammergut
Grödig
Groß-gmain
Bayerisch Gmain
Puch b. H.
Strobl
Adnet
Oberalm
Hallein
Osterhorngruppe
Hoher Zinken
Bad Dürrnberg
Bad Vigaun
St. Koloman
Bischofswiesen
Berchtesgaden
Schönau am K.
Kuchl
Golling a.d. Salzach
Bad Goisern a. Hallstätter See
Gosau
Ramsau b. Berchtesg.
Königssee
Hoher Göll
Rußbach am Paß Gschütt
Pass Gschütt
Hochkalter
Watzmann
Jenner
Unterscheffau
Pass Lueg
Abtenau
Nationalpark Berchtesgaden
Kahlersberg
Gr. Hundstod
Obersee
Tennengebirge
Eisriesenwelt
Bleikogel
Gr. Donner Kg.
Gosauschmied
Annaberg im Lammertal
Gr. Bischofsmütze
Lungötz
Hagengebirge
Tenneck
Werfen
Pfarrwerfen
Werfenweng
Martin am Tennengebirge
Steinernes Meer
Schönfeldspitze
Saalfelden am Steinernen Meer
Bischofshofen
Hochkönig
Hüttau
Eben im Pongau
Radstadt
Filzmoos
Maria Alm am Steinernen Meer
Filzensattel
Dienten am Hochkönig
Dientener Sattel
Mitterberghütten
Hochgründeck
Reitdorf
Altenmarkt im Pongau
Forstau
Mühlbach am Hochkönig
St. Veit im Pongau
St. Johann im Pongau
Flachau
Dientner Berge
Taxenbach
Goldegg
Lend
Schwarzach im Pongau
Wagrain
Zauchensee
Liechtensteinklamm
Kitzlochklamm
Höllwand
Schied
Kleinarl
Kraxenkogel
Untertauern
Rauris
Bernkogel
Dorfgastein
Großarl
Tauernalm
Gr. Pleißlingkeil
Bad Fusch
Wörth
Draugstein
Hüttschlag
Tweng
Wildpark

Lambach
Stadl-Paura
Steinerkirchen a.d. Traun
Bad Wimsbach-Neydharting
Attnang-Puchheim
Laakirchen
Vorchdorf
Sattledt
Kremsmünster
Ried im Traunkreis
Bad Hall
Wolfern
Steyr
Sierning
Garsten
Wartberg a.d. Krems
Nußbach
Grünburg
Ternberg
Pettenbach
Schlierbach
Kirchdorf a.d. Krems
Micheldorf in Oberösterreich
Molln
Gmunden
Altmünster
Scharnstein
Grünau im Almtal
Traunsee
Ebensee
Klaus
Sengsengebirge
Nationalpark Kalkalpen
Windischgarsten
Hinterstoder
Vorderstoder
Spital am Pyhrn
Pyhrnpass
Bad Ischl
Totes Gebirge
Grundlsee
Altaussee
Bad Aussee
Bad Mitterndorf
Tauplitz
Liezen
Selzthal
Rottenmann
Stainach
Irdning
Aigen im Ennstal
Gröbming
Schladming
Haus
Rottenmanner Tauern
Sölkpass
Wölzer Tauern
Schladminger Tauern
Oberwölz Stadt
St. Peter
Ottnang a. Hausruck
Schwanenstadt
Ohlsdf.
Pinsdorf
Scharnstein
Ennstal
Naturpark Sölktäler
St. Nikolai im Sölktal
Donnersbachwald
Öblarn
Stein a.d.Enns
Großsölk
Kleinsölk
Grimming

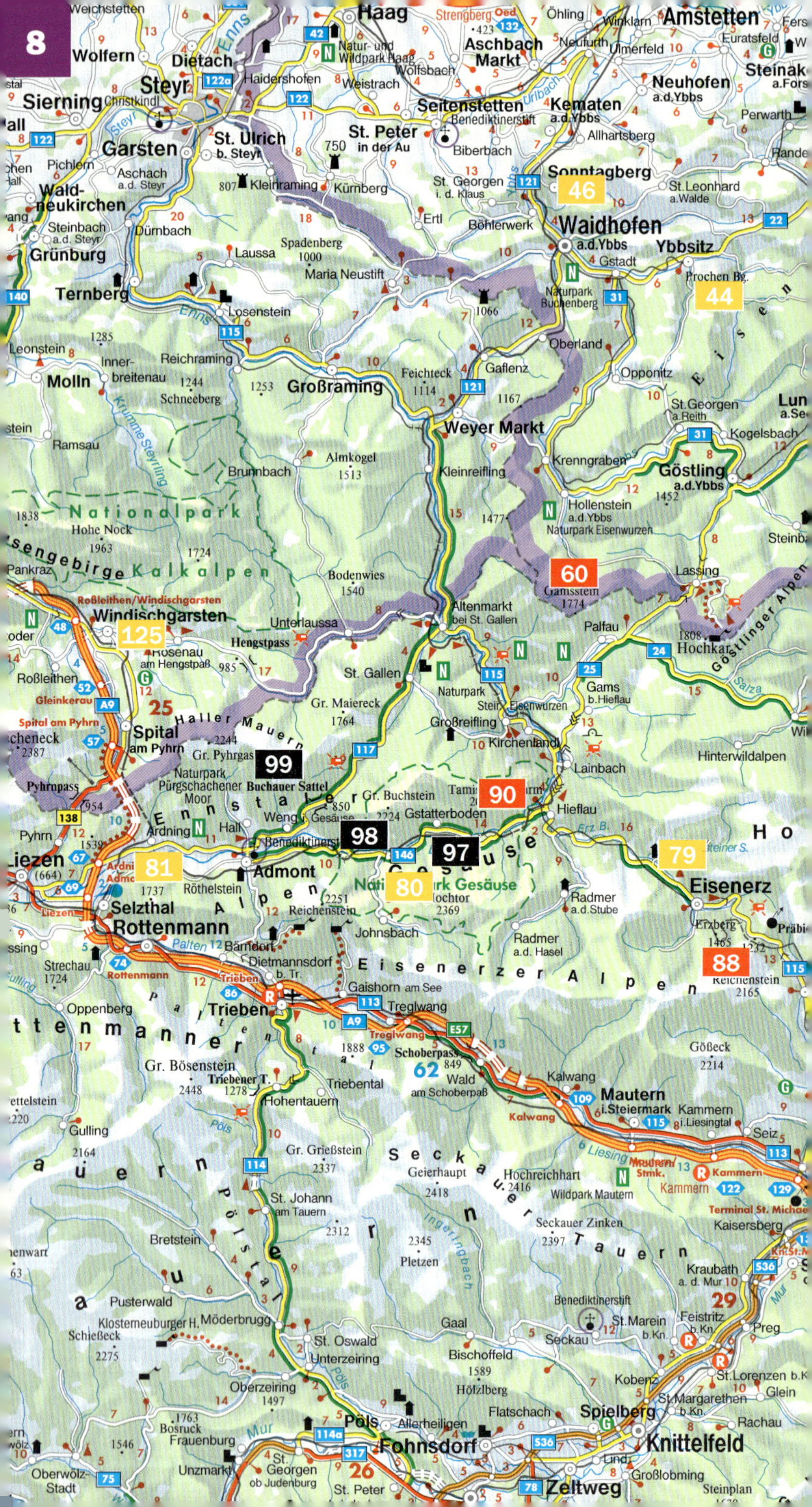
8
Weichstetten
Haag
Strengberg
Öhling
Winklarn
Amstetten
Wolfern
Dietach
Natur- und Wildpark Haag
Aschbach Markt
Neufurth
Ulmerfeld
Euratsfeld
Steyr
Haidershofen
Weistrach
Wolfsbach
Steinakirchen a.Forst
Sierning
Christkindl
Seitenstetten
Benediktinerstift
Kematen a.d.Ybbs
Neuhofen a.d.Ybbs
Perwarth
Garsten
St. Ulrich b. Steyr
St. Peter in der Au
Biberbach
Allhartsberg
Pichlern
Aschach a.d. Steyr
Kleinraming
Kürnberg
St. Georgen i. d. Klaus
Sonntagberg
St. Leonhard a.Walde
Wald-neukirchen
Steinbach a.d. Steyr
Dürnbach
Spadenberg
Ertl
Böhlerwerk
Waidhofen a.d.Ybbs
Ybbsitz
Gstadt
Grünburg
Lausa
Maria Neustift
Prochen Bg.
Ternberg
Naturpark Buchenberg
Losenstein
Oberland
Leonstein
Inner-breitenau
Reichraming
Opponitz
Molln
Schneeberg
Großraming
Feichteck
Gaflenz
Weyer Markt
St.Georgen a.Reith
Kogelsbach
Ramsau
Krumme Steyrling
Almkogel
Kleinreifling
Krenngraben
Göstling a.d.Ybbs
Brunnbach
Hollenstein a.d.Ybbs
Naturpark Eisenwurzen
Nationalpark
Hohe Nock
Sengsengebirge
Kalkalpen
Bodenwies
Gamsstein
Lassing
Pankraz
Roßleithen/Windischgarsten
Windischgarsten
Altenmarkt bei St. Gallen
Unterlaussa
Hengstpass
Palfau
Hochkar
Göstlinger Alpen
Rosenau am Hengstpaß
St. Gallen
Naturpark
Gams b.Hieflau
Roßleithen
Gleinkerau
Gr. Maiereck
Steirische Eisenwurzen
Salza
Spital am Pyhrn
Haller Mauern
Großreifling
Kirchenlandl
Spital am Pyhrn
Gr. Pyhrgas
Buchauer Sattel
Lainbach
Hinterwildalpen
Pyhrnpass
Naturpark Pürgschachener Moor
Gr. Buchstein
Tamischbachturm
Ennstaler Alpen
Weng i. Gesäuse
Gstatterboden
Hieflau
Pyhrn
Ardning
Hall
Benediktinerstift
Liezen
Admont
Gesäuse
Nationalpark Gesäuse
Hochtor
Radmer a.d.Stube
Eisenerz
Röthelstein
Selzthal
Rottenmann
Reichenstein
Erzberg
Präbichl
Bärndorf
Johnsbach
Radmer a.d.Hasel
Strechau
Dietmannsdorf b. Tr.
Eisenerzer Alpen
Reichenstein
Gaishorn am See
Oppenberg
Trieben
Treglwang
Rottenmanner Tauern
Schoberpass
Gößeck
Gr. Bösenstein
Triebener T.
Triebental
Wald am Schoberpaß
Kalwang
Mautern i.Steiermark
Kammern i.Liesingtal
Hohentauern
Seiz
Gulling
Gr. Grießstein
Liesing
Mautern Stmk.
Kammern
Seckauer Tauern
Geierhaupt
Hochreichhart
Wildpark Mautern
Terminal St. Michael
St. Johann am Tauern
Pölstal
Seckauer Zinken
Kaisersberg
Bretstein
Ingeringbach
Pletzen
Kraubath a. d. Mur
Pusterwald
Benediktinerstift
Klosterneuburger H.
Möderbrugg
Gaal
St.Marein b.Kn.
Feistritz b.Kn.
Preg
Schießeck
St. Oswald
Seckau
Unterzeiring
Bischoffeld
St.Lorenzen b.Kn.
Hölzlberg
Kobenz
Oberzeiring
Flatschach
St.Margarethen b.Kn.
Glein
Spielberg
Bosruck
Pöls
Allerheiligen
Rachau
Frauenburg
Fohnsdorf
Knittelfeld
Oberwölz-Stadt
Unzmarkt
St. Georgen ob Judenburg
Lind
Großlobming
St. Peter
Zeltweg
Steinplan
Mur

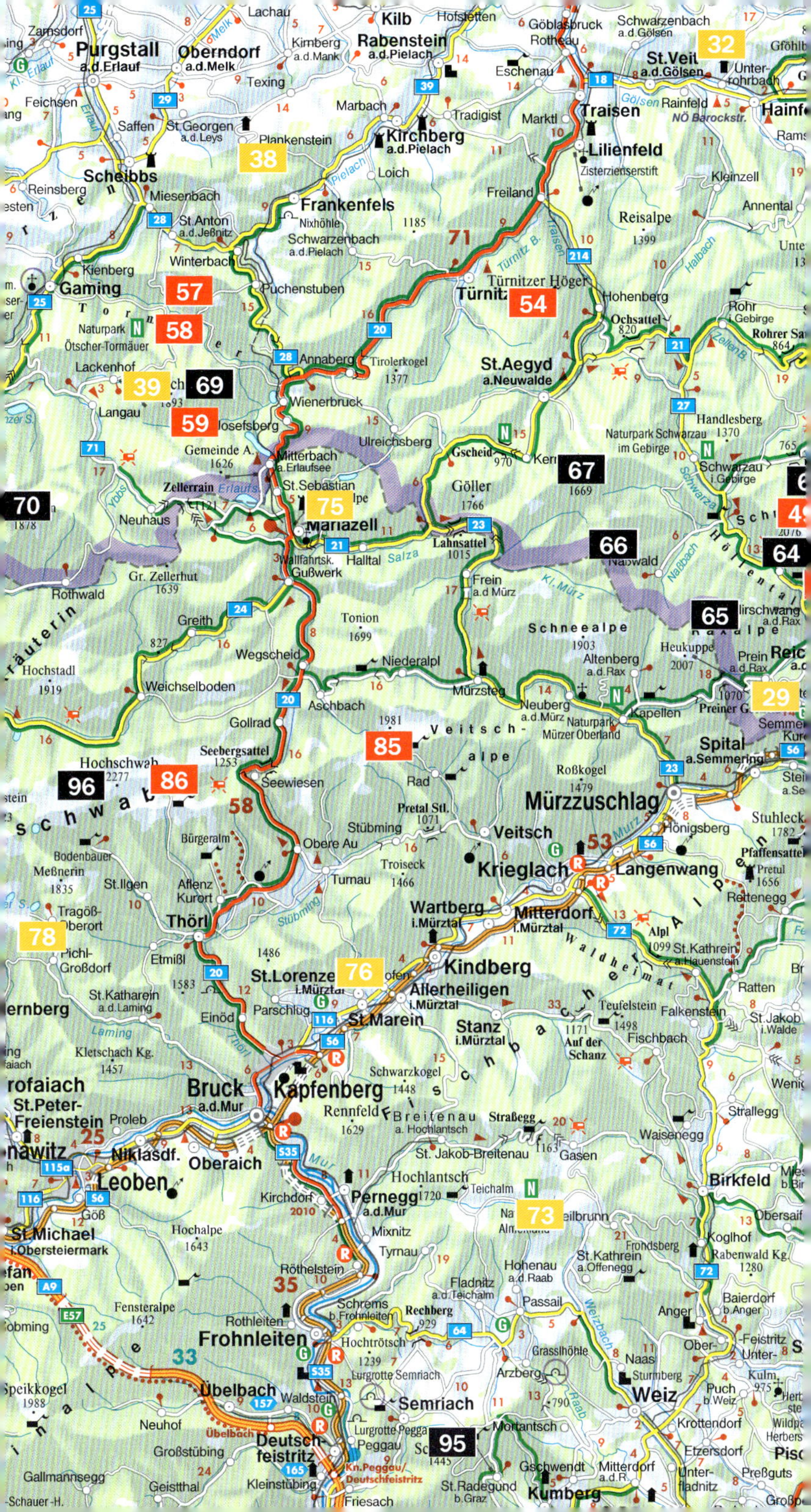

Purgstall
a.d.Erlauf
Oberndorf
a.d.Melk
Kilb
Rabenstein
a.d.Pielach
Lachau
Kirnberg
a.d.Mank
Hofstetten
Göblasbruck
Rotheau
Schwarzenbach
a.d.Gölsen
St.Veit
a.d.Gölsen
Unter-
rohrbach
Hainfeld
Zarnsdorf
Feichsen
Saffen
St.Georgen
a.d.Leys
Texing
Marbach
Eschenau
Tradigist
Marktl
Traisen
Lilienfeld
Zisterzienserstift
Rainfeld
NÖ Barockstr.
Plankenstein
Kirchberg
a.d.Pielach
Loich
Scheibbs
Reinsberg
Miesenbach
Frankenfels
Nixhöhle
Schwarzenbach
a.d.Pielach
Freiland
Kleinzell
Annental
Reisalpe
1399
St.Anton
a.d.Jeßnitz
Winterbach
Kienberg
Gaming
Puchenstuben
Türnitz
Türnitzer Höger
Hohenberg
Rohr
i.Gebirge
Rohrer Sattel
864
Naturpark
Ötscher-Tormäuer
Annaberg
Tirolerkogel
1377
Ochsattel
820
St.Aegyd
a.Neuwalde
Lackenhof
Langau
Wienerbruck
Josefsberg
Gemeinde A.
1626
Mitterbach
a.Erlaufsee
Ulreichsberg
Gscheid
970
Kernhof
Naturpark Schwarzau
im Gebirge
Handlesberg
1370
Schwarzau
i.Gebirge
Zellerrain
1121
Neuhaus
St.Sebastian
Mariazell
Göller
1766
Lahnsattel
1015
Halltal
Salza
Wallfahrtsk.
Gußwerk
Naßwald
Höllental
Gr. Zellerhut
1639
Rothwald
Frein
a.d.Mürz
Kl. Mürz
Hirschwang
a.d.Rax
Raxalpe
Heukuppe
2007
Schneealpe
1903
Altenberg
a.d.Rax
Prein
a.d.Rax
Reichenau
Tonion
1699
Greith
827
Wegscheid
Niederalpl
Mürzsteg
Neuberg
a.d.Mürz
Naturpark
Mürzer Oberland
Kapellen
Preiner G.
1070
Semmering
Hochstadl
1919
Weichselboden
Aschbach
Gollrad
Veitsch-
alpe
1981
Spital
a.Semmering
Hochschwab
2277
Seebergsattel
1253
Seewiesen
Rad
Roßkogel
1479
Mürzzuschlag
Stuhleck
1782
Hönigsberg
Pfaffensattel
Pretul
1656
Bürgeralm
Obere Au
Pretal Stl.
1071
Stübming
Veitsch
Krieglach
Langenwang
Bodenbauer
Meßnerin
1835
St.Ilgen
Aflenz
Kurort
Turnau
Troiseck
1466
Tragöß-
Oberort
Thörl
Wartberg
i.Mürztal
Mitterdorf
i.Mürztal
Rettenegg
Alpl
1099
St.Kathrein
a.Hauenstein
Pichl-
Großdorf
Etmißl
1486
1583
St.Lorenzen
i.Mürztal
Kindberg
Allerheiligen
i.Mürztal
Ratten
Fischbacher Alpen
Waldheimat
St.Katharein
a.d.Laming
Parschlug
St.Marein
Stanz
i.Mürztal
Teufelstein
1498
Falkenstein
St.Jakob
i.Walde
Einöd
Laming
Kletschach Kg.
1457
Schwarzkogel
1448
Auf der
Schanz
Fischbach
Wenigzell
Bruck
a.d.Mur
Kapfenberg
Rennfeld
1629
Breitenau
a. Hochlantsch
Straßegg
1163
Strallegg
Waisenegg
St.Peter-
Freienstein
Proleb
Niklasdf.
Oberaich
St. Jakob-Breitenau
Gasen
Leoben
Hochlantsch
Teichalm
Birkfeld
Göß
Kirchdorf
2010
Pernegg
a.d.Mur
1720
Naturpark
Almenland
Heilbrunn
Obersaifen
St.Michael
i.Obersteiermark
Hochalpe
1643
Mixnitz
Frondsberg
Koglhof
Rabenwald Kg.
1280
Tyrnau
Hohenau
a.d.Raab
St.Kathrein
a.Offenegg
Röthelstein
Fladnitz
a.d.Teichalm
Passail
Baierdorf
b.Anger
Anger
Fensteralpe
1642
Rothleiten
Schrems
b.Frohnleiten
Rechberg
929
Frohnleiten
Hochtrötsch
1239
Weizbach
Grasslhöhle
Ober-
Feistritz
Unter-
Naas
Speikkogel
1988
Lurgrotte Semriach
Arzberg
Sturmberg
Übelbach
Waldstein
Semriach
Raab
790
Weiz
Puch
b.Weiz
Kulm
975
Neuhof
Lurgrotte Peggau
Peggau
Mortantsch
Krottendorf
Großstübing
Deutsch-
feistritz
Semriach
1445
Gschwendt
Mitterdorf
a.d.R.
Etzersdorf
Unter-
fladnitz
Preßguts
Gallmannsegg
Geistthal
Kleinstübing
Kn.Peggau/
Deutschfeistritz
St.Radegund
b.Graz
Kumberg
Friesach
Schauer-H.
Großpesendorf
Gleinalpe
Trofaiach
Trabochr
Traboch
Tormäuer
Ötscher
Hochschwab
Mürz
Stübming
Thörl
Übelbach

Hainfeld
Gerichtsberg
Kaumberg
Ramsau
Kleinzell
Reisalpe
Annental
Furth a.d.Triesting
Weissenbach a.d.Triesting
Pottenstein
Berndorf
Hirtenberg
Leobersdf.
Pottendorf
Enzesfeld
Markt Piesting
Wöllersdf.
Sollenau
Felixdorf
Eggendorf
Ebenfurt
Theresienfeld
Lichtenwörth
Baden
Bad Vöslau
Traiskirchen
Guntramsdorf
Gumpoldskchn.
Pfaffstätten
Oeynhausen
Kottingbrunn
Günselsdorf
Oberwaltersdf.
Trumau
Heiligenkreuz
Mayerling
Alland
Klein-Mariazell
Hafnerberg
Altenmarkt a.d.Triesting
Neuhaus
Muggendorf
Pernitz
Gutenstein
Waldegg
Waidmannsfeld
Dreistetten
Bad Fischau
Wr. Neustadt
Neudörfl
Pöttsching
Katzelsdorf
Bad Sauerbrunn
Wiesen
Lanzenkchn.
Forchtenstein
Walpersbach
Bad Erlach
Pitten
Seebenstein
Bromberg
Hochwolkersdf.
Schwarzenbach
Wiesmath
Hollenthon
Kobersdorf
Lichtenegg
Edlitz
Thomasberg
Krumbach Markt
Kirchschlag i.d.Buckl.Welt
Bad Schönau
Hochneukchn.
Pilgersdorf
Redlschlag
Bernstein
Mariasdorf
Unterkohlstätten
Stadtschlaining
Bad Tatzmannsdorf
Oberwart
Oberschützen
Pinkafeld
Riedlingsdorf
Loipersdorf i.Burgenland
Oberdorf i.Bgld.
Markt Allhau
Unterwart
Kemeten
Rotenturm a.d.Pinka
Litzelsdorf
Olbendorf
Mischendorf
Stegersbach
Güttenbach
Neuberg i.Bgld.
Wörterberg
Stinatz
Neudau
Wörth a.d.Lafnitz
Unterlimbach
Bad Waltersdorf
Leitersdorf
Sebersdorf
St. Magdalena am Lemberg
Ebersdorf
Dienersdorf
Kaindorf
Oberbuch
Unterrohr
Wolfau
St.Johann i.d.Haide
Hartberg
Lebing
Flattendorf
Penzendorf
Oberlungitz
Grafendorf b.Hartberg
Grafenschachen
Lafnitz
Eichberg
Rohrbach a.d.Lafnitz
Dechantskchn.
Friedberg
Pinggau
Sinnersdorf
Wiesfleck
Aschau i.Bgld.
Schäffern
Zöbern
Aspang Markt
Mönichkirchen
Wechsel
Mariensee
St.Peter a.Wechsel
St.Corona a.Wechsel
Feistritz a.Wechsel
Kirchberg a.Wechsel
Hochegg
Grimmenstein
Warth
Türkensturz
Kranichberg
Steyersberg
Haßbach
Scheiblingkchn.
Thernberg
Gloggnitz
Enzenreith
Penk
Grafenbach
Wimpassing i.Schwarzatale
Ternitz
Pottschach
Stuppach
Prigglitz
Payerbach
Reichenau a.d.Rax
Prein a.d.Rax
Heukuppe 2007
Raxalpe
Neunkchn.
Breitenau
Schwarzau a.Steinfd.
St.Egyden a.Steinfeld
Raglitz
Würflach
Flatz
Sieding
Naturpark Sierningtal
Rohrbachgraben
Puchberg a.Schn.
Grünbach a.Schn.
Willendorf
Winzendorf
Weikersdorf a.St.
Schwarzau i.Gebirge
Handlesberg 1370
Naturpark Schwarzau im Gebirge
Längapiesting
Steinapiesting
Rohr i.Gebirge
Rohrer Sattel 864
Hohenberg
Ochsattel 820
Unterberg 1342
Kieneck
Steinwandklamm
Hals
Grillenberg
Feichtenbach
Hernstein
Starhemberg
Dürnbach
Netting
Maiersdorf
Dürre Wand
Naturpark Hohe Wand
Klostertaler Gscheid
Losenheim
Schneeberg 2076
Höllental
Naßwald
Kapellen
Preiner Gscheid
Semmering Kurort
Schottwien
Maria Schutz
Raach a.Hochgeb.
Otterthal
Trattenbach
Steinhaus a.Semmering
Spital a.Semmering
Mürzzuschlag
Hönigsberg
Langenwang
Stuhleck 1782
Pfaffensattel
Pretul 1656
Feistritzsattel 1290
Rettenegg
Feistritzwald
Alpl 1099
St.Kathrein a.Hauenstein
Ratten
Breitenbrunn
Festenburg
Hochkogel 1314
Mönichwald
St.Jakob i.Walde
Falkenstein
Teufelstein 1498
Fischbach
Waldbach
St.Lorenzen a.Wechsel
Wenigzell
Vorau
Augustiner Chorherrenstift
Strallegg
Waisenegg
Birkfeld
Miesenbach b.Birkfeld
Masenberg 1261
Obersaifen
Koglhof
Rabenwald Kg. 1280
Pöllauberg
Pöllau
Neuberg
Baierdorf b.Anger
Anger
Naturpark Pöllauer Tal
Stubenberg a.See
Schielleiten
Kulm 975
Puch b.Weiz
Herberstein
Wildpark Herberstein
St.Johann b.Herberstein
Kaibing
Pischelsdorf i.d.Stmk.
Blaindorf
Gersdorf a.d.Feistritz
Großpesendorf
Preßguts
Etzersdorf
Krottendorf
Unterfladnitz
Weiz
Naas
Sturmberg
Mitterdorf a.d.R.
Jogilland
Wechsel
Bucklige Welt
Rosaliengebirge
Steirische Schlösser Str.
Pöllauer Safen
Frondsberg

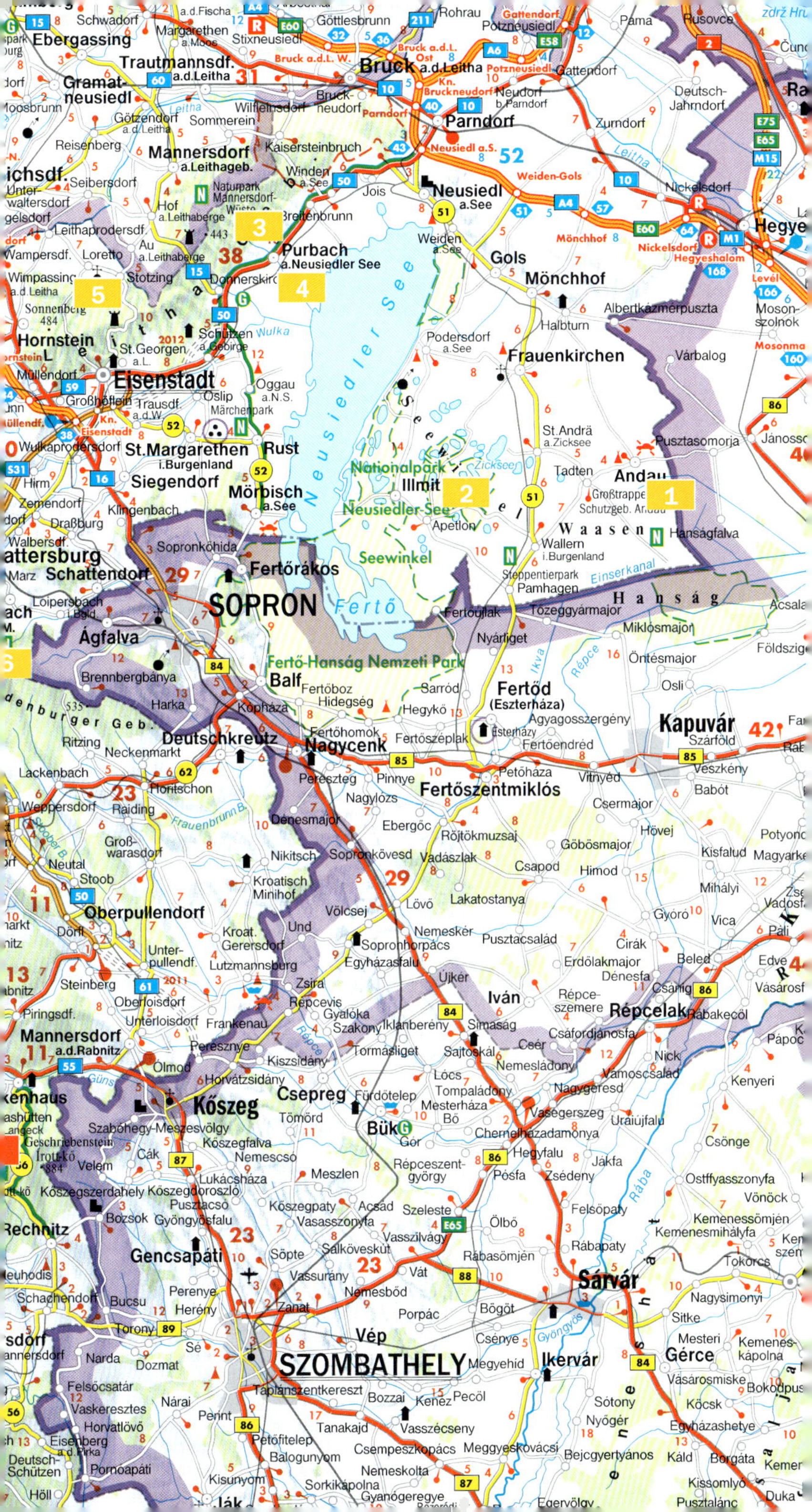

Schwadorf
Ebergassing
Margarethen a.Moos
Göttlesbrunn
Rohrau
Gattendorf
Potzneusiedl
Pama
Rusovce
Trautmannsdf. a.d.Leitha
Bruck a.d.Leitha
Gramat-neusiedl
Moosbrunn
Götzendorf a.d.Leitha
Wilfleinsdorf
Bruck-neudorf
Parndorf
Neudorf b.Parndorf
Zurndorf
Deutsch-Jahrndorf
Reisenberg
Mannersdorf a.Leithageb.
Sommerein
Kaisersteinbruch
Leitha
Seibersdorf
Winden a.See
Jois
Neusiedl a.See
Weiden-Gols
Nickelsdorf
Hegyeshalom
Hof a.Leithaberge
Naturpark Mannersdorf-Wüste
Breitenbrunn
Leithaprodersdf.
Purbach a.Neusiedler See
Weiden a.See
Gols
Mönchhof
Wampersdf.
Loretto
Au a.Leithaberge
Donnerskirchen
Wimpassing a.d.Leitha
Stotzing
Albertkázmérpuszta
Halbturn
Moson-szolnok
Sonnenberg
Hornstein
St.Georgen a.L.
Schützen a.Gebirge
Wulka
Podersdorf a.See
Frauenkirchen
Várbalog
Müllendorf
Eisenstadt
Oggau a.N.S.
Oslip
Großhöflein
Trausdf. a.d.W.
Märchenpark
Neusiedler See
Seewinkel
St.Andrä a.Zicksee
Pusztasomorja
Jánossomorja
Wulkaprodersdorf
St.Margarethen i.Burgenland
Rust
Hirm
Siegendorf
Mörbisch a.See
Nationalpark Neusiedler See
Zicksee
Illmitz
Tadten
Andau
Großtrappe Schutzgeb. Andau
Zemendorf
Draßburg
Klingenbach
Apetlon
Waasen
Wallern i.Burgenland
Hanságfalva
Walbersdf.
Mattersburg
Schattendorf
Sopronkőhida
Fertőrákos
Steppentierpark
Pamhagen
Einserkanal
Marz
Loipersbach i.Bgld.
SOPRON
Fertő
Fertőújlak
Tőzeggyármajor
Hanság
Acsalag
Ágfalva
Nyárliget
Miklósmajor
Fertő-Hanság Nemzeti Park
Ikva
Répce
Öntésmajor
Földszig
Brennbergbánya
Balf
Sarród
Fertőd (Eszterháza)
Osli
Ödenburger Geb.
Harka
Fertőboz
Hidegség
Hegykő
Agyagosszergény
Kapuvár
Kópháza
Fertőhomok
Fertőszéplak
Eszterházy
Fertőendréd
Szárföld
Ritzing
Neckenmarkt
Deutschkreutz
Nagycenk
Lackenbach
Horitschon
Pereszteg
Pinnye
Fertőszentmiklós
Petőháza
Vitnyéd
Veszkény
Babót
Weppersdorf
Raiding
Frauenbrunn B.
Nagylózs
Csermajor
Dénesmajor
Ebergőc
Röjtökmuzsaj
Hövej
Potyond
Groß-warasdorf
Nikitsch
Sopronkövesd
Vadászlak
Göbösmajor
Kisfalud
Magyarkeresztúr
Neutal
Stoob
Kroatisch Minihof
Csapod
Himod
Mihályi
Lövő
Lakatostanya
Oberpullendorf
Völcsej
Győró
Vica
Vadosfa
Dörfl
Kroat. Gerersdorf
Und
Nemeskér
Pusztacsalád
Cirák
Páli
Unter-pullendf.
Lutzmannsburg
Sopronhorpács
Egyházasfalu
Erdőlakmajor
Dénesfa
Beled
Edve
Steinberg
Oberloisdorf
Zsira
Újkér
Iván
Répce-szemere
Répcelak
Csánig
Vásárosfalu
Piringsdf.
Unterloisdorf
Frankenau
Répcevis
Gyalóka
Szakony
Iklanberény
Simaság
Rábakecöl
Mannersdorf a.d.Rabnitz
Peresznye
Tormásliget
Sajtoskál
Csér
Csafordjánosfa
Pápoc
Olmod
Kiszsidány
Nemesládony
Nick
Vámoscsalád
Güns
Horvátzsidány
Lócs
Nagygeresd
Kenyeri
Kőszeg
Csepreg
Fürdőtelep
Tompaládony
Mesterháza
Bő
Vasegerszeg
Uraiújfalu
Szabóhegy-Meszesvölgy
Tömörd
Bük
Gór
Chernelházadamonya
Csönge
Geschriebenstein
Írott-kő
Kőszegfalva
Cák
Velem
Nemescsó
Répceszent-györgy
Hegyfalu
Pósfa
Zsédeny
Jákfa
Ostffyasszonyfa
Lukácsháza
Meszlen
Rába
Vönöck
Kőszegszerdahely
Kőszegdoroszló
Pusztacsó
Kőszegpaty
Vasasszonyfa
Acsád
Szeleste
Ölbő
Felsőpaty
Kemenessömjén
Kemenesmihályfa
Bozsok
Gyöngyösfalu
Rechnitz
Gencsapáti
Sőpte
Salköveskút
Vasszilvágy
Rábasömjén
Rábapaty
Tokorcs
Neuhodis
Vassurány
Vát
Sárvár
Schachendorf
Bucsu
Perenye
Nemesbőd
Nagysimonyi
Herény
Zanat
Porpác
Bögöt
Sitke
Torony
Vép
Csénye
Gyöngyös
Mesteri
Kemenes-kápolna
Narda
Sé
Dozmat
SZOMBATHELY
Megyehid
Ikervár
Gérce
Vásárosmiske
Bokodpuszta
Felsőcsatár
Táplánszentkereszt
Bozzai
Kenéz
Pecöl
Sótony
Vaskeresztes
Nárai
Kőcsk
Horvátlövő
Pernt
Tanakajd
Vasszécseny
Nyőgér
Egyházashetye
Eisenberg a.d.Pinka
Pornóapáti
Petőfitelep
Balogunyom
Csempeszkopács
Meggyeskovácsi
Bejcgyertyános
Káld
Borgáta
Kemeneshát
Deutsch-Schützen
Nemeskolta
Kemenesmagasi
Höll
Kisunyom
Sorkikápolna
Gyanógeregye
Egervölgy
Kissomlyó
Pusztalánc
Duka

Holzgau
Stockach
Bach
Steeg
Madau
Kaisers
Lech
Flexenstr.
Rüfikopf 2632
Wetterspitze 2895
Muttekopf
186
Imst
Tarrenz
Gurglbach
2016
41
A1
Imst-Au
Ötztal
15
136
133
132
140
Mils
123
Mils
Karrösten
Roppen
Mils-Schönwies
Arzl i. P.
Starkenbach
Kn. Oberinntal
Schönwies
Zams
144
Wenns
145
Kronburg
198
Zürs
Valluga 2809
Flexenpass
Stuben
Parseier Sp. 3036
Stanz b.Landeck
Zams
Pettneu a. A.
Schnaan
Flirsch
Grins
Venetberg 2512
Arlberg P.
197
Langen
A12
Jerzens
Wildgrat
St. Christoph a. A.
St. Anton am Arlberg
H. Riffler 3168
Stanzertal
Strengen
Pians
Wiesberg
Tobadill
Landeck
Piller
Zaunhof
Arlbergtunnel 13945m
63
Fließ
177
Kaltenberg 2896
Inner-langesthei
Obladis
Kappl
See
Ladis
Kauns
Prutz
Naturpark Kaunergrat
Trisanna
Patteriol 3056
Kuchen Sp. 3148
188
Furgler 3004
Fiss
Ried im Oberinntal
St. Leonhard i. Pitztal
Ischgl
Serfaus
180
Tösens
Hexenkopf 3035
Trenkwald
32
Mathon
Vesulspitze 3089
Feichten
Zeinis J. 1842
Galtür
Watze Sp. 3532
Compatsch
Spiss
Fagge
Inn
Riffelsee
188
Bodenhaus
Pfunds
176
Samnaun
184
Hochfinstermünz
Gepatsch-Stausee
XII-V
Finstermünzpass 1087
Glockturmkamm
Kaunertal
Kaunergrat
XII-IV
Fluchthorn 3399
Muttler 3294
Martina
185
187
Gepatschhaus
Glockturm 3356
Wildspi 3768
Tschlin
180
Val Sinestra
Reschenpass 1504
Samnaungruppe
Paznaun
Ramosch
Reschen
Hinterkirch
Motta Naluns 2155
Sent
27
Pedroß
Melag
Ötztaler
Ftan
Scuol
Graun i. V.
Guarda
Ardez
Tarasp
2852
Reschensee
3738
Weißkugel
Engadin
St. Valentin a. d. H.
Kurzras
40
Thanai
Saldurn Sp. 3433
S-charl
Marienberg
Burgeis
Planeil
Unserfrau i. S.
Piz Sesvenna 3205
Schlinig
Mals i. V.
Il Fuorn
Fürstenburg
Tartsch
Matsch
Litzner Sp. 3205
Laatsch
Schluderns
Katha
28
P. dal Forn (Ofenpass)
2149
41
Churburg
Glurns
89
St. Martin a. V.
Lichtenberg
Spondinig
Tanas
Kortsch
Tschierv
Müstair
38
Schlanders
Val Müstair
Tschengls
Göflan
Fuldera
Sta. Maria i. M.
Stilfs
38
Prad a. S.
Laas
Etsch
Morter
Valchava
XI-V
Gomagoi
Obermon
Umbrailpass (Wormser J.)
2501
Außersulden
Laaser Sp. 3305
Passo d'Eira
L. di S. Giacomo di Fraele
2208
Trafoi
Vertain Sp. 3545
Gand
Trepalle
Lago di Cancano
XI-VI
2758
St. Gertraud
Sulden
Hasenöhrl 3257
Pso. d. Foscagno 2291
Stilfserjoch (Pso. d. Stelvio)
Ortler 3905
Nationalpark Stilfserjoch
Martelltal
Valdidentro
L. di Gioveretto (Zufrittsee)
Livigno
Premàdio
Bòrmio
Königs Sp. 3851
Valfurva
St. Gertraud
Valdidentro
S. Carlo
Arnoga
Mte. Confinale 3370
3764
Ortler Alpen
Valdisotto
Mte. Cevedale (Zufall Sp.)
Cima de Piazzi 3439
Sta. Caterina Valfurva
Sta. Maria Maddalena
Bagni di Rabbi
S. Bernard
Cima Viola 3374
Parco Nazionale dello Stélvio
Pta. S. Matteo 3684
Rifúgio Bemi al Gávia 2621
Péio
Fumero
Sóndalo
Mondadizza
Cògolo

Zirl
Inzing
Kematen i.T.
Völs
Axams
Götzens
Natters
Mutters
Hall
Mils
Volders
Wattens
Tulfes
Rinn
Ampass
Aldrans
Sistrans
Patscherkofel
Ambras
Igls
Volderwildbad
Walchen
Haiming
Stams
Silz
Rietz
Flaurling
Pettnau
Kühtai
Sellrain
St. Sigmund i. Sellrain
Gries i. Sellrain
Acherkogel 3007
Axamer-Lizum
Saile 2404
Schönberg i. St.
Patsch
Mühltal
Europabrücke
Telfes i. St.
Mieders
Ellbögen
Fulpmes
Wildpark Fulpmes
Pfons
Matrei a. Brenner
Navis
Lizumer Reckner 2886
Kasern
Steinach a. Br.
Trins
Schmirn
St. Jodok a. Br.
Innervals
Gries a. Br.
Nösslach
Brennersee
Brenner
Brennerbad
Umhausen
Niederthai
Praxmar
Lüsens
Neustift i. St.
Milders
Längenfeld
Gries
Volderau
Schrankogel 3497
Ranalt
Habicht 3277
Gschnitz
Obernberg a. Brenner
Mutterberg A.
Tribulaun 3097
Geige 3393
Hochsölden
Sölden
Zwieselstein
Zuckerhütl 3507
Innerpflersch
Gossensaß
Ridnaun
Ried
Tschöfs
Wiesen
Mareit
Telfes
Sterzing/Vipiteno
Freienfeld
Sprechenstein
Wild Kreuz Sp. 3132
Timmelsjoch 2474
Timmelsjochstraße
Hochgurgl
Untergurgl
Obergurgl
Ramolkogel 3549
Heiligkreuz
Innerratschings
H. Kreuz Sp. 2743
Moos i. P.
Platt
Walten
Jaufenpass
St. Leonhard i. P.
Penser J.
Asten
Mauls
Vals
Mittewald
Pfelders
Hochwart 2746
Pens
Tagewaldhorn 2708
Franzensfeste
Spinges
St. Martin i. P.
Weißenbach
Hochwilde 3480
Naturpark Texelgruppe
Texel Sp. 3318
Saltaus
Hirzer
Durnholz
Schalders
Vahrn
Brixen/ Bressanone
Partschins
Algund
Tirol
Riffian
Verdins
Schenna
Reinswald
Rabland
Naturns
Meran/ Merano
Hafling
Latzfons
Feldthurns
Staben
Plaus
Marling
Katzenstein
Astfeld
Sarnthein
Säben
Tabland
Kastelbell
Tscherms
Lana
Völlan
Rittner Horn 2259
Klausen
Gufidaun
St. Peter
Barbian
Lajen
St. Pankraz
Gargazon
Trostburg
Kastelruth
St. Walburg
Tisens
Vilpian
Mitterbad
Gfrill
Nals
Jenesien
Oberinn
Klobenstein
Seis
Gampenjoch
Terlan
Maultasch
Oberbozen
Unsere Liebe Frau i. W.
Andrian
Runkelstein
Unterinn
Völs a. S.
Schlern 2563
Perdonig
Karneid
Naturpark Schlern
Proveis
St. Felix
St. Pauls
Laurein
Castelfondo
Eppan a. d. W.
Sigmundkron
BOZEN/ BOLZANO
Tiers
Weißlahnbad
Lanza
Girlan
Mione
Fondo
Planitzing
Gummer
Welschnofen
St. Nikolaus
Leifers
Bèvia
Preghena
Pfatten
Mendelpass
Kaltern a. d. W.
Petersberg
Deutschnofen
Vigo di Fassa
Bozzana
Romeno
Amblàr
Branzoll
Revò
Leuchtenburg
Eggen
Karer P.
Moena
Cles
Sanzeno
Caldès
Mte. Roen 2116
St. Josef
Auer
Aldein
Pso. di Lavaze
Stubaier Alpen
Sarntaler Alpen

11
Wattens
Volders
Weerberg
Tulfes
Volderwildbad
Rinn
182
Walchen
Truppen-übungspl.
Gilfert 2506
Kaltenbach
Stumm
Aschau im Zillertal
Zell am Ziller
Hainzenberg
Gmünd
Gerlos
Gerlospass
Kreuzjoch 2558
Almdorf Königsleiten
Wald im Pinzgau
Krimml
Speicher Durlaßboden
Krimmler Ache
Hirzer 2725
Rastkogel 2762
Hippach
Schwendau
Ramsau i. Z.
Brandberg
Gerlostal
Mayrhofen
191
2973
Lanersbach
Finkenberg
Tuxer Tal
Navis
Lizumer Reckner 2886
Ellbögen
Navis B.
Kasern
Hintertux
Dornauberg
Ginzling
Hochgebirgs-Naturpark Zillertaler Alpen
Speicher Zillergründl
Reichen Sp. 3303
152
Birnlücke 2665
Steinach a. Br.
Schmirn
H. Riffler 3231
Olperer 3476
Breitlahner
St. Jodok a. Br.
Innervals
Gries a. Br.
Brennersee
Brenner
Schlegeisspeicher
Schwarzenstein 3369
Gr. Löffler 3379
Zillertaler Alpen
Kasern
Prettau
Rötspitze 3496
St. Jakob i. A.
Ahrntal
Brenner/ Brennero
Brennerbad/ T. di Brennero
St. Jakob i. P.
Hochfeiler 3509
Gr. Möseler 3480
St. Johann i. A.
621
Weissenbach
Luttach
Rain
Pfitscher Tal
Wild Kreuz Sp. 3132
Lappach
Sand i. T.
Taufers
Naturpark Rieserferner-Ahrn
Hochgall 3436
Staller Sattel 2052
Sprechenstein
Freienfeld
Pfunders
Grubbach Sp. 2809
Mühlwald
Mühlen
Tauferer Tal
3105
Mauls
Vals
Weitental
Uttenheim
Antholz-Mittertal
Antholz-Niedertal
St. Magdalena-Obertal
39
Mittewald
Meransen
Niedervintl
Terenten
St. Sigmund
Kiens
Pfalzen
Gais
St. Georgen
Antholzer Tal
Rieserfernergruppe
St. Martin i. G.
Franzensfeste
Spinges
Mühlbach
Rienz
Ehrenburg
Bruneck/ Brunico
Percha
Oberrasen
Außerpichl
Gsieser B.
Gr. Dolomitenstr.
Rodeneck
Brixen/ Bressanone
Vahrn
Schabs
Saalen 2190
St. Lorenzen
Reischach
Mitter-olang
Welsberg
Niederdorf
Toblach
Schalders
Neustift
Lüsen
53
2273
Zwischen-wasser
Kronplatz
Enneberg
Gadertal
Petschied
Außerprags
St. Andrä
Plose 2486
Milland
St. Vigil
Bad Altprags
Latzfons
Albeins
Palmschoß
Untermoi
St. Martin i. Th.
Naturpark
Pragser Wildsee
2839 Dürrenstein
Feldthurns
Säben
St. Georg in Afers
Peitlerkofel 2875
Seekofel 2810
30
Chiusa-Val Gardena
Gufidaun
St. Peter
Villnöß
244
Pederuhütte
Klausen
46
Lajen
Campill
Fanes-Sennes-Prags
Parco Nat. delle Dolomiti d'Ampezzo
Schluderbach
Ospitale
Gemärk Pass
Col S. Angelo
Grödner Tal
Geisler Sp. 3025
Naturpark Puez-Geisler
St. Leonhard
Stern
Abteital
3034
Trostburg
Kastelruth
St. Ulrich
St. Christina
Mt. Cristallo 3221
242d
242
Wolkenstein
Rifúgio Bellavista
Seis
Kolfuschg
Corvara in Badia
St. Kassian
Tofana 3243
Cortina d'Ampezzo
Pso. di Valparola
Fischburg
Grödner J.
2192
Pso. Tre Croci 1805
Hauenstein
Bad Ratzes
Völs a. S.
Schlern 2563
Naturpark Schlern
Langkofel
Sella
Sellajoch (Pso. di Sella)
Piz Boe 3152
Pso. di Campolongo
Pso. di Falzarego
Pocol
Sorapis 3205
Tiers
Weißlahnbad
Campitello di F.
Arabba
Livinallongo
48
Andràz
Pso. di Giau
XII-IV
51
S. Vito di Cad.
3002
Rosengarten
Mazzin
Canazei
Pso. Pordoi 2239
Penia
Pso. di Fedaia
Pieve di L.
Selva di Cad.
Rifugio Città di Fiume
Welschnofen
2057
Marmolada 3343
Rocca Piétore
Caprile
Pescùl
Forcella Staulanza
Val di Fassa
Vigo di Fassa
Gr. Dolomitenstr.
X-IV
Alleghe
Mte. Pelmo 3168
27
Karer P. (Pso. di Costalunga)
Moena
Soraga
Pso. di S. Pellegrino 1918
S. Tomaso Ag.
203
Mte. Civetta 3220
Zoppè d. Cad.
Fusine
Pso. di Lavaze
Mte. Pradazzo 2276
Falcade

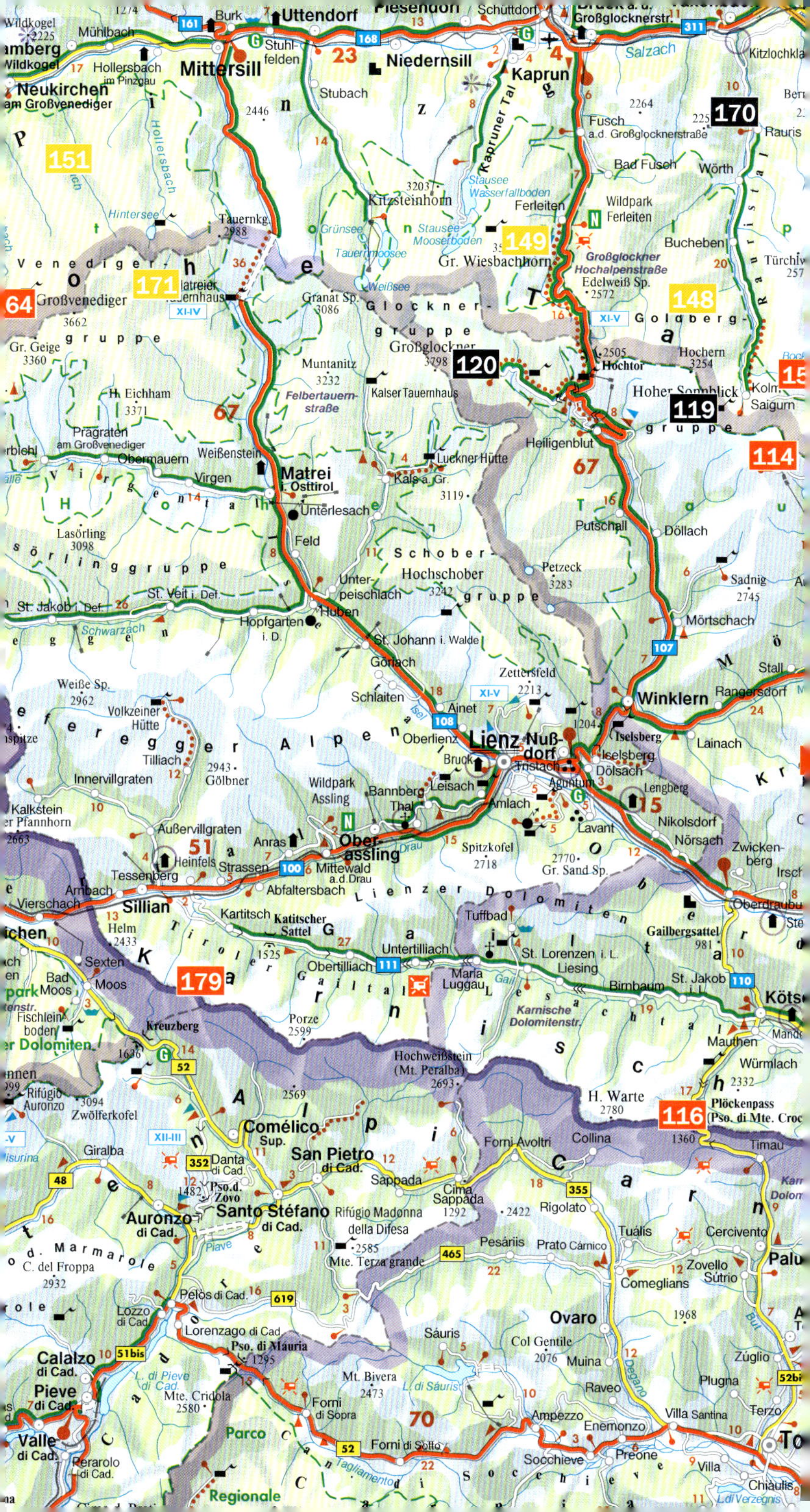

Mittersill
Uttendorf
Niedernsill
Kaprun
Großglocknerstr.
Salzach
Kitzlochklamm
Neukirchen am Großvenediger
Hollersbach im Pinzgau
Stuhlfelden
Stubach
Kitzsteinhorn
Kapruner Tal
Fusch a.d. Großglocknerstraße
Bad Fusch
Wörth
Rauris
Ferleiten
Wildpark Ferleiten
Bucheben
Großglockner Hochalpenstraße
Edelweiß Sp.
Gr. Wiesbachhorn
Tauernkg.
Großvenediger
Venediger-gruppe
Matreier Tauernhaus
Granat Sp.
Glockner-gruppe
Großglockner
Goldberg-gruppe
Hochtor
Hochern
Hoher Sonnblick
Kolm Saigurn
Muntanitz
Felbertauernstraße
Kalser Tauernhaus
Heiligenblut
Gr. Geige
H. Eichham
Prägraten am Großvenediger
Obermauern
Virgen
Weißenstein
Matrei i. Osttirol
Lucknerhütte
Kals a. Gr.
Unterlesach
Lasörling
Lasörlinggruppe
Feld
Putschall
Döllach
Schobergruppe
Hochschober
Petzeck
Sadnig
St. Veit i. Def.
St. Jakob i. Def.
Unterpeischlach
Huben
Hopfgarten i. D.
Schwarzach
Mörtschach
St. Johann i. Walde
Görtschach
Zettersfeld
Schlaiten
Weiße Sp.
Volkzeiner Hütte
Winklern
Rangersdorf
Stall
Ainet
Lienz
Nußdorf
Oberlienz
Iselsberg
Lainach
Villgratner Alpen
Tilliach
Gölbner
Innervillgraten
Wildpark Assling
Bannberg
Leisach
Thal
Tristach
Dölsach
Lengberg
Amlach
Aguntum
Lavant
Nikolsdorf
Nörsach
Zwickenberg
Irschen
Kalkstein
Außervillgraten
Anras
Ober-assling
Drau
Spitzkofel
Gr. Sand Sp.
Heinfels
Strassen
Mittewald a.d. Drau
Tessenberg
Ambach
Vierschach
Sillian
Abfaltersbach
Lienzer Dolomiten
Oberdrauburg
Kartitsch
Katitscher Sattel
Tuffbad
Gailbergsattel
Helm
Tiroler Gailtal
Untertilliach
Obertilliach
St. Lorenzen i. L.
Liesing
Sexten
Moos
Bad Moos
Fischleinboden
Maria Luggau
Birnbaum
St. Jakob i. L.
Kötschach
Porze
Karnische Dolomitenstr.
Kreuzberg
Mauthen
Würmlach
Hochweißstein (Mt. Peralba)
H. Warte
Plöckenpass (Pso. di Mte. Croce)
Rifúgio Auronzo
Zwölferkofel
Comélico Sup.
Forni Avoltri
Collina
Timau
Giralba
Danta di Cad.
San Pietro di Cad.
Sappada
Cima Sappada
Rigolato
Auronzo di Cad.
Pso.d. Zovo
Santo Stéfano di Cad.
Rifúgio Madonna della Difesa
Tualis
Cercivento
Paluzza
Piave
Marmarole
C. del Froppa
Mte. Terza grande
Pesáriis
Prato Cárnico
Zovello
Sútrio
Comeglians
Pelos di Cad.
Lozzo di Cad.
Lorenzago di Cad
Ovaro
Col Gentile
Muina
Sáuris
Pso. di Máuria
Calalzo di Cad.
Pieve di Cad.
L. di Pieve di Cad.
Mte. Cridola
Mt. Bivera
L. di Sáuris
Raveo
Villa Santina
Zúglio
Plugna
Terzo
Forni di Sopra
Ampezzo
Enemonzo
Valle di Cad.
Perarolo di Cad.
Parco Regionale
Forni di Sotto
Tagliamento
Socchieve
Preone
Villa
Chiáulis
Tolmezzo
L. di Verzegnis

Kitzlochklamm
Liechtenstein-Klamm
Höllwand
Schied
Kleinarl
Zauchensee
Flachauwinkl
Hinterer Geißstein
Bernkogel
Dorfgastein
Großarl
Kraxenkogel
Tauernalm
Obertauern
Fusch
Rauris
Gr. Pleißlingkeil
Bad Fusch
Wörth
Draugstein
Hüttschlag
Tweng
Wildpark Ferleiten
Bad Hofgastein
Zederhaus
Bucheben
Türchlwand
See
Weißeck
Großglockner Hochalpenstraße
Goldberg
Stubner Kg.
Böckstein
Bad Gastein
Rotgülden
Muhr
St. Michael i. Lungau
Hochtor
Hochern
Kölnbrein Speicher
Rockhartsee
Hoher Sonnblick
Kolm. Saigum
Sportgastein
Ankogel
Hafner
gruppe
Hochalmspitze
Gmünder Hütte
St. Peter
Rennweg am Katschberg
Seebach
Mallnitz
Pflüglhof
Döllach
Oschenik S.
Innerfragant
Wildpark Diana
Kremsbrücke
Reißeck
Sadnig
Außerfragant
Flattach
Obervellach
Stallhofen
Malta
Dornbach
Leoben
Eisentratten
Mörtschach
Polinik
Mühldorfer Seen
Gmünd i. K.
Gmeineck
Trebesing
Stall
Napplach
Oberkolbnitz
Winklern
Rangersdorf
Lainach
Mühldorf
Kn. Spittal/ Millstätter See
Lieserhofen
Iselsberg
Salzkofel
Möllbrücke
Treffling
Dölsach
Kreuzeckgruppe
Sachsenburg
Lendorf
Tangern
Seeboden
Lengberg
Hochkreutz
Spittal a. d. Drau
Nikolsdorf
Nörsach
Obere Draßnitz
Baldramsdorf
Porcia
Molzbichl
Zwickenberg
Irschen
Kleblach
Steinfeld
Lind i. Dr.
Dellach i. Dr.
Berg i. Dr.
Oberdrauburg
Greifenburg
Gajach
Goldeck
Latschur
Stockenboi
Zian
Gailbergsattel
Stein
Drau
Bruggen
Techendorf
Neusach
Weißensee
Weißenbach
St. Jakob i. L.
Birnbaum
Kötschach
Reißkofel
Kreuzberg
Boden
Kreuzen
St. Helena
Weißbriach
Dellach
St. Lorenzen i. G.
Mauthen
Mandorf
Grafendorf
Kirchbach
Spitzegel
Karnische Dolomitenstr.
Würmlach
Reisach
Waidegg
Hermagor
Obervellach
Köstendorf
H. Warte
Grünburg
Rattendorf
Pressegger S.
Egg
St. Paul a. d. G.
Plöckenpass (Pso. di Mte. Croce Carnico)
Tröpolach
Möderndorf
St. Stefan im Gailtal
Timau
Trogkofel
Nassfeld
Vorderberg
Dellacher A.
Mte. Zermula
Ligosullo
Tualis
Cercivento
Paluzza
Paularo
Zovello
Sutrio
Comeglians
Pontebba
Malborghetto
Ugovizza
Camporosso
Salino
Bagni di Lusn.
Valbruna
Tarvisio S.
Arta Terme
Mt. Sernio
Dordolla
Mte. Sto. di Lussari
Züglio
Dogna
Rifugio Grego
Raveo
Plugna
Illégio
Jôf di Montasio
Jôf Fuart
Villa Santina
Terzo
Enemonzo
Tolmezzo
Móggio Udinese
Chiusaforte
Saletto
Sella Nevea
Pso. di Predil
Preone
Villa
Amaro
Resiutta
Prato di Résia
Rifugio Júlia
Chiaulis
L. di Verzegnis
Mte. Plàris
Stolvizza

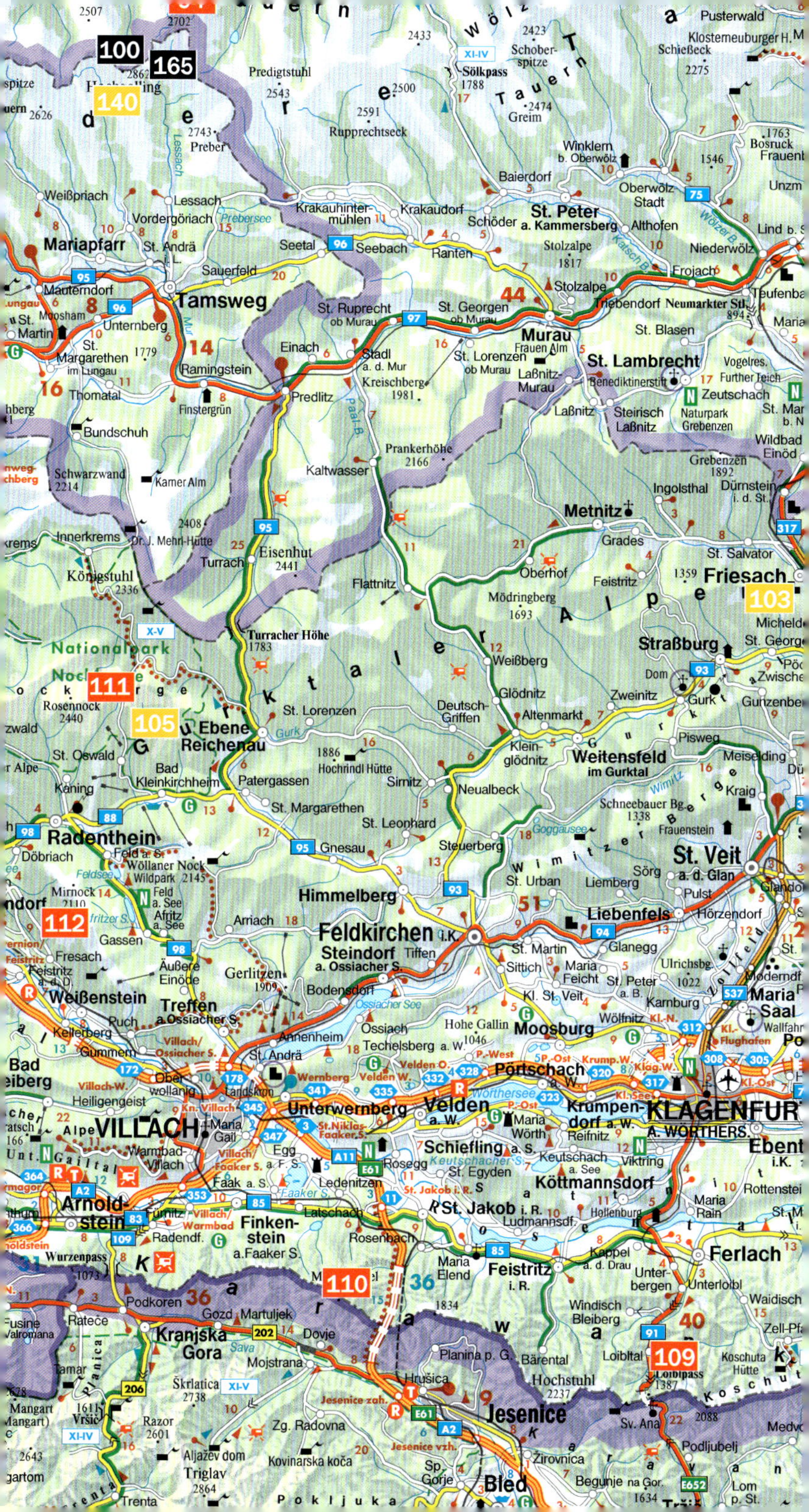

100
165
140
Predigtstuhl
2543
Sölkpass
1788
Schoberspitze
Greim
2474
Rupprechtseck
Preber
2743
Lessach
Weißpriach
Vordergöriach
Prebersee
Krakauhintermühlen
Krakaudorf
Baierdorf
Winklern b. Oberwölz
Oberwölz Stadt
Mariapfarr
St. Andrä
Seetal
Seebach
Ranten
Schöder
St. Peter a. Kammersberg
Stolzalpe
1817
Althofen
Niederwölz
Frojach
Teufenbach
Mauterndorf
Tamsweg
Unternberg
St. Martin
St. Margarethen im Lungau
1779
Ramingstein
Finstergrün
Thomatal
St. Ruprecht ob Murau
St. Georgen ob Murau
Murau
Stolzalpe
Triebendorf
Neumarkter Stl.
St. Blasen
St. Lambrecht
Benediktinerstift
Zeutschach
Naturpark Grebenzen
Einach
Stadl a. d. Mur
Kreischberg
1981
St. Lorenzen ob Murau
Laßnitz-Murau
Laßnitz
Steirisch Laßnitz
Predlitz
Bundschuh
Schwarzwand
2214
Kamer Alm
Kaltwasser
Prankerhöhe
2166
Grebenzen
1892
Dürnstein i. d. St.
Wildbad Einöd
Ingolsthal
Metnitz
Grades
St. Salvator
Friesach
103
Innerkrems
Dr. J. Mehrl-Hütte
2408
Turrach
Eisenhut
2441
Königstuhl
2336
Flattnitz
Oberhof
Feistritz
1359
Mödringberg
1693
Turracher Höhe
1783
Nationalpark
111
105
Rosennock
2440
St. Lorenzen
Weißberg
Glödnitz
Deutsch-Griffen
Altenmarkt
Zweinitz
Straßburg
Gurk
Dom
Ebene Reichenau
Gurk
1886
Hochrindl Hütte
Klein-glödnitz
Weitensfeld im Gurktal
Pisweg
Meiselding
St. Oswald
Bad Kleinkirchheim
Patergassen
Sirnitz
Neualbeck
Kaning
St. Margarethen
Radenthein
St. Leonhard
Schneebauer Bg.
1338
Frauenstein
Kraig
Döbriach
Feld a. S.
Wöllaner Nock
2145
Wildpark
Gnesau
Steuerberg
St. Veit a. d. Glan
St. Urban
Liemberg
Sörg
Pulst
Glandorf
Feld a. See
Afritz a. See
Himmelberg
Liebenfels
Hörzendorf
112
Arriach
Feldkirchen i.K.
Steindorf a. Ossiacher S.
Tiffen
St. Martin
Glanegg
Gassen
Fresach
Äußere Einöde
Gerlitzen
1909
Sittich
Maria Feicht
Ulrichsbg.
1022
St. Peter a. B.
Karnburg
Maria Saal
Weißenstein
Treffen a.Ossiacher S.
Bodensdorf
Ossiacher See
Ossiach
Hohe Gallin
1046
Kl. St. Veit
Moosburg
Wölfnitz
Puch
Kellerberg
Gummern
Annenheim
Techelsberg a. W.
Pörtschach
Krump. W.
Bad Bleiberg
Oberwollanig
St. Andrä
Landskron
Wernberg
Velden
Wörthersee
Klagenfurt a. Wörthers.
Heiligengeist
Unterwernberg
Velden a. W.
Krumpendorf a. W.
Villach
Maria Gail
Maria Wörth
Reifnitz
Wampad-Villach
Egg
Schiefling a. S.
Keutschach a. See
Viktring
Ebent
Rosegg
St. Egyden
Köttmannsdorf
Faak a. S.
Ledenitzen
Faaker S.
Rottenstein
Arnoldstein
Fürnitz
Latschach
St. Jakob i. R.
Ludmannsdf.
Hollenburg
Maria Rain
Finkenstein a.Faaker S.
Radendf.
Rosenbach
Maria Elend
Feistritz i. R.
Kappel a. d. Drau
Ferlach
Unterbergen
Unterloibl
Wurzenpass
1073
110
36
Podkoren
Rateče
Kranjska Gora
Gozd Martuljek
Dovje
Mojstrana
Sava
Planina p. G.
Bärental
Windisch Bleiberg
Loibltal
109
Loiblpass
1387
Hochstuhl
2237
Koschuta Hütte
Waidisch
Zell-Pfarre
Tamar
Škrlatica
2738
Hrušica
Jesenice
Jesenice zah.
Jesenice vzh.
Sv. Ana
Podljubelj
2088
Mangart
Vršič
1611
Razor
2601
Zg. Radovna
Aljažev dom
Triglav
2864
Kovinarska koča
Sp. Gorje
Bled
Žirovnica
Begunje na Gor.
1634
Lom p. St.
Trenta
Pokljuka
Koschuta

Pusterwald
Klosterneuburger H.
Möderbrugg
Schießeck
2275
St. Oswald
Unterzeiring
Oberzeiring
1497
Gaal
Seckau
Bischoffeld
1589
Hölzlberg
Benediktinerstift
St. Marein b.Kn.
Feistritz b.Kn.
Preg
St. Lorenzen b.
Glein
Kobenz
St. Margarethen b.Kn.
Rachau
Spielberg
Knittelfeld
Flatschach
Allerheiligen
Pöls
114a
Fohnsdorf
S36
Lind
Großlobming
Steinplan
1670
Zeltweg
78
317
26
St. Georgen ob Judenburg
St. Peter ob Judenburg
Judenburg
77
Maria Buch
Weißkirchen i. St.
Kleinlobming
Kleinfeistritz
Eppenstein
36
Gaberl
1547
1763
Bosruck
Frauenburg
Unzmarkt
Mur
1546
Oberwölz Stadt
75
Althofen
Lind b. S.
Niederwölz
Wölzer B.
Scheifling
Frojach
Katsch B.
Teufenbach
Triebendorf
Neumarkter Sttl.
894
Perchauer Sattel
995
Perchau am Sattel
Mariahof
Schmelz
Kathal
St. Georgen i. O.
St. Blasen
St. Wolfgang
St. Lambrecht
Benediktinerstift
Vogelres. Further Teich
Neumarkt i. Steiermark
Obdach
2187
Speikkogel
1993
Zeutschach
Steirisch Laßnitz
Naturpark Grebenzen
St. Marein b. N.
Zirbitzkogel
2396
91
Obdacher Stl.
955
St. Anna a. Lavantegg
89
Hirschegg
Wildbad Einöd
St. Veit i. d. Gegend
Mühlen
Noreia
Reichenfels
Grebenzen
1892
Dürnstein i. d. St.
Ingolsthal
33
78
92
Bad St. Leonhard i. Lavanttal
Packsattel
1169
St. Martin a. Silberberg
Sommerau
Pack
317
Hohenwart
1818
Mosinz
Klieningg
Bad St. Leonhard
241
Preitenegg
231
Grades
St. Salvator
Zeltschach
1359
Friesach
103
Feistritz
Dobritsch
Hüttenberg
1644
Klippitztörl
Wiesenau
Prebl-Brunnen
Schiefling
Waldenstein
46
Micheldorf
Lölling
Prebl
Twimberg
Straßburg
St. Georgen
Preims
Kamp
70
93
Pöckstein-Zwischenwässern
Guttaring
Dom
Althofen
Mösel
Bad Weißenbach
23
Zweinitz
Gurk
Gunzenberg
Treibach
Wieting
107
Ladinger Sp.
2079
St. Margarethen i. Lavanttal
St. Gertraud
Frantschach
Silberegg
Wolfsberg/Nord
Pisweg
252
Wolfsberg
Kappel a. Kr.
Kl. St. Paul
St. Michael
255
Meiselding
Dürnfeld
St. Klementen
St. Oswald
Wolfsberg/Süd
Kraig
St. Marein
St. Stefan
Passering
Mannsberg
Eberstein
St. Leonhard a. d. Saualpe
Schneebauer Bg.
1338
317
Fischering
Eitweg
Frauenstein
Längsee
Hochfeistritz
Wölfnitz
St. Georgen a. L.
Launsdf.
St. Andrä i. Lavanttal
St. Walburgen
Jakling
St. Veit a. d. Glan
Sörg
82
Brückl
Pustritz
Pulst
Glandorf
Hochosterwitz
264
Maria Rojach
Liebenfels
Hörzendorf
St. Donat
Magdalensberg
St. Ulrich a. J.
102
Schönweg-St. Andrä
St. Andrä
94
20
Kl. St. Veit
Griffener B.
Hundsdorf
Glanegg
St. Michael
92
Obertrixen
Griffen
Benediktinerstift
Ulrichsbg.
1022
104
St. Filippen
Waisenbg.
St. Stefan
Haimburg
79
St. Paul i. Lavanttal
101
St. Peter a. B.
Möderndf.
537
Pischeldf.
St. Margarethen o. T.
Völkermarkt-O.
E66
80a
Karnburg
Maria Saal
St. Michael o. d. G.
A2
278
273
Griffen
80
Wölfnitz
Kl.-N.
Wallfahrtskirche
Völkermarkt-West
Ruden
Schwabegg
312
Kl.-Flughafen
Poggersdf.
Wabelsdf.
288
Völkermarkt
308
305
298
Neudenstein
Völkermarkter Stausee
St. Nikolai
81
Neuhaus
320
Klag.W.
Kl.-Ost
St. Marxen
Aich
317
Hörtendf.
Tainach
Drau
Edling
Kl. See
70
Grafenstein
St. Kanzian a. Klop. S.
Jaunfeld
KLAGENFURT A. WÖRTHERSEE
Kühnsdorf
Bleiburg
Ebenthal i.K.
Grafenstein
Stein i. J.
82
Buchbrunn
Eberndorf
Moos
Obermieger
81
Vogelpark b. Turner See
St. Stefan
Viktring
Rottenstein
St. Veit i. J.
Gösselsdorf
St. Michael o. Bleiburg
Lokovica
Prevalje
Rückersdf.
Altendorf
Globasnitz
Maria Rain
Abtei
Gallizien
Poljana
Hollenburg
St. Margareten i. R.
85
Sittersdorf
Leše
Kappel a. d. Drau
Oberdörfl
Rechberg
Hochpetzen
2113
Siebenhütten
Mežica
Ferlach
Obirhöhle
425
Unterbergen
Unterloibl
108
Hochobir
2139
117
Bad Eisenkappel
Waidisch
Topla
40
Zell-Pfarre
Žerjav
91
Loibltal
109
Loiblpass
1387
Koschuta Hütte
X-V
Ebriach
Koprivna
Črna na Koroškem
82
Koschuta
2136
Trögern
Vellach
Ludranski Kamen Vrh
1684
Sv. Ana
2088
Medvodje
Seeberg
1215
Zg. Jezersko
Raduha
2062
Solčava
Podljubelj
Logarska Dol.
Boskovec
1588
E652
Lom p. St.
428

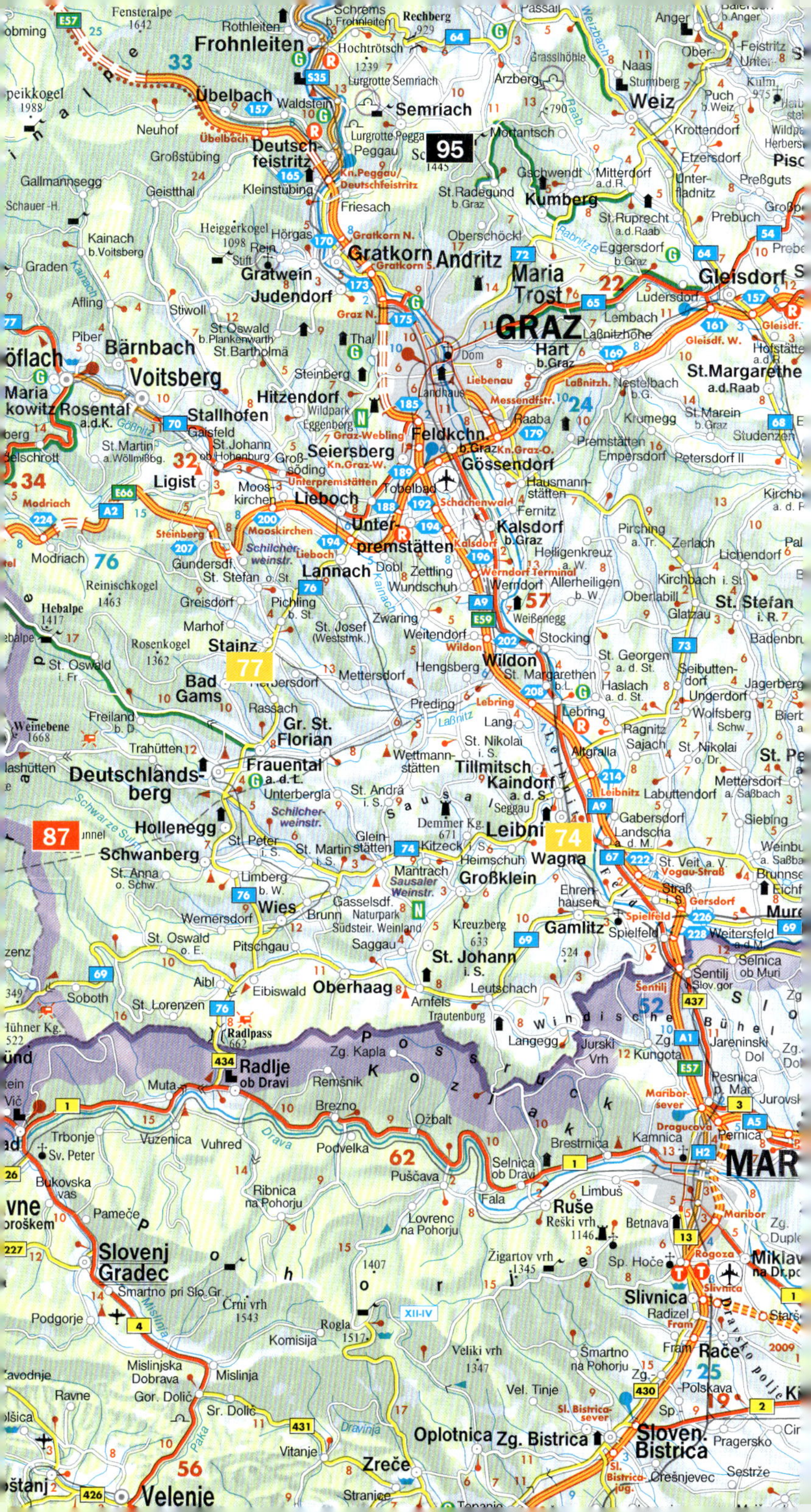

Frohnleiten
Übelbach
Deutschfeistritz
Semriach
Peggau
Gratwein
Gratkorn
Judendorf
Andritz
Maria Trost
GRAZ
Weiz
Gleisdorf
Kumberg
St. Radegund
St. Margarethe a.d.Raab
Voitsberg
Bärnbach
Köflach
Maria Lankowitz
Rosental a.d.K.
Stallhofen
Hitzendorf
Seiersberg
Feldkirchen b.Graz
Gössendorf
Lieboch
Ligist
Unterpremstätten
Lannach
Kalsdorf b.Graz
Stainz
Bad Gams
Wildon
Gr. St. Florian
Frauental a.d.L.
Deutschlandsberg
Hollenegg
Schwanberg
Wies
Leibnitz
Wagna
Großklein
Gamlitz
Spielfeld
St. Johann i. S.
Oberhaag
Eibiswald
Arnfels
Leutschach
Tillmitsch
Kaindorf a. d. S.
St. Stefan i. R.
Radlpass
Radlje ob Dravi
Muta
Pohorje
Slovenj Gradec
Ruše
MARIBOR
Slivnica
Rače
Sloven. Bistrica
Oplotnica
Zg. Bistrica
Zreče
Velenje
Mislinja
Selnica ob Dravi
Kungota
Šentilj
Lenart
Drava
Windische Bühel
Poßruck
Hebalpe
Weinebene
Schilcher weinstr.
Sausaler Weinstr.
Südsteir. Weinland
Naturpark

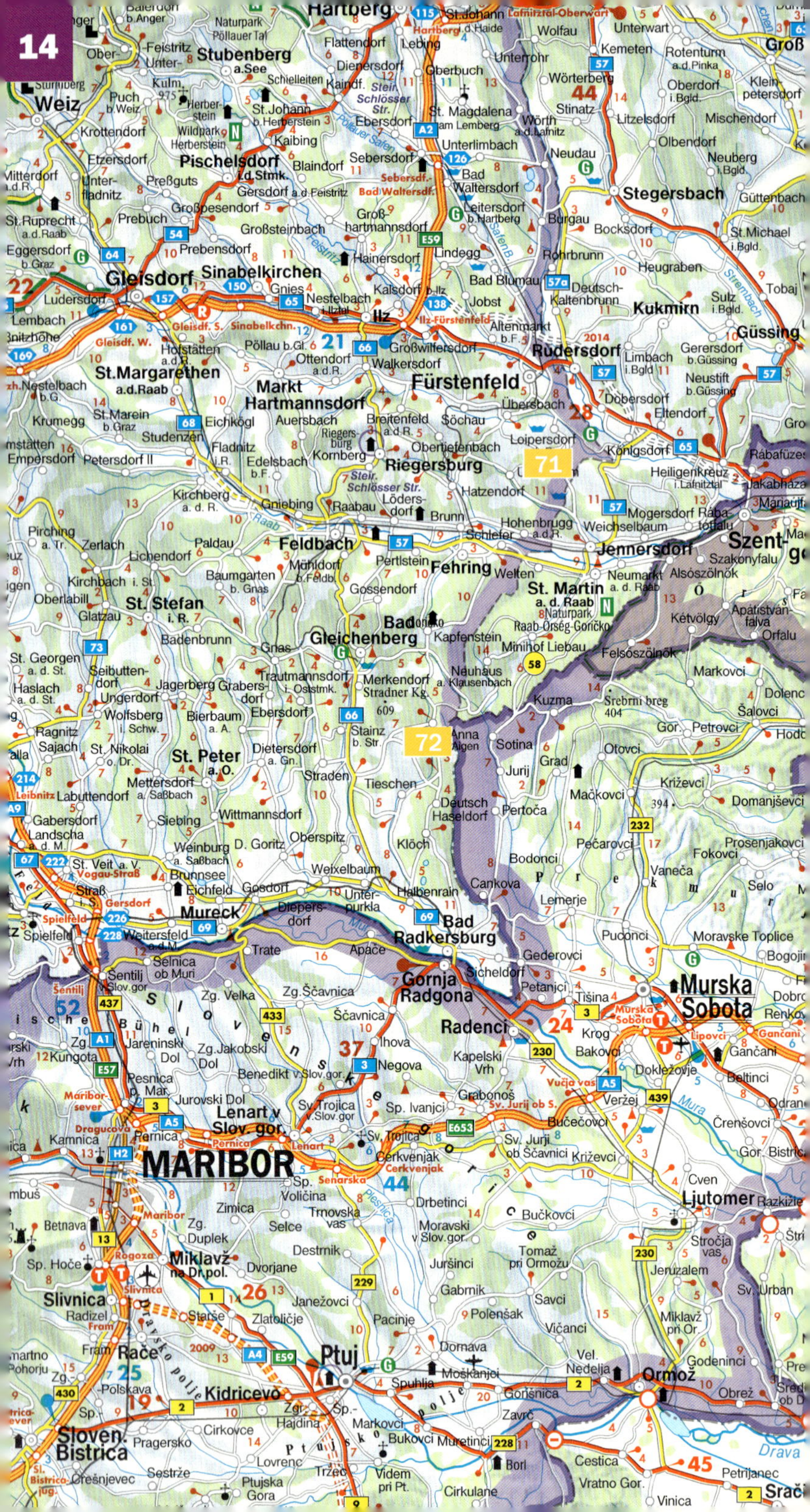
Hartberg
Stubenberg a.See
Weiz
Pischelsdorf i.d.Stmk.
Gleisdorf
Sinabelkirchen
Ilz
Fürstenfeld
Rudersdorf
Güssing
Stegersbach
Kukmirn
St.Margarethen a.d.Raab
Markt Hartmannsdorf
Riegersburg
Feldbach
Fehring
Jennersdorf
Szentgotthárd
St. Martin a. d. Raab
Bad Gleichenberg
St. Stefan i. R.
St. Peter a. O.
Mureck
Bad Radkersburg
Gornja Radgona
Radenci
Murska Sobota
Lenart v Slov. gor.
MARIBOR
Miklavž na Dr.polj.
Slivnica
Rače
Kidričevo
Ptuj
Ormož
Ljutomer
Slovenj. Bistrica
Spielfeld
Straß i. St.
Leibnitz
Drava
Mura
Raab
Steir. Schlösser Str.
Naturpark Raab-Örség-Goričko
71
72

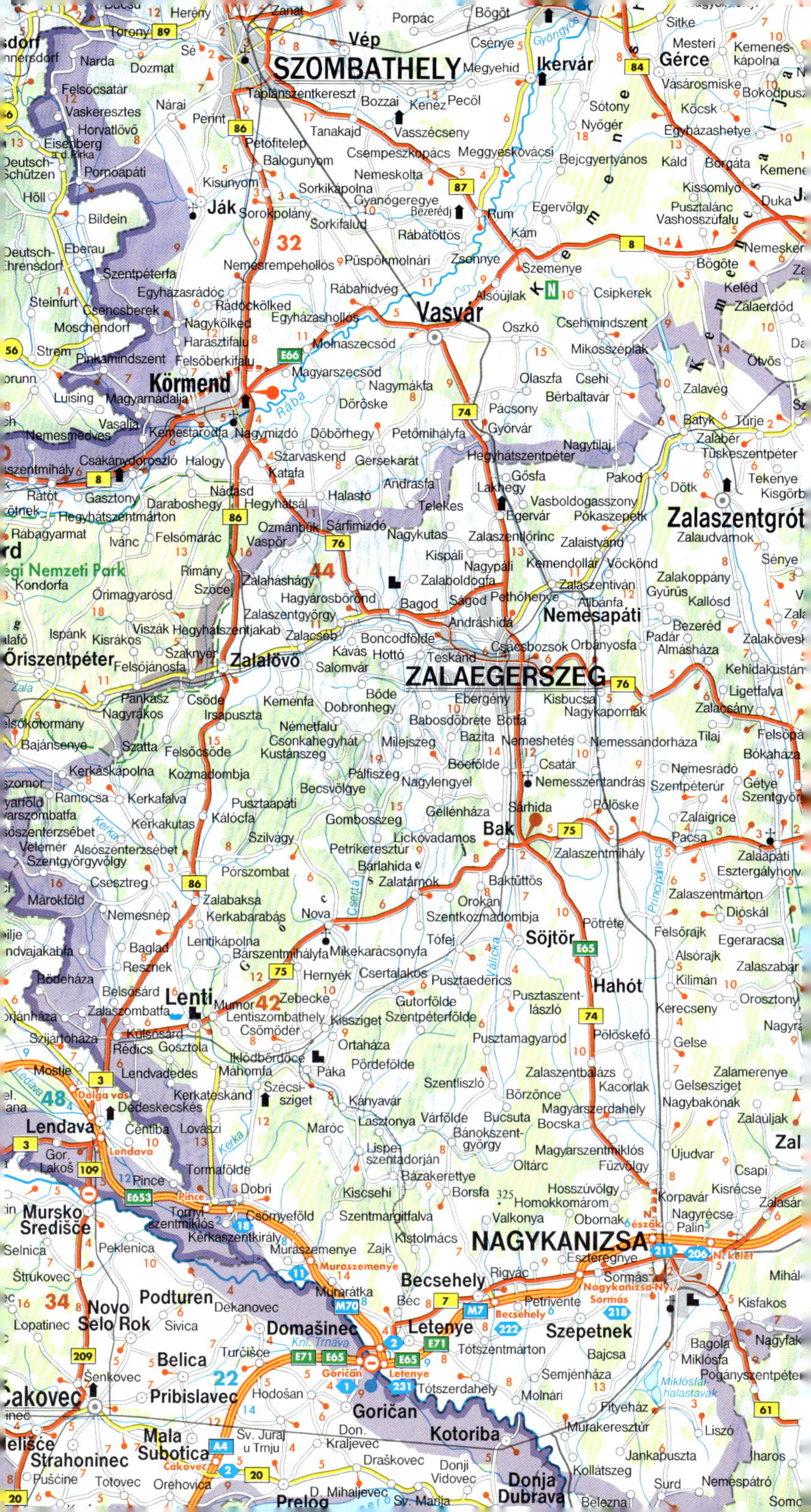

Herény
Zanat
Porpác
Bögöt
Sitke
Torony
Sé
Vép
Csénye
Mesteri
Kemenes-kápolna
Narda
Dozmat
SZOMBATHELY
Megyehid
Ikervár
Gérce
Felsőcsatár
Táplánszentkereszt
Bozzai
Kenéz
Pecöl
Sótony
Vásárosmiske
Bokodpuszta
Vaskeresztes
Nárai
Kőcsk
Horvátlövő
Perint
Nyőgér
Egyházashetye
Eisenberg a.d. Pinka
Tanakajd
Vasszécseny
Deutsch-Schützen
Pornóapáti
Petőfitelep
Balogunyom
Csempeszkopács
Meggyeskovácsi
Bejcgyertyános
Káld
Borgáta
Kemeneshőgyész
Nemeskolta
Höll
Kisunyom
Sorkikápolna
Gyanógeregye
Kissomlyó
Ják
Bezerédj
Rum
Egervölgy
Pusztalánc
Duka
Bildein
Sorokpolány
Sorkifalud
Rábatöttös
Vashosszúfalu
Kám
Deutsch-Ehrensdorf
Eberau
Nemesrempehollós
Püspökmolnári
Zsennye
Szemenye
Nemeskeresztúr
Bögöte
Szentpéterfa
Rábahidvég
Alsóújlak
Csipkerek
Keléd
Egyházasrádóc
Rádóckölked
Zalaerdőd
Steinfurt
Csencsberek
Egyházashollós
Vasvár
Oszkó
Cséhimindszent
Moschendorf
Nagykölked
Harasztifalu
Molnaszecsőd
Mikosszéplak
Ötvös
Strem
Pinkamindszent
Felsőberkifalu
Magyarszecsőd
Olaszfa
Csehi
Zalavég
Körmend
Nagymákfa
Bérbaltavár
Luising
Magyarnádalja
Rába
Dőröske
Pácsony
Batyk
Türje
Vasalja
Győrvár
Zalabér
Nemesmedves
Kemestaródfa
Nagymizdó
Döbörhegy
Petőmihályfa
Nagytilaj
Tüskeszentpéter
Szentmihály
Csákánydoroszló
Halogy
Szarvaskend
Gersekarát
Hegyhátszentpéter
Gősfa
Pakod
Tekenye
Katafa
Andrásfa
Dötk
Kisgörbő
Rátót
Gasztony
Nádasd
Halastó
Lakhegy
Vasboldogasszony
Zalaszentgrót
Rönök
Hegyhátszentmárton
Daraboshegy
Hegyhátsál
Telekes
Egervár
Pókaszepetk
Zalaudvarnok
Rábagyarmat
Ozmánbük
Sárfimizdó
Nagykutas
Zalaszentlőrinc
Zalaistvánd
Iváncs
Felsőmarác
Vaspör
Kispáli
Sénye
Őrségi Nemzeti Park
Rimány
Zalaháshágy
Nagypáli
Kemendollár
Vöckönd
Kondorfa
Szőce
Zalaboldogfa
Zalakoppány
Őrimagyarósd
Hagyárosbörönd
Ságod
Pethőhenye
Zalaszentiván
Gyűrűs
Kallósd
Zalaszentgyörgy
Bagod
Alibánfa
Nemesapáti
Ispánk
Kisrákos
Viszák
Hegyhátszentjakab
Andráshida
Bezeréd
Zalakövesd
Őriszentpéter
Szaknyér
Zalacséb
Boncodfölde
Csácsbozsok
Orbányosfa
Padár
Almásháza
Felsőjánosfa
Zalalövő
Kávás
Hottó
Teskánd
Kehidakustány
Zala
Salomvár
ZALAEGERSZEG
Ligetfalva
Pankasz
Csöde
Böde
Kisbucsa
Zalacsány
Nagyrákos
Irsapuszta
Kemenfa
Dobronhegy
Ebergény
Nagykapornak
Felsőpáhok
Alsószenterzsébet
Felsőszenterzsébet
Németfalu
Babosdöbréte
Botfa
Tilaj
Bajánsenye
Szatta
Csonkahegyhát
Milejszeg
Bazita
Nemeshetés
Nemessándorháza
Bókaháza
Felsőcsöde
Kustánszeg
Böcfölde
Csatár
Nemesrádó
Kerkáskápolna
Kozmadombja
Pálfiszeg
Nagylengyel
Nemesszentandrás
Szentpéterúr
Gétye
Szentgyörgyvár
Ramocsa
Kerkafalva
Becsvölgye
Pusztaapáti
Gellénháza
Sárhida
Pölöske
Zalaigrice
Kálócfa
Gombosszeg
Kerkakutas
Kerka
Lickóvadamos
Bak
Pacsa
Velemér
Szilvágy
Petrikeresztúr
Zalaszentmihály
Zalaapáti
Szentgyörgyvölgy
Barlahida
Zalatárnok
Esztergályhorváti
Márokföld
Csesztreg
Pórszombat
Baktüttös
Zalaszentmárton
Zalabaksa
Orokán
Dióskál
Nemesnép
Kerkabarabás
Nova
Szentkozmadombja
Pötréte
Felsőrajk
Egeraracsa
Baglad
Lentikápolna
Barszentmihályfa
Mikekarácsonyfa
Tófej
Söjtör
Alsórajk
Zalaszabar
Resznek
Hernyék
Csertalakos
Pusztaederics
Kilimán
Bödeháza
Belsősárd
Lenti
Zebecke
Hahót
Orosztony
Zalaszombatfa
Mumor
Gutorfölde
Pusztaszentlászló
Kerecseny
Külsősárd
Lentiszombathely
Kissziget
Szentpéterfölde
Nagyrada
Szíjártóháza
Rédics
Gosztola
Csömödér
Ortaháza
Pusztamagyaród
Pölöskefő
Gelse
Iklódbördőce
Mostje
Mahomfa
Páka
Pördefölde
Zalaszentbalázs
Zalamerenye
Lendvadedes
Szentliszló
Kacorlak
Gelsesziget
Dolga vas
Kerkateskánd
Szécsisziget
Börzönce
Nagybakónak
Lendava
Dedeskecskés
Kányavár
Magyarszerdahely
Zalaújlak
Čentiba
Lovászi
Lasztonya
Várfölde
Bucsuta
Bocska
Bánokszentgyörgy
Gor. Lakoš
Lispeszentadorján
Magyarszentmiklós
Újudvar
Oltárc
Fűzvölgy
Tormafölde
Bázakerettye
Csapi
Pince
Dobri
Kiscsehi
Borsfa
Hosszúvölgy
Homokkomárom
Korpavár
Kisrécse
Mursko Središće
Tornyiszentmiklós
Csörnyeföld
Szentmargitfalva
Valkonya
Obornak
Nagyrécse
Palin
Selnica
Peklenica
Kerkaszentkirály
Muraszemenye
Zajk
Kistolmács
NAGYKANIZSA
Eszteregnye
Štrukovec
Murarátka
Becsehely
Rigyác
Sormás
Mihály
Podturen
Dekanovec
Bec
Petrivente
Kisfakos
Novo Selo Rok
Lopatinec
Sivica
Domašinec
Letenye
Szepetnek
Bagola
Nagyfakos
Turčišće
Knl. Trnava
Tótszentmárton
Bajcsa
Miklósfa
Pogányszentpéter
Belica
Senkovec
Goričan
Semjénháza
Miklósfai halastavak
Čakovec
Pribislavec
Hodošan
Tótszerdahely
Molnári
Fityeház
Goričan
Kotoriba
Murakeresztúr
Liszó
Mala Subotica
Sv. Juraj u Trnju
Don. Kraljevec
Jankapuszta
Iharos
Strahoninec
Draškovec
Kollátszeg
Pušćine
Totovec
Orehovica
Donji Vidovec
Donja Dubrava
Surd
Nemespátró
Prelog
D. Mihaljevec
Sv. Marija
Belezna
Somogy

Zur Brücke von Andau

Über die „Fluchtstraße" zur Gedenkstätte am Einserkanal

Im Jahr 1956, nach der Niederschlagung des Volksaufstandes in Ungarn, flüchteten rund 70 000 Menschen über die Brücke von Andau nach Österreich. Im November 1956 wurde die Brücke von ungarischen Soldaten gesprengt; viele Ungarn versuchten danach noch, bei eisiger Kälte schwimmend den Einserkanal zu überqueren. 40 Jahre später wurde von österreichischen und ungarischen Pionieren gemeinsam eine neue Brücke und eine Gedenkstätte errichtet, die an die dramatischen Ereignisse erinnern.

Foto: wikipedia

Ausgangspunkt:
Andau, Endstation der Buslinie 872 ab Wien-Südtiroler Platz.

Endpunkt:
Tadten, an der gleichen Buslinie. Wer mit dem Auto anreist, parkt am besten bei der Informationshütte an der Fluchtstraße und geht über die unten beschriebene Rundweg-Variante.

Höhenunterschied: Keiner.

Anforderungen:
Leichte, aber längere Wanderung auf großteils befestigten Güterwegen.

Einkehr:
In Andau und Tadten.

Variante:
Wer die Tour als Rundweg begehen möchte, kann kurz vor Tadten rechts über Feldwege zur Fluchtstraße zurückkehren: Der Rückweg wird von einem Entwässerungsgraben begleitet; bei der ersten Kreuzung, nachdem sich dieser nach rechts entfernt hat, rechts abbiegen. Am Ende des Weges entlang einem Weingarten rechts, den nächsten Feldweg links, am Wegende nochmals links und die erste Möglichkeit wieder rechts.

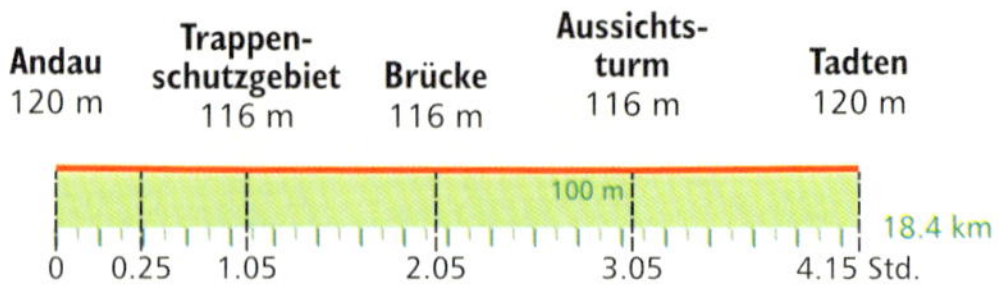

Von der Bushaltestelle **Andau**-Friedhof gehen wir durch den Dammweg am Feuerwehrhaus vorbei aus dem Ort hinaus. Wir folgen den Wegweisern des Hanság-Radweges B 22 an einem überdachten Rastplatz (Informationshütte) vorbei über die „Fluchtstraße", entlang der man eine Freiluftgalerie mit Arbeiten von Künstlern zum Themenkreis „Flucht und Vertreibung" gestaltet hat. Nach einer guten Stunde erreichen wir die Nordecke des als Nationalpark-Bewahrungszone ausgewiesenen **Großtrappenschutzgebietes** (Beobachtungsturm). Weiter auf der schnurgeraden Straße gelangen wir in einer weiteren Stunde zur Gedenkstätte bei der **Brücke von Andau**. Für den Rückweg wählen wir, die Wegweiser des Radweges beachtend, den Feldweg direkt entlang der Grenze, bis sich dieser wieder nordwestwärts wendet und in einen Güterweg übergeht. Auf diesem kommen wir an der anderen Seite des Naturschutzgebietes vorbei (weiterer **Beobachtungsturm**, Rastplatz) und schließlich in den Ort **Tadten** hinein, wo bei der Kirche des Dorfes die Bushaltestelle ist.

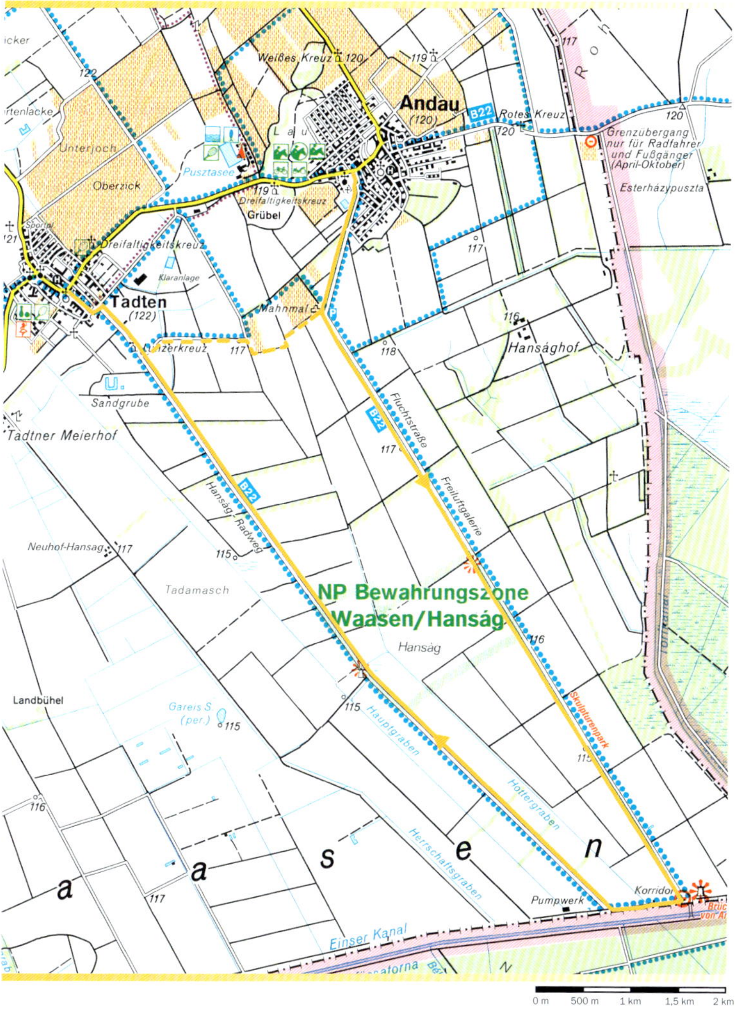

Rund um die Lange Lacke

Wanderung ins älteste WWF-Naturreservat Österreichs
Bereits im Jahr 1963 wurden die letzten unberührten Pusztagebiete Österreichs rund um die „Lange Lacke" vom WWF gepachtet und damit vor der Zerstörung bewahrt. Der See – ein einzigartiges Vogelparadies – schwankt in seiner Ausdehnung zwischen fast 10 km² und völliger Austrocknung.

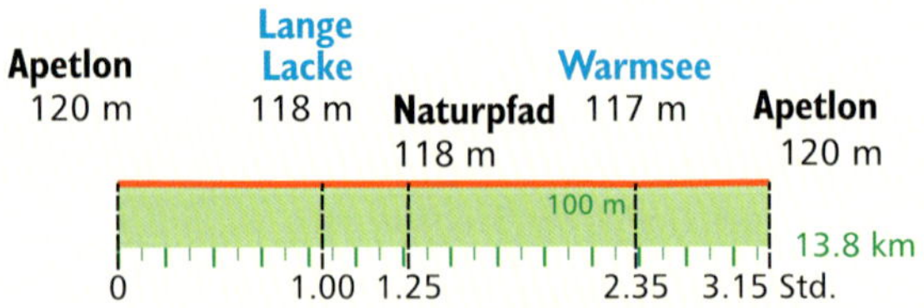

Ausgangspunkt:
Apetlon, Haltestelle der Buslinie 871 von Neusiedl; Parkmöglichkeit im Ortszentrum bei der Kirche. Alternativ kann man die Runde auch an den Parkplätzen der Langen Lacke und des Warmsees beginnen.

Höhenunterschied: Keiner.

Anforderungen:
Leichte Wanderung auf Feld- und Güterwegen.

Einkehr:
Gasthäuser und Heurige in Apetlon, Buffet am Parkplatz bei der Langen Lacke.

Variante:
Man kann die Runde abkürzen, indem man in der lang gezogenen Linkskurve nicht rechts dem Radweg, sondern geradeaus dem Rundweg um die Lange Lacke folgt. So trifft man nach 15 Min. auf den Hinweg und erreicht auf diesem mit 20 Min. Zeitersparnis wieder den Ort Apetlon.

Hinweis:
Am Rundweg wird eine geringe Wegbenutzungsgebühr erhoben.

Foto: Stöckl

In **Apetlon** nehmen wir die Hauptstraße Richtung Wallern, bis links hinter einem kleinen Teich (Rastplätze) die Straße Richtung Frauenkirchen abzweigt. Auf dieser gehen wir aus dem Ort hinaus. Gleich nach dem Ortsende führt rechts der Radwanderweg B 20 ins Lackengebiet. Am Ufer der Langen Lacke treffen wir auf einen Rundwanderweg, dem wir nach rechts folgen. An einem Beobachtungsturm vorbei gelangen wir zu einem Kassenhäuschen, bei dem eine Wegerhaltungsgebühr für diesen Wegabschnitt einbehalten wird. (Abstecher nach rechts zu einem Parkplatz mit **Buffet** möglich, 3 Min.)
Wir bleiben weiterhin auf dem Rundwanderweg entlang dem Ufer, an der WWF-Bildungswerkstatt vorbei. Unmittelbar davor ein romantischer Rastplatz mit Ziehbrunnen und Schilfhütte. Schließlich gabelt sich der Rundweg: Für Radfahrer geht es rechts auf einem Schotterweg weiter; für Wanderer schließt sich der schönste Wegabschnitt der Runde an – der „**Lukas Hoffmann Naturpfad**", ein herrliches Weglein entlang dem Ufer durch die Steppenlandschaft. Nach einer halben Stunde vereinigen sich Rad- und Wanderweg wieder und verlaufen nun zwischen Wörthen Lacken und Langer Lacke an einem weiteren Beobachtungsturm vorbei zurück Richtung Westen. Nach einer lang gezogenen Linkskurve verlassen wir den Rundwanderweg und halten uns rechts auf dem B 20 bis zum asphaltierten Fahrweg Frauenkirchen – Apetlon, dann auf diesem links. Nach wenigen Metern erreichen wir den **Warmsee**, wo wir zunächst noch auf der Straße bis zu einer Schilfhütte weitergehen. Hier wechseln wir auf einen Feldweg, der am Ufer des Sees zu einem Rast- und Badeplatz führt. Hier wenden wir uns links und, wenige Meter bevor der Weg wieder in den Güterweg einmündet, rechts. Nach 5 Minuten nehmen wir den ersten Weg nach links und wandern immer geradeaus Richtung **Apetlon**, dann am Wegende rechts durch Weingärten in den Ort hinein zum Ausgangspunkt.

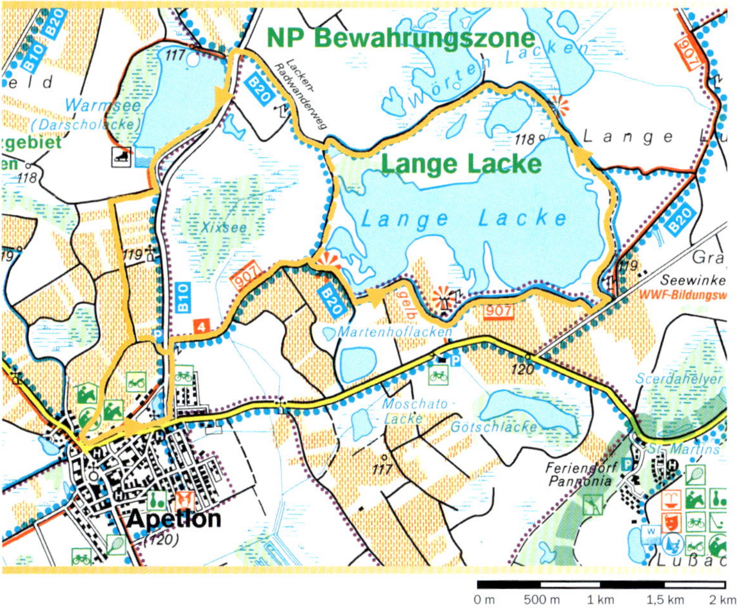

Leithagebirge Höhenweg

Über den nördlichen Teil des Höhenrückens

Auf dieser Tour wandern wir vom Rand des Schilfgürtels durch die Weinberge und die seltenen Trockenrasengebiete des Naturschutzgebietes Thenau in die lichtdurchfluteten Eichen- und Buchenwälder des Leithagebirges und durchqueren somit vier verschiedene Vegetationszonen. Der herrliche Ausblick von der Franz-Josef-Warte stellt den krönenden Abschluss dieser Genusstour dar.

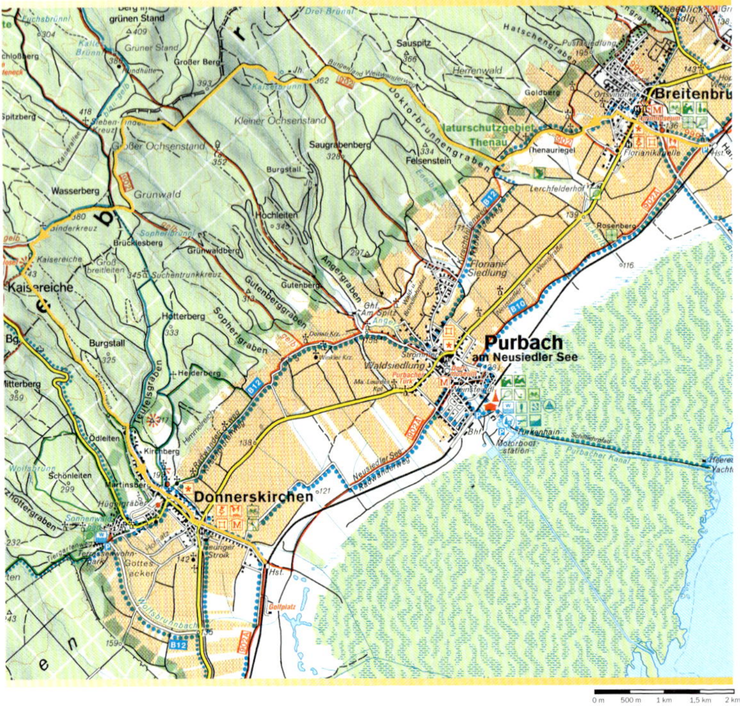

Ausgangspunkt:
Bahnhof Breitenbrunn, Parkmöglichkeit.

Endpunkt:
Bhf. Donnerskirchen der gleichen Bahnlinie.

Höhenunterschied:
Rund 330 m im Auf- und Abstieg.

Anforderungen:
Längere, aber leichte Wanderung auf großteils guten Wegen und Forststraßen.

Einkehr:
Nur in Breitenbrunn und Donnerskirchen, unterwegs keine.

Varianten:
Von der Kaisereiche verschiedene Abstiege nach Mannersdorf oder Hof am Leithagebirge möglich.

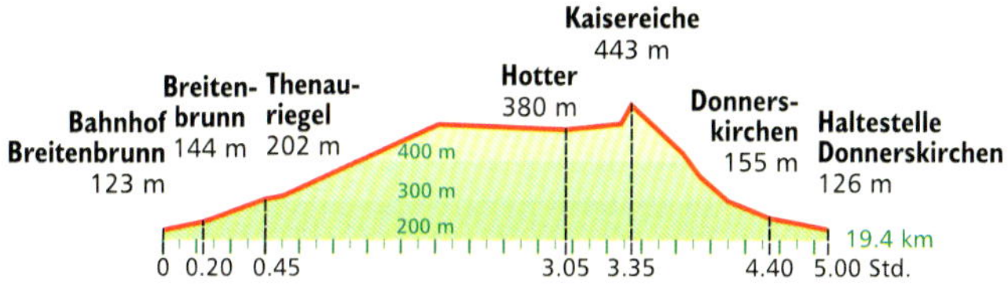

Von der Bahnhaltestelle **Breitenbrunn** gehen wir durch die Bahnstraße und bei der Kirche rechts durch die Kirchengasse ins Stadtzentrum, vorbei am 33 m hohen **Stadtturm** (Besichtigungsmöglichkeit, schöner Ausblick!). Kurz links auf die Bundesstraße einschwenkend, biegen wir rechts in die Antonigasse ab und folgen dieser bergauf bis zum Kellerring. Hier halten wir uns links, rechts und wieder links auf einem Güterweg aus dem Ort hinaus. Wir treffen auf die Markierung des Weitwanderweges 02 und erreichen bei einem Marterl am Rande von Weingärten das **Naturschutzgebiet Thenau**. Der Weitwanderweg führt auf einer breiten Forststraße in den Doktorbrunnengraben hinein. Die Markierung leitet uns bergauf und wir bleiben immer auf dem Hauptweg. Nach links zweigt ein Weg nach Purbach ab, dann kreuzt ein weiterer Wanderweg (links Purbach, rechts Mannersdorf). Auch hier wandern wir noch geradeaus weiter. Der Weg knickt bald nach rechts ab und verläuft in leichtem Bergauf-Bergab weiter durch den Wald, bis wir auf eine gelbe Markierung stoßen, die links abermals nach Purbach hinunterführen würde. Diese Abzweigung kann man leicht übersehen – unseren weiteren Weg nach rechts noch leichter, da er sich genau gegenüber auf einem verwachsenen Waldweg fortsetzt! Bei der **Wegkreuzung „Hotter“** queren wir dann den Wanderweg Donnerskirchen – Mannersdorf. Weiter mit der rot-gelben Markierung auf der Forststraße zum Binderkreuz. Zehn Minuten danach wenden wir uns links, den Holzwegweiser „Kaisereiche“ beachtend, und steigen in einer Linkskurve rechts steil bergauf zur Franz-Josef-Warte auf der **Kaisereiche** (herrliche Aussicht, Rastplatz).

Von der Warte gehen wir zunächst kurz steil bergab Richtung Eisenstadt und nehmen nach 100 m links den durchgehend rot markierten Weg Richtung Donnerskirchen. Zunächst auf einem schönen Waldweg, dann auf breiteren Forststraßen gelangen wir rechts haltend hinab in ein Tal, durch das wir schließlich den Ortsanfang von Donnerskirchen erreichen. Am Rast- und Kinderspielplatz folgen wir der Hauptstraße bergab, ignorieren die rechts abzweigende Straße nach Hof am Leithagebirge und überqueren nach wenigen Metern die Bundesstraße 50. Weiter geradeaus geht es durch die Bahnstraße zum Bahnhof **Donnerskirchen**.

Kirschblütenweg

Entlang dem Leithagebirge von Donnerskirchen nach Breitenbrunn
Eine herrliche Aussichtswanderung entlang den Hängen des Leithagebirges, wo im Frühjahr tausende Kirschbäume blühen, lässt sich zwischen Donnerskirchen und Breitenbrunn unternehmen.

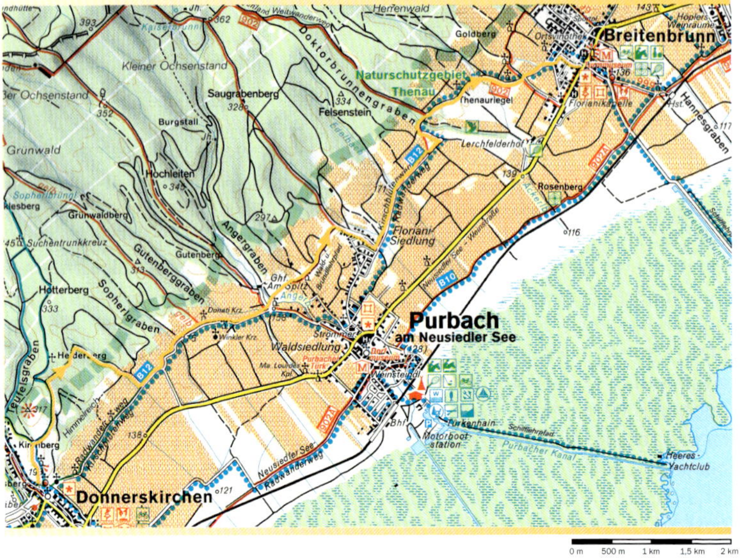

Ausgangspunkt:
Donnerskirchen, Parkmöglichkeit entlang der Bundesstraße. Bushaltestelle an der Kreuzung B 50/Hauptstraße; bei Anfahrt mit der Bahn 15 Min. länger.

Endpunkt:
Breitenbrunn, Bahnhof oder Bushaltestelle an der Hauptstraße.

Höhenunterschied:
Rund 280 m.

Anforderungen:
Größtenteils leichte Wanderung, jedoch zu Beginn ein sehr steiler Anstieg auf schmalem Pfad.

Einkehr:
Gasthöfe und Heurige in Donnerskirchen, Purbach und Breitenbrunn.

Tipp:
Besonders schön ist diese Tour im April/Mai zur Zeit der Kirschblüte!

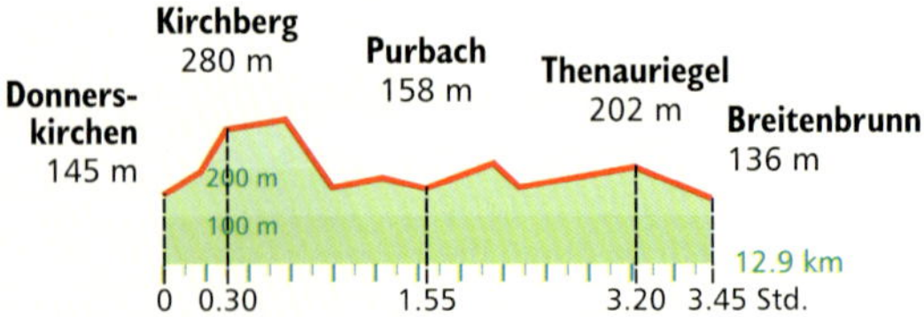

Auf der Hauptstraße von **Donnerskirchen** wandern wir bergauf und zweigen bei der Kirche rechts ab zu einem Platz mit einem Brunnen in Form einer Ziege, an dem wir vorbei hinauf zur Bergkirche weitergehen. Oberhalb der Kirche bei einer Rastbank leitet ein schwarz markierter, steiler Fußweg hinauf auf eine Hügelkuppe, von der man eine schöne Aussicht auf drei am gegenüberliegenden Bergrücken gelegene frühzeitliche Hügelgräber hat. An einem Rastplatz vorbei verläuft unser Weg nun flacher zu einer Verzweigung am **Kirchberg** (links zum Teufelsgraben), wo wir uns rechts Richtung Ehrenfeld (Wegweiser) wenden. Über eine große Heidefläche mit der Hermann-Löns-Bank geht es bergauf in den Wald hinein. Bei der ersten Gabelung halten wir uns rechts, dann immer geradeaus, bis wir einen Graben queren. In diesem steigen wir rechts immer bergab, bis wir in den Weingärten auf den Kirschblüten-Radweg treffen, dessen Beschilderung wir links nach **Purbach** folgen. Am Ortsanfang gerade weiter durch einen Graben, dann die zweite Möglichkeit scharf rechts bergauf und am unteren Rand der Heide entlang. Wo man wieder Asphalt erreicht, biegt man links ab, dann rechts zum Haus Nr. 8 (ausgeschildert) und daran links vorbei. Man hält sich wieder am unteren Rand der Heide und gelangt am Hauptweg zu einem Wasserbehälter. Hier rechts bergab stoßen wir wieder auf den Kirschblüten-Radweg, der nach links weiterführt. Nach der Querung eines Grabens ist unser Weg auch als Weitwanderweg 02 gekennzeichnet und wir folgen ihm am **Naturschutzgebiet Thenau** vorbei nach Breitenbrunn. Im Ort gehen wir über den Kellerring und die Antonigasse hinab zur Bushaltestelle an der Hauptstraße oder noch 15 Min. weiter durch die Seestraße und Bahngasse zum Bahnhof **Breitenbrunn**.

Foto: Stockl

Von Loretto auf den Buchkogel

Zum schönsten Aussichtsgipfel des südlichen Leithagebirges
Eine sehr abwechslungsreiche Runde führt uns vom Wallfahrtsort Loretto auf den von einer Warte gekrönten Buchkogel, einen der besten Aussichtsgipfel des Leithagebirges.

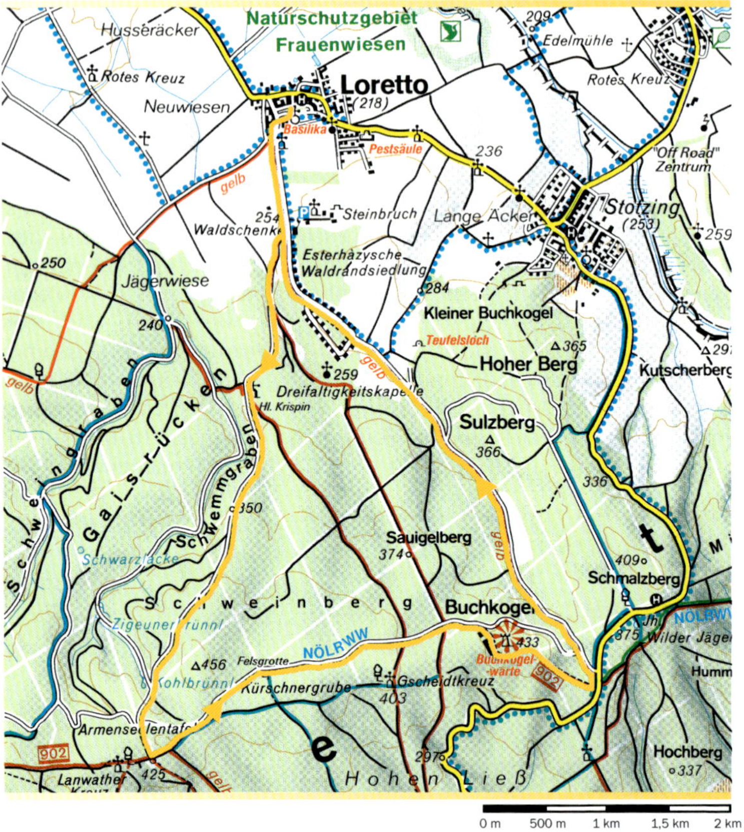

Ausgangspunkt:
Loretto. Bushaltestelle „Gasthof Graf“ gegenüber der Kirche (Buslinie 570 ab Baden); Parkmöglichkeit. Wer mit dem Auto anreist, kann bis zur Waldrandsiedlung fahren und dort parken.

Höhenunterschied:
Gut 370 m (zahlreiche Gegenanstiege!)

Anforderungen:
Leichte Wanderung auf schönen Wald- und Feldwegen; ein kurzer, steilerer Anstieg zum Gipfel.

Einkehr:
Nur in Loretto; unterwegs keine.

Sehenswert:
Die Wallfahrtskirche von Loretto und der historische Steinbruch.

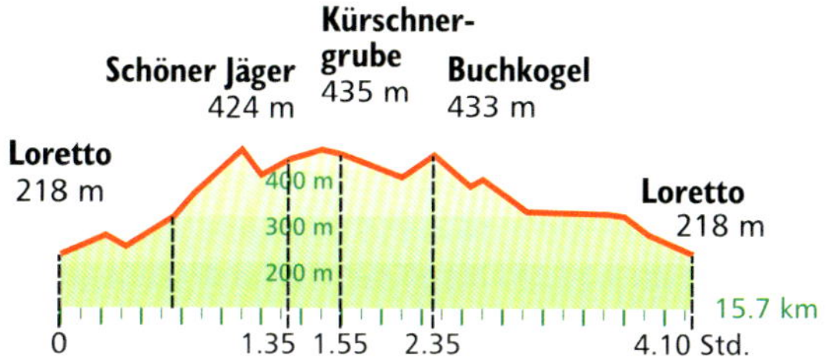

Von der Bushaltestelle beim Gasthof Graf in **Loretto** gehen wir hinauf zur Basilika und biegen davor rechts ab. An der Ecke des Hauptplatzes führt eine enge Gasse links aufwärts (Wegweiser „Eisenstadt"). Wir folgen der roten Markierung bergauf zur Waldrandsiedlung. Autofahrer können hier parken und sparen ¼ Std. bei Hin- und Rückweg. Am Beginn der Siedlung verläuft ein beschilderter und rot markierter Feldweg rechts leicht bergab. Wir kommen am Talgrund zu einer fünfstrahligen Kreuzung, wo wir halb rechts Richtung Eisenstadt und Hornstein, weiter rot bezeichnet, deutlich bergan steigen. Hier finden sich auch blaue Markierungen, die uns bis zu einer Abzweigung begleiten, wo es geradeaus Richtung Hornstein und Leithaprodersdorf geht. Wir biegen links Richtung Eisenstadt ab und gelangen in Kürze zum Hl. Krispin (Bildstock). Hier gabelt sich der Weg, und wir halten uns rechts mit der Beschilderung „Eisenstadt über Schöner Jäger". Auf einem idyllischen Waldweg und immer die Markierung beachtend, erreichen wir schließlich bei einem Kreuz (ehem. Jagdhaus **„Schöner Jäger"**) den Leithagebirge-Höhenweg, auf dem wir uns – nun rot-gelb markiert – nach links Richtung Buchkogel wenden. Immer wieder zweigen Wege ab, wir bleiben jedoch auf unserer Markierung. Bei einer Rechts-Links-Kurve liegt genau vor uns der alte **Steinbruch „Kürschnergrube"**, in dem es eine große Felsengrotte gibt. (Abstieg links am Grubenrand entlang möglich.) Der Höhenweg steigt das letzte Stück steil bergauf, wo ein Stichweg links zum Gipfel des **Buchkogels** mit der Aussichtswarte führt.

Foto: Stöckl

Wir gehen 50 m zurück zum Höhenweg und links auf einem Fußweg hinab zur Straße Loretto – Eisenstadt, der wir 100 m nach links folgen. Hier setzt sich links die Forststraße fort, die sich nach wenigen Metern verzweigt: Wir halten uns rechts und gelangen gemächlich bergab zurück zur Esterházy'schen Waldrandsiedlung. Wir durchwandern sie und treffen an ihrem Ende wieder auf den Hinweg, auf dem wir ins Ortszentrum von **Loretto** zurückkehren.

Brenntenriegel und Herrentisch

Gemütliche Abstiegswanderung von Sieggraben nach Rohrbach

Der von einem Sendemast gekrönte Brenntenriegel markiert die Grenze zwischen Nord- und Mittelburgenland an jener Stelle, wo das Bundesland nur knapp 5 km breit ist. Während des Auf- und Abstieges erlebt man auf dieser abwechslungsreichen Runde herrliche Ausblicke und lauschige Wälder: eine echte Genusstour!

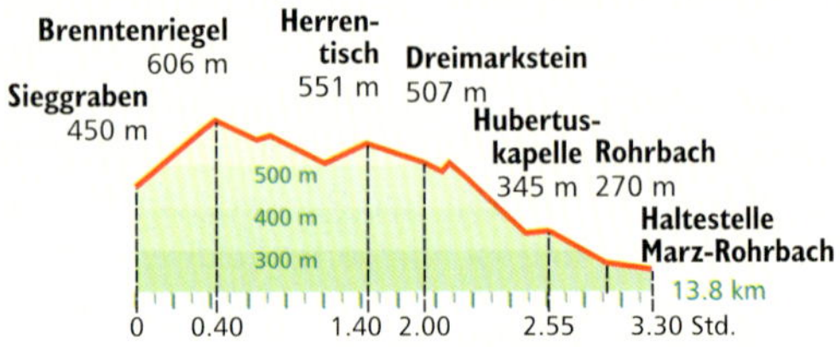

Ausgangspunkt:
Sieggraben. Bushaltestelle an der Kirche (Buslinie 1155 ab Wien-Südtiroler Platz). Autofahrer parken am besten in Mattersburg, nehmen ab hier den Bus und kehren mit dem Zug zurück.

Einkehr:
Gasthäuser in Sieggraben oder Rohrbach; unterwegs keine Einkehr.

Hinweis:
Wegen der Nähe zur Staatsgrenze Reisepass mitnehmen!

Endpunkt:
Hst. Marz-Rohrbach an der Bahnlinie Wiener Neustadt – (Mattersburg) – Sopron.

Höhenunterschied:
240 m im Auf- und 440 m im Abstieg

Anforderungen:
Kurzer, aber heftiger Anstieg zu Beginn, danach gemütliche Tour auf guten Wald- und Feldwegen. Auf kurzen Abschnitten nach längeren Regenfällen tiefer, morastiger Boden!

Von der Kirche in **Sieggraben** gehen wir ein Stück abwärts, bis links eine Gasse steil bergauf abzweigt. Nach 10 Minuten wird die Straße flacher; kurz darauf wenden wir uns bei der ersten Abzweigung abermals links bergauf und überwinden so in relativ kurzer Zeit rund 150 Höhenmeter, bis wir schließlich bei einem Wasserbehälter mit Rastbank als Belohnung für unsere Mühe eine herrliche Aussicht weit in die Bucklige Welt hinein genießen können. Einen Abstecher zum eigentlichen Gipfel des **Brenntenriegels** mit dem Sendemast (5 Min.) sollte man sich nicht entgehen lassen. Wieder beim Wasserbehälter folgen wir links einer Schotterstraße leicht bergab, die als Weitwanderweg 07 gekennzeichnet ist. Wir kommen an einem Forsthaus vorbei, bei dem wir halb links in den Wald hinein abbiegen – stets die Markierung beachtend. So gelangen wir auf unserem markierten Weg das letzte Stück leicht bergauf zum **Herrentisch**. Hier verläuft die ungarische Grenze – die Rastbank rechts des Weges steht bereits im „Niemandsland". Halb links wandern wir weiter bergab zum **Dreimarkstein** (Gemeindegrenze Marz – Rohrbach – Sieggraben). An mehreren Bildbäumen vorbei senkt sich der Weg zunächst gemächlich, dann immer steiler bergab durch tief eingeschnittene Hohlwege. Nachdem der Weg wieder flacher wird, verlassen wir den Wald und gehen in einer weiten Rechtskurve zu einer T-Kreuzung, bei der man links bereits Rohrbach sehen kann. Hier lohnt sich ein Abstecher geradeaus zur **Hubertuskapelle** (3 Min.), dann kehren wir zur T-Kreuzung zurück und steigen bergab am Sportplatz vorbei in den Ort Rohrbach. Beim Gemeindeamt treffen wir auf die Hauptstraße, der wir nun links bergab folgen und direkt an der Gemeindegrenze zwischen den beiden Orten die Bahnhaltestelle **Marz-Rohrbach** erreichen.

Geschriebenstein

Genusstour zu Österreichs originellstem Grenzübergang

Im grenzüberschreitenden Naturpark Geschriebenstein-Írottkő hat der Beitritt Ungarns zur EU und zum Schengen-Abkommen dem Wanderer eindeutige Erleichterungen gebracht, ist es doch hier ganz formlos möglich geworden, ohne Grenzkontrollen ins Nachbarland weiterzuwandern. Sehr originell ist auch die Aussichtswarte, bei der mitten im Erdgeschoss ein Grenzstein steht. Wir wählen für diesen Gipfelanstieg einen der schönsten Ausgangspunkte: das romantische Städtchen Lockenhaus.

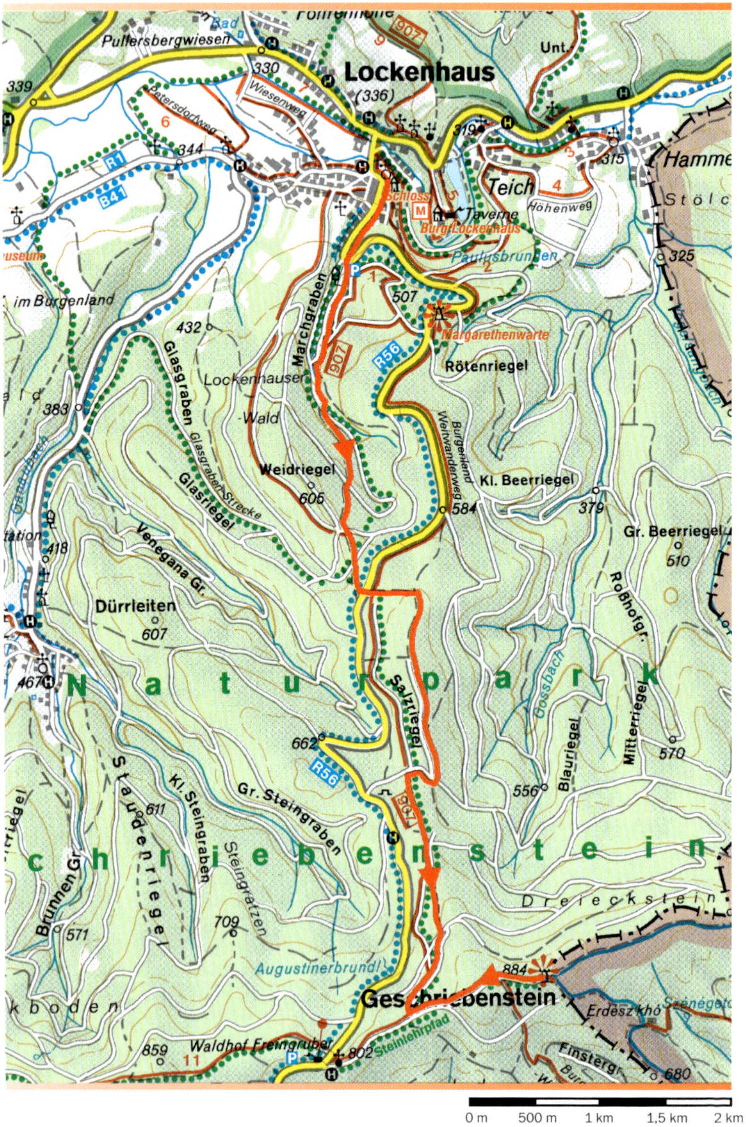

Ausgangspunkt:
Lockenhaus; Bushaltestelle am Hauptplatz bei der Kirche. Gute Parkmöglichkeit 300 m weiter an der Straße Richtung Rechnitz.

Höhenunterschied:
Rund 570 m.

Anforderungen:
Längere, aber leichte Tour auf guten Wald- und Forstwegen.

Einkehr:
Nur in Lockenhaus.

Von der Kirche in **Lockenhaus** wandern wir mit der rot-gelben Markierung rechts die Straße Richtung Rechnitz bergauf. Am Ortsende zweigen wir in einer Serpentine geradeaus auf eine Forststraße ab (Parkmöglichkeit). Nach 10 Minuten zeigt links ein Wegweiser zur Margarethenwarte; wir gehen aber geradeaus in einem tiefen Graben weiter Richtung Geschriebenstein. Nach 5 Minuten kommen wir zu einer weiteren Verzweigung: Eine Mountainbike-Strecke führt nach links, während die rot-gelbe Markierung rechts auf dem steileren Weg bergauf verläuft. Nach einer Viertelstunde kreuzen wir eine breite Forststraße und halten uns halb rechts steil bergauf. Schließlich erreichen wir einen Sattel, auf dem sieben Wege zusammentreffen: Wir setzen unsere Tour halb links auf einem idyllischen Waldweg fast eben fort. Bei der Kreuzung mit einer breiten Forststraße stoßen wir wieder auf die Mountainbike-Route; kurz darauf wenden wir uns scharf nach links und queren die Bundesstraße. Drüben verabschiedet sich die Radtour schon nach 100 m wieder nach rechts, während wir geradeaus ansteigen und erst 5 Minuten später rechts abbiegen. Längere Zeit geht es immer gerade bergauf, dann kommen wir zu einer dreieckigen Kreuzung, bei der die Markierung schwer zu erkennen ist: Wir folgen jedoch der Forststraße kurz rechts bergab. Bei der nächsten Abzweigung nach links ist wieder alles klar; hier begleitet uns für kurze Zeit auch wieder die MTB-Tour, dann verlassen wir diese nach links. In einer Serpentine verläuft ein schöner Waldweg kurz steil bergauf zu einem Rastplatz. Von nun an bleibt man immer auf dem markierten Hauptweg und trifft auf die breite Schotterstraße, die von der Passhöhe zum Geschriebenstein führt. Auf diese schwenken wir links ein und wandern an der nächsten Kreuzung mit Rastbank links weiter. Nach 5 Minuten zweigt der rot-gelbe Burgenland-Weitwanderweg rechts Richtung Rechnitz ab. Geradeaus gelangen wir in weiteren 10 Minuten zum Gipfel des **Geschriebensteins** mit der an der Staatsgrenze gelegenen Aussichtswarte. Für den Rückweg nach **Lockenhaus** nehmen wir den gleichen Weg.

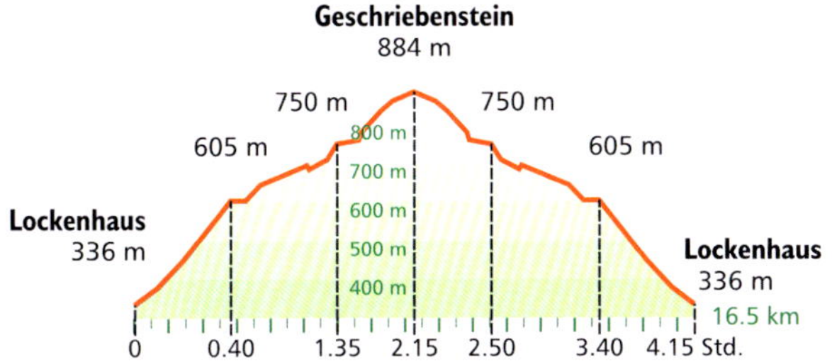

Ruine Landsee und Pauliberg

Österreich jüngster Vulkan und eine Burgruine, die nie erobert wurde

Diese Tour durch den Naturpark Landseer Berge bietet gleich drei Sehenswürdigkeiten: Den Pauliberg als jüngsten Vulkan des Landes, das Steinmuseum in Landsee und die gewaltige Burgruine Landsee.

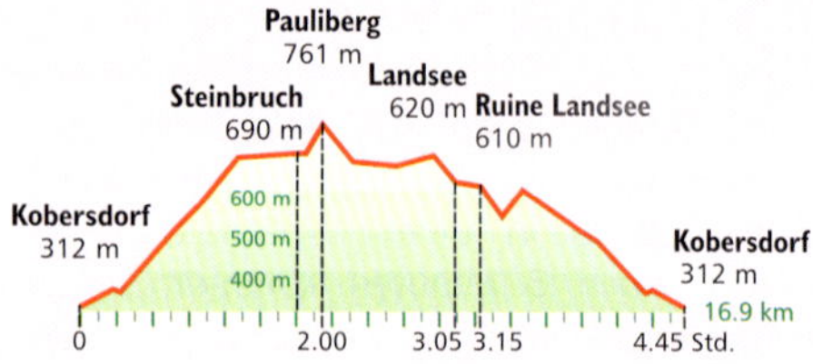

Ausgangspunkt:
Kobersdorf, Bushaltestelle am Postamt (sonntags keine Busverbindung!); dort Parkmöglichkeit.

Höhenunterschied:
Rund 550 m.

Anforderungen:
Längere und beschwerliche Tour auf teilweise stark verwachsenen Wegen; Orientierung nicht immer einfach!

Einkehr:
Mehrere Gasthäuser in Kobersdorf und Landsee.

Hinweis:
Die Tour ist an Wochentagen wenig empfehlenswert, weil der Gipfel des Pauliberges dann nicht bestiegen werden kann und auf der Zufahrtsstraße zum Steinbruch starker LKW-Verkehr herrscht.

Sehenswert:
Gesteinsformationen am Pauliberg, Steinmuseum, Burgruine Landsee.

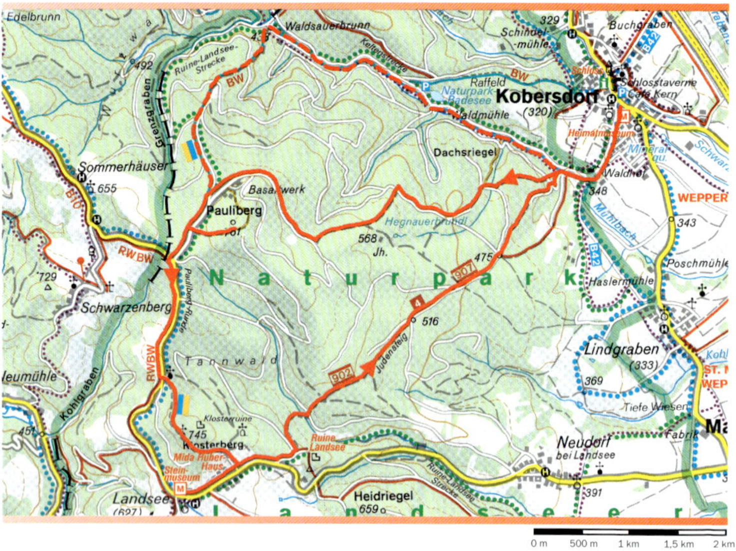

Vom Postamt in **Kobersdorf** gehen wir links durch die Theodor Kery-Straße bergauf, den Wegweisern Richtung Badesee und Naturpark folgend. Auch Markierungen der Weitwanderwege 02 und 07 begleiten uns. Wir passieren eine Pension, bei der die Hauptstraße nach rechts schwenkt. Ungefähr 500 m danach zweigt die Markierung links über eine Brücke ab und quert einen Talgrund. Sobald wir den Waldrand erreichen, gabelt sich der Weg mehrfach. Hier wählen wir den ganz rechten, gelb markierten Steig .
In ständigem Wechsel von schmalen, wunderschönen Waldwegen und kurzen Abschnitten auf breiten Forststraßen geht es bergauf. Die Markierungen sind zwar durchgängig, stellenweise aber leicht zu übersehen, besonders an den Stellen, wo der Weg wieder von den breiten Forststraßen in den Wald abzweigt! Schließlich kommen wir zum **Pauliberg**, wo links ein Weg in einen Steinbruch führt.
Bald darauf trifft man auf die Markierung des Burgenland-Weitwanderweges und wenige Meter danach auf die asphaltierte Zufahrtsstraße zum Steinbruch. Der Aufstieg zum eigentlichen Gipfel des Pauliberges ist nur am Wochenende, wenn im Steinbruch nicht gearbeitet wird, möglich: Kurz nachdem man die Asphaltstraße erreicht hat, leitet uns links ein Fußweg hinauf durch den Wald. Wir kehren auf dem gleichen Weg zurück und wandern auf der Zufahrtsstraße des Steinbruches bis zur Kreuzung mit der Landstraße von Wiesmath nach **Landsee**. Dort biegen wir, die rot-gelbe Markierung beachtend, links ab. Für knapp eine halbe Stunde müssen wir nun auf der Straße bleiben, dann liegt links eine kleine Waldkapelle, bei welcher der Wanderweg die Straße verlässt. Man könnte nun diesem folgen, schöner ist es jedoch die sofort nach der Kapelle rechts abzweigende, leicht ansteigende Forststraße zu nehmen. Diese verläuft zunächst noch parallel zur Straße, dann schwenkt sie nach links und erreicht kurz vor dem Ort Landsee eine Rastbank mit herrlicher Aussicht auf Landsee und weit in die Bucklige Welt hinein. Dahinter wandern wir kurz zu einer Wegkreuzung, bei der wir rechts bergab an einem Wasserbehälter vorbei nach Landsee hinabgehen. Uns immer bergab haltend, gelangen wir auf die Hauptstraße, auf der man sich einen Abstecher zum Steinmuseum (frei zugänglich) nicht entgehen lassen sollte: Der Weitwandermarkierung folgend kommt man nahe der Kirche zu einer dreieckigen Parkanlage, in der sämtliche Arten von Gesteinen, die im Burgenland vorkommen, ausgestellt sind.
Nach der Besichtigung kehren wir auf der Straße zurück und folgen nun der rot-weiß-roten Weitwandermarkierung 02 und 07, die noch ein Stück weiter die Straße entlang führt und bei einem Wegweiser links zur **Ruine Landsee** abzweigt. Die mächtige Festungsanlage, die niemals von Feinden erobert, sondern durch einen Brand zerstört wurde, hat man in den letzten Jahren restauriert (Besichtigung mit Eintrittsgebühr).
Vom Parkplatz der Burg nehmen wir links den steil bergabführenden Wanderweg, ausgeschildert mit „Kobersdorf über Judensteig“. Wir queren am Talgrund einen Bach. Hier zweigt der rot-weiß-rot markierte Fußweg halb links den Berg hinauf ab. Wie beim Aufstieg wechseln wieder schmale, für einen Weitwanderweg ungewöhnlich verwachsene Fußpfade mit breiten Forststraßen ab. Schließlich erreichen wir den Waldrand an jener Stelle, an der wir beim Aufstieg den gelb markierten Weg Richtung Pauliberg genommen haben. Ab hier auf bekanntem Weg zurück nach Kobersdorf.

Obere Lobau

Auf den Spuren Napoleons durch den Nationalpark March-Donauauen

Die rund 20 km^2 große, reizvolle Aulandschaft war früher kaiserliches Jagdgebiet und wurde 1926 der Öffentlichkeit zugänglich gemacht. Das Lobaumuseum beinhaltet viele naturkundliche Exponate der wildreichen und auch botanisch bemerkenswerten Urlandschaft. An das Franzosenjahr 1809 erinnern die Gedenksteine „Übergang der Franzosen“, „Pulverturm“, „Franzosenfriedhof“, „Napoleons Hauptquartier“ und die Franzosenstraße.

Ausgangspunkt:
Hauptplatz von Groß Enzersdorf, Endstelle Buslinie 26 A, beschränkte Parkmöglichkeiten.

Gehzeiten:
Groß Enzersdorf, 156 m – Kasernbrücke, 155 m (20 Min.) – Lobaumuseum, 155 m (1 Std.) – Napoleonstein, 157 m (1¼ Std.) – Eßlinger Furt, 156 m (1 Std. 40 Min.) – Stadlerfurt, 156 m (2¼ Std.) – Groß Enzersdorf, 156 m (2½ Std.).

Höhenunterschied:
Keiner.

Anforderungen:
Bei Hochwasser nicht begehbar, eventuell Mückenplage; 12 km.

Einkehr:
Gasthäuser bei der Eßlinger Furt und in Groß Enzersdorf.

Variante:
Vom Lobaumuseum am Grenzlandweg 607 nach Groß Enzersdorf.

Tipp:
Auch als Radwanderung zu empfehlen. Lobaumuseum (rechtzeitig Öffnungszeiten erfragen) und Erinnerungsstätten an Franzosenkriege. Bademöglichkeit in der Panozzalacke.

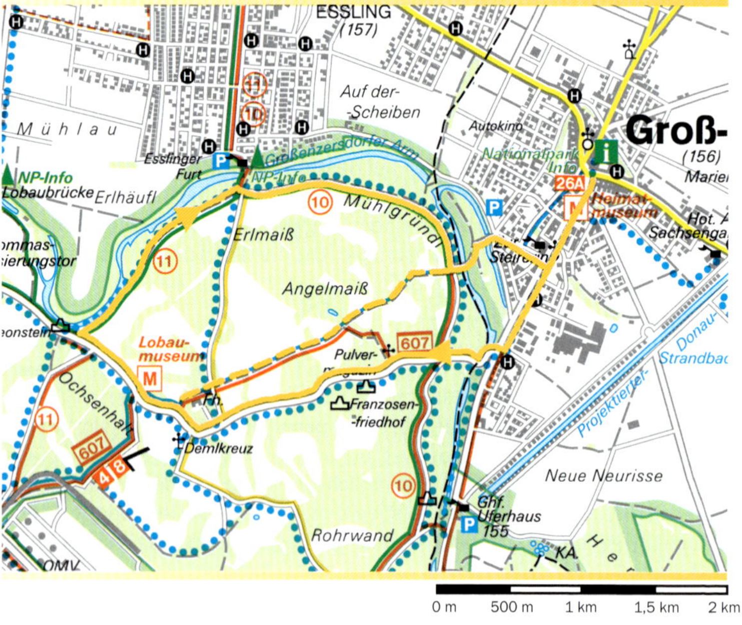

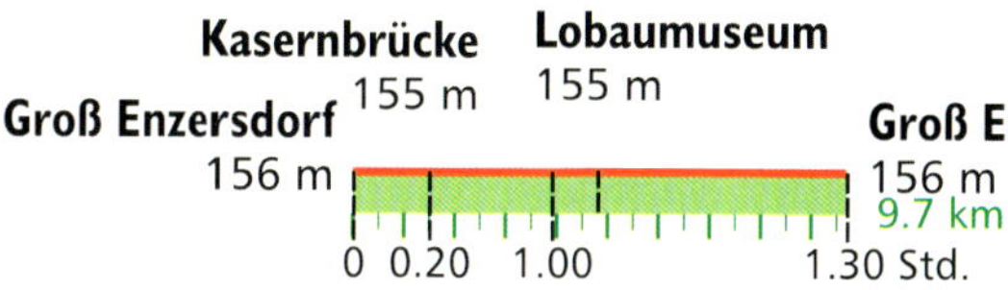

Vom Dr.-Anton-Krabichler-Platz in **Groß Enzersdorf** weisen die Rathaus- und die fortsetzende Lobaustraße direkt zum Rand der Oberen (städtischen) Lobau. Die **Kasernbrücke** übersetzt den Großenz Ersdorfer Arm, einen ehemaligen Donauarm. Breite, gepflegte Wege erschließen das Schutzgebiet Lobau, Teilgebiet des Nationalparks March-Donauauen. Etwas abseits der Straße Kasernbrücke - Forsthaus befinden sich zwei Franzosen-Gedenksteine. Beim **Lobaumuseum** kreuzt die Fernwegroute E 4/8. Nur wenige Minuten sind es bis zum **Napoleonstein** am Rand der Lobau. Entlang des Groß Enzersdorfer Armes gelangt man zur **Eßlinger Furt**, wo zwei Gasthäuser die einzige Einkehrmöglichkeit bieten. Rot-grüne Zeichen des Stadtwanderweges können bis zur Abzweigung **Stadlerfurt** oder Kasernbrücke verfolgt werden. Beide Durchlässe führen wieder zurück zum Ausgangsort.

Foto: ÖW: Carniel

Prater

Ein Naturpark mitten in der Stadt

Beginnend beim Praterstern dehnt sich ein 10 km langer Naturpark zwischen Donaukanal und Donau aus: der Prater. Durch die Donauregulierung verlor das ehemalige Augebiet seinen ursprünglichen Charakter. Das frühere kaiserliche Jagdrevier wurde 1766 durch Josef II. der Bevölkerung geöffnet und zählt heute mit seinen Erholungs- und Freizeiteinrichtungen zu den beliebtesten Ausflugsorten Wiens.

Praterstern – Hauptallee – Konstantinhügel – Jesuitenwiese – Heustadelwasser – Krieau – Volksprater – Praterstern

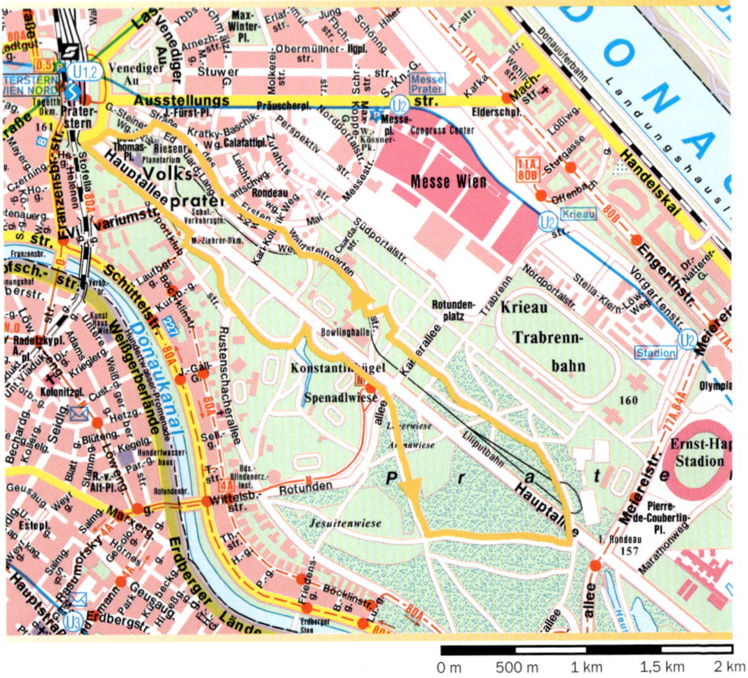

Ausgangsort:
Wien 2, Leopoldstadt.

Ausgangspunkt:
U-/S-Bahn-Haltestelle Wien-Nord, Praterstern, Parkplätze.

Gehzeiten:
Praterstern, 160 m – Konstantinhügel (20 Min.) – Jesuitenwiese (½ Std.) – Heustadelwasser (¾ Std.) – Krieau, 160 m (1¼ Std.) – Volksprater (1¾ Std.) – Praterstern, 160 m (2¼ Std.).

Höhenunterschied:
Keiner.

Anforderungen:
Spaziergang.

Einkehrmöglichkeiten:
Ghs. an Hauptallee, im Volksprater und am Praterstern.

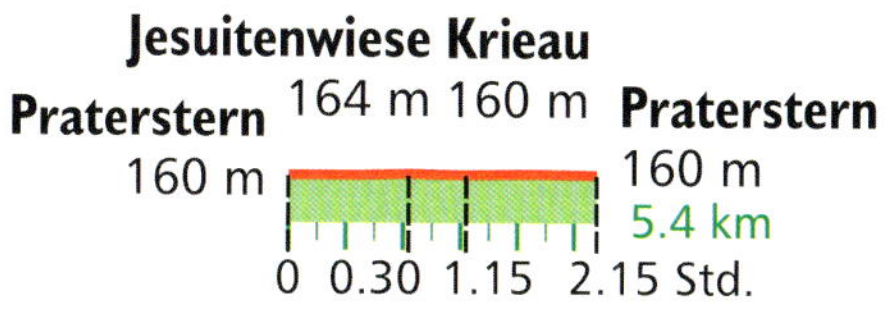

Vom Verkehrsknotenpunkt Wien Nord führt ein Durchgang zum Beginn der **Hauptallee**. Sie ist von vier Kastanienbaumreihen flankiert und verbindet den **Praterstern** mit dem 4,5 km entfernten Lusthaus. Lediglich bei großen Veranstaltungen im Wiener Stadion oder am Wiener Messegelände darf die Hauptallee befahren werden - ansonsten ist sie Wiens erste und größte Fußgängerzone.

Vorbei am Denkmal für den Komponisten Carl Michael Ziehrer gelangt man zum künstlich errichteten **Konstantinhügel**. Hier quert die Rotundenallee die Hauptallee. Ein ausgedehntes Wiesen- und Waldgebiet breitet sich nun bis zur Rustenschacherallee aus. Auf der **Jesuitenwiese** finden alljährlich Freiluftfeste statt. Früher, noch vor Bau der Südosttangente, flutete der Verkehr durch die Stadionallee quer durch den Prater. Heute ist die Gegend um das **Heustadelwasser** verkehrsberuhigt. Auf der Hauptallee wenden wir uns wieder Richtung Praterstern. Rechts bleiben das Stadionbad, das Stadion und die Krieauer Trabrennbahn. Die Liliputbahn verkehrt im Sommerhalbjahr zwischen der Stadionallee und dem **Volksprater** - sie bietet sich als attraktive und gemütliche Rückkehrmöglichkeit zum Praterstern an.

Den Abschluss einer Praterwanderung könnte der Besuch des Volks- oder Wurstelpraters bilden. Der 1766 entstandene Vergnügungspark weist zahlreiche Attraktionen wie Geisterbahn, Hochschaubahn, Autodrom usw. auf. Wahrzeichen ist das 64 m hohe Riesenrad, von dem man einen prachtvollen Ausblick auf Wien hat. Ein Durchgang unter dem verkehrsreichen **Praterstern** bringt zum Ausgangspunkt Wien Nord.

Foto: Wien Tourismus

Hermannskogel

Vom Heurigenort Sievering zum höchsten Berg Wiens

Die Umgebung des Hermannskogels ist an Wochenenden sehr frequentiert und stellt ein Standardziel der Wiener Ausflügler dar. Holzpfeile mit der Aufschrift „Stadtwanderweg 2" bezeichnen fallweise die Rundtour. Zusätzliche lokale Farbmarkierungen und Wegtafeln erleichtern die Orientierung.

Sievering – Am Himmel – Cobenzl – Latisberg – Kreuzeiche – Jägerwiese – Hermannskogel – Dreimarkstein – Salmannsdorfer Höhe – Sievering

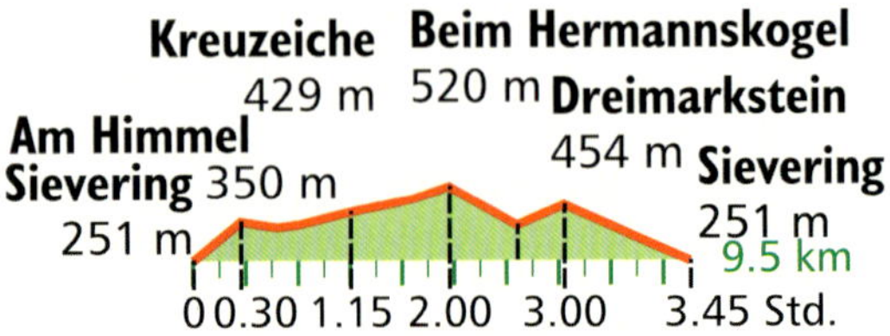

Ausgangsort:
Wien 19, Döbling, Obersievering.

Ausgangspunkt:
Sieveringer Straße 217, Endstation der Buslinie 39 A, ausreichend Parkmöglichkeiten.

Gehzeiten:
Sievering, 251 m – Am Himmel, 393 m (½ Std.) – Cobenzl, 382 m (¾ Std.) – Latisberg, 492 m (1 Std.) – Kreuzeiche, 429 m (1¼ Std.) – Jägerwiese, 450 m (1½ Std.) – Hermannskogel, 542 m (2 Std.) – Grüß di a Gott-Wirt, 380 m (2½ Std.) – Dreimarkstein, 454 m (3 Std.) – Sievering, 251 m (3¾ Std.).

Höhenunterschied:
371 m.

Anforderungen:
Einige An- und Abstiege, bei Nässe und Schneelage mühsam.

Einkehr:
Heurige in Sievering, Häuserl am Himmel, Stadtheuriger Cobenzl, Ghs. Jägerwiese, Grüß di a Gott-Wirt, Häuserl am Stoan.

Foto: wikipedia

In **Sievering** (auf der Höhe des Sieveringer Bades) in der Sieveringer Straße zweigen rechts gelbe Farbmarkierungen bergwärts zum sogenannten **Himmel** (schöne Aussicht) und **Cobenzl** ab. Nach Überqueren der Bellevue- und Himmelstraße erreicht man den Cobenzl mit Restaurant, Stadtheurigen, Bushaltestelle der Linie Grinzing - Kahlenberg/Leopoldsberg. Es lohnt, auf das weite Häusermeer Wiens herabzuschauen! Der nur wenig ansteigende Weg führt um den **Latisberg** herum. Ein Denkmal erinnert an den früheren Wiener Bürgermeister Dr. Karl Lueger. Bei der Wegkreuzung **Kreuzeiche** treffen wir wieder auf die rot-weiß-roten Markierungen des Wienerwald-Verbindungsweges 444, die zuvor im Bereich der Himmelstraße überquert wurden. Sie weisen nun bis zum Dreimarkstein den weiteren Wegverlauf. Buchen-Hochwald vermittelt die Fortsetzung zur **Jägerwiese** mit Gasthaus, Spielplatz und Lagerwiese mit Streicheltieren.
Nun steigt der Weg zur höchsten Erhebung Wiens, dem **Hermannskogel**, an. Vorbei am unteren Rand einer steilen Wiese, die im Winter als Skihang dient und vom gegenüberliegenden Bisamberg gut erkennbar ist, sind die letzten Höhenmeter zu überwinden. Zuletzt wird scharf links gehalten und in wenigen Minuten zur Warte am Hermannskogel angestiegen. Leider gibt es keinen Ausblick. Die Warte ist vom 1. 4.–31. 10. an Sonn- und Feiertagen und bei Schönwetter geöffnet.
Wir steigen nun ab zur **Rohrerwiese** mit dem Grüß-di-a-Gott-Wirt. Im Winter ist der Weg eine beliebte Rodelbahn. Kurz vor der Rohrerwiese bindet der Fahrweg von der Jägerwiese ein – eventuell eine weniger beschwerliche Variante. Ein leicht ansteigender Waldweg bringt zum **Dreimarkstein** mit dem an der Höhenstraße gelegenen Häuserl am Roan.
Gleich danach folgt das Ghs. Häuserl am Stoan am Scheitelpunkt der **Salmannsdorfer Höhe**. Sie wird – mit Blick über Weingärten auf Neustift am Walde – zur Agnesgasse abgestiegen. Beim Kreuzungspunkt mit der Sieveringer Straße endet die Rundwanderung in **Sievering**.

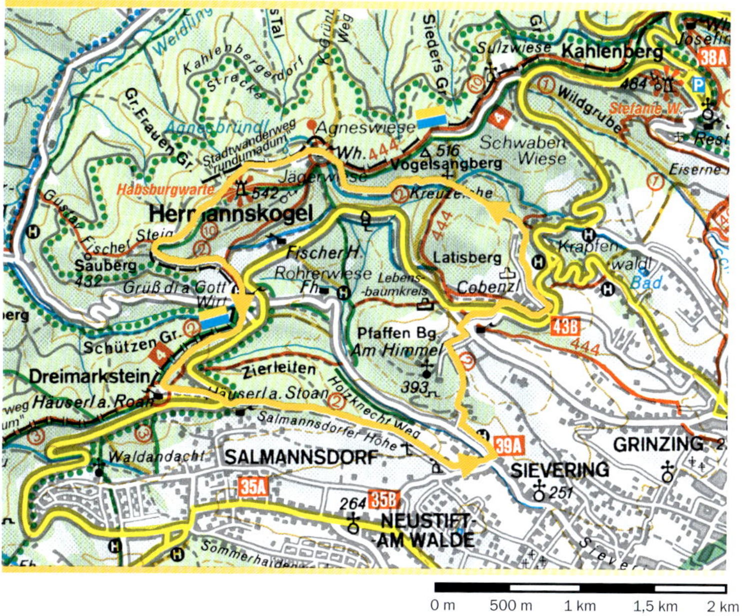

Schönbrunn

Durch den Schönbrunner Schlosspark und den Tiergarten

Schloss, Park und Tiergarten Schönbrunn zählen zu den Fixpunkten eines Wien-Besuches. Noch vor 300 Jahren erstreckten sich hier dichte Wälder mit großem Wildreichtum. Heute ist die knapp 2 km² große Anlage völlig umgestaltet: bebaut und kultiviert. Für den Besuch der gesamten Anlage sollte mindestens ein Tag veranschlagt werden.

Hietzing – Am Platz – Schlosspark – Gloriette – Tiergarten – Hietzing

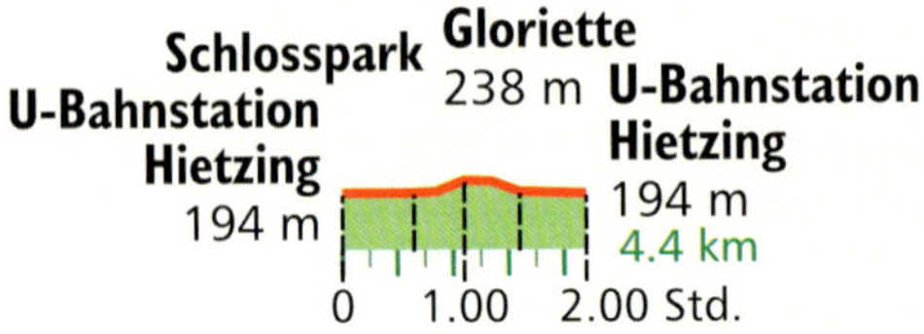

Ausgangsort:
Wien 13, Hietzing.

Ausgangspunkt:
U-Bahn-Haltestelle Hietzing, beschränkte Parkmöglichkeit.

Gehzeiten:
Hietzing, 194 m – Am Platz (10 Min.) – Schlosspark (½ Std.) – Gloriette, 238 m (1 Std.) – Tiergarten (1½ Std.) – Hietzing, 216 m (2 Std.).

Höhenunterschied:
Unwesentlich.

Anforderungen:
Spaziergang.

Einkehr:
Ghs. in Hietzing.

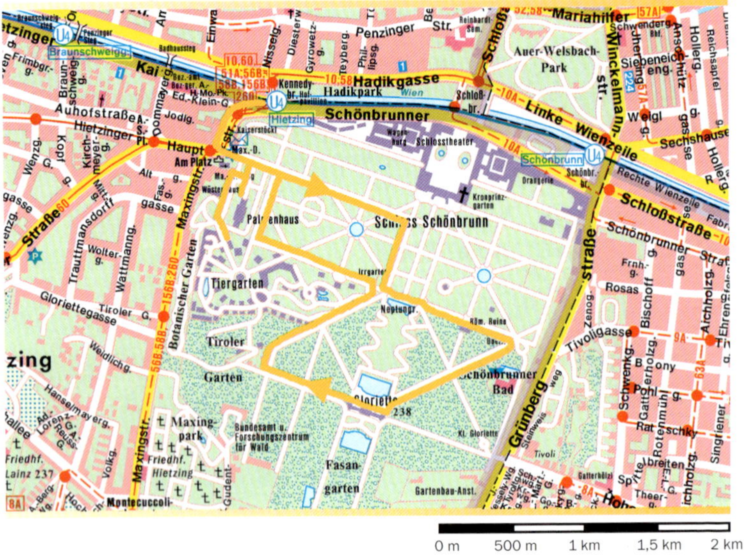

Im Gegensatz zu Nur-Schlossbesuchern wählen wir die U-Bahn-Haltestelle **Hietzing** als Ausgangspunkt. Entlang der Schlossparkmauer gelangt man zum Hietzinger „Platzl" (**Am Platz**) mit einem der Eingänge zu Park und Schloss Schönbrunn. Rechts haltend gelangt man zum sehenswerten Palmenhaus und Tiergarten, geradeaus in den unteren **Schlosspark**. Geprägt durch französische Gartenarchitektur, mit wandartig beschnittenen Alleebäumen, und scheinbarer Naturbelassenheit englischer Gartenanlagen, spaziert man zwischen Schloss und Gloriette. Vom sogenannten Blumenparterre gelangen wir zum Neptunbrunnen mit bewegten Rokokoszenen. Links davon beeindruckt die illusionistische Römische Ruine. Ein abseits stehender, nach ägyptischen Vorbildern geschaffener Obelisk befindet sich nahe dem Bundesbad Schönbrunn. Leicht ansteigend geht es nun auf den Schönbrunner Berg mit der monumentalen **Gloriette**. Es bietet sich hier einer der schönsten Blicke auf Wien.

Der Fasangarten bleibt zur Linken, wenn in den Tiroler Garten – benannt nach Erzherzog Johann – weitergegangen wird. Nach Abstieg in den unteren Schlosspark kann nun der Besuch des Tiergartens angeschlossen werden. Franz I. ließ bereits 1752 die sogenannte Menagerie errichten, damit ist der **Tiergarten Schönbrunn** der älteste Tierpark Europas. Rund 760 Tierarten werden gezeigt. Noch vor Beendigung der Rundtour besteht die Möglichkeit, das Palmenhaus zu besuchen, mit 2200 m^2 Europas größtes Glashaus. Beim Kaiserstöckl verlässt man wieder das Schlossareal und geht durch die Hietzinger Hauptstraße zur U-Bahn-Haltestelle **Hietzing**.

Kaltbründlberg

Im Lainzer Tiergarten

Das Naturschutzgebiet Lainzer Tiergarten enthält noch ursprünglichen Waldbestand (Buche, Eiche), der im übrigen Wienerwald bereits stark zurückgedrängt wurde. Wildschwein, Reh und Hirsch bevölkern den Tiergarten. Gehege mit rückgezüchteten Wildpferden und Auerochsen sowie ein großer Teich mit Wasservögeln sind weitere Attraktionen, und das bei freiem Eintritt. Für ausgedehnte Wanderungen wurden breite, zum Teil asphaltierte Wege angelegt. Mehrere Schutzhäuser sorgen für das leibliche Wohl.

Lainzer Tor – Hermesvilla – Rohrhaus – Kaltbründlberg – Hubertuswarte – Hirschgstemm – Lainzer Tor

Ausgangsort:
Wien 13, Hietzing, Speising.

Ausgangspunkt:
Hermesstraße, Bus-Endstelle der Linie 60 B, Parkplatz.

Gehzeiten:
Lainzer Tor, 263 m – Hermesvilla, 301 m (20 Min.) – Rohrhaus, 404 m (50 Min.) – Kaltbründlberg und Hubertuswarte, 508 m (1½ Std.) – Hirschgstemm, 407 m (1 Std. 50 Min.) – Lainzer Tor, 263 m (3½ Std.).

Höhenunterschied:
245 m.

Anforderungen:
Wenig anstrengende Wanderung auf verkehrsfreien Forststraßen und -wegen.

Einkehr:
Gasthäuser beim Lainzer Tor, in der Hermesvilla, Rohrhaus und Hirschgstemm.

Tipp:
Prächtiger Ausblick von der Hubertuswarte am Kaltbründlberg; Öffnungszeiten des Lainzer Tiergartens beachten (Mitte März - Ende Oktober, Hermesvilla ganzjährig geöffnet und erreichbar).

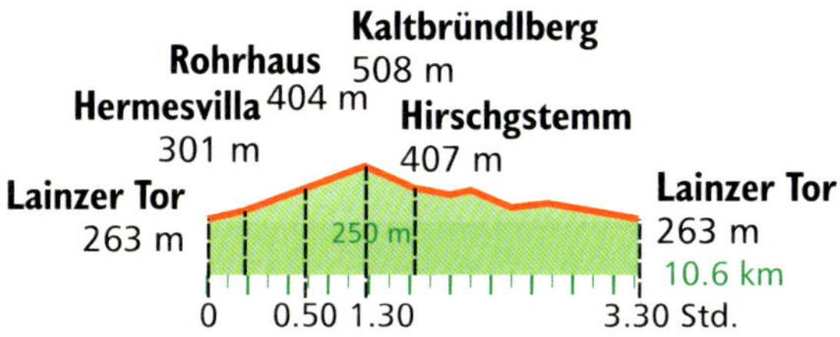

Vom **Lainzer Tor** (neue Informationsstelle) gibt es zwei beschilderte Wege zur Hermesvilla, nämlich entweder geradeaus, an den Freigehegen und dem großen Teich vorbei, oder rechts, um die Penzinger Wiese herum, zur Anlage des ehemaligen kaiserlichen Jagdschlosses **Hermesvilla** (Ausstellungen, Restauration). Ein bequemer Fahrweg bzw. Fußweg durch den Katzengraben bringen zum **Rohrhaus** mit großer Lager- und Spielwiese. Nun steigt der Weg zum zweithöchsten Berg des Lainzer Tiergartens an, dem **Kaltbründlberg** – mit steinerner **Hubertuswarte** und weitem Blick auf Wien. Holzschilder weisen den Abstieg zum Ghs. **Hirschgstemm**. Ein Fahrweg führt zunächst in Richtung Altes Dianator und zweigt davor im Bereich der Dianawiese links in die Bärenbergstraße, die in einer weiten Schleife zur ausgedehnten Wiesenfläche bei der Elisabethbrücke hinabbringt. Hier beginnt ein Fahrweg, der die Hänge des Kaltbründlberges leicht absteigend quert und die Schließung der Rundtour ermöglicht. Vorbei am großen Teich nahe der Hermesvilla kommt man schließlich wieder zum **Lainzer Tor**.

Foto: wikipedia

Sophienalpe

Ländliche Stimmung am Rand der Großstadt

Vorderhainbach – Gideon Laudon-Grab – Halterbachtal – Rieglerhütte – Sophienalpe – Mostalm – Greutberg – Vorderhainbach

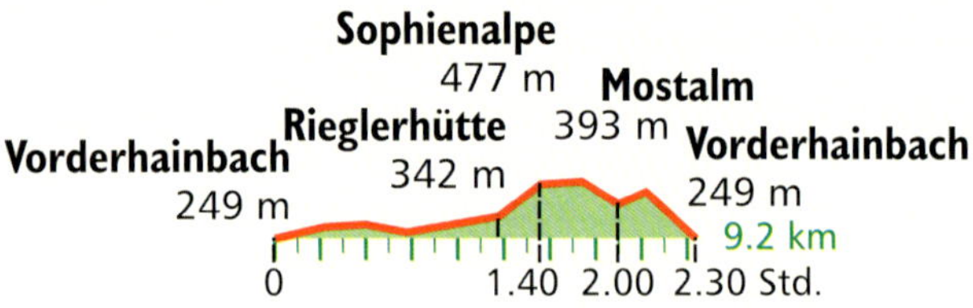

Ausgangsort:
Wien 14, Penzing, Vorderhainbach.

Ausgangspunkt:
Mauerbachstraße 47, Ghs. „Zum Grünen Jäger", Bushaltestelle der Linie 49 B, gegenüber Parkplatz.

Gehzeiten:
Vorderhainbach, 249 m – Gideon Laudon-Grab, 250 m (5 Min.) – Rieglerhütte, 342 m (1¼ Std.) – Sophienalpe, 477 m (1 Std. 40 Min.) – Mostalm, 393 m (2 Std.) – Greutberg, 449 m (2 Std. 10 Min.) – Vorderhainbach, 249 m (2½ Std.).

Höhenunterschied:
278 m.

Anforderungen:
Mühsamer, bei Nässe unangenehmer Aufstieg Rieglerhütte - Sophienalpe.

Einkehrmöglichkeiten:
Ghs. „Zum Grünen Jäger", Rieglerhütte, Restaurant Sophienalpe, Mostalm.

Tipp:
Kinderspielplätze bei der Mostalm und Sophienalpe.

Der Stadtwanderweg 8 führt als Rundwanderweg vom Mauerbachtal durch den Baumgartner Wald ins Halterbachtal mit der Rieglerhütte, einer beliebten Ausflugs-Gaststätte mit Reitmöglichkeit. Besonders angenehm ist der Abschnitt Sophienalpe – Mostalm: eine autofreie Almregion mitten im Wienerwald. Wer deftige Hausmannskost wünscht, ist in der Mostalm gut aufgehoben.

Vom Ghs. „Zum Grünen Jäger" in **Vorderhainbach** muss man zunächst rd. 300 m stadteinwärts die Mauerbachstraße begleiten. Dann zweigt links ein grün, später rot bez. Wanderweg ab, der an einigen interessanten Gedenksteinen vorbeiführt: **Gideon Laudon-Grab**, Türkensteine, etwas abseits Doderer-Stein und Alex Laudon-Grab. Der Weg verbindet das Mauerbachtal mit dem **Halterbachtal**, das oberhalb der Jägerwald-Siedlung erreicht wird.

Auf einer leider nicht für den allgemeinen Verkehr gesperrten Straße kommt man zur **Rieglerhütte** mit Pferdekoppel, Spielplatz und Lagerwiese. Im enger werdenden Hahnengraben geht es recht steil empor zur **Sophienalpe** (Restaurant, großer Spiel- und Parkplatz). Das folgende Wegstück zur Mostalm zählt zu den schönsten Abschnitten des sogenannten Wiener Höhenweges Cobenzl – Mauerbachtal: weite Wiesen, dazwischen Buchen-Hochwald, und kein Autoverkehr! Mit geringem Höhenverlust kommt man zur urigen **Mostalm**, die an schönen Wochenenden randvoll besetzt ist. Die Hinweise „Betreten der Wiese verboten!" oder „Privatweg" stören ein wenig. Am Rand der Schwarznettelwiese – dazwischen eine querende, tiefhängende Hochspannungsleitung, die bei Nebel beängstigend summt – geht es bis zur Wegteilung 444/Rund um Wien-Weg. Unser Weg zweigt im Bereich des **Greutberges** links ab und benützt die rot-grünen Markierungen des Rund um Wien-Weges bis **Vorderhainbach**.

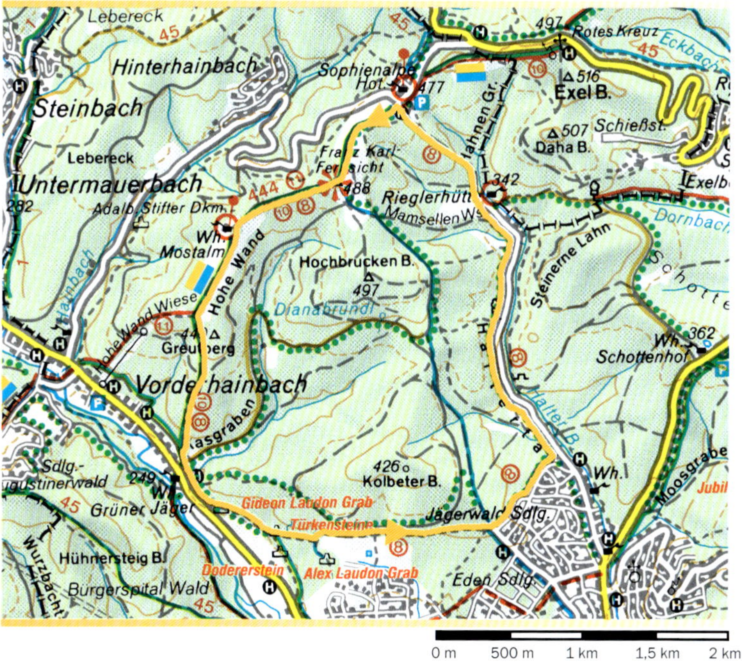

Stopfenreuther Au

Im Herzen des Nationalparks Donauauen

Hainburg Frachtenbhf. – Donaubrücke – Schwalbeninsel – Stopfenreuth – Donaubrücke – Hainburg Frachtenbhf.

Ausgangspunkt:
Hainburg Frachtenbhf. (Stündliche Verbindung mit der Schnellbahnlinie S 7), Parkmöglichkeit. Man kann die Tour auch in Stopfenreuth (Busverbindung ab Wien-Kagran, Parkplatz beim Forsthaus) oder beim ehem. Donauwirt (Parkmöglichkeit) beginnen.

Höhenunterschied: Unter 100 m.

Gehzeiten:
Hainburg Frachtenbhf. – Donaubrücke 25 min., Donaubrücke – Donauwirt 20 min., Donauwirt – Schwalbeninsel 25 min., Schwalbeninsel – Stopfenreuth ¾ Std., Stopfenreuth – Donauwirt 20 min., Rückweg 40 min.; Gesamtzeit 2¼ Std.

Anforderungen:
Leichte Wanderung auf Forst-, Feld- und Waldwegen.

Einkehr:
Gasthäuser und Forsthaus in Stopfenreuth, Gasthäuser und Lokale in Bad Deutsch-Altenburg oder Hainburg.

Sehenswert:
Zwischen dem Donauwirt und Stopfenreuth erstreckt sich der Au-Lehrpfad.

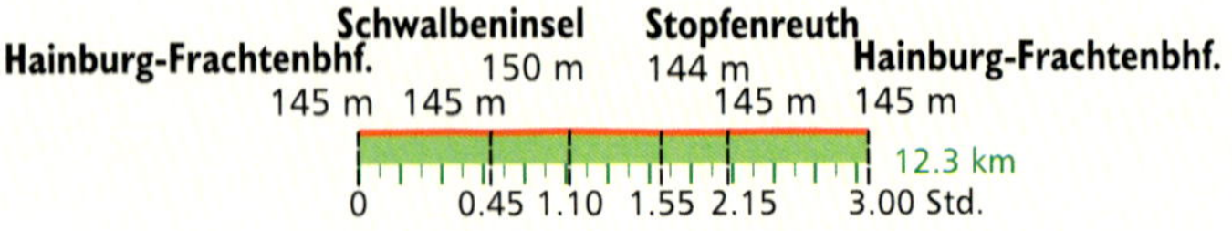

Diese Wanderung führt uns in den Kernbereich des Nationalparks Donauauen; dorthin, wo nach den Plänen des 1984 geplanten Donaukraftwerkes mitten durch die Au ein neues Flussbett gegraben werden sollte. Herrliche, urwüchsige und an Tieren und Pflanzenarten reiche Auwälder wären dabei unwiederbringlich verloren gegangen. Wer die Wanderung trotz Stechmückenplage im Sommer unternimmt, kann auf dem Roßkopfarm einen riesigen Teppich gelber Teichrosen bestaunen und mit etwas Glück den einen oder anderen Graureiher beobachten. Aber auch im Frühjahr, wenn die Waldblumen blühen, und im Herbst, wenn die einfallenden Nebel das Gebiet verzaubern, ist die Tour durchaus empfehlenswert. (Im Winter kann der lange Anmarsch über die dem Wind ausgesetzte Donaubrücke sehr unangenehm sein!)
Bahnfahrer beginnen die Wanderung an der Station **Hainburg**-Frachtenbhf., von dem aus man bergab zum Donauufer und dann diesem entlang nach links, entlang eines Altarmes stromaufwärts, wandert. Die Markierung der Weitwanderwege 02, 07 und 999 begleitet uns, und vor uns sehen wir bereits die Donaubrücke. Wir kommen zu einem Stiegenaufgang, bei dem wir zum Gehweg der Brücke hinaufsteigen und so die Donau queren. Am anderen Ufer erwartet uns wieder eine Stiege, die hinab auf den Treppelweg führt. Hier gehen wir hinunter und folgen dem Weg entlang des Ufers stromaufwärts. Wir kommen nach ¼ Std. bei einem Feuerwehranleger vorbei und treffen unmittelbar dahinter auf die von Stopfenreuth kommende Uferstraße. Links von uns, wo sich nun das Gelände eines Yachtclubs befindet, befand sich einst, vor dem Bau der Donaubrücke, die Rampe der Rollfähre nach Bad Deutsch-Altenburg, rechts der ehemalige **Donauwirt**.
Wir gehen weiter am Ufer stromaufwärts, vorbei an mächtigen Weiden und riesigen Schotterbänken im Fluss, bis der Weg bei einer Markierungspilote nach scharf rechts knickt. Es lohnt sich aber, noch einen halben Kilometer auf dem Treppelweg zur **Schwalbeninsel** weiterzugehen, wo man einen schönen Ausblick über den Fluß genießt und eine Schautafel Informationen über die Entstehung der Inseln im Strom bietet.
Wir kehren zur Markierungspilote zurück und gehen vom Ufer weg in die Au hinein. Durch einen Wald von großen Silberpappeln gelangen wir zum **Roßkopfarm**, der über zwei steinerne Traversen gequert wird. Ein Stück weiter gelangt man auf die **Brücklwiese**, auf der im Dezember 1984 zu Beginn der Auseinandersetzungen um den geplanten Kraftwerksbau die Organisatoren der Au-Besetzung eine große Kundgebung abhielten. Am anderen Ende der Wiese ist bereits der Marchfeld-Damm sichtbar, den wir queren. Der Wegmarkierung folgend gehen wir weiter durch ein kleines Waldstück und gelangen zum Rückstaudamm, über den wir in den Ort **Stopfenreuth** hineingehen. Hier halten wir uns auf der Försterstraße rechts und gelangen geradewegs auf die Uferstraße, auf der wir wieder in Richtung der Au gehen. Links von uns liegt das Gh. Forsthaus (Einkehr); unmittelbar dahinter queren wir auf einer Brücke einen Rückstaukanal. Nun kehren wir auf der Straße zum ehem. **Donauwirt** zurück und queren dabei wieder – diesmal auf einer Brücke – den Roßkopfarm.
Am Ufer wenden wir uns links und gehen auf bekanntem Weg über die Brücke nach Hainburg zurück.

Schlosspark Laxenburg

Ein Spaziergang im kaiserlichen Schlosspark Laxenburg

Rund 2½ km² gepflegte Gartenfläche mit Teichanlagen, Denkmälern und der schmucken Franzensburg umfasst das Gelände des ehemaligen kaiserlichen Schlossparks Laxenburg – ein beliebtes Wiener Ausflugsgebiet mit vielfältigen Erholungsmöglichkeiten wie Spaziergängen, kleine Wanderungen, Bootfahren und Besuch von Ausstellungen.

Laxenburg – Schlossplatz – Neues Schloss – Concordiatempel – Grünes Lusthaus – Turnierplatz – Schlossteich – Franzensburg – Laxenburg

Foto: Peterka

Ausgangspunkt:
Herzog Albrecht-Straße in Laxenburg, Bushaltestelle, Parkplätze vorhanden.

Gehzeiten:
Schlossplatz, 177 m – Concordiatempel, 175 m (20 Min.) – Grünes Lusthaus, 175 m (½ Std.) – Turnierplatz, 175 m (35 Min.) – Schlossteich und Franzensburg, 175 m (¾ Std.) – Schlossplatz, 177 m (1 Std. 10 Min.).

Höhenunterschied:
Keiner.

Anforderungen:
Kurzer Spaziergang im Schlosspark, Eintrittsgebühr.

Einkehr:
Restaurant Franzensburg und Gaststätten in Laxenburg.

Tipp:
Erholungszentrum angeschlossen (Freibad, Reitstall, Restaurant).

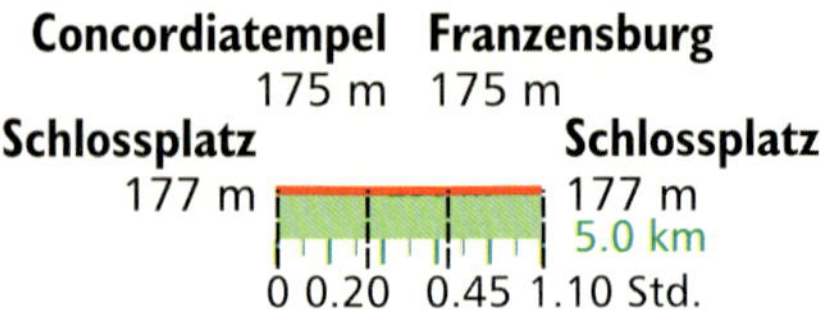

Schloss und Schlosspark sind vorrangiges Ausflugsziel in **Laxenburg**. Bereits der Zugang zum Schlosspark beeindruckt durch den zweigeschossigen Spätbarockbau des **Neuen Schlosses** und den monumentalen **Schlossplatz**. Rechts davon gelangt man zum Eingang in den **Schlosspark**, der im 18. Jahrhundert im englischen Stil angelegt wurde. Künstliche Grotten, Wasserfälle, Kanäle, Tempel und Plastiken ergeben einen romantischen Eindruck. Die Rundwanderung führt zunächst beim Österreichischen Filmarchiv vorbei und übersetzt die Schwechat sowie den anschließenden Forstmeisterkanal, der den Schlossteich mit der Schwechat verbindet. Das moderne Erholungszentrum bleibt zur Rechten, wenn das äußere Parkgebiet um den **Concordiatempel** betreten wird. Der kurzweilige Wechsel von Wiesen und Waldzungen ist äußerst beschaulich. Die Kaskadenbrücke übersetzt den Teichzubringer im Bereich des **Grünen Lusthauses**. Vorbei am **Turnierplatz** führt der Weg an den **Schlossteich** mit der sehenswerten **Franzensburg**, die von zwei Seiten erreicht werden kann: auf festem Steg an der Rückseite oder mit einer Fähre von der Schlossseite her. Die Franzensburg ist eine nachempfundene gotische Burganlage, nach Kaiser Franz I. benannt und ein Hauptwerk der klassizistischen Romantik. Obwohl die Einrichtung aus verschiedensten auswärtigen Objekten wie Klöstern und Schlössern zusammengetragen wurde, ist der Besuch unbedingt zu empfehlen. Der Habsburgersaal, die Schatzkammer, der Thronsaal und die Kapelle zählen zu den eindruckvollsten Teilen.
Der Rückweg zum Neuen Schloss führt an der Rittersäule und einer Rittergruft vorbei, überquert nochmals das Schwechat-Flüsschen und endet vor der Spätbarock-Fassade des **Neuen Schlosses Laxenburg**.

Buschberg und Oberleiser Berg

Grandiose Aussichtswanderung auf historischen Pfaden

Niederleis – Pfaffenbründl – Kahler Gipfel – Buschberghütte – Höhenweg – Oberleiser Berg – Römerweg – Au – Niederleis

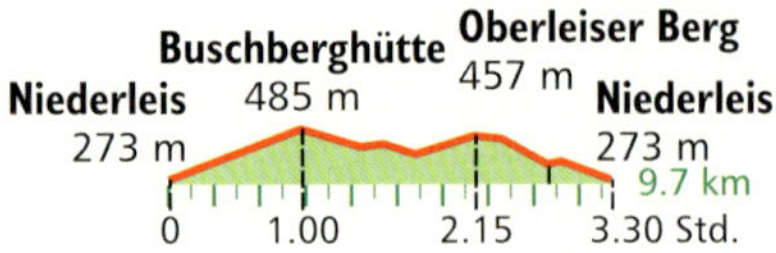

Ausgangspunkt:
Niederleis, 273 m, Parkmöglichkeit.

Gehzeiten:
Schloss Niederleis – Pfaffenbründl ½ Std., Pfaffenbründl – Buschberghütte ½ Std., Buschberghütte – Oberleiser Berg 1¼ Std., Oberleiser Berg – Au ¾ Std., Au – Schloss Niederleis ½ Std., Gesamtzeit: 3½ Std.

Höhenunterschied:
Rund 350 m.

Anforderungen:
Mittelschwere Wanderung auf zum Teil steilen Fußpfaden. Vor allem im ersten Teil der Wanderung ist etwas Orientierungsvermögen nötig.

Einkehr:
Gasthöfe in Niederleis und Au sowie Alpenvereinshütte am Buschberg

Variante:
Kleine Buschbergrunde ohne Oberleiser Berg: Vom Höhenweg zweigt etwa eine ¾ Std. vom Gipfel entfernt ein mit „Römerweg Au" beschilderter Fußweg ab. Auf diesem kann man direkt nach Au absteigen und spart sich damit rund 1¼ Std. Weg.

Sehenswertes:
Unterhalb der Aussichtswarte am Oberleiser Berg ist eine kleine, sehenswerte Ausstellung über die historischen Grabungsfunde untergebracht.

Diese Wanderung führt uns auf einem der kürzestmöglichen Zustiege auf den höchsten Gipfel des Weinviertels und anschließend über den fantastischen Aussichtsweg, der bereits in der Keltenzeit eine wichtige Wegverbindung war, hinüber auf den von einer Warte gekrönten Oberleiser Berg. Dort konnte durch Grabungen eine 6000-jährige Siedlungsgeschichte nachgewiesen werden, die von der Jungsteinzeit über keltische, germanische und römische Befestigungsanlagen, romanische und gotische Kirchenbauten bis hin zu einer Bunkeranlage aus dem Zweiten Weltkrieg reicht.
Wir beginnen unsere Wanderung in **Niederleis** an der Straßenkreuzung beim Schloss (die Busstation „Birkensiedlung" liegt etwa hundert Meter entfernt an der Straße Richtung Au). Von hier gehen wir auf der schwach befahrenen Straße dem grünen Wegweiser Richtung Buschberg folgend zehn Minuten bergauf, bis in einer scharfen Rechtskurve bei Kilometer 3,4 links ein Feldweg abzweigt. Dieser führt, immer leicht bergauf, durch Felder, Haine und über Wiesen, zwischen zwei kleinen Teichen hindurch und dann entlang eines Baches, bis er schließlich an einer gefassten

Quelle, dem **Pfaffenbründl**, den Waldrand erreicht. Wir durchqueren den Wald und stoßen am anderen Ende auf einen anderen Weg, dem wir nach links folgen. Hier hat man bereits einen schönen Blick zum Gipfelkreuz und der markanten, am höchsten Punkt thronenden Radarstation. Wir gelangen wieder auf die Straße, auf der wir links abbiegen und der rot-weiß-roten Markierung zu einem Parkplatz und dann auf steilem Fußpfad in Richtung Gipfel folgen. Ein Wegweiser „Höhenweg“ hilft uns bei der Orientierung. Auf einem Sattel unterhalb des Gipfelkreuzes kreuzt ein Pfad, der links auf den **Kahlen Gipfel** (Aussicht!) und rechts zur **Buschberghütte**, 491 m, führt. Wir gehen bei der grünen Tafel „Buschberg – Kahler Gipfel“, wo ein hölzerner Wegweiser auf einen etwas versteckten, aber rot markierten Fußweg Richtung Oberleiser Berg verweist, gerade weiter. Ein Stück weiter gabelt sich der Weg, man kann hier den breiten, bequemen Weg rechts nehmen. Wesentlich schöner und aussichtsreicher ist der linke Fußweg. In einer Senke bei einer Steinskulptur treffen die beiden Wege wieder aufeinander. Immer am Hauptweg weiter (links Abzweigung „Römerweg Au“) zu einem sehr schönen Blick auf den Oberleiser Berg. Schließlich kreuzen wir auf einem Sattel die Bundesstraße 6 (Busstation) und gehen auf der Zufahrtsstraße nach **Oberleis** weiter, wieder bergauf. Vorbei an einem Wasserspeicher gelangen wir, bei der nächsten Kreuzung links, zur Kirche von Oberleis und, rechts daran vorbei, zum Eingang zum **Oberleiser Berg**. Die Straße steil bergauf erklimmen wir das Gipfelplateau mit der Aussichtswarte und dem darin untergebrachten Museum. Neben der Kapelle gibt es auch einen schönen Rastplatz. Wir gehen neben der Kapelle rechts entlang des Waldes den Wegweisern „Rund um den Oberleiser Berg“ nach und gelangen so auf einem schönen Fußpfad (mehrere schöne Rastplätze) rund um das Gipfelplateau zurück zum Schild „Eingang Oberleiser Berg“, wo wir unseren Hinweg kreuzen und geradeaus den Schildern „Römerweg Au“ und „Quellenwanderweg“ folgen. Zunächst sanft, dann etwas steiler bergab wandernd bietet sich uns immer wieder ein schöner Blick zurück zum Buschberg. Bei einer Abzweigung gehen wir links weiter am Quellenwanderweg und treffen so auf die Bundesstraße, die wir auf einem hölzernen Fußgehersteg überqueren. Über einige Stufen hinab in den Ort **Au**, dann rechts zur Kaisereiche, bei dieser links zu einer Kapelle. Von schräg links kommt man am Römerweg hierher, wir aber gehen rechts zwischen Häusern über eine Schotterstraße, wo wir bald wieder einen Wegweiser nach Niederleis bei einem Bildbaum finden. Nun noch einmal kurz bergauf zu einem weiteren Wegweiser, dann diesem folgend auf grasbewachsenem Weg über freies Feld bergab. Man kreuzt einen breiteren Feldweg, dann knickt der Weg nach links; einen rechts abzweigenden Weg zu einer Gruppe von Häusern ignorieren wir. Schließlich treffen wir wenige Meter oberhalb der Straßenkreuzung beim Schloss wieder auf die Straße, auf der wir zum Ausgangspunkt zurückgehen.

Karnabrunner Wald

Gemütliche Waldrunde zwischen Rohrbach, Rußbach und Donaugraben
Karnabrunn – Karnabrunner Wald – Rohrbachquelle – Kirchberg – Galgenberg – Karnabrunn

Ausgangspunkt:
Karnabrunn, 258 m (Buslinie 432 ab Korneuburg nur werktags), Parkmöglichkeit.

Gehzeiten:
Karnabrunn – Forsthaus ½ Std., Forsthaus – Landesstraße 1 Std., Landesstraße – Kirchberg 1 Std., Kirchberg – Galgenberg 25 min., Galgenberg – Karnabrunn 35 min.; Gesamtzeit 3½ Std.

Höhenunterschied:
Rund 250 m.

Anforderungen:
Leichte Wanderung auf Feld- und Waldwegen. Nach längeren Regenfällen ist der Boden sehr rutschig!

Einkehr:
keine Einkehrmöglichkeit.

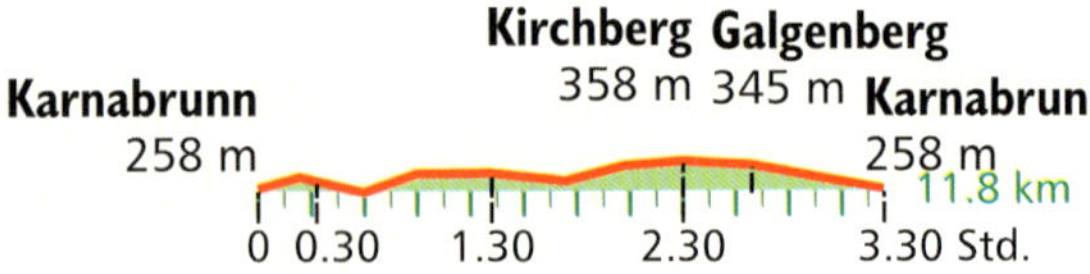

Von der Bushaltestelle an der Kreuzung der Bundesstraße 6 mit der Landesstraße nach Stockerau gehen wir durch den Ort bergauf, am Schloss **Karnabrunn** vorbei, bis zum Haus Nr. 14 auf der linken Straßenseite, vor dem wir durch eine schmale Gasse links gehen. Bei der nächsten Gabelung wieder rechts, dann links steiler bergauf. Wir verlassen den Ort und kommen zu einer Kreuzung, bei der wir geradeaus entlang der Telegraphenleitung weitergehen. So kommen wir an einem idyllisch am Waldrand gelegenen Forsthaus vorbei in den Wald. Bald gelangen wir an eine Verzweigung. Wir wählen den linken, leicht bergab führenden Weg durch einen bewaldeten Graben. Ein Stück weiter berühren wir den Waldrand, wo eine Reihe hoher Pappeln nach links Richtung Obergänserndorf führt. Wir aber gehen rechts bergauf in den Wald hinein, immer am Hauptweg. Nach einer Viertelstunde kommen wir zu einer Gabelung, bei der der linke Weg nach wenigen Metern wieder bergab führt; wir gehen aber geradeaus, noch leicht bergauf, weiter. Entlang eines Zaunes gelangen wir zu einer Kreuzung mit einer nach rechts steil ansteigenden Schotterstraße. Ein Stück links bergab liegt die Quelle des Rohrbaches. Auch hier gehen wir noch gerade weiter. Kurz darauf sehen wir eine rot-weiß-rote Markierung des Weinviertel-Wanderweges 633, die nach rechts abzweigt. Ihr folgen wir nun auf tw. schwer erkennbarem, etwas verwachsenen Weg, der bald in eine Schotterstraße mündet und schließlich die Landesstraße Karnabrunn – Niederhollabrunn kreuzt. Die Markierung folgt hier der Straße nach rechts, wir aber wollen auch noch an der Quelle des Rußbaches vorbeiwandern und gehen deshalb geradeaus bergab in einen Graben. In diesem rechts, am Rande eines weitläufigen Schilfgebietes entlang, in dem die **Rußbachquelle** liegt. Auf dem grasbestandenen Weg erreichen wir den Waldrand und gehen an diesem rechts. An einer Holzhütte vorbei und immer entlang des Waldes, dann durch ein kurzes Waldstück kommen wir zu einem Schotterweg, auf dem wir rechts gehen. Wir queren das Tal des Rußbaches. Auf der anderen Talseite wieder links bis zu einer dreieckigen Wegkreuzung, bei der wir rechts bergauf gehen bis zu einem Schranken, hinter dem wir links gehen und so wieder auf die Landstraße treffen. Auf dieser gehen wir etwa nach links, bis zur Straßenkreuzung beim Ortsschild Karnabrunn – Obenaus. Hier folgen wir der Weitwandermarkierung ein kurzes Stück nach links, bis nach rechts ein asphaltierter Weg zur **Wallfahrtskirche Karnabrunn** abzweigt. Auf diesem bergauf bis zur Kirche. Hinter der Hütte führt ein Fußpfad ziemlich steil bergab durch den Wald zum Friedhof. Oberhalb der Friedhofsmauer links zu einem Waldweg, dann auf diesem immer geradeaus, bis man wieder in einer Kurve auf die rot-weiß-rote Markierung stößt. Dieser folgt man nun zunächst geradeaus, dann rechts an den Waldrand. Hier gibt es wieder einen schönen Fernblick und zurück zur Kirche. Beim Hochstand entlang des Waldrandes auf etwas verwachsenem Weg links, bis man in einer Rechtskurve am **Galgenberg** auf eine Forststraße trifft. Auf dieser nun bergab, auf das Lagerhaus von Wetzleinsdorf zu, bis zur Einmündung in einen Feldweg bei einem einzeln stehenden Baum. Hier rechts, durch zwei Senken hindurch immer geradeaus auf den Ort Karnabrunn zu. Bei einem Marterl bei den ersten Häusern des Dorfes stößt man auf eine Asphaltstraße, der man nach links folgt. Bei einer kleinen Kapelle trifft man wieder auf die Bundesstraße 6, der man nach rechts die letzten Meter zur Straßenkreuzung bei der Bushaltestelle folgt.

Eichkogel

Von Guntramsdorf auf den Eichkogel

Guntramsdorf liegt am Fuße ausgedehnter Weingärten, zwischen Mödling und Gumpoldskirchen. Das Naturschutzgebiet Eichkogel ist es wert, im Rahmen einer Wanderung besucht zu werden. Der Ausblick auf Wien entschädigt für fehlende Markierungen im zentralen Schutzgebiet.

Guntramsdorf – Thallern – Weinstraße – Eichkogel – Beethovenweg – Guntramsdorf

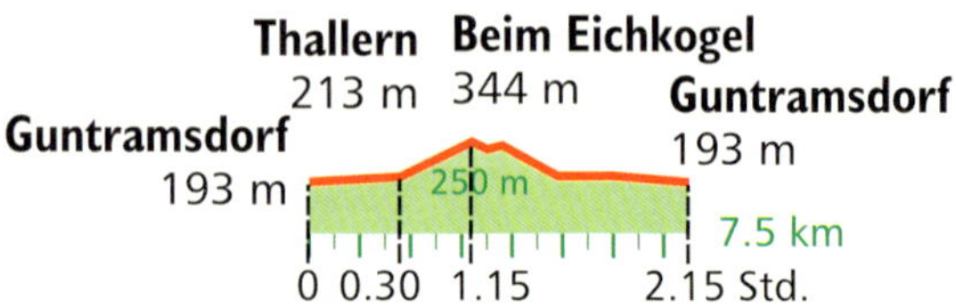

Ausgangspunkt:
Hauptstraße, Haltestelle Guntramsdorf LKB der Badner Bahn, Parkmöglichkeit.

Gehzeiten:
Guntramsdorf, 193 m – Thallern, 213 m (½ Std.) – Weinstraße, 280 m (¾ Std.) – Eichkogel, 367 m (1¼ Std.) – Beethovenweg, 230 m (1½ Std.) – Guntramsdorf, 193 m (2¼ Std.).

Höhenunterschied:
174 m.

Anforderungen:
Im Bereich Eichkogel keine bez. Wege.

Einkehr:
Ghs. in Thallern, an der Weinstraße und in Guntramsdorf.

Tipp:
Sehenswerter Meierhof des Stiftes Heiligenkreuz in Thallern, geologisch und floristisch interessanter Eichkogel.

Foto: wikipedia

In **Guntramsdorf** geht es von der Lokalbahn-Haltestelle durch die Richtung Wienerwald wendende Hauptstraße. Nach Überqueren der breiten Triester Straße gelangt man in die Anningerstraße. Bei der Bahnhaltestelle Guntramsdorf-Südbahn quert der Beethovenweg Nr. 40 und ermöglicht den Besuch des nahen Weingutes **Thallern**. Das Restaurant im Gutshof des Stiftes Heiligenkreuz ist für seine gute Küche bekannt.

In den Weingärten am Fuße des Anningers verbindet die sogenannte **Weinstraße** Gumpoldskirchen mit Mödling. Von Thallern steigt man zu dieser Straße an, folgt ihr rund 500 Meter und zweigt rechts in einen Fußweg zum **Eichkogel** ein.

Mit dem Schutzgebiet Eichkogel wird eine seltene Flora am Rand der Ostalpen vor der Ausrottung bewahrt. Lediglich die zentrale Bergkuppe trotzte dem intensiven Weinbau um Mödling.

Auf der Anhöhe gibt es keine bez. Wege! Beim Ghs. an der Weinstraße beginnt ein Fahrweg, der die nach Mödling gerichteten Eichkogel-Ausläufer quert und Richtung Neu-Guntramsdorf absteigen lässt. Hier kreuzt wieder der Beethovenweg. Der Weg benützt bis Baden den steigungsfreien Verlauf der Hochquellenwasserleitung – sicher eine Einmaligkeit in der Wanderregion Wien! Im Sommer „versüßen" Kirschen, im Herbst Weintrauben den Gang durch ungezählte Weinkulturen. Entlang der Südbahntrasse und vorbei an der Bahn-Haltestelle Guntramsdorf-Südbahn gelangt man wieder zum Ausgangsort **Guntramsdorf** am Rand des Wiener Beckens.

Husarentempel

Auf den Spuren von Josef Schöffel.
Mit der Markierung des Josef Schöffel-Wanderweges hat man dem „Retter des Wienerwaldes“ ein lebendes Denkmal gesetzt.

Mödling – An der Goldenen Stiege – Ruine Burg Mödling – Föhrenhof – Husarentempel – Matterhörndl – Krauste Linde – Prießnitztal – Mödling

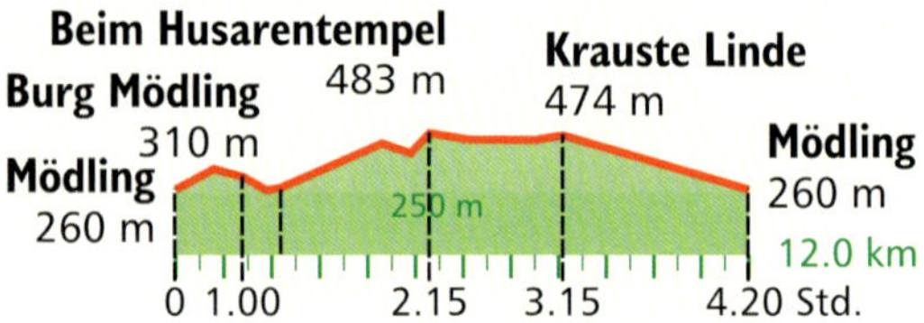

Ausgangspunkt:
Bahnhof Mödling, Parkmöglichkeit.

Gehzeiten:
Mödling, 215 m – An der Goldenen Stiege, 263 m (½ Std.) – Burg Mödling, 310 m (1 Std.) – Föhrenhof, 268 m (1¼ Std.) – Husarentempel, 496 m (2¼ Std.) – Matterhörndl, 420 m (2¾ Std.) – Krauste Linde, 474 m (3¼ Std.) – An der Goldenen Stiege, 263 m (4 Std.) – Mödling, 215 m (4 Std. 20 Min.).

Höhenunterschied:
445 m.

Anforderungen:
Teils steile und steinige Aufstiege und Abstiege, bei Nässe rutschig.

Einkehr:
Föhrenhof, Krauste Linde.

Foto: wikipedia

Vom Bahnhof **Mödling** geht es rechts zur Hauptstraße, die ins Zentrum führt. Durch die Fußgängerzone gelangt man zum sehenswerten Schrannenplatz mit dem Rathaus und Denkmal für Josef Schöffel, der 1873 – 1882 Bürgermeister von Mödling war. Die Kaiserin Elisabeth-Straße führt zur Spitalskirche. Über den Mödlingbach und durch die Neusiedler Straße gelangt man zur Straße **An der Goldenen Stiege**. Von Felsen und Schwarzföhren flankiert steigt der Wanderweg an. Bald hält man rechts, um auf fast ebenem Weg zur **Ruine Burg Mödling** zu gelangen. Darunter liegt die Meiereiwiese mit dem Ghs. **Föhrenhof**. Wer weniger Zeit hat, kann direkt zum **Husarentempel** (wird am Abend beleuchtet) ansteigen. Der Weg 46 umrundet nämlich weit ausholend den Kleinen Anninger und führt knapp am Husarentempel vorbei. Eine Waldstraße bringt zum **Matterhörndl** (Kletterfelsen, urzeitliche Kultstätte). Der Fahrweg mündet in die Anningerstraße, die rechts zur **Krausten Linde** ansteigt. Zum Ausgangspunkt Mödling führt entweder der Weg 46 oder (kürzer) die bereits bekannte Anningerstraße. Beide Wege kommen am Waldrand nahe dem Ausgang des **Prießnitztales** zusammen. Oberhalb ausgedehnter Weinkulturen – prächtiger Ausblick auf Mödling und das Wiener Becken – quert man zur Straße An der Goldenen Stiege. Wie zuvor geht es durch das Mödlinger Zentrum zum Bahnhof **Mödling**.

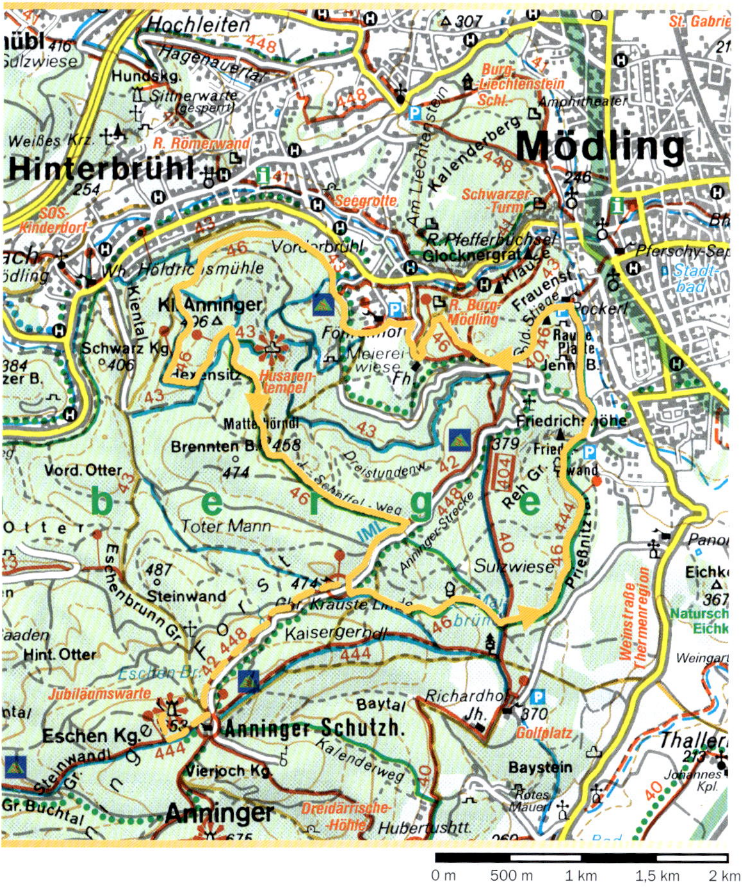

Tulbinger Kogel

Von der ehemaligen Kartause Mauerbach zur Leopold Figl-Warte

Das älteste Kartäuserkloster in Niederösterreich wurde, nach langer Zeit des Verfalls, Stück um Stück restauriert und ist jetzt Zentrum der Denkmalpflege. Die Warte am Tulbinger Kogel erschließt den Blick vom Rand des Wienerwaldes über das Tullner Feld bis hin zum Wagram und den Hügeln des Weinviertels.

Mauerbach – Hirschengarten – Passauerhof – Herrnberg – Tulbinger Kogel und Leopold Figl-Warte – Hainbuch – Hirschberg – Mauerbach

Ausgangspunkt:
Hauptstraße/Postamt in Mauerbach, Bushaltestelle, Parkmöglichkeit.

Gehzeiten:
Mauerbach, 287 m – Hirschengarten, 308 m (1 Std.) – Passauerhof, 398 m (1½ Std.) – Tulbinger Kogel, 491 m (2¼ Std.) – Hainbuch, 405 m (3 Std.) – Hirschberg, 425 m (3 Std. 10 Min.) – Mauerbach, 287 m (4 Std.).

Höhenunterschied:
224 m.

Anforderungen:
Mäßige Anstiege, lediglich vom Hotel Tulbinger Kogel zur Warte steil; bei Nässe mühsam, tiefe Böden.

Einkehr:
Ghs. Hirschengarten, Passauerhof, Hotel Tulbinger Kogel, Ghs. in Hainbuch und Mauerbach.

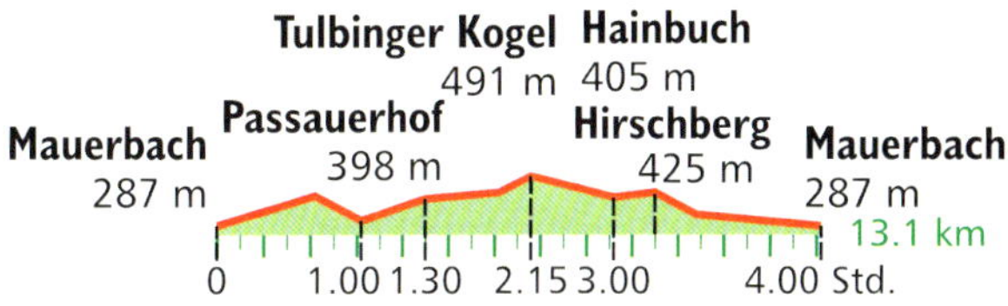

Zwei markierte Wanderwege verbinden **Mauerbach** mit dem Hirschengarten. Der schönere, weil straßenferne und aussichtsreiche Weg führt am Reitstall St. Stephan vorbei und bleibt eine Weile auf einem Waldrücken, um bald wieder ins Tal zu bringen: zum Ghs. **Hirschengarten**. Entlang der leicht über den **Herrnberg** ansteigenden Straße kann man problemlos zum Ghs. **Passauerhof** gelangen. Hier quert der Wienerwald-Weitwanderweg 404, dessen rot-weiß-rote Bez. rechts eine Straße begleitet, die unmittelbar an den Fuß des Tulbinger Kogels gelangen lässt. Beim Hotel Tulbinger Kogel hat man das einzige steile Wegstück zu überwinden. 40 Höhenmeter später steht der Wanderer vor dem Betonbau der **Leopold Figl-Warte**. 89 Stufen bringen zur Aussichts-Plattform empor. Buchenwald begleitet uns am Höhenzug, der den Wienerwald zum Tullner Feld abgrenzt. Bald verlässt man den Wald und gelangt zum Ghs. **Hainbuch**, einem beliebten Ausflugsziel der Wiener. Wir verlassen nun die Route 404 und kürzen eine Straßenecke auf gelb bez. Weg ab. Im Bereich **Hirschberg** zweigt rechts ein Weg nach Mauerbach ab. Vorbei am Goldbrunn, einer Quelle des Mauerbaches, wird bald der Talboden erreicht. Links der Straße verläuft ein Wanderweg, der, mit einigen Richtungsänderungen (Achtung auf die Markierung!), beim Mauerbacher Friedhof, knapp oberhalb der ehemaligen Kartause **Mauerbach**, endet. Es beeindrucken die restaurierten Einzelzellen der Kartäusermönche, um einen großen, rechteckigen Innenhof angeordnet.

Foto: TVB Wienerwald

Hafnerberg – Kleinmariazell

Am Wiener Wallfahrerweg, der Via Sacra, Richtung Mariazell

Die Wallfahrer prägten für Jahrhunderte die Landschaft zwischen Wienerwald und Voralpen. Ausdruck jener Gesinnung sind die Kirchen von Hafnerberg und Kleinmariazell. Eine bis Kaumberg erweiterbare Wanderung am Fuße von Peilstein und Schöpfl erschließt den südlichen Wienerwald. Ausflüge zur Araburg oder Touren auf Hocheck, Kieneck und Unterberg sind nicht allzu weit entfernt.

Altenmarkt – Festenberg – Hafnerberg – Eisgraben – Kleinmariazell – Altenmarkt

Ausgangspunkt:
Bahnhaltestation Altenmarkt, Parkmöglichkeit.

Gehzeiten:
Altenmarkt, 410 m – Hafnerberg, 478 m (¾ Std.) – Kleinmariazell, 432 m (2¼ Std.) – Altenmarkt, 410 m (3¼ Std.); Festenberg, 593 m (1 Std. zusätzlicher Zeitbedarf).

Höhenunterschied:
210 m.

Anforderungen:
Mäßige Steigungen.

Einkehr:
Ghs. in Hafnerberg, Kleinmariazell und Altenmarkt.

Variante:
Festenberg; Kleinmariazell - St. Corona-Straße – Untertriesting – Bahnhof Kaumberg (Mariazeller Weg 406).

Tipp:
Zusatztour auf den Festenberg bei Hafnerberg.

Am unteren Ortsausgang von **Altenmarkt** befindet sich die Haltestelle der Bahnlinie Hainfeld – Leobersdorf. Nach Übersetzen der Triesting und der Bundesstraße erreicht man auf der gegenüberliegenden Hangseite den Wienerwald-Weitwanderweg 404, der nach Hafnerberg führt. Wo der Weg die Straße nach Hafnerberg übersetzt, besteht die Möglichkeit, den **Festenberg** auf einem steilen Waldweg zu besteigen.
In **Hafnerberg**, das weithin durch die prächtige Wallfahrtskirche erkennbar ist, verlassen wir den Weg 404 und schwenken in die hier vorbeiführende Via Sacra, die Wiener Wallfahrerroute Richtung Mariazell. Zunächst geht es im Wald bergan, dann an Einschichthöfen vorbei und hinab in den **Eisgraben**. Eine Forststraße verbindet die Anwesen durch ausgedehnte Waldungen hinüber nach **Kleinmariazell**. Die ehemalige Stiftskirche wurde liebevoll restauriert.
Der Wallfahrerweg 406 führt von Kleinmariazell Richtung St. Corona am Schöpfl und in der Folge bis Kaumberg. Wer jedoch den Ausgangsort Altenmarkt erreichen möchte, muss nun talaus der Straße und dem Klosterbach folgen. Nach rund 750 Metern mündet die St. Corona-Straße ein, die ins Triestingtal führt. Von der Kreuzung mit der Bundesstraße ist es etwa gleich weit zum Bahnhof Altenmarkt-Thenneberg wie in den Ort **Altenmarkt** an der Triesting.

Foto: wikipedia

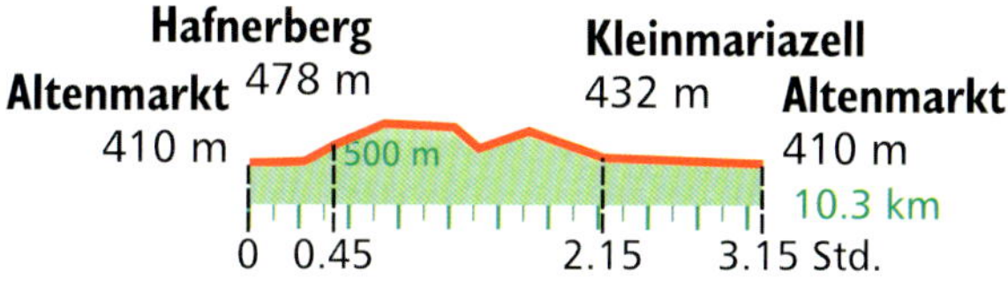

Hohe Wand – Plateau Rundwanderung

Glanzpunkte am laufenden Band

Die Hohe Wand ist wohl eines der beliebtesten Ausflugsziele in der Umgebung Wiens. Das mag darin begründet sein, dass sich auf dieser Waldhochfläche eine Vielzahl gut geführter Hütten und Pensionen befinden, die allesamt mit dem Auto zu erreichen sind. Auch bietet sich hier die Möglichkeit, in Nachbarschaft schwierigster Felsensteige, auf einfachen Wegen durch den stillen Bergwald zu wandern und dabei prächtige Ausblicke zu genießen. Durch den südlichen Teil dieses Hochplateaus (heute „Naturpark Hohe Wand"), das neben den großen Wäldern auch die höchsten Randabstürze aufweist, führt die beschriebene Rundwanderung.

Ausgangspunkt:
Naturparkstüberl (ehemaliges Wiener Neustädterhaus) auf der Hochfläche der Hohen Wand (Parkplatz). Von Stollhof 7 km. An Wochenenden und Feiertagen Mautpflicht!

Anforderungen:
Einfache Wanderung auf bequemen Wegen. Trittsicherheit nötig.

Höhenunterschied: 350 m.

Einkehrmöglichkeiten:
Naturparkstüberl (ehem. Wiener Neustädterhaus, Jausenstation), Hochkogelhaus (48 B., ganzj. offen), Hubertushaus (25 B., 30 L.; ganzj. offen; Dienstag und Mittwoch Ruhetag), Eicherthütte (15 B., 36 L.; ganzj. offen; Montag Ruhetag), Berghotel Plackles (10 B., ganzj. offen), Kleinkanzel Haus (ganzj. offen, keine Nächtigung, Dienstag Ruhetag).

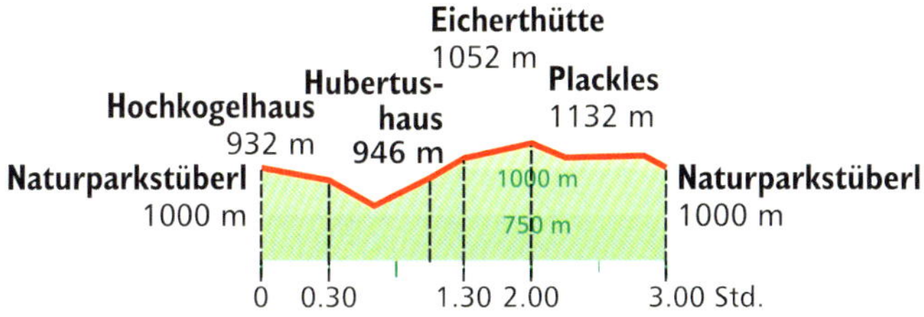

Von der Südostecke des **Großparkplatzes** auf rot bez. Weg eben durch Wald zum **Hochkogelhaus**. Den Abbruchrand entlang nach Süden, später ziemlich steil in den tief eingeschnittenen **Leitergraben** hinunter. Jenseits durch Wald wieder aufwärts und am Plateaurand entlang zum **Hubertushaus**, 946 m. An der Abbruchkante (Schaupfad; atemberaubender Tiefblick in ein wildes Felsenlabyrinth) weiter zur **Eicherthütte** auf der **Großen Kanzel**, 1052 m, mit dem Wildenauer Gedenkkreuz. Nun durch Wald nahe dem Hochflächenrand, an einem stillgelegten Sessellift vorbei, aufwärts zum **Berghotel Plackles** (1132 m, Antennenmast).
Von der Plackles gegen die Eicherthütte zurück und nach 5 Minuten zur Linksabzweigung eines Fahrweges. Auf ihm durch Wald bequem zum Wanddörfl, dann auf der Fahrstraße, den Westabfall der Hohen Wand entlang, zur Kleinen Kanzel mit dem Kleinkanzel Haus, 1092 m, ½ Std. von der Plackles. Nun über Wiesen und durch Wald zurück zum **Parkplatz** beim **Naturparkstüberl** (Rundgang durch das Tiergehege).

Araburg

Halbtagesausflug zur höchst gelegenen Burgruine Niederösterreichs

Ein halbes Jahrtausend, vom 12. bis ins 17. Jahrhundert, trotzte die stolze Festung der Arberger feindlichen Eroberungszügen, bis sie 1683 den Türken in die Hände fiel, die sie bis auf die Grundmauern nieder brannten. Auf einem Waldhügel westlich des Hochecks gelegen, wird die weithin sichtbare Ruine (im Besitz des Stiftes Lilienfeld) heute vom Österreichischen Touristenklub betreut. Die Bewirtschaftung der Burgschenke, der Ausbau des Bergfrieds zu einem Aussichtsturm (1901) und die Erhaltung der Mauerreste sind seiner Initiative zu danken. Die Araburg ist ein beliebtes Ausflugsziel, zu dem ganz Bequeme auch per Auto und in kurzem Fußanstieg gelangen können.

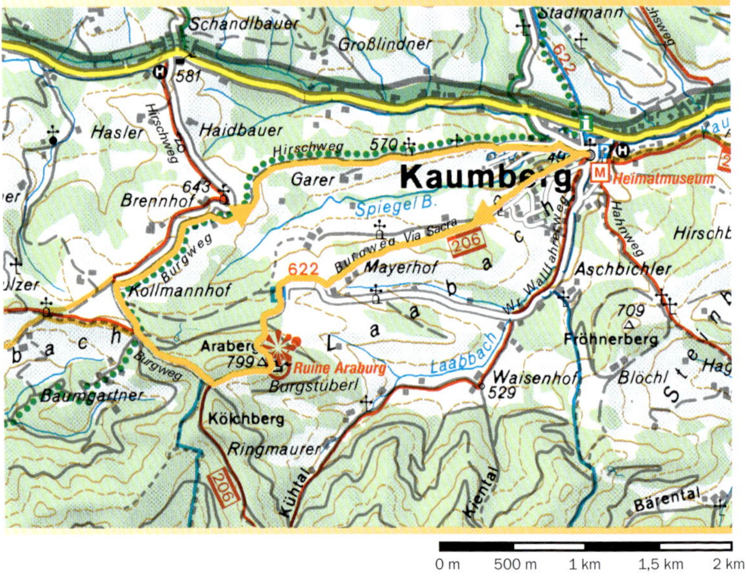

Talort:
Kaumberg, 494 m. Markt und Sommerfrische im Triestingtal.

Ausgangspunkt:
Hauptplatz in Kaumberg, 494 m. Anreise per Bahn oder Bus. Parkmöglichkeit im Ortsbereich.

Anforderungen:
Bequeme Wanderung auf gut bezeichneten Wegen und Straßen.

Höhenunterschied:
305 m.

Einkehr:
Burgstüberl Araburg (12 L., vom 1. April bis 31. Oktober, bei Schönwetter bis 15. November geöffnet; Dienstag und Mittwoch Ruhetag; bei geplanter Nächtigung Voranmeldung empfohlen; Tel. 02765/362 bzw. 02765/250). Mehrere Gaststätten in Kaumberg.

Hinweis:
Eilige können die Ruine vom Araburg-Parkplatz (3,5 km von Kaumberg) aus besuchen. ¾ Std. hin und zurück.

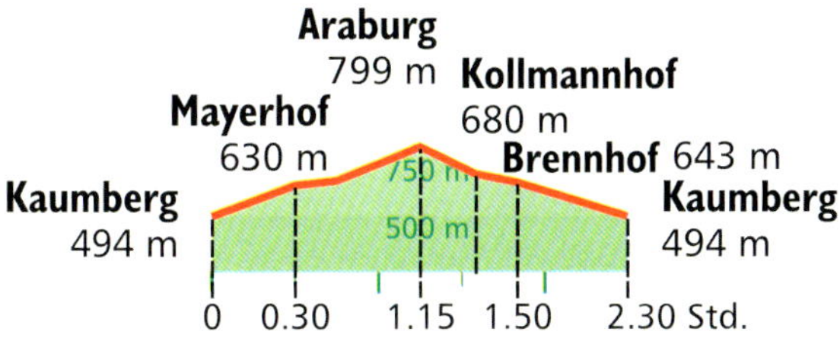

Von **Kaumberg** die Straße zur Araburg 40 m nach Süden, dann rechts eine Stiege empor zur Pfarrkirche. Auf Fahrweg, am Friedhof vorbei, nach Südwesten hinauf zu einigen Häusern. Rechts haltend auf Naturstraße eben weiter, dann links einen Karrenweg am Waldrand nach Südwesten aufwärts, schließlich durch Obstgärten eben zum **Mayerhof**. In Südwestrichtung zu einer Asphaltstraße und diese rechts hinauf zum **Araburg-Parkplatz** am Waldrand. Eine mit Schranke versperrte Forststraße in Südrichtung aufwärts zur Linksabzweigung eines rot und grün bezeichneten Karrenweges. Diesen über einen steilen Waldhang nach Süden hoch zum Sattel am Rücken östlich der Araburg (von der Anhöhe links schöner Burgblick!). Jenseits unter der südlichen Burgmauer entlang nach rechts zum Eingang in die **Araburg**, 799 m.
Abstieg: Eine Waldstraße ("Ingenieur-Josef-Lux-Weg") nach Westen hinab zu einem Sattel (Verzweigungspunkt). Rechts auf Naturstraße durch Wald nach Nordwesten abwärts, später auf Fußweg zu querender Straße am Waldrand. Diese über Wiesen nach rechts hinab zum **Kollmannhof** und weiter zum **Brennhof**, 643 m. Die Straße hinunter zu einer Linkskurve. Dort auf gelb bezeichnetem Fahrweg geradeaus abwärts zu einem Wiesensattel. Einem Geländerücken folgend durch Wald und über Wiesen nach Osten, schließlich auf Asphaltstraße abwärts nach **Kaumberg**.

Mirafälle, Hausstein und Kreuthsattel

Ein Landschaftsjuwel bei Muggendorf
Es gibt wohl keinen Wiener, der nicht schon als Kind Bekanntschaft mit den Mirafällen gemacht hätte. Trotz Kraftwerk und Miratalstraße hat dieses Kleinod in den Gutensteiner Alpen seine Anziehungskraft bewahrt. Wir begnügen uns nicht mit seinem Besuch, sondern steigen noch weiter gegen den Kreuthsattel empor, wo uns ein unerwartet schöner Schneebergblick zuteil wird. Auch der Rückweg über Karnerwirt und Hausstein hat seine Reize und bildet den erlebnisreichen Ausklang der kleinen Rundwanderung.

Talorte:
Pernitz, 430 m, Markt im Piestingtal mit Bahnstation. Muggendorf, 450 m, bei Pernitz, im Süden der Mirafälle gelegen.

Ausgangspunkt:
Parkplatz Mirafälle (475 m) beim Wasser-Sammelbecken am Eingang in die Miraklamm, 250 m nördlich von Muggendorf, 3 km von Pernitz.

Anforderungen:
Leichte Wanderung auf bezeichneten Wegen.

Höhenunterschied: 330 m.

Einkehr:
Mirastube (keine Nächtigung; vom 15. April bis 15. Sept. täglich, vom 16. Sept. bis 14. April Do. bis So. von 09.00 bis 23.00 Uhr geöffnet; im Januar geschlossen), Ghf. Karnerwirt (21 B., von Ostern bis Allerheiligen durchgehend, sonst an Wochenenden und Feiertagen geöffnet; Dienstag und Mittwoch, im Juli und August nur Dienstag Ruhetag), Gasthaus „Jagasitz" (keine Nächtigung, ganzj. geöffnet; Freitag Ruhetag).

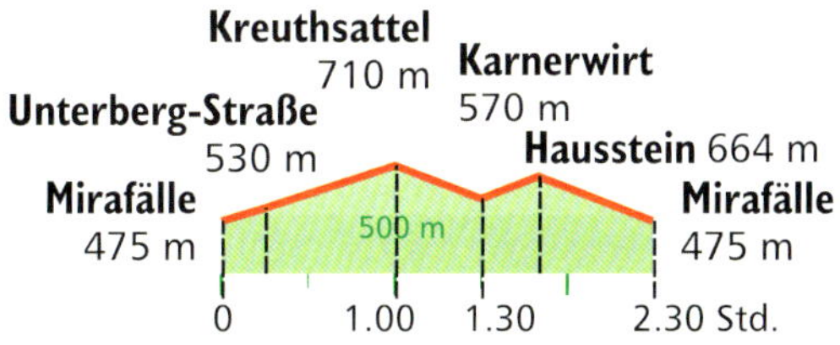

Vom **Parkplatz Mirafälle** nordwärts über den Bach zur Mirastube und weiter zum Klamm-Eingang (Kassa, Quellen). Dort auf bez. Weg über Holzstiegen und -stege, die Mira mehrmals querend, zwischen Felsblöcken aufwärts und nach rechts zur **Unterberg-Straße** (530 m). Diese 130 m nach rechts (!), dann links (Holzkreuz) den Weg Nr. 231 unter den Hirschwänden im Wald steil nach Norden hoch, später durch einen Graben, schließlich auf Asphaltstraße über Wiesen hinauf zum **Kreuthsattel** (710 m, Schneeberg-blick!) mit dem **Gasthaus Jagasitz**.

Auf unbezeichneter Naturstraße über Wiesen eben nach Westen, dann durch Wald in Südrichtung hinunter zur Straße im Tal der Mira. Die Straße 50 m nach rechts zum **Ghf. Karnerwirt** (570 m), und noch 200 m weiter, dann scharf links ab und einen begrünten Fahrweg über Wiesen in Ostrichtung aufwärts zu einem Sattel. Dort am Oberrand einer Wiese geradeaus weiter, später durch Wald steil nach Osten empor und nach rechts zum Gipfel des **Haussteins** (664 m, Holzkreuz).

Zurück zum erwähnten Sattel. Bei einer Bank links den bez. Steig im Wald nach Süden hinunter, dann Querung nach rechts zu einer Schulter. Weiterhin durch Wald in Südrichtung abwärts, später auf Fahrweg im Linksbogen nach **Muggendorf**. Dort links ab und auf Straße nordwärts zum Wasser-Sammelbecken (Mirastube) beim **Parkplatz Mirafälle**.

Foto: Hauleitner

Dürre Wand

Ein bewaldetes Kalkriff über Miesenbach

Dürre Wand nennt sich jene lang gestreckte Felsklippe, die sich westlich der Hohen Wand vom Piestingtal bis zum Schneeberg erstreckt. Sie wird von Bergwanderern weniger beachtet, weil scheinbar lohnendere Ziele in ihrer nahen Umgebung locken. Dass aber gerade diese Landschaft rings um das Miesenbachtal ihren besonderen Reiz hat, bewies schon vor mehr als 150 Jahren der Maler Friedrich Gauermann, der, hier aufgewachsen, in seinen großartigen Ölbildern und Zeichnungen den Zauber seiner Heimat zum Ausdruck gebracht hat.

Ausgangspunkt:
Ghf. „Zur schönen Aussicht" in Frohnberg, 550 m, westlich des Miesenbachtales gelegen. Mit eigenem Kfz in 1,5 km ab Balbersdorf erreichbar. Parkmöglichkeit.

Anforderungen:
Unschwierige Wanderung auf bez. Wegen.

Höhenunterschied: 630 m.

Einkehr:
Ghf. „Zur schönen Aussicht" (40 B.; ganzj. von 10.00 bis 23.00 Uhr offen, Dienstag und Mittwoch Ruhetag), Gauermannhütte am Plattenstein (9 B., 20 L.; von Ostern bis Allerheiligen an Wochenenden und Feiertagen geöffnet; Winterraum im Nebengebäude, 10 L.).

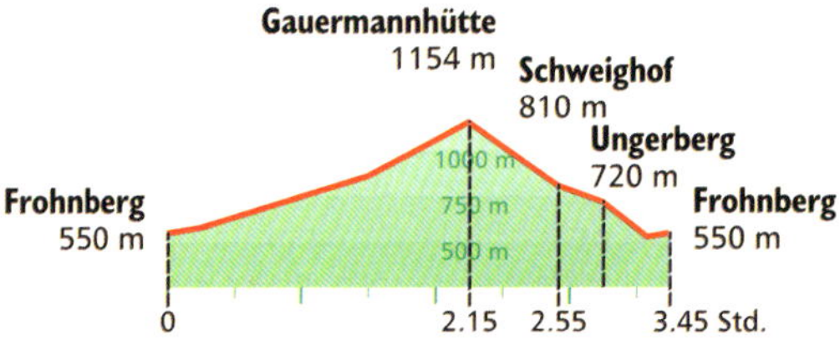

Vom **Ghf. „Zur schönen Aussicht“** in **Frohnberg** den ebenen, blau bez. Weg in Richtung Waidmannsfeld zu einem Kruzifix (ca. 5 Min.), wo der rot bez. Weg zur Gauermannhütte links abzweigt. Zunächst durch schütteren, später durch dichten Nadelwald nach SW und S den **Martesberg** entlang aufwärts. Nach einer felsigen Kante zu einer Wegteilung und rechts durch Wald steil empor. An den Wiesen von **Ungerberg** vorbei zu einem Sattel, dann steil hinauf zur Kammhöhe der **Dürren Wand** und weiter zur **Gauermannhütte**, 1154 m. 15 Minuten vor dem Erreichen der Gauermannhütte zweigt nach rechts der Steig zur sehenswerten Tablerhöhle ab. Begehung nur für Geübte und mit Taschenlampe!
Von der Hütte den Weg Nr. 01 am Höhenrücken kurz weiter zu einer Verzweigung. Links den rot und blau markierten Karrenweg mit Nr. 01A und 231 im Wald nach Süden hinunter zu einer Forststraße, die gequert wird. Auf dem hier beginnenden hohlwegartigen und recht steinigen **„Ochsenweg“** an der steilen Waldflanke nach links (Osten) abwärts, später über herrliche Wiesen (der Hof des **Haselbauern** bleibt rechts) zu dem auf einem Sattel gelegenen **Schweighof**, 810 m. Nun einen Ziehweg hinab nach **Ungerberg** (730 m, keine Einkehrmöglichkeit). Bevor die abwärts führende Straße den Wald erreicht, rechts ab und auf Fußweg (rot bez.) bequem nach **Frohnberg**. Von der Kapelle im Ortszentrum kurz zum **Ghf. „Zur schönen Aussicht“** empor.

Mamauwiese, Sebastian-Wasserfall

Attraktionen am Rande des Puchberger Beckens

Die Mamauwiese gehört fraglos zu den Kleinoden des Schneeberggebietes. Ihr Besuch darf daher in dieser Auswahl nicht fehlen. Zwischen Puchberger Becken und Klostertal gelegen, bietet sie einen letzten Ruhepunkt vor dem im mächtigen Schwung aufstrebenden Hochschneeberg. Das Gasthaus auf der Mamauwiese ist ein beliebtes und rege besuchtes, aus dem Klostertal auch mit dem Auto erreichbares Ausflugsziel. Zu den interessantesten Zugängen gehört jener von Süden durch den Fadengraben, am romantischen, 40 m hohen Sebastian-Wasserfall vorbei, der sich zur Zeit der Schneeschmelze besonders eindrucksvoll präsentiert. Eine dankbare Wanderung für solche, die mit Kindern unterwegs sind und sich dafür einen ganzen Tag Zeit nehmen.

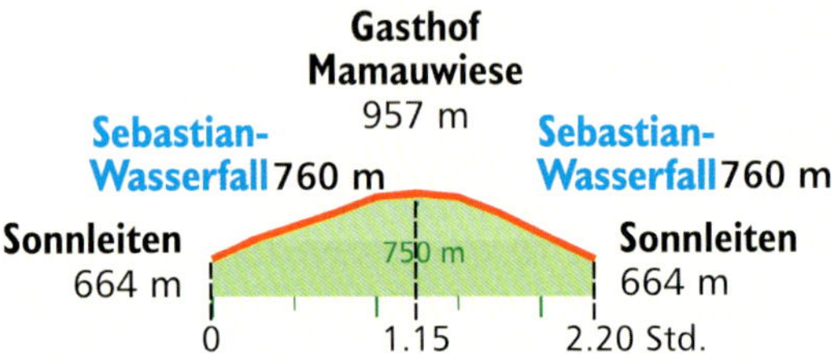

Talort:
Puchberg am Schneeberg, 585 m. Östlich des Schneeberges, in einem weiten Talbecken gelegener Urlaubsort.

Ausgangspunkt:
Sonnleiten (664 m; kleine Parkplätze). Weiler an der Mündung des Fadengrabens in das innere Puchberger Becken. Bus von Puchberg, 3 km.

Anforderungen:
Kurze, einfache Wanderung auf gut bez. Wegen.

Höhenunterschied:
300 m.

Einkehr:
Wasserfallwirt (keine Nächtigung, vom 1. April bis 10. Jänner geöffnet; im Juli und August kein, sonst Dienstag und Mittwoch Ruhetag), Berggasthof Mamauwiese (16 B., 45 L.; ganzj. geöffnet; im Juli und August kein, sonst Mittwoch Ruhetag).

Von Sonnleiten auf asphaltiertem Fahrweg in Nordwestrichtung vorerst eben, dann steiler aufwärts in den Fadengraben und dort durch eine kurze Felsklamm (mit dem Wasserfallwirt) zu einem licht bewaldeten Talboden. Über ihn sanft aufwärts zu einer Felswand mit dem Sebastian-Wasserfall. Links von ihm durch Mischwald nach Nordwesten steil empor in den oberen Grabenbereich und über den Bach nach rechts zu querendem Weg. Auf ihm den bewaldeten Graben in Nordwestrichtung aufwärts, später

steiler empor zur „Römerstraße“, 870 m. Diese (Weg Nr. 206) links haltend hinauf und wieder in die Sohle des Fadengrabens. Dort nach Norden zu einer Anhöhe mit Wegverzweigung beim ehemaligen Sebastiankreuz (940 m) am Südrand der Mamauwiese. Geradeaus über die Wiese zu querendem Fahrweg. Auf ihm kurz nach rechts, dann links haltend zum Berggasthof Mamauwiese, 957 m. Abstieg auf gleichem Wege.

Von Maria Schutz zum Sonnwendstein

Beliebte Höhenwanderung von Maria Schutz
Seine pyramidenförmige Gestalt und ein riesiger Sendemast verraten den Sonnwendstein: Wahrzeichen des Semmeringgebietes und Hausberg von Maria Schutz. Nach uralter Sage soll das Haupt des Berges aus Erz (Abbau bis in die Mitte des 19. Jahrhunderts), die Brust aus Silber und der Fuß aus Gold (Goldwäscherei bis 1802 im Göstritztal) bestehen. Wer von Maria Schutz über den Göstritzsattel und den Weinweg zum Sonnwendstein aufsteigt, wird oben von einem der umfassendsten Bergpanoramen Ostösterreichs überrascht. Doch nicht nur die Augen, auch die Füße kommen zu ihrem Recht, was man am Abstieg über den Almsteig nach Maria Schutz gewiss verspüren wird!

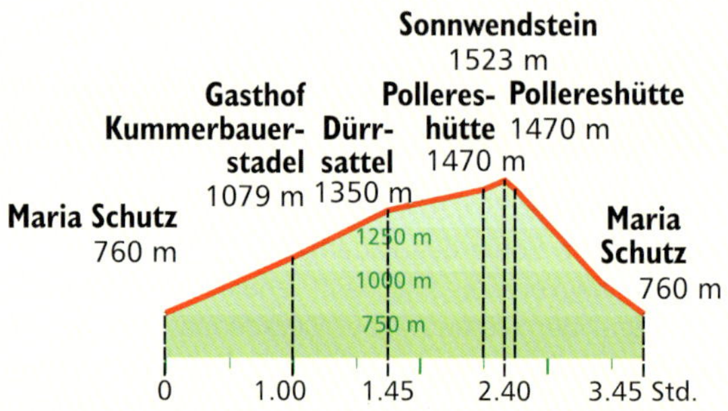

Ausgangspunkt:
Kirchplatz in Maria Schutz, 760 m. Urlaubs- und Wallfahrtsort am Semmering. Anreise von Wien (90 km) oder Wiener Neustadt (40 km) mit Bus oder Auto über Gloggnitz (dorthin auch mit der Bahn).

Anforderungen:
Wanderung auf bezeichneten Wegen. Ausdauer erforderlich.

Höhenunterschied:
780 m.

Einkehr:
Gasthof Kummerbauerstadl, 1079 m, ganzjährig, außer Februar, geöffnet. Montag Ruhetag. 14 Betten. Pollereshütte an der ehemaligen Sonnwendsteinlift-Bergstation (von Mai bis Ende Oktober von 9 bis 16 Uhr geöffnet).

Hinweise:
Der Sessellift von Maria Schutz auf den Sonnwendstein ist zur Zeit außer Betrieb. Alternative über Semmering beachten!

Empfehlung:
Bei entsprechender Ausdauer kann man vom Erzkogel über den Dürriegel zum Hirschkogel absteigen und entweder zu Fuß über die Enzianhütte oder mit der Kleinkabinenbahn Magic-Mountain-Xpress zum Semmeringpass gelangen.
Als Rückweg nach Maria Schutz empfiehlt sich Weg Nr. 801A.

Vom Kirchplatz in Maria Schutz die Hauptstraße ein Stück nach Osten, dann den grün bezeichneten Parapluieweg rechts ab (Pfeil), kurz darauf links haltend auf Panoramaweg ohne große Höhenunterschiede hoch über der Straße nach Südosten. Entlang von Gedenkstätten und Ruhebänken schließlich in den engen Göstritzgraben. Über den Bach an den westseitigen Waldhang und auf blau bezeichnetem Weg in Windungen hinauf zum Göstritzsattel mit dem Gasthof Kummerbauerstadl, 1079 m.
Vom Gasthof in südwestlicher Richtung den Weg Nr. 834 (teilweise Hohlweg, „Weinweg") entlang eines Waldrückens aufwärts zum Blochbergermarterl an einem querenden Karrenweg. Nun auf dem gelb markierten Weg durch die Nordhänge des Alpkogels sanft ansteigend zum Dürrsattel, 1350 m (Rettungshütte der Bergwacht). Weiter in nördlicher Richtung über eine Skitrasse hinauf zur Bergstation eines Schleppliftes und entlang eines steilen Karrenweges in den Sattel nördlich des Erzkogels, 1450 m. Von hier aus kann man in wenigen Minuten den baumfreien Gipfel des Erzkogels, 1504 m, auf Steigspuren besteigen.
Jenseits des Sattels eben vorbei am aufgelassenen Gasthof Engleder und hinauf zur Pollereshütte, 1470 m, bei der Bergstation des Sonnwendsteinliftes (geschlossen!). Auf schmalem Steig im Bergwald nach Westen zum Gipfel des Sonnwendsteins (1523 m; Gedächtniskapelle, Sendeanlage des ORF). Von der Aussichtsterrasse Tiefblick nach Westen auf die Passlandschaft des Semmering sowie nach Osten gegen das Wiener Becken und zum Neusiedler See. Im Norden der isoliert aufragende Schneeberg mit dem schluchtartigen Höllental links. Im Nordwesten die breit hingelagerte Raxalpe, links hinter ihr Schneealpe und Hohe Veitsch. Zurück zum ehem. Ghf. Engleder. Vor den Hütten rechts den blau bez. Almsteig durch Wiesen und lichten Wald in Kehren abwärts zum querenden Weg Nr. 801 A. Diesen rechts haltend in nordöstlicher Richtung durch Wald nach Maria Schutz.

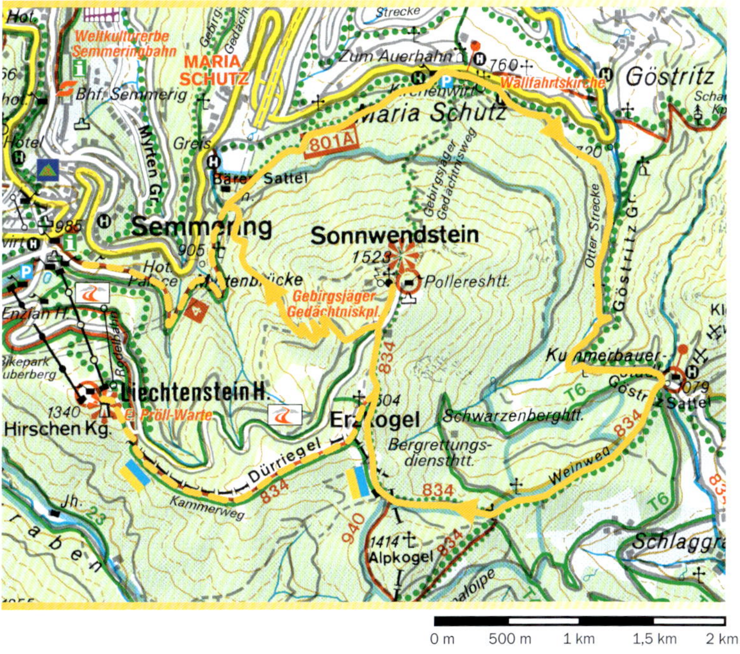

Falkensteinhöhle, Gaiskirchl und Luckete Wand

Ein Tourenschmankerl in den Adlitzgräben

Wohin fahren Wiener Extrembergsteiger, wenn sie trainieren wollen? Neuerdings in die Adlitzgräben und dort zu den Falkensteinwänden, die mit kurzen Zugängen und festem Fels aufwarten. Auch für Wanderer findet sich dort Entdeckenswertes. Etwa die über Holzstiegen erreichbare Falkensteinhöhle oder das idyllische Gaiskirchl. Will einer noch mehr, dann besteige er die Luckete Wand, die ihren Namen nicht von ungefähr hat, denn ihr Gipfel – er bietet prachtvolle Ausblicke auf Rax, Schneeberg und in die canyonartigen Adlitzgräben – ist durchlöchert wie Emmentaler Käse!

Talorte:
Reichenau, 484 m, Erholungsort im Schwarzatal. Schottwien, 569 m, Markt im Göstritzgraben, am Nordfuß des Sonnwendstein. Semmering, 985 m, berühmter Kurort am gleichnamigen Pass.

Ausgangspunkt:
Orthof (928 m; Parkmöglichkeit). Weiler am Wiesensattel zwischen Kreuzberg und Falkenstein. Auffahrt mit eigenem Fahrzeug von Semmering (9 km), Schottwien (10 km) oder Reichenau (10 km).

Anforderungen:
Leichte, kurze Wanderung auf bez. Wegen.

Höhenunterschiede:
270 m.

Einkehr:
Keine.

Hinweis:
Lohnender Besuch der Falkensteinhöhle (Taschenlampe!) am Fuß der Falkenstein-Südwände.

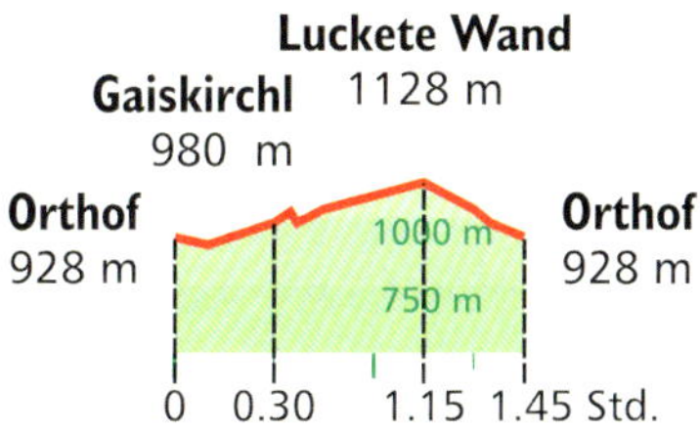

Von **Orthof** die Straße zu den Adlitzgräben nach Süden, später um eine Ecke (Parkplatz) herum und gegen den Graben der „Kalten Rinne“ abwärts unter eine überhängende Wand (900 m). Halb rechts ab und auf dem breiten Weg Nr. 834 unter den **Falkenstein-Südwänden** im Wald nach Westen aufwärts zu einer Teilung. Rechts am Wandfuß 60 m zurück, dann über eine Holzstiege hinauf zur **Falkensteinhöhle**. Zurück zum Hauptweg und diesen weiter aufwärts, oberhalb der Wände rechts, ostwärts, empor zu Linkskehre. Dort gerade weiter zu dem in großer Durchgangshöhle eingerichteten **Gaiskirchl** (980 m). Den Hauptweg durch Wald nach Norden hinauf zu einem Karrenweg (1020 m). Auf ihm links abwärts zu einer Forststraße und diese 100 m nach rechts in den Waldsattel (980 m) zwischen Falkenstein und Luckete Wand. Auf grün bezeichnetem Güterweg nach links (Westen) in die Nordostflanke der Lucketen Wand hinein und dort sanft aufwärts zu einer Verzweigung (1030 m). Halb links ab und auf grün bez., etwas verwachsenem Steig in weiten Kehren empor zum licht bewaldeten Gipfelkamm. Über ihn rechts haltend eben und aufwärts zum höchsten Punkt, 1128 m. Jenseits am Westrücken abwärts zu felsiger Aussichtskanzel, 1120 m. 30 m vorher auf dem bez. Steig kurz nach links hinab in die Südseite und dort unter einen mächtigen Höhlenüberhang (**„Luckete Wand“**) mit Felsenfenster und Durchgangshöhle, durch die man in die Nordseite des Berges gelangen und anschließend auf bez. Steig im Linksbogen wieder zurückkehren kann.

Abstieg: Zurück zum oben erwähnten Waldsattel, 980 m, dort links den rot und grün bezeichneten Fußweg (Nr. 834) durch Wald anfangs nach Norden, dann nach rechts (NO) abwärts, zuletzt auf Straße eben nach **Orthof**.

Foto: Hauleitner

Erdgeschichtswanderweg Eggenburg

Auf Fossiliensuche rund um Eggenburg

Bhf. Eggenburg – Florianibründl – Sandgrube Kühnring – Johannessteinbruch – Galgenberg – Kalvarienberg – Bhf. Eggenburg

Ausgangspunkt:
Bhf. Eggenburg, 350m. (Regelmäßige Zugverbindung ab Wien-Franz-Josefs-Bhf.), Parkmöglichkeit.

Gehzeiten:
Bhf. Eggenburg – Florianibründl 20 min., Florianibründl – Sandgrube 20 min., Sandgrube – Johannessteinbruch ¾ Std., Johannessteinbruch – Galgenberg 40 min., Galgenberg – Grabkapelle 25 min., Grabkapelle – Bhf. Eggenburg ½ Std.; Gesamtzeit 3 Std.

Höhenunterschied:
Etwa 150 m.

Anforderungen:
Leichte Wanderung auf Güter- und Spazierwegen.

Einkehr:
Gasthäuser in Eggenburg; Heurige in Zogelsdorf und Burgschleinitz.

Tipp:
Es ist an gekennzeichneten Stellen gestattet, für den eigenen privaten Gebrauch Fossilien zu sammeln. Die Mitnahme eines kleinen Hammers, eines Flach- und Spitzmeißels, eines breitklingigen Messers und eines Klappspatens sowie altem Zeitungspapier und kleinen Beuteln zum Verpacken der „Schätze“ kann sich lohnen.

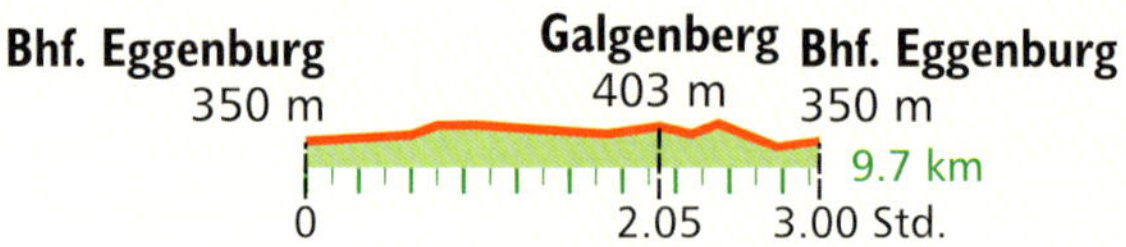

Vom Bhf. **Eggenburg** gehen wir durch die Unterführung auf die andere Seite der Gleise und auf dem die Bahn begleitenden Güterweg nach rechts. An der Abzweigung zum Schwimmbad wenden wir uns (beschildert als Urzeitweg) in einem weiten Bogen nach links und gehen auf Asphalt weiter, vorbei an der Fossilienfundstätte „Florianibründl“. Weiter geht es auf dem beschilderten Weg, bei einer Wegkreuzung mit vielen Wegweisern rechts bergab. Unser Weg zweigt unmittelbar vor einer weiteren Fundstätte, der **Sandgrube Kühnring**, nach links ab. Der Wanderweg führt links bergauf, und nach einer Biegung endet der Asphalt. Auf einer Schotterstraße kreuzen wir mehrere Felder, dann treffen wir vor einem Wäldchen auf einen Querweg, dem wir nach links folgen. Links auf einem Hügel steht die hübsche kleine **Barbarakapelle**, dann erreichen wir den Ort **Zogelsdorf**, an dessen Beginn wir rechts vor einem großen Kinderspielplatz mit Rastbänken abzweigen und so zum sehenswerten historischen **Johannessteinbruch** gelangen. Durch den Ort gelangen wir zur Bundesstraße 35, die wir kreuzen und gegenüber einer kaum befahrenen Straße folgen. Wir gehen geradeaus vorbei an mehreren Kellern, rechts vor uns den von heideartiger Vegetation bewachsenen Wolfersberg, und biegen kurz vor einer scharfen Linkskurve der Straße links auf einen Feldweg ein. Wir erreichen den Waldrand, wo ein Fußweg schräg rechts in das Gehölz hineinführt, um schon nach wenigen Metern neuerlich eine Straße zu kreuzen. Gegenüber gehen wir auf einer Forststraße entlang mehrerer alter Grenzsteine. Rechts von uns öffnet sich ein großes Feld, an dessen Ende nach links ein Fußweg durch eine Aufforstung abzweigt. Nach einer Minute haben wir den höchsten Punkt des **Galgenberges** erreicht. Dann gerade weiter bergab durch den Wald. Der Weg mündet in einer Kurve in einen von rechts kommenden Forstweg, der geradeaus über die Felder weiterführt. Der Hauptweg biegt sich nach links, wir aber gehen geradeaus weiter zum Waldrand, an dem wir rechts abbiegen, um sogleich wieder links eine Abzweigung in den Wald zu nehmen. Gleich darauf stoßen wir auf eine breitere Forststraße, die wir rechts bergauf gehen. Wir kommen an einem Bildstock, der sog. Waldandacht, vorbei, schließlich zur **Maierkapelle** knapp neben dem Gipfel des 413 m hohen Kalvarienberges. Wir gehen an der Kapelle links vorbei und bergab zum Bürgermeister Wimmer-Denkmal. Geradeaus weiter gelangen wir zur **Grabkapelle**, bei der sich der Weg nach links biegt und an der Kreuzigungsgruppe und mehreren Kreuzwegstationen vorbei hinab zu einer Böschung oberhalb der Franz-Josefs-Bahn führt. Der Weg biegt sich abermals nach links und erreicht entlang des Bahneinschnittes die Brücke. An deren anderem Ende führt eine Asphaltstraße in Serpentinen bergab; in der zweiten Haarnadelkurve zweigt nach links ein Fußweg (als Dammweg ausgeschildert) ab. Dieser senkt sich allmählich, und links tauchen mächtige, efeuüberwachsene Stützmauern des Bahndammes auf. Auf einer Brücke kreuzen wir einen Bach, der links aus einem gewaltigen gewölbten Steintunnel unter der Bahn hindurch fließt; daneben ein zweiter Tunnel, durch den eine Forststraße führt. Unser Weg führt schräg rechts bergauf und erreicht bereits im Ortsgebiet von Eggenburg die Bundesstraße 35, die wir kreuzen. Weiter gehen wir links entlang der Straße hinauf zu einer ausgeschilderten Abzweigung unmittelbar vor der Bahnunterführung. Hier rechts, durch eine Gasse entlang der Bahn und zurück zum Bahnhof.

Manhartsberg

Auf Umwegen zum höchsten Gipfel des Manhartsbergrückens

Elsarn – Wiedendorf – Bösendürnbach – Lenischberg – Manhartsberg – Seewiese – Obernholz – Elsarn

Ausgangspunkt:
Elsarn am Manhartsberg, 287 m.

Gehzeiten:
Elsarn – Bösendürnbach 1 Std., Bösendürnbach – Hubertuskapelle 1 ¼ Std., Hubertuskapelle – Silberne Eiche ¾ Std., Silberne Eiche – Abzw. Schönberg 1 Std., Abzw. Schönberg – Sandgrube ¼ Std., Sandgrube – Elsarn ¾ Std.; Gesamtzeit 5 Stunden.

Höhenunterschied: rund 350 m

Anforderungen:
Längere, ein wenig Kondition erfordernde Tour auf problemlosen, unschwierigen Wegen.

Einkehr:
Gasthof in Elsarn, unterwegs keine Einkehrmöglichkeit, aber Getränke aus dem „Weinbrunnen".

Sehenswertes:
Die Sandgrube von Obernholz bietet einen hochinteressanten Einblick in die Geologie dieses Gebietes. Hinweistafeln informieren über die Entstehung und das Alter der einzelnen Sand- und Schotterschichtungen. Auch Fossilien kann man hier entdecken, diese dürfen aber im Gegensatz zu den Sandgruben bei Eggenburg nicht gesammelt werden.

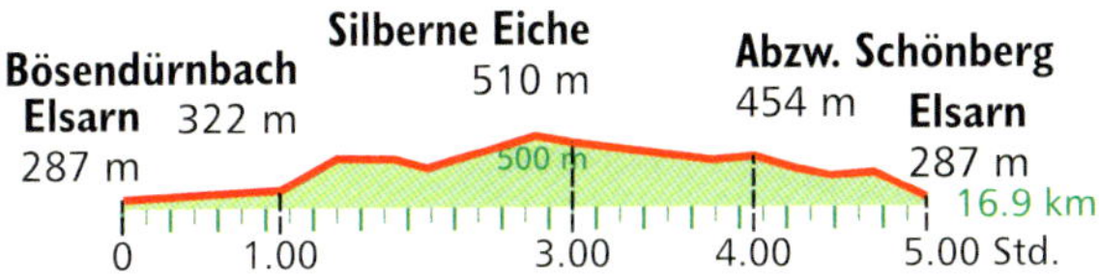

Der Weg ist eindeutig das Ziel bei dieser lohnenden und abwechslungsreichen Wanderung. Auf dem Weg zum Gipfel des Manhartsberges erleben wir eine abwechslungsreiche Landschaft mit schönen Ausblicken, kommen an einem idyllischen Rastplatz mit „Weinbrunnen“ vorbei und besuchen die Sandgrube von Obernholz: Eine Genusswanderung an der Grenze zwischen Wein- und Waldviertel, bei der es überhaupt nichts ausmacht, dass der eigentliche Gipfel recht unauffällig ist und ihm weder eine Aussichtswarte noch ein Gipfelkreuz vergönnt sind!
Wir beginnen unsere Wanderung in **Elsarn**, 287 m, beim Gemeindeamt (Bushaltestelle) und gehen auf der Bundesstraße 35 wenige Meter in Richtung des Ortsendes, wo wir eine Abzweigung schräg nach rechts vorfinden (ausgeschildert Richtung **Wiedendorf** und Ronthal. Der Ronthalerstraße folgen wir aus dem Ort hinaus über Felder zum kleinen Weiler Wiedendorf, den wir auf dieser Straße geradeaus durchqueren. Hinter dem Ort liegt in einer Rechtskurve eine Brücke über den Gscheinzbach; unmittelbar davor zweigt links ein Waldweg ab, auf dem nach wenigen Metern ein Fahrverbotsschild steht. Diesem lauschigen Weg entlang des schmalen, mäandernden Baches folgen wir, bis wir auf einen etwas stärker befahrenen Querweg treffen. Dieser quert rechts von uns über eine Holzbrücke den Bach, wir gehen links über den hier einmündenden Dienbach. Nun könnte man den Weg geradeaus nach Bösendürnbach folgen; landschaftlich wesentlich schöner ist es jedoch, sofort nach der Bachquerung wieder rechts abzubiegen. Ein etwas verwachsener Weg folgt anfangs noch dem Gscheinzbach, steigt dann aber entlang der Talseite immer stärker an und führt schließlich, nachdem er ein Hochplateau erklommen hat, leicht bergab durch märchenhaften Fichtenwald immer geradeaus ebenfalls nach **Bösendürnbach**.
Wir treffen direkt neben der Brücke über den Dienbach auf die B 35, die wir queren. Gegenüber finden wir an einer Scheune einen Wegweiser des Missonweges sowie eine gelbe Markierung. Dieser folgen wir entlang des Baches bis zu einer Stelle, wo unmittelbar unterhalb eines Wehres ein Güterweg den Bach durchfurtet. Hier wenden wir uns rechts und gehen, zunächst noch auf Asphalt, auf dem Güterweg aus dem Ort hinaus. Wir halten uns immer rechts bergauf und gelangen so nach der zweiten Weggabelung auf einem Feldweg entlang Apfelbäumen in einem weiten Linksbogen hinauf zum Waldrand. Hier gehen wir links am Rand eines Weingartens bergauf und schwenken dann, dem Weg folgend, rechts hinauf in den Wald. Wieder halten wir uns rechts und gehen stark, später flacher ansteigend bergauf. Der Weg stößt auf eine von links kommende

Forststraße, der wir ein Stück nach rechts zu einem Wendeplatz folgen. Von diesem scheinbaren Ende des Weges führt links – gegenüber eines auf einen Baum gemalten, roten Pfeiles ein etwas verwachsener Weg weiter, der aber schon nach 2 Min. nach der Einmündung in eine von rechts heraufkommende Forststraße wieder besser gangbar wird. Hier gehen wir immer geradeaus weiter und kreuzen bald einen rot-weiß und blau-weiß markierten Wanderweg. Wir beachten ihn aber nicht und gehen geradeaus den nicht markierten Forstweg weiter, der nach 5 Min. abermals eine rot-weiße Markierung kreuzt, die diesmal auf einer breiten Schotterstraße verläuft.

Auch hier queren wir und gehen auf einem halblinks weiterführenden Forstweg weiter. Dieser verlässt nach kurzer Zeit leicht bergabführend den Wald und führt erst am Waldrand, dann über Felder auf eine Straße zu, die er bei einem Holzkreuz erreicht. Vom Waldrand aus kann man am gegenüberliegenden Hang bereits die Waldkapelle sehen, zu der wir gleich kommen werden.

Wir biegen auf der Straße links ab und gehen knappe 5 Min. auf dieser, bis wir bei der ersten Gelegenheit einen breiteren Feldweg rechts bergauf nehmen. Dieser erreicht den Waldrand, wo ein Waldweg rechts in ein Tal hineinführt; wir aber gehen auf dem geschotterten, ein kurzes Stück

steilen und ausgewaschenen Weg halblinks bergauf. So erreichen wir den idyllischen Rastplatz bei der **Hubertuskapelle von Olbersdorf**. Hier findet man neben Rastbänken auch einen „Weinbrunnen". Bei diesem kann man sich selbst bedienen und sich mit Wein, Wasser und verschiedenen Spirituosen laben.
Wir gehen auf einem Karrenweg weiter bergauf entlang eines Zaunes einer Aufforstung und treffen in einer Linkskurve auf eine Forststraße, der wir nach rechts folgen. 5 Min. später gabelt sich der Weg bei einer Hubertusandacht, wo wir den linken Weg nehmen. Gleich darauf wenden wir uns bei einem Bildbaum rechts und gehen weiterhin immer leicht bergauf. Nach einer sanften Kuppe treffen wir auf eine von rechts kommende Forststraße, die sich hier vor uns gabelt – wir nehmen den stärker befahrenen, halbrechten Weg. Kurz nach der Verzweigung ist an einem Baum links des Weges eine grüne Tafel mit weißem Pfeil angebracht. Bei einer von Brombeeren überwucherten Aufforstung rechts von uns haben wir einen weiten Ausblick in Richtung des Weinviertels, dann kommen wir an einer Waldhütte (daneben Rastbänke) vorbei zu einer Wegkreuzung. Hier folgen wir nicht dem Pfeil, sondern dem links davon vorbeiführenden Hauptweg, der uns nun kaum merklich ansteigend über die höchste Kuppe des **Manhartsberges**, 537 m (nicht gekennzeichnet) hinwegführt.
Wir gehen leicht bergab und treffen beim Bildbaum „**Silberne Eiche**" auf eine der letzten nicht staubfreien Landstraßen Österreichs, auf der wir nun nach links gehen. Immer der Straße und den Wegweisern des „Urzeit-Radwanderweges" folgend kommen wir bei einem Schilfbiotop vorbei, dann – wieder leicht ansteigend – bei einem Holzkreuz, gegenüber dem wir einen weiten Ausblick ins Waldviertel genießen. Das tief eingeschnittene Kamptal ist im Vordergrund zu erahnen. Wir treffen auf eine ebenfalls kaum befahrene Asphaltstraße, auf der wir links Richtung Obernholz gehen. Ein rot-weiß markierter Wanderweg kreuzt nach einer Rechtskurve die Straße. Nach ¼ Std. kreuzen wir abermals eine rote Markierung, die rechts nach Schönberg am Kamp hinunterführt (Variante!). Links begleiten uns bald Felder und Wiesen; an der Stelle, wo auch zu unserer Rechten der Wald endet, zeigt ein Hinweisschild rechts bergab zur im Tourensteckbrief beschriebenen **Sandgrube Obernholz**. Diesem folgen wir; an Weingärten entlang. Nach wenigen Metern weist uns neuerlich ein Schild zur Sandgrube nach rechts. Der Abstecher dorthin lohnt sich auf jeden Fall.
Wir kehren zum Schild am Waldrand zurück und gehen, den roten Holzpfeilen folgend, rechts bergab. Nach einem kurzen Waldstück, entlang eines tief eingeschnittenen Grabens, gelangen wir wieder leicht ansteigend in den kleinen Ort Obernholz, den wir durchqueren. Schließlich treffen wir auf eine Hauptstraße, auf der wir rechts abbiegen, an einer Bushaltestelle vorbei (am Wochenende kein Verkehr!) gehen wir aus dem Ort hinaus. Links gibt es eine Rastbank, von der man einen herrlichen Ausblick über das Donautal und bis weit hinein in den Voralpenraum genießt. Eine ¼ Std. weiter zweigt rechts ein asphaltierter Güterweg ab, der als „Urzeitweg" ausgeschildert ist. Auf diesem gehen wir steil bergab, vorbei an Wegkreuzen und einer Kapelle sowie mehreren Rastbänken zurück nach Elsarn. Der Barbaraweg, auf dem wir kommen, mündet in die Kremser Straße, auf der wir wenige Meter nach links gehen und so wieder den Ausgangspunkt beim Gemeindeamt erreichen,

Kukubauerwiese

Geh- und Schauerlebnisse am nördlichsten Alpenwall

Wenn im Spätherbst zur Zeit der Baumverfärbung eine watteweiche Nebeldecke über den Tälern liegt und Stille einkehrt in den Bergen, dann ist die Zeit für bescheidene Unternehmungen, etwa für einen Streifzug über die Kukubauerwiese gekommen. Dieser lange, grüne Rücken im westlichen Sandstein-Wienerwald, über Traisen, Gölsen und Alpenvorland, bietet sich für genussreiche Höhenspaziergänge geradezu an. Wie auf einer Insel der Seligen kann man dort in absoluter Stille stundenlang dahinschlendern und dabei traumhaft schöne Ausblicke auf Voralpen, Dunkelsteinerwald und Waldviertel genießen.

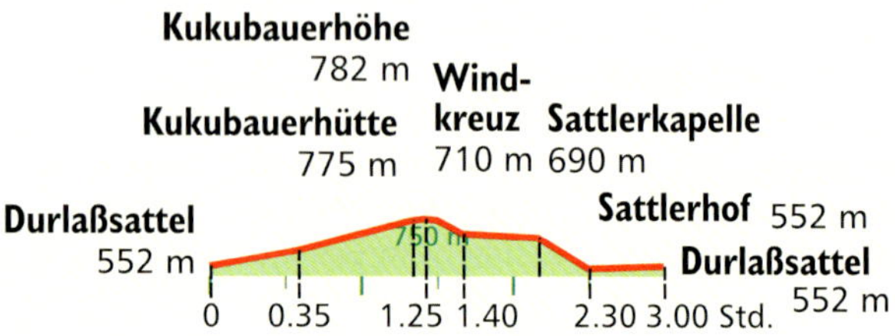

Talort:
Hainfeld, 439 m, Hauptort des Gölsentales.

Ausgangspunkt:
Durlaßsattel (552 m; Parkmöglichkeit etwas nördlich des Sattels) am Höhenrücken zwischen Kukubauerwiese und Kasberg. Zufahrt mit dem eigenen Auto von Hainfeld über Rohrbach, 8 km.

Anforderungen:
Harmlose Wanderung auf nicht immer gut bezeichneten Wegen.

Höhenunterschied:
250 m im An- und Abstieg.

Einkehrmöglichkeiten:
Kukubauerhütte (15 L.; vom 1. November bis 30. April an Wochenenden und Feiertagen, sonst durchgehend geöffnet; Montag und Dienstag Ruhetag.) Jausenstation Rosenbaum (keine Nächtigung, ganzj. offen).

Von der Kreuzung nördlich des **Durlaßsattels** die Asphaltstraße mit Weg Nr. 4, 404 und 622 ca. 50 m nordwestwärts zum **Grubauerhof**, danach über Wiesen nach rechts (Nordosten) hinauf zu einer Bergschulter mit kreuzender Asphaltstraße. Diese links haltend am Nordabhang des Höhenrückens nach Westen aufwärts, dann eben in den Sattel beim **Brennhof**. Links ab und auf Naturstraße die Grashänge nach Südwesten hinauf zum breiten Rücken der **Jubiläumsweide** (Linksabzweigung zur Jausenstation Rosenbaum). Den Rücken weiter aufwärts, später im Wald zu einer querenden Naturstraße und diese rechtshaltend zu der auf einer Waldblöße gelegenen **Kukubauerhütte**, 775 m. Auf unmarkiertem Weg im Wald kurz nach Süden hinauf zur **Kukubauerhöhe** (782 m, Kruzifix, Bänke), dem höchsten Punkt der **Kukubauerwiese**.
Zurück zur Hütte. Dort den Karrenweg Nr. 4, 404, 622 am breiten Waldrücken nach links (Nordwesten) abwärts zum **Föhrenbigl-Alpenblick**, dann steiler bergab und über eine Wiese zur Verzweigung (Bildstock, Bank) vor dem **Windkreuz**. Scharf links ab und auf bez. Fahrweg (keine Nummer), die Südwestflanken der Kukubauerwiese querend, eben dahin, später aufwärts zu kleiner Schulter, zuletzt weglos hinab zur **Sattlerkapelle** an der Senke (ca. 690 m) südlich der Kukubauerwiese. Jenseits die Mulde des **Durlaßgrabens** ostwärts hinab zu einem Fahrweg und diesen links zum **Sattlerhof**. Die Straße, am Luger-, Gruber- und Orthof vorbei, durch Wiesen und Obstgärten weiter zum **Durlaßsattel**.

Foto: Hauleitner

Über den Schlossberg nach Dürnstein

Die „Gehschule" der Kremser

Förthof – Hengelwand – Schlossberg (Fesslhütte) – Ruine Dürnstein – Dürnstein

Foto: Dürnstein/Hauleitner

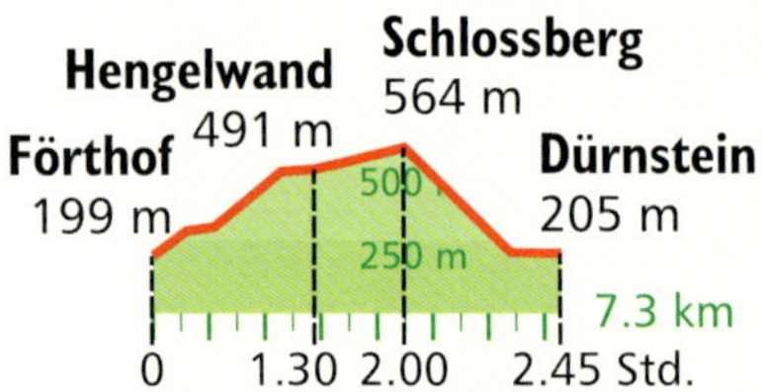

Ausgangspunkt, Parkmöglichkeit:
Stein an der Donau, dort mehrere Parkmöglichkeiten.

Gehzeiten:
Förthof – Hengelwand 1½ Std., Hengelwand – Schlossberg ½ Std., Schlossberg – Dürnstein ¾ Std.; gesamt 2¾ Std.

Höhenunterschied:
360 m im Anstieg, 350 m im Abstieg.

Anforderungen:
Problemlose Wanderung auf bez. Wegen und Forststraßen.

Höchster Punkt:
Schlossberg, 564 m.

Einkehr:
Waldschänke Fesslhütte (keine Nächtigung, vom 1. April bis 31. Okt. täglich geöffnet). Gasthöfe in Förthof und Dürnstein.

Hinweis:
Trittsichere können von der Fesslhütte ebenso schön, aber um eine ¼ Std. länger über den Vogelberg nach Dürnstein gelangen.

Der Dürnsteiner Schlossberg ist mit der Fesslhütte ein vielbesuchtes Ausflugsziel hoch über dem Donautal, am Südrand des Waldviertels. Von Stein-Förthof erreicht man ihn auf guten Wegen über die „Hengelwand". Für den Abstieg wählen wir den landschaftlich eindrucksvollen „Schlossbergweg" nach Dürnstein, der nicht nur faszinierende Tiefblicke zur Donau vermittelt, sondern auch an der Ruine und am Dürnsteiner Klettergarten, dem vielleicht schönsten außeralpinen Klettergebiet Österreichs, vorbeiführt.

Vom **Bhf. Stein-Mautern** südwestwärts zum **Förthof** und dort über das Gleis der Donauuferbahn. Jenseits auf staubfreier Straße („Pfaffenbergweg") den **Förthofgraben** hinauf zu einer Teilung. Rechts auf Asphaltstraße durch Weingärten nach Nordosten aufwärts zu einem aussichtsreichen Bergrücken und bei Verzweigung links, nordwestwärts, hoch zum Ende der Straße am Waldrand. Dort auf grün bez. Karrenweg am schmäler werdenden Rücken durch herrliche Eichen- und Robinienwälder in Westrichtung aufwärts zu querender Forststrasse und auf ihr rechts zum Sattel der **Hengelwand**, 491 m.

Die bez. Waldstraße am flachen Höhenrücken nach links (Westen), später abwärts zum Sattel nördlich des Schloßberges mit der **Fesslhütte**, 550 m. Auf bez. Fußweg nach Süden hoch zur der am Gipfel des **Schlossberges** stehenden **Starhembergwarte** (564 m; Schlüssel in der Fesslhütte).

Zurück zur Fesslhütte. Dort links den grün bez. „**Schlossbergweg**" an der Westseite des Berges durch Wald abwärts, dann unterhalb des Dürnsteiner Grates („**Dürnsteiner Klettergarten**") hinunter, schließlich um den Ruinenhügel herum zur Wegteilung im Süden der **Ruine Dürnstein**, ca. 360 m. Entweder links den **Äußeren Burgweg** oder rechts den **Inneren Burgweg**, an Felsbildungen vorbei, über Stiegen in Kehren nach Süden hinab zur Hauptstraße im Stadtzentrum von **Dürnstein**, 209 m. Auf ihr links durch das **Steiner Tor** zur Umfahrungsstraße (Unterführung) und jenseits zum **Bhf. Dürnstein-Oberloiben**, ca. 205 m. **Rückfahrt** mit der Donauuferbahn nach **Förthof**.

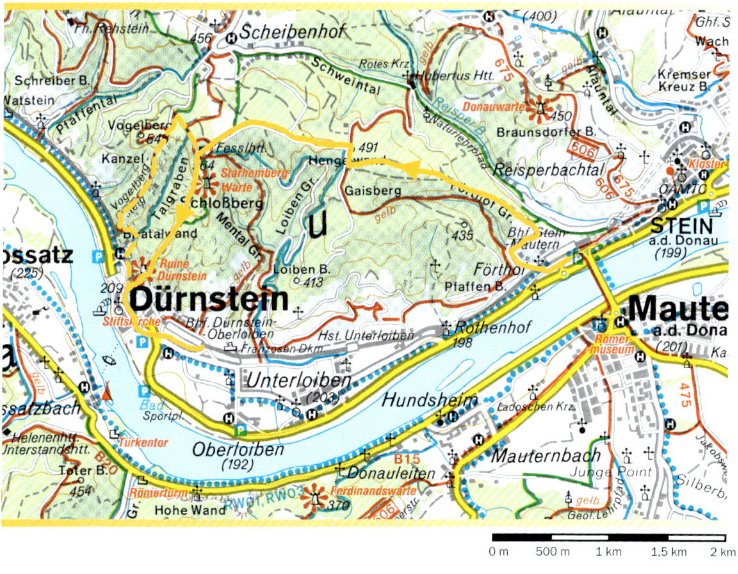

Von Maria Langegg zur Ruine Aggstein

Sonntagsspaziergang zu einer der prächtigsten Landmarken Ostösterr.

Maria Langegg – Ruine Aggstein

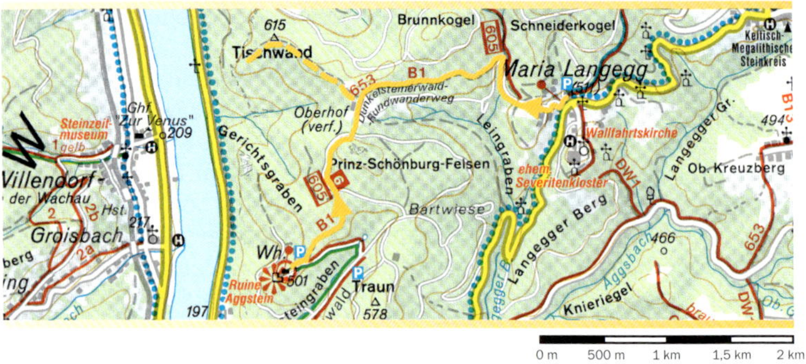

Talort:
Maria Langegg, 511m, Wallfahrtsort im Dunkelsteinerwald.

Ausgangspunkt, Parkmöglichkeit:
Parkplätze, 511 m, an der Straßenverzweigung im nördlichen (unteren) Ortsbereich von Maria Langegg.

Gehzeiten:
Maria Langegg – Ruine Aggstein 1 Std., retour 1 Std.; Gesamtgehzeit 2 Std.

Anforderungen:
Leichte Wanderung auf bez. Fuß- und Fahrwegen. Vielbegangen!

Höhenunterschiede:
200 m im An- und Abstieg.

Höchster Punkt:
Schulter nordwestlich des Prinz-Schönburg-Felsens, ca. 600 m.

Einkehrmöglichkeiten:
Gastwirtschaft und Herberge Ruine Aggstein (35 B., 15 Notlager; 1. April bis 31. Okt., bei Schönwetter bis Mitte Nov. geöffnet, kein Ruhetag!). Gasthof und Klosterstüberl in Maria Langegg.

Sehenswertes:
Das Servitenkloster und die barocke Wallfahrtskirche von Maria Langegg. Die Ruine Aggstein (Eintrittsgeld!).

Hinweis:
Von der Anhöhe nordöstlich oberhalb der Ruine Aggstein (auf unbez. Steig in 20 Min. zu erreichen) wunderbarer Blick auf Ruine, Donautal und Voralpen.

Variante:
Vom Oberhof können Geübte mit Orientierungssinn die Tischwand besuchen. Auf schlecht bez. Fahrweg eine Wiese nach Nordwesten hoch, dann links an einen Waldrücken und dort eben zum Sattel vor dem P 615. Auf Steigspuren (Rotpfeilmarkierung) links vom Kamm eben weiter zum steilen Südwestrücken des P 615 und über ihn hinab auf ein Waldplateau. Über dieses, dann den steilen Rücken, einen Felsabbruch rechts umgehend, hinab in einen Sattel und jenseits zur Kanzel der Tischwand (ca. 510 m; im Steinmann Metallschatulle mit Gipfelbuch); ½ Std. vom Oberhof.

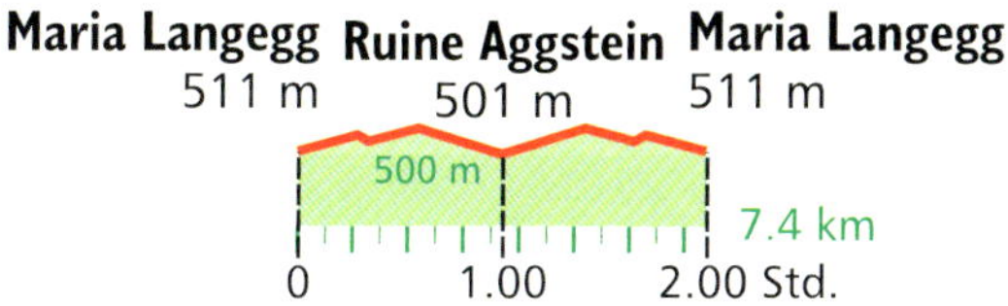

Als Raubritterburg arg in Verruf geraten, gehört die alte Kuenringer-Feste und heutige Ruine Aggstein zu den großen Sehenswürdigkeiten der Wachau. Man erreicht die auf schroffem Felskamm über dem Donautal malerisch postierte Ruine entweder mit dem Auto vom Ort Aggstein oder schöner zu Fuß vom Dunkelsteiner Wallfahrtsort Maria Langegg. Vom Oberhof sollten sich Geübte den Abstecher zur Tischwand gönnen. Das ist eine nur selten besuchte, luftige Felskanzel mit schwindelerregender Schau in das Donautal und phänomenalem Ötscherblick.

Von **Maria Langegg** die Straße mit Weg Nr. 605 und 653 westwärts zu einer Verzweigung. Rechts über Wiesen hinauf zu einer Anhöhe mit neuerlicher Teilung. Geradeaus in den Wald und dort in einen Graben, der im Linksbogen ausgegangen wird. Danach halb rechts ab und auf Karrenweg an der Südflanke des Brunnkogels nach Westen aufwärts und eben zum verfallenen **Oberhof** (583 m, Verzweigung). Nun den bez. Karrenweg nach links (Süden) aufwärts zu einem Fahrweg. Auf ihm nach rechts zu einer Schulter, ca. 600 m, nordwestlich des Prinz-Schönburg-Felsens. Jenseits hinab zu einem Kahlschlag (Donautalblick!), dann in langer Hangquerung durch Wald südwestwärts zur **Ruine Aggstein**, 501 m.

Rückkehr nach Maria Langegg auf bekanntem Weg.

Foto: Hauleitner

Große Krems und Wotansfelsen

Klassische Rundtour am Kremszwickl

Parkplatz Burg Hartenstein – Zwickl – Brauhaus – Wotansfelsen – Zwickl – Parkplatz

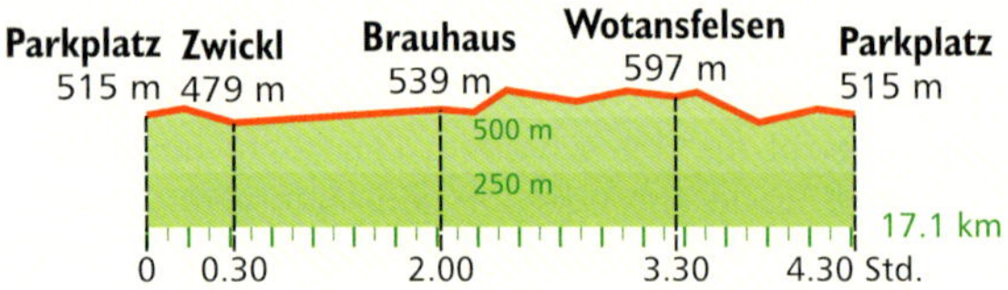

Talort:
Albrechtsberg an der Krems, 686 m, Markt im südlichen Waldviertel. Weißenkirchen, 224 m, großer Weinort im Zentrum der Wachau.

Ausgangspunkt, Parkmöglichkeit:
Parkplatz Burg Hartenstein, ca. 515 m, im Tal der Kleinen Krems südl. der Burg Hartenstein. Anreise von Albrechtsberg (5 km) oder Weißenkirchen (13 km) über die Maigenmühle.

Gehzeiten:
Parkplatz – Zwickl ½ Std., Zwickl – Brauhaus 1¼ – 1½ Std., Brauhaus – Wotansfelsen 1¼ – 1½ Std., Wotansfelsen – Parkplatz 1 Std.; Gesamtgehzeit 4 – 4½ Std.

Anforderungen:
Einfache, aber lange Wanderung. Orientierungssinn erforderlich!

Höhenunterschiede:
250 m im An- und Abstieg.

Höchster Punkt:
Wotansfelsen, 625 m.

Einkehrmöglichkeiten:
Ghf. Müller in Brauhaus, Ghf. „Zur Linde" in Felling (beide keine Nächtigung; ganzj. geöffnet).

Sehenswertes:
Die Gudenushöhle, einer der ältesten Siedlungsplätze Österreichs.

Die tiefen Schluchten des südlichen Waldviertels bilden einen wirkungsvollen Gegensatz zu den friedlichen Heidehochflächen darüber. Dieser Rundweg bietet Gelegenheit, beide Landschaftstypen kennen zu lernen. Er beginnt am Parkplatz vor der Burg Hartenstein und führt mitten hinein in den wilden Felszirkus des „Zwickl", wo sich Große und Kleine Krems vereinen. Höhepunkt ist die Besteigung des Wotansfelsen, von dessen Scheitel man Waldviertelplateau und Krems-Canyon wie von einem Adlerhorst überblickt.

Vom **Parkplatz** auf Fahrweg („Geologischer Lehrpfad") entlang der Kleinen Krems nordwärts zur Kremsbrücke unterhalb der **Burg Hartenstein**. An das linke Ufer und dort, an den Abzweigungen zur **Gudenus-** und **Eichmayerhöhle** vorbei, das Tal sanft abwärts zum **Zwickl** (450 m, Verzweigung).

Links auf rot bez. Forstweg das Tal der Großen Krems in Nordwestrichtung stromaufwärts zum **„Hasenfleck"** an der Mündung des **Gillauser Baches**. Mehrmals das Ufer wechselnd im Tal weiter, später an der linken Seite hinauf zu einer Anhöhe und wieder hinab zur Krems. An das rechte Ufer (Brücke) und dort auf schönem Weg dahin, dann aufwärts zu einem Sattel mit Verzweigung. Jenseits hinab zur Krems und durch ein Sägewerk zum Weiler **Brauhaus**, 529 m.

Zurück zum „Sattel". Auf Karrenweg nach links (Norden) empor zu einer Kehre, dort rechts ab und ostwärts hinauf zum Waldviertelplateau. Auf Güterwegen über Felder bis zu einer Gabelung vor (!) dem Ort **Felling**. Rechts ab und die gelb bez. Straße nach Süden, dann in den Wald und dort zu einer Teilung. Rechts auf blau bez. Weg südwärts vorerst eben, dann bergauf zum Gipfel des **Wotansfelsen**, 625 m.

Zurück zur „Teilung". Den gelb bez. Weg nach Süden hinab zu einem Absatz mit querendem Güterweg. Auf ihm links zu einer Waldstraße und diese rechtshaltend hinunter in das **Kremstal**. Dort auf Fahrweg nach rechts zum **Zwickl** und auf bekanntem Weg zurück zum **Parkplatz**.

St. Michaeler Höhenweg

Eine Panoramawanderung vom Feinsten

Bhf. Spitz – Rotes Tor – Mieslingtal – altes Kupferbergwerk – Aussichtskanzel – St. Michael – Bhf. Spitz

Talorte:
Spitz, 223 m. Markt und Winzerort links der Donau, im Zentrum der Wachau. St. Michael, 211 m, nordöstlich von Spitz gelegener kleiner Ort.

Ausgangspunkt:
Der Bahnhof, ca. 210 m, im unteren Ortsbereich von Spitz.

Parkmöglichkeit:
Parkplatz vor dem Bahnhof in Spitz.

Gehzeiten:
Bhf. Spitz – St. Michaeler Höhenweg – St. Michael 1½ – 1¾ Std., St. Michael – Treppelweg – Bhf. Spitz ½ Std.; Gesamtgehzeit 2 – 2¼ Std.

Anforderungen:
Leichte, bequeme Wanderung auf bez. Wegen und Forststraßen.

Höhenunterschiede:
250 m im An- und Abstieg.

Höchster Punkt:
Am St. Michaeler Höhenweg, ca. 420 m.

Einkehr:
In Spitz Gasthöfe, Restaurants und Heurigenbetriebe. In St. Michael Heurigenlokal(e).

Sehenswertes:
Die wunderbare Schau vom Roten Tor auf Spitz, Tausendeimerberg und Donautal. Von der „Aussichtskanzel“ eindrucksvoller Tiefblick zur Donau.

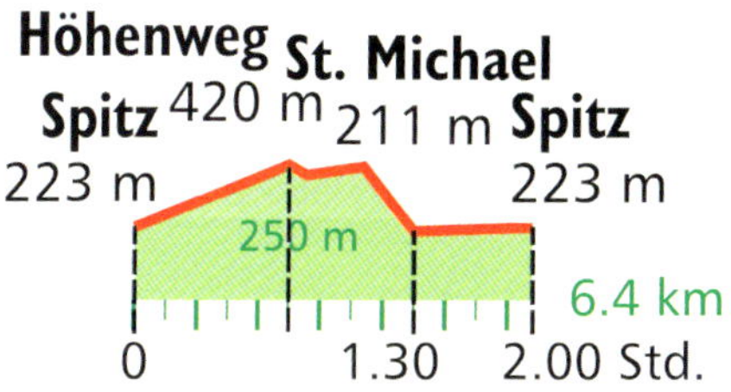

Was nicht allgemein bekannt sein dürfte: Nicht nur Radler, Auto- und Bahnfahrer können die nördliche Wachauseite bereisen, auch Wanderer haben die Möglichkeit, die Strecke auf langer Panoramaroute zu begehen. Zu den schönsten Abschnitten des Unternehmens gehört der hier beschriebene Höhenweg zwischen Spitz und St. Michael. Neben dem berühmten „Roten Tor“ gibt es unterwegs charakteristische Weingarten-Terrassen („Trockenmauersteinterrassen“), ein aufgelassenes Kupferbergwerk, aber auch grünschillernde Smaragdeidechsen zu bewundern. Und man darf, auf Felskanzeln über den Donauwellen rastend, Beine und Seele genüsslich baumeln lassen.

Vom **Bhf. Spitz** nordwärts durch den Ortsteil **Teichbach** zur Kremserstraße. Diese nach links zur Marktstraße und auf ihr empor zum **Kirchplatz**. Nordwärts durch die Rote-Tor-Gasse hinauf zur Schulter beim **Roten Tor** (ca. 285 m, Bildstock). Jenseits auf rot bez. Fahrweg durch Wald nach links (Norden) hinab in das **Mieslingtal** und dort zu einer Asphaltstraße. Diese durch eine Allee 150 m nach rechts zur Linksabzweigung einer Forststraße. Auf ihr ostwärts in Kehren gegen den Atzberg hinauf zu einer Verzweigung und rechtshaltend zu neuerlicher Teilung (nach links zur Buschandlwand). Geradeaus den rot bez. **St. Michaeler Höhenweg** bald zum Stolleneingang eines aufgelassenen **Kupferbergwerkes**, dann im schönen Eichen- und Föhrenwald, an den Abhängen des Michaelerberges hinauf an den Südrücken und dort kurz nach rechts hinab zu einer **Aussichtskanzel**. An den Hängen des Berges weiter aufwärts, später durch eine Felszone zum höchsten Punkt der Querung. Nun durch Buschwerk und über Wiesen abwärts, zuletzt über das Gleis der Donauuferbahn nach **St. Michael**, 211 m.

Zur Bundesstraße 3 und jenseits eine Stiege hinab zum **Treppelweg**. Den Fahrweg am Donauufer nach rechts in den Ortsbereich von **Spitz** und dort, am Freibad vorbei, zur Schiffsanlegestelle beim **Ghf. „Zwei Linden-Donauschlösserl“**. Nach rechts wieder zur Bundesstraße 3 und jenseits unter dem Bahnhofsgelände (Unterführung) durch zum **Parkplatz**.

Foto: Hauleitner

Hiesberg-Runde

Kein Superlativ zwar, doch lohnend allemal!

Zelking – Ruine Zelking – Pulverturm – Steinernes Kreuz – Eisernes Bild – Zelking

Talort:
Zelking, 238 m. Dorf im Melktal, am Westfuß des Hiesberges.

Ausgangspunkt:
Ghf. Erber in Zelking.

Parkmöglichkeit:
Ortsbereich Zelking.

Gehzeiten:
Zelking – Steinernes Kreuz 1¼–1½ Std., Steinernes Kreuz – Eisernes Bild ¾ Std., Eisernes Bild – Zelking 1 Std.; Gesamtgehzeit 3–3¼ Std.

Anforderungen:
Leichte Tour auf z.T. schlecht bez. Fahrwegen und Forststraßen.

Höhenunterschied:
300 m im An- und Abstieg.

Höchster Punkt:
Auf der Anhöhe des Hiesberges, ca. 520 m.

Einkehr:
Gasthof in Zelking. Unterwegs keine Einkehr!

Der alleinstehende Hiesberg südwestlich von Melk ist ein von Wanderern sträflich vernachlässigtes Gebiet. Dabei findet sich an diesem unscheinbaren Waldhügel noch jene Stille, die im Zentralbereich der Wachau längst verlorengegangen ist. Vom Dorf Zelking nahe der Westautobahn wird die aus Granitgesteinen der Böhmischen Masse gebildete Kuppe im weiten Bogen umwandert. Höhepunkt ist der faszinierende Voralpenblick von einem Kahlschlag am Südabhang des Berges. Eine Tour, die keine besonderen Ansprüche stellt und die man vorteilhaft mit der Familie unternimmt. Vom **Ghf. Erber in Zelking** ostwärts über die Melk (Fußgängerbrücke) in den Ortsteil Gassen und dort hinauf zu den letzten Häusern. Auf Fahrweg

(Nr. 68 und 256) nach links empor in den Wald zu kreuzender Forststraße und weiter in einen Graben. Durch ihn hoch, dann nach links über einen Bach, zuletzt im Bogen um den Hügel der **Ruine Zelking** (Einsturzgefahr!) herum zum Waldsattel dahinter. Den Fahrweg nach Südosten hinauf zu einer Forststraße und auf ihr im Graben weiter zu einer Teilung. Links am Nordabhang des Hiesberges nach Osten bergauf zu einer Rechtskehre mit Verzweigung danach (Granitblock; die Straße führt weiter zum **„Großen Stein“**). Links den verfallenen Fahrweg ostwärts auf und ab zu einem Güterweg und diesen linkshaltend zur bez. Forststraße. Diese am Rücken des Berges nach rechts hinab in einen Sattel (**„Pulverturm“**, 482 m) mit Asphaltstraße. Auf ihr 100 m geradeaus, dann rechts ab und auf Forststraße (Weg Nr. 68) ostwärts zur Waldwiese bei der Gedenksäule **„Steinernes Kreuz“**.
Zurück zum erwähnten Sattel. Dort die Forststraße (Weg Nr. 68) am Südabhang des Berges nach Südwesten zu querendem Waldweg und diesen rechtshaltend aufwärts zum **„Eisernen Bild“** (477 m; Gedenkstein, Bänke) am Rücken des Hiesberges. Den gelb bez. Fahrweg in Richtung Au nach Süden wieder zur Forststraße und auf ihr zu großem Kahlschlag mit herrlichem Voralpenblick. Die Straße im Wald zur nächsten großen Lichtung. Kurz davor scharf rechts ab und auf Fahrweg (Nr. 256) nun nach Norden aufwärts zu einer Anhöhe, danach in langer Hangquerung abwärts nach **Zelking**.

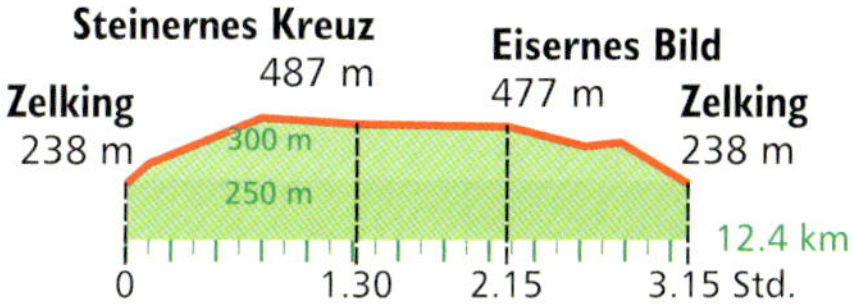

Grüntalkogel-Überschreitung

Durch die Wälder, durch die Auen . . .

Wie Kaiserkogel, Geisbühelhöhe und Blassenstein ist auch der bewaldete Grüntalkogelzug eine erste große Gebirgsbarriere über dem Alpenvorland. Die Überschreitung dieses Höhenrückens verspricht daher besonders aussichtsreiche Momente. Doch weit gefehlt! Nur an wenigen Stellen lichtet sich der Wald und lässt Ausblicke auf die Umgebung zu. Entschädigt wird man aber später, am Grasrücken nach dem Habetsbergsattel und im reizvoll gelegenen Ort Plankenstein mit Einkehrgasthaus und sehenswertem mittelalterlichem Schloss.

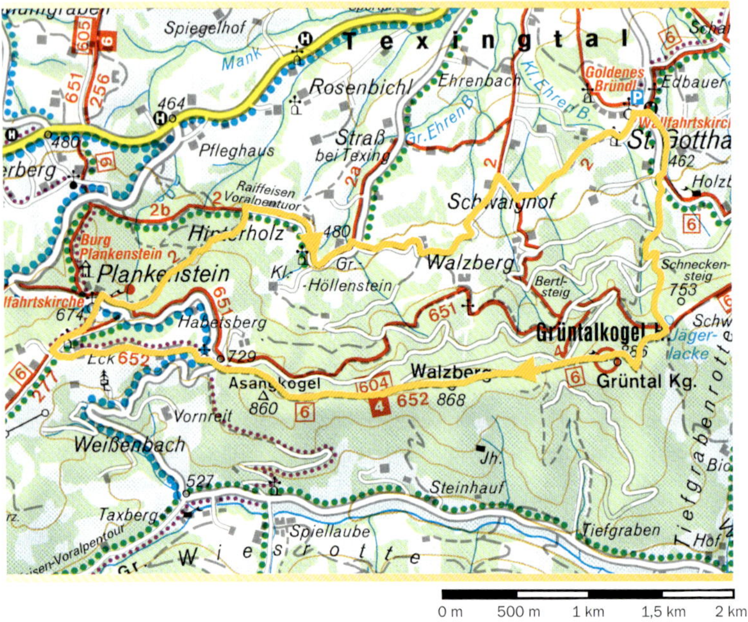

Talorte:
Texing, 364 m, Dorf an der Mank. Plankenstein, 674 m, reizvoll gelegener kleiner Ort am Nordabhang des Grüntalkogel-Kammes.

Ausgangspunkt:
An der Kirche von St. Gotthard (462 m; Parkplätze), 1,5 km südlich oberhalb von Texing gelegen.

Anforderungen:
Einfache Rundwanderung auf markierten Wegen und Straßen.

Höhenunterschied:
650 m im An- und Abstieg.

Einkehr:
Grüntalkogelhütte (16 L.; vom 1. Mai bis 26. Okt. an Sa., So. und Feiertagen offen). Ghf. Grassmann in Plankenstein (16 B., 7 L.) und Ghf. Schrittwieser in St. Gotthard (20 B.), beide ganzj. offen, Mo. und Di. Ruhetag.

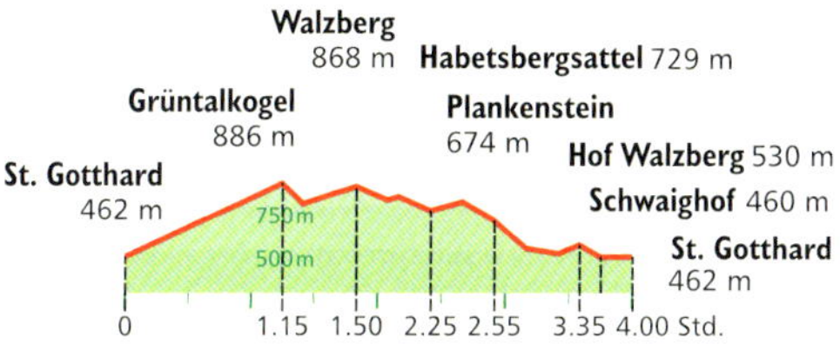

Von **St. Gotthard** die bergwärts führende Straße zur Rechtsabzweigung von Weg Nr. 5. Diesen nach Süden hinauf in den Wald und dort einen Graben hoch, später an der linken Begrenzungsrippe zu einer Teilung. Rechts den **Schneckensteig** an der steilen Rippe empor zum **Römerweg** (Nr. 651) und diesen links an den Grüntalkogel-Nordostrücken. Auf Weg Nr. 6, 604 und 652 den Rücken nach rechts empor auf das Gipfelplateau mit der am Nordrand stehenden **Grüntalkogelhütte**, 886 m. Auf bez. Weg über den Westrücken hinab in einen Sattel und wieder hoch zum Gipfel des **Walzberges**, 868 m. Jenseits, am „Ötscherblick" vorbei, hinunter zum Sattel vor dem Asangkogel. Gegen ihn hoch, später rechts ab und quer durch seine Nordflanke in den **Habetsbergsattel** (729 m) mit Straße. Auf ihr 50 m nach rechts, dann links ab und auf Fahrweg in der Südseite eines Wiesenrückens zu einem Hof. Auf bez. Fußweg rechts hinauf an den Rücken, dort zum **Hof Eck** (schöner Voralpenblick!) und danach zu einer Straße. Diese kurz nach rechts (Norden) abwärts, dann links zu einem Haus und den Weg Nr. 256 hinab nach **Plankenstein**, 674 m.
Die Straße nach Osten zur Ortsendetafel. Links den Fahrweg Nr. 2 im Wald nordostwärts bergab und bei Verzweigung links zu den Höfen von **Hinterholz**. Auf Straße weiter zum **Hof Groß-Höllenstein**, 480 m, und zu einer Teilung. Rechts hinauf zum **Hof Walzberg** und an ihm vorbei zur Verzweigung. Links zum Fahrweg Nr. 3 und diesen nordostwärts hinab zum **Schwaighof**. Danach rechts ab und die Straße 100 m nach Südosten zu einem Hof. Links ab und auf Fahrweg zurück nach **St. Gotthard**.

Foto: Hauleitner

Ötscher – von Lackenhof

Der einfachste Weg auf den „Fudschijama" Niederösterreichs

Wer kennt ihn nicht, den verheißungsvoll und mächtig über dem Alpenvorland aufsteigenden Ötscher, Lockziel für jeden Wanderer, Prototyp eines vollendet schönen Berges. Kein Wunder, dass dieser Recke früher als Sitz von Göttern und Hexen galt, als heidnische Kultstätte Bedeutung besaß. Natürlich will ein jeder oben gewesen sein, die tolle Rundsicht geschaut haben, was bei Benützung des Ötscher-Sesselliftes an einem Vormittag möglich ist. Zurück ins Tal sind wir aber dann zu Fuß über den Riffelsattel und durch das Weitental unterwegs!

Foto: Hauleitner

Talort:
Lackenhof, 809 m, Urlaubsort am Nordfuß des Ötscher.

Ausgangspunkt:
Bergstation Ötscher-Doppelsessellift, 1436 m, beim Ötscherhaus. Talstation (847 m, Großparkplatz) im Weitental 1,5 km südöstlich von Lackenhof. Der Lift ist vom 1. Juni bis 26. Okt. in Betrieb und zwar zwischen 1. und 30. Juni Sa. und So. (Mo. bis Fr. Bergfahrt f. Gruppen ab 20 Personen auf Anfrage), vom 1. Juli bis 31. August durchgehend, vom 1. Sept. bis 26. Okt. Fr., Sa. und So. (Mo. bis Do. Bergfahrt f. Gruppen ab 20 Personen auf Anfrage). Fahrbetrieb von 9.00 bis 16.30 jeweils zur vollen Stunde. Kein Betrieb bei Schlechtwetter! Auskunft: Tel. 07480/5354.

Anforderungen:
Leichte Bergtour auf bezeichneten Wegen. Nur bei nebelfreiem Wetter!

Höhenunterschied:
460 m im Anstieg, 1050 m im Abstieg.

Einkehr:
Ötscherhaus (54 B., 56 L.; im Nov. geschlossen, sonst immer geöffnet), Fuchswald-Wirt bei der Ötscherlift-Talstation (keine Nächtigung; vom 15. Mai bis 26. Okt. offen, Mo. und Di. Ruhetag).

Hinweis:
Bei Talfahrt mit dem Ötscherlift ¾–1 Std. Zeitersparnis.

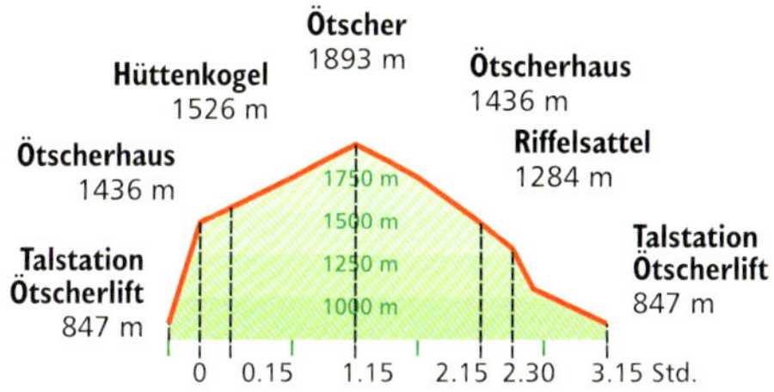

Von der **Ötscherlift-Bergstation** den Weg Nr. 4 über die Grasflanke der „Wiesmahd" in Kehren nach Südosten empor zu einer Teilung und dort 50 m eben nach rechts zur Schulter des **Hüttenkogels** (1526 m; Panoramafernrohr). Zurück zur Verzweigung und den bez. Weg rechts hinauf an den Südwestrücken des Ötscher. Dort durch Latschen und über Felsstufen aufwärts zur Schulter beim **Großen Wetterloch** (Schachtdoline). Weiter am begrünten Rücken oder links davon, an der felsigen Verschmälerung des „**Weißes Mäuerl**" vorbei und hinauf zum Gipfel des **Ötscher** (1893 m; Metallkreuz).
Zurück zum Ötscherlift und zu dem unterhalb stehenden **Ötscherhaus**, 1418 m. Auf Weg Nr. 4 und 605 weiter abwärts zu einer Forststraße und diese im Linksbogen nach Süden hinunter in den **Riffelsattel**, 1284 m. Auf Fußweg Nr. 6, 277 und 605 ein Stück in die bewaldete Nordflanke des **Kleinen Ötscher** hinein, dort in Kehren abwärts in den Riffelgraben und nach rechts zur Straße. Von ihr bald links ab und auf bez. Fußweg wieder hinunter in den Graben. Dort abwärts zur Waldlichtung beim **Riffelboden** mit Forststraße, 1050 m. Diese kurz nach rechts, dann links ab und den Karrenweg Nr. 5A durch einen Waldgraben nach Norden hinunter zu den Wiesen im **Weitental** und zu einer Asphaltstraße. Auf ihr nach Nordwesten abwärts und eben zum Parkplatz an der **Ötscherlift-Talstation**.

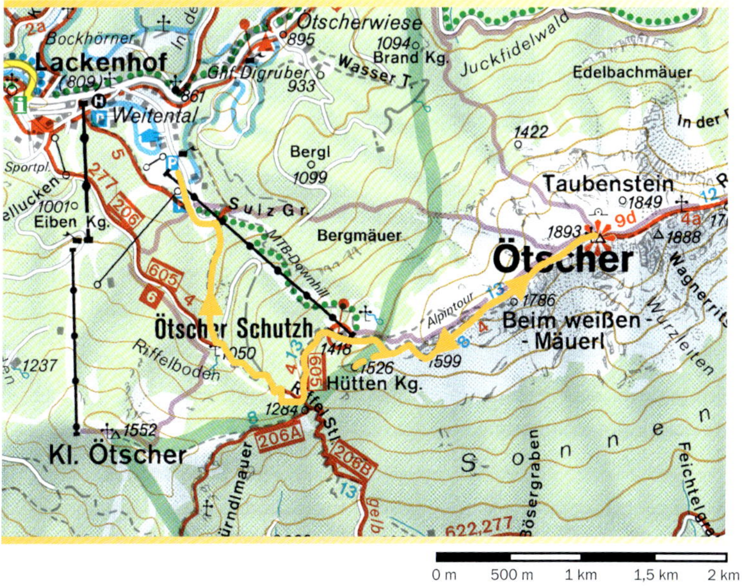

Von Rappottenstein zur Wiesmühle

Fels- und Burgromantik an den Ufern des Kleinen Kamp

Rappottenstein – Burg Rappottenstein – Wiesmühle – Kleiner Kamp – Schütt – Rappottenstein

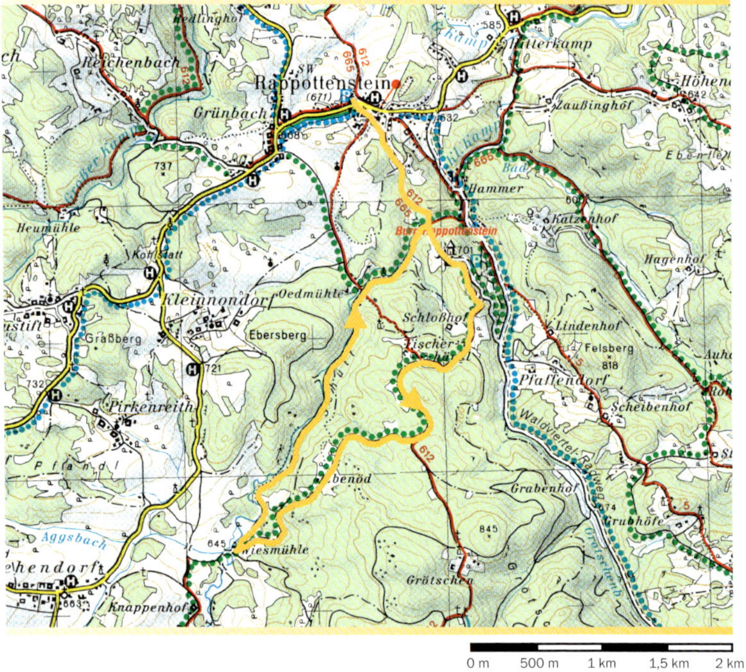

Talort:
Rappottenstein, 671 m, Markt südwestlich von Zwettl.

Ausgangspunkt, Parkmöglichkeit:
Der Hauptplatz von Rappottenstein.

Gehzeiten:
Rappottenstein – Burg Rappottenstein ¾ Std., Burg Rappottenstein – Wiesmühle 1 Std., Wiesmühle – Rappottenstein 1¼ Std.; Gesamtgehzeit 3 Std.

Anforderungen:
Unschwierige Wanderung auf bez. Fuß- und Fahrwegen.

Höhenunterschied:
230 m im An- und Abstieg.

Höchster Punkt:
Am Weg zwischen Burg Rappottenstein und Ebenöd, ca. 760 m.

Einkehr:
Gasthöfe in Rappottenstein. Burgschenke Rappottenstein (keine Nächtigung; zu Ostern sowie an Wochenenden und Feiertagen von 15. bis 30. April und im Okt. geöffnet; durchgehende Öffnung von 1. Mai bis 30. Sept. tägl. außer Mo. 10.00 – 20.00 Uhr).

Sehenswertes:
Die Burg Rappottenstein. Die „Schütt“, ein Blockmeer, das der Kleine Kamp auf einige hundert Meter durchfließt.

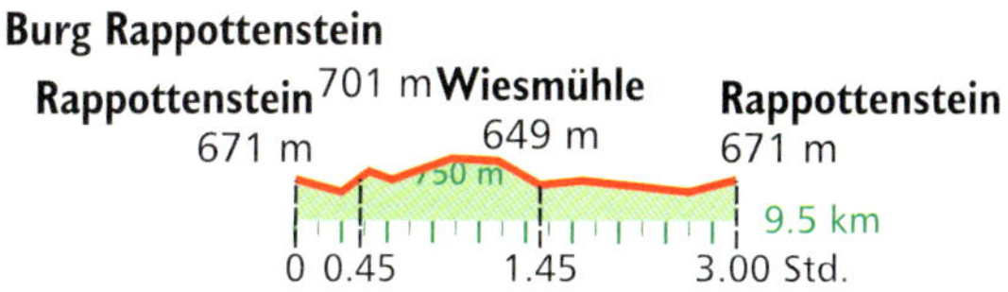

Die Gegend um Rappottenstein und Pretrobruck gehört mit ihren Granitfelsen und Kuppen zu den schönsten Gebieten des Waldviertels. Wer die hier beschriebene Tour mit spiel- und abenteuerlustigen Kindern unternimmt, braucht sich um ein Unterhaltungsprogramm nicht kümmern! Da gibt es die romantische Schluchtstrecke des Kleinen Kamp, in dessen Wassern sich's an heißen Tagen bekömmlich baden lässt. Dann die mittelalterliche Burg Rappottenstein, die unbedingt eine Führung verdient und in deren Umgebung richtige „Waldläufer“ nach Winnetou und Old Shatterhand Ausschau halten, ja vielleicht sogar finden!

Vom **Hauptplatz in Rappottenstein** auf Ortsstraße südostwärts zur Abzweigung von Weg Nr. 4, 612 und 665. Auf ihm aus dem Ort zum Granitblock **„Opferstein“**, dann im Wald hinab in das Tal des **Kleinen Kamp** und links zu idyllischer Waldwiese (Granitblöcke, Sitzgarnitur). Über den Bach (Steg) zu einer Forststraße und diese nach rechts zu einer Teilung. Links den Weg Nr. 5, 5A, 612 und 665 durch Wald, dann über Wiesen südostwärts hinauf zu einem Sattel und links zur **Burg Rappottenstein**, 701 m. Vom erwähnten Sattel auf Straße südostwärts zum Burg-Parkplatz. Dort rechts auf Forststraße nach Süden aufwärts zu einem Bildstock und in die Mulde beim **Schloßhof**. Hinauf zur Wiese beim **Fischerhäusl** und an ihrem Oberrand empor (Blick zur Burg!), dann im Wald eben zur Teilung. Rechts einen Fahrweg vorerst in West-, dann in Südrichtung abwärts zu einer Wiese (Granitblöcke, Birken) und über sie zum **Hof Ebenöd**. Nun nach Südwesten hinab zur **Wiesmühle**, 645 m, im weiten Talboden des Kleinen Kamp.

Den Weg Nr. 4 und 5A rechts vom Bach über eine ebene Wiese nach Nordosten, dann im engen Waldtal zur **„Schütt“**, wo der Kamp vorübergehend unter Felsblöcken verschwindet. Im Tal weiter zur Brücke an das linke Ufer. Nicht über sie zur **Ödmühle**, sondern vor (!) der Brücke rechts ab und auf bez. Fahrweg weiter, dann über einen Steg an das linke Ufer und dort zur „idyllischen Waldwiese“. Nun auf bekanntem Weg nach **Rappottenstein**.

Ysperklamm

Romantische Blockschlucht am Südabfall des Waldviertels

Ghf. Forellenhof (Humpellehen) – Ysperklamm – Ödteich – Ghf. Forellenhof

Talorte:
Altenmarkt, 498 m, und Ysper, 504 m. Benachbarte Fremdenverkehrsorte im mittleren Ysptertal.

Ausgangspunkt:
Ghf. Forellenhof (551 m) in Humpellehen, im Hintergrund des Ysptertales am rechten Ufer der Großen Ysper, 7 km von Altenmarkt.

Parkmöglichkeit:
Parkplatz vor dem Ghf. Forellenhof.

Gehzeiten:
Anstieg Ghf. Forellenhof – Ödteich 1 Std., Abstieg Ödteich – Ghf. Forellenhof ¾ Std.; Gesamtgehzeit 1¾ Std.

Anforderungen:
Einfache Wanderung. Trittsicherheit nötig!

Höhenunterschiede:
300 m im An- und Abstieg.

Höchster Punkt:
Ödteich, 836 m.

Einkehr:
Ghf. Forellenhof (keine Nächtigung, von März bis Nov. durchgehend geöffnet). Unterwegs keine Einkehr!

Sehenswertes:
Die Wasserkaskaden der Großen Ysper mit den durch Sprühnebel angegrünten, bemoosten Wäldern ringsum.

Hinweis:
Vom Ödteich kann man auf Forstwegen in 1½ – 2 Std. zu den Hauptorten des Weinsberger Waldes, Gutenbrunn oder Bärnkopf, gelangen.

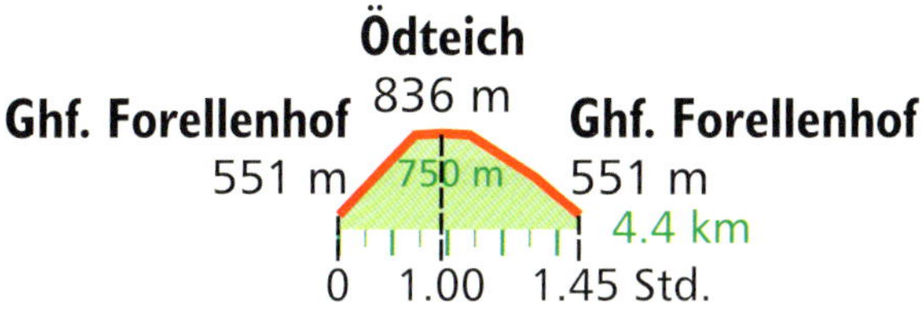

Dort wo das innere Yspertal zur Hochfläche des Weinsberger Waldes ansteigt, findet sich eine der wenigen Kataraktstrecken des Waldviertels. Da gibt es nicht nur eine romantische, fast alpin anmutende Klamm, sondern auch stäubende Wasserfälle, die das Tal mit Gischt und Brausen erfüllen. Es ist ein Erlebnis, im Frühjahr zur Zeit der Schneeschmelze oder nach ergiebigen Regenfällen diese Schlucht zu begehen, durch die einst die gefällten Waldviertler Baumriesen zur Donau geflößt wurden.

Vom **Ghf. Forellenhof in Humpellehen** nach Osten über den Ysperbach und rechts von ihm den rot bez. Weg vorerst über Wiesen, dann durch einen mit riesigen Felsblöcken durchsetzten Wald in Nordrichtung aufwärts. Der gut angelegte Weg führt zwischen bemoosten Felsen durch urwaldartiges Gelände mittels Holzstegen und Leitern in Windungen aufwärts bis eine zu querende Forststraße (Brücke) erreicht wird.

Weiter auf teilweise ausgesetztem Pfad unmittelbar entlang des stäubenden Baches über Brücken und Leitern, mehrmals das Ufer wechselnd, steiler hoch. Nach einem engen Felsdurchlass (Leiter) verflacht sich die Klamm und man erreicht eine Waldstraße (Bänke). Nun auf gutem Weg geradeaus weiter und nach wenigen Minuten zu dem einst für die Holzschwemme angelegten **Ödteich**, 836 m, der heute einer grünen Waldwiese Platz gemacht hat.

Abstieg: Entweder auf dem Anstiegsweg zurück zum Ghf. Forellenhof (bei starkem Besucherandrang nicht zu empfehlen!) oder einfacher auf dem Forstweg am Ende der Klamm, links des Anstiegsweges, in Südrichtung abwärts, dann in Kehren hinunter zur Ysper, die bei der oben erwähnten Brücke erreicht wird. Über die Brücke an das rechte Bachufer und dort durch den Wald abwärts. Zuletzt erreicht man einen asphaltiertem Güterweg, der über schöne Wiesen zurück zum Ausgangspunkt beim **Ghf. Forellenhof** bringt.

Foto: ÖW

Naturpark Blockheide – Eibenstein

Alle Schönheiten des Waldviertels vereint

Großeibenstein – Gmündner Höhe – Teufelssteine – Christophstein – Mondteiche – Pilzstein – Großeibenstein

Foto: Waldviertel Tourismus

Talorte:
Gmünd, 485 m, Stadt im nördlichen Waldviertel. Großeibenstein, ca. 480 m, Dorf nördlich von Gmünd.

Ausgangspunkt, Parkmöglichkeit:
Großparkplatz im Ortsgebiet von Großeibenstein, 2 km von Gmünd. Gesamtgehzeit: 1¾ Std.

Anforderungen:
Leichte, bequeme Wanderung auf bez. Promenadenwegen.

Höhenunterschiede:
100 m im An- und Abstieg.

Höchster Punkt:
Pilzstein, ca. 550 m.

Einkehrmöglichkeiten:
Jst. Blockheide (keine Nächtigung; von Ostern bis 31. Okt. offen, kein Ruhetag). In Großeibenstein: Ghf. „Zur Blockheide" (keine Nächtigung; vom 15. bis 31. Aug. geschlossen, sonst immer offen; Di. Ruhetag). In Grillenstein: Ghf. Traxler „Schüsselwirt" (keine Nächtigung; vom 1. bis 15. Juli geschlossen, sonst immer offen; Mo. Ruhetag).

Hinweis:
Die Wanderung kann bei gleichem Zeitaufwand auch von dem am Stadtrand von Gmünd gelegenen Ortsteil Grillenstein unternommen werden.

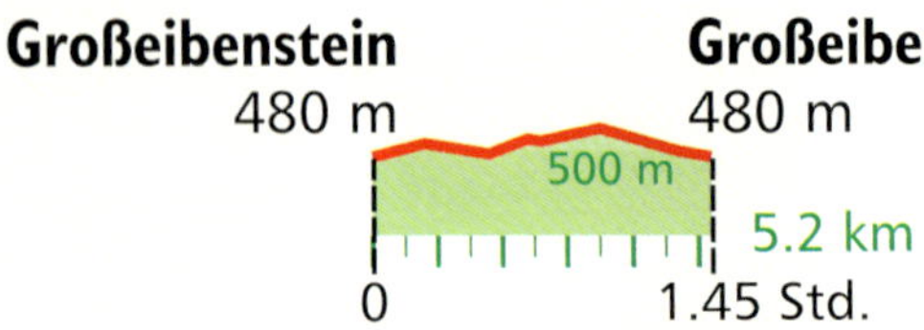

Es gibt fast nichts im Blockheidepark, was sich nicht auch anderswo im Waldviertel fände! Buntes Heidekraut, skurril geformte Felsblöcke, Fischteiche und malerische Birkenbestände: sie sind nun einmal Charakteristika dieser herben Plateau- und Granitlandschaft im nördlichen Niederösterreich. Doch nur selten gibt es das alles auf einem Fleck, so konzentriert und auf so engem Raum vereint wie in diesem Naturpark bei Gmünd und Eibenstein. Klar, dass hier eine Würdigung dieser wohl beliebtesten Waldviertel-Wanderung nicht fehlen darf, führt sie doch mühelos und wie im Zeitraffer eine der schönsten Landschaften Europas vor Augen.

Vom **Parkplatz** die Großeibensteiner Straße südostwärts durch den Ort, dann links die Blockheidestraße nach 100 m zum Eingang 2 in den **Blockheidepark**. Auf bez. Fahrweg eben fort und aufwärts (rechts **Wackelstein** und **Koboldsteine**) zur **Gmündner Höhe**, 519 m, mit Jausenstation, Spielplatz und Aussichtsturm.

Jenseits hinab zum **Blockheideteich** mit der **Hubertuskapelle** und am rechten Ufer zu einer Teilung. Links am Südufer des Teichs ostwärts zu neuerlicher Verzweigung und dort rechts zum **Geologischen Freilichtmuseum** (Anschliffe der wichtigsten Waldviertler Gesteinsarten), danach auf Fahrweg nach links zur Teilung beim **Schwedenkreuz**. Nun nach rechts zu den Teufelssteinen **(Teufelsbett, Teufelsbrotlaib, Schullerstein)**, genau am Meridian 15 Grad östlicher Länge. Auf bez. Fußweg südwärts über Wiesen zu einem Fahrweg und diesen linkshaltend, nordostwärts, zum mächtigen **Christophstein** am Waldrand. An der folgenden Teilung (links der „Granitbearbeitungslehrpfad") rechtshaltend auf Waldweg zu den beiden **Mondteichen** (mit der „Steinmetz-Unterstandshütte").

Nun in Nordrichtung zu einem Fahrweg und diesen links zur Verzweigung beim **Jägerkreuz**. Auf Fußweg nach rechts aufwärts zum originellen **Pilzstein**, danach zum Fahrweg Nr. 5b. Auf ihm zum Standort des früher größten Granitsteins der Heide, der 1897 gesprengten „**Lutherischen Kirche**" und zum **Kirchenwaldsteinbruch**. Geradeaus zu einer Forststraße und diese linkshaltend nach **Großeibenstein**.

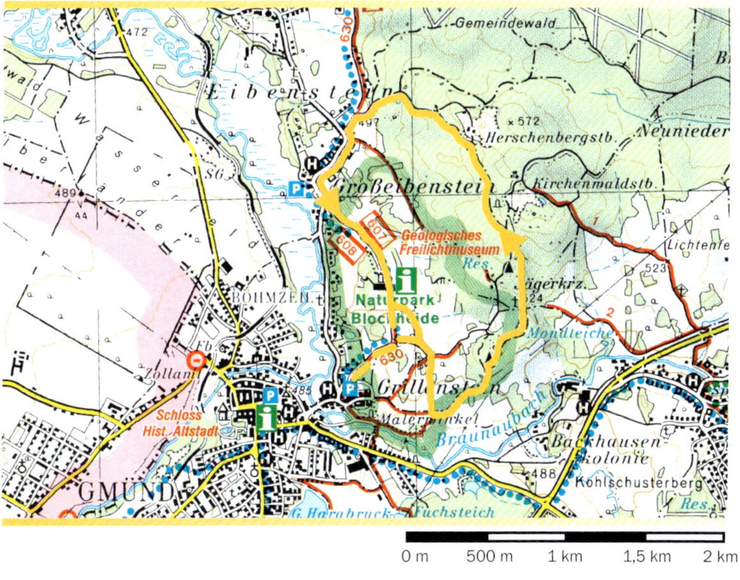

Brandstätterkogel

Logenplatz gegenüber Grein

Wiesen – Brandstetterkogelhütte – Oberschlag – Hößgang – Wiesen

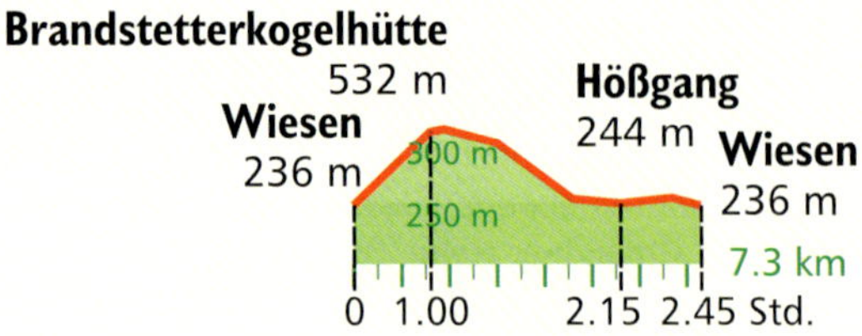

Talort:
Grein an der Donau, 239 m. Stadt am Westeingang in den Strudengau.

Ausgangspunkt:
Wiesen, 236 m. Weiler südlich der Donau gegenüber von Grein.

Parkmöglichkeit:
Parkplatz beim ehem. Ghf. Brandstetter in Wiesen. Zufahrt über die stromaufwärts gelegene Greiner Donaubrücke, 4 km von Grein.

Gehzeiten:
Wiesen – Brandstetterkogelhütte 1–1¼ Std., Brandstetterkogelhütte – Hößgang 1–1¼ Std., Hößgang – Wiesen ½ Std.; Gesamtgehzeit 2½–3 Std.

Anforderungen:
Einfache Wanderung auf gut bez. Wegen.

Höhenunterschied:
350 m im An- und Abstieg.

Höchster Punkt:
Brandstetterkogel, 532 m.

Einkehrmöglichkeiten:
Brandstetterkogelhütte (10 B., 20 L.; ganzj. geöffnet, Di. Ruhetag).
In Hößgang und Wiesen keine Gaststätten!

Sehenswertes:
Die herrlichen Ausblicke von der Brandstetterkogelhütte.

Schutzhütten und Berggasthäuser sind auf den Höhen entlang der Donau eher rar. Die vielen Siedlungen und die meist kurzen Zugänge lassen hier touristische Unterkünfte nicht unbedingt notwendig erscheinen. Um so mehr stellt der kleine Adlerhorst auf dem Brandstetterkogel eine Besonderheit dar. Mit ihrem Prachtblick zur Donau, auf Grein und das südliche Waldviertel bis zur Kirche von St. Thomas am Blasenstein lohnt die Hütte auf alle Fälle den Besuch.

Vom ehem. **Ghf. Brandstetter** in **Wiesen** auf bez. Karrenweg nach Osten zu kleiner Kapelle inmitten lieblicher Wiesen und Obstgärten. Südwärts an den Fuß des Brandstetterkogels und nach links hinauf zu einer Forststraße, die gequert wird. Nun auf Waldweg südostwärts steil hoch in ein Waldtal und dort nach links über den Bach (Brücke). Jenseits im weiten

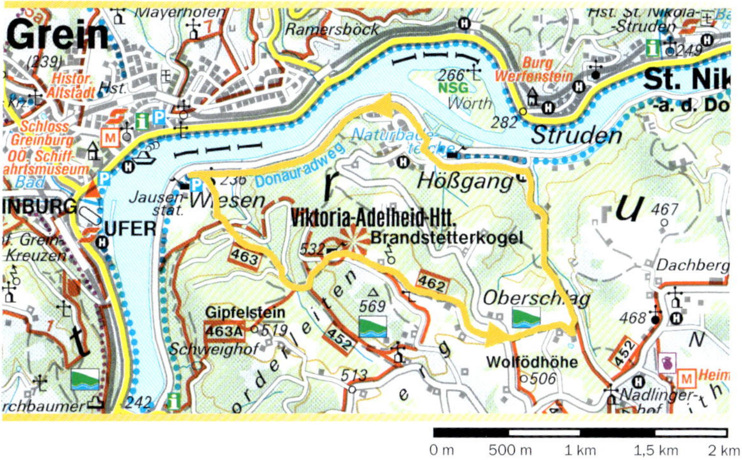

Linksbogen zu einem Fahrweg und diesen um eine Bergkante nach links herum. Gleich danach rechts ab und auf bezeichnetem Serpentinensteig nach Nordosten empor zu der auf einem Felsvorsprung stehenden **Brandstetterkogelhütte**, 532 m.

Von der Hütte auf Asphaltstraße nach Osten aufwärts zu einem Wiesensattel (548 m; Linksabzweigung des Direktweges nach Hößgang). Bei dem folgenden Bauernhof links ab und auf blau bez. Feldweg durch eine weite Wiesenmulde zu einem Hof. An ihm vorbei, danach abwärts zu den Bauernhäusern von **Oberschlag**, ca. 520 m. Nun auf aussichtsreichem Weg (Alpenblick!) den Wiesenkamm nach Osten zu querender Straße und auf Feldweg abwärts zu einem Gehöft (mit Schlepplift). An diesem links vorbei und über Wiesen nach Osten hinab zu einem Güterweg. Auf ihm nach links (Norden) und entlang eines Bachlaufs hinab nach **Hößgang**, ca. 235 m. Nun entweder am Donauufer entlang oder erst die höher gelegene Ortsstraße bis an das westliche Ortsende, danach die schmale Uferstraße westwärts zurück nach **Wiesen**.

Foto: Hauleitner

Prochenberg

Großer Waldberg mit Gipfelhaus und -warte

Ich habe Verständnis für den „schlechten Ruf" dieses Ybbsitzer Hausberges, denn vor nicht allzu langer Zeit stand das Schutzhaus oben noch mitten im Wald, und auch die angebaute alte Prochenberg-Warte bot nur begrenzte Aussicht. Das hat sich mit der Abholzung des Gipfelplateaus (Windbruch und Schlägerung 1980) und dem Neubau einer Aussichtswarte (1989) entscheidend geändert. Jetzt ist der Blick frei gegen die im Süden mächtig aufgereihten Kalkhochalpen und über das Alpenvorland hinweg bis zum Waldviertel. Und das alles als Lohn für einen kurzweiligen Anstieg, der vom Parkplatz bei den Haselsteinhöfen über die luftige Kanzel der Haselsteinwand (Klettergarten!) zur Höhe leitet.

Foto: Hauleitner

Talort:
Ybbsitz, 414 m.

Ausgangspunkt:
Haselsteinhöfe, 642 m. Zufahrt von Ybbsitz auf Asphaltstraße zu den auf einer Wiesenterrasse nördlich unter Prochenberg und Haselsteinwand gelegenen Haselsteinhöfen (642 m) mit Parkplatz, 2,5 km von Ybbsitz.

Anforderungen:
Einfache Wanderung auf markierten Wegen und Forststraßen.

Höhenunterschied:
490 m.

Einkehr:
Prochenberghütte (1123 m; 20 L.; vom 1. Mai bis 26. Oktober am Sonn- und Feiertag, von Juli bis September auch am Samstag bewirtschaftet; an der Ostseite der Hütte Gipfelbuch sowie immer offener Unterstandsraum). An den Haselsteinhöfen sind zeitweise Most und Milchprodukte (Schafkäse) erhältlich.

Hinweis:
Wer Ruhe und Einsamkeit liebt, sollte den Prochenberg am besten unter der Woche besuchen, wenn das Gipfelschutzhaus nicht bewirtschaftet ist.

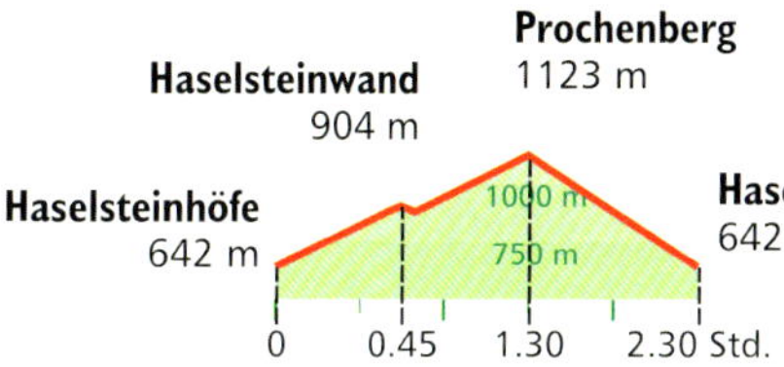

Vom oberen **Haselsteinhof** den rot markierten Karrenweg Nr. 33 durch ein Gatter, dann an den Wiesenhängen unter der Haselsteinwand eben nach Osten in den Wald. Dort auf breitem Fußweg, eine Forststraße mehrmals überquerend, in Ostrichtung aufwärts, zuletzt scharf nach rechts empor an den Prochenberg-Nordostrücken. Über diesen oder knapp links von ihm hinauf in den Sattel, 880 m (kleine Hütte mit Sendeanlage) zwischen Haselsteinwand und Prochenberg-Massiv. Gleich nach der Hütte rechts ab und im lichten Wald steil nach Nordwesten empor auf die luftige Felskanzel der **Haselsteinwand**, 904 m (Gipfelkreuz und -buch knapp westlich des höchsten Punktes). Atemberaubender Tiefblick zu den Haselsteinhöfen, Durchblick auf Ötscher (Südosten) und Dürrenstein (Süden).

Zurück in den oben erwähnten Sattel und dort den Weg Nr. 33 am Waldrücken eben nach rechts unter den Gipfelaufbau des Prochenberges. Am rechten Rand einer Wiese hoch, danach den runden Waldrücken in Windungen aufwärts und nach links zur querenden Prochenbergstraße. Auf ihr links haltend quer durch die Ostflanke des Berges nach Süden hinauf an den Südostrücken mit Verzweigung. Die Straße mit Weg Nr. 34 schräg rechts empor zum baumfreien Gipfel des **Prochenberges**, 1123 m, mit Schutzhaus und 20 m hohem Aussichtsturm.

Zurück zu der Stelle, wo im Anstieg die Prochenbergstraße erreicht wurde. Auf ihr geradeaus weiter und nach links in die bewaldete Nordflanke des Berges hinein. Die Flanke querend, in Westrichtung abwärts, später um eine Bergrippe nach links herum (Tiefblick in den Prollinggraben) zu einer Rechtskehre. Wiederum die Nordflanke querend, nun in Nordostrichtung abwärts, zuletzt auf Asphaltstraße über Wiesen zu den **Haselsteinhöfen**.

Nebelstein

Durch das „Tal des Friedens" zum Gipfel
Harmanschlag – Friedental – Althütten – Nebelstein – Rörndlwies – Harmanschlag

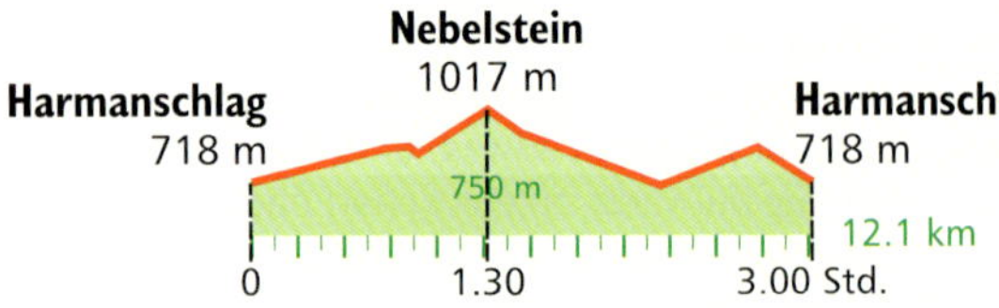

Talorte:
Bad Großpertholz, 714 m, Markt und Moorbad im westlichen Waldviertel. Harmanschlag, 740 m, Streusiedlung in einer Wiesenmulde südlich des Nebelstein.

Ausgangspunkt:
Bei der Brückenwaage im südlichen Ortsbereich von Harmanschlag.

Parkmöglichkeit:
Parkplätze im Ortsgebiet von Harmanschlag.

Gehzeiten:
Harmanschlag – Friedental – Nebelstein 1–1½ Std., Nebelstein – Rörndlwies – Harmanschlag 1¼–1½ Std.; Gesamtgehzeit 2¼–3 Std.

Anforderungen:
Einfache Wanderung auf gut bez. Wegen.

Höhenunterschied:
500 m im An- und Abstieg.

Höchster Punkt:
Nebelstein, 1017 m.

Einkehrmöglichkeiten:
Gasthöfe in Harmanschlag. Nebelsteinhütte (10 B, 38 L.; Ostern bis 31. Okt. u. Weihnachten offen).

Foto: Hauleitner

Der Nebelstein, nicht höchster, aber bedeutendster Gipfel des nördlichen Waldviertels, ist Kreuzungspunkt der großen Weitwanderwege quer durch Europa. Es kommen aber nicht nur Streckenwanderer auf ihre Rechnung, auch der Tagestourist kann den Berg auf lohnenden, nirgends anstrengenden Routen besteigen. Und auf seinem Scheitel warten als Attraktionen eine komfortable Schutzhütte des ÖAV und ein aus mächtigen Quadern aufgetürmter Gipfelfels mit wunderschönem Panorama über Waldviertel und Südböhmen.

Von der **Brückenwaage in Harmanschlag** den rot bez. Güterweg Nr. 74 nach Westen aufwärts zu einem Wiesenrücken. Jenseits eine Mulde abwärts und wieder hoch zu einer Teilung. Rechts vorerst über Wiesen, dann durch Wald zum querenden Karrenweg Nr. 605 und 608. Auf ihm rechtshaltend hinauf zur idyllischen Wiesenmulde **Friedental**. An alten Bauernhäusern vorbei nordwärts wieder in den Wald und dort auf gutem Weg (Rechtseinmündung des direkten Zuganges von Harmanschlag) zu einer Wiese, danach kurz abwärts nach **Althütten**. Auf Straße durch die Streusiedlung hinauf zu einer Rechtskurve und dort im Wald gerade weiter zur Nebelsteinstraße. Auf ihr 200 m nach links zu einem Großparkplatz und dort auf Karrenweg nach rechts empor zur **Nebelsteinhütte**, 1015 m. Hinter der Hütte befindet sich der über eine Stiege erreichbare mächtige Gipfelfels des **Nebelstein** (1017 m; Gipfelkreuz).

Von der Hütte auf bez. Serpentinensteig über Granitblöcke und durch Wald steil nach Südosten hinunter auf ein Plateau (Hochmoor) und wieder zur Nebelsteinstraße. Von ihr gleich wieder links ab und auf Forststraße nordostwärts zu einer Teilung. Dort rechts die Straße mit Weg Nr. 620 ostwärts bergab, dann in weiten Bögen nach Südosten hinunter nach **Rörndlwies**, 715 m. An den Höfen vorbei und nach Osten aufwärts zu querender Asphaltstraße (Kapelle, Bushalt). Diese 200 m nach rechts (Süden) sanft aufwärts zur Linksabzweigung des rot bez. Karrenweges Nr. 73 und 75. Auf ihm durch Wald nach Osten steil hinauf zu einer Forststraße und diese rechtshaltend gegen den Dachlstein aufwärts zu einer Linkskehre. Dort rechts ab und auf Waldweg südwärts hinauf zum Sattel zwischen Wachberg und Dachlstein. Jenseits linkshaltend abwärts, dann im Rechtsbogen nach Westen, schließlich über Wiesen hinab nach **Harmanschlag**.

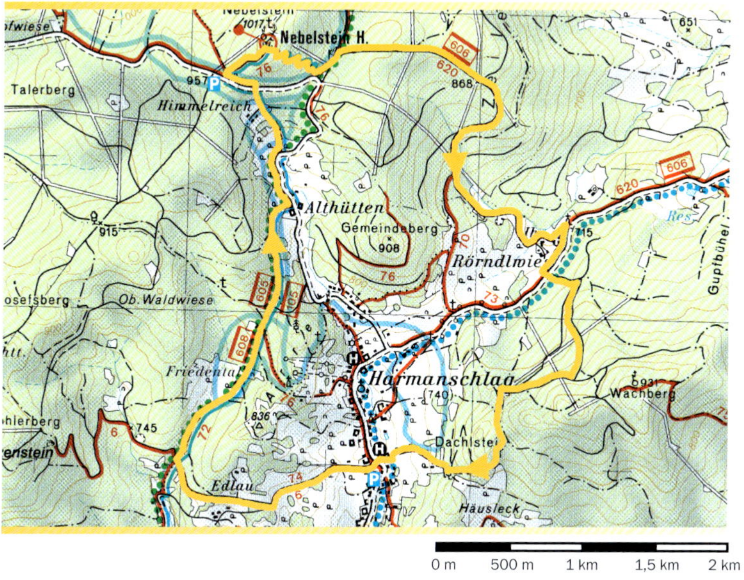

Sonntagberg

Eine weitschauende Landmarke im „Festsaal“ des Mostviertels

Wie ein Götterthron steht der Sonntagberg mit seiner mächtigen, doppeltürmigen Kirche über den sanften Höhen des Alpenvorlandes. Hierher muss man an einem strahlenden Frühlingstag kommen, wenn auf den saftig-grünen Wiesen die Obstbäume blühen und in der Ferne noch die schneebedeckten Alpengipfel grüßen. Dann versteht man, warum es die Menschen gerade zu dieser Jahreszeit auf den Sonntagberg lockt, ist doch alles dazu angetan, den Besucher sonntäglich, festlich zu stimmen. Natürlich kann man dorthin auch mit dem Auto gelangen, doch beschaulicher ist allemal eine Wanderung zu dieser weithin sichtbaren Landmarke. Auf unserem Weg von Gleiß über den Nordrücken auf den Sonntagberg und durch die Südseite hinab nach Böhlerwerk haben wir genügend Zeit, uns dem Schauen hinzugeben.

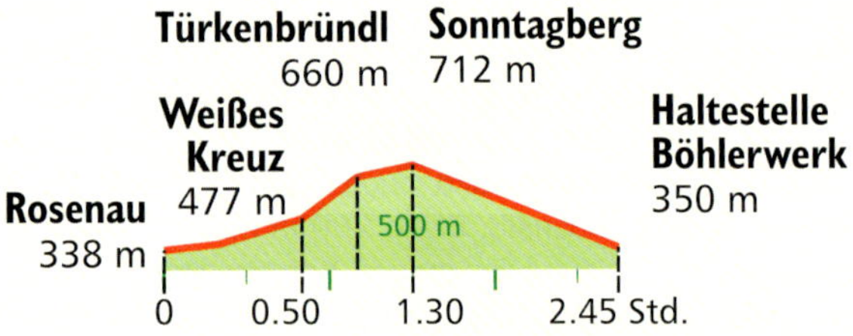

Talort:
Waidhofen an der Ybbs, 362 m.

Ausgangspunkt:
Bahnhaltestelle Rosenau (338 m; Parkplatz). Zufahrt von der Autobahn-Abfahrt Amstetten West über die Bundesstraße Nr. 121, 18 km ab Autobahn.

Endpunkt:
Bahnhaltestelle Böhlerwerk, 350 m; Rückfahrt nach Rosenau mit den ab 8.33 Uhr etwa im Zweistundentakt verkehrenden Zügen der Ybbstalbahn.

Anforderungen:
Einfache Wanderung – gute Wege.

Höhenunterschied: 390 m.

Einkehr:
Gaststätten in Sonntagberg, 712 m, und in Böhlerwerk, 350 m

Tipp:
Wer Zeit und Muße hat, der kann von Sonntagberg entlang der „Mostviertler Höhenstraße“ bzw. des Weitwanderweges 204A über den Wiesenrücken nach Osten wandern und bei einem der zahlreichen „Heurigen“ den vergorenen Obstmost, eine Spezialität der Gegend, verkosten.

Von der Bahnhaltestelle **Rosenau** auf einer Straße nach Nordosten zu einem Bahnübergang. Nicht nach links über das Bahngleis, sondern den Fußweg geradeaus weiter zu der von Gleiß auf den Sonntagberg führenden

Straße. Auf ihr rechts haltend, am Friedhof vorbei, aufwärts zum Weiler **Baichberg**, 365 m, auf einer Schotterterrasse über der Ybbstal-Niederung. Bei den ersten Häusern (Pfeil „Jakob Prandtauer Weg") rechts eine Siedlungsstraße in Südrichtung sanft bergauf zu einer Kapelle am Waldrand. Auf Steig im Hochwald weiter aufwärts und nach Überquerung einer Forststraße zum Bildstock **„Weißes Kreuz"** (477 m, Bänke). Im Wald steil bergan zum Unterrand einer Viehweide und dort entlang eines Zaunes nach rechts (Südwesten) steil hinauf zur Sonntagbergstraße, die bei einer Kehre erreicht wird. Dieser folgt man zur nächsten Kehre (Linkskehre) und danach zur Linksabzweigung eines Güterweges oberhalb des Ödbauern. Auf ihm ostwärts in den Wald, dort rechts ab und auf ausgewaschenem, gelb bez. Karrenweg, eine Asphaltstraße kreuzend, zum **Türkenbründl**, 660 m (Bänke). Nach Osten hinauf zur Mostviertler Höhenstraße und auf ihr scharf nach rechts (Westen) zur Linksabzweigung eines rot markierten Fußweges. Auf diesem über den bewaldeten Bergrücken zum Friedhof und eben weiter zur **Basilika Sonntagberg**, 712 m. Von der Johannes-Nepomuk-Statue Prachtblick nach Süden über das Hügelland hinweg zu den Ybbstaler Alpen.

Von der Kirche die gepflasterte Zufahrtstraße (Andenkenläden, Gastbetriebe) nach Westen abwärts zur ersten Rechtskehre. Noch vor ihr links ab und auf einem schmalen Fahrweg über einen flachen Bergrücken nach Südwesten zu einem Sendemast. Noch vor dem Mast nach rechts in die Nordflanke des Rückens und dort auf dem „Wanglsteig" durch Wald mäßig steil bergab zum **Steinernen Kreuz**, 661 m. Auf dem Weg Nr. 204A scharf nach links (Südosten) und durch Wald zu einem Güterweg. Auf diesem hinab zu einer großen Wiese und dort, an den Höfen Kaiserhof und Kahlenberg vorbei, in einer Kehre nach Süden hinunter zur Ybbstalbahn. Vor dem Bahnübergang links ab und auf Steig hinab in den Graben des Luegbaches. Unter der Bahnbrücke durch zur Dorfstraße und auf ihr nach links (Süden) hinauf zur **Haltestelle Böhlerwerk**, 350 m.

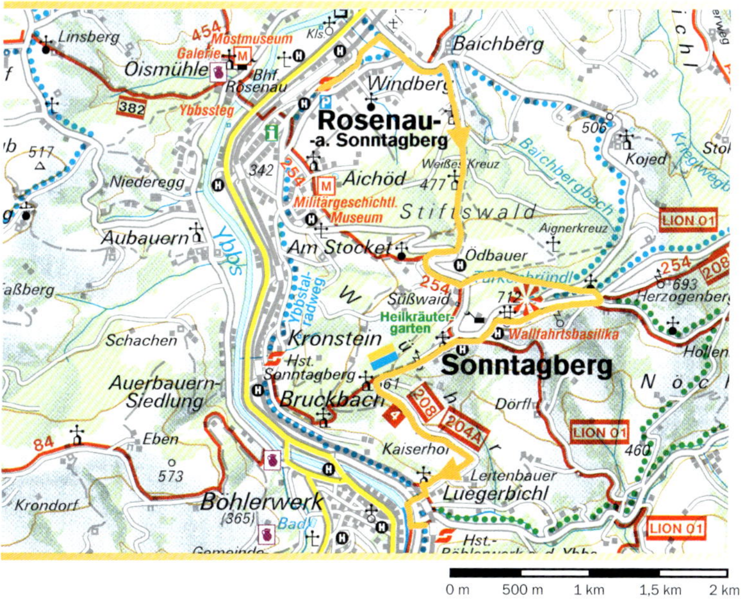

Kieneck

Lange Kammwanderung auf einen populären Wiener Hausberg

Mit Hocheck, Reisalpe und Unterberg gehört das Kieneck zu den markantesten Erhebungen der Gutensteiner Alpen. Dass diese Gipfel Schutzhäuser tragen, unterstreicht ihre Bedeutung als leicht erreichbare Tourenziele. Die Überschreitung des dicht bewaldeten Kieneckmassivs bringt in erster Linie dem naturliebenden Wanderer genussreiche Stunden, denn in punkto Rundsicht gebührt die Krone fraglos dem etwas höheren Unterberg.

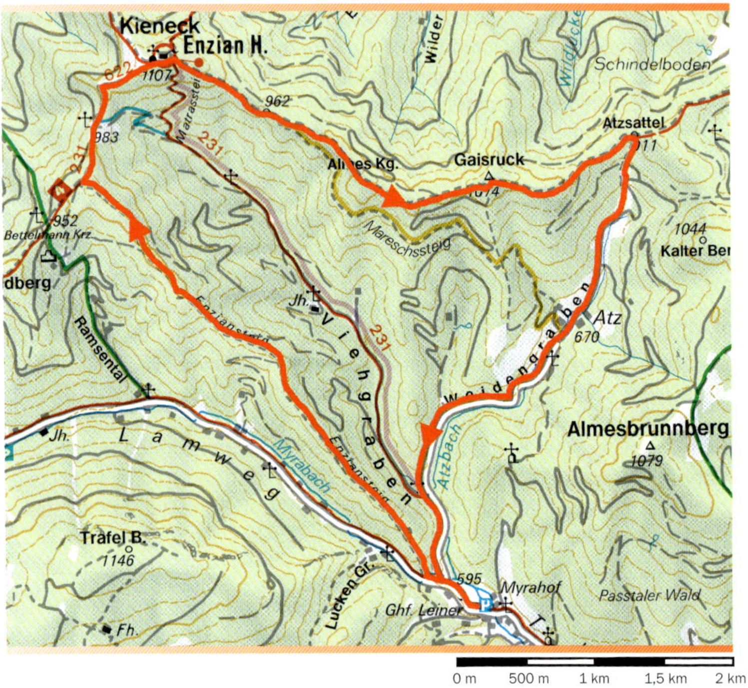

Talorte:
Pernitz, 430 m, Markt im Piestingtal mit Bahnstation. Thal, 595 m, Streusiedlung im Miratal oberhalb der Mirafälle.

Ausgangspunkt:
Ghf. Leitner (595 m; Parkplatz) in Thal. Zufahrt mit Bus oder eigenem Kfz von Pernitz, 6 km.

Anforderungen:
Lange, anstrengende, aber leichte Wanderung. Gut bezeichnete Wege.

Höhenunterschied:
710 m.

Einkehrmöglichkeiten:
Gasthaus Leitner (19 B., im November geschlossen, sonst immer geöffnet; Mittwoch ab 14.00 Uhr sowie Donnerstag und Freitag Ruhetag; bei beabsichtigter Nächtigung Voranmeldung empfohlen; Tel. 02632/ 74303), Enzianhütte (15 B., 25 L.; vom 1. April bis 15. November geöffnet; Montag und Dienstag Ruhetag).

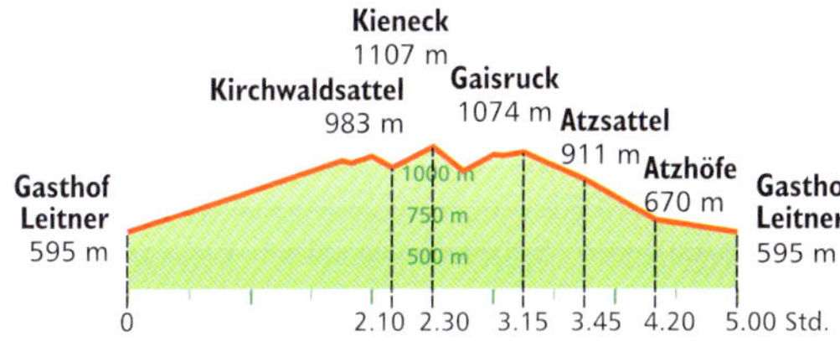

Vom **Ghf. Leitner** in **Thal** die Straße durch das **Miratal** einwärts zur Ortsendetafel bei der Mirabrücke. Gleich nach ihr rechts ab und den bez. **Enziansteig** über einen ausgeprägten Waldrücken (trennt Miratal und Viehgraben) in Nordwestrichtung aufwärts zu licht bewaldeter Höhe, 1024 m. Hinab in einen Sattel, 1010 m, dann auf Karrenweg sanft aufwärts zu einer Erhebung (1050 m) am Höhenrücken Kieneck-Unterberg. Jenseits hinab zu querendem Fahrweg (Nr. 4, 404 und 622) und diesen nach rechts abwärts zum **Kirchwaldsattel** (983 m, Kruzifix). Den Fahrweg im Wald nach Norden hoch, dann über schöne Wiesen am Kamm empor zur **Enzianhütte** am Gipfel des **Kienecks**, 1107 m.
Den bez. Weg am bewaldeten Südostrücken des Berges anfangs sanft, dann steil hinunter in einen Sattel (962 m; Rechtsabzweigung des Mareschsteigs) und jenseits empor zum Gipfel des **Almeskogel**, 1060 m. Am schmalen Waldkamm ostwärts nahezu eben weiter in einen Sattel, 1055 m, dann hinauf zum **Gaisruck** (1074 m; schöne Rundsicht!) und jenseits den Rücken hinab in den grasigen **Atzsattel**, 911 m. Dort rechts ab (!) und durch einen Graben über Wiesen weglos und ohne Markierung nach Süden hinunter zu einer Naturstraße. Die Kehren der Straße abkürzend hinab in den Weidengraben und dort die Straße über Wiesen sanft abwärts zu den Höfen von **Atz**, 670 m. Nun auf Asphaltstraße den Graben in langer Wanderung fast eben talauswärts zum **Ghf. Leitner** in **Thal**.

Foto: Hauleitner

Schneeberg – Nördlicher Grafensteig

Faszinierender Höhenspaziergang über dem Puchberger Becken

Keiner der Wanderwege rings um Wien kommt den beiden Grafensteigen gleich, die den mächtigen Schneeberg etwa entlang der Waldgrenze umrunden. Ausdauernden Bergsteigern vermittelt ihre Begehung unvergessliche Stunden in beeindruckender Hochgebirgslandschaft. Mehrere Schutzhäuser lassen eine Unterteilung der Runde in zwei Tagesetappen zu. Der Nördliche Grafensteig quert die gegen Puchberg gerichtete, von gewaltigen Schuttkaren durchzogene Ostflanke des Berges, wobei als Ausgangspunkt der per Sessellift erreichbare Fadensattel gewählt wird.

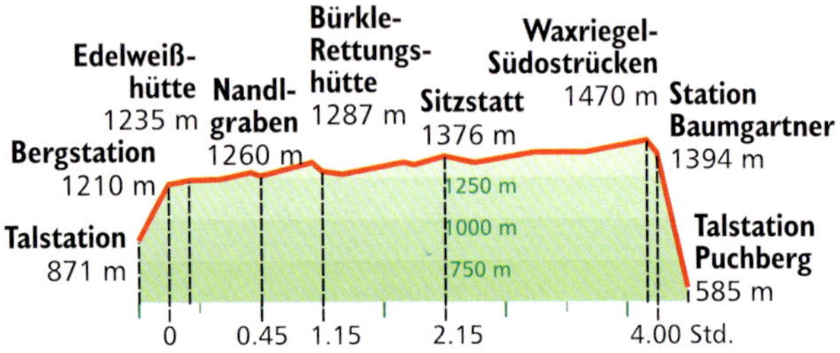

Ausgangspunkt:
Bergstation der „Salamander-Sesselbahn" (1210 m) südlich des Fadensattels, 1209 m, am Ansatzpunkt des Schneeberg-Nordrückens. Lift-Talstation (871 m, Großparkplatz) am Oberrand der Fadenwiese in Losenheim. Buszufahrt von Puchberg, 7 km. Der Vierersessellift ist während der Sommersaison zwischen 25. März und 30. April am Sa., So. und Feiertag von 09.00 bis 16.00 Uhr, zwischen 1. Mai und 1. Nov. täglich von 09.00 bis 17.00 Uhr in Betrieb.

Anforderungen:
Anstrengende Wanderung auf bezeichneten Steigen. Im Frühjahr nicht vor Ausaperung der Flanke anzuraten. Bergerfahrung nötig.

Höhenunterschied:
420 m im Anstieg, 220 m im Abstieg.

Einkehr:
Stüberl an der Salamanderlift-Talstation (keine Nächtigung, bei Liftbetrieb geöffnet), Edelweißhütte (12 B., 40 L.; ganzj. geöffnet, Dienstag Ruhetag). Sparbacher Hütte (7 B., 51 L.; ganzj. geöffnet, Mittwoch Ruhetag), Schutzhütte Station Baumgartner (1394 m; 17 L.; mit der Schneeberg-Zahnradbahn geöffnet).

Hinweis:
Von der Station Baumgartner kann über den Hengstweg nach Puchberg abgestiegen werden. Zeitaufwand 1¼ – 1½ Std.

Von der **Bergstation** des **Salamanderlifts** westwärts kurz über Wiesen empor zur nahen Edelweißhütte, 1235 m. Dort links auf dem rot bezeichneten **Nördlichen Grafensteig** durch eine Waldflanke auf und ab nach Südosten in die **Lahningries**. Hinauf an eine Bergkante und weiter zur Wiesenschulter des Nandlbodens. Eben nach rechts (SW) in den Nandlgraben (1260 m), dann südostwärts hinauf zur Anhöhe des Hansenriegels (1340 m) und jenseits über Geröll hinab zur **Bürkle-Rettungshütte**, 1287 m. Im Wald weiter abwärts an den Unterrand der **Breiten Ries**. Dort eben durch Latschen und Felsblöcke, später über eine Schulter (1340 m) hinweg in die **Krumme Ries**. Nach Osten empor zur Felskanzel „Sitzstatt", 1376 m. An einer Quelle vorbei südwärts in den **Schneidergraben**, dann durch Latschen in Ostrichtung hinauf an eine Bergkante. Nun an steiler Waldflanke entlang zum Südostrücken (P. 1470) des Waxriegels. Jenseits über das Gleis der **Schneeberg-Zahnradbahn** zu querendem Karrenweg und diesen links hinab zur **Station Baumgartner**, 1394 m.
Talfahrt mit dem Diesel-Triebwagen „Salamander" nach **Puchberg**: In der Nebensaison täglich um 10.13, 12.13, 14.43 und 16.43 Uhr, zur Hauptsaison um 10.13, 11.13, 12.13, 13.43, 14.43, 15.43 und 16.43 Uhr (Fahrzeit 40 Min.). Weitere Züge nach Bedarf (Achtung! Der Zustieg ist nur bei freien Plätzen bzw. nach Reservierung möglich).
Von Puchberg weiter per **Bus** (letzter Bus wochentags um 16.55, an Wochenenden um 17.05 Uhr) oder mit dem Taxi zur **Salamanderlift-Talstation** in **Losenheim**.

49

Schneeberg – Klosterwappen

Der einfachste Weg auf den höchsten Berg Niederösterreichs

Als östlichste Scholle der Kalkhochalpen überragt der Schneeberg seine nahe Umgebung um volle 1500 Meter. Sogar aus der ungarischen Puszta gewahrt man den Riesen, dessen zentrales Gipfelplateau, der Hochschneeberg, durch eine 1897 errichtete Bergbahn von Puchberg her erschlossen wird. Da es in Österreich nur noch wenige Zahnradbahnen zu bewundern gibt, ist der Ansturm besonders an Wochenenden enorm. Von der Bergstation ist man nach eineinhalb Stunden problemlosen Wanderns am höchsten Punkt, dem Klosterwappen. Ein an klaren Tagen fast grenzenloses Panorama bildet den Höhepunkt der Tour.

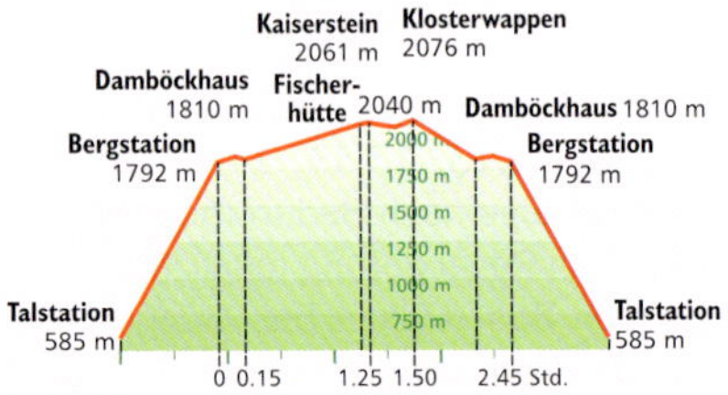

Talort:
Puchberg am Schneeberg, 585 m.

Ausgangspunkt:
Bergstation der Schneeberg-Zahnradbahn (1792 m) am Schneebergplateau beim Berghaus Hochschneeberg. Talstation (585 m) in Puchberg, dort Parkplätze. Betrieb vom letzten Wochenende im April bis 1. Nov. (Hauptsaison vom 1. Juli bis zum ersten Wochenende im Sept.). Die Züge verkehren bei einer Mindestauslastung von 20 Fahrgästen, die Nostalgiefahrten bei einer solchen von 40 Personen. Bergfahrten mit dem Diesel-Triebwagen „Salamander" zur Nebensaison tägl. um 09.00, 11.00, 13.30 und 15.30 Uhr; weitere Züge nach Bedarf. Bergfahrten zur Hauptsaison um 09.00, 10.00, 11.00, 12.00, 13.30, 14.30 und 15.30; weitere Züge nach Bedarf (Fahrzeit 53 Min.). Dampf-Nostalgiefahrten nach Bedarf während der gesamten Saison (Fahrzeit 80 Min.). Auskünfte: Tel. 02636/3661/20.

Anforderungen:
Unschwierige, jedoch hochalpine Wanderung. Gut bez. Fahr- und Fußwege (Stangenmarkierung). Besondere Vorsicht bei Nebel.

Höhenunterschied:
360 m.

Einkehrmöglichkeiten:
Gastbetriebe in Puchberg, Berghaus Hochschneeberg (50 B.), Damböckhaus (25 B., 40 L.), Fischerhütte (12 B., 41 L.); alle mit der Zahnradbahn geöffnet.

Hinweis:
Von der Zahnradbahn-Bergstation kann man auch über den Hengstweg nach Puchberg absteigen; 2 Std. Besuch der "Kinder-Bergwelt" an der Bergstation der Schneeberg-Zahnradbahn.

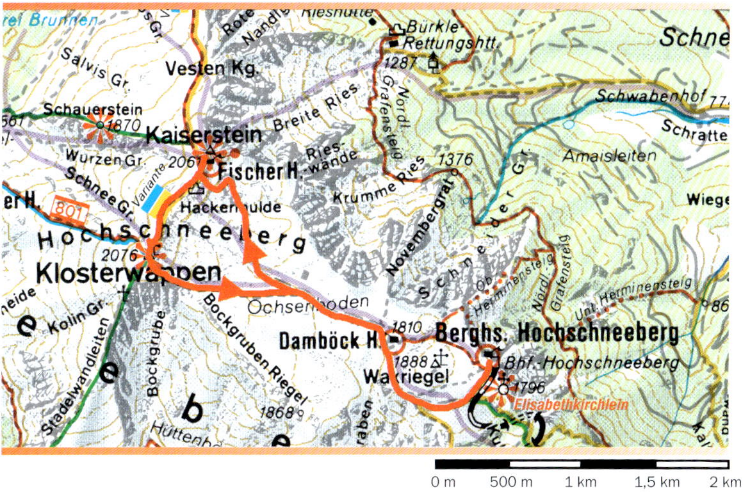

Von der **Zahnradbahn-Bergstation** auf Fahrweg anfangs westwärts, dann links um den Waxriegel herum nach Norden empor zu einer Anhöhe (1830 m) und jenseits zu dem in einer Dolinenmulde gelegenen **Damböckhaus**, 1810 m. Den Fahrweg über Wiesen in Nordwestrichtung aufwärts zu einer Verzweigung. Rechts hinauf in einen Sattel und jenseits in die Mulde des **Krummriesgrabens**. Nun über begrünte Hänge in Kehren nach Norden empor zur **Fischerhütte**, 2049 m, und rechts haltend zum Gipfel des **Kaiserstein** (2061 m; Tiefblick in das Puchberger Becken!). Zurück zur Fischerhütte und den grasigen Verbindungskamm in einen Sattel (2030 m), danach, über den „**Mittelgipfel**" hinweg, nach Südwesten hinüber zum **Klosterwappen**, 2076 m. Rundsicht bis zum Toten Gebirge!

Abstieg: Vom **Klosterwappen** auf bez. Weg einen begrünten Steilhang südostwärts in Kehren hinab in einen Sattel. Links haltend den breiten Wiesenweg (Stangenmarkierung) nach Osten abwärts zum bekannten Fahrweg und diesen zurück zur **Zahnradbahn-Bergstation**.

Foto: Hauleitner

Gahns und Bodenwiese

Zur Puszta des Schneeberges

Wie überall gibt es auch in den Kalkhochalpen bei Wien vernachlässigte, stille Bezirke. Zu ihnen gehört unbedingt das Waldplateau des Gahns im südlichen Schneeberggebiet. Auf die „große Landschaft“ muss man dort freilich verzichten. Dennoch, wer die hier propagierte Route über die Bodenwiese - eine wahre „Puszta am Berg“ - und durch die romantische Eng-Klamm begeht, wird von dem Gebotenen beglückt sein.

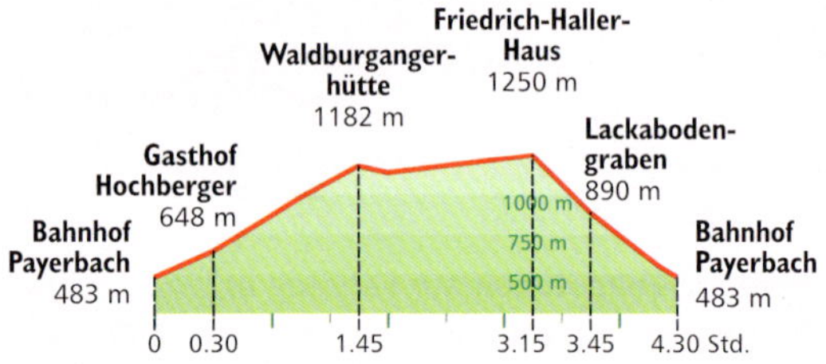

Talort:
Payerbach, 483 m. Sommerfrische in einem Talbecken an der Schwarza.

Ausgangspunkt:
Bhf. Payerbach, 493 m. Parkplatz.

Anforderungen:
Unschwierige, aber lange und anstrengende Wanderung.

Höhenunterschied:
820 m.

Einkehr:
Ghf. Hochberger (geschlossen!), Waldburgangerhütte (8 B., 16 L.; vom 1. Mai bis 26. Okt. Samstag, Sonn- und Feiertag geöffnet), Friedrich-Haller-Haus (18 B., 28 L.; von Ostern bis 31. Dez. geöffnet, Juli bis Oktober kein, sonst Freitag Ruhetag).

Hinweis:
Besteigung des Krummbachsteins, 1602 m, vom Haller-Haus 1½ Std.

Foto: wikipedia

Vom **Bhf. Payerbach** kurz nach Westen, dann auf Straße rechts unter der Bahn durch zu einer Teilung. Rechts die Straße durch Wiesen und Obstgärten in Nordostrichtung empor nach **Geyerhof** (542 m) und durch Wald weiter zu den Wiesen beim ehemaligen **Ghf. Hochberger**, 648 m. Hinauf in den Wald und dort auf breitem Weg empor zu einer Kanzel, dann nach links (W) hoch in einen Sattel (985 m; links zur nahen **Jubiläumswarte** am **Geyerstein**, 992 m). In Nordrichtung weiter aufwärts, später durch die Südflanke des Gahns nach rechts (NO) hinauf zu einer Forststraße. Diese 100 m nach rechts, dann links haltend empor zur **Waldburgangerhütte**, 1182 m, am Gahnsplateau. Auf einer Naturstraße (Weg Nr. 834) über die riesige, ebene **Bodenwiese** nach Norden zu scharfer Rechtskurve (1140 m). Links ab und auf Fußweg am linken Wiesenrand weiter zu querender Naturstraße. Auf ihr nach links (W) und im Auf und Ab über die bewaldete **Gahnshochfläche** zum **Friedrich-Haller-Haus**, 1250 m.

Abstieg: Die Straße 150 m zurück, dann rechts und auf einem bezeichneten Steig den **Promiskagraben** nach Südosten hinunter in den **Lackabodengraben** (890 m). Durch ihn steigen wir abwärts, später durch die Felsklamm der „**Eng**" (Reste einer alten Holzriese) in Südrichtung hinab in den Thalgraben. Dort bald auf einer Naturstraße talaus und im Linksbogen nach **Schneedörfl**, 557 m. Gleich nach dem Ort über einen Steig nach rechts hinunter und auf einer Straße weiter zum **Bahnhof Payerbach**.

Rings um Hardegg

Grenzenlose Natur entlang der Thaya

Hardegg – Thayatal – Ruine Kaja – Merkersdorf – Hardegg

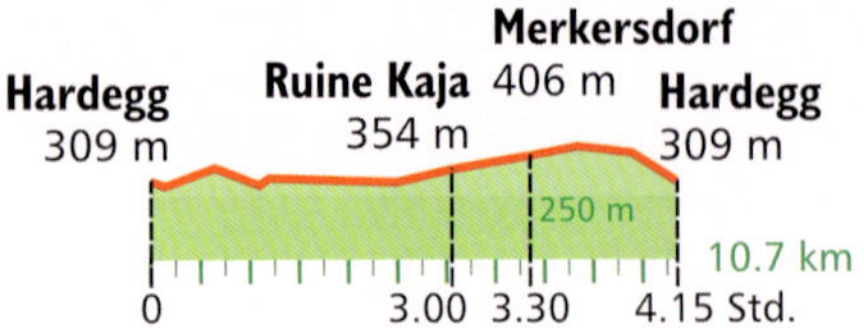

Talorte:
Hardegg, 309 m, Stadt an der Thaya nahe der tschechisch-österreichischen Grenze. Merkersdorf, 406 m, auf einer Hochfläche südlich von Hardegg.

Ausgangspunkt, Parkmöglichkeit:
Parkplatz beim Stadtturm in Hardegg.

Gehzeiten:
Hardegg – Ruine Kaja 2½–3 Std., Ruine Kaja – Merkersdorf ½ Std., Merkersdorf – Hardegg ¾ Std.; Gesamtgehzeit 3¾–4¼ Std.

Anforderungen:
Lange, anstrengende Wanderung. Trittsicherheit nötig.

Höhenunterschiede:
280 m im An- und Abstieg.

Höchster Punkt:
Am Merkersdorfer Feld, 430 m.

Einkehr:
Gasthöfe in Hardegg und Merkersdorf. Sonst keine Einkehr!

Sehenswertes:
Die unberührten Wiesen und Auen an der Thaya. Die gewaltige Festung Kaja (vom 1. Mai bis 26. Okt. an Wochenenden geöffnet).

Varianten:
Von Hardegg Ausflug über den Reginafelsen auf das Maxplateau (400 m) sowie zur Hardegger Warte (419 m) in Tschechien. Zeitaufwand je 1½ Std. Von der Verzweigung nach dem Gabrielensteig kann auf bez. Karrenweg der im Norden über einer Flussschlinge aufragende Einsiedlerfels besucht werden. Zeitaufwand ¾ Std.

Foto: Hauleitner

Die lange Zeit praktisch unpassierbare Grenze zwischen Österreich und Tschechien hat das Tal der Thaya zum „Ende der Welt“, aber auch zu einem Paradies für Pflanzen und Tiere werden lassen. Die bis vor kurzem noch vernachlässigten Auen und Steilufer sind nach Abbruch des Eisernen Vorhanges zu einem beliebten Ausflugsziel der Menschen beiderseits der Grenze geworden. Von Hardegg aus lässt sich das romantische Tal mit seinen Burgen und Ruinen auf lohnenden Wanderwegen erkunden. Über zu wenig Natur wird man sich dabei nicht zu beklagen haben!

Vom **Parkplatz beim Stadtturm** nach Nordosten hinab zum Hauptplatz und weiter zur Thayabrücke. Dort den rot. bez. Steig direkt am rechten Flussufer entlang nach Osten, später den **Gabrielensteig** steil hinauf zu einem Waldrücken und weiter aufwärts zu einer Verzweigung.

Hier geradeaus weiter und eine Waldflanke hinab zur Thaya. Dort auf bez. Steig rechts vom Fluss vorerst über Wiesen, dann am steil abfallenden Ufer über Wurzeln und Felsen etwas mühsam stromabwärts zur Verzweigung bei mehreren Fischerhütten. Steil nach rechts empor zum Sattel vor dem **Umlaufberg**. Jenseits eine Felsrinne nach Süden hinunter zu einem Karrenweg und diesen an der Thaya entlang zur Mündung des **Kajabachgrabens**. Durch ihn nach Südwesten aufwärts, dann in großer Kehre empor zur **Ruine Kaja** (Besichtigung!).

Von der Burg auf Fahrweg nach Westen abwärts zu einem Parkplatz, dann auf Straße im Graben hinauf nach **Merkersdorf**, 406 m, und dort zur Straße Retz – Hardegg. Auf ihr rechts haltend über eine Hochfläche, an den Bildstöcken der „Langen Marter“ und der „Kurzen Marter“ sowie am **Nationalparkzentrum Hardegg** vorbei, zur Linkskurve vor dem Steilabfall gegen das Thayatal. Auf Fußweg („Kirchensteig“) geradeaus weiter und in Nordrichtung hinab zum **Stadtturm von Hardegg**.

Von Rosenburg nach Steinegg

Die Urlandschaft des Kamp

Rosenburg – Schloss – Steinegg – Rauschermühle – Rosenburg

Foto: Hauleitner

Talorte:
Rosenburg, 265 m, Sommerfrische am Kamp mit prachtvollem Renaissanceschloss. Steinegg, 302 m, Dorf am Kamp oberhalb von Rosenburg.

Ausgangspunkt, Parkmöglichkeit:
Bahnhof von Rosenburg.

Gehzeiten:
Rosenburg – Schloss Rosenburg ½ Std., Schloss Rosenburg – Steinegg 2¼ Std., Steinegg – Rosenburg 2½–2¾ Std; Gesamtgehzeit 5¼–5½ Std.

Anforderungen:
Lange, anstrengende Tour. Trittsicherheit nötig!

Höhenunterschiede:
300 m in An- und Abstieg.

Höchster Punkt:
In der Sulz, 430 m.

Einkehr:
Gasthöfe und Restaurants in Rosenburg. Ghf. Dunkler in Steinegg (24 B., ganzj. offen). Sehenswertes: Das herrliche Schloss Rosenburg und die einsame und noch unberührte Kampschlucht im Bereich der Bründlleiten.

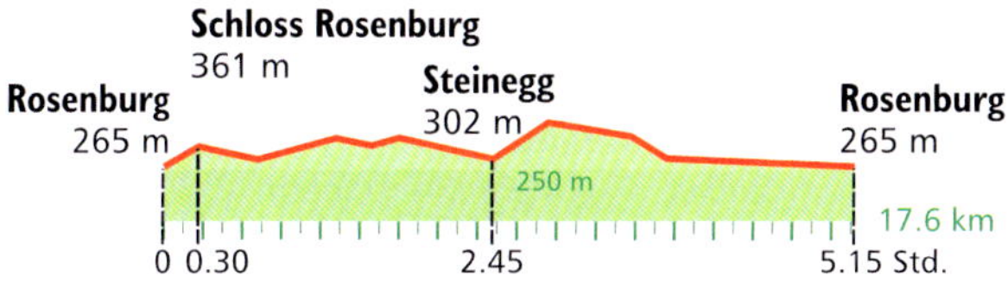

Diese klassische Tour am mittleren Kamp führt in einen noch unberührten Winkel des Waldviertels, trotz des kleinen Wasserkraftwerkes am Umlaufberg, das als historisches Monument des beginnenden Industriezeitalters eine Sehenswürdigkeit für sich darstellt. Dass in Steinegg, dem Wendepunkt der Wanderung, ein schattiger Gastgarten unter alten Kastanienbäumen auf den Besucher wartet, soll nicht verschwiegen werden.

Vom **Bhf. Rosenburg** die Straße nach Krems zur Taffabrücke und weiter zu einer Fußgängerbrücke nach rechts über den Kamp. Jenseits auf rot bez. Steig, an der **Graselhöhle** vorbei, nach Westen hinauf zur **Rosenburg** (354 m, Führungen). Über den Parkplatz, dann durch Wald nach rechts (Nordwesten) abwärts zur Zufahrtsstraße und auf ihr zu einer Rechtskehre. Gerade weiter und hinab zum Kamp. Stromaufwärts zum alten Krafthaus (errichtet 1907) an einer engen Flussbiegung. Am Gebäude vorbei, dann nach links hinauf zum Sattel am **Umlaufberg**. Jenseits auf Steig über dem aufgestauten Kamp nach Süden in ein Seitental (**Elendgraben**), von dem man nach rechts zum **Hängenden Stein** (Klettergarten) gelangen kann. Im erwähnten Seitental weiter aufwärts und wieder zurück in das Haupttal. Dort hoch über den Kamp durch die Flanken der **„Bründlleiten"** westwärts zu einer Forststraße und auf ihr durch ein Sekundärtal nach links (Süden) bergauf. Bevor man die Hochfläche erreicht rechts ab und auf bez. Wegen durch Wald und Wiesen hinunter zur Kampbrücke in **Steinegg**, 302 m.

Vom Ghf. Dunkler den alten **Pilgerweg** (Nr. 658) nach Nordosten hinauf zum Plateaurand mit Verzweigung. Rechts auf Forststraße (Weg Nr. 620) eben durch die Waldung **„In der Sulz"** nach Osten, dann über einen Rücken in Südostrichtung abwärts zu einer Weggabelung (rechts zum **„Öden Schloss"**, auf hohem Fels über einer Kampschlinge gelegen; ½ Std. zusätzlicher Zeitaufwand). Auf Forstweg nach Norden hinab zum Kamp, dort auf Steig am linken Ufer im Rechtsbogen um den Umlaufberg herum, dann an der ehem. Tiergartenmauer von Altenburg entlang zur **Rauschermühle**, 266 m. Nun auf Asphaltstraße zurück nach **Rosenburg**.

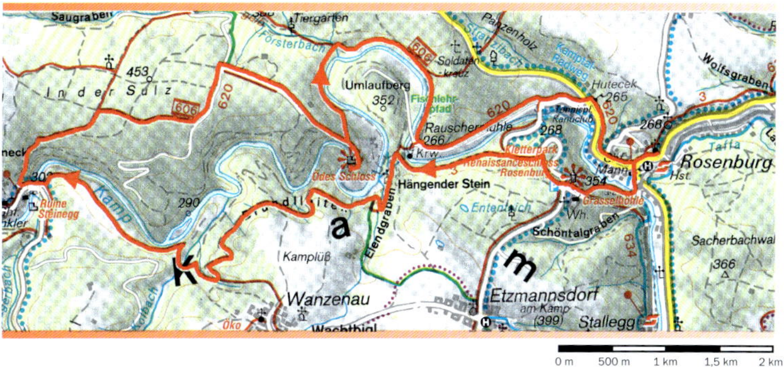

Von Eibenstein zur Ruine Kollmitz

Zur stolzesten Feste des Thayatales

Eibenstein – Kollmitzdörfl – Klinger-Mausoleum – Ruine Kollmitz – Kollmitzgraben – Haidlmühle – Pfinnigsteigmühle – Eibenstein

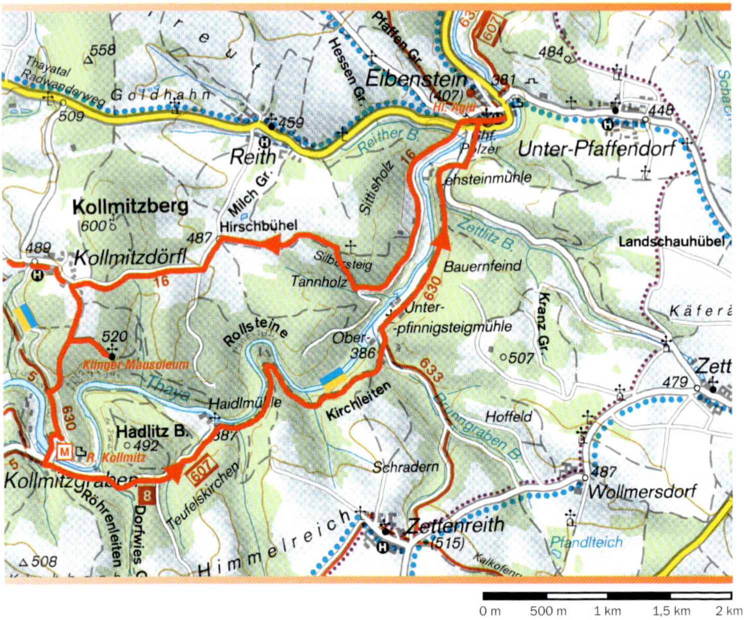

Talorte:
Eibenstein, 407 m, Ort an der Thaya zwischen Drosendorf und Raabs. Kollmitzdörfl, 489 m, auf einer Hochfläche südwestlich von Eibenstein. Kollmitzgraben, ca. 390 m, Dorf im Thayatal.

Ausgangspunkt:
Die auf einem Hügel stehende Kirche von Eibenstein.

Parkmöglichkeit:
Parkplätze im Ortsbereich von Eibenstein.

Gehzeiten:
Eibenstein – Kollmitzdörfl 1½ Std., Kollmitzdörfl – Kollmitzgraben 1 Std., Kollmitzgraben – Eibenstein 2–2¼ Std.; Gesamtgehzeit 4½–4¾ Std.

Anforderungen:
Einfache, aber lange Wanderung. Trittsicherheit nötig!

Höhenunterschied:
250 m im An- und Abstieg.

Höchster Punkt:
Klinger-Mausoleum, 520 m.

Einkehrmöglichkeiten:
Gasthöfe in Eibenstein, Jst. Ruine Kollmitz (keine Nächtigung; Mai, Juni und Sept. Sa. und So., Juli und August tägl. geöffnet).

Hinweis:
Man kann die Tour von Kollmitzdörfl über den Jungfernstein bis nach Raabs fortsetzen. Rückweg über den Thaya-Kamp-Weg und Sauggern nach Kollmitzgraben. Zusätzlicher Zeitaufwand 3 Std.

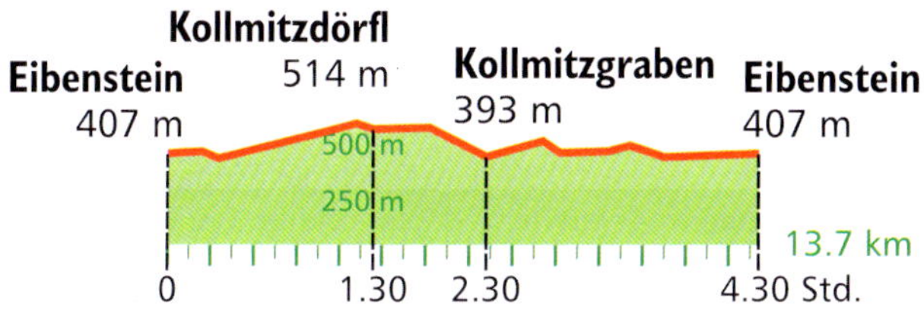

Das Thayatal stellt mit seinen romantischen Burgen und der meist noch intakten Natur einen bedeutenden Erholungsraum im Norden Niederösterreichs dar. Was liegt näher, als es auf Schusters Rappen kennen zu lernen. Das über dem Tal thronende Mausoleum der Freiherren von Klingerstorff, die durch eine mächtige Mauer – eine Art Chinesische Mauer – geschützte Ruine Kollmitz und der abwechslungsreiche „Historikersteig" am Thaya-Ufer sind Höhepunkte dieser Tour.

Von der **Kirche in Eibenstein** südwestwärts hinab zur Thaya. Rechts von ihr den Güterweg stromaufwärts zu einem Forsthaus, dann im Wald weiter zu einer Linkskehre. Dort rechts ab und auf bez. Karrenweg nach Norden hinauf zum **„Silbersteig"**. Auf dem Forstweg nach links (Westen) vorerst im Wald, dann über Felder durch die Mulde südlich des Kollmitzberges (mit Sender) zu einem Sattel und jenseits hinab nach **Kollmitzdörfl**, 489 m. Beim ersten Haus links ab und auf Güterweg südwärts in den Wald zu einer Verzweigung. Links auf bez. Karrenweg zu dem hoch über der Thaya gelegenen **Mausoleum der Freiherrn von Klingerstorff**, 520 m, das anlässlich einer Familientragödie der Raabser Burgherrn 1926 erbaut wurde. Zurück zur erwähnten Verzweigung und dort den Fahrweg nach links (Süden) abwärts zur „Böhmischen Mauer" und zu den Resten der **Ruine Kollmitz**.

Auf Asphaltstraße hinab nach **Kollmitzgraben**, ca. 390 m, und über die Thaya. Am rechten Ufer die Straße nach links (Osten) zum Sattel beim Hadlitzberg und jenseits hinab zur **Haidlmühle**, 387 m, an der Thaya. Den **„Historikersteig"** nordostwärts vorerst über Wiesen, dann am Ufer (Geländer) entlang und hinauf zu einer Anhöhe. Jenseits wieder hinab zum Fluss und dort durch die bewaldeten Steilhänge der **Kirchleiten** aufwärts in ein Waldtal. Dieses hoch zu einem Forstweg und auf ihm zum Hochflächenrand. Nun auf Steig steil hinunter in den **Brunngraben** und nach links zur Thaya mit der **Pfinnigsteigmühle**, 386 m. Am Ufer über Wiesen, dann den Hang entlang aufwärts und am folgenden Waldrücken weiter, zuletzt hinab zu einer Straße und diese linkshaltend nach **Eibenstein**.

Foto: Hauleitner

Türnitzer Höger

Ein Außenseiter mit Qualitäten

Er trägt die älteste Hütte (seit 1895) im Reich der Türnitzer Berge und ist doch ein Außenseiter geblieben, dieser steile Bergkegel über der Traisental-Gabelung bei Freiland, zwischen Türnitzer und Unrecht-Traisen. Schuld daran sind die durchwegs langen und anstrengenden Zugänge, von denen sich jener von Furthof über die Ostseite mit Abstieg über den langen Westkamm zu einer großzügigen Überschreitung verbinden lässt. Vom baumfreien Scheitel des Höger bietet sich ein überaus eindrucksvolles Alpenpanorama vom Schneeberg bis zum Priel.

Talorte:
Hohenberg, 488 m, im Tal der Unrecht-Traisen.

Ausgangspunkt:
Parkplatz vor der Hst. Furthof (460 m) der Traisentalbahn. Anfahrt von Hohenberg per Bahn oder eigenem Auto, 1½ km.

Endpunkt:
Türnitz, 466 m. Rückfahrt per Bus (verkehrt am So. um 11.12, 16.55 und 19.10 Uhr, sonst je nach Wochentag zwischen 5.15 / 6.50 und 16.55 / 18.17 Uhr im Ein- bis Zweistundentakt) nach Schrambach und von dort per Bahn (Mo. bis Sa. von 5.36 / 7.17 bis 20.14 / 21.08 Uhr etwa im Stundentakt, am So. von 8.21 bis 20.14 Uhr etwa im Zweistundentakt).

Anforderungen:
Stramme Voralpentour auf bezeichneten Wegen und Steigen mit beachtlicher Anstiegshöhe. Trittsicherheit und Ausdauer nötig.

Höhenunterschied:
960 m im Anstieg, 940 m im Abstieg.

Einkehrmöglichkeiten:
Türnitzer Hütte (36 L.; vom 1. Mai bis 31. Oktober an Sa., So. und Feiertagen offen). Gasthöfe in Türnitz.

Hinweis:
Bei Abstieg entlang Anstiegsroute 1¼ Std. Zeitersparnis.

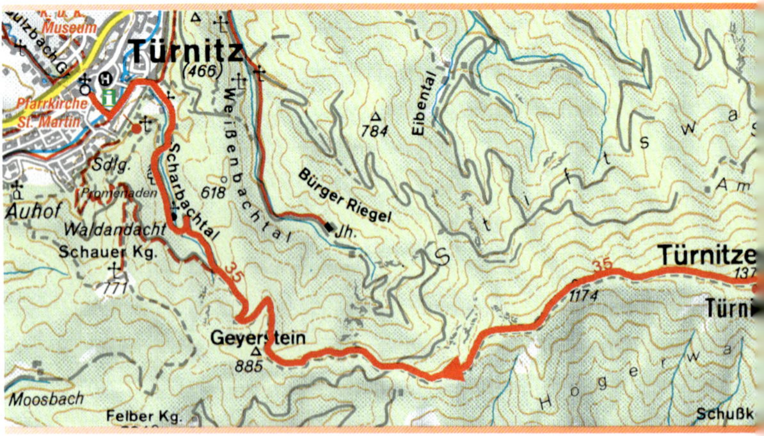

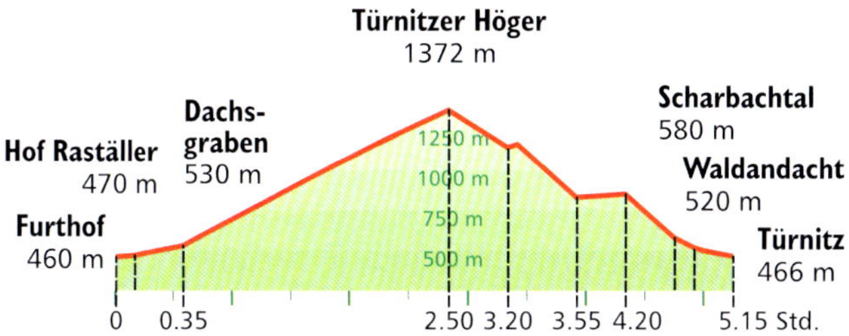

Von der **Hst. Furthof** die Furthofer Straße 300 m nach Norden zur querenden Asphaltstraße. Auf ihr (Weg Nr. 31, 622 und 655) nach links in das **Rastal** und dort zum **Hof Raställer**. Im Waldtal sanft aufwärts zu einer Verzweigung bei kleiner Wiese, dort rechts zur Mündung des **Dachsgrabens**. Diesen nach Westen hoch, später links hinauf an einen Rücken. Über ihn empor, später an den Hängen entlang in den oberen Dachsgraben und dort bergauf zu einer Schulter am Nordostrücken des Höger. Am Rücken in steilen Kehren hoch, dann nach links in die Ostflanke queren, zuletzt steil nach rechts hinauf zur Verzweigung bei einem Felsblock. Rechts haltend im Wald empor an den grasigen Südostrücken und knapp links von ihm zur **Türnitzer Hütte** am Gipfel des **Türnitzer Höger** (1372 m, Kreuz).
Auf Steig Nr. 35 am bewaldeten Westrücken abwärts in einen Sattel. In der linken Flanke des Rückens weiter, später rechts hinunter in einen Sattel mit Forststraße. Jenseits auf bez. Pfad in langer Querung der steilen linken Gratflanke zum Sattel vor dem **Geyerstein**. Nach rechts an den Nordrücken des Berges und dort im Wald abwärts in eine Scharte. Links hinab in das **Scharbachtal** und zu einer Forststraße. Auf ihr bergab zur **Waldandacht** und weiter zum **Fest- und Schießplatz** bei der ehem. Lohstampfe der Gerberei Karner. Über Wiesen talaus, dann über das Gleis der Traisentalbahn zum **Bahnhof** und durch eine Allee in das Zentrum von **Türnitz**, 466 m.

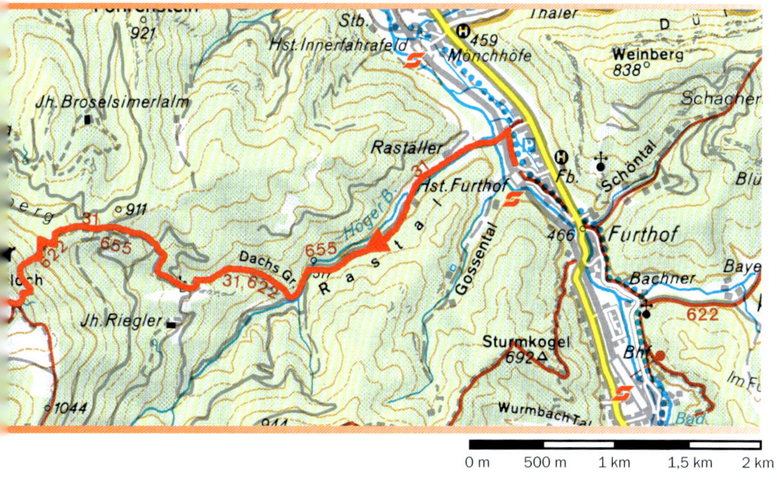

Wachauer Höhenweg

Einen Tag unterwegs von Dürnstein nach Weißenkirchen

Bhf. Dürnstein-Oberloiben – Schloßberg (Fesslhütte) – Pfaffental – Heudürrgraben – Tiefental – Achleitensattel – Cholerakreuz – Weißenkirchen

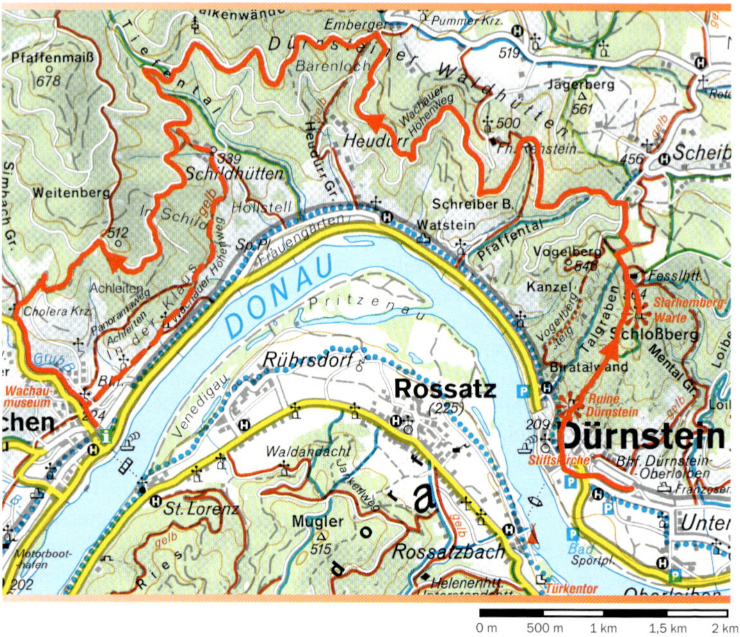

Talorte:
Dürnstein, 209 m, malerisches Städtchen am nördlichen Donauufer. Weißenkirchen, 224 m, großer Weinort im Zentrum der Wachau.

Ausgangspunkt, Parkmöglichkeit:
Bahnhof Dürnstein, Parkplätze am Stadtrand von Dürnstein

Gehzeiten:
Bhf. Dürnstein – Schloßberg 1½ Std., Schloßberg – Heudürrgraben 2–2¼ Std., Heudürrgraben – Tiefental ¾ Std., Tiefental – Cholerakreuz ¾–1 Std., Cholerakreuz – Weißenkirchen ½ Std.; Gesamtgehzeit 5½–6 Std.

Anforderungen:
Lange Wanderung auf meist bez. Wegen und Forststraßen.

Höhenunterschiede:
540 m im An- und Abstieg.

Höchster Punkt:
Schloßberg, 564 m.

Einkehr:
Fesslhütte (keine Nächtigung, 1. April bis 30. Okt. geöffnet). Gasthöfe und Heurigenlokale in Dürnstein und Weißenkirchen.

Hinweis:
Statt über das Cholerakreuz kommt man in derselben Zeit auch über die Schildhütten nach Weißenkirchen.

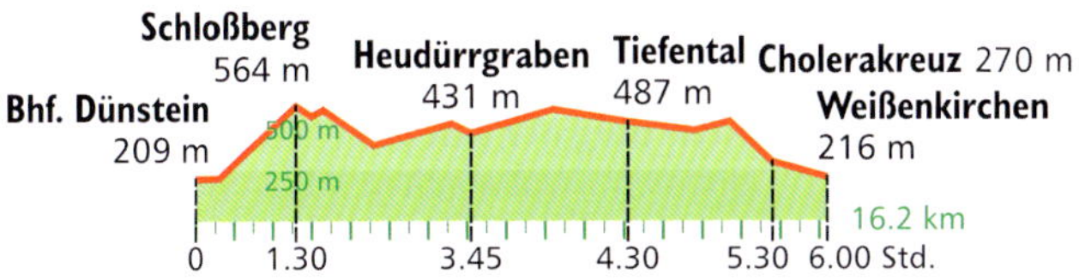

Wem Spitzenweine, Nobelgaststätten, Wachauer Laberl und Goldhaubenlook nicht genügen, wer Landschaft und Natur dieses unvergleichlichen Stromlandes mehr schätzt als allen Tourismusspektakel, der tauscht Auto mit Wanderschuh und setzt sich von Dürnstein in Richtung Weißenkirchen in Bewegung. Das geht allerdings nicht ohne den etwas mühsamen Anstieg auf den Schloßberg, dem ein endlos langer Forststraßentrip quer durch die Sandl-Flanken folgt. Trotz Straße bietet das Unternehmen eine der herrlichsten Höhenpromenaden der Wachau.

Vom **Bhf. Dürnstein-Oberloiben** wie bei Tour 16 zur „Verzweigung unterhalb der Ruine". Links den grün bez. **Schloßbergweg** in der bewaldeten Westseite des türmegespickten Dürnsteiner Grates (mit dem „**Dürnsteiner Klettergarten**") und des Schloßberges nach Nordosten hinauf zur **Fesslhütte**, 550 m, am Sattel hinter dem **Schloßberg**. Auf bez. Fußweg scharf nach rechts (Süden) hoch zur der am Gipfel stehenden **Starhembergwarte** (564 m; Schlüssel in der **Fesslhütte**).

Zurück zur Fesslhütte. Auf grün bez. Waldweg nach Nordwesten aufwärts und eben zu einem rot bez. Querweg (links zum nahen Vogelberg, 546 m). Diesen 150 m nach rechts, dann auf grün bez. Fahrweg links hinunter zur Linksabzweigung eines blau bez. Steiges. Auf ihm hinab in das **Pfaffental** mit querender Forststraße.

Die rot bez. Straße, mehrere Gräben ausgehend, an den Waldhängen entlang nach rechts (Nordwesten) in den **Heudürrgraben**. Westwärts quer durch die Südflanken des Sandl zu einer Teilung und dort linkshaltend (!) in den Hintergrund des **Tiefentales**. Nun südwärts zur Linksabzweigung des gelb bez. Fahrweges hinab zu den Schildhütten, danach im Rechtsbogen um den Achleitenberg herum zum **Achleitensattel** (ca. 490 m, Verzweigung). Links auf rot bez. Fußweg hinab in den **Simbachgraben**, dort links hinunter zum **Cholerakreuz**, 270 m, an der Straße Weißenkirchen – Weinzierl und diese linkshaltend nach **Weißenkirchen**, 224 m. **Rückfahrt** mit der Donauuferbahn (Züge zwischen 8.35 und 20.35 Uhr mehrmals täglich) nach **Dürnstein**.

Foto: Hauleitner

56

Von Spitz auf den Jauerling

Eine Top-Tour zum höchsten Berg der Wachau

Bhf. Spitz – Benking – Jauerling – Gut am Steg – Quitten-Radlbach – Spitz

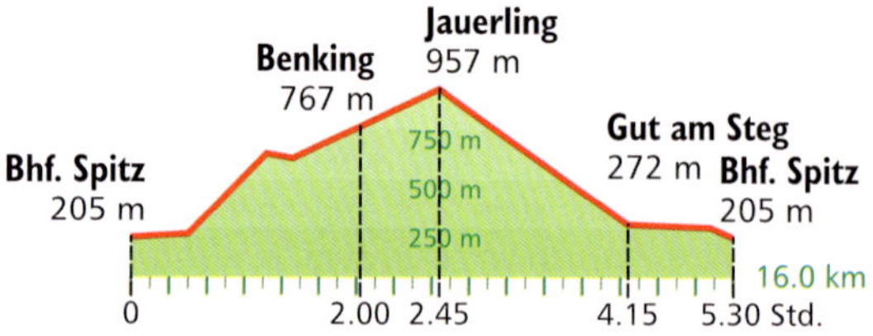

Talort, Ausgangspunkt, Parkmöglichkeit:
Spitz - berühmter Weinort in der Wachau. Parkmöglichkeiten im Ort.

Gehzeiten:
Bhf. Spitz – Benking 2–2¼ Std., Benking – Jauerling ¾ Std., Abstieg Jauerling – Gut am Steg 1¼–1½ Std., Gut am Steg – Bhf. Spitz 1–1¼ Std.; Gesamtgehzeit 5–5¾ Std.

Anforderungen:
Lange Wanderung. Wege und Straßen nicht optimal markiert!

Höhenunterschiede:
800 m im An- und Abstieg.

Höchster Punkt:
Jauerling-Nordgipfel („Franz-Josefs-Höhe", 959 m).

Einkehr:
In Spitz und im Spitzerbachtal Gasthöfe, Restaurants und Heurigenlokale. Rest. Jauerling-Aussichtsturm und Hans-Pichler-Haus (beide keine Nächtigung, Ostern bis 1. Nov. tägl. geöffnet).

Sehenswertes:
Die Rundsicht vom Jauerling-Aussichtsturm am Burgstock (an klaren Tagen vom Wienerwald bis zum Watzmann bei Salzburg!).

Um die Schönheiten von Wachau und Waldviertel kennen zu lernen, sind keine Kraftakte nötig, auch nicht auf dieser langen Runde von Spitz auf den Jauerling und wieder zurück. Zudem trägt das unterwegs gebotene zur Unterhaltung und Erbauung des Wanderers bei: die über der Donau stehende Ruine Hinterhaus etwa, die vielgerühmte Jauerling-Rundsicht natürlich und der lange Abstieg in das Spitzerbachtal mit seinen Buschenschenken, bestens dazu geeignet müde Wanderer zu stärken, wieder lustig und flott zu machen.

Vom **Bhf. Spitz** wie bei Tour 25 zur Wegteilung in der Hausberg-Ostflanke. Rechts den Weg Nr. 6 und 605 an den Waldhängen südwestwärts hinauf zum Sattel nach dem Schweineck, danach auf Karrenweg links vom Rücken zum **„Platzl“** (ca. 630 m) an der Straße Gut am Steg – Oberndorf. Diese 700 m aufwärts, dann rechts auf bez. Karrenweg den Jauerling-Ostrücken hinauf zur Straße und auf ihr nach **Benking**, 767 m. Gleich nach dem Ort auf unbez. Naturstraße 100 m nach rechts, dann links einen Güterweg durch Wiesen und Wald in Westrichtung hinauf zu einer Teilung am Rande des **Jauerling-Naturparks**. Links den **Rundwanderweg** über eine Anhöhe hinweg zu großer Wiese mit querender Straße und auf ihr linkshaltend zum **Naturpark-Parkplatz**. Rechts auf Forststraße eben nach Südwesten zur „Bergturnwiese“ und über sie nach links zum **Jauerling-Südgipfel** (Burgstock, 957 m) mit Aussichtsturm und ORF-Sendemast.

Von hier zum **Hans-Pichler-Haus**. Dort auf rot bez. Weg eben nach links (Nordwesten) zu einem Fahrweg und diesen abwärts zu einer Teilung. Rechts auf bez. Straße in Richtung Vießling zur Abzweigung eines blau bez. Weges (**„Heuweg“**) scharf nach rechts und diesen nach Süden in den **Marbachgraben**. Durch ihn ostwärts hinab zu schöner Wiese mit Verzweigung. Linkshaltend im Wald weiter abwärts zur asphaltierten **Jauerlingstraße** und auf ihr nach **Gut am Steg**, 251 m, im Spitzerbachtal. Nun die **Ottenschlägerstraße** talaus zum **Hotel-Restaurant „Neue Welt“**. Nach links hinauf zu einer Naturstraße (**„Kirchensteig“**) und diese aufwärts nach **Quitten-Radlbach**, ca. 255 m, am Sattel nördlich des Tausendeimerberges. Jenseits die Friedhofgasse hinab nach **Spitz** und zurück zum **Bahnhof**.

Hochbärneck

Bergbalkon über den Vorderen Tormäuern

Wer in den Schluchten der Erlauf Platzangst bekommt, nach oben will, für den gibt es „Fluchtwege" auf einige lohnende Ziele am Rande der Canyons. Neben Molterkogel und Brandmauer ist hier die von St. Anton an der Jeßnitz auch mit dem Auto erreichbare Terrasse Hochbärneck zu nennen. Ausgestattet mit Schutzhütte und Aussichtsturm, präsentiert sie den Ötscher von seiner schönsten Seite. Und zum Kennenlernen von Trefflingfall und Tormäuer hat man am Rückweg immer noch Gelegenheit!

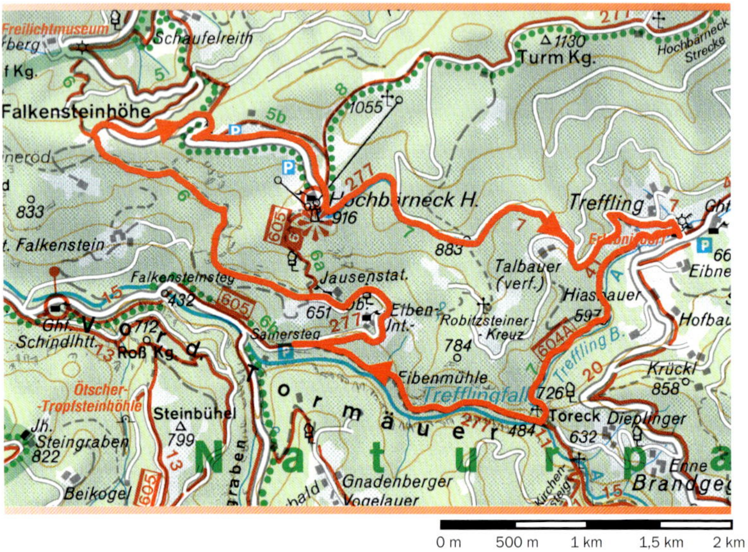

Talort:
Kienberg, 391 m, Fabriksiedlung an der Mündung des Gamingbaches in die Erlauf.

Ausgangspunkt:
Eibenboden, 450 m.
Parkplatz mit Blockhaus am Eingang in die Vorderen Tormäuer. Anreise mit eigenem Auto von Gaming (10 km) oder Kienberg (9 km).

Anforderungen:
Einfache, aber ziemlich lange Wanderung auf nicht immer gut bezeichneten Wegen und Forststraßen. Trittsicherheit nötig.

Höhenunterschied:
530 m.

Einkehr:
Ghf. Schindlhütte (keine Nächtigung; vom 1. März bis 31. Okt. offen, kein Ruhetag), Jst. Obereibenhof (keine Nächtigung; ganzj. offen, kein Ruhetag), Schutzhaus Hochbärneck (10 B., 15 L.; ganzj. offen, im Juli und August kein, sonst Do. Ruhetag), Buffet Naturpark-Eingang Trefflingtal (keine Nächtigung, vom 1. Mai bis 31. Okt. offen), Ghf. Treffling-talerhaus (keine Nächtigung; im März drei Wochen geschlossen, sonst immer offen; Mo. Ruhetag).

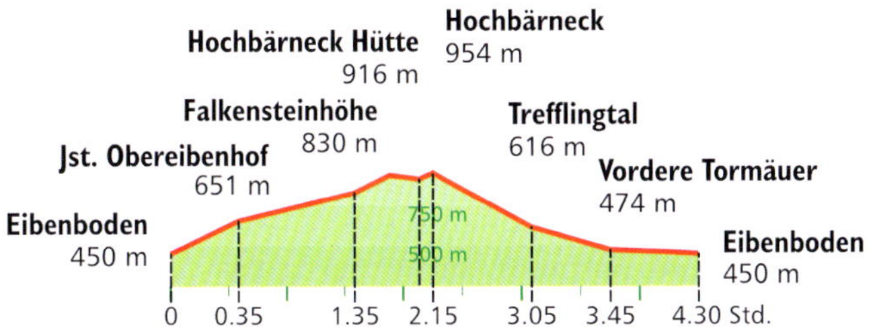

Vom **Eibenboden** die Naturstraße mit Weg Nr. 6, 277 und 605 nach Osten aufwärts zu einer Schulter, dann, am **Untereibenhof** vorbei, in Windungen nach Norden empor zur **Jst. Obereibenhof**. Auf Fahrweg westwärts hinauf zu einer Teilung. Links den rot bez. Steig an den Waldhängen aufwärts in eine Scharte. Jenseits unter einer Wand hoch, dann oberhalb eines Abbruchs etwas exponiert weiter, zuletzt an steilen Hängen entlang in den Sattel der **Falkensteinhöhe** am Westrücken des Turmkogels. Rechts empor zur Straße St. Anton – Hochbärneck und diese hoch zum Parkplatz Hochbärneck, ca. 940 m. Auf Straße über Wiesen ostwärts bergab zum **Schutzhaus Hochbärneck**, 916 m. Nach Südosten hinauf in einen Sattel und nach rechts zum Gipfel des **Hochbärneck** (954 m; Aussichtsturm).

Zurück in den zuletzt erwähnten Sattel und jenseits zum Karrenweg Nr. 7. Auf ihm rechts zu einer Forststraße und diese rechts zu einer Schulter. An den Südflanken des Turmkogels ostwärts hinab zur Teilung vor der Bergecke „Talirda", dann durch einen Graben in die Wiesenmulde bei den **Trefflinghöfen** und weiter in das **Trefflingtal**. Dort über den Bach zum Eingang in den **Naturpark Ötscher – Tormäuer** (616 m; Kiosk, Buffet). Zurück zum Trefflingbach und den Weg Nr. 604A durch das **Trefflingtal** abwärts zum Steilabfall gegen die Vorderen Tormäuer. Dorthin bergab, dann rechts vom Trefflingfall durch eine Wand in Kehren hinunter. Nach links über den Wasserfall (Brücke) und jenseits hinab zum **„Toreck"** in den **Vorderen Tormäuern** (474 m). Den Weg Nr. 604A und 277 talaus zur verfallenen Eibenmühle (460 m), danach auf Karrenweg aufwärts zu einer Naturstraße und diese zum **Eibenboden**.

Vordere Tormäuer und Nestelberg

Riesencanyon am Ötscherfuß

Die Gräben von Erlauf und Ötscherbach bilden ein 20 km langes Schluchtensystem zu Füßen des Ötscher. Mit ihren gepflegten Wegen und bizarren Felslandschaften stellen sie das Kernstück im „Naturpark Ötscher – Tormäuer“ dar. Als Kostprobe und Pflichtprogramm für Wanderer jeder Kategorie empfehle ich die Begehung der Vorderen Tormäuer vom Eibenboden nach Trübenbach. Und am Rückweg über Nestelberg lernt man eines der entlegensten Bergdörfer des Gebietes kennen.

Foto: Hauleitner

Talorte:
Gaming, 431 m, Markt in einem Becken abseits des Erlauftales. Kienberg, 391 m, Fabriksiedlung an der Mündung des Gamingbaches in die Erlauf.

Ausgangspunkt:
Eibenboden, 450 m.
Parkplatz mit Blockhaus am Eingang in die Vorderen Tormäuer. Anreise mit eigenem Auto von Gaming (10 km) oder Kienberg (9 km).

Anforderungen:
Ziemlich lange, aber leichte Wanderung auf markierten Wegen.

Höhenunterschied: 350 m.

Einkehrmöglichkeiten:
Ghf. Schindlhütte (keine Nächtigung; vom 1. März bis 31. Okt. geöffnet, kein Ruhetag), Gasthaus „Alte Schule“ in Trübenbach (40 L.; zwischen 1. April bis 31. Okt. tägl. von 8.00 bis 18.00 Uhr geöffnet; Mo. Ruhetag), Ghf. Gross in Nestelberg (25 L.; vom 1. Nov. bis 1. April geschlossen, sonst immer geöffnet; kein Ruhetag).

Tipp:
Von der Schindlhütte (an der Zufahrtsstraße von Kienberg-Gaming, 1½ km vor Eibenboden) lohnender Besuch der Ötscher-Tropfsteinhöhle (Führungen von Mai bis Oktober).

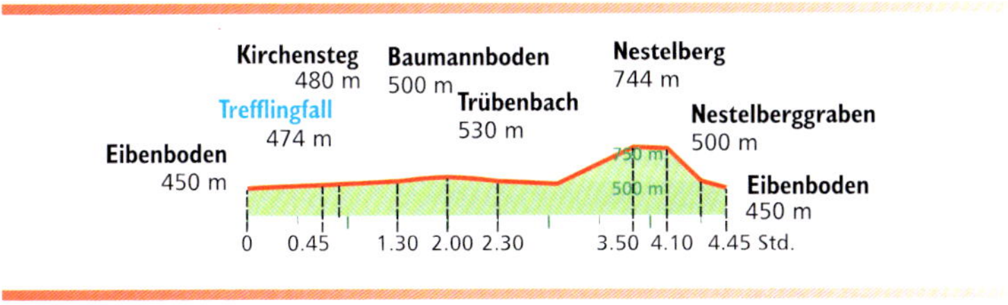

Vom **Eibenboden** auf Naturstraße ostwärts gegen die Eibenhöfe hinauf zu einer Schulter. Rechts ab und den Karrenweg Nr. 604A und 277 abwärts zur verfallenen **Eibenmühle**, 460 m. Den Fußweg links neben der Erlauf talein zur Brücke über den in Kaskaden herabstürzenden Trefflingbach („**Trefflingfall**", 474 m). Durch eine klammartige Engstelle, dann um die Felsecke des „**Toreck**" herum und weiter zur Brücke („**Kirchensteg**", 480 m) an das rechte Ufer. Geradeaus weiter zum Haus Gerstl am **Baumannboden** (500 m) mit schönem Ötscherblick danach.

Bei der nächsten Verzweigung an das linke Ufer und dort zum ausgehöhlten Felsturm der **Teufelskirche**, 520 m. Unter einer Wand weiter, danach im Wald zur „Panoramastraße". Auf ihr rechts über die Erlauf zu einem Parkplatz (521 m) und links hinauf zum **Ghf. „Alte Schule"** in **Trübenbach** (530 m; sehenswertes Holzknechtmuseum).

Zurück zum **Kirchensteg**. Davor links ab und den bez. **Kirchensteig** im Wald steil nach Südwesten hoch, dann über einen Rücken hinauf nach **Nestelberg**, 744 m. Auf Asphaltstraße an den Hängen des Nestelberges nach Westen in die Mulde der **Brennwiese**. Weiter in einen Sattel (735 m) und zum Ende der asphaltierten Straße am Waldrand. Links ab und auf bez. Weg („Kassteig") hinab zur Straße im **Nestelberggraben** (Quelle). Auf ihr an der linken Grabenseite abwärts, später unter einer Felswand (an ihr entspringen die „**Soachabachfälle**") entlang, zuletzt über die Erlauf zur Tormäuer-Straße und diese rechts zum **Eibenboden**.

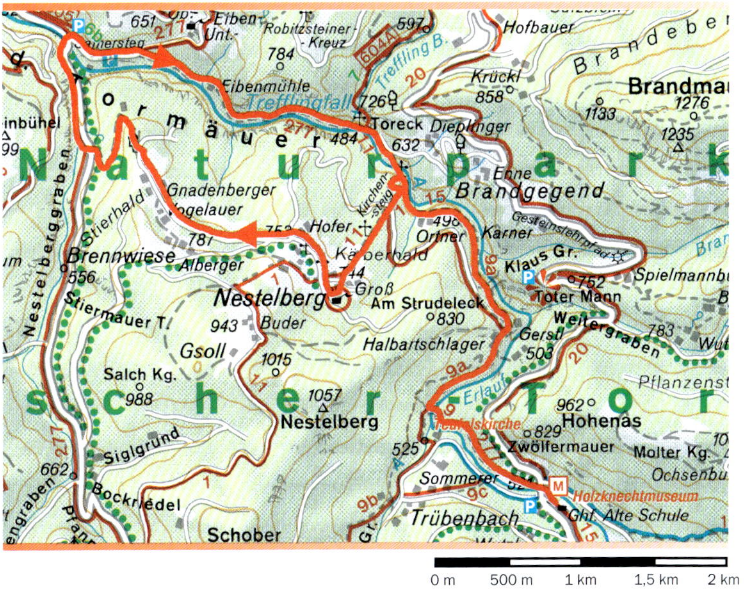

Hintere Ötschergräben

Im Tal der stürzenden Wasser

Ein vollkommenes Wandererlebnis verspricht die Begehung der Hinteren Ötschergräben. Der durch enge Felsdurchlässe gischtende glasklare Bach mit urig-knorrigen Baumriesen an den Ufern, die steil aufragenden Schluchtwände und mächtigen Wasserfälle – sie übertreffen die vorderen Abschnitte der Erlauf-Canyons noch an landschaftlicher Schönheit. Doch werden trittsichere Geher gefordert, denn der ungesicherte Steig führt oft in schwindelerregender Höhe über dem Ötscherbach entlang!

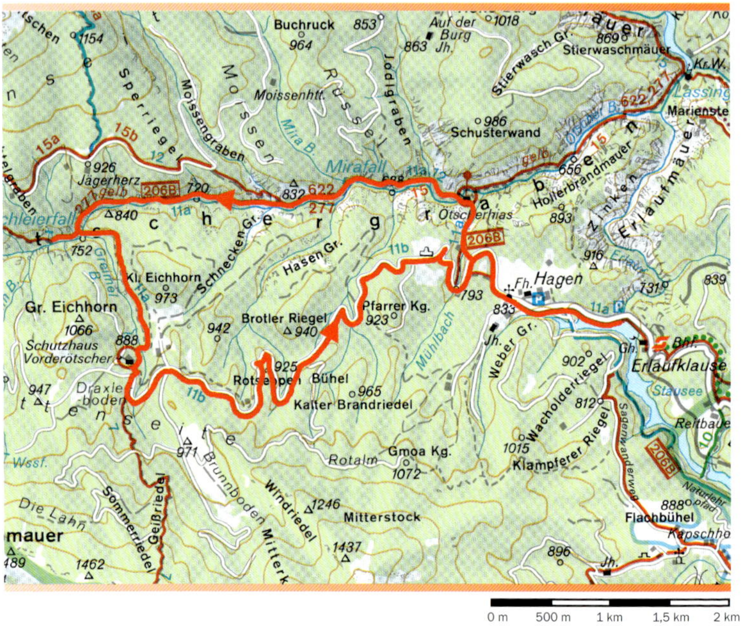

Talort:
Mitterbach, 789 m, Sommerfrische im Erlauftal am Fuß der Gemeindealpe.

Ausgangspunkt:
Parkplatz Erlaufklause (800 m), 500 m westlich der Haltestelle Erlaufklause der Mariazellerbahn, 6,5 km von Mitterbach.

Anforderungen:
Lange, etwas anspruchsvolle Wanderung. Trittsicherheit und Schwindelfreiheit nötig (Vorsicht mit Kindern!).

Höhenunterschied:
320 m im An- und Abstieg.

Einkehrmöglichkeiten:
Jst. „Zinkenpub“ an der Bahnhaltestelle Erlaufklause (zwischen 1. Mai und 31. Okt. tägl. von 12.00 bis 18.00 Uhr geöffnet). Jst. Ötscherhias (keine Nächtigung; vom 1. Mai bis 26. Okt. tägl. von 9.00 bis 17.00 Uhr geöffnet), Schutzhaus „Vorderötscher“ (20 B., 22 L.; vom 1. Mai bis 1. Nov. tägl. geöffnet, sonst nach telefonischer Vereinbarung; Tel. 0699/11888972).

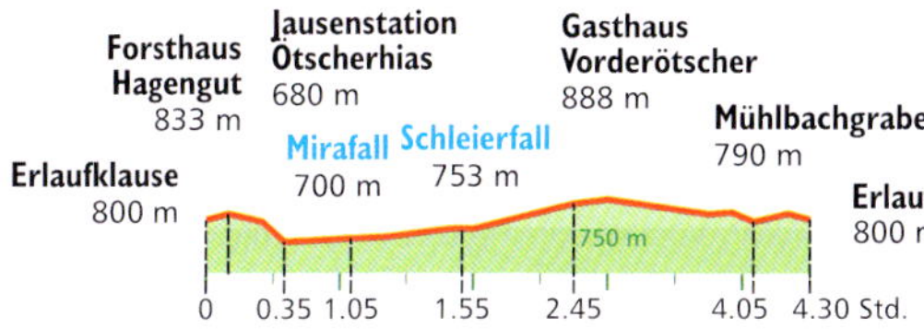

Vom **Parkplatz Erlaufklause** die Naturstraße rechts überm Erlaufstausee eben nach Westen, später aufwärts zum **Forsthaus Hagengut**, 833 m. Sanft abwärts weiter in den Mühlbachgraben, dort rechts ab und auf Steig Nr. 206B hinunter in die Grabensohle. Jenseits auf bez. Weg den Graben hinab zu einer Aussichtskanzel und in die **Ötschergräben** mit der an steiler, bewaldeter Felsflanke über dem rauschenden Ötscherbach postierten **Jst. Ötscherhias**, 680 m. Über die Brücke zum Schluchtweg Nr. 206B, 277 und 622 am Nordufer. Diesen links haltend oberhalb des Ötscherbaches z.T. etwas exponiert talein unter den 80 m hohen **Mirafall**. An Schrofenhängen aufwärts, dann durch einen zahmeren Abschnitt zur letzten Talverengung. Auf Steig (Vorsicht!) durch sie hindurch zur Brücke („**Greimelsteg**“, 752 m) über den Ötscherbach. Noch 150 m weiter zu dem über eine 50 m hohe Wand herabstürzenden **Schleierfall**. Beim „Greimelsteg“ über den Ötscherbach und jenseits auf bez. Steig links vom **Greimelgraben** im Wald nach Süden aufwärts, später an das rechte Ufer. Westwärts empor zu großer Wiese und über sie zum **Ghf. Vorderötscher**, 888 m.
In Südrichtung hinauf zu unbez. Forststraße („Ötscherstraße“). Auf ihr in etwas einförmiger Wanderung, am Nordabhang der Gemeindealpe entlang, nach links aufwärts zu einer Terrasse. Nun um den Rotseppenbühel herum, dann (bei Verzweigung links!) nordostwärts hinab in den **Mühlbachgraben**, der im Linksbogen ausgegangen wird. Weiter auf bekannter Route zum **Parkplatz Erlaufklause**.

Gamsstein

Großer Aussichtsberg mit anstrengendem Tausendmeter-Anstieg
Der in einer kesselartigen Verbreiterung des Ybbstales gelegene Ort Hollenstein wird im Süden von den Kalkschollen des Gamssteins und der Voralpe überragt. Beide sind sie famose Panoramaberge und werden trotzdem ziemlich vernachlässigt. Denn das Bekanntere ist des Bekannten Feind, und es gibt prominentere Berge ringsum, denen sich das Groß der Wanderer zuwendet. Von den beiden Massiven ist die Voralpe mit dem steilen Felshaupt der Stumpfmauer fraglos das attraktivere, rassigere Ziel. Dafür besitzt der begrünte und etwas plump wirkende Gamsstein weniger anstrengende Zugänge. Man tut übrigens gut daran, sich mit genug Proviant und Wasservorrat einzudecken, denn unterwegs gibt es weder „Futter" noch Wasser. Und noch eins: Der unvergleichlichen Rundsicht wegen sollte man den Gamsstein nur bei ausgesprochenem „Kaiserwetter" ins Visier nehmen.

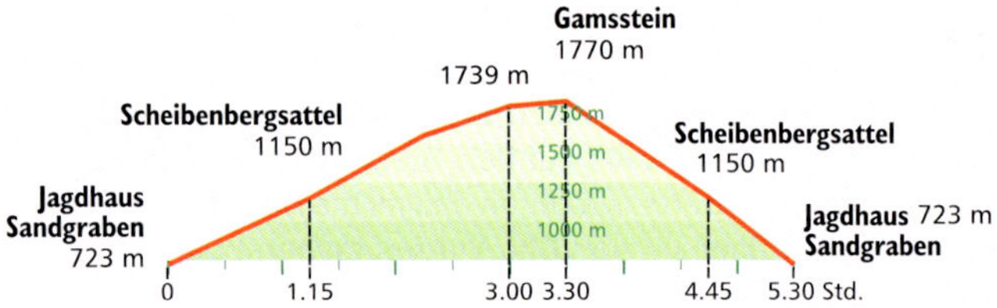

Talort:
Hollenstein an der Ybbs, 497 m.

Ausgangspunkt:
Parkplatz „Jagdhaus Sandgraben", 723 m. Zufahrt von Hollenstein mit dem eigenen Auto auf der Asphaltstraße durch das Hammerbachtal vorerst nach Süden, dann in Ostrichtung aufwärts zum Jagdhaus „Sandgraben" (723 m) mit Parkplatz, 8 km.

Anforderungen:
Unschwierige, aber lange und anstrengende Tour. Meist gut markierte Wege und Steige. Nur für ausdauernde, trittfeste Geher bei sicherem Wetter.

Höhenunterschied:
1050 m.

Einkehr:
Keine.

Variante:
Vom Gamsstein kann der nahe Hochkogel bestiegen werden: Auf Steigspuren entweder über den flachen, latschenbewachsenen Kamm oder über die felsdurchsetzten Steilwiesen links von ihm (Trittsicherheit nötig!) nach Südwesten zum aussichtsreichen Gipfel des Hochkogels, 1774 m; 10 Minuten vom Gamsstein.

Vom **Jagdhaus Sandgraben** auf dem rot bez. Steig Nr. 64 einen steilen Waldhang in Kehren nach Süden empor zur querenden Forststraße. Auf ihr 100 m nach rechts, dann links die Böschung (angelehnte kurze Eisenleiter) hoch. Nun in der rechten Flanke (Westseite) einer bewaldeten Bergrippe in ein Schartl (Felszacken rechts), danach zu einer Schulter. Nach links in die Ostseite der Rippe, dort eben in einen Waldgraben und durch ihn bergauf, schließlich wieder nach rechts an die erwähnte Bergrippe und über sie zum Beginn eines Güterweges. Diesen links zu den Wiesen der Scheibenbergalm, 1160 m (Holzhütte), mit Forststraße. Auf ihr 50 m nach rechts bergab zur Straßenteilung am **Scheibenbergsattel**, 1150. Die Straße eben nach Südwesten zu einer Rechtskurve, 200 m danach zu einer Verzweigung. Links ab und anfangs auf rot bez. Fahrweg, dann auf Steig (Nr. 64) an der linken Seite eines seichten Waldgrabens hinauf zum Wiesenboden der ehem. Kleinpromaualm. Auf Serpentinensteig südwärts im steilen Hochwald bergauf, später entlang eines Grabens nach rechts aufwärts, schließlich durch lichten Wald in langer Hangquerung nach links (Südosten) empor in die Wiesenmulde der **Moaralm**, 1550 m, zwischen Gamsstein-Rücken und Hasenfuß. An der Linkseinmündung von Weg Nr. 284 vorbei, südwestwärts durch Wiesen, Latschen und lichten Baumbestand in die lang gestreckte Wiesenmulde zwischen Roßkogel bzw. Langmauer links und Gamsstein-Rücken rechts. Die Mulde aufwärts, später durch Latschen nach rechts (Nordwesten) an den Höhenrücken des Gamssteins. Über ihn durch Latschen nach Südwesten empor auf die unbenannte Höhe in 1739 m (kleines Gipfelkreuz). Den markierten Steig am flachen Höhenrücken oder links von ihm über Bergwiesen und durch Latschen auf und ab in den Sattel vor dem Gamsstein-Gipfel. Nun im felsigen Gelände (Trittsicherheit nötig!), an der Linkseinmündung des Hühnerriegel-Steiges Nr. 67 vorbei, steil empor zum Gipfel des **Gamssteins**, 1770 m (Gipfelkreuz und -buch), mit herrlicher Rundsicht. Entlang der Anstiegsroute zurück zum Ausgangspunkt.

Hohe Wand – Hanselsteig

Ein fester Begriff in Wiens Bergsteigerkreisen
Unter den vielen gesicherten Steiganlagen der Hohen Wand gilt der durch den östlichen Wandgürtel emporführende Hanselsteig als einer der leichtesten und schönsten. Zu seinen Höhepunkten gehört das berühmte „Karnitschstüberl", eine geräumige Felsnische unter weit vorragendem Überhang. Ferner der enge „Hanselkamin" mit schräger Leiter, die etwas beleibteren Begehern zu schaffen macht. Der Rest ist problemloses Steigen mit Tiefblicken zur Talwiege der „Neuen Welt" und zu den Fischauer Bergen.

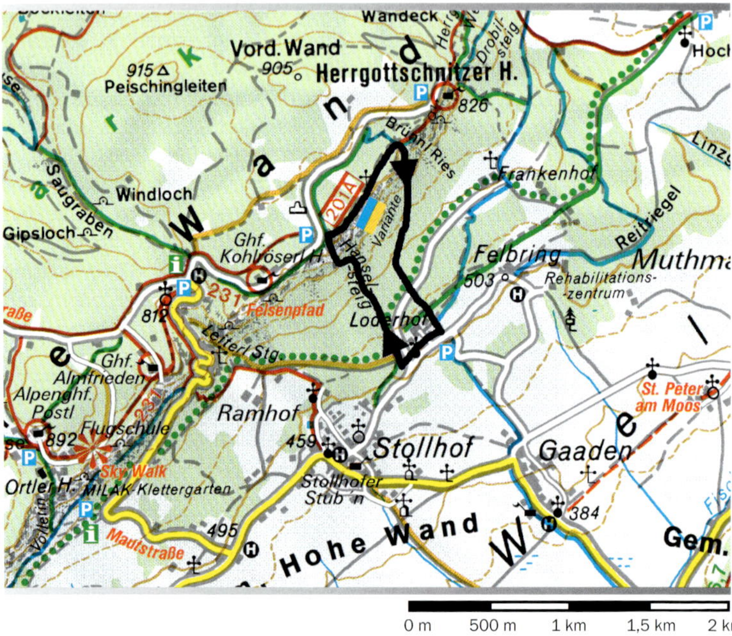

Talort:
Stollhof, 459 m, am Ostfuß der Hohen Wand.

Ausgangspunkt:
Loderhof, 505 m, Häusergruppe 1 km nordöstlich oberhalb von Stollhof. Eigentlicher Ausgangspunkt ist die dort stehende Hotel-Pension Loderhof mit Parkplatz.

Anforderungen:
Durch Drahtseile und Leitern gesicherte Steiganlage. Bergsteigerische Übung nötig.

Höhenunterschiede:
350 m.

Einkehr:
Hotel-Pension Loderhof (22 B., ganzj. geöffnet; Mittwoch Ruhetag), Herrgottschnitzerhaus (40 L., ganzj. geöffnet; Mittwoch, vom 1. November bis 31. März Dienstag und Mittwoch Ruhetag). Das ehemalige Hanselsteighaus ist geschlossen!

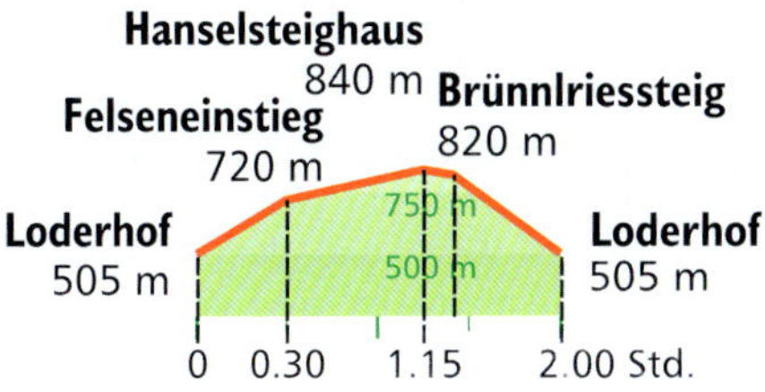

Vom **Hotel Loderhof** die Loderhofstraße 200 m eben nach Südwesten zur Verzweigung bei einer Kapelle. Rechts gegen den Frankenhof 50 m aufwärts zu neuerlicher Teilung bei einem Privathaus und dort links haltend im Föhrenwald nach 50 m zur Linksabzweigung des **Hanselsteigs** (Bank, Sitzgarnitur, Tafel) bei einer Quellfassung, 540 m. Auf rot bez. Fußweg im stämmigen Föhrenwald anfangs sanft, dann steil nach Nordwesten aufwärts zu einer Aussichtskanzel (verwachsen!), danach unter den Wänden schräg nach links empor zum Einstieg in die Felsen (720 m). Über eine steile gegliederte Rampe an stark geglättetem Fels (Drahtseile) nach links hoch, später rechts haltend hinauf zur Felsnische des „**Karnitschstüberls**" (Tisch, Bank, Steigbuch) unter mächtigem Überhang. Kurz nach links empor auf ein Felsband. Dort um eine Ecke nach rechts herum und über eine Holzbrücke, schließlich im geröllig-schrofigem Gelände (Drahtseil) nach rechts empor in den „**Hanselkamin**". Durch den engen Schluf (Eisenklammern, schräge hohe Leiter) steil hinauf zu einer Scharte. Nun auf Steig über einen Schrofenrücken (licht bewaldetes Felsgelände) nach links empor unter einen Steilaufschwung, der auf gesichertem Band (Drahtseil) rechts umgangen wird. In dem sich verflachenden Gelände nordwestwärts weiter bergauf auf das **Hohe-Wand-Plateau** und dort bei einem Privathaus (ehemaliges Hanselsteighaus, 840 m) zur asphaltierten Herrgottschnitzerhaus-Zufahrtstraße.

Abstieg: Oberhalb des Hauses rechts von der Straße ab und auf dem rot bez. breitem Fußweg Nr. 201A und 231 („Waldlehrpfad") nordostwärts, am Hochflächenrand entlang, in Richtung Herrgottschnitzerhaus zur Rechtsabzweigung (820 m) des grün bez. **Brünnlriessteigs**. Auf ihm einen steilen Graben in Südostrichtung hinunter, dann an den Waldhängen entlang nach rechts (Süden) abwärts zu einer Asphaltstraße. Diese traversierend in Südostrichtung hinab zum **Hotel Loderhof**.

Foto: Hauleitner

Große und Kleine Klause

Klettersteig-Raritäten im Rücken der Hohen Wand
Die Schauseite der Hohen Wand, ihr charakteristischer kilometerbreiter Felsgürtel, ist der „Neuen Welt“ und dem Wiener Becken im Osten zugewandt. Dagegen präsentiert sich die zum Miesen- und Dürnbachtal weisende bewaldete Westflanke („Hintere Wand“) nicht sonderlich attraktiv. Doch gibt es auch dort einige dankbare Durchstiege wie etwa die gesicherten Steiganlagen durch die Felsklammen der Großen und Kleinen Klause. Als Rundtour über das aussichtsreich postierte Waldeggerhaus begangen, wird einem dabei die ganze Romantik der „Miesenbach-Landschaft“ vor Augen geführt, die in den Bildern Friedrich Gauermanns ihre mustergültige künstlerische Umsetzung gefunden hat.

Foto: Hauleitner

Talorte:
Waldegg, 402 m, Markt im äußeren Piestingtal. Dürnbach, 477 m, Streusiedlung im gleichnamigen Seitental südlich von Waldegg.

Ausgangspunkt:
Der ehemalige Ghf. Nazwirt (550 m) in Dürnbach, 3 km von Waldegg (Anreise dorthin mit öffentlichen Verkehrsmitteln). Parkplatz.

Anforderungen:
Etwas anspruchsvolle Tour mit gesicherten Felspassagen. Trittsicherheit und Schwindelfreiheit nötig.

Höhenunterschied:
450 m.

Einkehrmöglichkeiten:
Waldeggerhaus (28 B., ganzj. offen; kein Ruhetag). Der Ghf. Nazwirt ist geschlossen.

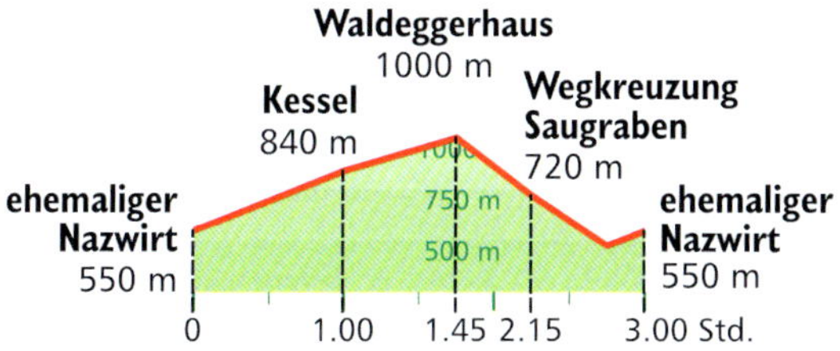

Vom ehemaligen **Ghf. Nazwirt** auf bez. Steig südwärts gegen die Hintere Wand empor zu querendem Weg. Auf ihm durch Wald nach rechts (südwestlich) hinauf in den bewaldeten Graben der **Kleinen Klause** („**Dürnbacher Klause**") und durch ihn aufwärts in einen Kessel, 840 m. Nun die steile Felsklamm auf dem **„Naturfreundesteig"** (Klammern, Eisenleitern) an-regend empor, später wieder im Waldgraben auf das **Hohe-Wand-Plateau** und dort nach links zur **Hohe-Wand-Straße**. Diese ein Stück in Nordostrichtung abwärts, dann links die Zufahrtsstraße (oder den direkten Weg entlang der Stromleitung) nach Norden hoch zum **Waldeggerhaus** (1000 m; überraschend schöner, freier Rundblick!).

Von der Hütte auf blau bez. Weg durch Wald in Windungen nach Nordosten hinab in den **Saugraben**, 720 m. Dort den bezeichneten Querweg nach links zum klammartigen Steilabfall der **Großen Klause** („**Waldegger Klause**"). Durch sie auf dem **„Waldeggersteig"** (Drahtseile, Eisenklammern, Leitern) hinunter und im Waldgraben weiter nach **Dürnbach**, 477 m. Nun die Asphaltstraße durch das **Dürnbachtal** empor zum Parkplatz beim ehemaligen **Ghf. Nazwirt**.

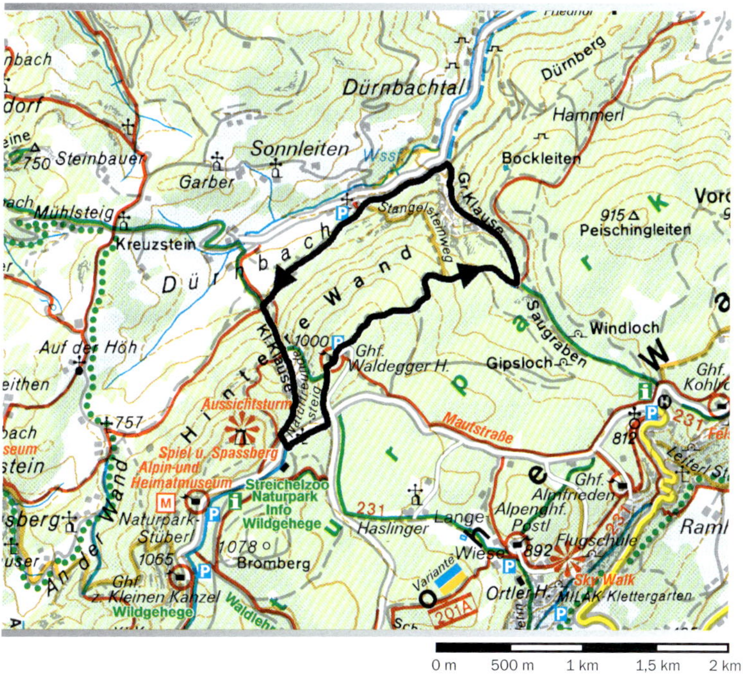

Schneeberg – Fadensteig

Für Geübte der lohnendste Weg zum Gipfel des Schneeberges über den Fadensteig. Die Route folgt dem langen Nordkamm und vermittelt auf rund 900 Meter Höhendifferenz ein Optimum an Abwechslungsreichtum und landschaftlicher Schönheit. Vorsicht an Schönwetter-Wochenenden im Frühjahr und Herbst, wenn sich Hunderte von Wiener Bergfreunden nach Sonne und Freiheit sehnen und sich am Fadensattel ganze „Karawanen" in Bewegung setzen. Da lohnt ein arbeitsfreier Wochentag: Man wird seinen Hausberg nicht wiedererkennen.

Foto: Hauleitner

Ausgangspunkt:
Bergstation der „Salamander-Sesselbahn" (1210 m) südlich des Fadensattels, 1209 m, am Ansatzpunkt des Schneeberg-Nordrückens. Lift-Talstation (871 m, Großparkplatz) am Oberrand der Fadenwiese in Losenheim. Buszufahrt von Puchberg, 7 km. Der Vierersessellift ist während der Sommersaison zwischen 25. März und 30. April am Sa., So. und Feiertag von 09.00 bis 16.00 Uhr, zwischen 1. Mai und 1. Nov. täglich von 09.00 bis 17.00 Uhr in Betrieb.

Anforderungen:
Lang, anspruchsvoll. Nur für geübte, trittsichere und schwindelfreie Bergwanderer bei trockenem Wetter.

Höhenunterschied:
920 m.

Einkehr:
Stüberl an der Salamanderlift-Talstation (keine Nächtigung, bei Liftbetrieb geöffnet), Edelweißhütte (12 B., 40 L.; ganzj. geöffnet, Dienstag Ruhetag). Sparbacher Hütte (7 B., 51 L.; ganzj. geöffnet, Mittwoch Ruhetag), Fischerhütte (12 B., 41 L.; vom letzten Wochenende im April bis 1. Nov. geöffnet).

Hinweis:
Von den Stützpunkten am Fadensattel Abstieg nach Losenheim möglich, ¾ Std.

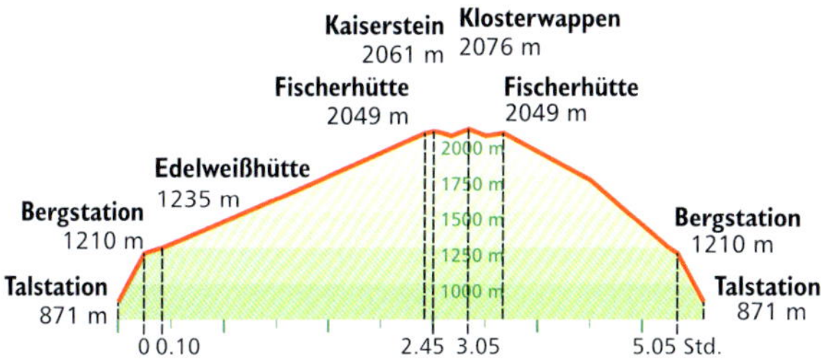

Von der **Bergstation des Salamanderlifts** westwärts kurz über Wiesen empor zur nahen Edelweißhütte (1235 m) und weiter zur benachbarten Sparbacher Hütte, 1248 m. Dort den rot und gelb markierten Fußweg Nr. 801 nach links (Süden) aufwärts zu einem Zaun (Gatter). Weiter über Wiesen, dann durch Nadelwald am Kaiserstein-Nordrücken in Kehren steil hinauf unter einen Felsaufschwung, der rechts über Schrofen umgangen wird. Den vorerst noch begrünten, dann geröllbedeckten Rücken in Kehren unter die abriegelnden Fadenwände empor und dort nach rechts (westlich) in eine kleine Schlucht. Unterhalb einer Wand quer durch die steile, schrofige Geröllflanke nach rechts (westlich) aufwärts, später südwärts über begrünte Felsstufen zur Wiesenschulter (1722 m) am Oberrand der **Fadenwände**. Nun auf gutem Weg (Stangenmarkierung) den breiten, grasigen Gipfelrücken mäßig steil nach Süden aufwärts zur **Fischerhütte** (2049 m) und über einen begrünten Hang nach links auf den **Kaiserstein** (2061 m; Tiefblick in das Puchberger Becken!). Zurück zur Fischerhütte und den grasigen Verbindungskamm in einen Sattel (2030 m), danach, über den **„Mittelgipfel“** hinweg, nach Südwesten hinüber zum **Klosterwappen**, 2076 m, der höchsten Erhebung des Schneebergs und des Bundeslandes Niederösterreich. **Abstieg** auf gleichem Weg.

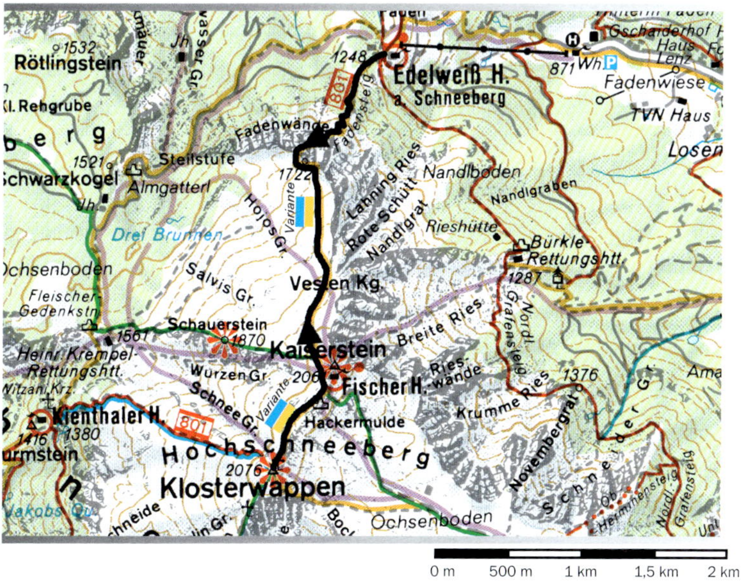

Weichtalklamm

Wilde Steilschlucht an der Höllental-Seite des Schneeberges

Zu den beliebtesten Tourenzielen im Bereich des Höllentales gehört fraglos die wildromantische Weichtalklamm. Oft nur wenige Meter breit, durchreißt sie die Westseite des Schneeberges aus der Höllentalsohle bis zur Waldgrenze. Gute Sicherungen ermöglichen einen kurzweiligen Anstieg zu der an schönen Wochenenden viel besuchten Kienthaler Hütte.

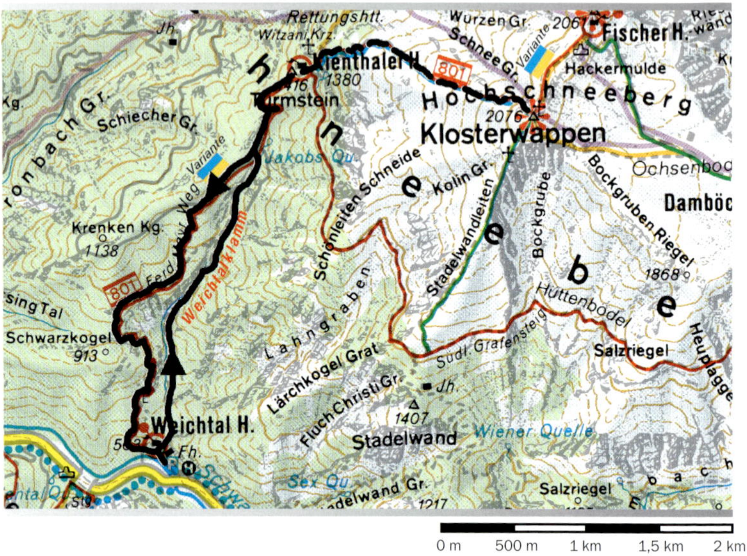

Talorte:

Payerbach, 483 m, und Reichenau, 484 m, südlich des Höllentales gelegen.

Ausgangspunkt:

Weichtalhaus (563 m; Großparkplatz) im Höllental. Buszufahrt von Reichenau (9 km) und Payerbach (12 km).

Anforderungen:

Anstrengende Tour. An den größtenteils gesicherten Felspassagen ist bergsteigerische Übung nötig.

Höhenunterschied:

820 m.

Einkehr:

Weichtalhaus (12 B., 60 L.; vom 1. April bis 31. Okt. geöffnet, jedoch im April, Mai, Sept. und Okt. Mo. und Di. Ruhetag; im März und Nov. nur an Schönwetter-Wochenenden offen), Kienthaler Hütte (Selbstversorgerhütte; 7 B., 22 L.; von Ostern bis 1. Nov. ab Samstag 11.00 bis Sonntag 16.00 Uhr, am Feiertag von 11.00 bis 16.00 Uhr geöffnet).

Hinweis:

Von der Kienthaler Hütte können Geübte den Turmstein, 1416 m, über einen kurzen, aber sehr exponierten Klettersteig erklimmen. Ferner lohnende Besteigung des Klosterwappens, 2076 m, der höchsten Erhebung des Schneeberges. Zusätzlicher Zeitaufwand 3 Std.

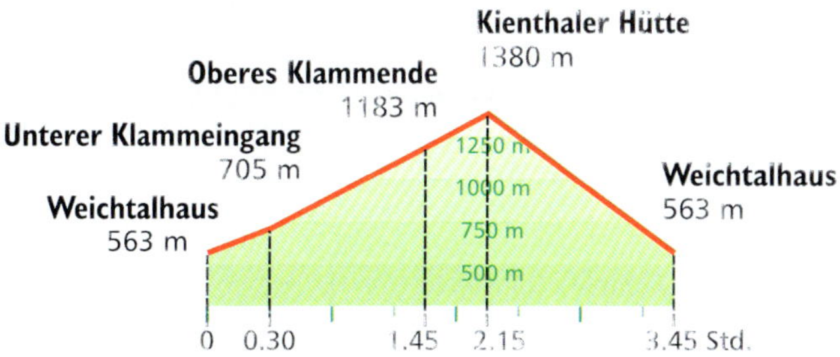

Vom **Weichtalhaus** auf rot bez. Weg nordwärts in den bewaldeten Weichtalgraben und dort neben dem meist trockenen Bachbett hinauf in die von hohen Wänden flankierte **Weichtalklamm** (705 m). Durch sie, über mehrere Aufschwünge (Eisenleitern, Klammern, Ketten, herausgeschlagene Tritte) hinweg und in abwechslungsreichem Anstieg zur Einmündung des Ferdinand-Mayr-Weges am oberen Ende der Klamm (1183 m). Auf dem nun rot und gelb bez. Weg weiter zur **Jakobsquelle**. Vorerst noch im Graben, später links über einen Rücken gegen den Turmstein empor und am Wandfuß weiter zu der am Sattel zwischen Turmstein und Schneeberg idyllisch gelegenen **Kienthaler Hütte**, 1380 m.

Abstieg: Zurück zur Rechtsabzweigung des gelb bez. **Ferdinand-Mayr-Weges** (Nr. 801). Diesen zunächst an Waldhängen entlang, dann einen steilen Rücken in Südrichtung hinunter zu einer Holzfällerhütte. Die Flanken des Krenkenkogels eben queren, später in Kehren unterm Schwarzkogel gegen das Höllental hinab und nach links zum **Weichtalhaus**.

Foto: Hauleitner

Raxalpe

Auf stillen Wegen zur höchsten Erhebung der Raxalpe

Als streng gehütetes Jagd-, Forst- und Wasserschutzgebiet ist Hinternaßwald eine Oase der Ruhe. Wer von dort Richtung Rax- oder Schneealpe aufbricht, muss lange Zugänge und gewaltige Höhenunterschiede in Kauf nehmen – auch beim Gamsecksteig, der durch die nach Westen gerichtete Felsflanke des „Zahmen Gamseck" zur Heukuppe führt. Ausdauernden Wanderern bietet dieser Anstieg einmalige Eindrücke in wildromantischer Bergnatur.

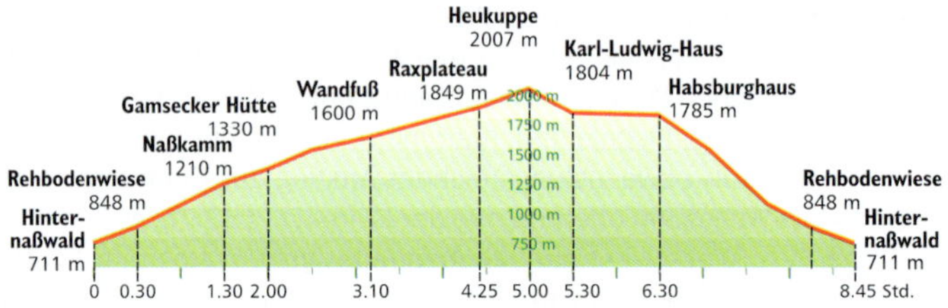

Talorte:

Payerbach (483 m) und Reichenau, 484 m. In einem Talbecken am südlichen Ausgang des Höllentales gelegene, benachbarte Urlaubsorte.

Anforderungen:

Lange und anstrengende Tour mit etlichen, teils gesicherten Felspassagen. Bergerfahrung, Ausdauer und sicheres Wetter nötig.

Höhenunterschied:

1300 m.

Einkehr:

Buffet Parkplatz Hinternaßwald (einfache Speisen; 1. Juni bis 31. Okt. nachmittags geöffnet; Mo. Ruhetag), Karl-Ludwig-Haus (30 B., 40 L.; ganzj. offen), Habsburghaus (24 B., 84 L.; vom 1. Mai bis 31. Okt. geöffnet).

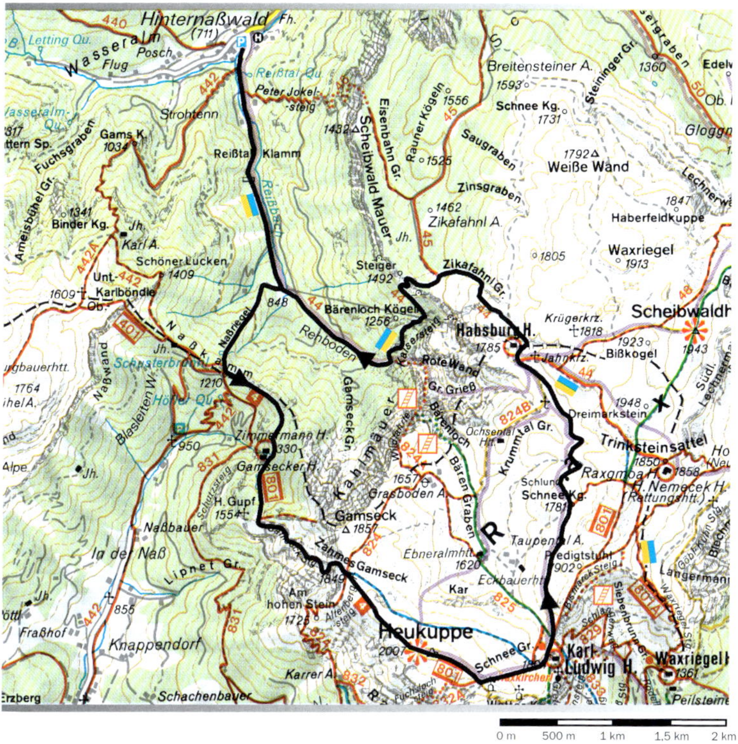

Von **Hinternaßwald** auf Forststraße durch das **Reißtal** in Südrichtung zur **Rehbodenwiese** (Talstation der Materialseilbahn), 848 m. Dort auf bezeichnetem Steig rechts (westlich) hinauf an den steilen Waldrücken des **Naßriegels** und diesen südwärts in Kehren zum **Naßkamm**, 1210 m, empor. Querweg Nr. 401 und 801 nach links (Osten), später im Rechtsbogen hinauf zu einer Schulter (**Zimmermann-** und **Gamsecker Hütte**, 1330 m). Südwärts zu einer Quelle, dann einen Graben steil hoch zum Sattel zwischen Hohem Gupf und Gamseck, 1489 m. Jenseits unterm „**Zahmen Gamseck**" durch Latschen und über Geröll an den Wandfuß (1600 m). Die Schrofenwand (Drahtseile) empor zum **Raxplateau**, 1849 m. Längs der Stangenmarkierung über einen Rücken nach rechts (Südosten) hinauf zur **Heukuppe** (2007 m).

Abstieg: Auf bez. Weg den Ostrücken des Berges hinab zum **Karl-Ludwig-Haus**, 1804 m. Den Karrenweg Nr. 801 nach Norden zum Sattel vor dem Predigtstuhl. Geradeaus und in langer Querung der Predigtstuhl-Westflanke zum **Habsburghaus**, 1785 m. Den bez. Weg Nr. 44 durch Dolinenmulden und über einen steilen Hang nach Nordwesten hinab in den **Zikafahnlgraben** und durch ihn zum bewaldeten **Zikafahnl-Plateau** (1495 m). Vom westlichen Abbruchrand (Prachtblick zu den Kahlmäuern) den bezeichneten **Kaisersteig** auf einem Felsband (Drahtseil) durch eine 50 m hohe Wand nach links hinunter, dann über steile Waldhänge in Kehren nach Süden abwärts zum Wendeplatz (1040 m) einer Forststraße. Auf ihr nach rechts (Nordosten) hinab zur **Rehbodenwiese** im **Reißtal** und entlang der Straße zurück nach **Hinternaßwald**.

Großer Sonnleitstein

Sternstunden am Matterhorn der Wiener Hausberge

Auf die Frage nach dem formschönsten Gipfel der Wiener Hausberge wird einem von Kennern häufig der Große Sonnleitstein, genannt. Man muss das elegante Felshorn von hohen Standorten im Osten, vom Schneeberg etwa, gesehen haben, um das zu verstehen. Seine Besteigung bietet dem Gehtüchtigen trotz beträchtlicher Anstiegshöhe keine größeren Probleme. Liebhaber unberührter Alpenwinkel finden an diesem Außenseiter ein Reservoir erhaltenswerter Bergnatur, in dem Schutzhütten bislang fehlen.

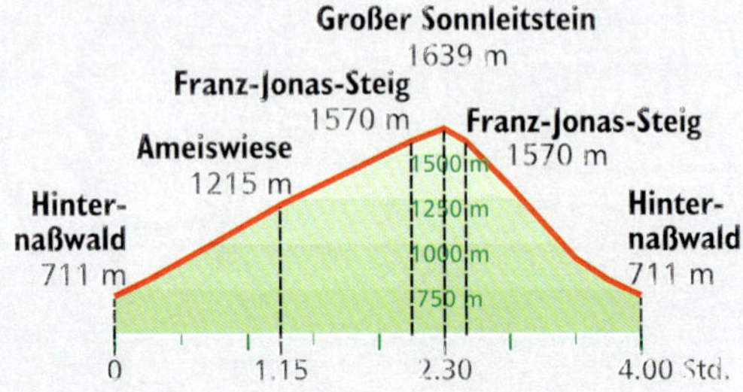

Talorte:

Payerbach (483 m) und Reichenau, 484 m. In einem Talbecken am südlichen Ausgang des Höllentales gelegene, benachbarte Urlaubsorte.

Ausgangspunkt:

Parkplatz und Bushaltestelle in Hinternaßwald, 711 m. Zufahrt von Payerbach-Reichenau auf Bundesstraße Nr. 27 zu dem in einem westlichen Seitenast des Höllentals (Schwarzatal) gelegenen Weiler Hinternaßwald, 711 m, 23 km von Payerbach, 20 km von Reichenau.

Anforderungen:

Des zu bewältigenden Höhenunterschieds wegen, anstrengende Bergtour. Im Gipfelbereich sind Trittsicherheit und Schwindelfreiheit nötig. Teils schlecht bezeichnete, verfallene Wege.

Höhenunterschied:

930 m.

Einkehr:

Buffet Parkplatz Hinternaßwald (einfache Speisen; 1. Juni bis 31. Okt. nachmittags geöffnet; Montag Ruhetag). Unterwegs keine Einkehr!

Von **Hinternaßwald** die Straße gegen das **Wasseralmtal** nach Südwesten zu einer Verzweigung. Halb rechts auf Forststraße (Weg Nr. 440) über Wiesen westwärts hinauf zur Straßenverzweigung (800 m) im Auslauf des **Oselgrabens**. Hier links den blau bez. **Kaisersteig** überm Wasseralmtal nach Westen aufwärts zu einer Forststraße und diese weiter in einen Graben. Gleich nach dem Bach auf gelb bez. Steig durch Wald in Kehren nach rechts (Nordwesten) empor zur schönen **Ameiswiese** mit einem **Forsthaus der Stadt Wien** (1215 m, Brunnen). Nach Norden hinauf zu

begrüntem Fahrweg und auf ihm einige Meter nach rechts, dann links ab und auf bez. Steig durch Wald nordwärts in Kehren steil gegen den Westkamm des Sonnleitsteins empor. Knapp unter dem Kamm in langer Querung der Waldflanken nach rechts (Osten) aufwärts zur Abzweigung (1570 m) des **Franz-Jonas-Steiges**. Steil nach links (Norden) hoch, dann Querung nach rechts und neuerlich steil empor zum felsigen Gipfelgrat. Über ihn zum höchsten Punkt des **Großen Sonnleitstein** (1639 m, Gipfelkreuz und -buch; informative Rundsicht auf Schneeberg, Rax- und Schneealpe!).
Abstieg: Hinab zur Abzweigung des rot bez. **Franz-Jonas-Steiges** und auf ihm quer durch die Südflanke des Berges an den Südostrücken; durch Wald abwärts zu einer Forststraße (Wendeplatz, 1320 m). Nun rechts vom Rücken an der rechten Seite des steilen **Oselgrabens** in Serpentinen nach Südosten hinunter zur Forststraßen-Verzweigung (800 m) im Auslauf des Grabens. Weiter auf bekannter Route nach **Hinternaßwald**.

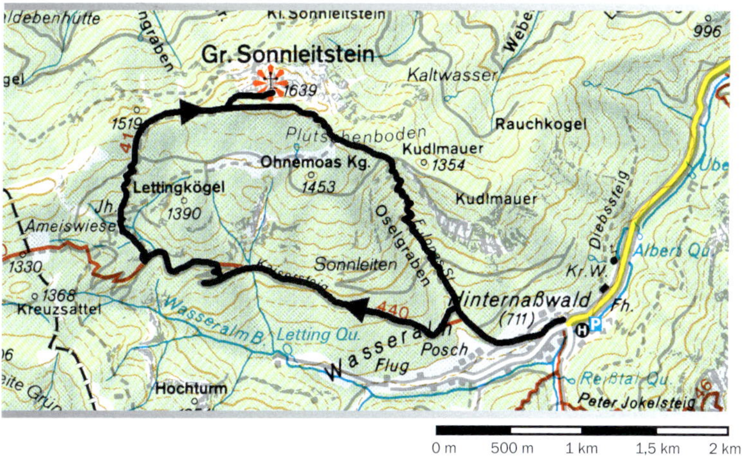

Gippel

Um und auf den rassigsten Felsgipfel der Mürzsteger Alpen
Als imponierendste Berggestalt der Mürzsteger Alpen ist der felsgewaltige Gippel ein beliebtes Tourenziel, wenngleich seine Besteigung zumindest auf der hier gewürdigten Runde nur wirklich ausdauernden Gehern empfohlen werden kann.

Ausgangspunkt:
Kernhof, 690 m, Ort im Keertal, am Nordfuß von Gippel und Göller. Ghf. Gnedt im Ortszentrum. Parkplatz vor dem aufgelassenen Bahnhof in Kernhof.

Anforderungen:
Besonders lange und anstrengende Tour. Zwischennächtigung zu empfehlen. Ausdauer und Bergerfahrung nötig. Nur bei sicherem Wetter!

Höhenunterschied:
1220 m im An- und Abstieg.

Einkehr:
Gasthof Gnedt in Kernhof (16 B.; ganzj. geöffnet; Mo. u. Mi. Ruhetag), Kohlröserlhütte auf der Hofalm (10 L.; vom 15. Juni bis 20. Sept. geöffnet; Di. Ruhetag), Gippelhütte auf der Gippelalm (15 L.; von Pfingsten bis 20. Sept. geöffnet; Mo. u. Fr. Ruhetag).

Vom **Ghf. Gnedt** in **Kernhof** auf Straße südwärts zu einer Verzweigung und links über Wiesen zum Waldrand mit Teilung. Rechts auf bez. Karrenweg aufwärts, dann nach links über einen Graben und jenseits die steilen Waldflanken hoch zur Forststraße bei einer Felsgruppe, 980 m. Nun am Nordostrücken des Schwarzkogels aufwärts, später durch seine Ostflanke empor in den **Waldhüttsattel** (1266 m) zwischen Gippel und Göller. Den Fußweg Nr. 622 und 655 am steilen Waldrücken links hinauf zur prachtvollen Wiesenschulter der **Hofalm**. Dort links ab und weglos ohne Markierung schräg nach rechts aufwärts, später links empor auf den **Schnalzstein** (1546 m, Kreuz) und über seinen Südrücken sanft abwärts zur **Kohlröserl-**

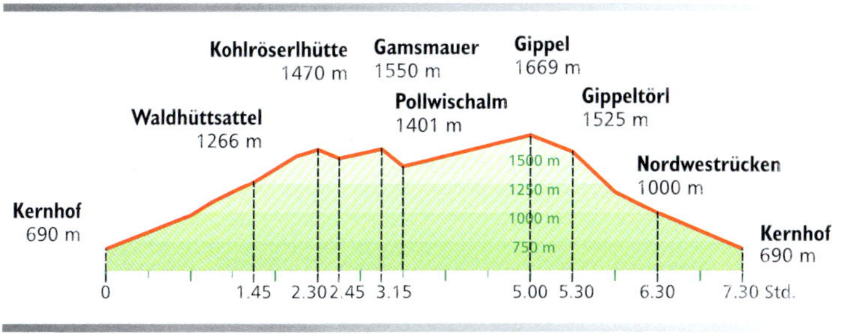

hütte, 1470 m. Eine Wiesenmulde nach Nordosten hinauf in einen Sattel und dort den Steig Nr. 622 und 655 nach rechts (Osten) aufwärts, später etwas exponiert über die felsige Gratschneide der **Gamsmauer** (1550 m) und hinab in den Sattel (1401 m) bei der **Pollwischalm**. Jenseits den „Roman-Majewski-Weg" am Waldrücken hoch, dann rechts von ihm in das Südkar des Gippel. Dort an Schutthängen nach Nordosten aufwärts, später eine begrünte Steilflanke nordwärts empor an den Ostrücken und den Querweg links zum Gipfel des **Gippel** (1669 m; Kreuz und Buch).
Auf bez. Weg jetzt den Ostrücken zur Gänze hinunter in den Felseinschnitt des **Gippeltörl** mit dem Gatter „Gippeltürl" (1525 m; nach rechts in ¼ Std. zur südwestlich gelegenen **Gippelhütte**, 1500 m). Nach links in die Nordseite des Massivs und dort den „Treibsteig" durch eine Felsflanke nach rechts hinab in den Wald. Die steilen Hänge in Kehren weiter abwärts zu unbez. Forststraße. Auf ihr durch die bewaldete Nordflanke des Gippel eben nach links an den Nordwestrücken (1000 m) und jenseits hinunter in den **Gippelbachgraben**. Dort über Wiesen zum **Hof Reintaler**, später auf Asphaltstraße nach **Kernhof**.

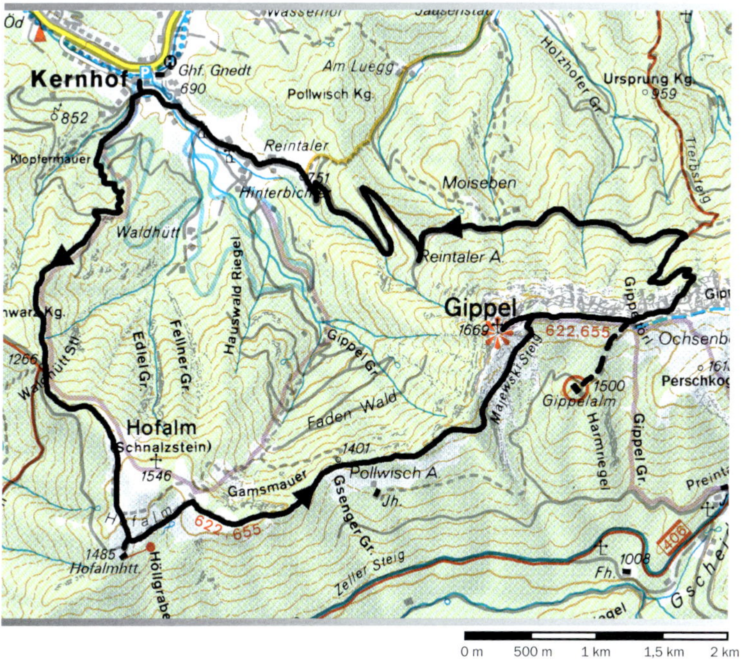

Hirschwand und Seekopf

Aussichtsbalkone und Miniatur-Klettersteige oberhalb von Rossatz

Die Hirschwand bei Rossatz gehört zu den wenigen Erhebungen der Wachau, die für Wanderer wie für Klettersteigfans zum Begriff geworden sind. Sie wird meist mit dem höheren Seekopf bestiegen, der seit 1993 eine Aussichtswarte trägt. Von den vielen Zugängen lassen sich der Steinige-Ries- und der Meurersteig zu einer Rundtour verbinden. Was da an Schönheiten geboten wird, gleicht einem Einschulungskurs in Wachau-Spezialitäten: Eichen- und Robinienwälder, Felskulissen aus rotgelbem Gneis, Tiefblicke zur Donau und auf malerische Ortschaften sowie die immer wieder beglückende Schau zu den Voralpen im Süden.

St. Lorenz – Steinige Ries – Hirschwand – Seekopf – Meurersteig – Kienstock – St. Lorenz

Talorte:
Rossatz, 225 m, Markt am südlichen Donauufer gegenüber von Dürnstein. St. Lorenz, 205 m, 2 km westlich von Rossatz gelegene Fraktion.

Ausgangspunkt, Parkmöglichkeit:
Parkplatz am nordöstlichen Ortsende von St. Lorenz, 205 m.

Gehzeiten:
St. Lorenz – Hirschwand 2–2¼ Std., Hirschwand – Seekopf 20 Min., Seekopf – Oberkienstock ¾–1 Std., Oberkienstock – St. Lorenz ½ Std.; Gesamtgehzeit 3½–4 Std.

Anforderungen:
Mittellange Wanderung auf meist gut bez. Wegen und Steigen. Die Gipfelbesteigung der Hirschwand erfordert jedoch Klettersteig-Erfahrung!

Höhenunterschiede:
500 m im An- und Abstieg.

Höchster Punkt: Seekopf, 671 m.

Einkehrmöglichkeiten: Keine.

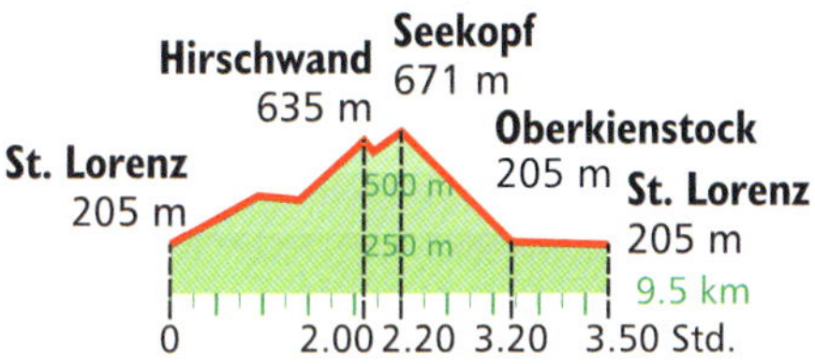

Von **St. Lorenz** die Straße in Richtung Rossatz nach 50 m zur Rechtsabzweigung eines Karrenweges. Auf ihm in Ostrichtung aufwärts, dann nach rechts in den Wald und zu einer Forststraße. Auf ihr nach rechts hoch zu einer Teilung und geradeaus zum Sattel mit der **Fahnenwand**. An den Hängen der **Steinigen Ries** westwärts zu einer Schulter, dann auf gelb bez. Steig in einen Graben und dort zu einer Scharte an langgestreckter Felsmauer. Jenseits ein Stück abwärts, dann steil hoch und in langer Querung nach rechts (Südwesten) hinauf zum Sattel zwischen Hirschwand und Seekopf mit Wegteilung danach. Auf grün bez. Steig nach links unter die Hirschwand. Entweder links empor in eine Scharte und dort am Südwestgrat (Eisenklammern, Drahtseil) hoch zum Gipfel der **Hirschwand** (ca. 635 m) oder auf Steig gerade weiter unter die 20 m hohe, senkrechte Südostwand und über sie (Eisenklammern, Drahtseil) empor zum höchsten Punkt.
Zurück zum Sattel vor dem Seekopf. Seinen bewaldeten Nordostrücken auf bez. Steig aufwärts zur Rechtsabzweigung des **Meurersteiges** und geradeaus weiter zum Gipfel des Seekopfs (671 m) mit 25 m hoher Aussichtswarte („Seekopfturm").
Zurück zur Abzweigung des rot bez. Meurersteiges (Nr. 653). Auf ihm über steile Waldhänge abwärts, dann durch einen Graben mit Felsbildungen hinunter und nach rechts zur Donauuferstraße nahe **Oberkienstock**, 205 m. Auf staubfreiem Fußweg entlang der Straße rechtshaltend nach **Unterkienstock** und weiter zu einem Aussichtspunkt (Golgata-Kreuzgruppe rechts oberhalb). Dort links hinab zum **Treppelweg** und auf ihm nach **St. Lorenz**.

Ötscher – Rauher Kamm

Der schönste Weg auf den Berg

Wer den Ötscher einfach nur besteigen und die herrliche Rundsicht schauen will, der wählt den leichten Weg über den Südwestrücken. Den schönsten Zugang vermittelt jedoch sein türmebewehrter Nordostgrat, der Rauhe Kamm. Allerdings erfordert die Begehung der zwar markierten, aber ungesicherten Route Übung und Trittsicherheit. Wer sich der Sache gewachsen fühlt, kann an dieser „Mariazeller Himmelsleiter“ einen glanzvollen Tag mit hochalpinen Eindrücken und ein Gipfelpanorama vom Feinsten erleben!

Foto: Hauleitner

Talort:
Lackenhof, 809 m, Urlaubsort am Nordfuß des Ötscher.

Ausgangspunkt:
Ranecksattel (953 m; Privathäuser, Forsthaus, Parkplatz) nördlich unterm Ötscher. Zufahrt auf Asphaltstraße mit eigenem Auto von Lackenhof (3 km).

Anforderungen:
Anspruchsvolle Tour für geübte Bergsteiger. Bezeichneter Steig mit exponierten Felspassagen im Schwierigkeitsgrad I. Nur bei trockenem Wetter!

Höhenunterschied:
1060 m im Anstieg, 470 m im Abstieg.

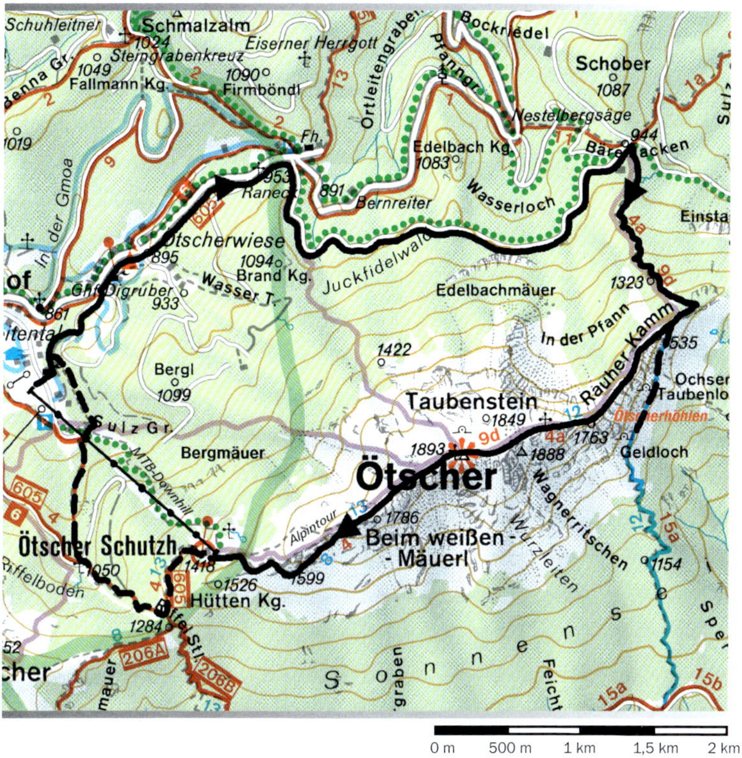

Einkehrmöglichkeiten:
Ötscherhaus (54 B., 56 L.; im Nov. geschlossen, sonst immer geöffnet), Fuchswald-Wirt bei der Ötscherlift-Talstation (keine Nächtigung; vom 15. Mai bis 26. Okt. offen, Mo. und Di. Ruhetag), Ghf. Digruber auf der Ötscherwiese (35 B., 40 B.; ganzj. geöffnet; Mo. u. Di. Ruhetag).

Hinweise:
Ohne Benützung des Ötscherliftes ¾ Std. zusätzlicher Zeitaufwand. Die Besichtigung der Ötscherhöhlen (Geldloch, Taubenloch) an der Südseite ist nur mit entsprechender Ausrüstung (keine Führungen!) ratsam.

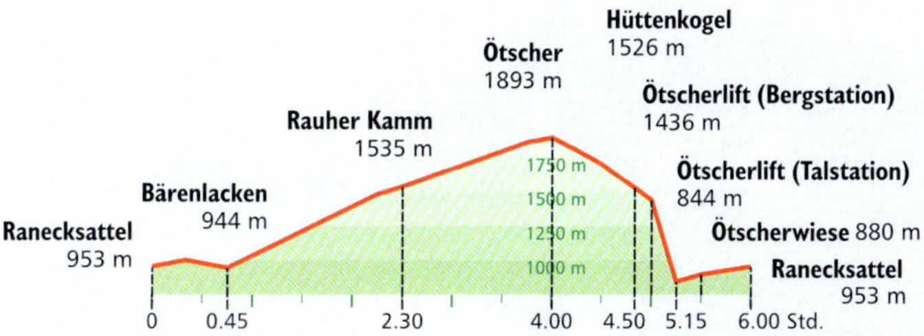

Vom **Ranecksattel** die obere Forststraße mit Wegnr. 1a, am bewaldeten Nordabhang des Ötscher entlang, ostwärts zum Sattel der **Bärenlacken**, 944 m. Rechts auf dem bez. Steig Nr. 4a nach Süden aufwärts, dann einen sehr steilen Waldhang in vielen Kehren empor zu einer Schulter (1480 m) am Ötscher-Nordostrücken und über ihn hoch zum Ansatzpunkt des **Rauhen Kammes** mit Verzweigung (1533 m; links in ¼ Std. zu den **Ötscherhöhlen**). In der Nordseite des getürmten Felsgrates auf Bändern hoch, danach links über Steilschutt und Schrofen (I) empor zur Kammhöhe. Auf eine Graterhebung und jenseits hinab in eine Scharte. Am flachen Grat weiter, dann über eine 3-Meter-Wand (Eisenstifte) in der linken Gratseite hoch. Weiter über die Gratschneide aufwärts, später nach links in die Südseite dort unter eine 20 m hohe steile Wand. Über sie (Kletterei, I+) in Kehren luftig empor zu einem Vorgipfel, 1860 m, danach in eine Scharte. An der begrünten Nordseite des Herrenstands (1888 m) westwärts auf das Gipfelplateau und über Wiesen zum höchsten Punkt des **Ötscher** (1893 m; Metallkreuz).
Den Steig Nr. 4 über den grasigen Südwestrücken abwärts zur Verschmälerung des „Weißen Mäuerl“ und zur Schulter beim **Großen Wetterloch** (Schachtdoline!). Durch Latschen und über Felsstufen steiler bergab, dann die Grasflanke der „Wiesmahd“ rechts hinab zur **Ötscherlift-Bergstation** (1436 m, Liftbetrieb) beim **Ötscherhaus**. Von der **Ötscherlift-Talstation** (847 m) die Straße ostwärts zum Fuchswald-Wirt und dort kurz gegen den Wald hinauf zur breiten Wegtrasse der „Sagenwandermeile“. Auf ihr am Waldrand eben nach links (Norden) zur Asphaltstraße und auf dieser rechts haltend zur **Ötscherwiese**, 880 m, mit dem Ghf. Digruber. Die Straße noch 250 m weiter, dann halb links ab und auf Fahrweg (Nr. 05 und 277) durch einen Wiesengraben nach Nordosten bergauf, später rechts empor in den **Ranecksattel**.

Foto: Hauleitner

Dürrenstein

Zwei-Tages-Tour am Lunzer Hausberg

Als mächtige Kalkscholle mit Hochschwab, Schneealpe und Veitsch vergleichbar, ist der Dürrenstein ein Eldorado unberührter Bergnatur, in dem Urwälder, weite Karrenplateaus, tiefe Schluchten und grüne Bergseen das Landschaftsbild bestimmen. Wer den Berg ohne Hast und Eile besteigen und dabei die schönsten Winkel kennen lernen will, wählt die hier gewürdigte Route von Kasten durch den Lechnergraben und nimmt den Abstieg durch das herrliche Seetal, wobei in der am Plateau gelegenen Ybbstaler Hütte genächtigt wird.

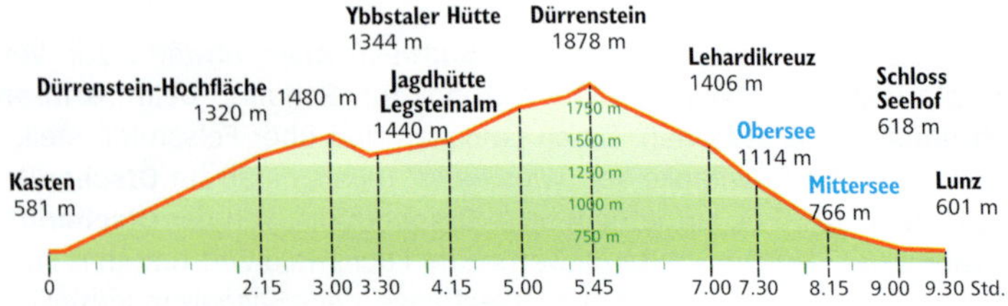

Ausgangspunkt:
Kasten, 581 m, 2,5 km südlich von Lunz an der Ybbs gelegene Fraktion. Bahnhof der Ybbstalbahn. Parkmöglichkeit bei der Töpperbrücke.

Endpunkt:
Lunz am See (601 m), Markt und Fremdenverkehrsort im Ybbstal. Rückkehr mit dem Zug (tägl. um 16.54 Uhr), per Taxi oder zu Fuß.

Anforderungen:
Lange, anspruchsvolle Tour für ausdauernde Geher bei gutem Wetter. Die Aufteilung in zwei Tagesetappen ist sehr zu empfehlen.

Höhenunterschied:
1450 m im Anstieg, 1430 m im Abstieg.

Einkehr:
Ybbstaler Hütte (4 B., 43 L.; vom 15. bis 31. Mai an Wochenenden, von 1. Juni bis 26. Okt. geöffnet, Pfingsten auf Anfrage, Taverne Seehof (10 B.; in der Fastenzeit geschlossen, sonst immer offen; im Juli und August kein, sonst Di. und Mi. Ruhetag). Gasthöfe in Lunz am See.

Hinweis:
Man kann die Tour auch in Lunz beginnen (Parkplätze im Ortsgebiet) und mit dem Zug nach Kasten fahren (tägl. um 10.05 Uhr, vom 8. Sept. bis 14. Juni auch um 5.53 Uhr).

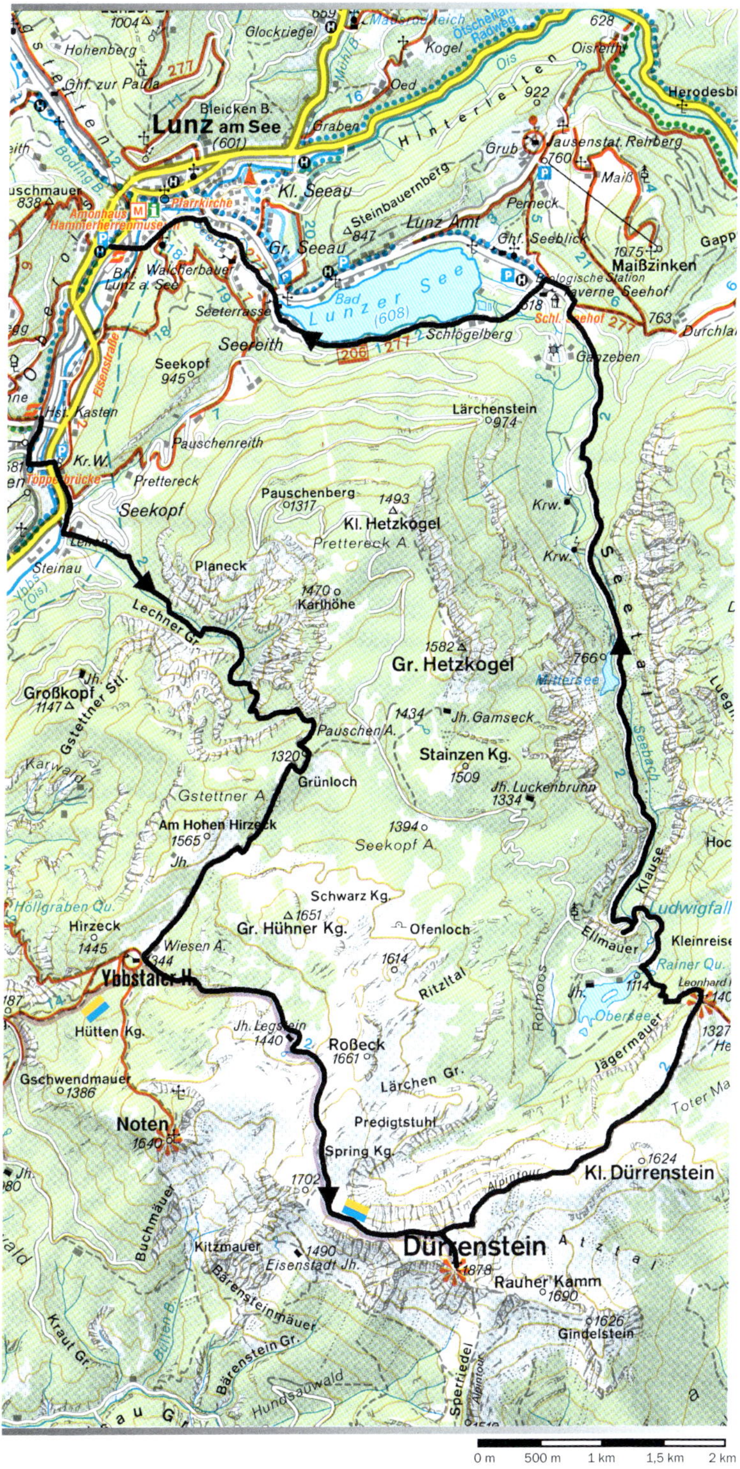
Lunz am See
(601)
Bleicken B.
Hohenberg
Ghf. zur Paula
Glockriegel
Kogel
Oed
Graben
Hinterleiten
922
628
Oisreith
Herodesbi
Ötscherland Radweg
Grub
Jausenstat. Rehrberg
760
Maiß
Kl. Seeau
Steinbauernberg
847
Lunz Amt
Perneck
Ghf. Seeblick
1075
Maißzinken
Amonhaus
Pfarrkirche
Hammerherrenmuseum
Gr. Seeau
Bhf. Lunz a. See
Walcherbauer
Bad
Lunzer See
(608)
Biologische Station
Taverne Seehof
618
Schl. Seehof
763
Durchla
Seeterrasse
Seereith
Schlögelberg
Ganzeben
Seekopf
945
Eisenstraße
Lärchenstein
974
Hst. Kasten
Pauschenreith
Kr.W.
Töppelbrücke
Prettereck
Seekopf
Pauschenberg
1317
1493
Kl. Hetzkogel
Prettereck A.
Krw.
Steinau
Planeck
1470
Karlhöhe
Lechner Gr.
Seetal
1582
Gr. Hetzkogel
766
Mittersee
Großkopf
1147
Gstettner Stl.
1434
Jh. Gamseck
Pauschen A.
1320
Grünloch
Stainzen Kg.
1509
Jh. Luckenbrunn
1334
Seebach
Gstettner A.
Am Hohen Hirzeck
1565
1394
Seekopf A.
Klause
Schwarz Kg.
1651
Gr. Hühner Kg.
Ofenloch
Ludwigfall
Hirzeck
1445
Wiesen A.
1344
Ybbstaler H.
Ellmauer
Kleinreise
1614
Ritzltal
Rainer Qu.
Leonhard
1114
Obersee
Rotmoos
Hütten Kg.
Jh. Legstein
1440
Roßeck
1661
Jägermauer
1327
Gschwendmauer
1386
Lärchen Gr.
Toter Ma
Noten
1640
Predigtstuhl
Spring Kg.
1624
Kl. Dürrenstein
1702
Alpintour
Dürrenstein
1878
Atztal
Buchmäuer
Kitzmauer
1490
Eisenstadt Jh.
Rauher Kamm
1690
1626
Gindelstein
Bärensteinmäuer
Bärenstein Gr.
Kraut Gr.
Hundsauwald
Sperriedel
0 m
500 m
1 km
1,5 km
2 km

Vom **Bhf. Kasten** die Straße rechts der Ybbs 300 m nach Süden und über die **Töpperbrücke** zur Bundesstraße Nr. 25. Auf ihr 400 m nach rechts, dann auf Straße links ab zur Brücke vor dem **Weiler Lehen**. Nochmal links ab und den Karrenweg Nr. 2 über Wiesen nach Südosten hinauf zum Waldrand. Geradeaus im bewaldeten **Lechnergraben** meist links vom Bach talein, später auf Steig steil aufwärts in den Talschluss. Einen bewaldeten Steilhang rechts hoch, dann nach links über den Bach und über eine Waldflanke ostwärts in Kehren empor in das Hochtal unter der Sonnwendmauer. Das Tal im Rechtsbogen hoch, später über eine Rampe nach rechts aufwärts, schließlich durch einen Graben nach Süden auf die **Dürrenstein-Hochfläche** und dort in den Sattel (1320 m) zwischen Hirzeck und Sonnwendmauer, der den Übergang in die Doline des Grünlochs (mit Tiefsttemperaturen bis -52°C österreichischer Kältepol!) vermittelt. Steil nach rechts empor an den Nordostrücken des Hirzeck. In seiner Ostflanke ab und auf in den Sattel (ca. 1480 m) zwischen Gr. Hühnerkogel und Hirzeck. Hinab in die Dolinenmulde der **Wiesenalpe** und jenseits zur erhöht stehenden **Ybbstaler Hütte**, 1344 m.

Zur Verzweigung südlich der Hütte. Den Weg Nr. 2 durch einen Waldgraben nach links (Osten) aufwärts, dann oberhalb einer großen Dolinenmulde nach rechts in ein seichtes Hochtal. Dort nach Süden hoch und über eine Anhöhe hinweg in die Mulde der **Legsteinalm** (Bergrettungshütte). Das Hochtal, an Quelle und Jagdhütte (1440 m) vorbei, aufwärts, später am Westabhang des **Springkogels** zu einem Sattel. Jenseits in einen weiteren Sattel vor dem **Dürrenstein-Westrücken** und nach links in seine Nordseite. Dort in langer Querung aufwärts, dann rechts empor in eine Scharte am Westrücken. Über ihn ein Stück hoch und wieder nach links in die steile Nordflanke. Diese querend empor in eine Mulde und zur Schulter am Nordostrücken mit Wegteilung. Auf bez. Steig gerade weiter, dann über steile Grashänge rechts hinauf zum höchsten Punkt des **Dürrensteins** (1878 m; Kreuz, Buch).

Zurück zur Schulter mit Wegteilung. Rechts den Weg Nr. 2 über den Nordostrücken des Dürrensteins, am Großen Schneeloch (Schachtdoline!) vorbei, hinab in einen Sattel. In der Nordseite des Rückens und unterm **Kleinen Dürrenstein** weiter abwärts zur Wiesenschulter der **Herrenalm** und über sie zur Verzweigung beim **Lehardikreuz**, 1406 m. Links ab und über einen steilen Waldhang in Kehren nach Nordwesten hinunter in das **Seetal** mit Forststraße (links zum **Obersee**, 1114 m). Die Straße, am Ludwigfall vorbei, durch das Tal nach rechts hinunter zur Verengung der „Klause“, dann eben zum **Mittersee**, 766 m, und weiter talaus zum **Schloss Seehof**, 618 m. 100 m danach (bei der „Biologischen Station Lunz“) links ab und den Weg Nr. 1, 206 und 277 westwärts zum Südufer des **Lunzer Sees**. An den Waldhängen überm See entlang zu einer Straße und diese zum **Seerestaurant** am Westende. Nun die **Seepromenade** über Wiesen nach Nordwesten, dann im Linksbogen um den Seekopf herum, schließlich nach rechts über die Ybbs zum **Bhf. Lunz**.

Foto: Hauleitner

Von Loipersdorf zum Köglberg

„Auf und ab“ heißt diesmal die Devise

Der in Wanderkarten festgeschriebene Name Großkögeln ist unter Einheimischen unbekannt; diese reden nur vom Köglberg und dorthin wird fleißig gefahren: Buschenschenken ziehen magisch an. Auf die Idee des Zu-Fuß-Gehens verfallen überwiegend nur Stadtleute. Um so glaubhafter können sie jedoch feststellen: Die über den Köglberg führende Rundtour enthält etliche Fakten, welche zu überraschen vermögen. Welche? – Das wird nicht verraten, sonst wär's ja keine Überraschung.

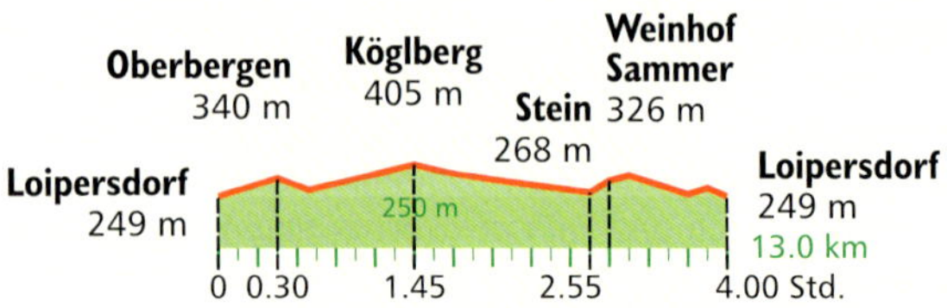

Ausgangspunkt:
Loipersdorf bei Fürstenfeld, 249 m, Gasthaus Jandl bzw. Kirchplatz.

Höhenunterschied:
330 m.

Anforderungen:
Flurwege, Waldwege, kurze Abschnitte auf Asphalt; überwiegend beschildert bzw. markiert.

Einkehr:
Buschenschank Siegl (Ruhetag: Mo, Di), Buschenschank Gether (Ruhetag: Fr), Buschenschank Thurner
(Ruhetag: Di, Mi), jeweils geöffnet ab Nachmittag.

Tipps:
In Stein die Kirche von 1861 (geweiht der hl. Magdalena); gegenüber eine Töpferei mit zeitgenössischer Keramik.

In der Ortsmitte von **Loipersdorf**, gegenüber dem Gasthaus Jandl, zur Kirche. Dahinter beginnt diese Wanderstrecke. Nach einem Brunnen erreicht man eine Linde (Naturdenkmal). Einem Gässchen folgend bergan zu einer Straße. An dieser bzw. auf den Wegen Nr. 9 und 10 zu einer Säge und zu einer Straßengabelung. Hier rechtshaltend, dem Schild „Höhenweg 10“ folgend, auf einer Flurstraße und in aussichtsreicher Lage durch **Oberbergen**. Bergab, vorbei am ehemaligen Buschenschank Erath, und auf einem Wiesenweg zu einer Weggabelung. Man folgt dem Weg 9 und erreicht einen **Bildstock**. Alsbald zweigt der Weg 9 links ab. Nun über einen Wiesengrund, anschließend in einem Waldstück bergan. Von der Rastbank zu einer Flurstraße; an dieser in Blickrichtung Köglberg (mit Sendemast) weiter. Man kommt an einem gepflegten kleinen **Gehöft** vorbei. Kurz danach erblickt man am Wegrand die Tafel „Rundwanderweg

Stein", jedoch steigt man dieselbe Flurstraße weiter an. Im Schutz einer fotogenen Lärche steht ein kleiner Bildstock (errichtet anno 1999). Schließlich erreicht man den Buschenschank Siegl. Noch kurz bergan zum höchsten Punkt, dem **Köglberg**. Auf dessen Kuppe – sie gewährt prächtige Aussicht – ist der Buschenschank Gether angesiedelt.
Nach einer Rastpause zurück bis zur **Wegtafel** „Rundwanderweg Stein"; hier biegt man in einen Flurweg ein und quert, inmitten von Wiesen und Feldern, halbwegs eben zu einer Sandstraße. Nun dieser folgend bis zur beschilderten **Gabelung**; hier rechter Hand weiter: Man geht am Stieglitzberg entlang der Straße zum **Buschenschank Thurner** und von diesem durch zwei Kehren abwärts in das Dorf **Stein**. Beim Gemeindeamt bzw. bei der Töpferei die Straße bergan zum **Weinhof Sammer**. Nochmals bergan, nun durch Wald, auf eine **Geländekuppe**. An der Straße (rechter Hand nimmt man eine Laube, die „Steiner Hütte" wahr) abwärts, vorbei am Gästehaus Schneeberger, zur Brücke am Edelsbach. Der Wegnummer 4 folgend bergan zur **Straßenkuppe** und abwärts in die Ortsmitte von **Loipersdorf**.

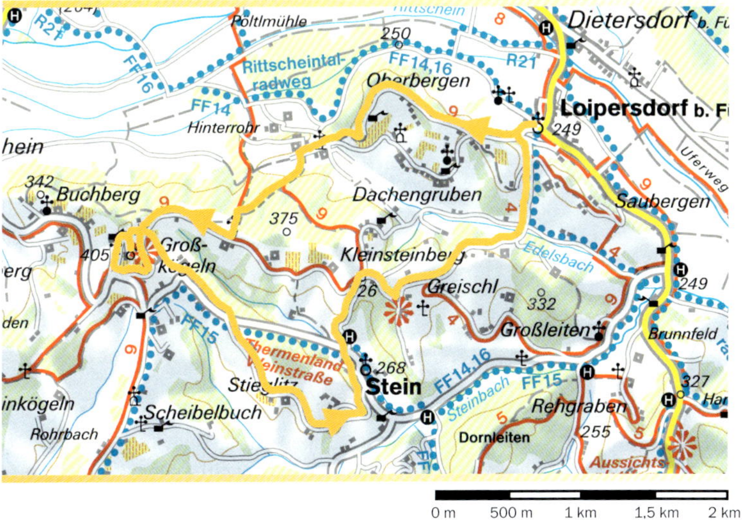

Sankt Anna am Aigen: Weinweg der Sinne

„Sehen, Hören, Fühlen, Riechen und Schmecken“

Das Motto des seit Mai 2001 bestehenden Themenwegs lautet „Sehen, Hören, Fühlen, Riechen und Schmecken“ und entführt die Besucher ins Reich der Sinne. Als Wegweiser dienen langhalsige Flaschen. Es wird jedoch in solche nicht immer nur Wein abgefüllt. Deshalb ist der Begriff „Weinweg der Sinne“ auch dahingehend zu verstehen, dass man zwar durch Weinberg-Landschaften spaziert, dennoch bei so manchem Produzenten puren Nektar verkostet. Somit fächert sich der Anwenderkreis weit auf. Schließlich folgen auch Familien gern dem „Weinweg der Sinne“ – und noch immer haben Eltern nach so viel Sehen, Hören, Fühlen, Riechen und Schmecken ihre Kinder sicher und wohl behütet nach Hause geleitet.

Ausgangspunkt:
St. Anna am Aigen, 403 m, Vinothek. Anfahrt aus Richtung Graz über Gleisdorf (A 2, Exit Gleisdorf- Süd) und Fehring.

Gehzeiten:
5.00 Std.

Höhenunterschied:
Ca. 300 m.

Anforderungen:
Flurwege und Flurstraßen; speziell beschildert.

Einkehr:
Gasthof Grenzlandhof (Mitte März – Ende Okt., Ruhetag: Mo, Di), Imbissstube bei der Aussichtswarte (März – Okt., täglich ab 11 Uhr). Entlang der gesamten Strecke zusätzlich mehrere Buschenschenken bzw. Weinhöfe.

Variante:
Die Strecke kann auch halbiert werden; Schleife St. Anna 3 Std., 6,5 km; Schleife Gießelsdorf 2 Std., 6,5 km.

Tipp:
Gesamtsteirische Vinothek St. Anna am Aigen (März – Aug. Di – So, 11 – 18.30 Uhr; Sep. – Anfang Dez. täglich 10 – 17.30 Uhr).

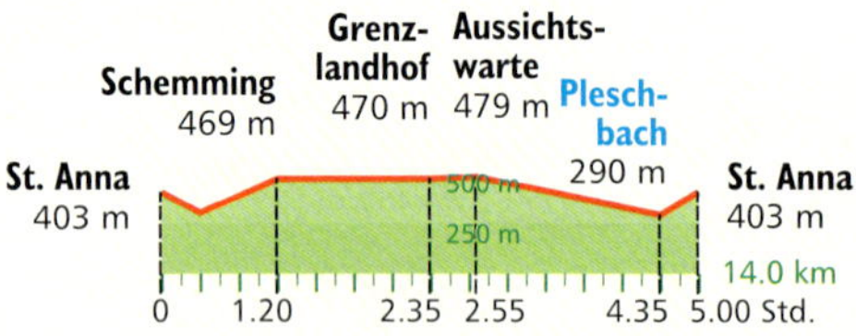

In **St. Anna** führt zwischen dem Postamt und dem Pfarrheim ein Steig den Westhang abwärts. Ein Abstecher zum anliegenden Kalksteinbruch lohnt durchaus, um anschließend aus dem hinteren **Pleschbachtal** zu Weinbau-

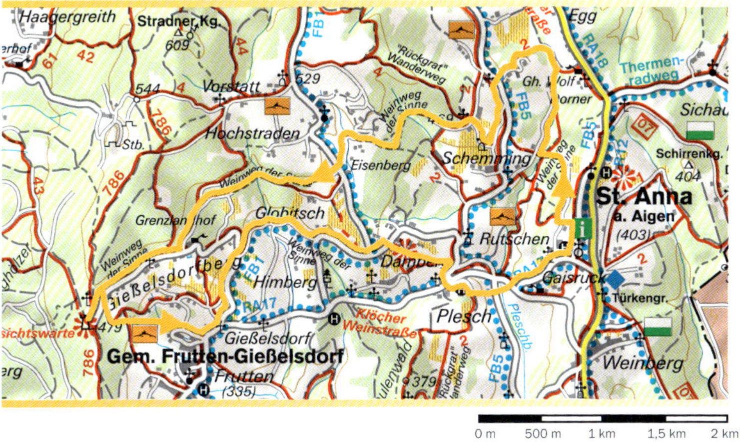

höfen bergan zu steigen. In **Schemming** erreicht man gegenüber einem Pestkreuz (von 1575) einen Rosengarten. Man folgt der Höhenstraße. Alsbald leitet im Buchenwald der **Alte Schulweg** bergan, dabei steigt man über Basaltstein-Stufen an; dieser Weg war bis zum Jahr 1975 die kürzeste Verbindung zwischen Hochstraden und St. Anna am Aigen. Nach einigen Gehöften gelangt man zur **Haselquelle**; deren Wasser wird weithin geschätzt. Alsbald nach dieser Quelle bietet sich Gelegenheit, von einer Holzterrasse Ausschau zu halten. Nach dem Höllischgraben erreicht man den **Grenzlandhof**. Nun halbwegs eben entlang eines Gehweges zur **Aussichtswarte** am Gießelsdorfberg.

Rückweg: Unweit der Warte durch Wald bergab zu einer Flurstraße an den Rieden von **Stradenberg**. Man erreicht die „Alte Presse". Die Strecke des Themenweges leitet durch die Weiler **Himberg** und **Damberg**. Originell ist jene Passage, wo man mit Hilfe eines gezimmerten Steges einen Weingarten überquert. In weiterer Folge erreicht man mehrere Winzer-Gehöfte und überquert danach den **Pleschbach**. Zunächst einem Flurweg folgend, sodann an der sogenannten „steilen Leit'n" auf einem Pfad bergan und zuletzt am Ried Annaberg aufwärts. In **St. Anna** schließlich zu der am Dorfrand stehenden Vinothek.

Sommeralm und Plankogel

Panorama-Wanderungen im „Naturpark Almenland"

Die Teichalm und die Sommeralm bilden gemeinsam das „größte zusammenhängende und bewirtschaftete Almgebiet Österreichs". Dieser Superlativ reflektiert erst einen Bruchteil des wahren, das heißt ideellen Landschaftswertes. Schließlich ist dasselbe Almenland ein Ganzjahresziel, denn die Bewegungsfreiheiten reichen vom Schlendern über Wiesenteppiche bis zu stundenlangen Wanderungen entlang jener Höhenrücken, welche das in einer Seehöhe zwischen 1200 m und 1500 m liegende, durchwegs sanft geformte Almgelände umgrenzen. Dessen jüngste Auszeichnung dokumentiert sich folgend: Seit 17. 6. 2007 trägt die Region Almenland das Prädikat „Naturpark".

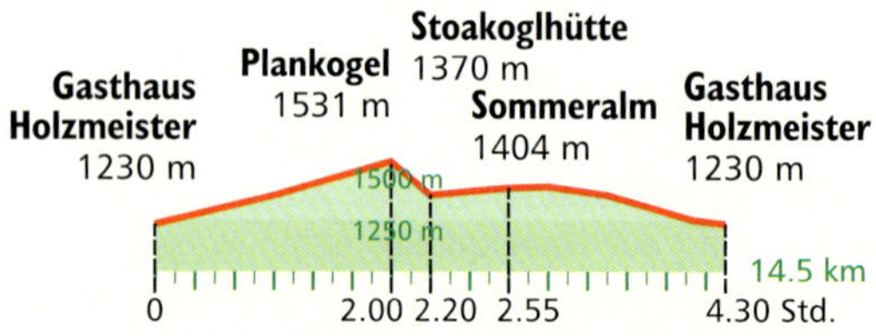

Talort:
Fladnitz an der Teichalm, 694 m. Anfahrt aus Richtung Graz über Frohnleiten und Rechberg.

Ausgangspunkt:
Gasthaus Holzmeister (Ruhetag: Do), 1230 m, ca. 8 km nördlich von Fladnitz.

Höhenunterschied: Insg. 370 m.

Anforderungen:
Sanft geneigtes Almgelände, mit wenigen Waldpassagen; Strecke markiert und beschildert. Entlang des „Almenweges" zusätzlich Übersichtstafeln und spezielle Beschilderung.

Einkehr:
Gasthaus Stoakoglhütte (Mai – Okt. durchgehend geöffnet, Dez. – März Do – So), Gaststätten auf der Sommeralm.

Varianten:
1. Von der Stoakoglhütte auf den Streberkogel, 1447 m. Abstieg nach dem viereckigen Waldstück zur Sommeralmstraße; parallel zu dieser auf einem Steig über die Saualm zurück; 1 Std.
2: Vom Schwoabauerkreuz auf Weg 754 zum Raab-Ursprung, 1080 m; Gehzeit hin und zurück 40 Min.

Tipp:
Das „Windradl" am Plankogel, die „höchstgelegene netzgekoppelte Windkraftanlage Europas" wurde am 5. Juni 1999 eröffnet. Hervorragender Aussichtsplatz, speziell zum Sonnenuntergang.

Ab dem **Gasthaus Holzmeister** leiten die Wege 02 und 745 an der Südseite des Mooskogels sanft ansteigend bergwärts. Man überquert eine Lifttrasse und gelangt allmählich in das Gelände der Kerschbaumeralm. Nun in der Südseite des angrenzenden Kulmkogels bergan zum Wallfahrerkreuz, 1350 m. Dem Höhenrücken folgend zum **Kerschbaumgatterl**. Anschließend gelangt man zu einer Quelle („Kaltenbrunn"), alsbald danach in das Weidegelände der Sommeralm und steigt beliebig an zum **Plankogel**; Gipfelkreuz von der Bergrettungs-Ortsstelle Weiz. Entlang eines Zaunes wandert man ostwärts hinunter zur **Stoakoglhütte**; Wendepunkt.
Der **Rückweg** leitet am südseitigen Fuß des Plankogels zum Windrad und von diesem zum Straßensattel auf der **Sommeralm**; großer Wegweiser der Alpenvereinssektion Mixnitz. Im anschließenden Abschnitt führt der „Almenweg" bzw. Weg Nr. 45 in Richtung Siebenkögel: Man geht um den Saukogel eben herum, sodann leicht bergan zu den drei **Wetterkreuzen** und durch anmutiges Gelände zur Bergstation des **Pirstingerliftes**. Allmählich etwas steiler bergab in den Sattel beim **Schwoabauerkreuz**, abwärts zum Mixnitzbach – und schon steht man wieder vor dem **Gasthaus Holzmeister**.

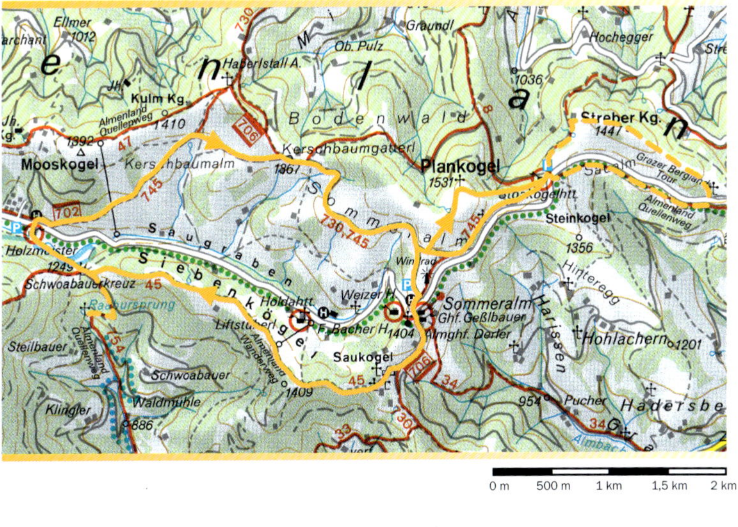

Silberbergwarte und Kreuzkogelwarte

Auf den Spuren des Malers Carl Rotky „in das Weinland einischau'n"
Die 1895 gegründete Landes-Weinbauschule Silberberg emanzipierte sich zur Kaderschmiede der steirischen Winzermeister. All die jungen Silberberg-Absolventen sind drauf und dran, ihre Lehrmeister zu überholen. Ein größeres Lob gibt es nicht, um den extrem hohen Qualitäts-Standard zu würdigen, der die steirischen Weine auszeichnet. Bei dieser Rundwanderung schnuppert man auch das Flair intensiver Arbeit: „Siebenmal geht der Winzer in den Weingarten."

Foto: Auferbauer

Talort:
Leibnitz, 274 m.

Ausgangspunkt:
Weinbauschule Silberberg, 280 m, nächst dem Sulmsee. Zufahrt über die A9 Pyhrnautobahn, Abfahrt Leibnitz. Aus Richtung Deutschlandsberg oder Wies jeweils über Gleinstätten.

Höhenunterschied: 310 m.

Anforderungen:
Spazier- und Wanderwege, teilweise Hofzufahrten.

Einkehr:
Buschenschank Krautgasser (Mo, Di Ruhetag); Qualitäts-Buschenschank Kieslinger (März bis 8. Dez., täglich ab 14 Uhr, Sa/So ab 12 Uhr; Mi Ruhetag).

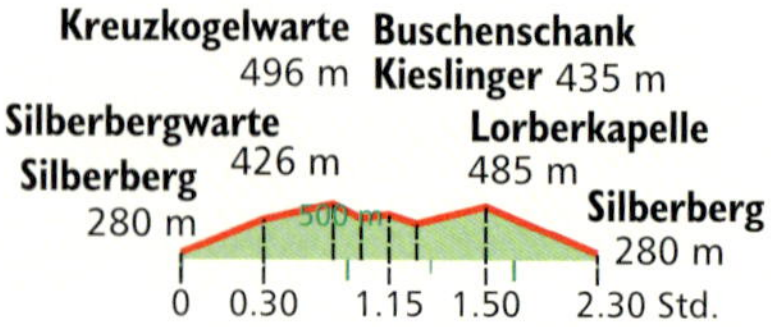

Durch den Schaugarten der **Weinbauschule Silberberg** leitet ein 1,5 km langer Weinlehrpfad aufwärts. Zahlreiche Tafeln und Schauobjekte informieren zum Thema Weinbau. Die nur wenige Steinstufen hohe **Silberbergwarte** (1955 saniert) ermöglicht prächtige Ausblicke und Übersichten auf den Landes-Weingarten und das Sulmtal sowie auf Seggauberg und Frauenberg. Entlang eines Höhenweges erreicht man die **Kreuzkogelwarte**, von deren Plattform sich wahre Prachtpanoramen bis in weite Horizonte bieten. Nordwärts leicht bergab, vorbei am Buschenschank Krautgasser, gelangt man zum Buschenschank Kieslinger: Hier war der Arzt und Maler Carl Rotky (1891 – 1977) oft und gern zu Gast. Zu Rotkys Lieblingsmotiven zählten das Klapotetz und die Lorberkapelle am Kittenberg. Dorthin folgt man zunächst einer Straße anfangs durch Wald zu einer Kuppe. Aus dem seichten Sattel bergan zum Gehöft Sebernegg-Hernuss und geradewegs bergan zur **Lorberkapelle**, 485 m, deren Standort auf einer Kuppe oberhalb von Weingärten das Klischee des Steirischen Weinlandes symbolisiert: unendlich schön.

Der Abstieg erfolgt südwärts, direkt entlang des Höhenrückens, vorbei an einem Sender und einem Hochsitz (hier eventuell linkshaltend bergab in den Kogelgraben). Am besten jedoch folgt man dem südseitigen Weinbergrücken. Durch zwei Türen hindurch (jede Tür bitte schließen!), hinab zum Waldrand und auf einem Ziehweg zur Kapelle (renoviert 1995) an der Sulmtal-Bundesstraße. Unweit davon die **Weinbauschule Silberberg**.

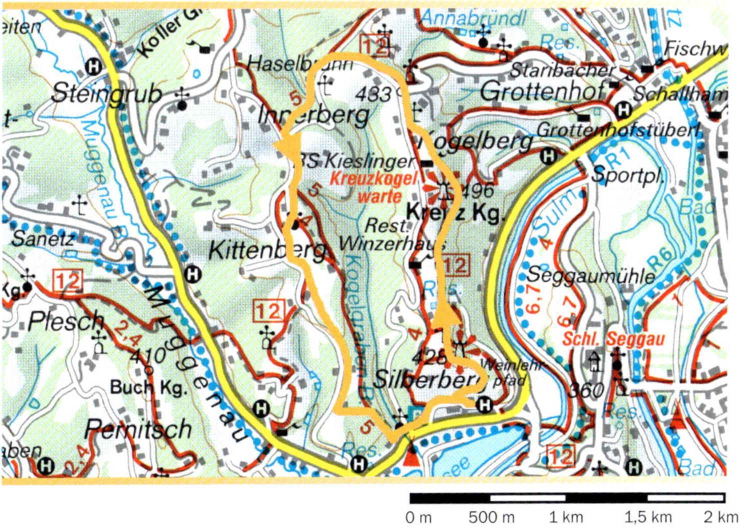

Von der Bürgeralpe nach Mariazell

Auf langem Spiralenweg zu Tal

Das oft wechselhafte Wetter im Mariazeller Land mag Gipfelsammler mitunter schon zur Verzweiflung bringen. Gottlob gibt es da auch weniger hochtrabende Ziele, die ohne großen Aufwand ein Optimum an Bergglück vermitteln. Und sollte es wirklich einmal Schusterbuben regnen, so ist bei den ersten Sonnenstrahlen eine Seilbahnfahrt auf die Bürgeralpe immer gut. Von den möglichen Talabstiegen gilt der hier gewürdigte als der zwar längste, aber auch reizvollste.

Talort:
Mariazell, 868 m, Wallfahrtsort an der Wasserscheide von Erlauf und Salza.

Ausgangspunkt, Parkmöglichkeit:
Bergstation der Bürgeralpe-Gondelbahn, 1247 m, auf einer Wiesenschulter südlich unterhalb des Gipfels, 1266 m. Talstation, 868 m, im Zentrum von Mariazell (teils kostenpflichtige Parkplätze), an der Wienerstraße beim Haus Nr. 21. Geschlossen im April und Nov., sonst Betrieb im Dez. von 8.00 bis 16.00 Uhr, von Januar bis März von 8.00 bis 17.00 Uhr, vom 1. Mai bis 26. Okt. von 9.00 bis 17.00 Uhr. Auffahrt alle 20 Min.

Anforderungen:
Längster Abstieg von der Bürgeralpe nach Mariazell. Leichte Wanderung auf bezeichneten Wegen und Forststraßen.

Höhenunterschied:
70 m im Anstieg,
450 m im Abstieg.

Einkehr:
Berggasthof Bürgeralpe (20 B.; im Nov. und April geschlossen, sonst immer geöffnet; kein Ruhetag), Edelweißhütte (keine Nächtigung; vom 1. Mai – 26. Okt. geöffnet; kein Ruhetag). Zahlreiche Gasthöfe und Restaurants in Mariazell.

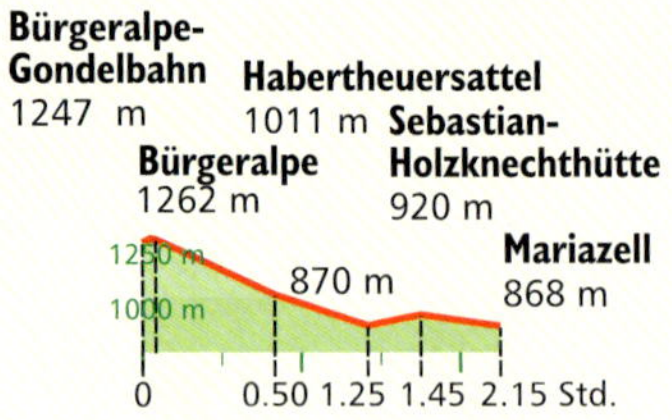

Von der **Gondelbahn-Bergstation** auf Naturstraße, an **Jägerwirt's Berggasthof** und dem Eingang in die **„Erlebniswelt Holzknechtland"** (mit Bergsee, Uferbahn, Holztrift, Wasserwerkstätte, Sägewerk, Darstellung der Baumbearbeitungsphasen) vorbei, über Wiesen und durch Wald nach

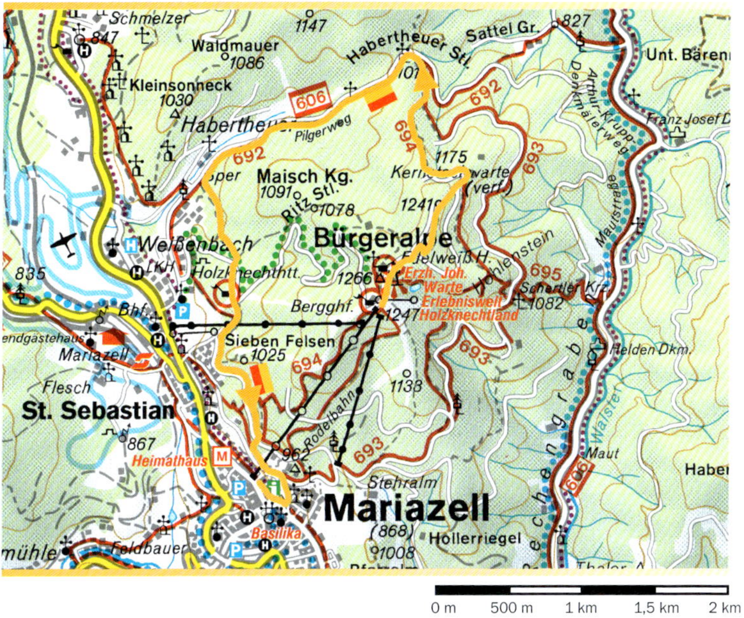

Norden aufwärts zu der am Gipfel der **Bürgeralpe** (1266 m) stehenden, 24 Meter hohen **Erzherzog-Johann-Warte** (Blick auf Hochschwab, Türnitzer, Mürzsteger und Ybbstaler Alpen), danach weiter zur **Edelweißhütte**. Auf Forststraße (Weg Nr. 694) am bewaldeten Nordrücken abwärts, später links auf breitem Weg zu einer Verzweigung (links zum „Erlaufseeblick“). In der rechten Flanke des Rückens hinab zu einer Forststraße, die traversiert wird. Danach links ab (geradeaus zum „Hubertusseeblick“) und auf bez. Weg westwärts an steiler Waldflanke entlang wieder an den Nordrücken des Berges. Über ihn bergab, dann rechts hinunter zum Weg Nr. 693 und diesen nach links zum **Habertheuersattel**, 1011 m.

Den Weg 606 und 692 nach links (Südwesten) hinab in den **Habertheuergraben** und dort auf einer Naturstraße eben talauswärts zum **Rosenkranzweg** mit charakteristischen Bildstöcken. Auf ihm durch Wald nach links (Süden) aufwärts zu einer Anhöhe mit der **Sebastian-Holzknechthütte**. Nun in langer Querung, am Westabhang der Bürgeralpe entlang, zum staubfreien **Buschniggweg**. Auf ihm zu zwei Unterstandshütten, dann unter der Gondelbahn (schöner Blick auf Mariazell und Basilika!) durch, zuletzt die Schießstattgasse hinab in das Zentrum von **Mariazell**, 868 m.

Foto: Hauleitner

Bründlweg und Hocheck

Für Feinschmecker: Hohes Erlebnisniveau in Natur, Küche und Keller
Der Bründlweg ist eine Kombination aus öffentlichen Wegen bzw. Hofzufahrten. Die Wegabschnitte liegen abwechselnd sonnseitig bzw. in Waldbereichen. Die Rundtour ist ganzjährig empfehlenswert, und alle Streckenteile lassen sich mit „Kind und Kegel" begehen. Am zehn Kilometer langen „Romantischen Bründlweg" finden Wandergäste verlässlich sowohl von Quelle zu Quelle als auch von Einkehr zu
Einkehr: Zahlreiche Bauernhöfe bieten Naturprodukte an. Speziell für solch „naturnahe" Einkehrpausen sollte man sich angemessen Zeit gönnen. Dass infolgedessen die Unterwegszeit das Maß der Gehzeit erheblich überschreiten kann, sollte man zeitgerecht bedenken und – zumindest an kürzeren Tagen – vorsorglich eine Stirnlampe mitnehmen.

Foto: Auferbauer

Talorte:
St. Lorenzen im Mürztal, 569 m; Turnau, 780 m; Anfahrt auf S6 Semmering-Schnellstraße, Ausfahrt St. Marein im Mürztal.

Ausgangspunkt, Parkmöglichkeit:
Parkplatz auf dem Poguschsattel, 1059 m; Anfahrt wie zum „Steirereck" (beschildert).

Höhenunterschied:
400 m.

Weglänge:
10 km.

Anforderungen:
Als Themenweg speziell bezeichnet; inmitten der Strecke mäßige Steigungen.

Einkehr:
Restaurant Steirereck, geöffnet Do – So; Jausenstation Schäffer-Huber, geöffnet Dezember bis Oktober; Jausenstation Himmelreichbauer (Ruhetag: Mo, Di); sowie an den Gehöften Friedmanner, Hochegger, Rührerbauer, Herrbauer.

Tipp:
Romantischer Bründlweg (Infos im Internet: www.bruendlweg.at).

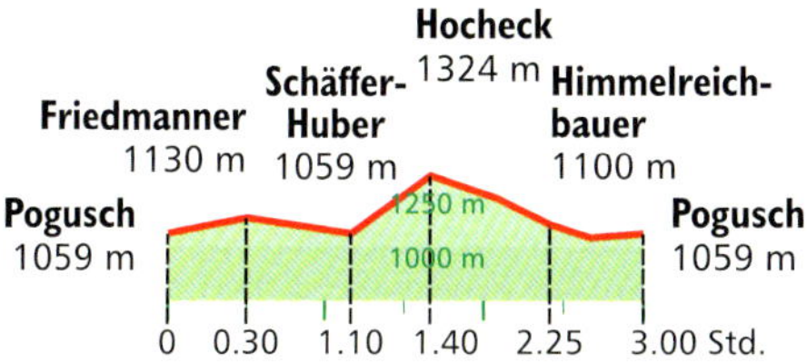

Am Parkplatz **Poguschsattel** weist eine große Info-Tafel die Richtung: Ein Waldweg leitet zu den ersten Quellen und zu dem in einem Sattel stehenden **Gehöft Friedmanner**; der große Bauernhof ist rund 400 Jahre alt. Man schlendert sonnseitig, auf Flur- und Forstwegen, stets leicht bergab zur **Jausenstation Schäffer-Huber**.

Hierauf folgt die „Bergwertung“: Knapp 15 Minuten im Wald steiler bergan zum **Hocheggerhof**, 1150 m. Ab hier umrundet man auf einem Flurweg jenen breiten Wiesenrücken an der Sonnseite des Hochecks und gelangt vom Mürztalblick-Bankerl zum Buchanger-Bankerl; mit Wegweiser. Wir entscheiden uns für den Weg 455 und erreichen innerhalb weniger Minuten das **Hocheck** (auch Himmelreichkogel genannt). Ein ausgesprochen schöner Steig leitet nordwärts – zunächst zum Bankerl „Hochschwabblick“ – und schließlich zu jenem idyllischen Platz mit der **Himmelreichkapelle**. Die der heiligen Maria geweihte Kapelle wurde um das Jahr 1660 erbaut, 1831 renoviert und 1885 vergrößert. Auf einem Waldweg steigt man ab zur **Jausenstation Himmelreichbauer**.

Nun geht es auf einem Steig zur riesengroßen Tanne; hier wird auf einem Schild nachgefragt: „Wer schätzt Höhe und Alter richtig?“ Anschließend entlang einer Forststraße zum Aussichtsplatz „Veitschblick“ und zuletzt, leicht bergan, auf einem Waldsteig zurück in den **Poguschsattel**.

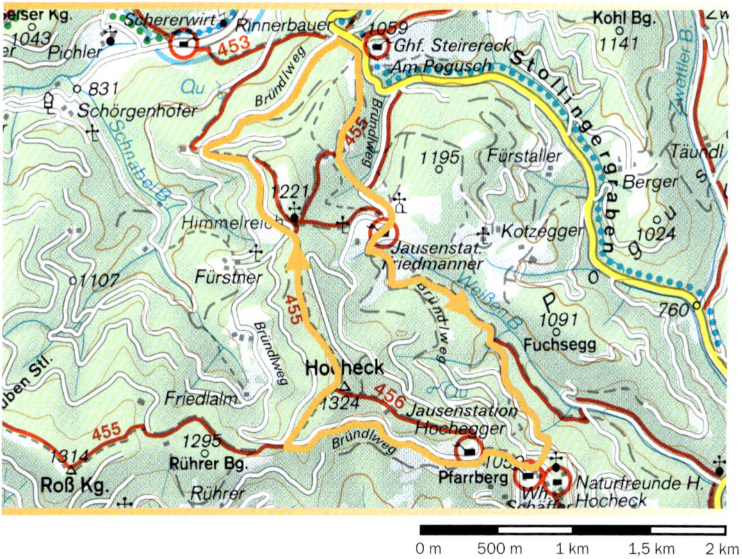

Stainzer Panoramaweg

Wein und Wasser – vom Engelweingarten zum Johannesbrunnen
Diese Rundtour ist ein Mix aus Flurstraßen und Waldwegen. Das suggestiv wirkende Prädikat „Panoramaweg“ leitet sich eher von jener umfassenden Aussicht ab, welche man auf der obersten Plattform der Stainzer Warte genießt. Auch tragen der Engelweingarten und der Weiler Angenofen zum Panorama bei.

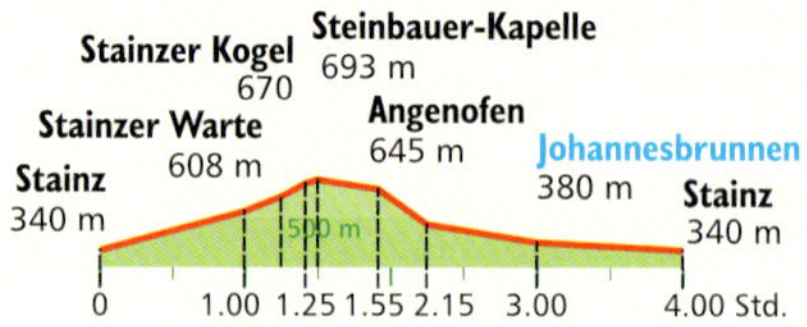

Talort:
Markt Stainz, 340 m.

Ausgangspunkt:
Brückenwaage, nächst dem Info-Büro. Zufahrt über die A2 Südautobahn, Ausfahrt Lieboch; Bundesstraße nach Stainz. GKB-Bus, Linie 760.

Höhenunterschied:
350 m.

Anforderungen:
Einfach begehbare Spazier- und Wanderwege, abschnittsweise auch Straßen; durchgehend als „Panoramaweg 1“ beschildert.

Einkehr:
Wein-Restaurant Engelweingarten (So, Mo Ruhetag; Nov. – März geschlossen); Gh. Kraxner (Mi Ruhetag); Buschenschank Schmidt (geöffnet Fr – So ab 14 Uhr).

Sehenswertes:
Schloss Stainz mit dem Jagdmuseum.

Foto: Auferbauer

In **Stainz** weisen nächst dem Tourismus-Infobüro und der Brückenwaage Holzschilder zum Panoramaweg. Man folgt dem Engelweingartenweg, dann der Ziegelstadelstraße und erreicht den Engelweingartenwald. In **Kothvogel** leitet die Max-Gschiel-Straße zur Pletteriekapelle (von 1864) und – mit einem kurzen Abstecher – zum **Engelweingarten**, 535 m. Im Weiteren geht man bergan zum Steinbruchweg und erreicht nach einigen Kehren die **Stainzer Warte**, ein Kulturdenkmal: Der frei zugängliche Aussichtsturm steht auf dem Lethkogel und wurde 1902 errichtet; die achteckige Holzkonstruktion ist 39,5 m hoch, wobei die überdachte Aussichtsplattform in 25 m Höhe liegt. Von der Stainzer Warte gelangt man durch ein Waldstück zu einem Hochbehälter und dort aus dem kleinen Sattel auf den Stainzer Kogel, 675 m, mit Gipfelkreuz von 1979. Als nächstes erreicht man den höchsten Punkt dieser Wanderung, die **Steinbauerkapelle**, 693 m, erbaut 1625.

Der Panoramaweg leitet über das Gehöft Kraxnerannerl nach **Angenofen**, 645 m, und zum Gh. Kraxner. Nun abwärts zur **Görikapelle**, 527 m, und entlang der Straße zum Sierlingbach. Man überquert die Brücke, kommt an einem verfallenden Bauernhof vorbei, achtet nun auf den Wegverlauf und steigt durch urigen Wald ab zur Asphaltstraße in **Neurathberg**. Von hier bergab zum **Johannesbrunnen**. Nun talauswärts; dabei durch Neurath, sodann auf dem Schulweg und Sägeweg (Rad- und Fußweg) nach **Stainz**.

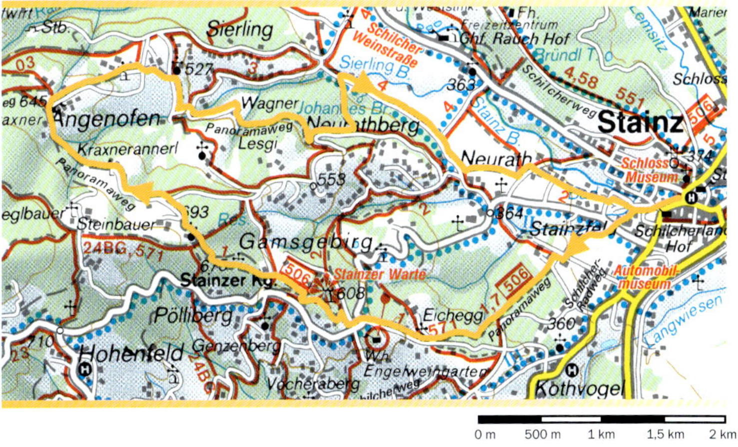

Rund um den Grünen See

Das wohl beliebteste Ausflugsziel bei Tragöß-Oberort
Parkplatz Grüner See – Pfarrerteich – Grüner See – Kreuzteich – Pfarrerteich – Parkplatz

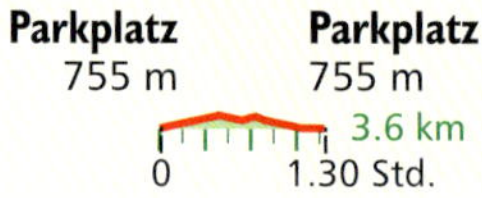

Talort/Ausgangspunkt:
Tragöß-Oberort, 793 m, einer der bekanntesten Erholungsorte der Hochschwabregion; der Abschluss des Tragösser Tales zählt zu den typischen hervorragenden Landschaftsmotiven.

Gehzeiten:
Für Rundweg etwa 1½ Std.

Anforderungen:
Ebene, z. T. auch breite Spazierwege; am Grünen See idyllischer Ufersteig.

Einkehr:
In Tragöß-Oberort Gasthöfe und Pensionen. Am Grünen See: Seehof, ganzjährig geöffnet, keine Nächtigung; Gasthof „Am Grünen See" (Julienheim), ganzjährig, 20 Betten.

Tipp:
3 km südlich von Oberort, in Pichl, der Zenzsee, ein 55.000 m² großer Freizeitsee; mit Campingplatz, Spielwiesen usw., ideale Kombination Wandern und Baden.

Foto: Auferbauer

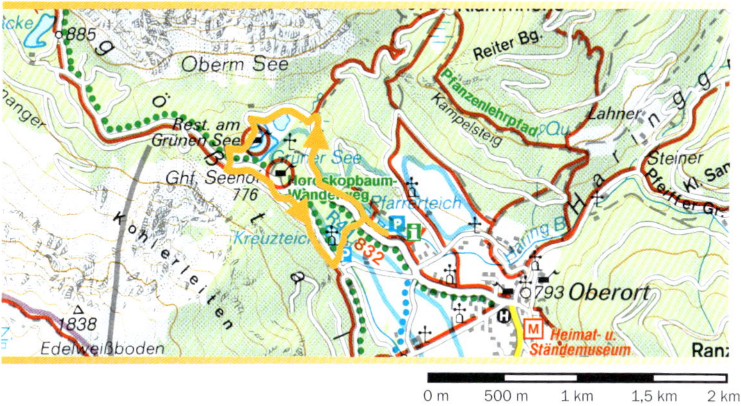

Der Grüne See und seine waldreiche Umgebung sind ein idyllischer Flecken, an dem es an Wochenenden und Feiertagen durchaus lebhaft zugehen kann. Der Grüne See ist nun einmal eines der populärsten Ausflugsziele in der Hochschwabregion. Noch vor dem Waldbereich sind große Parkplätze eingerichtet, so dass die Umgebung zwischen Pfarrerteich und Grünem See vom motorisierten Verkehr einigermaßen verschont bleibt. Postbusse verkehren von Bruck an der Mur bis Tragöß-Oberort.
Von den **Parkplätzen** am Rande von **Oberort** (beim Loipenhaus bzw. Info-Büro) in wenigen Minuten zum **Pfarrerteich**; er liegt am Waldrand. Auf der Straße einwärts und Richtung Gasthof „Am grünen See". Dabei nordseitig um den **Grünen See** herum. Auf einem Steig nahe dem See weiter zum Seehof (von hier Straße in die Jassing). Vom Seehof geradewegs südwärts auf einem Forstweg zum idyllischen **Kreuzteich**; sehr schönes Motiv mit der Meßnerin. Auf einem Verbindungsweg, nahe dem Waldrand, wieder zum nahen **Pfarrerteich**; unweit davon die **Parkplätze**.

Rund um den Leopoldsteinersee

Ein Panoramaweg am Fuße des Pfaffensteins

Parkplatz Leopoldsteinersee – Nordufer – Antenstein – Seeau – Parkplatz

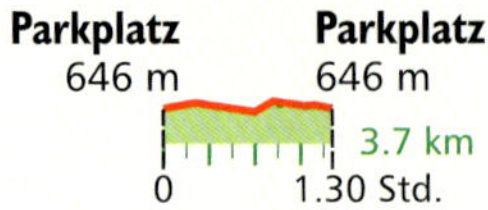

Talort:
Eisenerz, 736 m, gepflegte Stadt am Fuße des Erzberges.

Ausgangspunkt:
Parkplatz am Leopoldsteinersee, 628 m; Zufahrt von Eisenerz-Münichthal (Wegtafel), von der Bundesstraße 1 km.

Gehzeit:
Als Rundweg 1 – 1½ Std.

Anforderungen:
Am Nordufer schmaler Steig, am Südufer Flurstraße.

Einkehr:
In Eisenerz Gasthöfe. Am See zwei Jausenstationen (beim Parkplatz und am Beginn der Seeau).

Variante:
Vom östlichen Ende des Leopoldsteinersees Spaziergang durch den Seeboden bis zum Jagdhaus Seeau, 659 m; hin und zurück 2 Std.

Tipp:
Surfen und Bootverleih am Leopoldsteinersee.

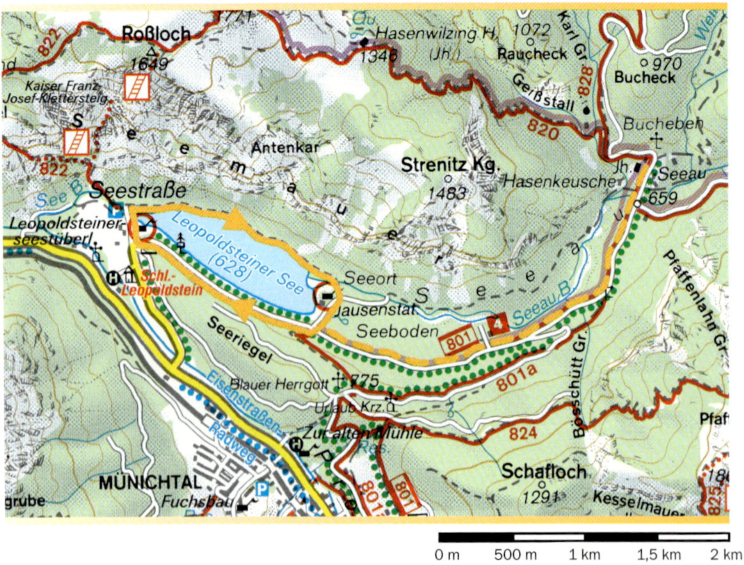

Der größte Hochschwabsee (49 ha) lädt sowohl zum Bootfahren als auch zum Surfen und – an heißen Sommertagen – sogar zum Baden ein. Der Leopoldsteinersee hat eine große touristische Bedeutung und lockt viele Gäste an: Dank seiner hervorragenden Lage zwischen den Felswänden der Seemauer und der markanten Gipfelform des Pfaffensteins zählt der Leopoldsteinersee nicht nur zu den schönsten Landschaftsmotiven im Hochschwab, sondern der gesamten Steiermark.

Der **Seerundgang** beginnt im Uhrzeigersinn, beim **Seebach**, der den Leopoldsteinersee unter einem rustikalen Brückerl verlässt; idealer Standort für das Motiv „Leopoldsteinersee und Pfaffenstein".

Der Steig am **Nordufer** führt an den markanten **Antenstein** heran, eine Felsnase, die aus dem Wasser ragt. Das steile nordseitige Ufer kann aber recht gut begangen werden. Der Weg mündet alsbald beim **Ostufer** in den breiten Seeboden.

Die **Seeau**, ein typisches Trogtal, kann von hier aus auf einer Flurstraße bis zum **Jagdhaus Seeau**, 659 m, in den Rundweg miteinbezogen werden, wobei man aber auf gleichem Weg zum See zurückgeht.

Vom südseitigen Ufer eindrucksvoller Überblick auf die rund 4 km lange Wandflucht der Seemauer, einem exponierten Einstandsgebiet des Gamswildes. Auf einer Flurstraße nahe dem Ufer zurück zum Parkplatz.

Sagenweg

Im Banne zu Stein erstarrter Formen und Gestalten
Bahnhaltestelle Johnsbach – Bachbrücke – Gsengbrücke – Johnsbach

Talorte:
Admont, 640 m; Gstatterboden, 577 m; Johnsbach, 753 m.

Ausgangspunkt:
Bahnhaltestelle Johnsbach, 588 m.

Gehzeit:
2 – 2½ Std., hin und zurück 4 – 5 Std.

Weglänge:
5,5 km (eine Richtung).

Höhenunterschied:
170 m.

Anforderungen:
Die Wanderung verläuft auf einem markierten, durchwegs flachen Steig entlang dem Johnsbach. Bei den Aussichtspunkten befinden sich jeweils ansprechend gestaltete Informationstafeln mit Text und Bild zu den jeweiligen Sagenfiguren, wie z.B.: der Bucklige Schneider, die Bischofsmütze, der Amtmanngalgen, der Totenwächter oder der Versteinerte Schulmeister.

Einkehr:
Bachbrücke (derzeit nur Pension), 590 m. Gasthof Donnerwirt, 753 m.

Sehenswert:
Das Erholungsdorf Johnsbach ist auch weithin bekannt wegen seines Bergsteigerfriedhofes. Er ist so angelegt, dass man über den ins Tal reichenden Kirchengrat geradewegs zum 2335 m hohen Ödstein aufblickt, womit sich eine beziehungsvolle Verbindung zwischen Erde und Himmel herstellt. Der Friedhof enthält Grabsteine und Grabkreuze all jener Menschen, die ihr Leben in den Bergen gelassen haben. Ein Besuch am Friedhof ist zugleich ein stiller Gruß. Gegenüber Bachbrücke der „Weidendom“ und Lehrpfad Lettmaier Au.

Tipp:
Johnsbacher Bibelweg; von der Kirche in Richtung Pfarrmauer.

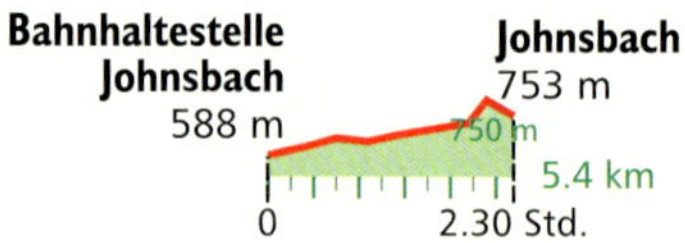

Der Sagenweg lässt sich mit den Worten von Peter Rosegger gut beschreiben: „Nahe dem Wege über Busch und Baum ranken schlanke Felstürme, spitze Nadeln, Zacken, Hörner und allerlei wunderliche Gestaltungen wie die versteinerten Reiter und Recken im Märchen. Jede dieser Statuen hat im Volksmunde ihren Namen und ihre Sage".

Der Sagenweg kann sowohl talein- als auch talauswärts begangen werden, was vor allem auch deshalb lohnt, weil Blickrichtung und Lichteinfall immer wieder neue Bilder und Eindrücke ergeben. Der Sagenweg verläuft von der **Bahnhaltestelle Johnsbach** bzw. ab der **Bachbrücke** etwa 10 Minuten durch hochstämmigen Wald an den felsigen Fuß beim Hellichten Stein und mündet beim Auslauf des Schotterbettes Im Gseng (Bitumen-Anlage) in die Landesstraße ein. Von der **Gsengbrücke**, 626 Meter, folgt man der Straße kaum 100 Meter zur nächsten Brücke und geht nun nahe dem Bachbett durch eine mit Erlen besetzte Auenlandschaft talein. Man quert die Mündung des Langgrießgrabens, 667 Meter, und erreicht zwischen Petergstammgraben und Mitterriegelgraben jene Talenge, die von einem kurzen Straßentunnel durchbrochen wird. Von der Silberreith genannten Engstelle führt der Steig nun rechts der Straße in das nur noch 500 Meter entfernte Dorf **Johnsbach**; die Kirche steht ein wenig erhöht auf 769 Meter.

Der **Rückweg** verläuft einfach in umgekehrter Richtung.

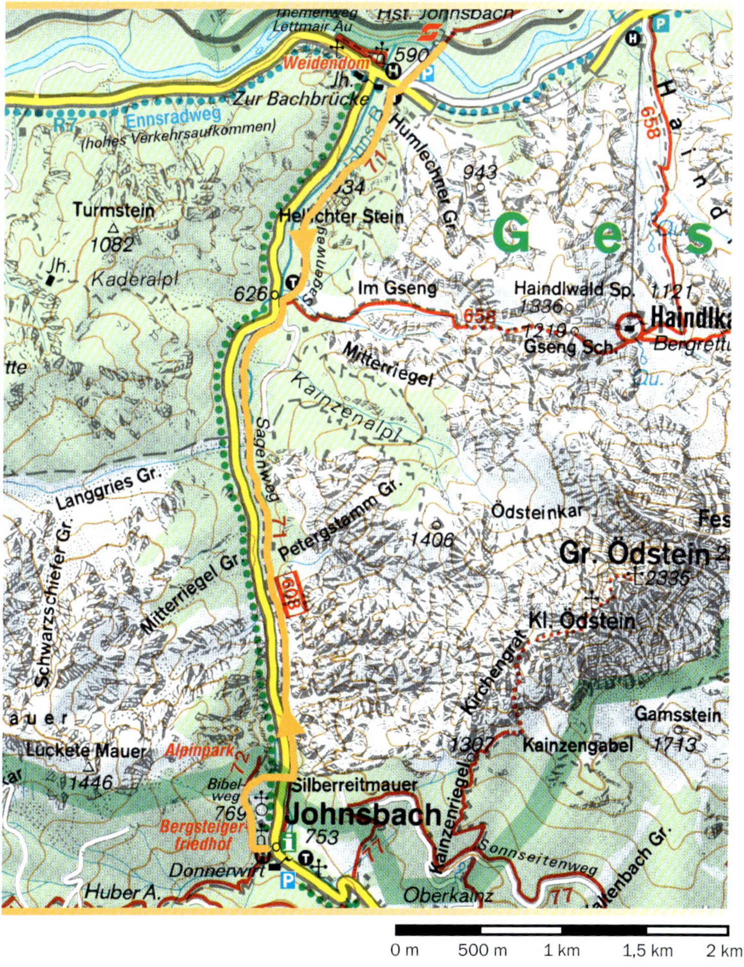

Um das Pürgschachenmoos

Zum Lokalaugenschein ins besterhaltene Tal-Hochmoor Österreichs

Ardning – Unterdorf – Pürgschachenmoos – Pürgschachen – Autobahn-Südportal – Ardning

Foto: Auferbauer

Talort:
Ardning, 696 m.

Ausgangspunkt:
Bahnhof Ardning, 674 m.

Gehzeit:
Als Rundweg 2½ Std.

Höhenunterschied:
Ca. 120 m.

Anforderungen:
Der markierte Rundwanderweg verläuft auf Flur- und Uferwegen. Das Pürgschachenmoos wird nur an seinem östlichen Rand betreten.

Einkehr:
Restaurant Pürgschachnerhof (nahe der Bahnübersetzung). Gaststätten in Ardning.

Tipp:
Moorlehrpfad seit Sommer 2004, mit Aussichtsplattform. Beschilderung ab Ende Oktober 2004; evtl. geringe Abweichung der hier beschriebenen Route.

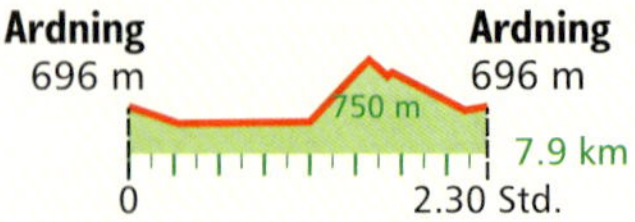

Das Pürgschachenmoos gilt mit seinem 44,5 ha großen, wertvollen Zentralbereich, einem Latschenhochmoor, als eine biogenetische Reserve. Eigentümer des Schutzgebietes ist seit mehr als 900 Jahren das Benediktinerstift Admont, von dem der WWF (World Wide Fund for Nature) 20 Jahre lang, bis 1996, dieses bedeutende Tal-Hochmoor gepachtet hatte. Das Ziel besteht darin, das Pürgschachenmoos auf Dauer in seiner Ursprünglichkeit zu erhalten. Vom Moos blickt man über Ardning zum Bosruck und Großen Pyhrgas auf, womit sich vor allem im Frühjahr und Herbst durch die klimatischen Unterschiede interessante Fotomotive ergeben.

Vom Bahnhof **Ardning**, nächst der Ortsmitte gelegen, geht man südwärts, am Rande des Metschitzbaches, durch das Mitterfeld zur Bundesstraße. Beim Gelände der Baufirma Haider führt der Flurweg nahe zur Enns. Man hält sich flussaufwärts und gelangt in wenigen Minuten an den östlichen Rand des **Pürgschachenmooses**, das an dieser Seite von einem tiefen Entwässerungsgraben begrenzt wird. Latschen- und Birkengruppen, aber auch Heidekraut und Rauschbeerensträucher sowie eine artenreiche Moorflora bedecken das Hochmoor. Das moorige Gelände wird südseitig umrundet, wobei man abschnittsweise knapp am Ennsufer entlanggeht. Der sandige Boden bezeugt, dass das Gelände hin und wieder überschwemmt wird. Es kommt vor, dass die westseitigen Weidegründe, nahe am Brunnbach, eingezäunt sind und deshalb ein oder zwei Zäune überstiegen werden müssen. Bei einem Stadl auf der Ennswiese gelangt man wiederum auf einen Flurweg; er führt nahe der Bahn nordwärts zur Bundesstraße in **Pürgschachen**. Die Straße wird überquert, dann geht es unter der Eisenbahn (Pyhrnbahn) und der Autobahn hindurch. Man folgt nun dem Hinweis „Südportal" und geht auf einer Flurstraße anfangs unterhalb der Autobahn zur Autobahnmeisterei beim **Südportal**. Auf einem Steig quert man über das Portal und gelangt an einem Rastplatz wieder zu einer Flurstraße. Diese führt – zuletzt im Haindlgraben – bergab zum einen Kilometer entfernten Bahnhof **Ardning**.

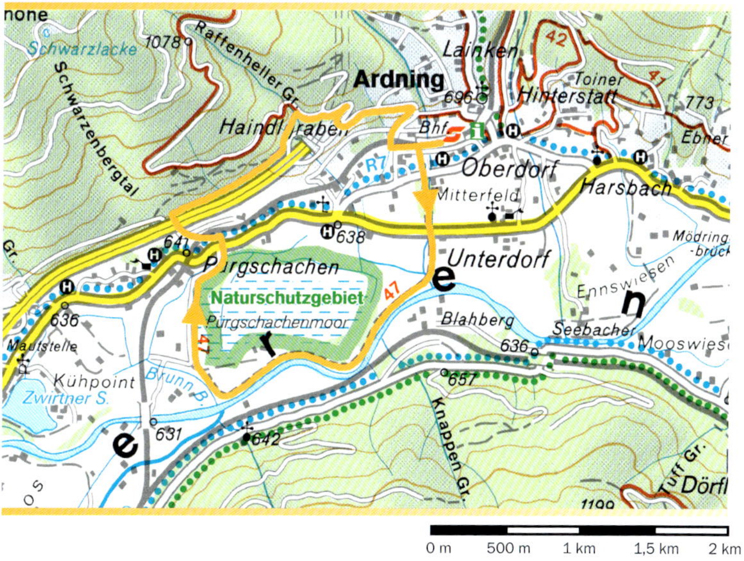

Toplitzsee und Kammersee

Dankbare Ausflugsziele im Quellgebiet der Traun
Gößl – Toplitzsee – Kammersee – Toplitzsee – Ranftlmühle – Gößl

Foto: Kainz/pixelio.de

Talort:
Bad Aussee, 659 m.
Renommierter Kur- und Ferienort im Zentrum des steirischen Salzkammergutes.

Ausgangspunkt:
Schiffsanlege- und Bushaltestelle in Gößl (720 m), 11 km von Bad Aussee.

Parkmöglichkeit:
Parkplatz bei der Schiffsanlegestelle in Gößl.

Gehzeiten:
Gößl – Konrad-Mautner-Weg – Toplitzsee 20 – 25 Min. Ausflug zum Kammersee (hin und retour) ¾ – 1 Std., Toplitzsee – Ranftlmühle – Gößl ½ Std.; Gesamtzeit 1¾ – 2 Std.

Anforderungen:
Leichte Spazierwanderung. Bootsfahrt über den Toplitzsee.

Höchster Punkt:
Kammersee, ca. 730 m.

Einkehr:
Fischerhütte (von Ostern bis 31. Okt. offen, keine Nächtigung!). In Gößl mehrere Gasthöfe.

Sehenswertes:
Die Bootsfahrt über den romantischen Toplitzsee. Die besonders idyllisch gelegene, alte Ranftlmühle.

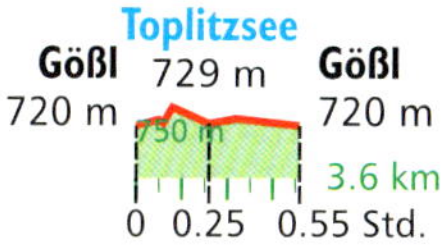

Grüner Fjord in düsterer Waldschlucht, Wasserfälle und geheimnisschwangere Tiefe – das ist der Toplitzsee, ein überaus beliebtes Ausflugsziel im Quellengebiet der Traun. Hier soll Erzherzog Johann im Juli 1819 seine spätere Gemahlin, die aus Aussee stammende Postmeisterstochter Anna Plochl, kennengelernt haben. Viel später hat der See durch seine besondere Natur (markante Schichtung durch salzhaltiges Tiefenwasser) und Ende des 2. Weltkrieges durch Versenkungsmanöver und Minen-Erprobungen Berühmtheit erlangt. Eine Bootsfahrt über den See (keine Uferwege!) und ein kurzer Anstieg bringen zu dem im hintersten Talabschnitt gelegenen kleinen Kammersee, in dessen Umgebung die Traun entspringt.

Von Gößl auf dem Konrad-Mautner-Weg zum Toplitzsee: Die Uferstraße 100 m nach Norden, dann auf Asphaltstraße rechts ab und ostwärts durch den Ort Gößl zu einer Verzweigung. Geradeaus bald auf Naturstraße (Schranke; Weg Nr. 3) unter der imposanten Gößler Wand entlang durch Wald und über Wiesen zur Fischerhütte am Westende des Toplitzsees, 718 m.

Ausflug zum Kammersee: Von der Fischerhütte geführte Überfahrten mit Motorplätten (Betrieb vom 1. Mai bis 31. Oktober) zur „Villa Wolkenbruch“ am Ostende des Toplitzsees. Von dort kurzer Anstieg durch Wald zum kleinen Kammersee, ca. 730 m.

Vom Toplitzsee über die Ranftlmühle zurück nach Gößl: Von der Fischerhütte nach Süden über den See-Abfluss zu der schönen Uferwiese (Erzherzog-Johann-Gedenkstein). Auf Fahrweg Nr. 4 durch Wald nach rechts (Südwesten) aufwärts, dann auf einer Forststraße eben zu einer Wegteilung. Linkshaltend weiter, später auf Weg nochmals links ab und durch Wald nach Süden zur Ranftlmühle. In Nordwestrichtung zu einer querenden Forststraße und diese nach links zur Grundlsee-Ostuferstraße. Auf ihr nach rechts zurück nach Gößl.

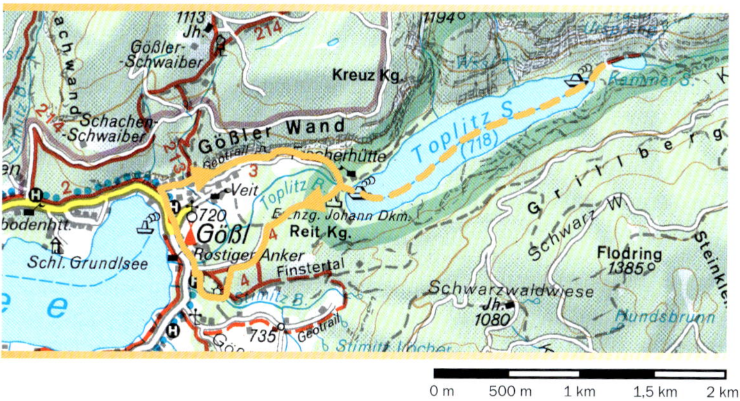

Rund um den Altausseer See

Schönster Uferspaziergang im steirischen Salzkammergut
Altaussee – Seeufer-Promenade – Seewiese – Seeklause – Johannes-Brahms-Weg – Altaussee

Talort:
Altaussee, 723 m. Erholungsort im Westen des gleichnamigen Sees.

Ausgangspunkt:
Fischerndorf, östlicher Ortsteil von Altaussee, direkt am See gelegen.

Parkmöglichkeit:
In Altaussee.

Gehzeiten:
Altaussee – Seewiese ¾ Std., Seewiese – Seeklause – Altaussee 1¼ Std.; Gesamtzeit 2 Std.

Anforderungen:
Problemlose Wanderung auf breitem, ebenem Promenadenweg.

Höchster Punkt:
Altaussee, 723 m.

Einkehr:
Jst. Jagdhaus Seewiese (keine Nächtigung; 1. Mai – 31. Okt. offen, kein Ruhetag; Museum „Naturraum Altausseer See“). Mehrere Gaststätten am Westufer und im Ortsbereich von Altaussee.

Sehenswertes:
Von der „Seewiese“ prächtiger Dachsteinblick!

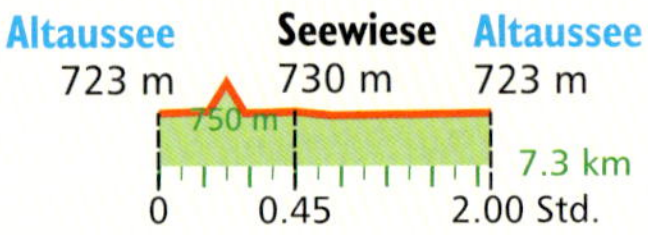

Mehr als alle anderen Seeufer- und See-Rundwanderwege des Salzkammergutes gehört jener um den Altausseer See zum klassischen Tourenprogramm dieses Gebietes. Einige Abschnitte dieses herrlichen und problemlosen Promenadenweges sind sogar berühmt geworden, etwa die stimmungsvolle „Seewiese“ mit faszinierendem Dachsteinblick oder der „Brahmsweg“ mit Blick zur grandiosen, aus dem See unvermittelt aufsteigenden Trisselwand. Dass man auf diesem Rundweg kaum je alleine unterwegs ist, spricht für ihn!

Der Weg rund um den Altausseer See: Vom „Hotel am See“ in Fischerndorf die Seeufer-Promenade („Kerry-Weg“, Nr. 1a und 212) anfangs auf Straße, dann auf breitem Weg am steilen, teilweise felsigen Nordufer entlang zum Nordostende des Altausseer Sees. Hier durch Wald in Nordrichtung weiter zu einer Verzweigung. Rechtshaltend (Weg Nr. 1a) durch Buschwerk und Wald wieder zum See mit der lieblichen „Seewiese“

Foto: Schafhuber/pixelio.de

(Jst. Jagdhaus Seewiese; Schiffsanlegestelle) rechts unterhalb. Nun am Ostufer unter der imposanten Trisselwand entlang, dann am Südufer, mehrere Buchten ausgehend, zum Strandcafé und weiter zum westlichen See-Ende beim Abfluss der Altausseer Traun („Seeklause“). Nach rechts über den Bach zum Hotel Seevilla, dann auf dem „Johannes-Brahms-Weg“, am Westufer entlang, zurück nach Fischerndorf in Altaussee.

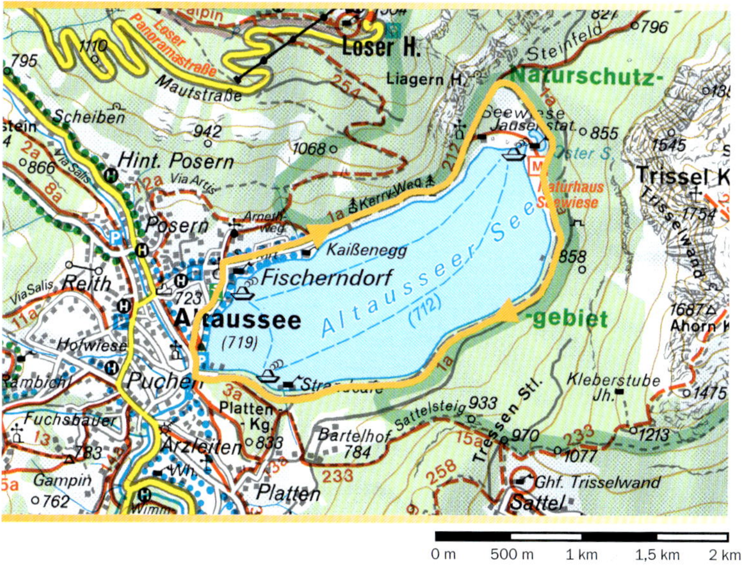

Stoderzinken

Auf den Spuren Peter Roseggers

Der Stoderzinken, heute eine bequem erreichbare Aussichtskanzel über dem Kessel von Gröbming und dem Ennstal, hat im Jahre 1904 schon den Steirischen Heimatdichter Peter Rosegger begeistert, zu dessen Ehren unterhalb des Gipfels ein Denkmal errichtet wurde.

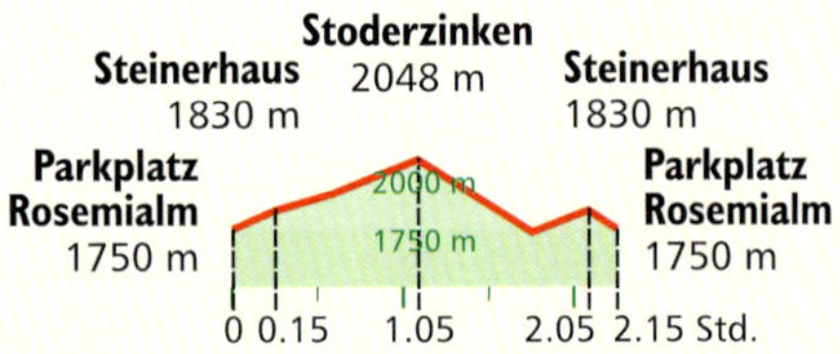

Talort:
Gröbming, 770 m.

Ausgangspunkt:
Auf der Stoderzinken-Alpenstraße (1959 bis 1961 erbaut, bis 9 % Steigung, mautfrei) 12 km von Gröbming zum Steinerhaus, ca. 1830 m.

Höhenunterschied:
350 m.

Anforderungen:
Breiter Wanderweg zum Stoderzinken, direkter Anstieg vom Friedenskirchl zum Stoderzinken über Florasteig nur für Trittsichere und Schwindelfreie.

Einkehr:
Rosemialm, Steinerhaus (privat, bew. Juni – Okt., Tel.: 03686/2646), Tritscherhütte, Brünner Hütte (bew. Juli – Sept.).

Auf Sandstraße zum nahen **Steinerhaus**, dahinter in einen kleinen Sattel zur Tritscherhütte hinab und zu einer Weggabelung. Rechts geht es auf breitem Wanderweg Nr. 676 auf die Südseite des Stoderzinkens, am **Peter-Rosegger-Denkmal** vorbei und auf der Stoder-Südseite geradeaus weiter zum nahen **Friedenskirchl** (1902 erbaut) in luftiger Position. Nur der Trittsichere und Schwindelfreie sollte auf dem anschließenden Florasteig direkt zum Gipfel ansteigen. Der schmale und anfangs etwas luftige Pfad quert eine Rinne und führt gleich dahinter an der Rippe links hinauf, bis er auf den Normalweg trifft. Die meisten Wanderer entscheiden sich ohnehin für den Letztgenannten. Sie gehen vom Friedenskirchl zum **Peter-Rosegger-Denkmal** zurück, wo die leichte Route zum **Stoderzinken** abzweigt. Beide Wege führen zuletzt gemeinsam auf den höchsten Punkt und noch ein kleines Stück ostwärts weiter zum Gipfelkreuz.

Wer nicht auf kürzester Route (Weg 676) zum Parkplatz zurück will, kann westlich des Gipfels auf Weg Nr. 675 nordwestwärts zu der bereits vom Gipfel sichtbaren **Brünner Hütte** auf der Stoderalm ab- und von dort auf einem Sträßchen nach links zu dem eingangs erwähnten Sattel mit der Tritscherhütte ansteigen und geht weiter über das nahe **Steinerhaus** zum Parkplatz zurück.

Hohe Veitsch

Stramme Tagestour auf die höchste Erhebung der Mürzsteger Alpen
Wer seine Zelte in Mariazell aufgeschlagen hat, kommt an einer Besteigung der Hohen Veitsch, der zentralen Erhebung in den Mürzsteger Alpen, nicht vorbei. Die überragende Höhe dieser zwischen Mürztal und Seebergsattel isoliert aufragenden Kalkscholle, das am Südrand der Gipfelhochfläche postierte Graf-Meran-Haus und die Rundsicht sind Grund genug, die Mühen des 900-Meter-Anstiegs vom nördlich gelegenen Niederalpl auf sich zu nehmen.

Talorte:
Mürzsteg, 782 m, Sommerfrische im Inneren Mürztal.

Ausgangspunkt, Parkmöglichkeit:
Niederalpl, 1224 m, Großparkplatz; Sattel zwischen Veitsch und Tonion an der Straße aus dem Mürztal in das Salzatal. Anreise mit eigenem Auto von Mariazell (21 km), Gußwerk (15 km) oder Mürzsteg (8 km).

Anforderungen:
Lange, anstrengende Bergtour auf bezeichneten Wegen.

Höhenunterschied:
920 m im An- und Abstieg.

Einkehr:
Ghf. Plodererhof am Niederalpl (12 B., 33 L.; im Nov. geschlossen, sonst stets geöffnet; Mo. Ruhetag), Graf-Meran-Haus (20 B., 36 L.; im Nov. u. Dez. geschlossen, sonst von Do. bis So. vom 1. Juni – 15. Okt. durchgehend geöffnet).

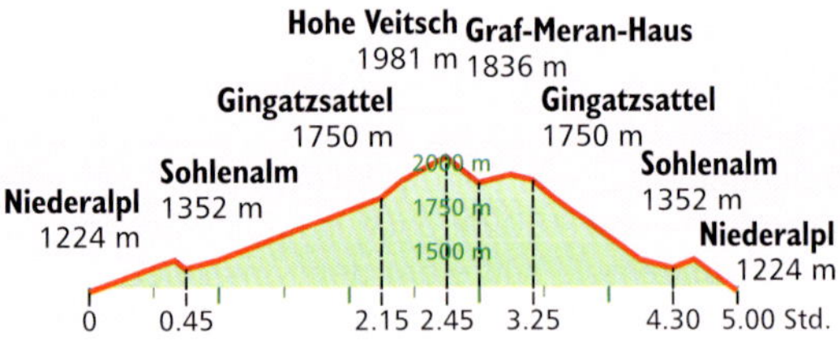

Vom **Niederalpl** die Passstraße 50 m nach Westen zur Linksabzweigung einer Forststraße und auf ihr sogleich zur Abzweigung von Weg Nr. 6 und 405. Auf ihm an der Nordflanke des **Sohlenkogels** im Wald nach links hinauf an den Ostrücken. Um ihn herum in die Südflanke des Berges und dort über Wiesen abwärts in den Sattel bei der **Sohlenalm**, 1352 m. Auf bez. Fahrweg an den Abhängen des Wildkammes nach rechts aufwärts zu einer Quelle, dann links ab und auf Fußweg durch Wald empor an den Nordwestrücken des Berges. Um ihn herum, dann über dem Bärental in Südostrichtung aufwärts, später über Wiesen und durch Latschen zu einer Quelle

und in die Sohle des **Bärentales**. Dort steil bergauf, dann unterhalb des **Gingatzsattels** (auch **„Gingatzwiese“**) rechts über Almweiden hoch zu einer Verzweigung am Wiesenplateau der Veitsch. Rechts haltend über den Nordostrücken empor zum Gipfel der **Hohen Veitsch** (1981 m; Kreuz und Buch).

Auf dem Weg Nr. 405 über den Südrücken abwärts, später einen Grashang nach links hinunter zu dem am südlichen Abbruchrand der Hochfläche gelegenen **Graf-Meran-Haus**, 1836 m. Den Fußweg Nr. 405 (Stangenmarkierung) über Wiesen nach Norden aufwärts, dann über die gewellte Hochfläche und unter dem Veitsch-Gipfel durch zum nördlichen Rand der Hochfläche. Jenseits über herrliche Bergwiesen abwärts zur Verzweigung und auf dem bereits bekannten Weg zurück zum **Niederalpl**.

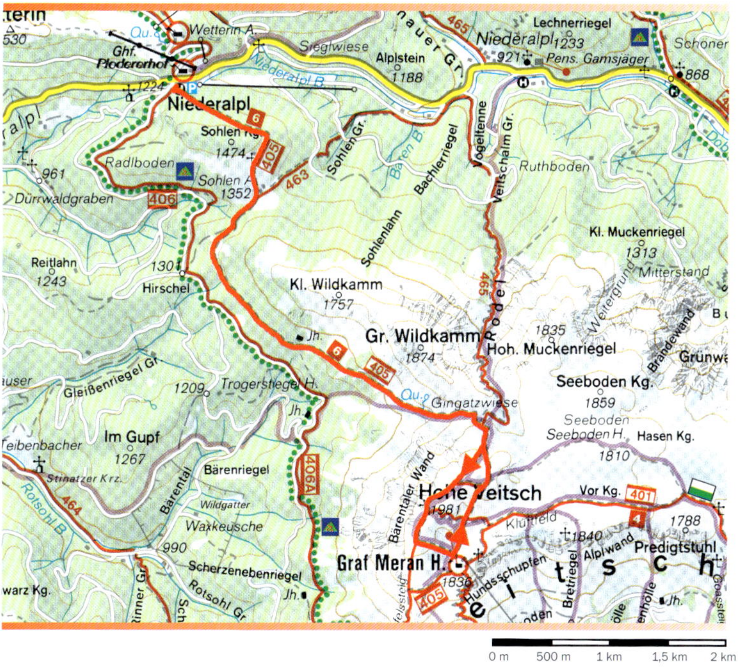

Durchs Seetal auf den Hochschwab

Der meistbegangene Anstieg zum höchsten Gipfel der Hochschwabgruppe

Seewiesen – Florlhütte – Voisthalerhütte – Graf-Meran-Steig – Schiestlhaus – Hochschwabgipfel

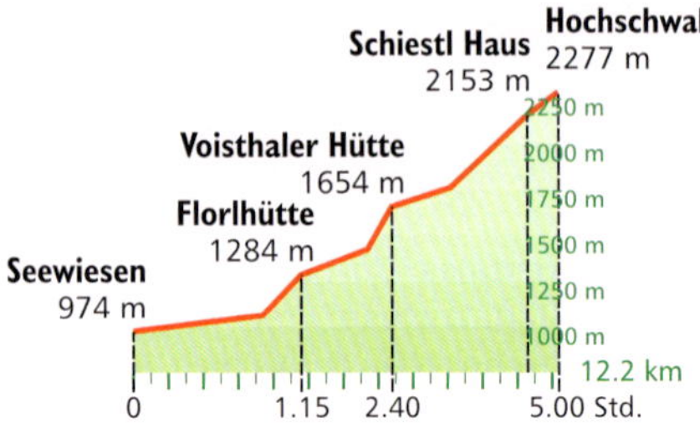

Talort:
Seewiesen, 974 m, Bergdorf südlich des Seebergsattels und am Eingang in das Seetal; beliebter Ausgangsort für Hochschwabwanderungen. An der Nordseite des Seebergsattels Gollrad, 966 m, ein altes Knappendorf.

Ausgangspunkt:
Seebergsattel, 1253 m, Passhöhe an der Mariazeller Bundesstraße.

Gehzeiten:
Seewiesen – Florlhütte 1¼ Std., zur Voisthalerhütte 1 – 1½ Std., zum Schiestlhaus 1½ – 2 Std., auf den Hochschwabgipfel 20 Min., Anstieg insgesamt 5 Std.

Höhenunterschied:
1300 m.

Anforderungen:
Diese beliebte Bergwanderung hin und zurück ist als Tagestour nicht zu unterschätzen. Die Wege sind

durchgehend markiert (Weitwanderwege 01 und 05). Auch Stangenmarkierung.

Einkehr:
Florlhütte, 1284 m, Jausenstation, Mitte Juli bis Mitte Sept. durchgehend, April bis Juni sowie Mitte Sept. – Okt. an Wochenenden bewirtschaftet. Voisthalerhütte, OeAV, 1654 m, vom 10. Mai – 26. Okt. durchgehend bewirtschaftet, 90 Schlafplätze. Schiestlhaus, 2153 m. In Seewiesen Gasthof Schuster und Seeberghof.
Das ebene Seetal bietet sich als ideales Spaziergelände an; der eigentliche Bergweg beginnt erst am Lettanger (Talstation der Materialseilbahn zur Voisthalerhütte).

In **Seewiesen**, am Eingang ins Seetal, gegenüber dem nahen Seeberghof (Postbus-Haltestelle), steht eine den „Opfern der Berge“ gewidmete Kapelle. Der Weg in das **Seetal** darf ca. 1,5 km, bis zu einem Fußballfeld, befahren werden; Schranken, Parkmöglichkeit. Nun 35 bis 40 Minuten über einen Wiesenboden, danach durch Bergwald, zum **Lettanger**, 1042 m. Allmählich auf steinigem Weg, durch den Bösen Wald, zur **Florlhütte**. Danach folgt der schöne Kühboden, darüber der Höllsattel mit dem **Franzosenkreuz**, 1449 m (zur Erinnerung an den Kampf vom 7. bis 9. 11. 1805). Leicht bergab in den **Höllboden** und aus ihm das enge steile **Voisthalergaßl** aufwärts zur **Voisthalerhütte**. Danach in der **Oberen Dullwitz** zum Talschluss einwärts; Wegtafel in 1750 m Höhe. Aus dem karähnlichen Hochtalboden auf dem **Graf-Meran-Steig** bzw. **Edelsteig** und schließlich über den **Rotgangboden** (Wegtafel) zum Schiestlhaus. Den breiten Nordostrücken ansteigend zum Gipfelkreuz auf dem **Hochschwabgipfel**. Nahe dem Kreuz eine eherne Tafel in Erinnerung an den Besuch Erzherzog Johanns vom 24. Juni 1821. **Abstieg**: Auf gleichem Weg zurück nach **Seewiesen**, 4½ Std.

Brendlhütte und Großer Speikkogel

Unter Hochspannung zu den „Nato-Ohren" am steirischen Flughimmel

Am „Koralmspeik" – so bezeichnet der Volksmund den Großen Speikkogel – trifft zu, dass dieser renommierte Grazer Hausberg hart an der Landesgrenze steht und zudem dieser höchste Gipfel der Koralpe eindeutig zu Kärnten gehört. Dennoch: Die innere Verbindung von steirischer Seite zum Koralmspeik ist so herzlich wie anhaltend. Der weitläufige Wanderbereich oberhalb von St. Anna ob Schwanberg im Allgemeinen und der Umgebungsbereich der Brendlhütte im Besonderen werden seit Generationen gern besucht – eben auch aus dem Großraum Graz. Das könnten auch die beiden „Goldhauben" bezeugen – so der getarnte Name für jene beiden Radarstationen, welche insbesondere der Nato als „Ohren" dienen am steirischen Flughimmel.

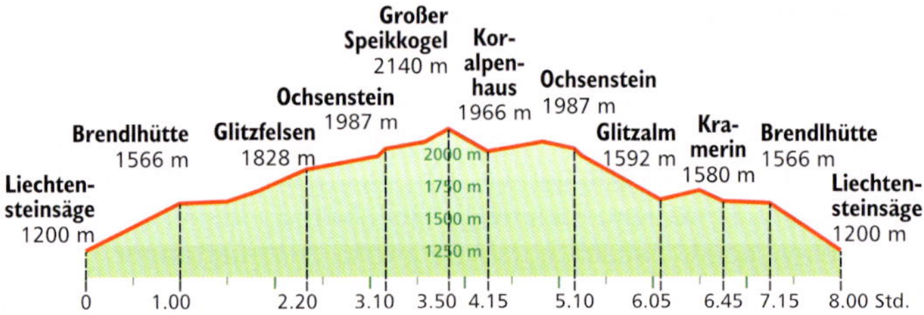

Talort:
Schwanberg, 404 m; Anfahrt A2 Südautobahn, Ausfahrt Lieboch; Radlpass-Bundesstraße.

Ausgangspunkt, Parkmöglichkeit:
Parkplatz Liechtensteinsäge, 1200 m; Anfahrt Schwanberg – St. Anna – Gh. Schmuckbauerwirt.

Höhenunterschied:
Rund 1100 m samt Gegensteigungen.

Weglänge:
29 km.

Anforderungen:
Waldwege, Almwege. Am langen Höhenweg auf Wind und Wetter achten! Gesamte Strecke gut markiert.

Einkehr:
Brendlhütte (Alpenverein), bewirtschaftet Anfang Juni bis Ende Sept. durchgehend, im Mai und Okt. an Wochenenden; Koralpenhaus (Alpenverein), bewirtschaftet Anfang Juni bis ca. Mitte Okt. sowie im Winter; Glitzalm, Almwirtschaft von Juni bis 10. Sept.

Varianten:
Sonstige empfehlenswerte Zugänge zur Brendlhütte: Ab Gasthaus Jägerwirt (1299 m) Weg 505, Gehzeit 1 Std. Ab Gasthaus Schirchleralm (1321 m),

geöffnet Anfang Mai bis Mitte Okt.; Weg 561, 35 Min. Ab Gasthaus Wirtbartl (1294 m), geöffnet Juni bis Sept.; Weg 580, 35 Min. Zufahrt jeweils über Gasthaus Schmuckbauerwirt.

Foto: Auferbauer

Ab dem **Parkplatz Liechtensteinsäge** führt der Weg 587 durch Hochwald zur **Brendlhütte** am Wolscheneck. Unweit der Hütte entspringt die Weiße Sulm. Der Nord-Süd-Weitwanderweg 05 bzw. Weg 505 leitet aus dem Bereich der Brendlalm fast eben zur **Kramerin**, einem sagenumwobenen Bildstock. Hier endet der Waldgürtel. In mäßiger Steigung an dem mit kristallinen Blöcken durchsetzten Almrücken bergan. Die an rund 40 m hohen

Foto: Auferbauer

Gittermasten hängenden Stromkabel der 380-kV-Leitung unterquert man nahe den **Glitzfelsen**.

Man überschreitet den **Kleinen Frauenkogel**, 1861 m, und den **Großen Frauenkogel**, 1967 m, und erreicht in einem Almsattel die steirisch-kärntnerische Landesgrenze. Der Weg 505 leitet auf Kärntner Boden zum **Ochsenstein**. (Zur Vorsicht mahnend: die Gedenktafel an ein Unglück vom 1. Juli 1975 infolge eines Wettersturzes.) Aus jenem flachen Sattel zwischen Krakaberg, 2070 m, und Kleinem Speikkogel, 2117 m, ersteigt man von Süden her den **Großen Speikkogel**. Das Gipfelkreuz steht nächst den beiden „Goldhauben", den zwei Radarstationen, die der militärischen

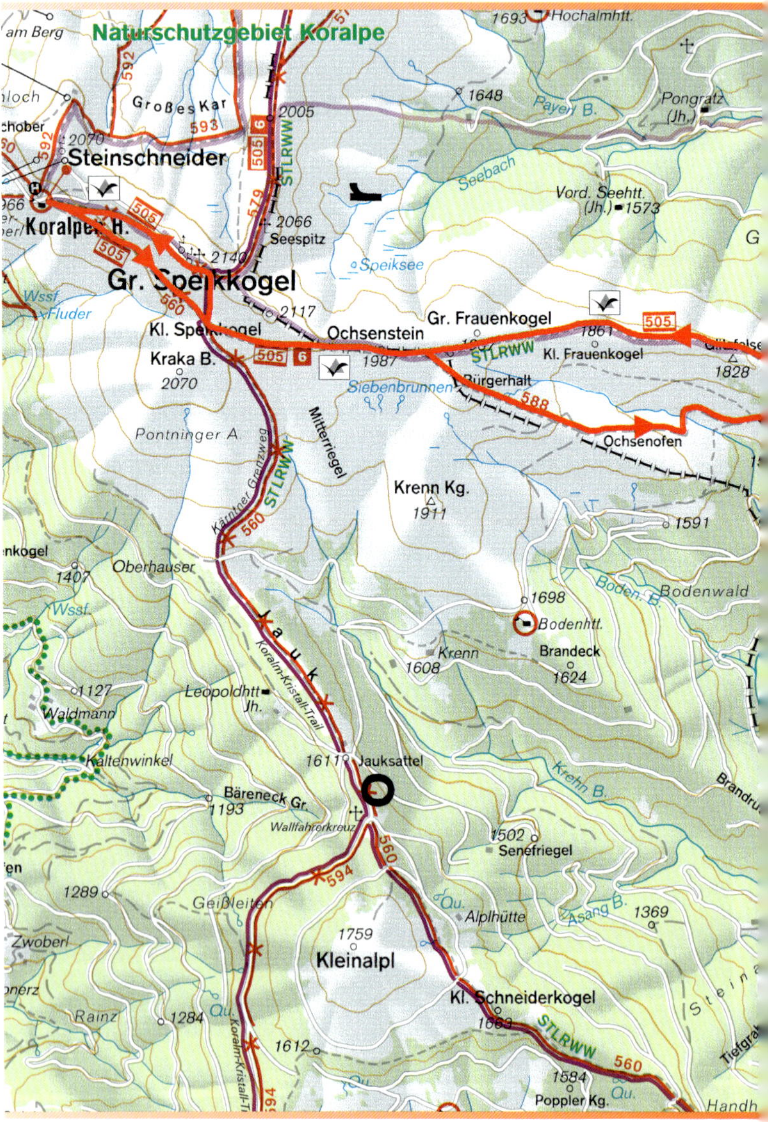

und zivilen Flugraumsicherung dienen. An der asphaltierten Straße nordwestwärts bergab und zum **Koralpenhaus**.

Rückweg: Dem Weg 505 folgend – unterhalb der Radarstationen die Gipfel-Südseite durchquerend – zum **Ochsenstein**. Anschließend alsbald rechtshaltend, auf dem Weg 588 über die Almböden der Bürgerhalt in Richtung Ochsenofen. Hier linkshaltend bergab in den als „Glitzboden“ benannten Muldengrund und zur **Glitzalm**. Von hier bergan zur **Kramerin**. Weiter wie beim Zugang: Halbwegs eben zurück zur **Brendlhütte** und auf dem Weg 587 abwärts zum **Parkplatz Liechtensteinsäge**.

0 m 500 m 1 km 1,5 km 2 km

Eisenerzer Reichenstein

Eine Rundtour für alpine Feinschmecker

Die Reichensteinhütte zählt zur Spezies der „Wolkenhäuser". Um so mehr lohnt es sich, den Standplatz und die Vorzüge der Alpenvereinshütte bei einer Übernachtung kennenzulernen; als überzeugende Argumente gelten: Küche und Keller, Himmel und Sterne, Sonnenunter- und Sonnenaufgang. Am Eisenerzer Reichenstein ermöglichen alle Bergwege alpin interessante Touren. Die hier empfohlene versteht sich als eine Rundtour, deren Strecke zwar im Uhrzeigersinn beschrieben ist, jedoch in der Gegenrichtung gleichermaßen gut begehbar ist.

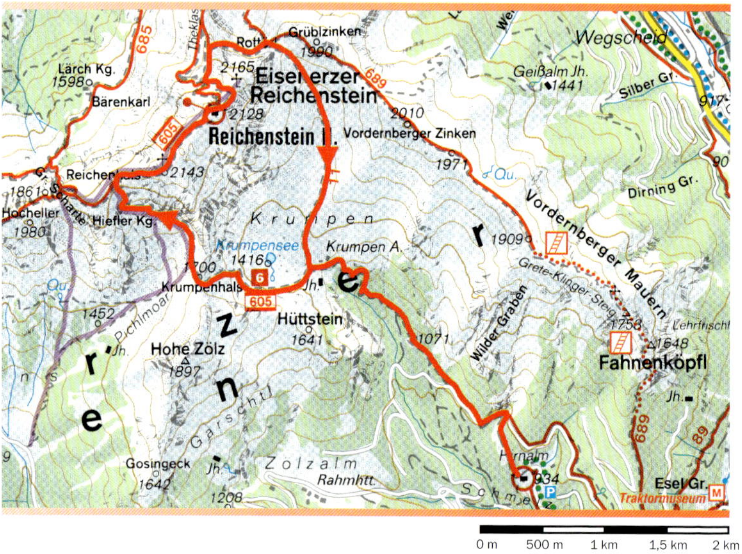

Talort:
Trofaiach, 658 m; Anfahrt A9 Pyhrn-Autobahn, Ausfahrt Traboch; S6 Semmering-Schnellstraße, Ausf. Leoben.

Ausgangspunkt:
Hirnalm, 934 m, geöffnet Ende Mai bis Mitte/Ende Okt.; Anfahrt von Trofaiach-Hafning durch die Krumpen, 5 km.

Höhenunterschied:
1400 m samt Gegensteigungen.

Weglänge: 17,5 km.

Anforderungen:
Bergwege; markiert und beschildert; im Abstieg von der Reichensteinhütte über die „Stiege" erhöhte Trittsicherheit erforderlich. Extra Vorsicht bei Schneelage bzw. speziell auf den Hartschneefeldern!

Einkehr:
Krumpenalm, Almwirtschaft Mitte Juni bis Mitte Sept.; Reichensteinhütte (Alpenverein), bewirtschaftet Juni bis Mitte Okt.

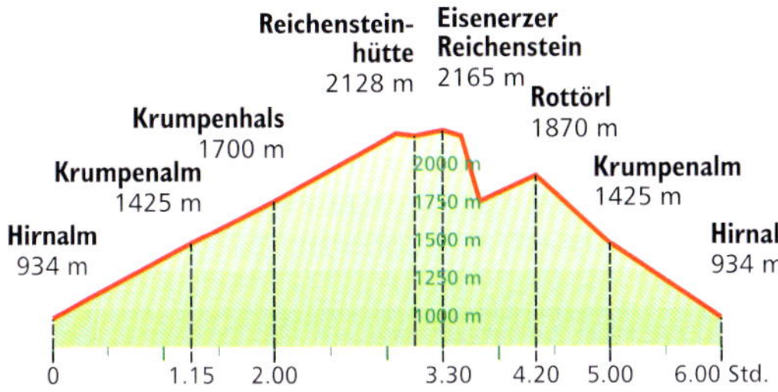

Ab der **Hirnalm** auf dem Weg 605 aus dem Talschluss der Krumpen über eine Steilstufe zur Almhütte auf der **Krumpenalm**, nahe dem Krumpensee, 1416 m. Das idyllische Ambiente dieses Almflecken bleibt nun allmählich zurück: Man ersteigt entlang einer steilen Hangtrasse den **Krumpenhals**, einen Wiesensattel. Aus diesem quert man in das südwestseitig liegende **Schuttkar** (Vorsicht: Hier liegt mitunter bis in den Frühsommer Schnee!). Der Steig leitet zu einem Gratsattel, den **Reichenhals**. Nun am Gratrücken in gut gestuftem Fels aufwärts zur ebenen, blumenreichen Hochfläche (mit Gedenkkreuz). In Sichtweite steht die **Reichensteinhütte**. Deren Komfort paart sich mit Humor: Vor dem Hauseingang steht ein Damenfahrrad am Radständer und ein Briefkasten harrt geduldig eines Briefträgers. Zwischen Ankommen und Hierbleiben bzw. zwischen Rasten und Weitergehen ersteigt man unbeschwert, weil in jedem Fall ohne Gepäck, den höchsten Punkt am **Eisenerzer Reichenstein**.

Abstieg: Von der Hütte auf einem Zickzack-Weg das schrofige Gelände abwärts zur „Stiege“. Den örtlichen Hinweis beachten: Man kann die massive Eisentreppe auch umgehen. Unterhalb davon quert man den Fuß einer westseitigen Felswand, gelangt zum **Rösselhals**, 1780 m, und steigt ab ins obere Grübl zur Weggabel. Man quert nun durch Karhänge um die Nordostseite des Reichensteins und gelangt nach kurzem Ansteigen in das **Rottörl**; Tafel „Naturschutzgebiet“. Weg 11 leitet südwestseitig, anfangs steil, in ein weites Kar hinab und durch dieses zur **Krumpenalm**. Auf dem Anstiegsweg zurück zur **Hirnalm**.

Foto: Auferbauer

Über die Hirschegger Alpe

In Hochstimmung auf den Hohen Almen

Die Südautobahn löst auch im Gebiet rund um Hirschegg verstärkt „Beinbewegung“ aus: Die logistischen Vorteile zwischen dem Großraum Graz und der Pack werden allmählich komfortabel: Die Reisezeit ist relativ kurz – um so länger hält das Landschaftserlebnis an. So fällt es leicht, die „Region der Hohen Almen“ erneut zu besuchen.

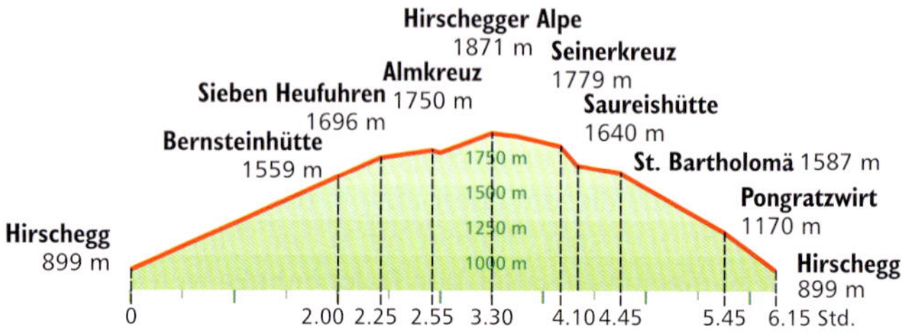

Talort:
Hirschegg, 899 m; Anfahrt A2 Südautobahn, Ausfahrt Modriach. Regionalbuslinie 722, Bahnhof Köflach – Stampf – Pack/ Hirschegg/Modriach (Mo bis Sa).

Ausgangspunkt:
Gasthof Hirschegger Hof (kein Ruhetag).

Höhenunterschied:
Rund 1000 m.

Weglänge:
20 km.

Anforderungen:
Hofzufahrten, Waldwege, Steige in weiträumigem Almgelände; markiert bzw. beschildert.

Einkehr:
Bernsteinhütte, bewirtschaftet Anfang/Mitte Juni bis 20. Sept.; Saureishütte, bewirtschaftet Mitte/Ende Mai bis Ende Sept.; Gasthaus Pongratzwirt, geöffnet an Wochenenden; Emil-Stöhr-Hütte, für Selbstversorger (z. Z. verpachtet an den Wanderverein der Grazer Verkehrsbetriebe).

Varianten:
Für verkürzte Wanderstrecken dienen die Knödelhütte, bewirtschaftet Mitte Juni bis Ende September (Mo. Ruhetag); Zufahrt ab Packsattel 6 km. Oder das Gasthaus Pongratzwirt; Zufahrt von Hirschegg 3 km. Auf der Hirschegger Alm auch abkürzend zur Saureishütte.

Ab dem **Hirschegger Hof** folgt man dem Weg 41 und steigt am Pistenrand bergan zum **Gehöft Hansbauer**. Derselbe Weg leitet nach einem Straßenstück durch Hochwald zur **Bernsteinhütte**; sie steht an der Waldgrenze. (Anmerkung: Von der Knödelhütte hierher 35 Min.) Nun dem Weg 505

folgend, nordwestwärts bergan, entlang der Landesgrenze Steiermark/Kärnten, über stellenweise nassen Boden (alpine Feuchtbiotope, Wollgras) zu den weiten Böden der für diese Region charakteristischen **Hohen Almen**. Auf jene fotogene Felsgruppe, genannt die **„Sieben Heufuhren"**, folgen das **Almkreuz** und der Almsattel (darin die erste Abzweigung zur Saureishütte; Weg 45). Man folgt jedoch dem Höhenweg. Entlang eines unendlich langen Almzaunes zum höchsten Punkt der **Hirschegger Alpe**. Nun den Rücken nordwestwärts bergab zum **Bartholomä-Sattel**; hier zweigt man rechts bzw. ostwärts ab. Entlang der Bartholomä-Alpe zum **Seinerkreuz**. Rechtshaltend bzw. südostwärts durch eine Mulde bergab zur Saureishütte. Ab hier auf einem ebenen Almweg zu der dem gleichnamigen Viehpatron geweihten **Kapelle St. Bartholomä**. Dem Weg 540 folgend durch Wald abwärts zur Franzlhütte, 1370 m, und auf demselben Weg weiter zum **Gasthaus Pongratzwirt**. Zu diesem traditionsreichen Bauerngasthaus gehört auch die am selben Hof stehende Emil-Stöhr-Hütte. Während des Absteigens über das letzte Teilstück des Weges 540 kürzt man einige Straßenkehren ab und man gelangt zur Kirche von Hirschegg; rechtshaltend zum **Hirschegger Hof**.

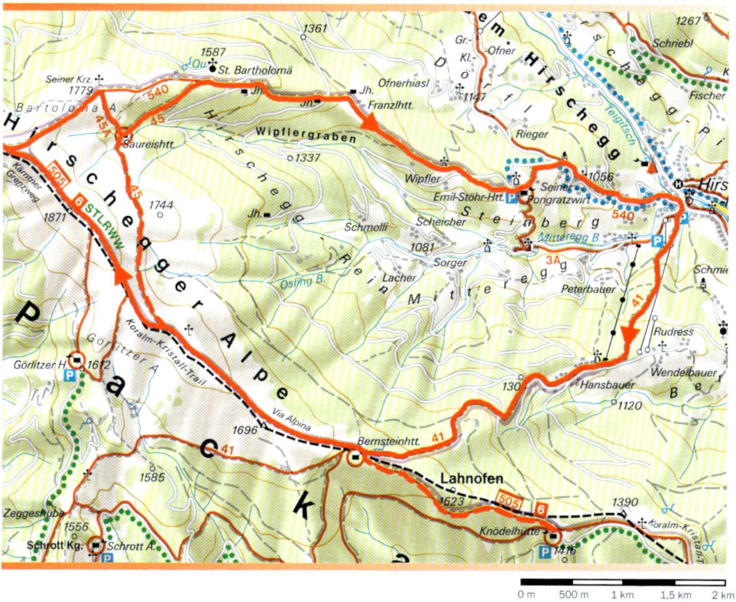

Tamischbachturm

Der östlichste Zweitausender in der Buchsteingruppe

Gstatterboden – Ennstaler Hütte – Tamischbachturm – Kühbodenalm – Hochscheibenalm – Gstatterboden

Talort/Ausgangspunkt:
Siedlung Gstatterboden, 577 m, inmitten des Gesäuse. Von Gstatterboden führen mehrere klassische Anstiegswege zu Hütten und Gipfeln.

Gehzeiten:
Gstatterboden – Ennstaler Hütte 2½ Std., auf den Tamischbachturm 1½ Std., Abstieg über Kühbodenalm nach Gstatterboden 3 Std.; insgesamt 7 – 8 Std.

Höhenunterschied: 1450 m.

Anforderungen:
Anstrengende Rundwanderung auf markierten Steigen und Wegen; zwischen Kühboden-, Hochscheiben- und Niederscheibenalm Forststraßen.

Einkehr:
Ennstaler Hütte, OeAV, 1544 m, Anfang Mai bis Ende Okt.; 64 Schlafplätze.
Niederscheibenalm, Almwirtschaft, ca. 900 m, Anfang Juni bis Mitte Sept.

Tipp:
Es lohnt, auf der Ennstaler Hütte zu nächtigen.

Abstiegs-Variante:
Von der Ennstaler Hütte auf dem neu markierten, romantischen „Jagasteig" zur Hochscheibenalm und über die Kroisnalm zurück nach Gstatterboden.

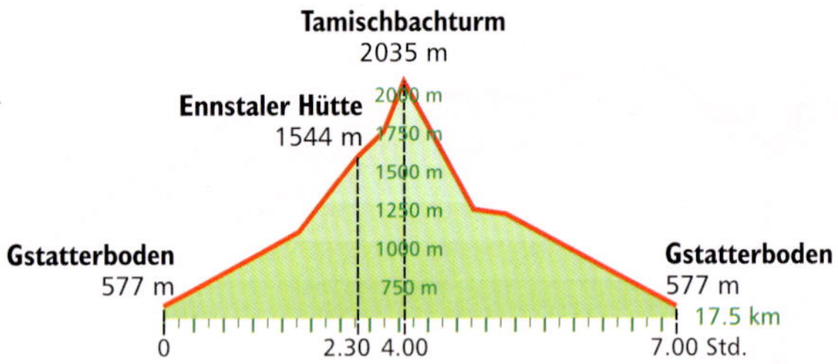

In Gstatterboden liegen der Bahnhof und ein geräumiger Parkplatz eng beisammen. Eine Panoramatafel informiert ausführlich über die Umgebung. Der Eisenwurzen-Weitwanderweg 08 führt am östlichen Ortsrand von **Gstatterboden** aufwärts zur Hubertuskapelle, 590 Meter, danach quert man die Forstwege im Weißenbachgraben und gelangt zu den prächtigen Wiesen beim Gstatterbodenbauern: ein hervorragendes Foto-Motiv mit der Planspitze im Hintergrund! In der Folge leitet derselbe Forstweg zunächst zum Kropfbründl, kurz danach überquert man die Wiesen der Niederschei-

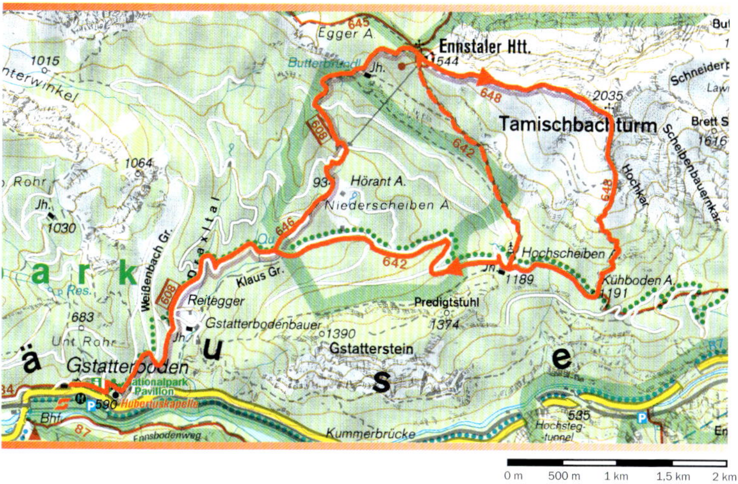

benalm bzw. Hörantalm, 934 Meter. Nur kurz am Forstweg ansteigend, gelangt man zur Talstation der Hütten-Materialseilbahn, 1000 Meter. Am steilen Ochsenriegel schlängelt sich der Steig zum Butterbründl und über eine kurze Steilstufe in den Grünen Sattel, etwa 1500 Meter. Über Felsstufen erreicht man die nahe **Ennstaler Hütte.**

Der **Anstieg** zum Tamischbachturm führt anfangs rechts vom Kamm aufwärts über die Felsstufen der so genannten Kleinen Schnecke und Großen Schnecke, 1623 Meter. Danach folgt der als „Großes Feldl" bezeichnete Hang; zuletzt hält man sich über den mittlerweile felsigen Rücken zum Gipfelkreuz auf dem **Tamischbachturm**.

Der **Abstieg** benutzt den kompromisslos steilen südöstlichen Rücken hinunter zur **Kühbodenalm**, 1191 Meter. Nun folgt eine sanfte Querung auf Forstwegen zur **Hochscheibenalm**, 1189 Meter; weiter auf Forstwegen wieder zum Kropfbründl und am Weitwanderweg 08 zurück nach **Gstatterboden**.

Foto: Auferbauer

Zirbitzkogel von Osten

Auf dem höchsten Berg der Seetaler Alpen steht die älteste Schutzhütte der Steiermark

Der Name „Schmelz" leitet sich von den hier einst genutzten Schmelzöfen ab; ein historisches Relikt blieb gut erhalten unweit des Gasthauses Schmelzhütte. Heute dient das Gebiet der Schmelz dem Österreichischen Bundesheer als Standort am Truppenübungsplatz (TÜPl) Seetaler Alpen. Dennoch gibt es ausreichend Freiraum zur Freizeitnutzung: Beispielsweise für Rundwanderungen, welche über den Kreiskogel, das Scharfe Eck und den Zirbitzkogel führen. Das auf dem Zirbitzkogel, knapp unterhalb dessen Gipfel, stehende Schutzhaus wurde anno 1870 erbaut. Auf dieser ältesten Schutzhütte der Steiermark erleben mehr Gäste denn je herzliche Gastfreundschaft: Wer echt – oder wohl eher scheinbar – schwächelt, den muntern die vom Hüttenpächter Werner Grillitsch komponierten „Herztropfen" verlässlich auf. Der „Zirbitz" – wie allgemein genannt – kolportiert in dieser Region der Volksmund, sei der „meistbesuchte Berg der Ostalpen". Auf jeden Fall ist dieser Zweitausender weithin geschätzt – natürlich auch im Großraum Graz.

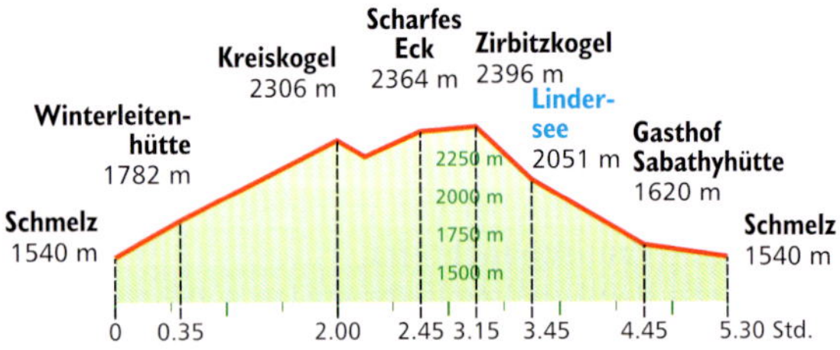

Talort:
Judenburg, 737 m; Anfahrt S36 Murtal-Schnellstraße; Ausfahrt Judenburg West. Bahnlinie R600, Bruck an der Mur – Leoben – Judenburg – Unzmarkt.

Ausgangspunkt:
Gasthaus Schmelzhütte (Mo. Ruhetag), 1540 m; Anfahrt Bundesheer-Straße, ab Judenburg 15 km. Regionalbuslinie 873, Bahnhof Judenburg – Schmelz (verkehrt ab Ende Mai bis Ende Sept. an So.- u- Feiert.).

Höhenunterschied:
1020 m.

Weglänge:
17 km.

Anforderungen:
Almsteige und Bergwege; markiert und neu beschildert.

Einkehr:
Winterleitenhütte (Naturfreunde), bewirtschaftet Dez. – Okt.; Helmut-Erd-Schutzhaus (Touristenklub; ehem. Zirbitzkogel-Schutzhaus), bewirtschaftet 20. Juni bis 20. Sept., in der übrigen Zeit an Wochenenden; Gasthaus Almrauschhütte; Gasthof Sabathyhütte.

Ab der **Schmelz** folgt man dem Weg 308; dieser leitet durch das Sterngassel bzw. entlang der Trasse einer Stromleitung zur **Winterleitenhütte** am Kleinen Winterleitensee. Rechter Hand vom See die Geländestufe bergan in das Kar beim Großen Winterleitensee, 1840 m; Wegweiser. Dem Weg 315A folgend zu einem Sattel am Rande des Truppenübungsplatzes; gelbe Warntafeln. Den nordostseitigen Bergrücken aufwärts, zuletzt durch Blockwerk auf den **Kreiskogel**; mit Orientierungsplatte. A. Brutti und H. Feichter haben ihr Gipfelkreuz „allen Bergfreunden" gewidmet.

Übergang: Südwärts. Der Weg 312 leitet 100 Höhenmeter abwärts in einen **Sattel**; mit Gedenkkreuz für den Bergrettungsmann Rudolf Podmenik (am 22. März 1998 infolge Nebels vom Wechtenrand abgestürzt). Am Gratrücken allmählich bergan zur Radarstation auf dem **Scharfen Eck.** Am nun breiten Höhenrücken bzw. leicht links davon noch einmal leicht bergab und schließlich zum gipfelnahen **Helmut-Erd-Schutzhaus**. Ab dessen „Nebelglocke" erreicht man innerhalb weniger Minuten das Gipfelkreuz auf dem **Zirbitzkogel**.

Abstieg: Vom **Schutzhaus** nur ein kurzes Stück in Richtung Scharfes Eck, sodann leitet der Weg 316 durch den anfangs steilen, schuttreichen Nordhang abwärts zum Lindersee. Es folgen Almböden und ein schütterer Zirbenwald. Ab dem **Gasthaus Almrauschhütte** folgt man einem Forstweg oder – schöner – man geht am Rand der Liftwiese zum **Gasthof Sabathyhütte**. Der Weg 31 leitet entlang einer Forststraße zurück zur Schmelz.

Loser

Vielbesuchtes Proszenium über dem Ausseer Land
Loserhütte – Loser – Hochanger – Loserfenster – Augstsee – Loserhütte

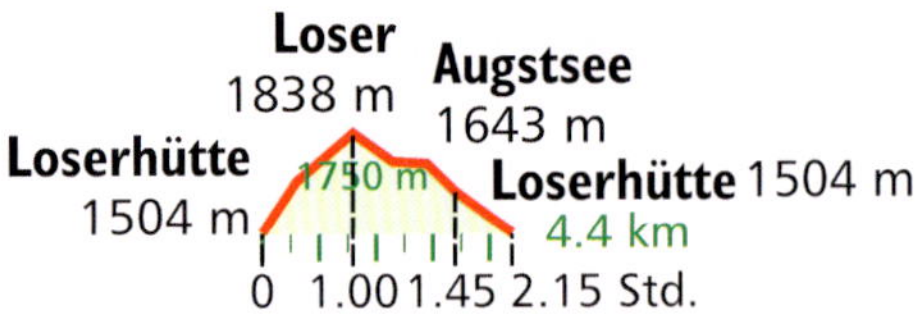

Talort:
Altaussee, 723 m. Erholungsort im Westen des gleichnamigen Sees.

Ausgangspunkt:
Loserhütte, 1504 m.

Parkmöglichkeit:
Parkplatz an der Loser-Mautstraße, 50 m östlich der Loserhütte, 11 km von Altaussee.

Gehzeiten:
Loserhütte – Loser 1 Std., Loser – Augstsee ¾ Std., Augstsee – Loserhütte ¼ Std.; Gesamtzeit 2 – 2¼ Std.

Anforderungen:
Mehrere exponierte Passagen, daher Trittsicherheit und Schwindelfreiheit nötig. Vorsicht mit Kindern!

Höchster Punkt:
Loser, 1838 m.

Einkehr:
Loserhütte (20 B., 80 L.; vom 1. Nov. bis 15. Dez. geschlossen, sonst immer offen), Bergrestaurant beim Großparkplatz am Ende der Loser-Mautstraße (im Sommer offen, keine Nächtigung!).

Sehenswertes:
Das Bergpanorama vom Gipfel des Losers, ferner das Loserfenster und der Augstsee.

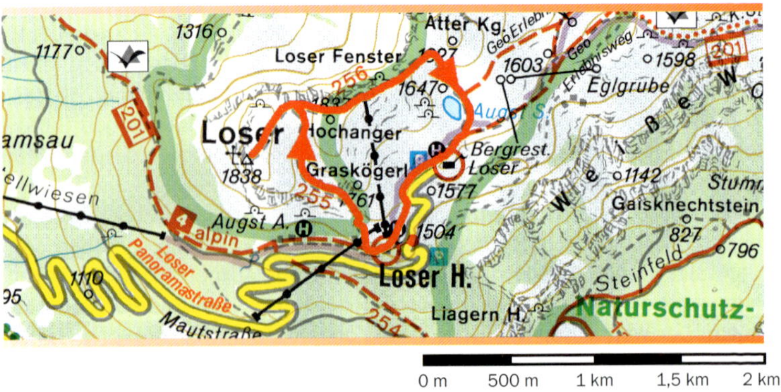

Die liebliche grüne Weite des Ausseer Talbeckens und der in hehrer Gletscherpracht darüber aufsteigende Dachstein ergeben ein Paradestück alpiner Landschaftsharmonie. Wer's nicht glaubt, der steige ins Auto und fahre zur Loserhütte hinauf. Will man jedoch Schau- und Wandererlebnis kombinieren, dann kommt man an einer Überschreitung des Loser-Massivs nicht vorbei: Da genießt man zunächst die phantastische Gipfelrundsicht, wandert später zum „merkwürdigen" Loserfenster hinüber und beschließt die Tour an den Ufern des lieblichen Augstsees, von dem es nur noch ein Katzensprung zurück zur Loserhütte ist.

Von der Loserhütte zum Gipfel des Loser: Auf Weg Nr. 201 westwärts zu einer Wegteilung und dort rechts (Weg Nr. 255) über bewaldete Hänge in Nordrichtung empor. Weiter über begrünte Steilflanken (Vorsicht!) schräg nach links hinauf in ein kleines, grasbewachsenes Tal. Durch dieses weniger steil nach Norden aufwärts zu Verzweigung unterhalb des Sattels zwischen Loser und Hochanger. Links, an grasigen Hängen entlang, nach Südwesten empor zum Gipfel des Losers (1838 m, großes Metallkreuz).

Vom Loser über den Hochanger zum Augstsee: Zurück in den oben erwähnten Sattel. Jenseits (Weg Nr. 256) durch Latschen steil nach Osten hinauf zum Hochanger (1837 m, Fernsehsender). Über einen latschenbewachsenen Felskamm auf und ab nach Nordosten (gegen den Greimuth) zum Loserfenster. Nun in der rechten Seite des Kammes abwärts, dann durch eine Blockrinne und über Felsstufen in die Mulde vor dem Atterkogel. Durch sie über Wiesen nach rechts hinunter zum Augstsee (1643 m) und an seinem linken Ufer zu einer schönen Wiesenschulter; Wegteilung.

Vom Augstsee zurück zur Loserhütte: Kurz nach Südwesten hinunter zum Großparkplatz (1600 m) am Ende der Loser-Mautstraße und die Straße nach Süden abwärts zum Parkplatz bei der Loserhütte.

Bodensee – Hüttensee – Obersee

Drei Seen, zwei Wasserfälle und eine gastliche Hütte

Das Seewigtal (Naturschutzgebiet) ist ein märchenhaft schöner Winkel der Niederen Tauern. Es birgt drei klare Bergseen auf drei verschiedenen Etagen und ist vom Rauschen zweier großer Wasserfälle erfüllt. Besonders eindrucksvoll baut sich über dem obersten Seekessel die Nordwand der Hochwildstelle auf, und über dem mittleren See (Hüttensee) steht auf einer Geländeschwelle die Hans-Wödl-Hütte, benannt nach einem bedeutenden Erschließer der Schladminger Tauern. In den Sommermonaten wandern gerne Tagesgäste zu ihr hinauf. Abenteuerliche Geschichten und Sagen ranken sich um das Seewigtal. Der Kreuzstein etwa gilt als Schlüssel zu ergiebigen Goldadern und soll nur einen Büchsenschuss von der Hütte entfernt sein.

Talorte:
Haus, 772 m; Aich, 694 m.

Ausgangspunkt, Parkmöglichkeit:
Parkplatz im Seewigtal, 1143 m. Mautstraße von Ruperting (7 km) bzw. Aich.

Höhenunterschied:
Gut 500 m.

Anforderungen:
Wanderwege und Steige, nur stellenweise „rot“, zur Wödlhütte bei Nässe glattes Gestein!

Einkehr:
Seewigtalstüberl, Forellenhof (beide bew. Mai bis Okt.), Hans-Wödl-Hütte.

Varianten:
1. Rund um den Bodensee (¾ Std.) mit Abstecher zum Wasserfall (zusätzlich ½ Std., „blau“). 2. Wödlhütte – Neualmscharte – Kleine Wildstelle – Hochwildstelle (2747 m, ca. 4½ Std. Anstieg, „schwarz“, nur für Geübte mit Erfahrung in leichten Kletterrouten).

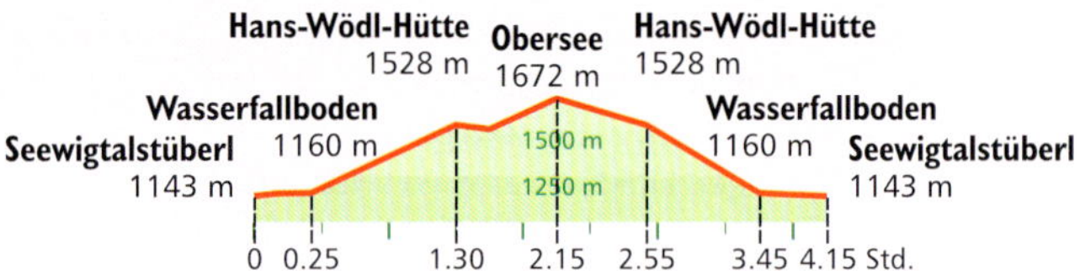

Vom Parkplatz beim **Seewigtalstüberl** wandern wir auf ebenem Sträßchen zum Forellenhof und am Westufer des fischreichen **Bodensees** weiter zum Wasserfallboden und Materialaufzug der Wödlhütte. Anschließend führt uns ein Wanderweg nahe an den Fuß des unüberhörbaren unteren Wasserfalls heran. Am **Höfersteig** (Nr. 782) mit treppenartig aufgeschichteten Felsblöcken (Seilhandlauf) überwinden wir eine größere Geländestufe, auf der die gastliche **Hans-Wödl-Hütte** steht. Dahinter führt der Pfad etwas

fallend am feuchten Westufer des **Hüttensees** entlang (gute Trittsteine) und über eine weitere Geländestufe zum **Obersee** hinauf.
Auf bekannter Route steigen wir über die Wödlhütte zum **Bodensee** ab, queren auf der Südseite des Sees auf Holzstegen den Zufluss und kehren am Ostuferweg zum Ausgangspunkt zurück.

Klafferkessel

Im Naturwunder der Schladminger Tauern

Die Wanderung in den Klafferkessel, dieses Naturwunder aus der Eiszeit, zählt zu den schönsten Vorschlägen dieses Führers, sie erfordert allerdings stellenweise Trittsicherheit und ausreichende Sichtverhältnisse. Wer den Klafferkessel durchstreift, sollte eine Grundregel der Schwammerlsucher beherzigen: Langsam gehen – schnell schauen. Ein Gang durch dieses Gewirr von Seen und Tümpeln, unregelmäßig verstreut, in mehreren Stockwerken angelegt, mancher von ihnen lange vom Eis bedeckt, mit unterschiedlicher Färbung und interessanten Spiegelungen, in steiniger Öde gelegen oder grün und blumig eingesäumt, ist immer ein Erlebnis. Ihr Aussehen hat ihnen den Beinamen „Spiegel Gottes" eingetragen. Der Kessel ändert sein Gesicht vom Beginn bis zum Ende der Wandersaison laufend. Die 30 Seen bzw. Lacken werden meist erst ab Mitte Juli schnee- und eisfrei.

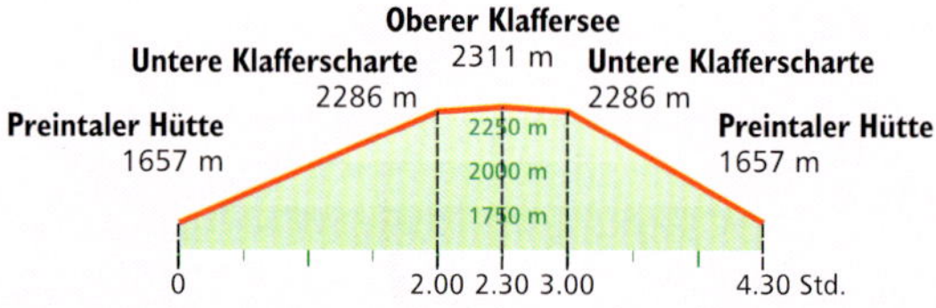

Talort:
Schladming, 749 m.

Ausgangspunkt, Parkmöglichkeit:
Preintaler Hütte, 1657 m. Parkmöglichkeit beim Gasthaus Riesachfälle im Untertal, erreichbar über Schladming mit Bus oder Pkw (ca. 14 km).

Höhenunterschied:
800 m (kleine Gegenanstiege).

Anforderungen:
Gut markierte Wanderwege; kleine brüchige Steilstufe vor der Unteren Klafferscharte (hier Trittsicherheit erforderlich).

Einkehr:
Preintaler Hütte, 1657 m (Alpine Ges. Preintaler, bew. Anf. Juli – Anf. Okt., 120 L. + 10 B., Tel.: 0664/1448881), Waldhornalm. Keine Einkehrmöglichkeit auf der Tour.

Varianten:
Der trainierte Bergwanderer kann die Tour in den Klafferkessel vom Gasthaus Riesachfälle über die Preintaler Hütte (ca. 1250 Hm, Gesamtzeit ca. 8 Std.) auch an einem Tag durchführen oder als Ausgangspunkt die Gollinghütte nehmen und den Klafferkessel nach Überschreitung des Greifenberges (ca. 1000 m, 2½ bis 3 Std. ab Gollinghütte) genussvoll im Abstieg durchwandern. Eine vorherige Nächtigung auf einer der beiden Hütten ist jedoch zu empfehlen, um sich genügend Zeit zu lassen und den Zauber des Klafferkessels auch genießen zu können.

Foto: Brandl

Gleich hinter der **Preintaler Hütte** (Ww. „702 Klafferkessel“) über einen Wiesenhang auf eine Schulter, rechts auf den Bach zu, der den Weg zu einer Talverengung weist, die das Äußere vom Inneren **Lämmerkar** trennt. Serpentinen führen über eine Rippe nach rechts auf einen Absatz, ehe der Pfad durch ein Blockkar und zuletzt über eine kurze, brüchige Steilstufe die **Untere Klafferscharte** betritt. Windungsreich und über kleine Geländeschwellen – Markierungen beachten! – geht es zum **Oberen Klaffersee**. Bei gutem Orientierungssinn kann man rechts (weglos!) auf den **Klafferkogel** steigen. Auf der Anstiegsroute geht's zur Preintaler Hütte zurück.

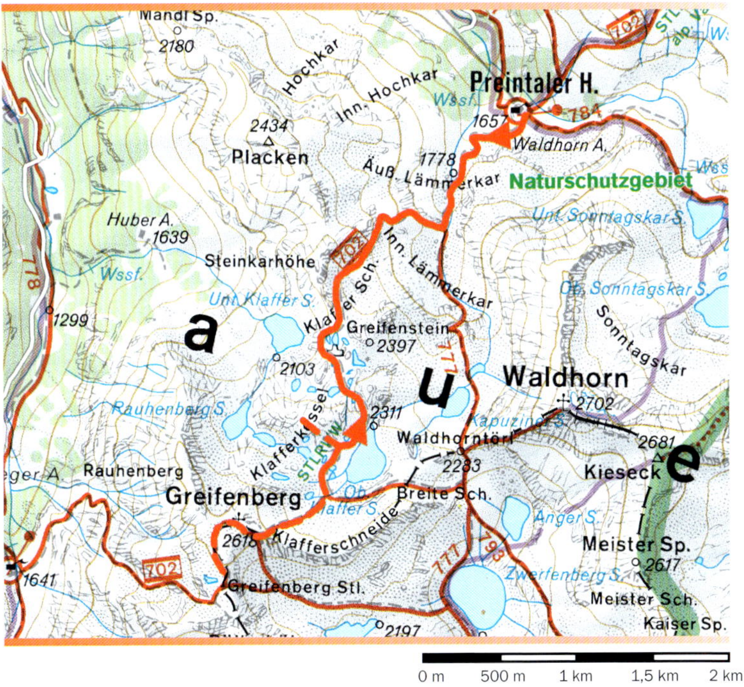

Schöckl

Dieser Gipfel ist der „wahre“ Grazer Hausberg

Der an der Südseite des populärsten Grazer Hausbergs gelegene Luftkurort Sankt Radegund ist das „Tor zum Schöckl“. Freilich sind die bekanntesten Wege oft genug derart stark frequentiert, dass man sich wünscht, eine neue Route kennen zu lernen: etwa mit einer Kombination aus Rupertisteig und Weißer Wand. Etliche markierte Wanderwege leiten sternförmig auf das markante Gipfelplateau. Besonders anziehend wirkt der Schöckl-Westgipfel mit dem Erzherzog-Johann-Gipfelkreuz. Schaulustige verweilen im Bereich der Paragleiter-Startrampen wie am Schöcklkopf bzw. Ostgipfel. Das „wahre Gipfelzeichen“ ist der 97 Meter hohe ORF-Sendemast; die dazugehörige Relaisstation kann man nach Voranmeldung besichtigen. Der umzäunte Platz um den Masten birgt zudem Geschichte: Der Gipfelstein an der Nordostecke des Sender-Fundaments ist ein Triangulierungspunkt erster Klasse der Landesvermessung, die in den Jahren 1820 bis 1825 durchgeführt wurde. Am südseitigen Zaun informiert eine Tafel darüber.

Talort:
St. Radegund, 718 m; Anfahrt von Graz über Mariatrost – Faßlberg oder Graz-Andritz – Niederschöckl bzw. Rinnegg – Kreuzberg. Regionalbuslinie 250, Graz – Mariatrost – St. Radegund – Seilbahn-Talstation.

Ausgangspunkt, Parkmöglichkeit:
Seilbahn-Talstation, 780 m; Bushaltestelle, Parkhaus.

Höhenunterschied:
Ab Seilbahn-Talstation 660 m, ab Gasthof Schöcklbartl 420 m.

Weglänge:
10,5 km.

Anforderungen:
Bis zum Gasthof Schöcklbartl markiert; sonstige Wegabschnitte unbezeichnet. Rupertisteig und Weiße Wand jeweils nur für Trittsichere.

Einkehr:
Gasthof Schöcklbartl, (Di., Mi. Ruhetag); Schöckl-Halterhütte (Mo., Di. Ruhetag). Am Plateau: Ipengasthof; Bergstation; Stubenberghaus von 1890; denkmalgeschützt; Eigentümer: Alpenverein Graz).

Tipp:
Anmeldung zur Besichtigung der Schöckl-Sendeanlage beim ORF Graz, Tel.: 0316/470-28238.

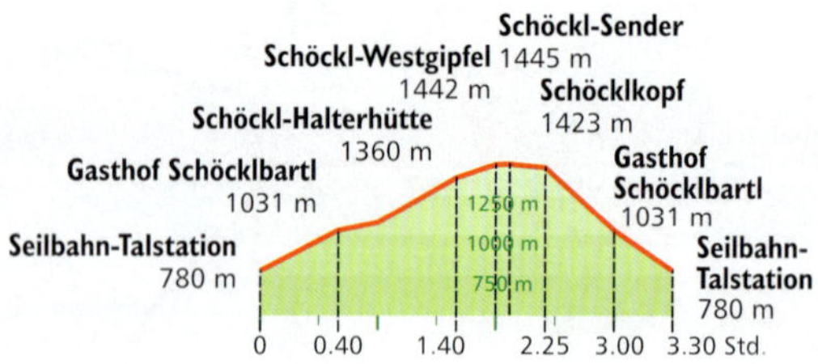

An der Einfahrt zur **Talstation** steht rechts eine große Übersichtstafel. Dicht gesetzte Farbmarken weisen unfehlbar den Weg (753) zum **Gasthof Schöcklbartl**. Dort, beim Parkplatz, aus der Straßenkurve links abzweigen. Auf einem Waldweg bergan zur Mautstraße; auf ihr bzw. parallel zum Römerweg (Weg 757) westwärts zu einer Sandgrube. Man verlässt die Straße bergwärts. Am östlichen Grubenrand führt ein Pfad zunehmend steil zur Felsstufe (ca. 1200 m) unterhalb einer Stromleitung. Am Fels das kleine Schild **„Rupertisteig"**. Oberhalb der Felsstufe zickzack bergan zu einem Zaun. Danach erreicht man einen Forstweg: Links bergab in Richtung **Schöckl-Halterhütte**. Entweder kurz davor bergan zur Seilbahn-Bergstation oder von der Halterhütte zum Stubenberghaus. Beim Sender über die Hochfläche zum **Schöckl-Westgipfel**. Das Kreuz erinnert an Erzherzog Johann, welcher im Juni 1811 – von Wien kommend – über den Schöckl nach Graz wanderte, um das Joanneum zu gründen. Vom Gipfelplateau reicht der Blick zu Hochwechsel, Raxalpe, Veitschalpe, Hochschwab, Gleinalpe, Stub- und Koralpe sowie zum Bachern (SLO) und zur Riegersburg. An besonders klaren Tagen sind auch der Triglav (SLO) und sogar der Bösenstein zu sehen.
Der **Rückweg** führt über das Plateau und den höchsten Punkt beim **Schöckl-Sender** zum „urigen" **Schöcklkopf**. Man steigt neben der südseitigen Startrampe ab. Der einfach begehbare Steig leitet zu einem Fichtendickicht. Davon linkshaltend an den felsigen Rand der **Weißen Wand**. Im Schrofengelände zunehmend steil, schließlich (Vorsicht!) eine kurze Wandstufe absteigend. Unterhalb dieser Steilstufe erst leicht linkshaltend, dann geradewegs bergab zu einem Hochsitz. Auf einem Waldweg bergab zur Mautstraße und wiederum auf einem Waldsteig zum **Schöcklbartl**. Zurück zur Seilbahn-Talstation in **St. Radegund** wie beim Anstieg.

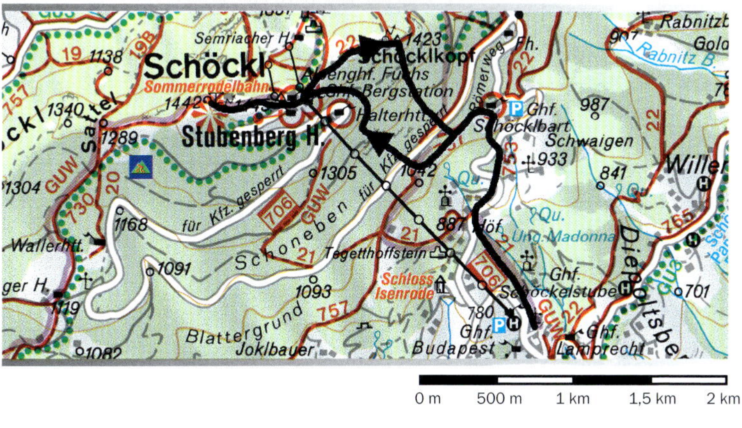

Riegerin

Der einsame „Inselberg" über dem Salzatal
Brunnsee – Brunntal – Harriman-Jagdhütte – Riegerin

Talort: Wildalpen, 607 m.

Ausgangspunkt:
Brunnsee, 623 m; 6 km östlich Wildalpen.

Gehzeiten:
Brunnsee – Brunnboden 1¼ Std., zur Harriman-Jagdhütte 1½ Std., auf den Gipfel 1¾ Std., Gesamtzeit für Aufstieg rund 4½ Std.

Höhenunterschied: über 1300 m.

Anforderungen:
Insgesamt unbezeichnet, ab der Jagdhütte z. T. weglos durch den Riegerinboden; zuletzt Jagdsteig auf den Gipfel. Schwierige Orientierung im Riegerinboden! Besondere Umsicht erforderlich.

Einkehr:
In Wildalpen. In Weichselboden Frühstückspension Ploderer, April – Okt. (8 B.).

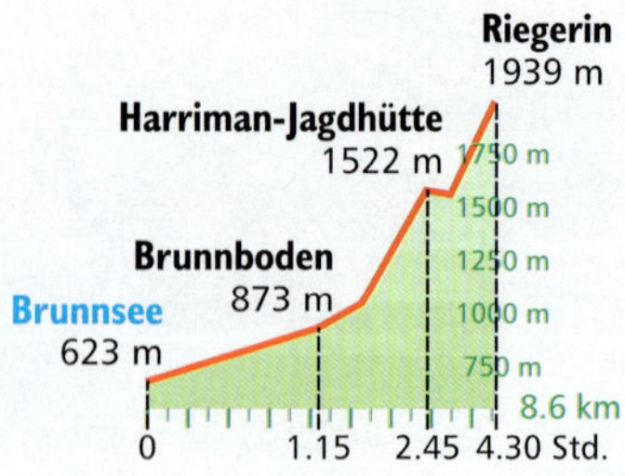

Das Salzatal im Norden, das Brunntal im Westen und der Antengraben im Osten bilden eine Art Dreieck, aus dem, unzugänglich erscheinend, die Riegerin mit ihren mächtigen Wänden aufragt. Tatsächlich ist eine Tour auf die Riegerin eine interessante Herausforderung an Kondition und Orientierungssinn – aber überaus lohnend: Vom Gipfel der Riegerin lässt sich die Hochschwab-Nordseite ebenso gut überblicken wie der nordwärts gegenüberliegende Höhenzug der Kräuterin.

Von der Postbus-Haltestelle **Brunnsee** auf fast ebener Forststraße in das eindrucksvolle Trogtal nach Süden bis zu dessen Abschluss im **Brunnboden**. Links, mittels einer Kehre, hinauf zur Talstation eines **Materialliftes**, ca. 980 m. Auf sehr steilem Jagdsteig nahe der Seilbahntrasse an den Fuß der Rotmäuer. Nun auf einem geschickt angelegten Steig über Wandstufen in den darüberliegenden urigen Bergwald zur **Harriman-Jagdhütte**, 1522 m, auf der **Riegerinalm**.

An der Materiallift-**Bergstation** links vorbei, den **Riegerinboden** bloß auf Steigspuren nordostwärts querend, dann allmählich linkshaltend, bis man nach einer Waldpassage an den Fuß einer schroffen Begrenzung stößt (das ist am Auslauf des Eiskars). Nun wieder auf einem Steig durchwegs steil bergan: über eine grusige Stufe (loses Drahtseil) durch schütteren Baumbestand und einen Latschengürtel. Zuletzt über einen mäßig steilen Schrofenhang zum **Gipfelkreuz**.

Abstieg wie Aufstieg, 3 – 3½ Std.

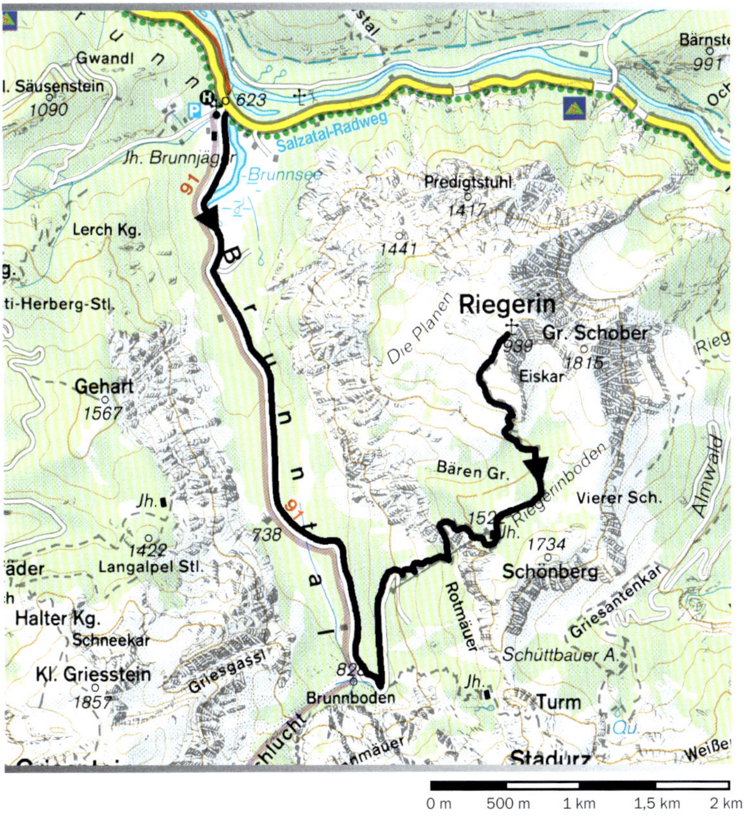

Wasserfallweg und Planspitze

Der meistbegangene Steig von Norden in die Hochtorgruppe

Kummerbrücke – Wasserfallweg – Ebersanger – Planspitze – Hesshütte

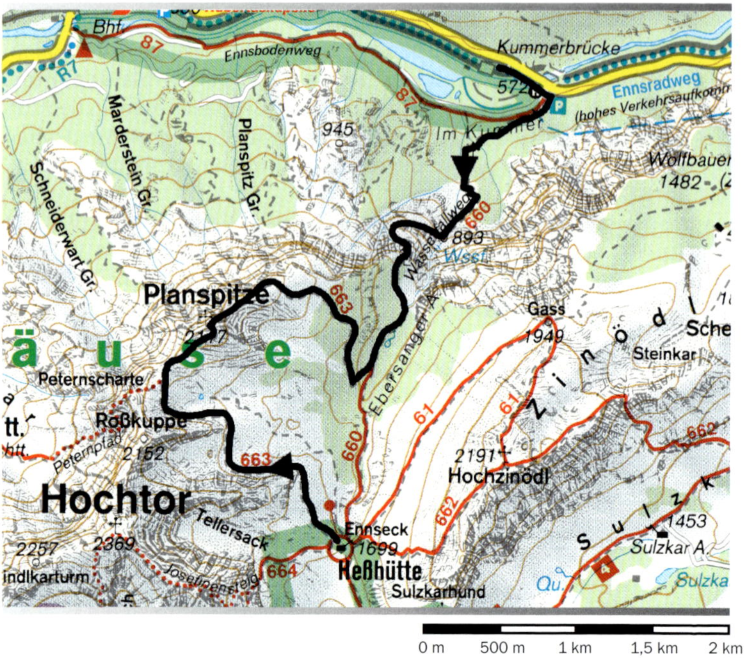

Talort:
Gstatterboden, 577 m.

Ausgangspunkt:
Bahnstation Kummerbrücke, 558 m, oder Parkplatz Kummerbrücke, 572 m; jeweils ca. 3 km östlich von Gstatterboden.

Gehzeiten:
Kummerbrücke – Wasserfallweg – Ebersanger 3 Std., auf die Planspitze weitere 1½ Std., Abstieg zur Heßhütte 1¾ Std.; insgesamt 6½ Std. Vom Ebersanger direkt zur Heßhütte 35 Min.

Höhenunterschiede:
1560 m im Aufstieg, 420 m Abstieg.

Anforderungen:
Der Wasserfallweg ist ein markierter Steig. Die Steilstufe westlich vom Wasserfall schließlich wird mit Hilfe von Eisenleitern überwunden. Trittsicherheit ist unbedingt erforderlich. Der Anstieg vom Ebersanger auf die Planspitze ist steil und mühsam.

Einkehr:
Heßhütte, 1699 m, OeAV, bewirtschaftet von Mitte/Ende Mai bis Mitte/Ende Okt.; 150 Schlafplätze.

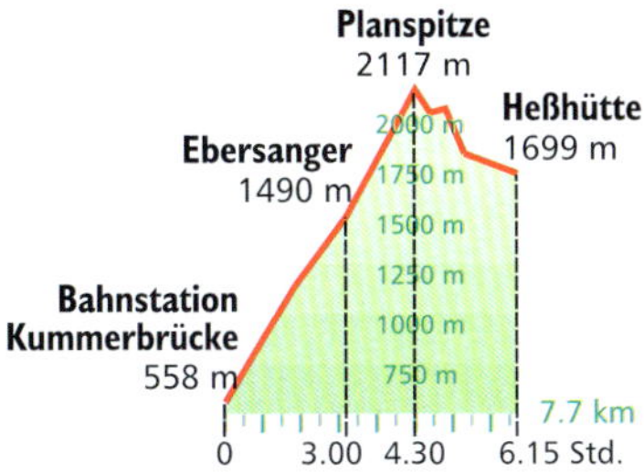

Nachdem der Wasserfallweg 1877 von H. Heß und A. Rodlauer erstmals touristisch begangen wurde, entstand in den Jahren 1891 – 1892 eine gesicherte Steiganlage. Der Wasserfallweg wird sowohl im Aufstieg als auch im Abstieg stark frequentiert, da die meisten Touristen zu ihrem Fahrzeug zurückkehren wollen, das beim Parkplatz **Kummerbrücke** abgestellt ist. Es sei jedoch darauf verwiesen, dass man zur Kummerbrücke auch über Johnsbach zurückkehren kann, indem man ab Gasthof Kölblwirt mit dem Taxi zur Haltestelle Johnsbach fährt und mit der Bahn zwei Stationen zur Kummerbrücke zurücklegt.
Der **Wasserfallweg** gewährt von Norden her den kürzesten Zustieg zur Heßhütte (3½ Std.). Von der Kummerbrücke führt der Steig in den bewaldeten Wasserfallwinkel, genannt „Im Kummer", und 300 m im Bergwald aufwärts. Unterhalb des Wasserfalls, quert man ein Gerinne und gelangt sodann zu den ersten Sicherungen und darüber zur Kanzel, 1175 m; mit Hilfe weiterer Sicherungen über Steilstufen hinweg wird die „Emes-Ruhe" erreicht, 1260 m; Rastplatz mit Gedenktafel. Zwei folgende, scheinbar senkrechte Eisenleitern (15 und 20 m hoch) ermöglichen den Ausstieg zu jenem Steig, der in den Ebersanger (Ebnesanger) führt; ehemalige Alm mit Quelle. In 1483 m Höhe zweigt der steile ostseitige Anstieg zur **Planspitze** ab: 300 m geht's durch Wald, anschließend durch eine Latschenzone und über einen Schrofenrücken von Nordosten her zum Gipfelkreuz. Der bezeichnete Abstieg führt östlich der Peternscharte, 2040 m, bergab zur **Heßhütte**. **Rückwege** von der Heßhütte: Wie beim Anstieg über den Wasserfallweg zur Kummerbrücke, 3 Std. Oder zum Gasthof Kölblwirt in das Johnsbachtal, 2½ Std.

Foto: Auferbauer

Großer Buchstein

Eine starke Tour mit Klettersteig

Gstatterboden – Buchsteinhaus – Südwandband – Großer Buchstein – Westschlucht/Wenger Weg – Buchsteinhaus – Gstatterboden

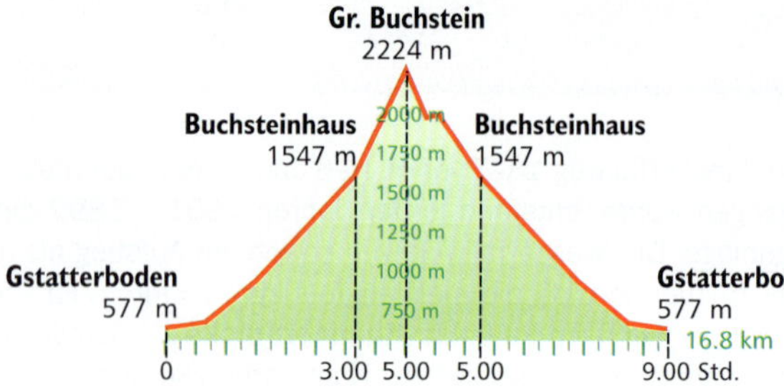

Talort/Ausgangspunkt:
Siedlung Gstatterboden, 577 m, inmitten des Gesäuse. Von Gstatterboden führen mehrere klassische Anstiegswege zu Hütten und Gipfeln.

Gehzeiten:
Gstatterboden – Buchsteinhaus 3 Std., auf den Großen Buchstein weitere 2 Std., Abstieg vom Gipfel bis ins Tal 4 Std.; insgesamt 8 – 9 Std.

Höhenunterschied: 1650 m.

Anforderungen:
Diese Bergtour verläuft auf durchwegs steilen, markierten Wegen. Im Gelände oberhalb des Buchsteinhauses auf allen Routen Trittsicherheit erforderlich! Der Südwandband-Klettersteig, 274 m, ist durchgehend auf 420 m Länge mit einem Stahlseil gesichert; Klettersteig-Ausrüstung (Helm, Sitz- und Brustgurt) erforderlich. Der Wenger Weg ist ein an nur wenigen Stellen gesicherter Alpinsteig.

Einkehr:
Buchsteinhaus, TVN, 1546 m, bew. etwa von Pfingsten bis Mitte/Ende Okt.; 95 Schlafplätze.

Das Buchsteinhaus liegt in idealer Lage der Hochtor- und Reichenstein-gruppe gegenüber, sodass man aus einer Nobelperspektive über das Gesäuse hinweg in die fotogenen Nordwände blickt.
In **Gstatterboden** folgt man ab der Ennsbrücke (Wegweiser) einem Fahrweg oberhalb der Bahn. Alsbald zweigt der Fußweg bergwärts ab und schlängelt sich, teilweise steil, zum Kühgraben hinauf und in den **Brucksattel**, 1117 m. Nun folgt man halbrechts einer Forststraße. Anschließend leitet ein schön angelegter Zickzack-Weg zum **Buchsteinhaus**. Die Terrasse gewährt prächtige Ausblicke auf die gegenüber stehenden Gesäuseberge.

Der markierte Weg führt durch Latschenstufen zu einem Felsrücken, ca. 1980 Meter. Von hier erreicht man den Einstieg zum Klettersteig. Er ist relativ einfach begehbar, führt jedoch in ausgesetztes Gelände. Der Ausstieg erfolgt seilfrei an einer Schrofenrippe zum Hochplateau beim Türnitzkreuz. Von hier ganz leicht zum nahen Gipfel.

Der **Abstieg** erfolgt allgemein auf dem Normalweg; er führt durch die Westschlucht, ein trichterähnliches Schutt- und Blockgelände. Daher auf Steinschlag achten!

Oder man hält sich zunächst an den **Wenger Weg**: Farbpunkte, ein Durchschlupf im Felsloch und wenige Eisenstifte leiten westseitig steil hinunter zum Normalweg. Das Gelände (Schwierigkeitsgrad II) ist zwar gut gestuft, erfordert jedoch Klettertechnik. Zuletzt quert man mit Hilfe eines Drahtseiles zwei Wandstellen und erreicht über Felsbänder den markierten Weg. Auf ihm kehrt man zum **Buchsteinhaus** zurück. Auf demselben Weg wie beim Anstieg hinunter nach **Gstatterboden**.

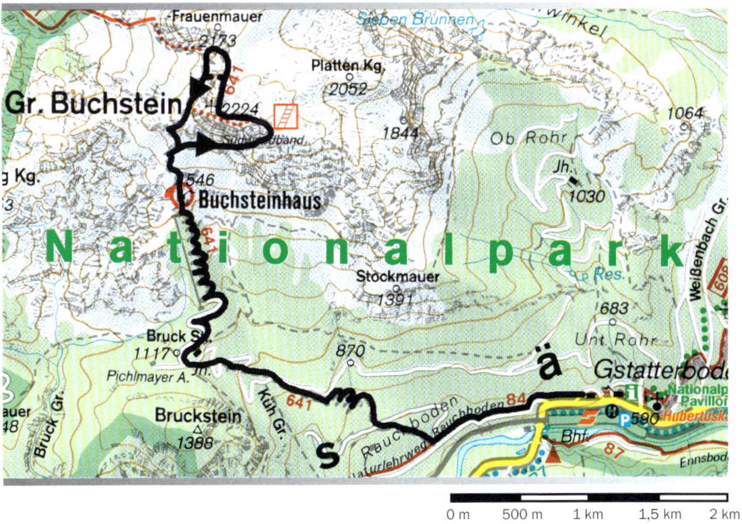

Natterriegel und Bärenkarmauer

Von der höchsten Schutzhütte im Gesäuse zum Hexensteig und Hexenturm

Hall – Johannesbründl – Admonter Haus – Mittagskogel – Natterriegel – Bärenkarmauer – Grabneralmhaus – Hall

Talort/Ausgangspunkt:
Hall, 682 m. Kleines Dorf nahe Admont am Fuß der Haller Mauern.

Gehzeiten:
Von Hall bis Admonter Haus 3½ Std., über den Natterriegel auf die Bärenkarmauer gut 2½ Std., im Abstieg über das Grabneralmhaus nach Hall 5 Std.; gesamt gut 11 Std.

Höhenunterschied:
Insgesamt 1700 m.

Anforderungen:
Durchwegs markierte Steige; ab dem Admonter Haus sehr steiles Schrofengelände, an wenigen Stellen mit Drahtseilen gesichert. Die Felspassagen im Übergang Natterriegel – oberes Rosskar – Bärenkarmauer sind durchgehend gesichert.

Einkehr:
Admonter Haus, 1723 m, bew. von Pfingsten bis Ende Okt.; 42 Schlafplätze
Grabneralmhaus, 1391 m, ganzjährig bewirtschaftet.

Variante:
Hexensteig. Zugang zum Klettersteig vom Natterriegel leicht bergab. Der mit Drahtseilen durchgehend gesicherte Steig führt durch die Südflanke des Nordwestgrates auf die Bärenkarmauer.

Tipp:
Am besten als Zweitagestour mit Nächtigung im Admonter Haus. Wer einzigartige Abendstimmungen erleben will, steigt vom Admonter Haus auf die Admonter Warte.

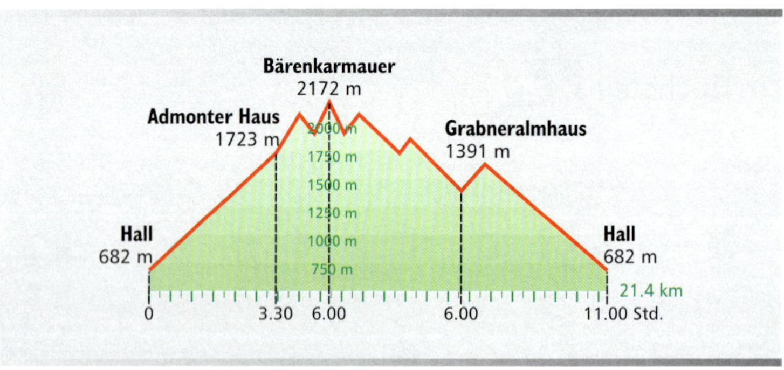

Wenn die äußeren Bedingungen stimmen, ist diese Tour keine Hexerei. Zudem werden viele Aussichtspunkte besucht. Das beginnt schon mit der Admonter Warte.

Der gut markierte Weg aus der Dorfmitte von **Hall** verläuft anfangs gemeinsam mit dem Höhenweg, sodann über das **Johannesbründl** zum Rastköpferl, 1162 m, und durch schönen Mischwald (Buchen, Fichten, Lärchen) in eine Alm- und Latschenzone. Das weithin sichtbare **Admonter Haus** im Grabnertörl, 1723 m, markiert den weiteren Aufstieg dorthin. Ein Abstecher zur Admonter Warte, 1804 m, ist überaus lohnend.

Nun geht's zur Bärenkarmauer, auch Hexenturm genannt. Beim Anstieg wird grundsätzlich auch das Gipfelkreuz am **Mittagskogel**, 2041 m, aufgesucht, von wo ein leichter Übergang auf den **Natterriegel** führt. Man steigt im felsdurchsetzten Gelände nordseitig rund 150 m in das obere Roßkar ab, quert die felsige Karlandschaft und gelangt über die gesicherte Südostflanke auf die **Bärenkarmauer**.

Beim **Rückweg** kehrt man auf demselben Weg zurück zum Admonter Haus und steigt auf einem guten Pfad hinab zur Grabneralm, 1391 m. Unterhalb vom **Grabneralmhaus** führt ein unbezeichneter Forstweg westwärts zur Forchneralm (Jagdhütte), etwa 1400 m. In leichtem Anstieg überquert man eine Kuppe, am Ende des Forstweges wird ein Bächlein überschritten und man erreicht bei 1450 m wieder den markierten Weg; auf diesem zurück nach Hall.

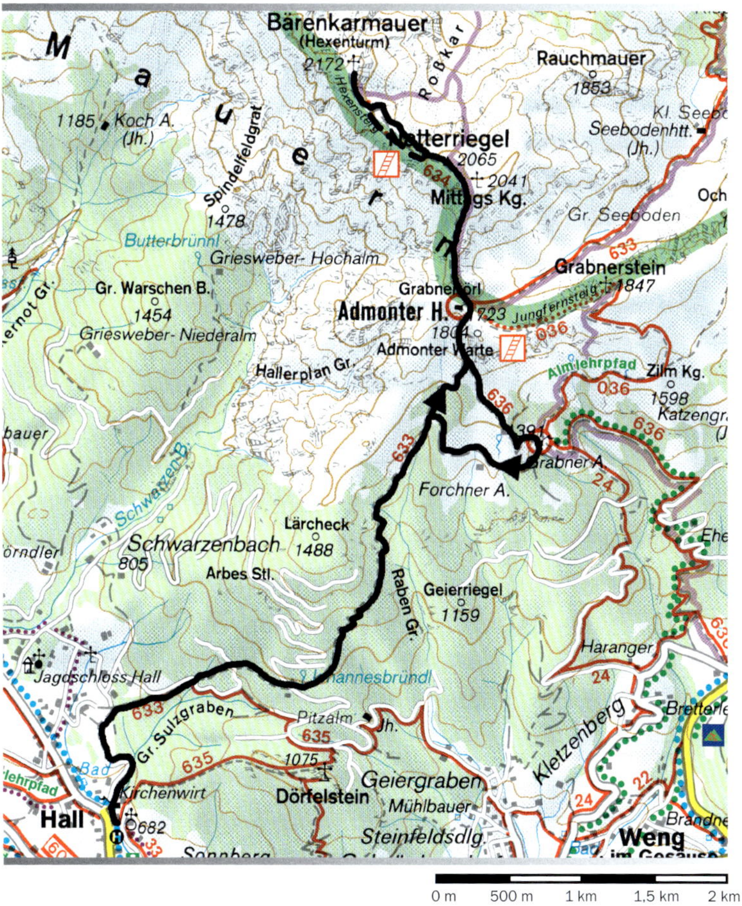

Hochgolling

Zum höchsten Gipfel der Niederen Tauern

Der Hochgolling, der höchste Gipfel der Niederen Tauern, bietet die schwierigste Tour dieses Wanderführers. Er wurde im August 1791, also vor über 200 Jahren, erstmals bestiegen. Eine Gedenktafel am Gipfel erinnert auch an den Erzherzog Johann von Österreich, der 1817 den Gipfel erreichte. Der „Historische Weg" durch die leider recht brüchige Westflanke und die von diesem abzweigende Route über den Nordwestgrat (II) sind heute die meistbegangenen Anstiegswege. Weit reicht das Auge an klaren Tagen von dieser hohen Warte, die ihre Nachbarn um mehr als 100 m überragt.

Foto: Brandl

Talort:
Schladming, 749 m.

Ausgangspunkt:
Gollinghütte, 1641 m. Zugang über Gasthaus Riesachfälle im Untertal. Anreise mit Bus oder Pkw von Schladming.

Höhenunterschied:
1200 m.

Anforderungen:
Festes Schuhwerk, Ausdauer, Bergerfahrung, Schwindelfreiheit und Trittsicherheit im brüchigen Steilgelände erforderlich. Nicht bei Vereisung!

Einkehr:
Gollinghütte, 1641 m (Alp. Ges. Preintaler, bew. Anf. Juli bis Anf. Okt., über 80 L. + B., Tel.: 0676/5336288). Keine Einkehr auf der langen Tour!

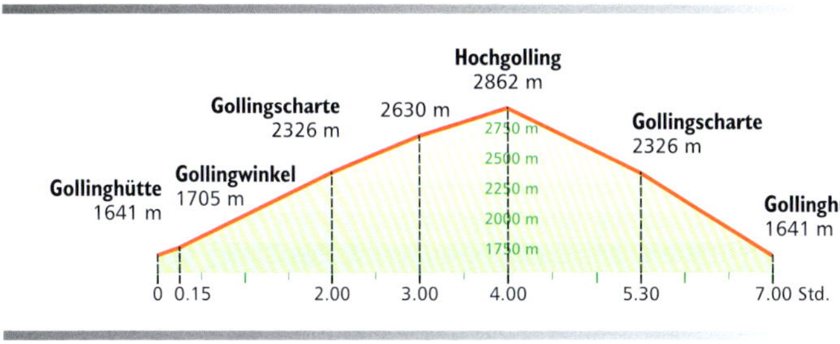

Von der **Gollinghütte** den Bach entlang in den flachen Boden des **Gollingwinkel**. Der Weg wendet sich nun den Hängen zur Rechten zu, überschreitet den Bach und gewinnt schließlich über ein grasdurchsetztes Blockkar die **Gollingscharte**, die den Blick in den Göriachwinkel, zu den Landawirseen und zur gleichnamigen Hütte freigibt.
Der Steig schwenkt nun nach links in die Nordwestflanke, passiert dabei eine mit Eisenstiften versehene Platte, erreicht um zwei Ecken herum die Westflanke und gewinnt im Bereich einer Geländekante (gr. Steinmann) rasch an Höhe. Nach Überwindung einer kleinen Felsstufe quert er weiter in die Westflanke hinein und trifft 300 m über der Gollingscharte auf eine Weggabelung (2630 m). Links: „Nordwestgrat. Nur für Geübte" – Rechts: „Historischer Weg, Normalanstieg 778". Die Route über den **Grat** erreicht über eine gut gestufte Kante eine kleine Schulter (Steinmann), dann den Vorgipfel, hält sich danach an eine ziemlich waagrechte, zackenbesetzte Schneid, ehe sich hinter einer Scharte der durchwegs meist gutartige Fels steiler aufstellt, um auf den letzten Metern zusammen mit dem „Historischen Weg" das **Gipfelkreuz** zu erreichen. Der **Normalanstieg** durch die steile, ausladende Westflanke findet durch zahlreiche Quergänge auf schotterigen Bändern, die mehrfach von kleinen, z. T. gesicherten Felsstufen unterbrochen sind, sein hohes Ziel. Beide Routen sind markiert, die technischen Schwierigkeiten am Nordwestgrat sind größer (stellenweise Klettereien der Schwierigkeitsgrade I und II).
Der **Abstieg** erfolgt gewöhnlich am Normalweg.

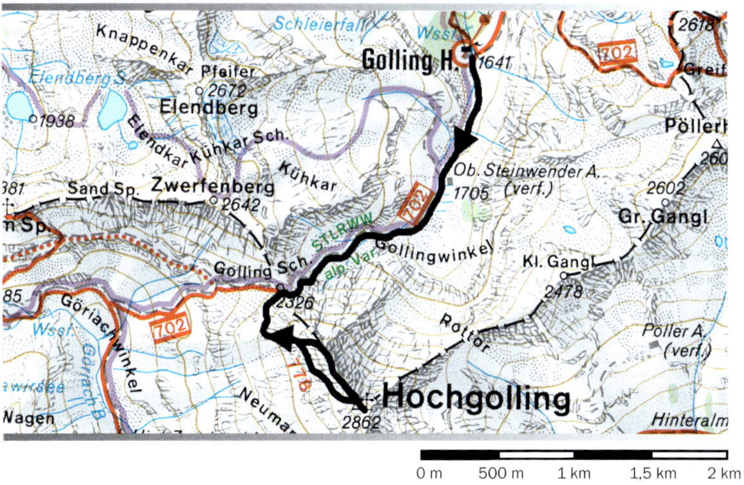

Mostlandwanderweg, St. Pauler Berge

Gemütlicher Hügelweg kombiniert mit der „Mostlandidee“

Diese Tour ist die Kombination einer Wanderung durch die St. Pauler Berge und einer kulinarischen Entdeckungsreise: Dem Wanderer wird ein gemütlicher, von einem Gipfel gekrönter Wanderweg angeboten, den hier ansässigen Bauern wird die Möglichkeit gegeben, örtliche Produkte marktgerecht anzubieten. Der Weg selbst ist ein angenehmer Hügelweg mit vielen Waldteilen und einigen kurzen, steilen Anstiegsstücken.

Ausgangspunkt:
St. Paul im Lavanttal, 442 m.

Höhenunterschied:
Ca. 500 m Auf- und Abstieg.

Anforderungen:
Leichte Hügelwanderung mit kurzen Steilstücken.

Einkehr:
Viele Gasthöfe am Mostlandwanderweg.

Varianten:
Es sind markiert: Mostland-Radwanderweg St. Georgen (16 km), Mostland-Radwanderweg Granitztal – St. Paul (16 km), Mostland-Wanderweg Granitztal (12 km), Mostland-Wanderweg St. Georgen (14 bzw. 5 km).

Tipp:
Das Benediktinerstift St. Paul stammt im gut erhaltenen Kern aus der romanischen Zeit. Der

Endausbau geschah in der Barockzeit mit starken Anleihen beim spanischen Barock. Ende der 80er Jahre des vorigen Jahrhunderts wurde es vollständig restauriert. Es gehört zu den kulturell-künstlerischen Höhepunkten, die Kärnten zu bieten hat. In der Regel gibt es im Sommer Sonderausstellungen, deren Besichtigung lohnenswert ist.

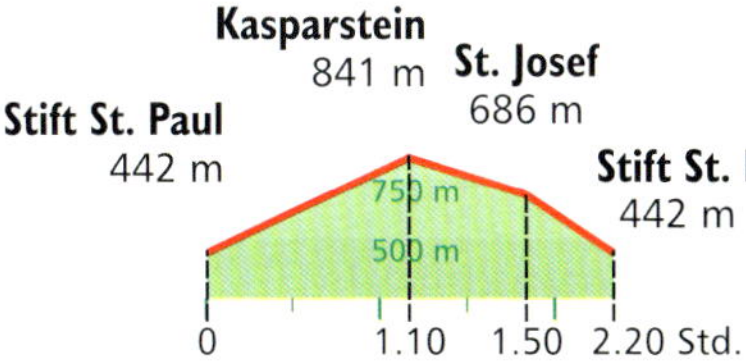

Die Anfahrt führt zum Markt **St. Paul** im Lavanttal. Der Wanderweg nimmt seinen Ausgang vor dem Stift. Es geht zuerst steil aufwärts zum **Johannesberg** (mit Gasthof). Dort verlässt der Weg die engere Mostlandroute und führt mit der Wegnummer 336 nach Süden zum **Kasparstein** (841 m). Vor dem Aufstieg zum Gipfel trifft der Steig den Weg 338. Diesem folgt er nach rechts auf den Gipfel mit schönem Blick ins Drautal und auf die Petzen. Der Weg führt zurück, etwa 500 m über die vorherige Wegeinmündung geradeaus nach Osten. Dann zweigt der Weg mit der Nummer 337 nach links zum **Josefsberg** ab und gliedert sich dort wieder in den **Mostlandwanderweg St. Paul** ein, der nun erneut von Gasthof zu Gasthof weitergeht, um nach einer Runde in St. Paul zu enden. Den kleinen Wanderabstecher in die St. Pauler Bergwelt empfehle ich doch sehr, bei aller patriotischen Zuneigung zum Most.

Mostland St. Paul. Das Gebiet ist das Zentrum der Apfel- und Birnenerzeugung. Der Most, ein vergorener Saft mit leichtem Alkoholgehalt ist das bäuerliche Traditionsgetränk. Die Tourismuswirtschaft hat ihn veredelt und gemeinsam mit Säften, Bauernschnaps und anderen bäuerlichen Produkten wie Schinken, Wurst und Käse als Paket angeboten. Die Wege dienen dazu, zwischen den Mahlzeiten wieder Appetit zu bekommen und ein Stück Landschaft kennen zu lernen. Das Mostland folgt auch einem Kärntner Tourismustrend, regionale Gebiete unter einem Leitbegriff zusammenzufassen und anzubieten.

Foto: Lehofer

Die Wehrkirchenwanderung

Mit Karawankenblick von Diex nach Grafenbach
Diex – Sapotnigofen – Grafenbach – Diex

Ausgangspunkt:
Kirchplatz in Diex, 1153 m.

Gehzeiten:
Diex – Sapotnigofen 1 Std.,
Sapotnigofen – Grafenbach 1 Std.,
Grafenbach – Diex 1½ Std.
Gesamtzeit 3½ Std.

Anforderungen:
Mäßiger Anstieg zum Sapotnigofen, der bei widrigen Verhältnissen auch ausgespart werden kann.

Höchster Punkt: 1413 m.

Höhenunterschied:
260 m.

Einkehr:
Ghs. in Diex und Grafenbach, allenfalls hat auch ein Buschenschank offen.

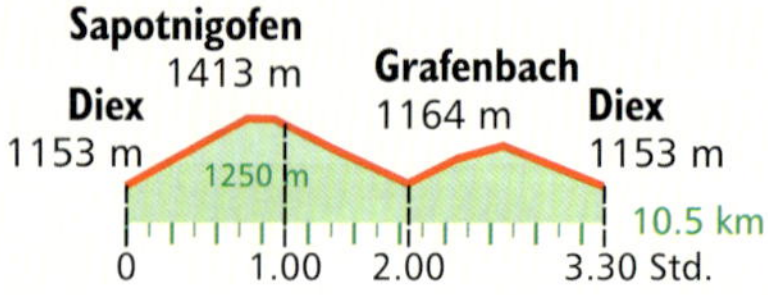

Die **Wehrkirchenanlagen** von Hochfeistritz und Diex zählen zu den eindrucksvollsten der Norischen Region. Die Kirchen werden durch den Norischen Panoramaweg erschlossen. Man kann aber auch – wie hier vorgeschlagen – einen Besuch der Anlagen von Diex und Grafenbach im Rahmen einer Halbtageswanderung unternehmen.
Vom Kirchplatz in **Diex** folgen wir den Bez. 08 in Richtung Saualpe. Zuerst steigen wir auf der Straße, dann links im Wald an und verfolgen den Fahrweg bis zur Trennung der Wege 06/08. Wir nehmen den rechten Weg (08) zur Saualpe und folgen ihm bis zum kaum ausgeprägten Höhenrücken. Der Saualpenweg (08) geht links ab, wir halten uns rechts auf dem Weg 339 und steigen den breiten Waldrücken mit geringem Gefälle ab. Bald sind rechts des Wegs im Wald die Blöcke des **Sapotnigofens**, 1413 m, zu erkennen. Wir setzen den Abstieg fort und gelangen zur Grafenbacher Straße. Der leicht abfallenden Straße folgt man bis in die Ortschaft **Grafenbach**, 1163 m.
Der Rückweg nach Diex erfolgt über die direkte Straßenverbindung entweder mit dem Linienbus oder zu Fuß. An klaren Tagen sind eindrucksvolle Tiefblicke ins Jauntal und Fernblicke zu den Karawanken und den Julischen Alpen möglich.

Foto: Peterka

Friesacher Burgen- und Kulturwanderweg

Kärntens Kulturstadt des Mittelalters

Die Stadt Friesach hat sich für die Besucher ganz der Präsentation ihrer prächtigen mittelalterlichen Denkmäler verschrieben. Dazu kommen Ritteressen-Spektakeldinner, Burghofspiele, Heroldsführungen und Feste. Friesach ist eine Gründung der Salzburger Erzbischöfe und war lange ihr Herrschaftssitz in Kärnten. Daher hat die kleine Stadt zahlreiche Denkmäler, deren Bedeutung weit über ihr heutiges Gewicht hinausgeht: romanische Stadtpfarrkirche, frühgotische Kirche des Dominikanerklosters, mit 74 m Länge die größte Kärntens, die Deutschordenskirche mit Fresken und zwei spätgotischen Flügelaltären. Der dreiteilige Burgberg mit der Peterskapelle überragt die Stadt.

Ausgangspunkt:
Friesach, Hauptplatz, 636 m.

Höhenunterschied: Ca. 300 m.

Anforderungen:
Häufig ein Spazierweg, die vielen Stufen und kurzen Steilstücke erfordern aber Trittsicherheit und etwas Kondition.

Einkehr:
Stadt Friesach.

Hinweis:
Informationen auch unter www.friesach.at; Folder „Schauplatz Mittelalter“ bei Tourist-Info erhältlich.

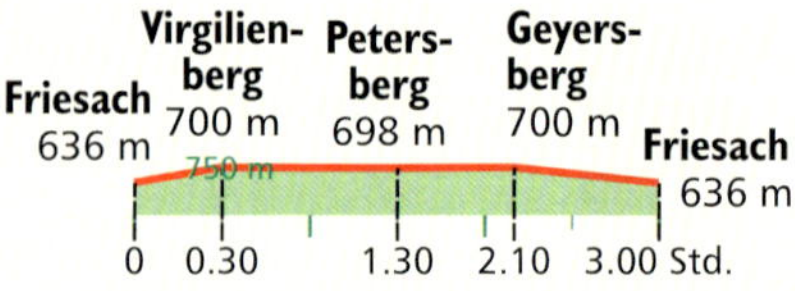

Der Burgenwanderweg beginnt auf dem **Hauptplatz** der Stadt, geschmückt mit einem Marmorbrunnen aus der Renaissance. Die Bahnhofstraße führt zum alten Grabenring, der auch erhaltene Stadtgraben ist mit Wasser gefüllt. Entlang der Stadtmauer wird die Ruine **Virgilienberg** erreicht, über das Heidentor und die Ruine Rotturm kommt das abgebrannte Schloss Lavant in Sicht. Der Weg führt aufwärts zur mehrteiligen Ruine **Petersberg** mit dem romanischen Bergfried, der Peterskirche aus dem 8. Jahrhundert. Auch Burghof und Schenke sind auf dem Berg. Nun geht es weit zurück zur dritten Burg, der **Geyersburg**, mit einem romanischen Bergfried. Diese Burg ist in Privatbesitz. Von hier wählt man an heißeren Tagen den Barbarabadweg durch den Wald und über die Sackgasse zurück zum Hauptplatz, an kalten Tagen nimmt man den Geyersbergweg und die Neumarkter Straße und Wiener Straße.
Unterwegs helfen fünf Informationstafeln beim Verstehen der Denkmäler. Das berühmte Dominikanerkloster mit Kirche und der Getreidespeicher mit der virtuellen Mythenwelt „Die Spur des Einhorns“ liegen nur etwas abseits des Weges und sind einen kleinen Umweg wert.

Magdalensberg – Christofberg

Aussichtsreicher Höhenweg in Mittelkärnten
Dieser Höhenweg in ca. 900 m Seehöhe ist ein hervorragender Aussichtsweg mit Blick über Klagenfurt zu den Karawanken.

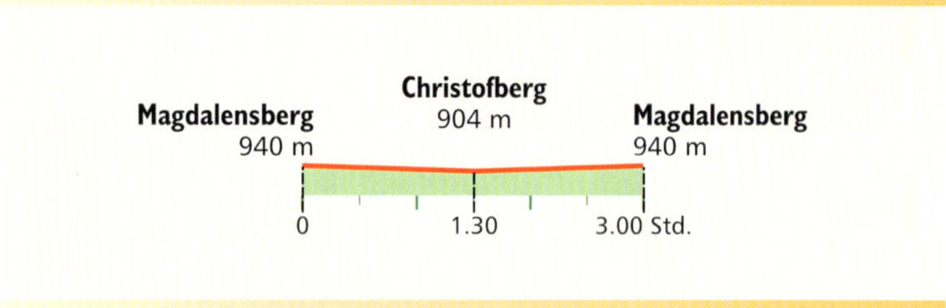

Talort:
St. Michael im Zollfeld.

Ausgangspunkt, Parkmöglichkeit:
Magdalensberg, Parkplatz vor keltisch-römischen Ausgrabungen, 940 m.

Höhenunterschied:
Nicht nennenswert.

Anforderungen:
Leichte Waldsteige und -wege.

Einkehr:
Gasthof auf dem Magdalensberggipfel und auf dem Christofberg.

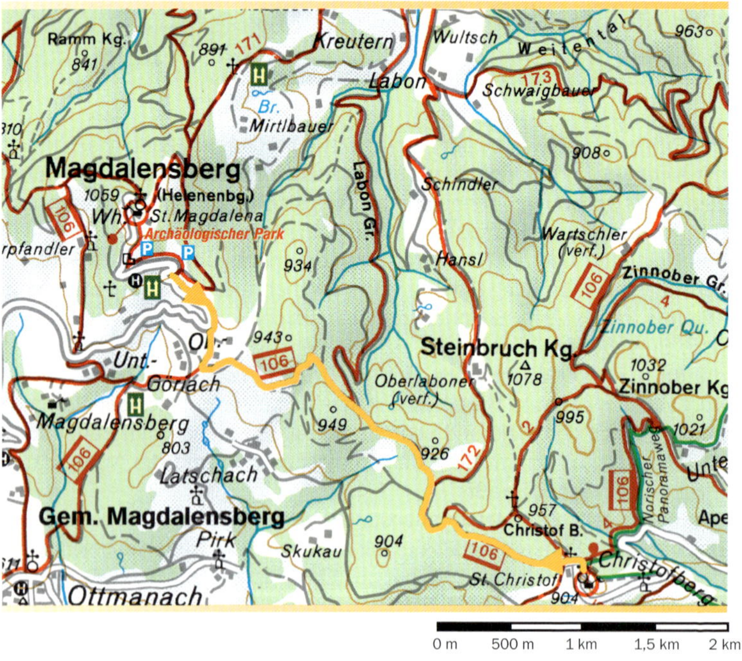

Die Auffahrt zum **Magdalensberg** erfolgt über St. Michael im Zollfeld zwischen Klagenfurt und St. Veit. Diese Landschaft ist seit der keltischen Besiedlung ununterbrochen das zentrale Siedlungsgebiet Kärntens gewesen. Auf dem Magdalensberg befand sich eine keltische Höhenstadt. Sie wird seit langem ausgegraben. Ein Museum zeigt die Funde. Der berühmteste, die Statue des Jünglings vom Magdalensberg, ist nicht im Original hier. Jedem Nachwanderer dieses Tourenvorschlags wird sehr empfohlen, die Viertelstunde hinauf zum Gipfel zu gehen und dort Rundschau zu halten.
Der Wanderweg zum Christofberg beginnt am Ende des **Parkplatzes**. Es ist ein Teilstück des Weitwanderweges 06 von Klagenfurt über Graz nach Mariazell, zugleich ein Teilstück des Unterkärntner Hügellandweges. Der Weg 106 benutzt das Gelände, um durch den Wald so eben wie möglich zum **Christofberg** zu führen, einer Wallfahrtskirche mit Gasthof. Die Qualität des Weges liegt darin, dass hier eine relativ hohe Aussichtsrampe für den Südblick über die Landeshauptstadt Klagenfurt bis zu den Karawanken angeboten wird. Dass dabei auch der Triglav, der höchste Berg Sloweniens, in Sicht kommt, ist für diese Höhenlage keineswegs selbstverständlich.
Natürlich ist der **Magdalensberg** auf mehreren Fußwegen vom Tal aus erreichbar. Aber in der Regel fahren die Leute hinauf. Vom Gipfel des Magdalensberges nimmt der merkwürdigste und vermutlich älteste Kärntner Brauch seinen Anfang. Am Dreinagelfreitag, das ist der zweite Freitag nach Ostern, beginnt dort genau um Mitternacht vom Donnerstag zum Freitag der sogenannte Vierbergelauf. Dabei werden an einem Tag der Ulrichsberg, der Veitsberg und der Lorenziberg erreicht. Die Länge beträgt etwa 50 Kilometer. Es werden keltische Fruchtbarkeitskulte dahinter vermutet. Derzeit erlebt der Vierbergelauf einen Boom mit tausenden Teilnehmern. Vor mehr als 400 Jahren wurde er das erste Mal schriftlich erwähnt.

Vom Falkertsee auf den Falkert

Anschauliche Geologie über einem idyllischen See
Das Gebiet rund um den Falkertsee wurde in den letzten 20 Jahren stark erschlossen, und immer noch kommen neue Feriengebäude hinzu. Die Straße ist asphaltiert. Rund um den See wurde viel zersiedelt, die Aussicht bleibt davon unberührt.

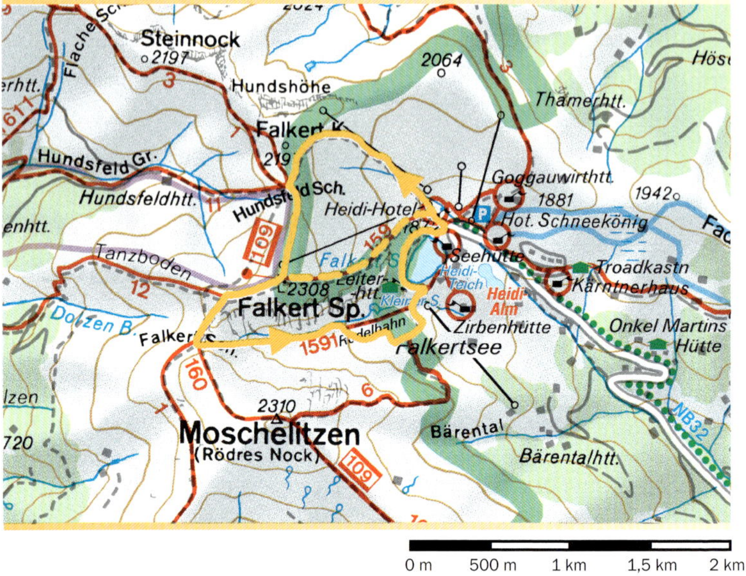

Talort:
Wiedweg/Patergassen bei Bad Kleinkirchheim.

Ausgangspunkt:
Falkertsee, 1872 m. In der Hauptsaison auch Wanderbus von Bad Kleinkirchheim.

Höhenunterschied: 436 m.

Anforderungen:
Kurzer, steiler Anstieg.

Einkehr:
Mehrere Gasthöfe am Falkertsee, unterwegs keine.

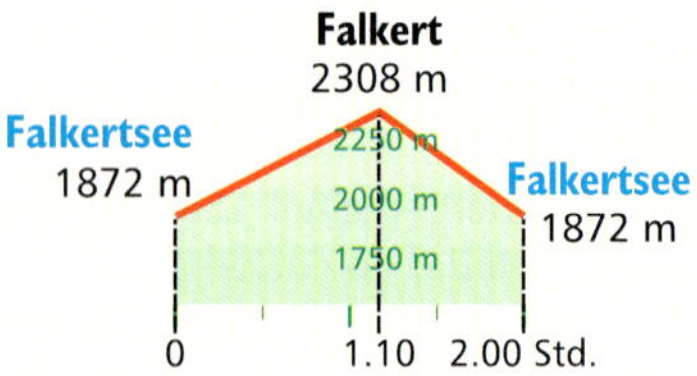

Der Steig führt rechts vom **Falkertsee**, also nördlich, über den sehr steilen Gipfelhang in weitem Linksbogen und Serpentinen aufwärts. Von der **Hundsfeldscharte** weg leitet der rechtsseitig grüne und links felsige Kamm zum Gipfel. Auf der Spitze des **Falkert** ist Vorsicht angebracht. Er fällt auf einer Seite fast senkrecht ab. Man sollte sich ein paar Schritte vom Rand entfernt halten. Vom Gipfel geht es auf dem Aufstiegsweg zurück.
Schöner freilich und für das Erlebnis ergiebiger ist ein nur unwesentlich längerer Rückweg. Diese kleine Falkertrunde lässt sich in zwei Variationen ausführen. Vom Gipfel geht es entweder (für Eilige) auf der östlichen Seite (Nr. 159) steil abwärts zum See, oder man folgt erst dem Weg westlich (Nr. 12) Richtung Tanzboden. Auf diesem geht es gemächlich bergab, bis der Steig zurück zum See (Nr. 1591) nach links abbiegt. Hier steht man am Einschnitt („Falkertscharte" in der Karte) zwischen Falkert und Rodresnock (auch der Name „Moschelitzen" ist gebräuchlich). Zwischen den schroffen Felswänden geht es geradeaus hinunter, vorbei an einer kleinen Gumpe und am Bach entlang, zum bereits sichtbaren See und den Häusern rundherum.

Raggaschlucht

Eine der wildromantischsten Schluchten der Alpen (Naturdenkmal)
Raggaschlucht und evtl. Weiterweg über den Polinik nach Obervellach

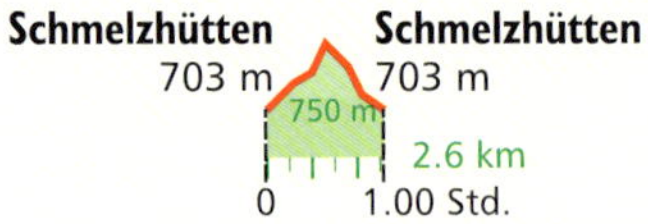

Talort:
Flattach, 696 m.

Ausgangspunkt:
Flattach, Ortsteil Schmelzhütten, ca. 700 m.

Gehzeiten:
Raggaschlucht-Rundwanderung 1 Std. (freier Eintritt mit der Kärnten-Card, sonst gebührenpflichtig).

Anforderungen:
In der Raggaschlucht ist auf gesicherter Steiganlage diszipliniertes Verhalten erforderlich. Eindrucksvolle und erlebnisreiche Schluchtstrecke. Bei weiterführender Tour zum Polinik ist im Gipfelbereich und beim Abstieg Trittsicherheit ratsam.

Höhenunterschied:
Raggaschlucht im Auf- und Abstieg je 200 m.

Einkehr:
Am Schluchteingang Gasthof Raggaschlucht, geöffnet während der Sommersaison, und Gasthof Bidner mit Camping. Polinikhaus.

Variante:
Aufstieg zum Polinik, 2784 m, und Abstieg nach Obervellach. Im Raggatal führt ein Waldweg zwischen Erlen und hochstämmigen Fichten hinauf zur Brücke am Raggabach, 1177 m, 1¼ Std. von Flattach. Eine Forststraße schlängelt sich in Kehren und im Waldschatten empor und durchmisst eine Talebene mit einem quer laufenden, mitunter geröllführenden Bach (alte Almhütte, Wildfütterung). Nach weiteren Wegschleifen kündet der einsilbig tönende Striedenwasserfall die im Talschluss gelegene Raggaalm an, 1621 m, gesamt 2½ Std. Dort entweder auf der Forststraße weitbogig hinauf zur Hirtenhütte der Polinikalm, 1900 m, 1¼ Std. oder bei der Raggaalm über den Bach und auf markiertem Steig eine Hangwiese empor. Im dichten Steilwald weiter und am Steig durch reichliche Vegetation rechts des Baches zur Polinikalm (gleiche Zeit). Wenig später machen fahlbraune Abraumhalden auf den ehemaligen Bergbau (Eisenerz, Kupfer) aufmerksam und neugierigen Blicken wird das

große, in den kompakten Fels getriebene Stollenmundloch mit steil abwärts verlaufendem Schacht kaum entgehen. Vor uns liegt der große, 500 m messende Osthang der Raggaalpe, über den der Steig in Kehren etwas mühsam empor und schließlich quer über eine Grashalde zur Teuchlscharte führt, 2468 m, 1½ Std. Dem Polinik nähern wir uns aus südlicher Richtung, ¾ Std. Eine Seilversicherung entschärft die Gipfelfelsen, die bei genügend Umsicht auch weniger Geübten den „Weg" zum Kreuz mit Buch nicht verwehren. Abstieg nach Obervellach.

Gehzeiten:
Flattach – Polinik 6 Std.,
Polinik – Obervellach 4 – 4½ Std.;
gesamt 10 – 10½ Std.

Höhenunterschied:
2080 m im Aufstieg;
ca. 2200 m im Abstieg.

Das Naturdenkmal Raggaschlucht wurde 1882 erstmals für Besucher begehbar gemacht und 1978 zum Naturdenkmal erklärt. In Jahrtausenden hat der Raggabach eine der schönsten Schluchten der Alpen mit einer Länge von 800 m und einem Höhenunterschied von 200 m geschaffen. Ein geologischer Lehrpfad führt durch romantische Schluchtstrecken mit stürzendem Wasser.
Ein Hagel- bzw. Gewittersturm zerstörte im August 2003 große Teile der aufwändig errichteten Steiganlage und verklauste sie mit eingekeilten, bewurzelten Baumstämmen. Die Aufräumungsarbeiten, die unter Lebensgefahr und mit Einsatz Österreichs größtem Kippmastbagger durchgeführt wurden, sind inzwischen beendet und die Schlucht ist wieder begehbar. Öffnungszeiten: von Anfang Mai bis Mitte Oktober während der Hauptsaison von 9 – 17 Uhr, in der Vor- und Nachsaison von 10 – 16 Uhr.
Mit dem Besuch der eindrucksvollen **Raggaschlucht** (Schautafeln) folgen wir einer kühnen Steiganlage, die mehrmals die Schluchtseite wechselt. Ganz nah dem tobenden, durch die Schlucht stürzenden Wasser ist uns ein fantastisches Abenteuer sicher. Die Raggaschlucht wird am oberen Ende auf einem **Treppensteig** verlassen, wo wir den **Waldweg im Raggatal** erreichen. Er wird als Abstieg, als „Einbahn", zum Ausgangspunkt empfohlen.

Foto: Mair

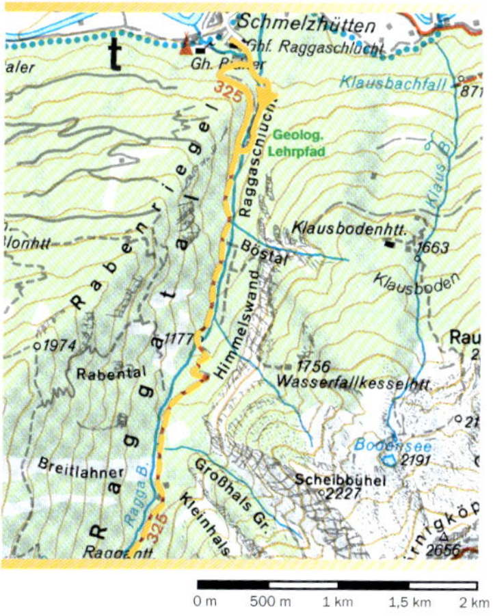

Über die Saualpe zum Eisernen Kreuz

Hüttenwanderung in der Saualpen-Flanke
Weißbergerhütte – Breitofnerhütte – Eisernes Kreuz – Gertrusk – Eisernes Kreuz – Weißbergerhütte

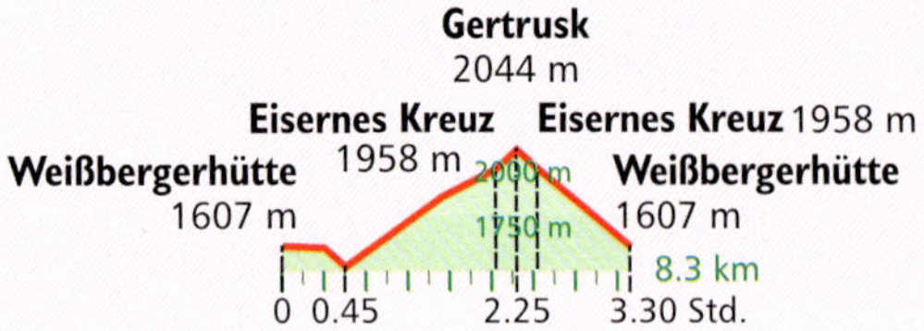

Ausgangspunkt:
Weißbergerhütte, 1607 m.

Gehzeiten:
Weißbergerhütte – Breitofnerhütte ¾ Std., Breitofnerhütte – Eisernes Kreuz 1½ Std., Eisernes Kreuz – Gertrusk 10 Min., Gertrusk – Eisernes Kreuz 5 Min., Eisernes Kreuz – Weißbergerhütte 1 Std. Gesamtzeit 3½ Std.

Anforderungen:
Im Waldbereich unschwierig, über der Waldgrenze hochalpine Verhältnisse, d. h. Wind- und Wetterschutz in jedem Fall erforderlich, nur bei sicheren Wetterbedingungen aufsteigen.

Weglänge:
Rund 9 km.

Höchster Punkt:
2044 m.

Höhenunterschied:
600 m.

Einkehr:
Weißbergerhütte, Breitofnerhütte.

Die gute Erreichbarkeit der Weißbergerhütte (Asphaltstraße von Wieting bis zum Haus) ermöglicht die Besteigung eines Saualpen-Hauptgipfels als Halbtagestour. Sogar die Große Saualpe (Ladinger Spitze, 2079 m) kann „mitgenommen“ werden. Die grandiose 360°-Aussicht darf nicht darüber hinwegtäuschen, dass hier oben bei plötzlich einbrechendem Nebel oder Gewitter keinerlei Schutz gegeben ist.
Die **Weißbergerhütte** liegt auf einer weiten Almfläche unter dem **Saualpensattel** mit dem Eisernen Kreuz. Zunächst gehen wir leicht ansteigend zu den Häusern einer Feriensiedlung, von wo uns die roten Markierungen in den Wald führen. Der Steig quert in einen Graben hinab und verliert in der Folge rasch an Höhe. Nach Übersetzen einer Forststraße sieht man bereits eine **Almfläche** und die am oberen Almrand befindliche **Breitofnerhütte**, 1515 m. Entlang eines Forstwegs steigt man im Wald an und kommt an den Rand eines nur schütter bewachsenen Hangstreifens. Hier beginnt

ein Steig, der uns zuerst in weitem Bogen, dann zunehmend in der Hangfalllinie höher bringt. Ein **Almaufschließungsweg** wird übersetzt und weiter auf breiterem Weg angestiegen. Nach einer Waldzunge schwenkt der Weg in die weite Grasflanke des Saualpen-Höhenzugs und führt direkt in den Sattel mit dem **Eisernen Kreuz**, 1958 m. Die Markierungen des **Eisenwurzenwegs** 08 und des **Lavanttal-Höhenwegs** führen direkt über den Saualpenrücken. Wer den Gertrusk besteigen möchte, folgt nicht den Markierungen in der rechten Flanke, sondern steigt direkt am Nord-Süd ausgerichteten, blockdurchsetzten Rücken zum **Gertrusk**, 2044 m, mit schönem Gipfelkreuz, an.
Der **Abstieg** erfolgt weglos zum bereits erwähnten markierten Hangweg. Wir gehen exakt Richtung Norden und kommen wieder zum Eisernen Kreuz. Wie beim Zustieg geht es in der Wiesenflanke Richtung Breitofnerhütte. Nach wenigen Minuten zweigen Markierungen links ab, führen zu einer Schleppliftanlage, und über eine Wiesenschneise gelangen wir, rasch an Höhe verlierend, zu einer weiteren Liftanlage und der Alm mit der **Weißbergerhütte** zurück.

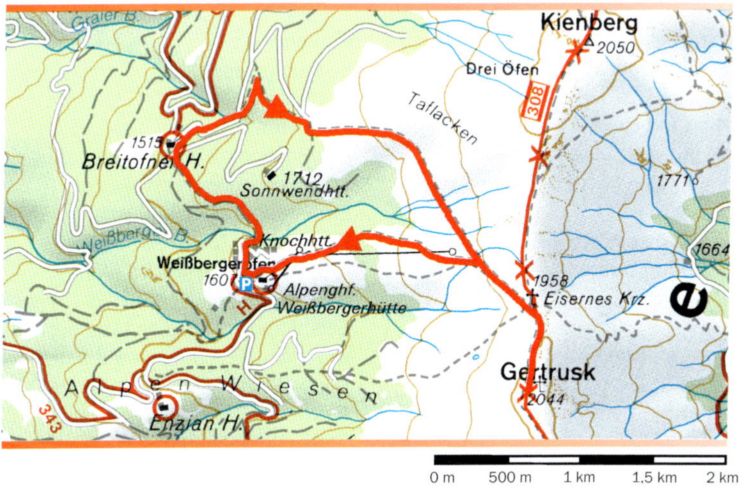

Hochobir

Technisch problemlose Bergwanderung zum „Kärntner Rigi"
Bei schönem Wetter kann es ein Bergspaziergang werden, mit guten Wanderschuhen am Fuß natürlich. So angenehm ist der Kärntner Wander- und Aussichtsriese auf keiner anderen Route zu bezwingen.

Foto: Lehofer

Talort:
Eisenkappel im Vellachtal.

Ausgangspunkt, Parkmöglichkeit:
Eisenkappler Hütte (Parkplatz), 1553 m.

Höhenunterschied:
Ca. 600 m.

Anforderungen:
Einfache Bergwanderung, die aber nur bei sicherem Wetter angegangen werden sollte.

Einkehr:
Eisenkappler Hütte.

Varianten:
Der Hochobir wird auch über drei anspruchsvolle Bergwege zur Eroberung angeboten. Von Eisenkappel führt das Teilstück des Südalpenweges 03 (der Pruggersteig) in 3½ Std. zur Eisenkappler Hütte und von dort wie unten beschrieben auf den Gipfel. Vom Schaidasattel in Zell-Pfarre erreicht der Simon-Rieger-Steig (AV-Wegnummer 623) in

3 Std. den Gipfel. Der mühsamste und einsamste Aufstieg führt von Wildenstein bei Gallizien über den romantischen Wildensteiner Wasserfall und die Seealpe in 4 – 5 Std. auf den Gipfel.

Tipp:
Besuch der Tropfsteinhöhlen im Hochobir. Auskünfte: Obir-Tropfsteinhöhlen, Tel.: 04238/8239.

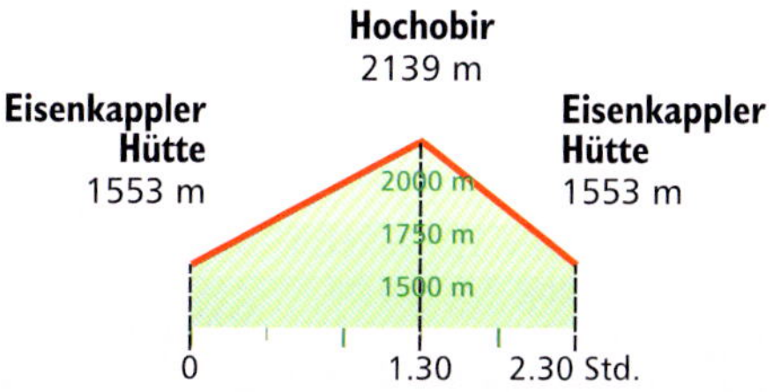

Die Anfahrt führt durch das Vellachtal in den Ort Eisenkappel. Am Ortseingang zweigt die Straße nach rechts in die Trögerner Klamm (Ebriach) ab. Auffahrt zur Mautstraße entweder vom Gasthof „Obir Pepi" (vor der Trögerner Klamm) oder vom Gasthof „Zum Schmied" (nach der Klamm). Von der Mautstelle aufwärts bis zum Parkplatz knapp vor der **Eisenkappler Hütte**. Bei der Hütte geht es nach rechts sofort steil aufwärts. Die Höhe des Kammes wird auf der **Seealpe** erreicht. Der aufmerksame Wanderer wird Abraumhalden erkennen, auch einzelne Telegraphenmasten stehen in der Höhe. Hier war Bleibergbaugebiet. Auf der Höhe des Kammes wendet sich der Weg nach links und erreicht sanft ansteigend die Ruine des früheren Rainer Schutzhauses (Quelle). Von hier geht es noch einmal steil aufwärts zur breiten Gipfelfläche des **Hochobir** mit traumhafter Aussicht. An guten Tagen ist der Hochobir stark besucht.

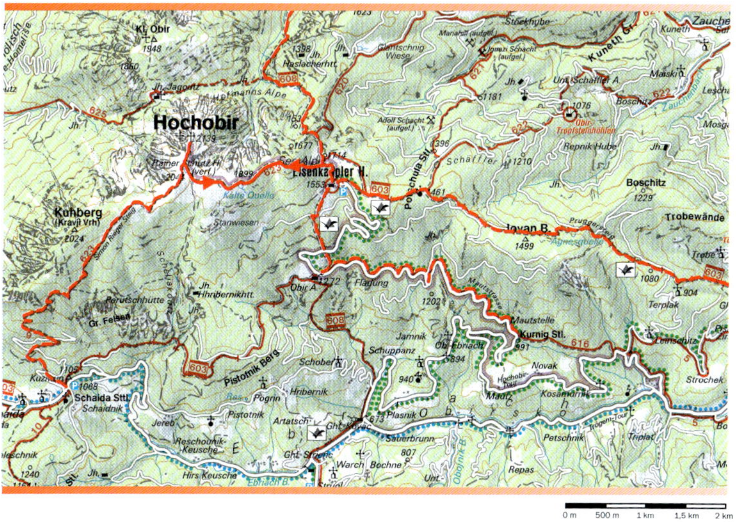

Tscheppaschlucht

Romantische Schluchtwanderung mit Kunstbauten für den Schaugenuss
Das neue Konzept der Tscheppaschlucht hat die Verzweigungen der Wege aufgewertet. Das Herzstück bleibt aber die Tscheppachlucht, die der Loiblbach in den Fels gefräst hat. Die Steiganlage mit Brücken, Holzstiegen und Halteseilen ist in gutem Zustand. Der Weg verlangt die übliche Trittsicherheit. Er ist trotz aller Hilfsmittel kein Spazierweg. Kinder sind gut zu beaufsichtigen. Es gibt eben viele Stellen, wo Gehdisziplin nötig ist.

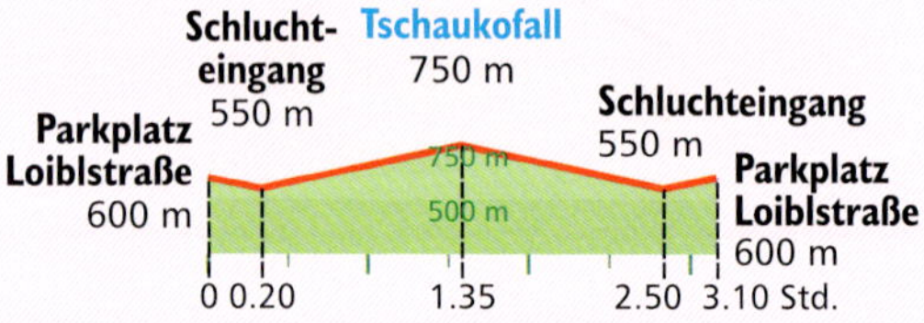

Ausgangspunkt:
Großer Parkplatz an der Loiblstraße kurz nach dem Ort Unterbergen in Richtung Loiblpass.

Höhenunterschied: Ca. 300 m.

Anforderungen:
Schluchtwanderung auf gut ausgebauten Steigen und Stiegen und Brücken. Vorsicht ist wegen Rutschgefahr geboten. Kein Spazierweg.

Einkehr:
„Goldenes Brünnl" am Schluchtanfang, Gasthof Deutscher Peter, Familienhof „Sereinig" (Bodental), Gasthof Bodenbauer (Bodental), Gasthöfe in Windisch-Bleiberg und Unterbergen.

Varianten:
Weggabelung-Gasthof Deutscher Peter 30 Min., Weggabelung-Tschaukofall mit Teufelsbrücke 15 Min., Tschaukofall-Bodental 35 Min., Tschaukofall-Windisch-Bleiberg 20 Min., Tschaukofall-Deutscher Peter 30 Min.

Hinweis:
Bus vom Deutschen Peter, Bodental und Windisch-Bleiberg zurück zum Parkplatz. Fahrplan beachten. Kostenlos für Eintrittskartenbesitzer.

Tipp:
Canyoning in der Schlucht. Auskünfte unter www.highlife.co.at.

Beim Schluchteingang wird eine Gebühr für die Wegeerhaltung erhoben. Dann geht es durch den wildromantischen Teil der Schlucht. Bei der Weggabelung geht es rechts aufwärts zum **Tschaukofall**, direkt oberhalb der Loiblstraße. Der Wasserfall hat eine Schaubrücke. Für die Weiterwanderer ist hier der Ort der Entscheidung: Knapp nach dem Tschaukofall geht es

nach links auf einem Panoramasteig zum **Deutschen Peter** (an der Loiblstraße), nach rechts am Bodenbach aufwärts bis zur nächsten Verzweigung: links ins Bodental, rechts nach Windisch-Bleiberg. Das **Bodental** bietet in seinem Talschluss einen der schönsten Wiesengründe an, der nicht zufällig Märchenwiese heißt, direkt unter den Felswänden der Vertatscha. Im Gebiet blühen seltene Blumen, im Prospekt im Detail angeführt (einschließlich der Blütezeit).

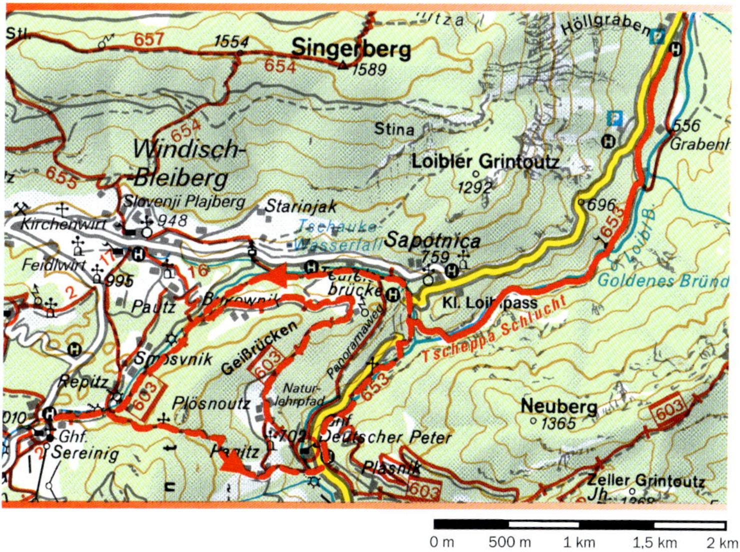

Mittagskogel (Kepa)

Anspruchsvolle Bergtour
auf den bedeutendsten Gipfel der westlichen Karawanken

Der Mittagskogel beherrscht mit seiner gewaltigen Nordwestwand das Faakersee-Gebiet und Villach. Auf dem Nordosthang darf auch der Bergwanderer aufsteigen. Nach einem zuletzt steilen Waldaufstieg wird die Bertahütte erreicht. Von hier folgt der lange Weg zum Gipfel, der einen mühsamen Steilaufstieg erfordert. Wegen der Sonne möglichst früh am Vormittag aufsteigen. Sonst wird man „gebraten".

Talort:
Latschach am Faakersee.

Ausgangspunkt:
Illitsch Rauth, 975 m.

Höhenunterschied:
1170 m Auf- und Abstieg.

Anforderungen:
Höhenmeter, Länge und Steilheit verlangen den trittsicheren, ausdauernden Bergwanderer. Keine ausgesetzten Stellen. Gipfelgrat breit.

Einkehr:
Bertahütte (OeAV-Hütte), auch Übernachtungsmöglichkeit.

Variante:
Von der Bertahütte auf die nahe Ferlacher Spitze, 1742 m, 1 Std. für Hin- und Rückweg. Blick zum Faakersee und nach Kärnten sehr gut. Nach Süden steht der Mittagskogel davor.

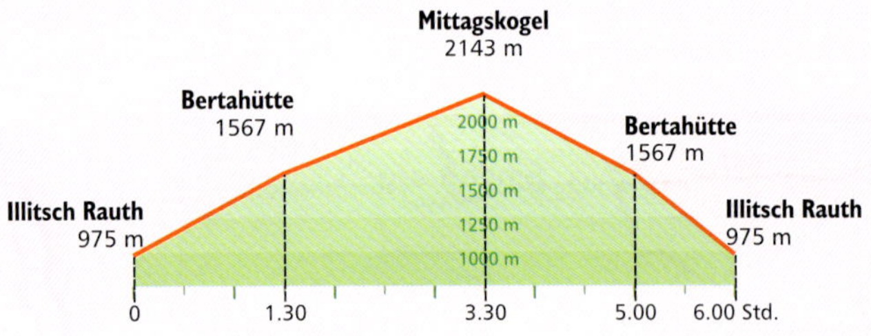

Vom Faakerseegebiet führen mehrere markierte Wege zur Bertahütte. Sie treffen sich beim Geländepunkt **Illitsch Rauth**. Spätestens hier sollte man auf das Auto verzichten. Ein steiler Güterweg leitet weiter, Markierung 680. Hier sind oft Scharen von Wanderern unterwegs. Zum Weg gibt es mehrfach schmale Steige als Alternative. Die **Bertahütte**, 1567 m, des österreichischen Alpenvereins ist das Etappenziel. Auch hier gibt es an guten Wandertagen zahlreiche Gäste. Die Markierung leitet kurz abwärts zum Ferlacher Sattel. Dort führt der Steig mit der Nummer 680 auf den Hang des Mittagskogels hinüber und quert diesen. Nach der Querung führt er sehr steil und oft rutschig aufwärts. Die Sonne scheint am Vormittag auf diesen Hang. Es gibt unterwegs keine Quelle. Wanderer mit Planung bemühen sich daher, um zehn Uhr, spätestens aber um zwölf Uhr, den **Gipfel** erreicht zu haben. Kepa ist die slowenische Bezeichnung für den Berg. Der Gipfelgrat ist breit und kann angstfrei bis zum Rand der großen Felswand im Nordwesten begangen werden. Der Tiefblick zum Faakersee ist fantastisch. Zusätzlich fasziniert, dass der Mittagskogel vom See aus optisch das Gebiet beherrscht und nicht erwanderbar aussieht. Dann hat man es geschafft. Die Blicke vom Mittagskogel durch das Vratatal im Süden zur 1000 m hohen Nordwand des Triglav sind berühmt. Auch sonst umfasst die Aussicht einen Gutteil der Kärntner Bergwelt und des Kärntner Beckens. Trittsichere, ausdauernde Bergwanderer werden diesen Paradegipfel nicht auslassen.

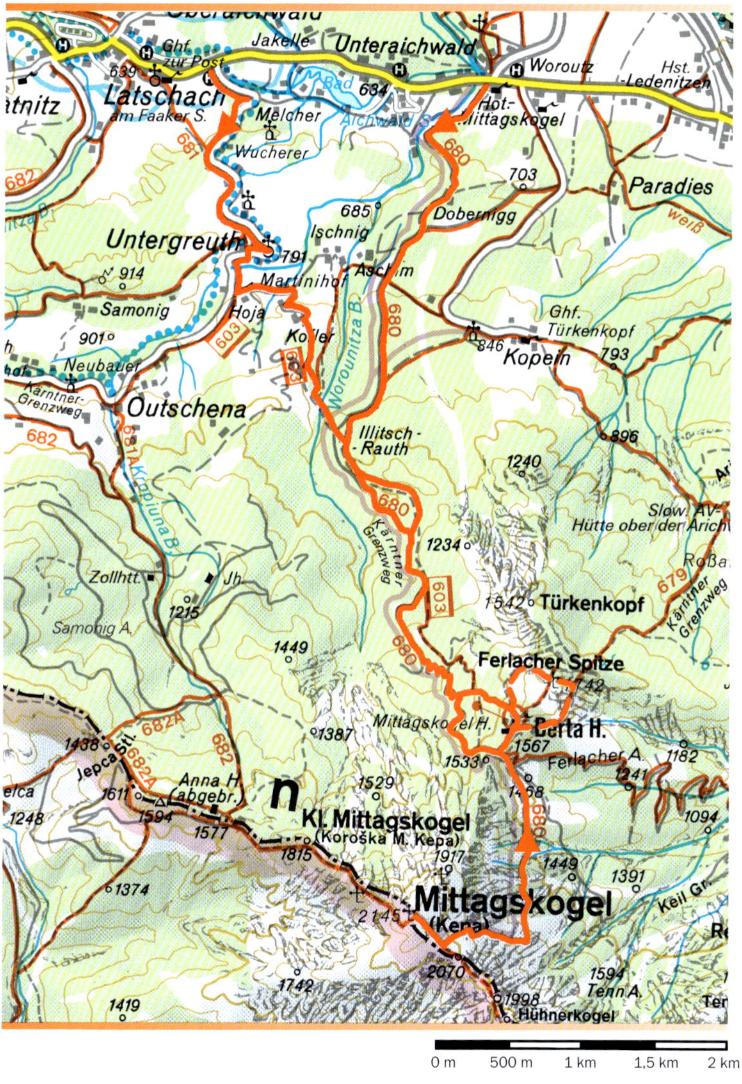

Klomnock

Wenn ein Nock seine Felszähne zeigt

Der Klomnock zählt zu den unterschätzten Bergen. Seine Lage in der Landschaft verleiht ihm beste Aussichtsqualität. Der Steig führt ab der Nockalmstraße sofort in felsiges Gelände und bleibt bis zum Klomnockgipfel ein echter Bergsteig. Man sollte ihn nicht unterschätzen.

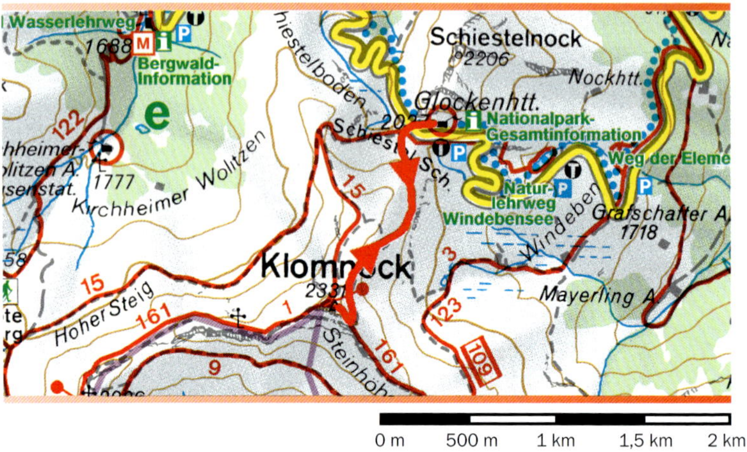

Ausgangspunkt:
Glockenhütte auf der Schiestlscharte an der Nockalmstraße, Stelle des Nationalparks zur Grundinformation, 2027 m.

Höhenunterschied:
Ca. 300 m.

Anforderungen:
Bergtour auf schmalem Steig durch steile, felsdurchsetzte Flanke. Trittsicherheit nötig.

Einkehr:
Glockenhütte (privat, mit Gedächtnisglocke auf einem Felshügel daneben), unterwegs keine.

Tipp:
Im Obergeschoss der Glockenhütte bietet der Nationalpark Nockberge seine Grundinformation über den Park an. Alle halben Stunden Diaschau bei freiem Eintritt.

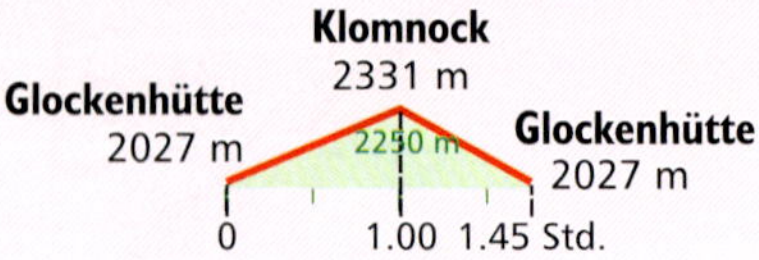

Foto: Lehofer

Von der **Schiestlscharte**, wie der Standort der Glockenhütte geografisch heißt, geht es nach links auf gut markiertem Steig steil aufwärts über Felsrippen. Der Weg verlangt Trittsicherheit, bei Schneeresten oder vorherigen Regenfällen ist besondere Vorsicht geboten. Der Gipfel des **Klomnock** lässt schön über die meisten Nocke blicken, die Tiefblicke nach St. Oswald bezaubern. Von dort führen zwei Wege herauf, die technisch einfacher sind.

Foto: Lehofer

Mirnock

Schweiß vergießen, Gipfel genießen

Auf der Sonnenseite des Mirnock lernt der Wanderer meist den eigenen Schweiß kennen, so auch auf diesem Weg. Der Mirnock ist ein gewaltiger Bergstock mit rund 1500 Höhenmetern über den Talorten. Steil sind seine Hänge auch. Da werden von den Wanderern die Aufstiegssträßlein meist genützt, obwohl die Wanderwege vom Tal aus noch intakt sind.

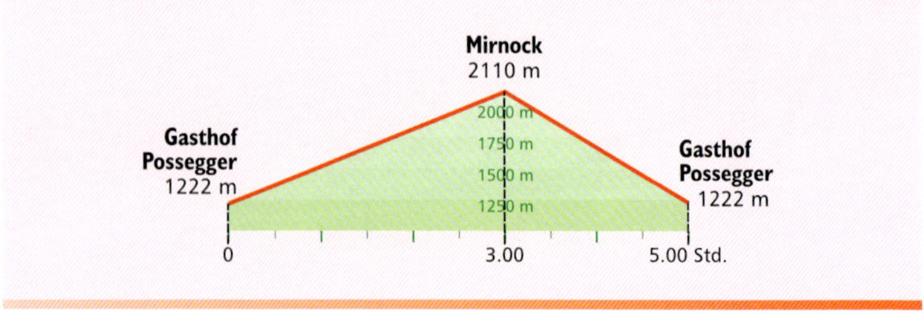

Talort:
Döbriach am Millstätter See.

Ausgangspunkt:
Gasthof Possegger, 1222 m, entweder Zufahrt zum Gasthof oder Wanderung auf Weg 188 bzw. 95 von Döbriach (2½ Std.). Beide Wege sind gut markiert.

Höhenunterschied:
Ca. 890 m.

Anforderungen:
Wanderung auf sehr steilen Bergsteigen, keine Einkehr.

Tipp:
Von Feistritz im Drautal über Fresach zum Berggasthof Klammer in Mooswald auffahren. Der Gasthof ist das Heimathaus des bekannten alpinen Schiläufers Franz Klammer. Siegestrophäenschau. Weiterfahrt bis Bauernhof „Höher" möglich. Dann folgt derzeit ein endloser, nicht sehr erfreulicher Güterwegmarsch bis zu einem schönen Brunnen unter dem Mirnock. Ab dort schöner Direktanstieg zum Gipfel. Markierung manchmal mühsam zu erkennen.

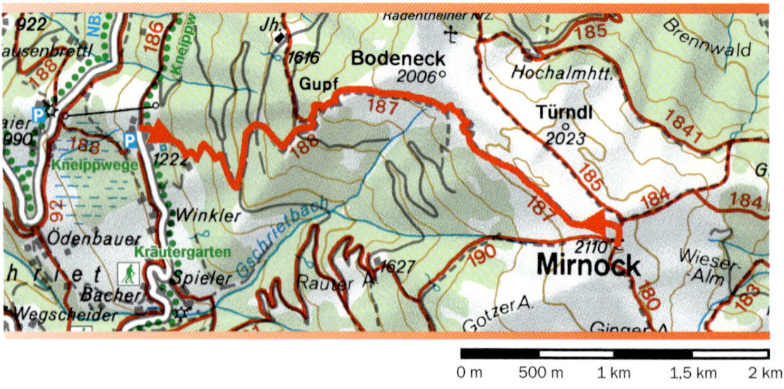

Foto: Lehofer

Vom Gasthof **Possegger** hoch über dem Millstätter See geht es sehr steil auf gutem Steig mit der Nummer 96 durch den Wald auf das **Bodeneck**, einen Vorberg des Mirnock. Ein Stück zuvor, am Gupf, kommt der Steig Nummer 187 vom Gasthof „Bergfried" dazu. Vom Bodeneck geht es erst flach, dann in einer letzten Steigung auf den **Mirnockgipfel**. Bestes Panorama und Tiefblicke zum Millstätter See und Großen Egelsee, der besonders eindrucksvoll aus seiner Waldeinsamkeit heraufglänzt.

Foto: Lehofer

Lieserquelle und Lanischseen

Urweltlicher Talschluss mit Seen und Dreitausendern

Das hintere Pöllatal gehört trotz seiner Reize zu den Geheimtipps in Kärnten, weil es relativ abgeschieden liegt. Lieserquelle, Marmorstiege des Torbaches und der Talschluss mit den Lanischseen und dem Großen Hafner bilden hier eine der beeindruckendsten Kärntner Landschaften. Was man angesichts der Urgewalt der Landschaft wissen sollte: Das Gebiet war einst Mittelpunkt des europäischen Arsenbergbaues. In der Blütezeit wurden wöchentlich rund 800 Kilogramm nach Venedig ausgeführt.

Talort:
Rennweg im Liesertal (Abfahrt der Tauernautobahn).

Ausgangspunkt, Parkmöglichkeit:
Parkplatz Jagdhaus Pöllatal, 1350 m. Zufahrt bis 9 Uhr früh und nach 17 Uhr, Herausfahrt immer erlaubt.

Höhenunterschied: Ca. 1260 m.

Anforderungen:
Lange, anstrengende Bergalmwanderung, technisch einfach.

Einkehr:
Jausenstation Lanischer Ochsenhütte während der Weidezeit (Mitte Juni – Mitte Okt.).

Hinweis:
Durch das Pöllatal führt die Tschu-Tschu-Bahn, eine Art Eisenbahn auf Rädern. Sie fährt von Rennweg ab Mitte Mai bis Mitte Okt. zweimal täglich, von einem Parkplatz ca. 5 km im Pöllatal, zur Hauptsaison stündlich.

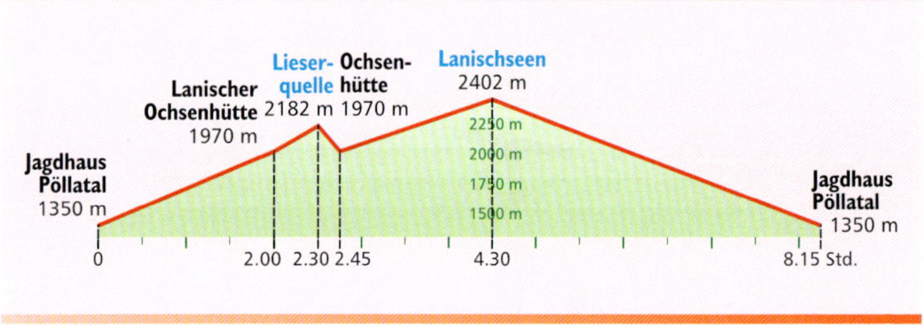

Auf breitem Karrenweg geht es vom Jagdhaus am trockenen Bachbett der Lieser entlang aufwärts zur **Lanischer Ochsenhütte**. Vor ihr rauscht die Lieser, die dort für die Stromerzeugung abgeleitet wird. Links von der Hütte führt ein kurzer Steig zur gut sichtbaren **Lieserquelle**. Sie stürzt aus einem Loch in der Felswand spektakulär auf die Alm. Von der Ochsenalm rechts kommt man rasch zur **Marmorstiege**, dem kleinen Wasserfall des Torbaches über mehrfarbigen Marmorstein. Es folgt eine lange, einsame Almwanderung. Der Talkessel öffnet sich zu einem prachtvollen Rund mit den Malteiner Sonnblicken (3000er, links) und dem Großen Hafner (3000er,

Talschlussberg). Von den drei **Lanischseen** wird der untere direkt berührt, die beiden anderen sind vom Steig aus leicht erreichbar. Die verlockende Lanischscharte im Hintergrund mit kleinem Gletscher ist für Bergwanderer tabu, denn steiles Eis ist zu queren und eine sehr steile, rutschige Sandrinne hinaufzuklettern. Der Wanderer sollte sich mit dem Genuss der grandiosen Landschaft begnügen und wieder zurückgehen.

Duisburger Hütte und Schareck

Auf den höchsten Gipfel im Mölltaler Gletscherschi- und Wandergebiet

Mittelstation – Duisburger Hütte – Eisseehaus – Schareck – Mittelstation

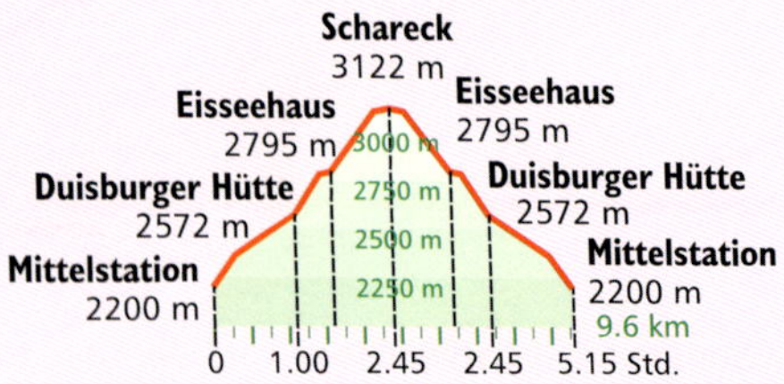

Talort:
Innerfragant, 1074 m. Von Flattach auf asphaltierter Bergstraße, 6 km.

Ausgangspunkt:
Talstation Mölltaler Gletscherexpress (Standseilbahn), 1200 m, Parkplatz. Im Talschluss, 2 km von Innerfragant (Kraftwerk Innerfragant).

Gehzeiten:
Mittelstation – Duisburger Hütte 1 Std., Hütte – Eisseehaus ¾ Std., Eisseehaus – Schareck 1 – 1¼ Std., Abstieg 2 – 2½ Std.; gesamt 4¾ – 5½ Std.

Anforderungen:
Großartige Aussicht versprechende Bergtour. Bei günstigen Bedingungen unschwierig, markiert. Trittsicherheit am kurzen Gipfelgrat ratsam. Mit Inanspruchnahme der Seilbahnen wird das Schareck häufig besucht.

Höhenunterschied:
920 m im Auf- und Abstieg.

Einkehr und Unterkunft:
Mittelstation, 2200 m (Restaurant). Duisburger Hütte, 2572 m, DAV-Duisburg, erbaut 1910, geöffnet vom 1. Juli – Ende Sept., bei günstiger Witterung bis Anfang Okt., im Winter an Seilbahnbetrieb gekoppelt, 30 B, 10 L. Tel.: 0664/4453353; Panoramarestaurant Eissee (Eisseehaus), eine gigantische Glas-Stahlkonstruktion am Gletscherrand, 2795 m. Weißseehaus.

Das Schareck ist ein leicht erreichbarer Dreitausender, wenn man von der Talstation mit dem Gletscherexpress (Standseilbahn) zur Mittelstation und von dort mit der Eisseebahn (Gondelbahn) zum Panoramarestaurant Eissee emporfährt. Mit dem Gletscherjet, einer Vierersesselbahn, erreicht man fast den Gipfel. Weitere Liftanlagen erschließen das Wurtenkees.
Wir aber fahren von der Talstation nur bis zur **Mittelstation**, 2200 m, und folgen dem Duisburger Weg, einem ausreichend markierten Steig, der sich

zwischen Blöcken und über Rasenabsätze hinauf zur **Duisburger Hütte**, 2572 m, schlängelt (Richard-Helfer-Weg, markiert, vereinzelt Tafeln). Von dort entweder auf der Schitrasse oder am Steig zum **Panoramarestaurant Eisseehaus** hinauf.

Zum Schareck betreten wir eine Schitrasse und erreichen nach 10 Min. den Gletscherrand. Dort auf Steigspuren oder im Schutt bzw. am Blockhang aufwärts, bis wir den Felsgrat südlich der Baumbachspitze erreichen. Auf Gratblöcken oder rechts davon mit etwas Geschicklichkeit zum Gipfel der **Baumbachspitze** mit Kreuz, das an Josef und Alfred Maier erinnert.

In Richtung Schareck umgehen wir die Bergstation der Sesselbahn (Gletscherjet) rechts und erreichen auf leicht gerundeten, mürben Gratfelsen den höchsten Punkt (15 – 20 Min. von der Baumbachspitze). „Wir sind Deine Jugend“ kündet das Gipfelkreuz am Kärnten und Salzburg teilenden **Schareck**.

Abstieg auf der Aufstiegsroute zur Mittelstation.

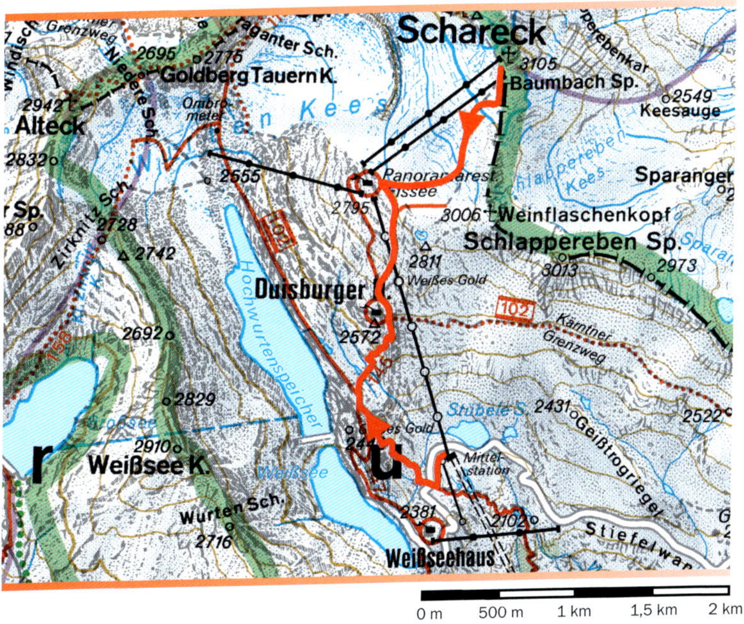

Staller Wölla und Kreuzeck

Auf den Namensgeber einer von Kennern und Liebhabern bevorzugten Berggruppe

Wöllatal – Staller Wölla – Feldsee – Kreuzeck – Wöllatörl – Wöllatal

Foto: Lehöfer

Talort:
Stall (Pußtratten), 870 m.

Ausgangspunkt:
Kelag-Speichersee im Wöllatal, ca. 1500 m.

Gehzeiten:
Kelag-Speichersee – Staller Wölla 1½ Std., Staller Wölla – Kreuzeck 2½ Std., Abstieg 3 Std.; gesamt 7 Std.

Anforderungen:
Unschwierige, landschaftlich sehr schöne Bergwanderung, etwas Umsicht am Gipfelgrat erforderlich, keine Einkehr.

Höhenunterschied:
1200 m im Auf- und Abstieg.

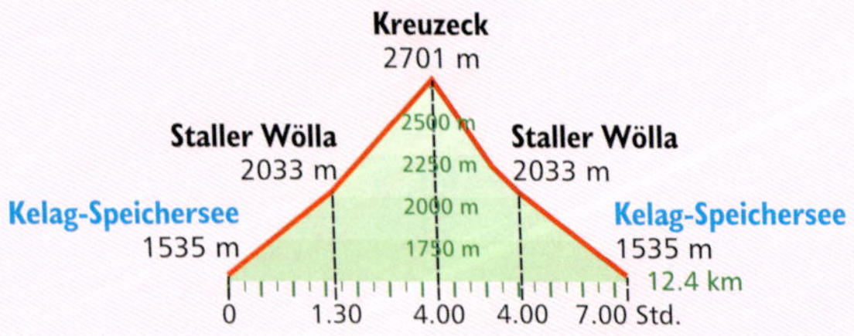

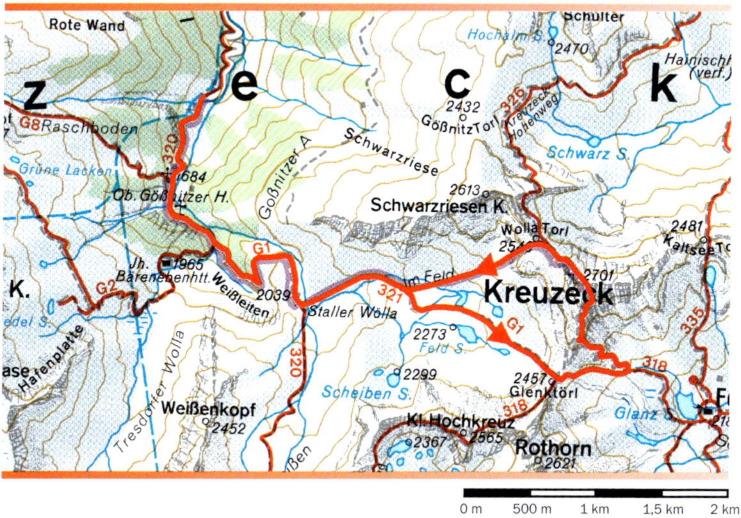

Lassen wir uns von den Bergseen am Westfuß des Kreuzecks ein wenig verzaubern. Der in Rasen gebettete Feldsee führt den Reigen der Seenvielfalt an. Schon zur Zeit der Schneeschmelze erwachen die Kleinen Alpenglöckchen mit nickenden, zartrosa glockenförmigen Blütenkronen. Der am höchsten aufsteigenden Blütenpflanze der Alpen, dem Gletscherhahnenfuß, begegnen wir noch am Gipfel des Kreuzecks, wo uns die vom reinen Weiß über Rosarot bis ins tiefe Weinrot variierenden Blüten erfreuen.

Vom Kelag-Speichersee im Wöllatal zur **Staller Wölla** (Hochalm), 2039 m, 1½ Std. Tafeln weisen in Richtung Feldsee und zum bereits sichtbaren Kreuzeckgipfel. Auf einer schmalen Brücke überqueren wir den Wöllabach und steigen ostwärts in das so genannte „Feld" auf, 1 Std. Wir überschreiten einen im Gelände leicht eingetieften Bach und gelangen über sanfte Rasenstufen zum **Feldsee** in einer stillen und unberührten Landschaft. Der Wanderstempel befindet sich zwischen dem Feldsee, 2273 m, und einem nördlich gelegenen Kleinsee. Weitere Bergaugen schillern auch im nächst höheren, sanft koupierten Gelände, ehe wir über Blöcke und Schutt zum **Glenktörl**, 2457 m, aufsteigen (¾ Std. vom Feld, Tafeln; Übergang zur Feldner Hütte, ¾ Std.)

Auf das Kreuzeck nützen wir großteils einen Steig bzw. Pfad, der ausreichend markiert am SW-Grat emporführt, anfänglich auf der linken, dann auf der rechten Gratseite, wo auch der Steig von der Feldner Hütte einmündet. Noch einmal wechseln wir die mit Blöcken bestückte Gratseite, ehe wir von Süden über Rasen und Schutt und vorbei an blühfreudigem weißen Hornkraut den Gipfel des **Kreuzecks** erreichen (¾ Std. vom Glenktörl). Ein stattliches Metallkreuz bezeugt die 100-Jahrfeier des MGV-Liederkranz Greifenburg.

Der Abstieg erfolgt auf der Aufstiegsroute oder völlig unschwierig zum nordwestlich gelegenen **Wöllatörl**, 2546 m, ¼ Std. Von dort allerdings steiglos entlang einer breiten Rasen-Blockrampe hinab zum weithin sichtbaren **Feldsee** und den im so genannten Feld eng gelagerten kleineren Bergaugen, ½ Std. Der weitere Abstieg verläuft auf der Aufstiegsroute.

Kleiner Pal, Landsturmweg

Bergwanderung im Freilichtmuseum „Erster Weltkrieg" auf dem Plöckenpass

Steile, rutschige und anspruchsvolle Bergsteige sind zu bewältigen. Die Weglängen sind dafür kurz. Konditionell weniger Trainierte dürfen sich Zeit lassen. Die touristische Aufbereitung des Kriegsthemas ist hervorragend gelöst.

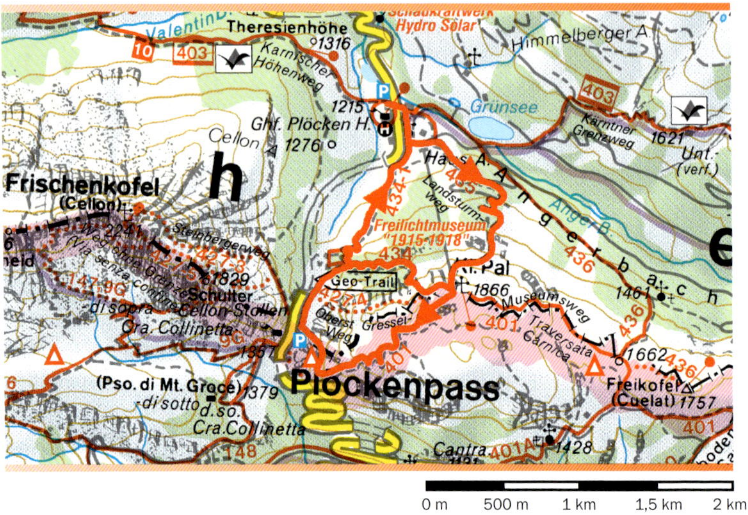

Talort:
Kötschach-Mauthen im Gailtal.

Ausgangspunkt:
Gasthof „Plöckenhaus", 1215 m, an der Plöckenstraße.

Höhenunterschied: 650 m.

Anforderungen:
Einfache bis mittlere Bergwanderung auf gut ausgebautem Bergsteig.

Einkehr:
Alpengasthof „Plöckenhaus".

Varianten:
Für den Rückweg den italienischen Alpinsteig auf der Nordseite des Kleinen Pal nehmen. Endpunkt Plöckenpass. Dann 2 km Straße bis zum „Plöckenhaus". Ausweis mitnehmen. Gesamtgehzeit für die Variante 2 Std.

Tipp:
Im „Plöckenhaus" Ausstellung über die Kriegsereignisse. In Kötschach-Mauthen eigenes Plöckenmuseum im Rathaus. Das Plöckengebiet wurde im Rahmen der Friedenswege (Via della pace) an der früheren österreichisch-italienischen Grenze ausgebaut. Es ist das einzige Kriegsgebiet, das noch auf dem Gebiet des jetzigen Österreich liegt.

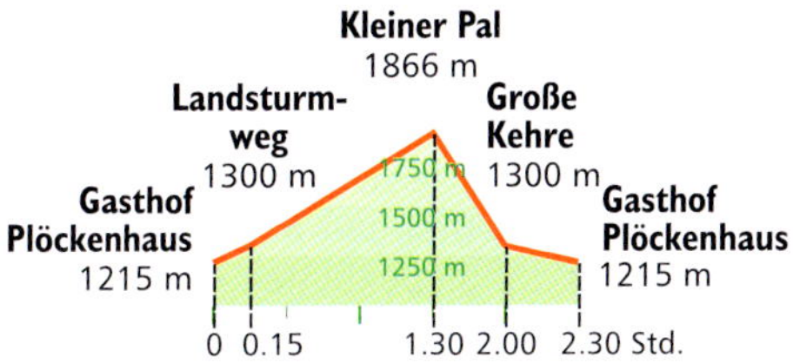

Von Hermagor Anfahrt durch das Gailtal nach Kötschach-Mauthen. Von hier nach links Richtung Plöckenpass (Italien). Etwa 2 Kilometer vor der Passhöhe steht an der Straße der **Alpengasthof „Plöckenhaus“**. Von hier sind alle „Kriegs“-Wanderungen zu unternehmen.

Unser Weg führt über die **Hausalm** in ¼ Stunde zum Anfang des „Landsturmweges“. Dieser leitet in 67 Kehren, Stufen und Treppen auf das stark kupierte Gipfelgebiet des **Kleinen Pal**. Hier wurde von Mai 1915 bis Kriegsende 1918 ein Gebirgskrieg ausgetragen. Die Materialseilbahn, deren Bergstation in den Fels gesprengt wurde, ist besonders interessant. Nicht vergessen sollte man beim Rückweg eine Besichtigung der gut erhaltenen Friedhöfe.

Foto: Lehofer

Feistritzer Spitze (Hochpetzen)

Sehr anspruchsvolle Wanderung auf den östlichsten Karawankenberg

Der Aufstieg von Bleiburg auf die Feistritzer Spitze über den 1700 Höhenmeter hohen Nordabfall der Petzen darf als „Wander-Abitur" gelten. Vor allem der erste Abschnitt bis Siebenhütten ist extrem steil und ohne Quelle. Auch beim Abstieg erschwert der rutschige Kalkschotter der Karawanken das Gehen bedeutend. Ab Siebenhütten ist es eine normal anstrengende Bergwanderung.

Talort:
Stadt Bleiburg, 479 m.

Ausgangspunkt:
Bahnhof Bleiburg oder Hotel „Petzenkönig".

Höhenunterschied: 1830 m.

Anforderungen:
Nur für trainierte Bergwanderer, Trittsicherheit erforderlich.

Einkehr:
Siebenhütten.

Varianten:
Vom Hotel „Petzenkönig" führt eine Sechser-Gondelbahn zu den Siebenhütten. Das erspart etwa 1200 m und 2 Std. Gehzeit beim Aufstieg, etwa 1½ Stunden beim Abstieg. Betriebszeiten: Petzenlifte, Tel.: 04235/2246.

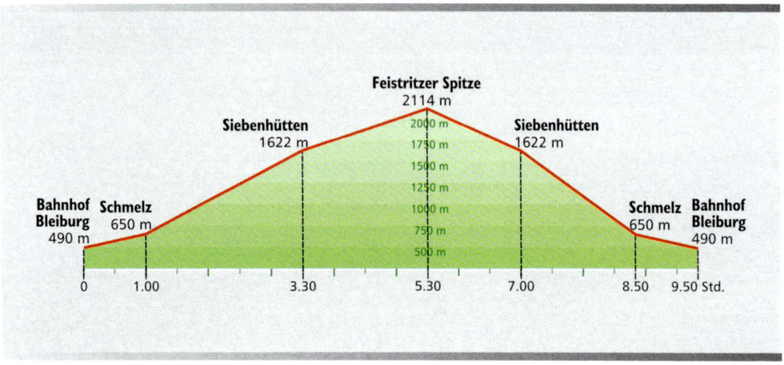

Vom **Bahnhof Bleiburg** führt die Markierung 603 (Südalpenweg) über Feistritz zur Schmelz (Hinweis auf frühere Bergbautätigkeit auf der Petzen). Dorthin führt auch der Verbindungsweg vom Hotel „Petzenkönig". Nun beginnt der steile Aufstieg in sehr vielen Kehren. Er führt von der Buchenwaldstufe bis zur Lärchen/Föhren-Stufe bei den Siebenhütten. Nach dem langen Steilstück wendet er sich vor der Krischa nach links und erreicht die **Siebenhütten** (zugleich Bergstation des Sesselliftes). Von hier geht es an der Petzenkapelle vorbei weniger steil aufwärts zum **Kniepssattel** (Staatsgrenze Österreich-Slowenien). Der Weg bleibt immer auf österreichischem Staatsgebiet und biegt nach rechts auf den Kamm der Hochpetzen ein. Dort zieht er sich unschwierig bis zur **Feistritzer Spitze**.

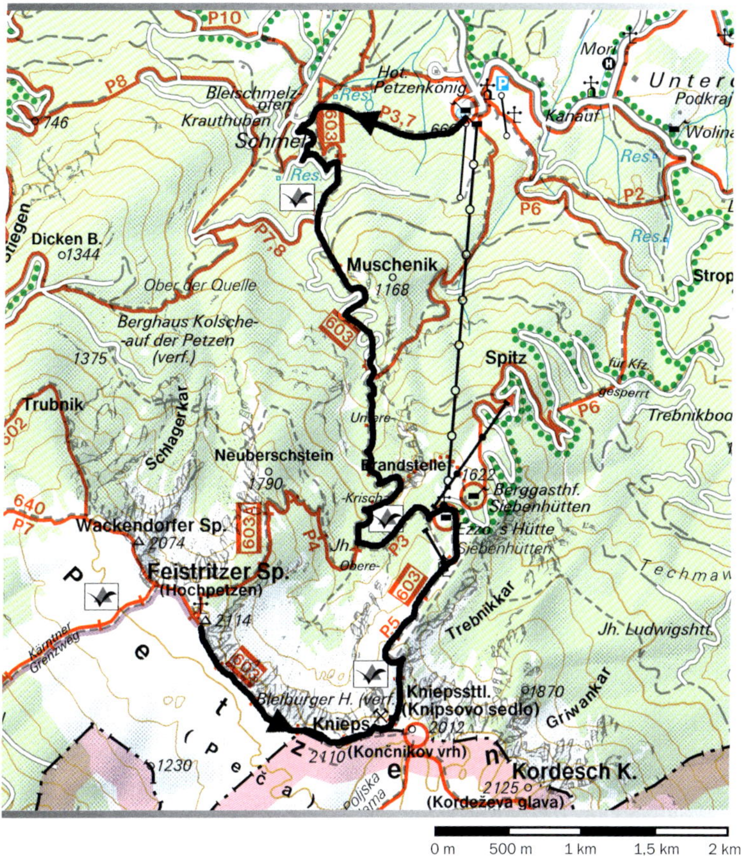
P10
P8
Bleischmelz-
ofen
Res.
Hot.
Petzenkönig
P3,7
Kanauf
Mori
Unter
Podkraj
Wolina
Krauthuben
746
Schmel
603
Res.
P2
P6
Res.
Stiegen
Dicken B.
1344
P7,8
Muschenik
1168
Strop
Ober der Quelle
Berghaus Kolsche-
-auf der Petzen
(verf.)
603
1375
Spitz
für Kfz.
gesperrt
Trubnik
P6
Trebnikbod
Untere-
Schlagerkar
Neuberschstein
Brandstelle
1790
1622
Berggasthf.
Siebenhütten
640
P7
Wackendorfer Sp.
2074
603A
P4
P3
Ezzo's Hütte
Siebenhütten
Techmaw
Feistritzer Sp.
(Hochpetzen)
Obere-
603
2114
Trebnikkar
Jh. Ludwigshtt.
Kärntner
Grenzweg
P5
603
Bleiburger H. (verf.)
Kniepssttl.
(Knipsovo sedlo)
1870
Griwankar
Knieps
2012
2110 (Končnikov vrh)
1230
Kordesch K.
2125
(Kordeževa glava)
Poljska
jama
0 m
500 m
1 km
1,5 km
2 km

Foto: Lehofer

Ankogel

Ein Gipfelabenteuer und Landschaftsbilder von unvergleichlicher Schönheit

Hannoverhaus – Kleiner Ankogel – Ankogel – Hannoverhaus bzw. Ankogelbahn-Bergstation

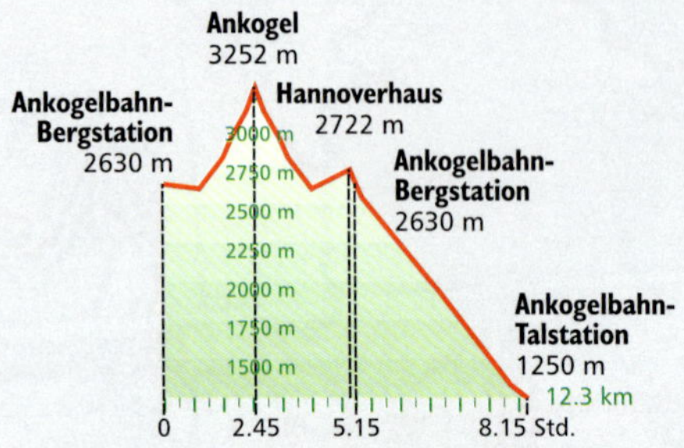

Talort:
Mallnitz 1191 m.

Ausgangspunkt:
Talstation der Ankogelbahn, ca. 1250 m, 3,5 km von Mallnitz, Busverbindung. Die Ankogelbahn führt mit Sekt. I zur Mittelstation, 1989 m, mit Ghf. Hochalmblick, und mit Sekt. II zur Bergstation mit Restaurant, 2630 m. Das Hannoverhaus steht 25 Min. höher auf der so genannten Arnoldhöhe, 2722 m.

Gehzeiten:
Bergstation Ankogelbahn – Ankogel 2 ¾ – 3 Std., Abstieg 2 – 2½ Std.; gesamt 5 – 5½ Std. Ohne Bergbahnen ins Tal zusätzlich 3 Std.

Anforderungen:
Bei Schönwetter und guten Verhältnissen für Geübte unschwierig. Die Route führt im Wechsel über Schutt, Blöcke und Schnee. Der Aufstieg zum Hauptgipfel erfordert Trittsicherheit. Markiert, Tafeln.

Höhenunterschied:
Zum Ankogel ca. 650 m im Aufstieg. Abstieg zur Bergstation 650 m, zur Talstion 2050 m.

Einkehr und Unterkunft:
Restaurants bei Tal-, Mittel- und Bergstation der Ankogelbahn. Ghf. Alpenrose beim Stappitzer See, 9822 Mallnitz, Stappitz 12. Hannoverhaus, 2722 m, DAV, derzeit nur Sommerbewirtschaftung. 35 B, 35 L, Funksprechanlage, Tel. Hütte 0664/1845463, Tel. Tal 04826/398. Auffallend ist auf der erhabenen Anhöhe ein Mausoleum, die Aschenstätte für Dr. Karl Arnold, den Erbauer des Hannoverhauses. Das alte, unbewohnte Hannoverhaus, 2521 m, steht auf einer Hangkante unterhalb des Etschlsattels, 2548 m.

Der bei idealen Verhältnissen technisch unschwierige Ankogel ist über weite Blockhalden zugänglich. Während der Abschmelzzeit werden kleine Gletscher und ausgehobelte Steilhänge und Blöcke frei, mit gurgelndem Wasser am Moränengrund. Der Kleine Ankogel ist unscheinbar neben dem Hauptgipfel.
Von der **Ankogel-Bergstation** schreiten wir mit erst etwas Gefälle auf einem Rasen-Blockhang östlich aus. Wer beim Hannoverhaus startet, steigt nordöstlich in einen Kammsattel ab, 10 – 15 Min. Dort warnt derzeit eine Tafel vor einer Gratwegbenützung. So halten wir uns rechts, südöstlich, wo beide Steigvarianten zusammenführen, und beachten nach ca. einer ¾ Std. die Steiggabel und Steinaufschrift: Der mit 502 bezeichnete Blocksteig führt zur Osnabrückner Hütte, während unser zum Ankogel lenkender Steig, bez. 520, auf eine höhere Blockterrasse führt (¼ Std., breiter Steinmann). Die Route wechselt über Moränen auf einen meist schneebedeckten Hang, über den wir hinauf in den Bereich der **Radeckscharte**, 2874 m, ansteigen. Ein ausgeprägter, blockbedeckter Westrücken vermittelt den Aufstieg zum **Kleinen Ankogel**, 3097 m (1¼ – 1½ Std. vom Hannoverhaus). Zum Hauptgipfel führt ein erdiger, dann steiniger Pfad in der südöstlichen, steil abfallenden Gipfelflanke empor, die bei widrigen Verhältnissen Vorsicht erfordert. Das wunderschöne Panorama beherrscht die Hochalmspitze mit Wandfußgletschern und Moränenzügen. Am **Ankogel** das Kreuz der OeAV-Sektion Mallnitz mit Buch.
Der **Abstieg** erfolgt auf der Aufstiegsroute zurück zur Ankogelbahn-Bergstation. Wollen wir ohne Bahnen ins Tal, steigen wir auf der Schipiste, dann auf einer Hangkante zum **Etschlsattel**, 2548 m, hinab (das kleine alte Hannoverhaus steht tiefer). Dort am Göttingersteig ca. 5 Min. hinab, ehe Tafeln nach Mallnitz zeigen, Bez. 518. Im Bereich der Ankogelbahn gehen wir auf Rasenhängen und Hügeln talwärts und kommen, vorbei an Wollgrastümpeln und zwei Wasserschlössern zur **Mittelstation**, 1½ – 1¾ Std. Dort folgen wir dem Steig unterhalb vom Ghf. Hochalmblick in westlicher Richtung, dann auf Zickzackkurs zwischen Latschen und Lärchen, stellenweise neben der Schipiste und schließlich im Wald abwärts. Der Markierung stets folgend zur **Talstation** im Bereich des Ghf. Alpenrose (1¼ – 1½ Std. von der Mittelstation).

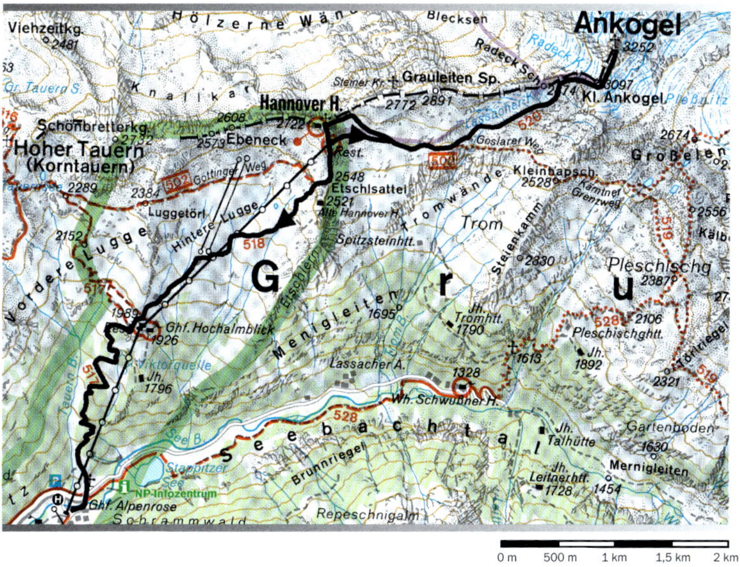

Hoher Sonnblick

Das Zittelhaus und ein Labor über den Wolken

„Alter Pocher“ – Zirmsee – Hoher Sonnblick – Winterweg – „Alter Pocher“

Talort:
Heiligenblut, 1301 m.

Ausgangspunkt, Parkmöglichkeit:
„Alter Pocher“, 1807 m, im Kleinen Fleißtal, Parkmöglichkeit.

Zufahrt:
Ab Heiligenblut auf der Großglockner-Hochalpenstraße 3,5 km zur Fleißkehre (Kehre 27, 1514 m, Postbus-Haltestelle). Von hier in das Kleine Fleißtal zum Bauernhof Pfeifer und zur nahen Straßengabel (Brücke, Mühle). Nach rechts zweigt die Apriacher-Höhenstraße ab und links gelangen wir nach 150 m zur Goldwaschanlage (ca. 1600 m, Wegkreuz, Tafeln). Auf der Bergstraße in Kehren hinauf, ehe nach 1,5 km die Abzweigung in das Große Fleißtal

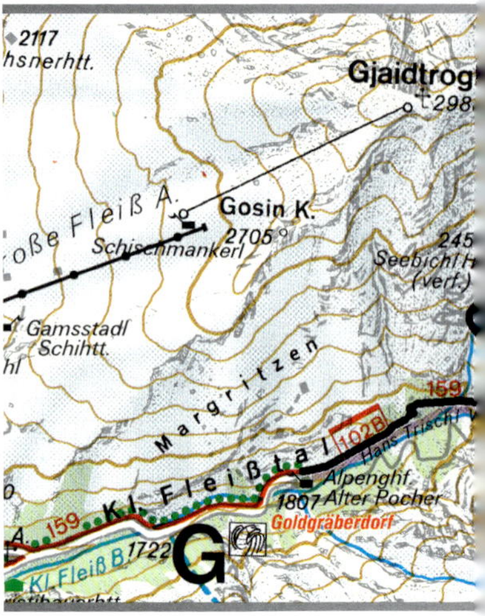

gut bezeichnet ist (Tafeln). Wir setzen die Fahrt im Kleinen Fleißtal fort und erreichen eine Schranke. Der „Alte Pocher“ befindet sich von Lärchen umschirmt auf der gegenüberliegenden Bachseite, ca. 3 km von der Fleißkehre.

Gehzeiten:
„Alter Pocher“ – Zirmsee 2½ Std., Zirmsee – Hoher Sonnblick 2 – 2½ Std., Abstieg am Winterweg zum „Alter Pocher“ 3 Std.; gesamt 7½ – 8 Std.

Anforderungen:
Kondition erfordernde, markierte Bergtour. Hochalpine Ausrüstung, Steigeisen, Pickel vor allem im Spätsommer erforderlich. Sicherste Route am linken Rand des Kleinen Fleißkeeses. Schmale quer laufende Spalten!

Höhenunterschied:
1300 m im Auf- und Abstieg.

Einkehr und Unterkunft:
Imbiss, Getränke beim Goldwäscher Raimund (Goldwaschanlage). „Alter Pocher“, Alpengasthof, geöffnet von Mai bis Okt., 35 B, kinderfreundliches Umfeld, Tel.: 04824/246 57 oder 0664/3522690; Zittelhaus am Sonnblickgipfel, erbaut 1886 vom OeAV-DAV, erworben von der Sektion Halle 1925 unter Dr. Karl Alfred von Zittel (1. Präsident), 1984 von der OeAV-Sektion Rauris übernommen, 120 Schlafplätze in Zimmern und L, ganzjährig geöffnet, Tel.: 06544/6412.

Variante:
Goldbergspitze, 3072 m, ¾ – 1 Std. Aufstiegszeit. Vom Zittelhaus am Hohen Sonnblick steigen wir nordwestlich in den breiten Sattel, den höchsten Punkt des Kleinen Fleißkeeses, ab. Zur Goldbergspitze (Steinmann) steigen wir am Blockgrat und weiterhin in südwestlicher Richtung auf, wobei einige Passagen auch rechts des Grates umgangen werden können. Die Tour setzt lediglich Trittsicherheit voraus, ist jedoch nicht markiert.

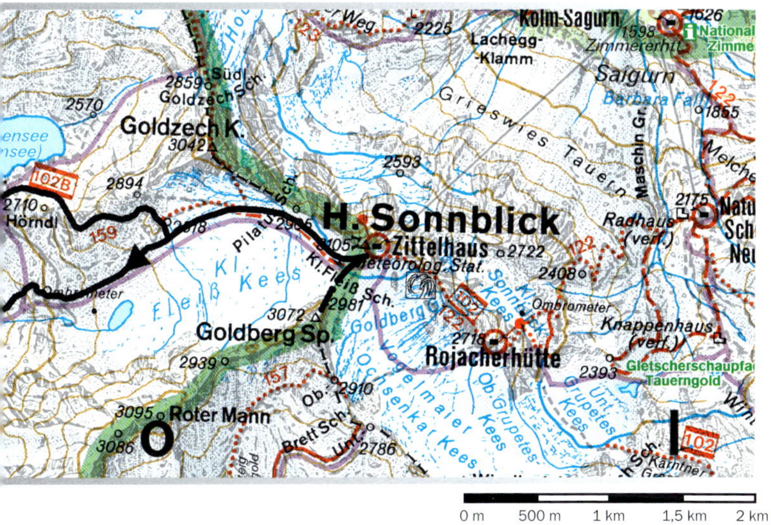

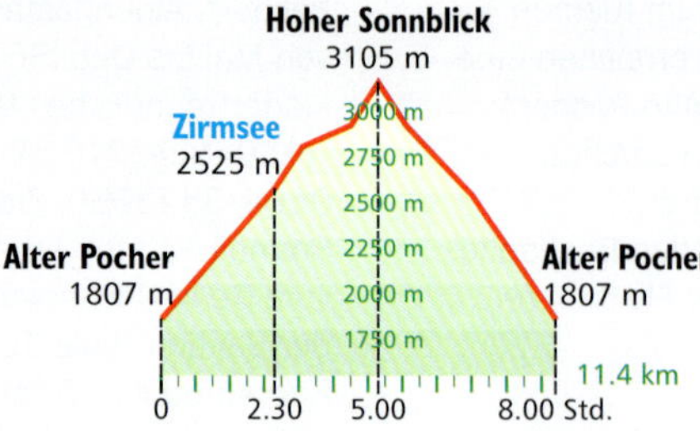

Der Hohe Sonnblick zählt zu den bekanntesten Gipfeln der Goldberggruppe und wird fast ganzjährig rege besucht. Am Gipfel befindet sich seit 1886 das alpine Wetterzentrum. Das Observatorium nimmt weltweit eine Sonderstellung aufgrund seiner Höhenlage ein. Der „Alte Pocher“ am Ausgangspunkt unserer Tour weckt Erinnerungen an die Zeit des Goldbergbaues in den Hohen Tauern. Dort stand ab dem 12. Jahrhundert ein Pochwerk, in dem das goldhaltige Gestein ausgewaschen, also vom tauben Gestein getrennt wurde. Der „Alte Pocher“ wurde im Winter 1951 von einer Lawine zerstört, dann auf den Fundamenten der einstigen Erzkammern neu errichtet; Museum, Mineralienschau.

Zum Hohen Sonnblick: Wir gehen entweder von der Schranke auf der kehrenreichen Werksstraße aufwärts oder direkt vom **„Alten Pocher“** (Tafeln) am Steig und am linken Talrand in Richtung Zirmsee. Durch Erlendickicht und über kleine, seitliche Hangbächlein kommen wir hinauf zu den drei Steinmännern (¾ Std.), wo der Winterweg rechts empor und unsere Route links weiterführt. Nach ca. 15 Min. betreten wir die Werksstraße, bleiben auf ihr ca. 300 m, ehe der Steig bergseitig fortsetzt. Ein zweites Mal wird die Werksstraße erreicht und gequert (Tafel). Etwas höher lässt sich aufgrund von Mauerresten die ehemalige Seebichlhütte, 2451 m, nur noch erahnen. Auf Rasen und felsdurchsetztem Gelände gelangen wir zum Markuskreuz auf einem, dem **Zirmsee** vorgelagerten Geländehügel (2½ Std. vom „Alten Pocher“).

Wir wandern ein Stück am Südufer entlang und nehmen dann den Blocksteig, der sich nördlich am Hörndl, 2710 m, vorbeiwindet, bis ein schon vom Tal aus sichtbarer Metallmast ins Blickfeld rückt. Vom später erreichten „Felseck“ schauen wir auf das Kleine Fleißkees, über dem hoch und noch deutlich entrückt das Zittelhaus steht. Ein Flankensteig führt zwischen Blöcken und über Altschnee und Gletscherschliffe zu einem kleinen Eissee (Ombrometer = Regenmesser) und zum Ansatz der großen Seitenmoräne. Hier führt beim Abstieg der Winterweg hinab ins Kleine Fleißtal. Wir haben inzwischen die Sommerschneegrenze erreicht, ca. 2800 m, und steigen am relativ sicheren, linken Rand des Keeses zum **Zittelhaus** auf dem **Hohen Sonnblick**, 3105 m, empor.

Der **Abstieg** führt auf der Aufstiegsroute hinab in den Bereich der erwähnten großen Seitenmoräne, ½ – ¾ Std. Über Gletscherschliffe, Felsabsätze und Altschnee betreten wir den Scheitel der Seitenmoräne. Auf ihr am Winterweg hinab bis zur das ganze Tal weitbogig querenden Werksstraße.

Über die Straße und weiterhin nahezu vertikal und steil zwischen Blöcken und Rasen abwärts, ehe entlang einer alten, verwachsenen Moräne die Werkstraße ein zweites Mal überquert wird. Die anschließenden Steigkehren fließen bei den drei erwähnten Steinmännern in die Aufstiegsroute ein. Ca. 20 Min. später ist es möglich, den Kleinen Fleißbach nach links zu überschreiten, um nach zehn Straßenkehren bzw. -schleifen die Schranke und den **Parkplatz** zu erreichen.

Foto: Mair

Großglockner

Anspruchsvolle Hochtour für klettererfahrene Alpinisten
Glocknerhaus – Stockerscharte – Salmhütte – Hohenwartscharte – Adlersruhe – Großglockner und zurück

Foto: Barnebeck/pixelio.de

Talort:
Heiligenblut, 1301 m.

Ausgangspunkt:
Glocknerhaus, 2136 m, oder Pasterzenhaus, 2112 m.
Zufahrt von Heiligenblut auf der Großglockner-Hochalpenstraße bis Guttal (altes Mauthaus) und von dort auf der „Gletscherstraße" Richtung Franz-Josefs-Höhe.
Postbusverbindung von Heiligenblut.

Gehzeiten:
Glocknerhaus – Salmhütte 2¾ – 3 Std., Salmhütte – Hohenwartscharte 2 Std., Hohenwartscharte – Erzherzog-Johann-Hütte auf der Adlersruhe 1 – 1¼ Std., Hütte – Gipfel 2 Std. (Aufstiegszeit je nach Verhältnissen variabel); gesamt 7¾ – 8¼ Std. Aufstieg. Abstieg 6 – 8 Std. Eine Glocknertour ist als 2-Tagestour zu empfehlen.

Anforderungen:
Keine Wanderung! Hochalpine Bergtour in Fels (Schwierigkeitsgrad II) und Eis (bis 40 Grad steil), weniger Geübte mit Bergführer! Oft schon ab August zeigt das Glocknerleitl blankes Eis und ist dann schwierig. Erforderlich sind entsprechende hochalpine Bergausrüstung mit Seil, Pickel und Steigeisen und die Fähigkeit, damit sicher umzugehen. Dazu Wind-, Wetter-, und Sonnenschutz.

Höhenunterschied:
Im Auf- und Abstieg jeweils 2100 m.

Einkehr und Unterkunft:
Glocknerhaus, 2136 m, der OeAV-Sektion Klagenfurt, erbaut 1876, mehrmals erweitert, generalsaniert

2000–03, auffällig der Stufengiebel des Glocknerhauses, ältestes Schutzhaus des OeAV mit historisch wertvoll erhalten gebliebener Bausubstanz, geöffnet Anfang Mai – Okt., 100 Schlafplätze, Tel.: 04824/246 66; Salmhütte, 2638 m, erbaut 1926/27 von der Sektion Wien des OeAV und DAV, geöffnet Anfang Juli – Ende Sept., 24 B, 24 L, Tel.: 04824/2089. Erzherzog-Johann-Hütte auf der Adlersruhe, 3451 m, höchstgelegene Schutzhütte Österreichs, vom Österreichischen Alpenclub 1880 erbaut, mehrmals durch Um- und Zubauten erweitert und verbessert, geöffnet Anfang Juli – Anfang Okt., 10 B, 140 L, Tel.: 04876/8500. Geplant ist an Stelle des Winterraumes eine Biwakschachtel (Materialseilbahn).

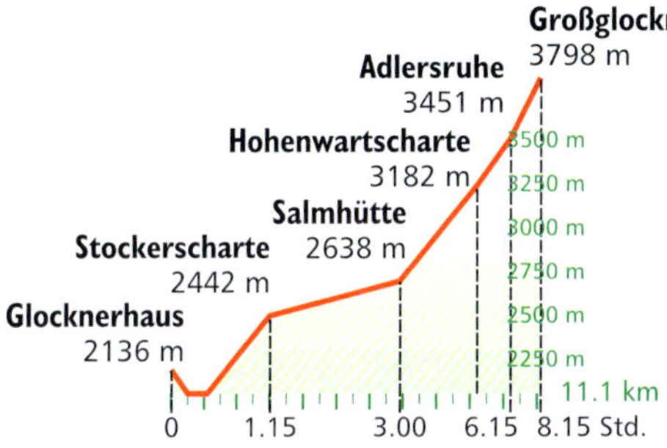

Grünschiefer (Prasinit) ist aufgrund seiner Gesteinshärte für die Höhe und scharfe Form des Glocknergipfels verantwortlich. Dieser wurde am 28. Juli 1800 erstmals erstiegen. Pfarrer Hautzendorfer, die Begleiter Martin und Sepp Klotz sowie zwei Zimmerleute aus Heiligenblut waren die ersten. Das Glocknerkreuz ist das höchstgelegene Kunstwerk Österreichs und wurde aus Anlass des 25-jährigen Ehejubiläums von Kaiser Franz Joseph und Elisabeth 1879 vom Österreichischen Alpenclub als Kaiserkreuz gestiftet. Über den Großglockner verläuft die Grenze der Bundesländer Tirol und Kärnten mit den Nationalpark-Gemeindegebieten Kals und Heiligenblut.

Vom **Glocknerhaus** steigen wir auf dem markierten Steig zum **Margaritzen-Stausee**, 2000 m, ab. Wer vom Pasterzenhaus startet, nimmt die Werksstraße, die ebenfalls zum Stausee hinunterführt. Wir überschreiten die zwei 93 m hohen Möllsperren, die den Abfluss der Pasterze auffangen. Der Aufstieg zur Stockerscharte zwischen Vorderem und Mittlerem Leiterkopf verläuft anfänglich in weit ausholenden Schleifen über grasbewachsenes Gelände, dann auf engen, felsgesäumten Kehren, 1¼ Std. vom Glocknerhaus. Von der **Stockerscharte**, 2442 m, geht es entlang stark geneigter Rasenhänge (Leiten) im leichten Auf und Ab streckenweise seilversichert am Wiener Höhenweg ins Leitertal und zur **Salmhütte**, 2638 m. Die Hütte steht am Fuße des Schwertecks, an dessen westlichem Wandfuß wir ansteigen. Nach einer ½ Std. sind zwei im Fels vertiefte, gemauerte Räume aus Zeiten der Großglockner-Ersteigungsversuche (um 1800) sichtbar.

Foto: Oskamp/pixelio.de

Wir erreichen den von überlagerten Moränen geprägten Bergkessel zwischen dem Hohenwartkopf und dem Kellerskopf (vereinzelt Stangen und Steinmänner). Dort führt die Route auf der linken Seite des schmächtigen Hohenwartkeeses über Schutt oder Schnee empor, wobei Seile, Eisenbügel und Holztreppen den schmalen Schlusshang zur meist schneebedeckten **Hohenwartscharte**, 3182 m, entschärfen (2 Std. von der Salmhütte).

Auf der Kärntner Seite schreiten wir am oberen Rand des Hofmannkeeses aus und schätzen einige Seilsicherungen auf kurzen Felsgratpassagen. Auf der **Salmhöhe**, 3282 m, sind Reste alter Unterstände noch erkennbar und schon längst sichtbar ist die **Erzherzog-Johann-Hütte**, 3451 m, auf der Adlersruhe (1 – 1¼ Std. von der Hohenwartscharte).

Von der Hütte führt die Spur über einen Firnrücken und weiter am 35 Grad steilen **Glocknerleitl** hinauf zum Felsfuß des Kleinglockners (mehrere Haken). Auf gut griffigen Blöcken und Felsplatten (Eisenstangen) gelangen wir auf die schmale, ausgesetzte Firnschneide des **Kleinglockners**. Vom höchsten Felspunkt leitet ein fixes Stahlseil hinab in die **Obere Glocknerscharte**, 3766 m, zwischen Klein- und Großglockner. Hat man auch die schmale, ca. 4 m lange, ausgesetzte Schartenkehle überschritten und anschließend eine 5 – 6 m hohes Felswand erklettert (Haken), dann werden die etwa 1½ Seillängen zum **Glocknerkreuz** kein großes Hindernis mehr sein. **Abstieg** auf der Aufstiegsroute.

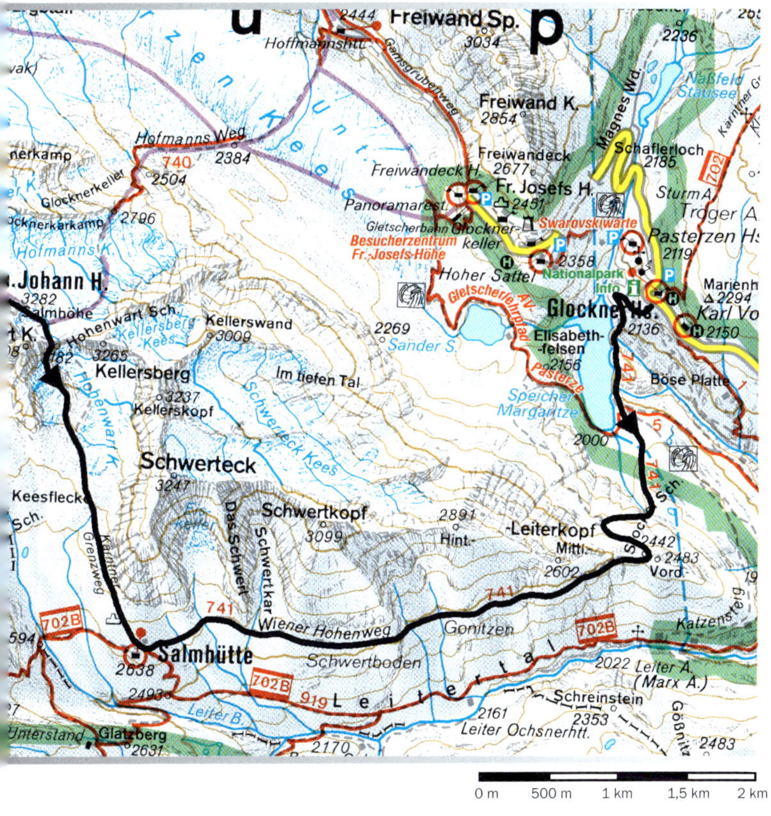

Barockkloster am Mittellandweg

In der östlichsten Gemeinde Oberösterreichs

Drei eindrucksvolle Kirchen kann man im östlichsten Mühlviertel bewundern: die Marktkirche und die ehemalige Klosterkirche in Waldhausen sowie die Marienwallfahrtskirche zu Dimbach. Die bewegte, von Bächen durchfurchte Landschaft bietet neben erholsamer Einsamkeit und würziger Waldluft auch eine sportliche Wanderung.

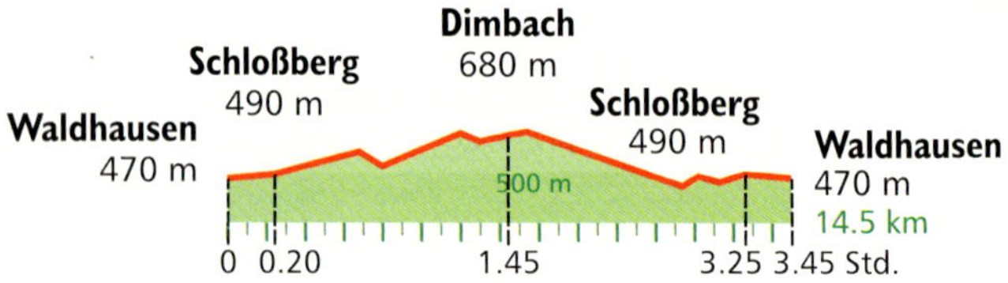

Ausgangspunkt:
Waldhausen im Strudengau, 470 m. Ab Linz auf der B 3 über Mauthausen, Grein bis Sarmingstein, dann 7,5 km Richtung Norden; Parken bei der Marktkirche. Bahn ab Linz-Hauptbhf. über St. Valentin bzw. Mauthausen bis Grein oder Sarmingstein, ab dort Rufbus.

Anforderungen:
Schöne Rundwanderung, 14,5 km; teils sonnige Abschnitte auf wenig befahrenen Güterwegen; zweites Teilstück teils bez., teils unmarkiert.

Einkehr:
In Waldhausen, Schloßberg und Dimbach.

Höhenunterschied: 430 m.

Von der Marktkirche in **Waldhausen** auf dem Klostersteig in 20 Min. nach Schloßberg, 490 m, mit der barocken Klosterkirche. Mit der Markierung des Mittellandwegs 150 (rwr) nordwärts vom ehemaligen Stift durch den Ort zum Güterweg Ettenberg. (Alternative: der hier beginnende Honigschleuderweg mit Infotafeln; er stößt später wieder auf Nr. 150). Bei einer Rechtsbiegung vom Güterweg ab und geradeaus in ein Tälchen; dort weiter aufwärts, dann rechts etwas steiler zurück auf den Güterweg und auf ihm links bergan. Bei einer Verzweigung gerade zum Hof Herzog in **Ettenberg**, 575 m. Rechts über eine Anhöhe durch ein Wäldchen, vorbei an einem Hof und auf dessen Zufahrt Richtung Sarmingbach. Knapp vor dem Tal, 530 m, links auf einen Waldweg und im Rechtsbogen steil zum Unteren Hornberger hinauf; über die Zufahrt rechts empor zu einem Güterweg. Links auf ihn und 2 km weiter, erst bergauf, dann bei der Gabelung Wenkeneder, 670 m, links bergab ins Dimbachtal, 640 m und wieder aufwärts in den Markt **Dimbach**, 680 m. Im Ort mit Nr. 2 (weiß-grün) links, entlang eines Kreuzwegs zum großen Kreuz am höchsten Punkt, 695 m. Auf

dem Güterweg gerade am Hof Gruber vorbei bis zu einer Kapelle rechts (Weg Nr. 2 biegt vorher rechts ab; wir gehen gerade unmarkiert weiter!) Bei der Kapelle teilen sich die Wege: auf dem mittleren Wiesenweg, die Kurve abkürzend, zum Haus Dimbach 13, 620 m; dort geradeaus in den Wald. Rechts haltend hoch über dem Dimbach weiter, anfangs leicht, dann stark abwärts und immer geradeaus zu einem Wendeplatz. Gerade leicht aufwärts zu einer Weggabelung, links auf dem in einer Kurve abwärts führenden Waldweg und zu einer Forststraße. Auf dieser links hinab zu einer weiteren Kreuzung. Hier auf dem mittleren, in einer S-Kurve steil bergab führenden Weg an der rechten Talseite am Dimbach entlang zu den ersten Häusern, 440 m. Wir treffen wieder auf Nr. 2 und biegen links ab; auf einer Zufahrt über den Dimbach und zu einem weiteren Güterweg. Nach einer Bachbrücke links (östlich). Nr. 2 wendet sich ostwärts und führt als Schotterstraße durch Wald zum Westende von Schloßberg. Rechts auf Weg Nr. 606 (Waldviertel-Weitwanderweg Krems – Grein) zur Straße, nach **Waldhausen** und auf der Marktstraße links zum Ausgangspunkt.
Mehrtageswanderung

Moorromantik im einsamen Freiwald

Vom höchstgelegenen Pfarrdorf Oberösterreichs zum größten Moorgebiet des Mühlviertels

Einen 1000-m-Berg mit Aussichtswarte, einen Moorbadeteich und ein großes, unter Naturschutz stehendes Moorgebiet berührt diese Runde von Liebenau aus – eine aufgrund des hoch gelegenen Ausgangspunkts für das Mühlviertel eher untypische, aber schöne und lehrreiche Tour ohne große Höhenunterschiede und Steilanstiege über die waldreiche Hochfläche.

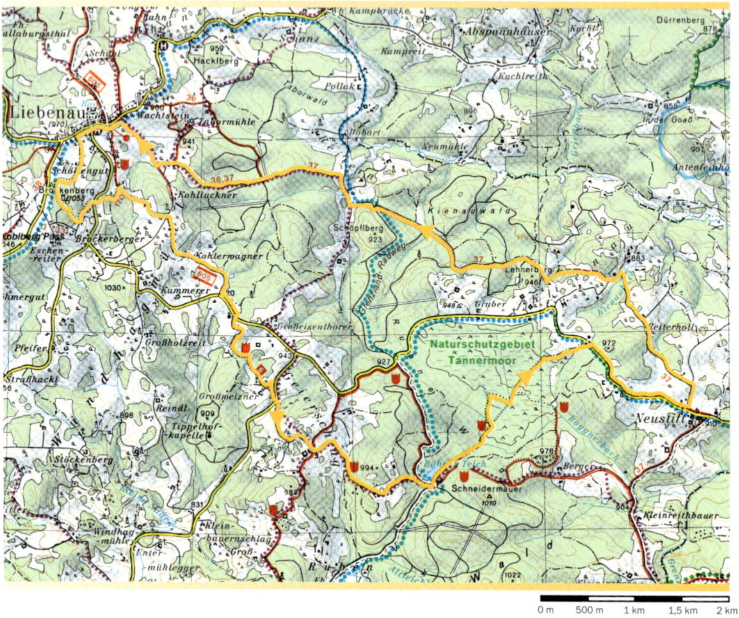

Ausgangspunkt:
Liebenau, 970 m. Ab Linz-Urfahr auf der A 7, dann auf der B 310 bis Freistadt, dort auf der B 38 über Sandl bis zur Landesgrenze zu Niederösterreich und ab hier 10 km rechts (SO); Parken im Ortszentrum nahe der Pfarrkirche. Bus ab Linz oder Freistadt.

Höhenunterschied: 490 m.

Anforderungen:
Lange Rundwanderung, 20 km; nur kurze, kaum steile Anstiege (mit Ausnahme des Aufstiegs zum Brockenberg), trotz der Länge wenig anstrengend; fast durchgehend bez. (im Bereich Brockenberg verwirrend, sonst gut, Nr. 605); schöne Wege, wenig Asphalt (vor/nach Neustift 2,5 km Güterwege).

Einkehr:
In Liebenau (ÖAV-Vertragsghf., Kontrollstelle für Weitwanderwege); Imbissstand beim Rubner Teich (Sommer/Wochenende).

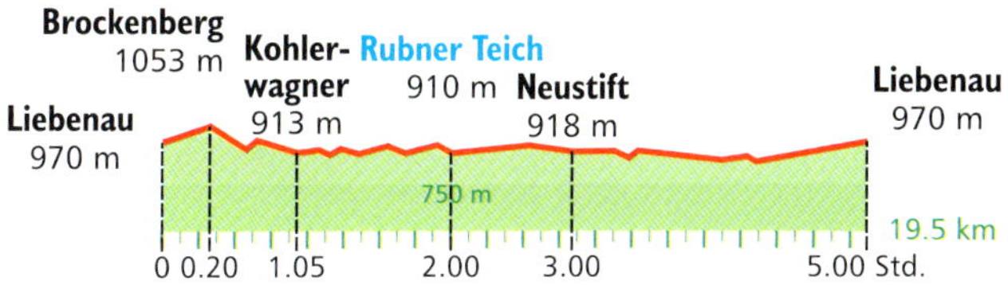

Vom Ortszentrum in **Liebenau** zuerst auf der Straße Richtung Freistadt, dann links auf den Güterweg Schöll (Nr. 33) und, vorbei am Schöllengut, rechts am Waldrand entlang. In einer großen S-Kurve links hinauf zur Warte auf dem **Brockenberg**, 1053 m (Schlüssel in den Gasthäusern im Ort). Rechts am Sendemast vorbei auf Weg Nr. 33 im Bogen um den Brockenberg zur Straße nach Unterweißenbach. Diese queren und im Wald bei einer Kapelle links; nach ca. 150 m scharf rechts auf den Fernwanderweg 605 (Ostsee – Wachau – Adria – Ägäis). Vorbei am **Kohlerwagner** (der Hofname deutet auf die einst häufigen Köhlereien in diesem Waldgebiet hin) zur zuvor gekreuzten Straße, auf ihr kurz links, dann rechts und beim Großweizner erneut über sie. Wir bleiben auf dem Fernwanderweg und gelangen durch Geierschlag über Wiesen und durch Wald zum **Rubner Teich**, 910 m (Badegelegenheit, Imbissstand), am Eingang zum Tannermoor. Links unter der Schneidermauer (1010 m) vom Weitwanderweg ab und auf dem Moorrundweg ins Tannermoor mit vielen informativen Schautafeln. Der Weg biegt nach rechts (östlich) und wird zum Fahrweg. Wo der Moorrundweg am Rand des Moors vor dem Roggnerbach rechts (südlich) abbiegt, wandern wir auf dem breiteren Fahrweg (unbez.) geradeaus leicht bergan zur Straße, 950 m; auf ihr rechts bis **Neustift bei Liebenau**, 918 m. Nach den ersten Häusern links auf den Güterweg Neustift und links auf den Zufahrtsweg Reiterholl (Asphaltende). Es geht mäßig steil stets auf Weg Nr. 37 zuerst über den Kienaubach, 885 m, dann knapp unter dem **Lehnerberg** (946 m) nördlich vorbei. Nach einem kleinen Bach, 875 m, auch den Schöpflberg (923 m) links liegen lassen. In Reitern treffen wir auf ein kurzes Stück Güterweg. Zuerst nach rechts, etwas bergab und bei einem Transformator links in den Wald. Südlich des Wachtsteins (960 m) kommen wir in freies Gelände und erreichen nach der Querung eines weiteren Bächleins in 500 m **Liebenau.**

Foto: Lenzenweger, Wittmann

Stillensteinklamm

Kühler Tipp für heiße Tage

Donauparkplatz – Stillensteinklamm – Aumühle – Achleiten – Struden – Parkplatz

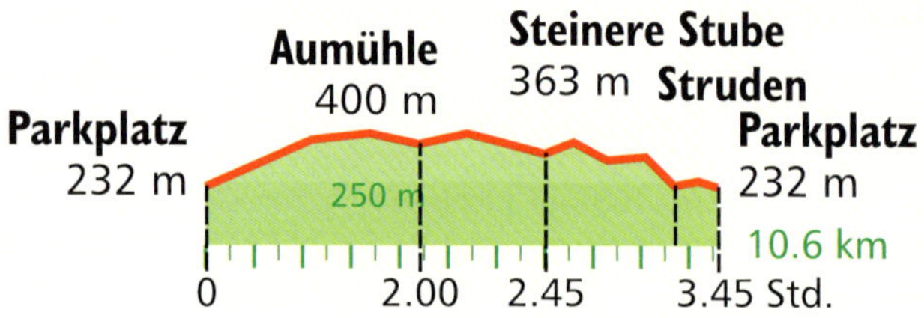

Talort:
Struden, 232 m. Markt am nördlichen Donauufer, 2 km östlich von Grein.

Ausgangspunkt, Parkmöglichkeit:
Donauparkplatz (ca. 232 m) an der Mündung des Gießenbaches in die Donau, 1,5 km östlich von Grein.

Gehzeiten:
Parkplatz – Aumühle 1¾–2 Std., Aumühle – Steinerne Stube ¾ Std., Steinerne Stube – Struden – Parkplatz 1–1¼ Std.; Gesamtgehzeit 3½–4 Std.

Anforderungen:
Wanderung auf guten Wegen. Trittsicherheit und Ausdauer nötig!

Höhenunterschiede:
250 m in An- und Abstieg.

Höchster Punkt:
Ghf. Aumühle, 400 m.

Einkehr:
Ghf. Aumühle (50 B.; ganzj. geöffnet, Mo. Ruhetag). Im Sommer „Moststation" in Achleiten.

Hinweis:
Man kann von der „Steinernen Stube" auch gleich über Achleiten nach Struden absteigen. Zeitersparnis 1¼–1½ Std.

Die Wanderung durch die Stillensteinklamm, die „Schlucht zum Stillen Stein", wo einst ein gewaltiger Felssturz den Gießenbach meterhoch verschüttete und für immer Stille im Tal einkehrte, gehört zu den abwechslungsreichsten und frequentiertesten im Strudengau. Da darf einem an schönen Sommer-Wochenenden der Massenansturm nicht wundern, denn es gibt weit und breit keine romantischeren Szenerien als in dieser von dräuenden Felswänden beherrschten Talenge.

Vom **Donauparkplatz** bei der alten Mühle auf gutem Weg zwischen hoch aufragenden Felsblöcken das **Gießenbachtal** aufwärts. Nach ca. 10 Min. auf dem an der linken Felswand befestigten Holzsteg um eine Flußbiegung

Foto: Hauleitner

herum und durch Wald hinauf zur Einmündung des Zuganges von Grein. Den Weg weiter aufwärts und über einen Steg an das rechte Ufer. Dort über Stufen steil empor zur „**Steinernen Stube**“ und zum „**Stillen Stein**“, einem felsüberdachten Rastplatz (Bank), wo der Bach auf etwa 300 m Länge durch einen Bergsturz verschüttet ist. Weiter durch das stark verblockte Tal mühsam aufwärts zu einem idyllischen Stausee, wo die eigentliche Klamm verlassen wird. Zunächst am westlichen Seeufer entlang, dann an das Ostufer (Brücke) und dort weiter zu einem Güterweg. Auf ihm kurz nach links, dann rechts durch Wald und über Feuchtwiesen das schöne Gießenbachtal einwärts zum **Ghf. Aumühle**, 400 m, an der Straße nach Grein.

Zurück zur „Steinernen Stube“. Dort den **Jägersteig** kurz nach links aufwärts, später auf Felsband (Drahtseil) über der Schlucht nach rechts in den Wald und zu einem Gehöft. Auf Güterweg links an ihm vorbei und durch Wald aufwärts zu einer Verzweigung (geradeaus in wenigen Minuten zur „Moststation“ in **Achleiten**).

Auf Wiesenweg rechts ab (Pfeil „Struden“), dann im Wald nach Süden abwärts zu einer Teilung. Rechts (Schranken) in Kehren gegen das Gießenbachtal abwärts zu querender Forststraße und diese links hinauf zu einem Sattel. Auf Steig im Wald gerade weiter zu aussichtsreicher Wiese (Blick zur Donau!). Durch einen Hohlweg hinab zur Straße und auf ihr, die Donauuferbahn traversierend, weiter nach **Struden**. Dort die Bundesstraße 3 rechtshaltend zurück zum **Donauparkplatz**.

Mühlenweg, Heidenstein, Grenzsteig

Mühlenromantik und heidnische Opferstätte

Ein prächtiger, lehrreicher Rundweg bringt den Wanderer zu zehn alten Mühlen, teils an der böhmischen Grenze, und vermittelt auf Schautafeln ihre Geschichte. Ein Aufstieg zu den Felsen des Heidensteins bei Eibenstein, einer frühgeschichtlichen Kultstätte, bereichert diese Tour.

Ausgangspunkt:
Reichenthal, 683 m. Von Linz-Urfahr auf der B 126 nach Bad Leonfelden, 6 km auf der B 38 Richtung Freistadt, dann 3 km links (Norden); Parken am Marktplatz. Bus ab Linz.

Höhenunterschied: 370 m.

Anforderungen:
Leichte Rundwanderung, 16 km; schöne Wald- und Wiesenwege mit geringen Steigungen, nur kurz auf Asphalt; durchgehend gut bez. (rot, Tafeln „10-Mühlenweg"); für Familien gut geeignet.

Einkehr:
In Reichenthal und Eibenstein; Jst. Graslmühle.

Variante:
Verkürzung um ca. ½ Std. auf Weg Nr. 54 ab Allhut.

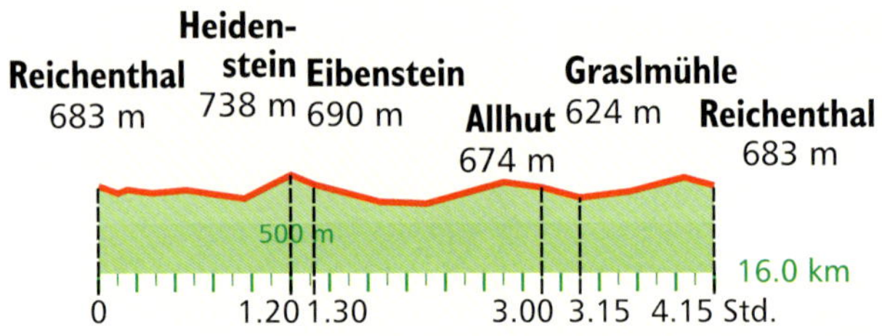

Am oberen (westlichen) Ende des Marktplatzes in **Reichenthal** mit den Holztafeln „10-Mühlenweg" (Nr. 154/10) südwärts. Bergab zunächst zur Hayrlmühle (Herrenmühle; kleines Museum) unterhalb von Schloss Waldenfels am Kettenbach, der nordwärts zur Moldau fließt. Mit den Wegweisern bachabwärts, vorbei am Schloss. Nach der **Hammermühle**, 640 m, über die Rainbacher Straße und über Wiesen und durch Wald zur Adammühle, 620 m, am Kettenbach. Kurz danach, noch vor der Lorenzmühle, verlassen wir den Mühlenweg. Nr. 53/R2 führt rechts bergan zum Felsklotz des **Heidensteins**, 738 m, mit schalenförmigen Vertiefungen; man vermutet hier eine heidnische Opferstätte. Hinunter zum Güterweg und durch **Eibenstein**, 690 m. Am nördlichen Ortsende mit R2 links über Wiesen, weiter am Waldrand und durch den Wald hinunter zum Kettenbach; rechts auf den „10-Mühlenweg" (Nr. 154). Vorbei an der Holzmühle, 605 m, am Bach entlang, zur Süßmühle. Kurz vor dieser links ab und bergan zur tschechischen Grenze, 672 m; an ihr entlang leicht bergauf. Links liegt Stiftung mit

Foto: Lenzenweger, Wittmann

dem großen Zollhaus, einst der Grenzübergang zum ehemaligen Ort Kainredschlag. Weg Nr. 154 bleibt noch ein Stück an der Grenze, leitet dann links weg und erreicht nach einem Waldstück **Allhut**, 674 m, durch das wir mit Linksbogen wandern (verkürzter Rückweg links auf Weg Nr. 54 nach Reichenthal möglich). Kurz nach den letzten Häusern mit Weg Nr. 154 rechts auf einen Feldweg und über Wiesen und durch Wald in das Tal des zur Moldau fließenden Graslbachs mit der **Graslmühle**, 624 m, an der Grenze. Von der Mühle bachaufwärts und nach 250 m mit Nr. 154 links des Bachs weiter mit Ausblicken auf den Sternstein, Böhmdorf (rechts) und die Altmühle. Bei einer Marienkapelle links auf dem von Böhmdorf kommenden Güterweg 300 m weiter und mit Nr. 154 links auf einen Feldweg. Nach einem kurzen Anstieg zum Reichenthaler Sportplatz, 723 m, hier rechts auf die von Allhut kommende Straße und zur Hauptstraße; auf ihr links zum Marktplatz von **Reichenthal**.

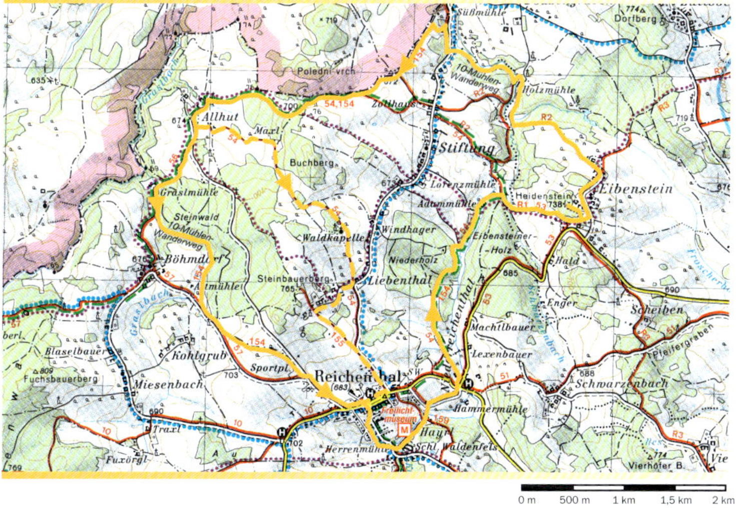

125

Dr.-Vogelsang-Klamm

Die wildromantische Felsenschlucht mit dem Doktorhut

Spital am Pyhrn – Gasthaus Grünau – Dr.-Vogelgesang-Klamm – Bosruckhütte – Stiftsreut – Spital am Pyhrn

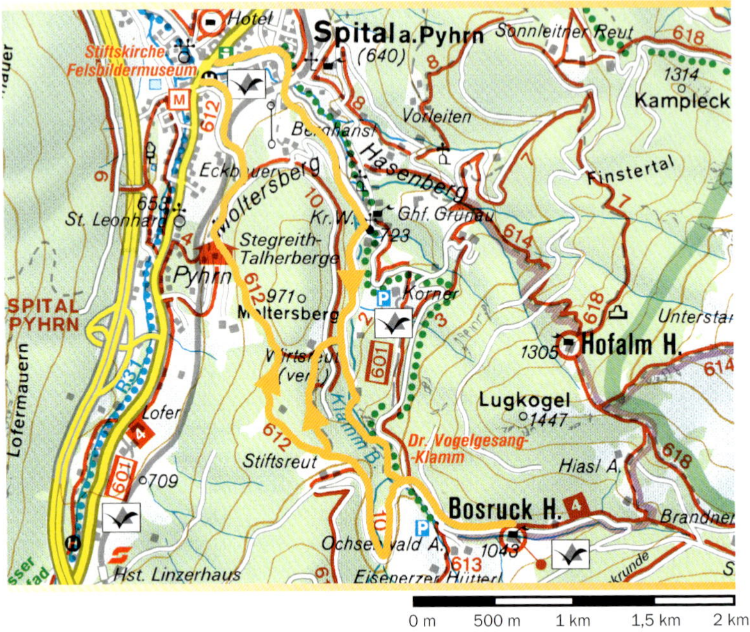

Talort/Ausgangspunkt:
Spital am Pyhrn, 640 m; Erholungsort nördlich vom Pyhrnpaß und Ausgangspunkt für Wanderungen an der Nordseite von Bosruck und Haller Mauern.

Gehzeiten:
Spital – Klamm – Bosruckhütte 2 Std., Rückweg über Stiftsreut nach Spital 2 Std.; insgesamt 4 Std.

Höhenunterschied:
Rund 400 m.

Anforderungen:
Die Steiganlage in der Dr.-Vogelgesang-Klamm hat rund 500 Stufen; beim Zurückgehen zum Klamm-Parkplatz bzw. zum Talort Spital benutzt man Forstwege.

Einkehr:
Bosruckhütte, OeAV, 1043 m, bew. von Mai bis Oktober sowie von Weihnachten bis Ostern; 44 Schlafplätze. In Spital u. a. das Haus „Freunde der Natur“ sowie die OeAV-Tal- und Jugendherberge Stegreit; 6 Betten, 18 Lager.

Tipp:
Die Klamm ist offiziell von Anfang Mai bis Ende Oktober geöffnet.

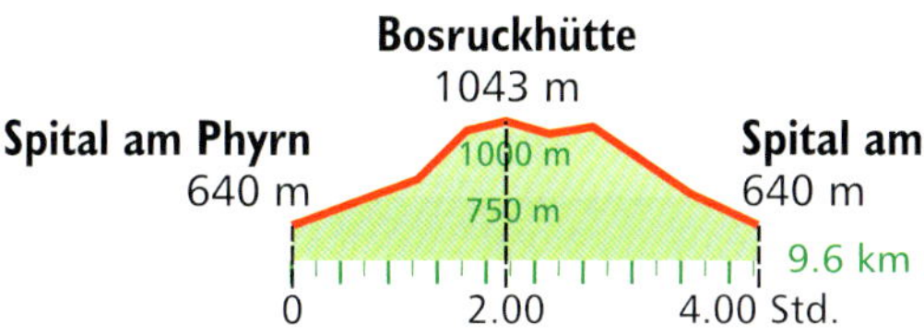

Die nach dem Arzt Dr. Moritz Vogelgesang benannte Felsenschlucht ist eineinhalb Kilometer lang. Die erste Steiganlage, im Jahre 1906 errichtet, wurde bereits zwei Jahre später von einem Hochwasser zerstört. Die derzeitige Anlage wurde in den Jahren 1926/27 erbaut.
Große Wegweiser leiten in **Spital am Pyhrn** zu jener Eisenbahnunterführung, von der eine Flurstraße in die Grünau führt. Auf ihr gelangt man zum ehemaligen **Gasthaus Grünau**; 500 Meter weiter taleinwärts liegt der Parkplatz. Von dort geht man noch rund 10 Minuten zum Klamm-Häuschen, dem offiziellen Beginn des Klammweges. Ein kurzer Anstieg am Klammbach führt sogleich in die Felsenschlucht der **Dr.-Vogelgesang-Klamm**. Eindrucksvoll wirbelt das Wasser über Blöcke und Steilstufen. Über Treppen, Galerien und Brücken – alle Teile des Steiges sind aus massivem Holz angefertigt – gewinnt man innerhalb der Schlucht rasch an Höhe und betritt oberhalb ein Waldgelände. Nun steigt man am Rande beeindruckender Kaskaden bergwärts. Unmittelbar darüber mündet der Steig in eine Flurstraße ein. Auf ihr wandert man geradewegs zur nahen **Bosruckhütte**. Die gepflegte Alpenvereinshütte hat an ihrer Sonnseite einen großen Gastgarten – nebenan saftige Wiesen und ein Bächlein.
Beim Rückweg kehrt man zunächst bis zum Klammausgang zurück, hält sich davor links, geht über die Brücke und folgt dem Wanderweg in Richtung Stiftsreut. Man hält sich an der nächsten Gabelung (Wegtafeln) entweder an jenen Waldweg, der zum Parkplatz zurückführt, oder man geht von **Stiftsreut**, etwa 1020 Meter, westseitig am Moltersberg entlang zur Jugendherberge Stegreit und von ihr in das Zentrum von **Spital am Pyhrn**.

Foto: Auferbauer

Zum Sternstein, dem Dach des Mühlviertels

Historische Plätze, Weitwanderwege und eine Aussichtswarte am ehemaligen »Eisernen Vorhang«

Diese familienfreundlichen Wanderung beginnt in Bad Leonfelden – alter Webermarkt und junge Kurstadt mit historischem Schulmuseum und weitum bekannter alter Lebzelterei. Die Tour führt zunächst auf dem Donau-Moldau-Weg über die Europäische Kontinentalwasserscheide zum Leonfeldner Hausberg. Ein kurzer Abstecher zur Schwedenschanze (rekonstruierte Befestigungsanlage aus dem Dreißigjährigen Krieg) an der tschechischen Grenze lohnt sich. Vom Sternstein, einem der höchsten Gipfel des mittleren Böhmerwalds, können müde Wanderer per Sessellift talwärts schweben, während tüchtige Geher auf einem schönen Teilstück des bekannten Nordwaldkammwegs zum Ausgangspunkt zurückkehren.

Ausgangspunkt:
Bad Leonfelden, 750 m. Von Linz-Urfahr über die B 126; Parken z. B. beim Einkaufszentrum. Busverbindung ab Linz.

Höhenunterschied:
440 m.

Anforderungen:
Leichte Rundwanderung, 15,5 km; gute Wege, kurz auf Asphalt; durchgehend gut bez.

Einkehr:
In Bad Leonfelden; Ghf. Rading; Waldschenke Sternstein.

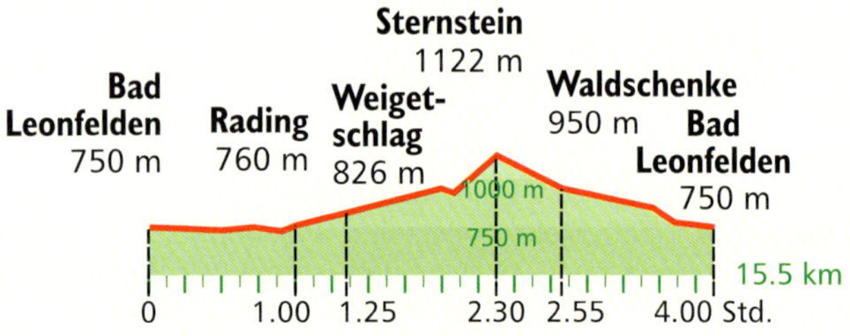

Vom Hauptplatz in **Bad Leonfelden** über ein schmales Gässchen ostwärts (Nr. 12). Zuerst ein Stück auf dem Donau-Moldau-Weg (Linz – Krumau) und über die B 126. Nach kurzem Anstieg in einer Senke bei Appenau über die Große Rodl und geradeaus bergauf, vorbei am Denkmal für den Mundartdichter Franz Stelzhammer (Schöpfer der oberösterreichischen Landeshymne), zur europäischen Kontinentalwasserscheide, 750 m, zwischen Nordsee und Schwarzem Meer. Durch die Mulde des zur Moldau fließenden Granitzbachs, zuletzt links schwenkend, zum Gasthof in **Rading**, 760 m. Nr. 12 führt weiter zur Schwedenschanze, ein Abstecher von insgesamt ca. 20 Min. (Nr. 12 endet dort an der Staatsgrenze). Wir aber folgen beim Gasthof links dem Weg Nr. 11 zur B 126 und gehen auf dieser kurz rechts, um dann links über einen Wiesenweg nach **Weigetschlag**, 826 m, zu gelangen. Hier wandern wir links auf Weg Nr. 11 zum Feuerwehrdepot, wo wir auf einen Güterweg rechts einbiegen. Nach einem kleinen Waldstück links ab auf einen Feldweg und immer geradeaus leicht bergan. Im Wald stoßen wir auf den Zubringer von der Sessellift-Talstation (Nr. 15, 20 Min.), passieren Silberhartschlag und erreichen auf Nr. 11 nach 1 Std. die Ableg (ein einsam gelegenes Bauernhaus; kurz vorher Wegweiser zum Pilzstein, 5 Min. von hier). Unsere Route führt erst links, dann, nach Abzweigung mehrerer Wanderwege, weiter auf Nr. 11 rechts bergauf und erreicht nach ½ Std. oberhalb der Sessellift-Bergstation die Warte auf dem **Sternstein**, 1122 m. Ab hier begleitet uns die blau-weiße Nordkammwegmarkierung Nr. 105 zu einer Forststraße; gleich wieder links von ihr weg geht es hinab zum Ghf. Waldschenke, 950 m (25 Min. ab Gipfel). Über den Kammweg östlich von Oberstern auf herrlichen Waldwegen bergab und nach rechts zur Straße. Auf ihr nur kurz links, dann auf Weg Nr. 105 nach rechts (herrlicher Blick auf Bad Leonfelden) und hinab zu den ersten Häusern von **Unterlaimbach**. Von dort zur B 38 und auf ihr links nach **Bad Leonfelden**.

Foto: Lenzenweger, Wittmann

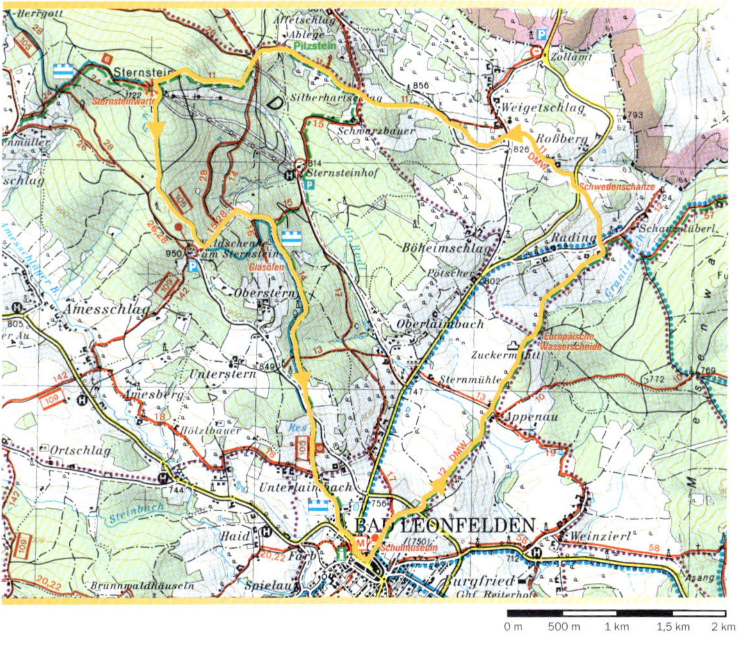

Hutterer Böden

Eine Bergabwanderung für Fotonarren
Hinterstoder – Hutterer Böden – Schrenkenzieher Alm – Berghof Sturmgut – Hinterstoder

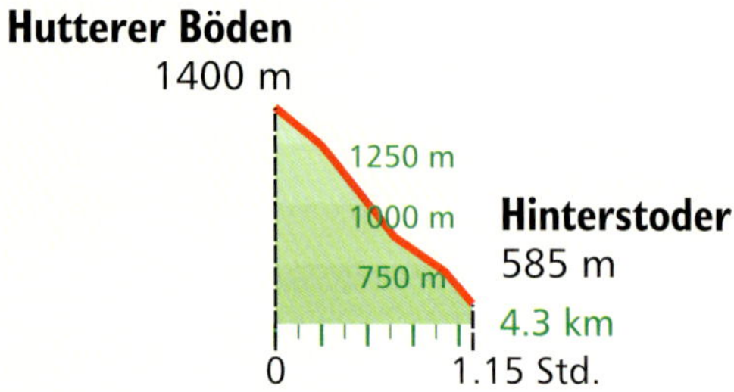

Talort:
Hinterstoder, 585 m. Bekannter Sommer- und Wintersportort im Stodertal.

Ausgangspunkt:
Station Hutterer Böden, 1400 m, der Hutterer-Höß-Bahn. Talstation im südlichen Ortsbereich von Hinterstoder. Betrieb vom 15. Juni bis 5. (10.) Oktober täglich von 8.45 bis 11.30 Uhr und von 12.30 bis 16.30 Uhr, an Wochenenden bis 17.00 Uhr.

Parkmöglichkeit:
Bei der Talstation der Hutterer-Höß-Bahn in Hinterstoder.

Gehzeit:
Hutterer Böden – Hinterstoder 1¼ Std.

Anforderungen:
Einfache Wanderung auf Forststraßen oder gut bez. Wegen.

Höchster Punkt:
Hutterer Böden, 1400 m.

Einkehr:
Auf den Hutterer Böden mehrere Gaststätten (im Sommer offen, z.T. Nächtigungsmöglichkeit!), Berghof Sturmgut (27 B., ganzj. offen).

Sehenswertes:
Von den Hutterer Böden und im Abstieg nach Hinterstoder faszinierende Schau auf den gewaltigen Ostabsturz des Toten Gebirges mit Spitzmauer und Großem Priel.

Was der Brevent für den Montblanc, der Gornergrat für das Matterhorn, der Helm für die Sextener Dolomiten, das ist die Hutterer Höß für das Tote Gebirge – ein „Feldherrnhügel“ gegenüber imposanter Landschaft, ein Ort der Betrachtung, der Schaugenüsse. Die „Höß“ ist in erster Linie Skigebiet. Ihr Ruhm als Wander- und Aussichtsberg ist dagegen verblaßt, wohl deshalb, weil neben dem Bau von Seilbahnen und Abfahrtspisten die gleich-

Foto: Haug/PIXELIO

zeitige Errichtung schöner Weganlagen vergessen wurde. Das sollte uns aber als Wanderer nicht hindern, zu den Hutterer Böden hochzufahren und von dort, angesichts eines der großartigsten Panoramen der Ostalpen, den Abstieg nach Hinterstoder anzutreten.

Abstieg von den **Hutterer Böden** nach Hinterstoder: Den breiten Weg Nr. 6 und 217 (auch Skitrasse) nach Nordwesten abwärts zur Schrenkenzieher Alm, 1313 m. Hier auf Forststraße kurz nach links zu einer Verzweigung. Rechtshaltend durch Wald in Windungen und Kehren steil nach Norden hinunter und wieder zur Abfahrtstrasse. Diese (Weg) nach rechts und unter der Höß-Bahn durch, später auf Fahrweg nordwärts in Kehren hinab zu den freien Wiesen um den Berghof Sturmgut, ca. 770 m. Auf Asphaltstraße neuerlich unter der Höß-Bahn durch, dann nordwestwärts über Wiesen abwärts zur Rechtsabzweigung eines Steiges (Nr. 6). Auf ihm durch Obstgärten und ein kurzes Waldstück hinunter zur Talstation der Hutterer-Höß-Bahn in **Hinterstoder**.

Große Mühl und Schwemmkanal

Am Steilstufenweg auf den Spuren der Scheiterschwemme

Eins der einsamsten Talstücke der Großen Mühl bildet den Auftakt dieser Wanderung zur Steilstufe des Schwarzenberg-Schwemmkanals, technische Meisterleistung des 18. Jahrhunderts und Höhepunkt der schönen Rundtour.

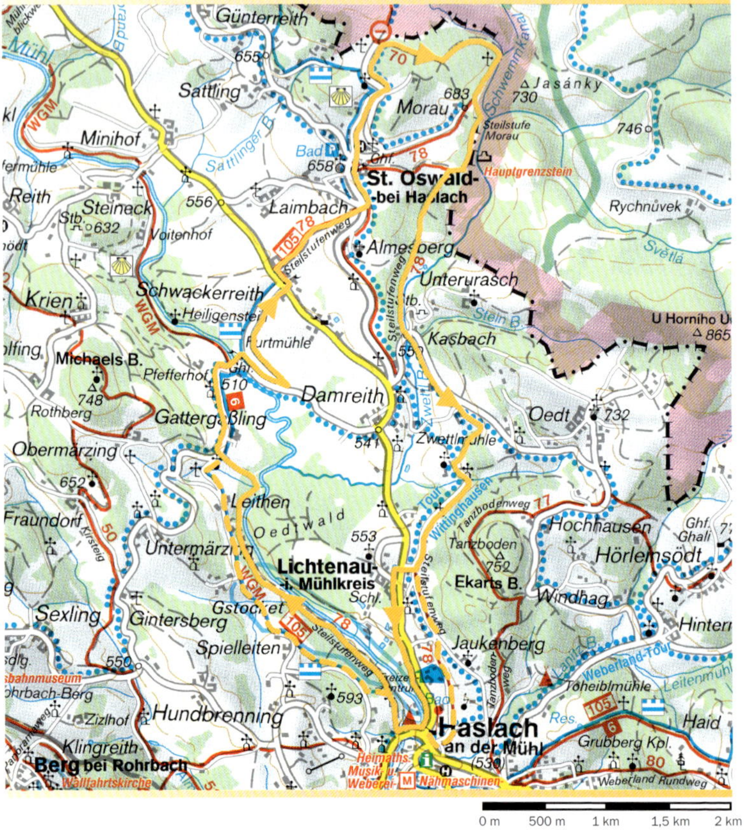

Ausgangspunkt:
Haslach, 501 m. Von Linz-Urfahr über Gramastetten, St. Veit im Mühlkreis, St. Peter am Wimberg; Parkplatz gegenüber dem Freibad (an der Großen Mühl). Bus ab Linz; Bahn ab Linz-Urfahr, Mühlkreisbhf. bis Bhf. Haslach, dann 3 km per Bus.

Höhenunterschied: 370 m.

Anforderungen:
Leichte Rundtour, 16 km; z. T. schmale Pfade, am Ende 2,5 km Asphalt; beschildert, teils bez.

Einkehr:
In Haslach Bad-Kiosk (Sommer), mehrere Ghf. im Zentrum; Jst. Furtmühle; in St. Oswald und Lichtenau.

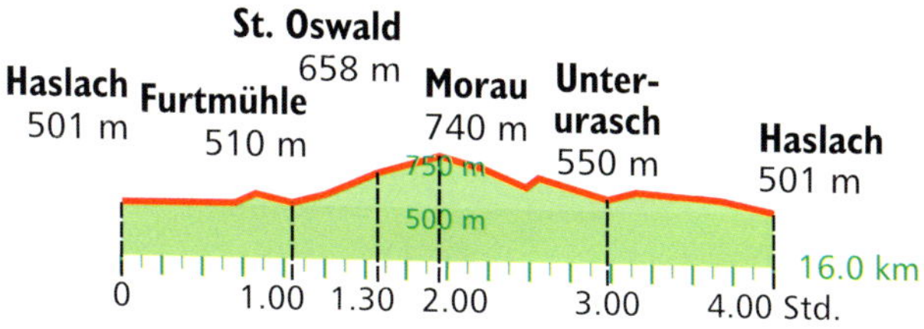

Vom Freibad-Parkplatz in **Haslach** auf einem Steg über die Große Mühl und rechts flussaufwärts bis zum „Steilstufenweg“ (Wegweiser). Auf dem schönen Pfad direkt am Flussufer weiter (bei Hochwasser oder feuchtem Wetter sollte man der Nordwaldkammweg-Markierung blau/Nr. 105 links bergan folgen) und ca. 2,5 km am Fluss entlang bis zu einem Wegweiser, der links aus dem Tal hinauf nach Gattergassling, 549 m, weist. Dort treffen wir auf den Kammweg (Nr. 105) und biegen rechts ab (Güterweg). Im Rechtsbogen wieder hinab zur Mühl und nach ihrer Querung kurz links zur **Furtmühle**, 510 m (Jst.). Knapp davor zieht rechts ein Steig steil aus dem Tal hinauf zu einem Güterweg; auf diesem links nach Schwackerreith, 550 m. Hier auf der Schlägler Straße kurz links und beim letzten Hof vor dem Ortsende rechts auf dem ansteigenden Wiesenweg Richtung Oswalder Straße. Knapp vor ihr links auf einen parallelen Ortsweg und empor zur Kirche von **St. Oswald bei Haslach**, 658 m. Nun nicht rechts über den Steilstufenweg, sondern gerade auf dem Kammweg weiter. 600 m oberhalb des Ortszentrums links über einen Wiesenweg hinauf zur breiten Straße; auf ihr links weiter. Der Oswalder Weg (blau) führt auf der Straße zum Zollhaus mit dem Grenzübergang **Morau**, 740 m. Direkt vor dem Grenzbalken rechts auf einen Waldweg, bei einer Kreuzung links und zum Schwarzenberg-Schwemmkanal, 680 m. Direkt an der Staatsgrenze auf der steilen Gefällestrecke des gut erhaltenen Bauwerks abwärts. Beim „Hauptgränzenstein“, 600 m, der Landvermessung von 1788 rechts auf steilem Steig aus dem Waldtal hinauf zu einem Wiesenweg. Vor einer Wiesenmulde in Sichtweite des Oswalder Kirchturms auf dem Steilstufenweg (Schild) links hinab in den Wald, wo die Mulde gequert wird. Auf schönem Weg durch den Wald; kurz nach seinem südlichen Ende scharf links hinab über eine Wiese und durch den Wald zum Zwettlbach. Bachabwärts zu den Häusern am Waldrand, über den Bach, 550 m, und in **Unterurasch** auf den rechts ansteigenden Güterweg Ödt. Beim ersten Bauernhof, 585 m, rechts auf einem Feldweg Richtung Wald und kurz davor rechts zu einem Hof. Ab hier geht es nurmehr (leider auf Asphalt) bergab. Am Ende einer Siedlung am Beginn des Güterwegs Jaukerberg nicht dem Wegweiser geradeaus folgen, sondern rechts zur nahen Haslacher Straße und auf ihr links nach Lichtenau, 553 m (mit Schloss rechts); weiter gut 1 km auf dem durchgehenden Gehsteig der Straße bergab zum Parkplatz in **Haslach**.

Erlebniswelt Granit und Schwarze Kuchl

Oberhalb und entlang der Großen Mühl

Einem aussichtsreichen ersten Teil mit Informationen über die Granitwelt folgt bei dieser Runde ein relativ bequemer Rückweg durch das romantische Tal jenes Flusses, der dem Land seinen Namen gegeben hat – trotz des oberhalb liegenden Kraftwerkstausees immer noch ein rauschendes Engtal mit einer besonderen Attraktion, der Schwarzen Kuchl.

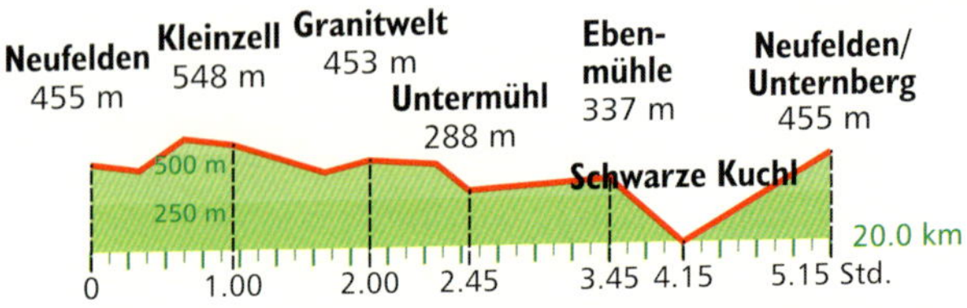

Ausgangspunkt:
Unterhalb von Neufelden in Unternberg, 455 m. Von Linz-Urfahr auf der B 127, nach ca. 28 km abzweigen nach Neufelden; Start, Parkplatz bei der („Goldenen") Brücke (alte Bundesstraße) über die Große Mühl. Bus ab Linz; Bahn ab Urfahr-Mühlkreisbhf. bis Neufelden, von dort auf der Straße längs des Flusses ca. 500 m abwärts.

Höhenunterschied:
390 m.

Anforderungen:
Gute Wege und Pfade, 20 km; nur teilweise markiert/beschildert; steilerer Anstieg aus dem Mühltal (unbez., Orientierung jedoch unschwierig), bei Kleinzell Güterwege/Straße, dann schöne Wege meist bergab; Untermühl – Partenstein 1 km Straße, im Mühltal kein Asphalt, in der Summe nur leicht ansteigend; bei feuchtem Wetter rutschig, gutes Schuhwerk erforderlich.

Einkehr:
In Unternberg (am Weg vom Bhf. zur Mühlbrücke), Kleinzell, Plöcking (Abstecher), Untermühl, Neufelden.

Tipp:
Wer per Bahn anreist und nur eine Weghälfte (über Kleinzell/durchs Mühltal, 10,5/9,5 km) wandert, kann ab Untermühl per Schiff (Mai–Sept. tägl. außer Mo spätnachmittags) nach Linz zurückfahren.

Vom Parkplatz am linken Ufer der Großen Mühl an Druckrohren vorbei und unter der hohen Straßenbrücke der Umfahrung **Neufelden** durch. Kurz nach einer kleinen Wiese (rechts) und einem vergitterten Zugangstor zur Druckleitung (links), 420 m, biegt der Weg scharf links ab und leitet steil bergan zu einer Forststraße (großer Stein mit Kreuz und Marienbild). In einer S-Kurve auf dem Forstweg Ricketsberg bergauf zum Gestüt Seltenhof, 580 m. Hier auf der Zufahrtsstraße Richtung Edholz, dann rechts auf der Straße nach **Kleinzell**, 548 m. Bei der Kirche beginnt der Granitweg. Am Sportplatz vorbei wandern wir über Hinterleiten, 490 m, nach Ramersberg. (Ein Abstecher zur Marienkapelle, rechts, ca. 10 Min., beschildert, lohnt sich.) Beim ersten Haus von Ramersberg auf dem Feldweg links, im Wald über den Diesenbach, 395 m, und ins Gelände eines Granitsteinbruchs unterhalb von Plöcking, einst ein Zentrum der Granitgewinnung. Wir verlassen den Steinbruch rechts auf der Zufahrtsstraße und schwenken nach der Schranke nach rechts, wo wir dem ehemaligen Feldbahnverlauf (auch Donauhöhenweg) folgen, die **Erlebniswelt Granit**, 450 m, passieren (1 Std. ab Kleinzell) und auf der Bahntrasse zum Schloss Neuhaus, 428 m, gelangen. Hier leicht rechts bergab und auf steilerem Weg zur Donau in **Untermühl**, 288 m (¼ Std. ab Schloss). Nach Überquerung der Mündung der Großen Mühl (Bucht durch Rückstau des Donaukraftwerks Aschach) auf der Straße rechts am rechten Mühlufer zum Kraftwerk Partenstein. Vor der Brücke zum Kraftwerk nehmen wir den Weg links, stets am westlichen Flussufer (Naturschutzgebiet), und erreichen mäßig steigend die **Ebenmühle**, 337 m. Wir bleiben im Mühltal und passieren die **Schwarze**

Foto: ÖW/Carniel

Kuchl, eine urige Felsgrotte. Kurz danach weist eine Schautafel auf die ehemalige Schallenburg hin, die einst Fluss und Tal überwachte, da die Mühl vor dem Kraftwerksbau schiffbar und das Tal als Saumstraße von Bedeutung war. Weiter flussaufwärts sehen wir bald wieder über uns die große Straßenbrücke und erreichen kurz dahinter unseren Ausgangspunkt.

Foto: Lenzenweger, Wittmann

Neufelden
(517)
Heimathaus
Unternberg
Bhf.
Höferhof
Bad
Blumau
Panholz
Mairhof
Neundling
Apfelsbach
Große Mühl
Atzesberg 553
Greifvögel-Flugvorführungen
Geißkirche
Schwarze Kuchl
Seltenhof
Pisling
Berg
Res.
Info Erdstall
Edholz
Sunzenau
Kleinzell-im Mühlkreis
(548)
Am Edhügel
Kaisereiche
Schloss Gneisenau
Mayrhof
Weigelsdorf
Grub
Zaun
Resi Lacke
Wölfling
Ebenmühle
Hinterfelten
Duttenm
Luisensteinbruch
Info Granitsteinbrüche
Natursteinlehrpfad
Granit-Erlebniswelt
Wallfahrtskirche Maria Ramersberg
Gumpesberg
Kr. W. Partenstein
Partenstein Schlössl
Plöcking
Untermühl
Gh. Ernst
Winzberg
Partenstein
Point
Kettenturm
Schloss Neuhaus
Neuhaus a. d. Donau
NSG Bremsberg
Falkenberg
Donau-Radweg
Ghf. Kaiserhof
Klettergarten
0 m
500 m
1 km
1,5 km
2 km

Almsee-Ostuferweg

Ein „Romantikweg" für Verliebte

Gasthof Jagersimmerl – Almsee-Ostuferweg – Seehaus – mit Bus zurück

Talort:
Grünau im Almtal, 528 m. Sommerfrische und Wintersportort. Ausgangspunkt: Ghf. Jagersimmerl, 577 m, in der Habernau, an der Verzweigung von Hetzau-Tal und Almtal, 10 km von Grünau.

Parkmöglichkeit:
Parkplatz vor dem Ghf. Jagersimmerl.

Gehzeit:
Ghf. Jagersimmerl – Ostuferweg – Seehaus 1¼ – 1½ Std.

Anforderungen:
Bequemer Uferpromenadenweg.

Höchster Punkt:
Seehaus, ca. 600 m.

Einkehr:
Ghf. Jagersimmerl (23 B., vom 17. Oktober bis 30. November geschlossen, sonst immer geöffnet), Seehaus (von Ostern bis 15. Oktober offen, meist keine Nächtigungsmöglichkeit!), Deutsches Haus (10 B., vom 1. Mai bis 15. Oktober geöffnet).

Sehenswertes:
Die unberührten Uferlandschaften des Almsees. Eindrucksvoller Aufblick zu den Nordabstürzen des Toten Gebirges.

Von seltenem Reiz ist die Landschaft des inneren Almtales, vornehmlich die Umgebung des in einem weiten Kessel gelegenen Almsees. Die beiden Gasthöfe am Südende können von Grünau mit Bus oder eigenem Auto bequem erreicht werden und dienen als Stützpunkt für anstrengende

Foto: ÖW/Wiesenhofer

Ghf. Jagersimmerl
577 m

Seehaus
590 m

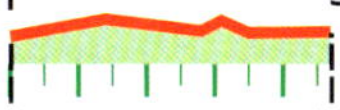

Steilanstiege zur Hochfläche des Toten Gebirges. Die Zufahrtsstraße ausgenommen, sind die Ufer des Almsees bisher von den mancherorts üblichen Ufer-Verbauungen verschont geblieben. So lassen sich am romantischen Ostufer heute schon rar gewordene Naturschönheiten genießen.
Vom **Ghf. Jagersimmerl** auf dem Ostuferweg zum Seehaus: Die Straße in die Hetzau (Almtaler Haus) 100 m nach Osten, über den Alm-Bach, und gleich danach zur Rechtsabzweigung des Ostuferweges. Auf dem bez. Fahrweg (Nr. 404) südwärts durch schönen Wald im Auf und Ab dahin, dann auf einem breitem Wanderweg weiter und etwas abwärts zum Nordende des Almsees, der bei einem Wehr erreicht wird, ½ Std. Nun am bewaldeten Seeufer auf schönem Promenadenweg in herrlicher Wanderung nach Süden, zuletzt durch eine Au mehr nach rechts (Südwesten) eben zum **Seehaus**, ca. 600 m.
Rückfahrt zum Ghf. Jagersimmerl mit Bus (verkehrt mehrmals täglich).

131

Langbathseen-Rundwanderung

Halbtagesausflug für Genießer
Sporthotel – Rundwanderung um die beiden Langbathseen – Sporthotel

Talort:
Ebensee, 443 m. Am Südende des Traunsees gelegener Industrie- und Fremdenverkehrsort.

Ausgangspunkt:
Sporthotel Langbathsee, 664 m, am Ostufer des Vorderen Langbathsees, 9 km von Ebensee.

Parkmöglichkeit:
Neben dem Sporthotel.

Gehzeit:
1¾ – 2¼ Std.

Anforderungen:
Einfache Wanderung auf bez. Forststraßen.

Höchster Punkt:
Hinterer Langbathsee, 732 m.

Einkehr:
Sporthotel Langbathsee (58 B., von kurzen Unterbrechungen abgesehen immer geöffnet).

Sehenswertes:
Der Blick vom Sporthotel nach Westen auf Vorderen Langbathsee und Brunnkogel. Aufblick vom Hinteren Langbathsee gegen die großartigen Nordabstürze des Höllengebirges.

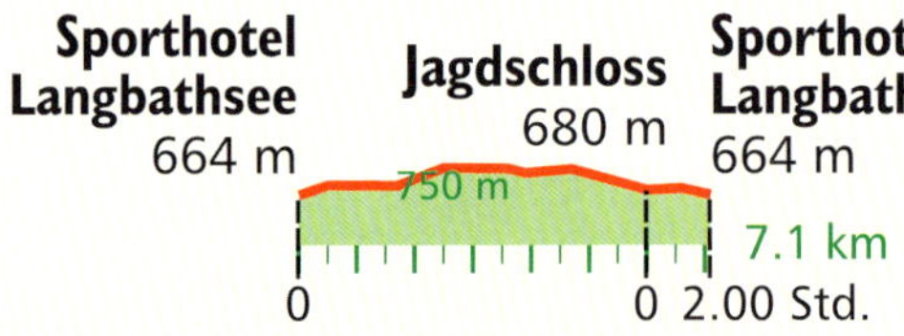

Zum Vorderen Langbathsee gelangt man vom alten Saline-Ort Ebensee am besten mit dem Auto. Viele begnügen sich damit und versäumen so eine der schönsten Spazierwanderungen des Salzkammergutes. Der im inneren Langbathtal vor der Kulisse des Brunnkogels malerisch gelegene Vordere See und der noch weiter talein in einem verborgenen Kessel direkt unter den Nordabstürzen des Höllengebirges plazierte Hintere Langbathsee können auf einem schönem Promenadenweg umwandert werden, wobei mehrfach Bademöglichkeit besteht.
Rund um die beiden Langbathseen: Vom **Sporthotel** auf Forststraße (Weg Nr. 9) am Nordufer des Vorderen Langbathsees entlang nach Westen zum See-Ende und weiter zu einer Verzweigung. Geradeaus durch Wald und

Foto: Adelsberger

über Kahlschläge sanft aufwärts, später im Linksbogen zur nächsten Teilung. Links weiter zur Blockhütte „**Hinterseestube**“ (mit Brunnen) und gleich danach zum **Hinteren Langbathsee**, 732 m. Die Straße am rechten Ufer weiter zum Südende und dort zur Rechtsabzweigung des Schafluckensteiges, 1 – 1¼ Std. Am Ostufer zurück, vom nördlichen See-Ende jedoch die Forststraße geradeaus weiter, später ostwärts durch schönen Wald zu einer Verzweigung. Rechtshaltend wieder zum Vorderen Langbathsee und an seinem Südufer entlang zu neuerlicher Teilung. Halblinks ab (!) und auf breitem Fußweg durch Wald in Nordostrichtung wieder zurück zum **Sporthotel Langbathsee**, 664 m.

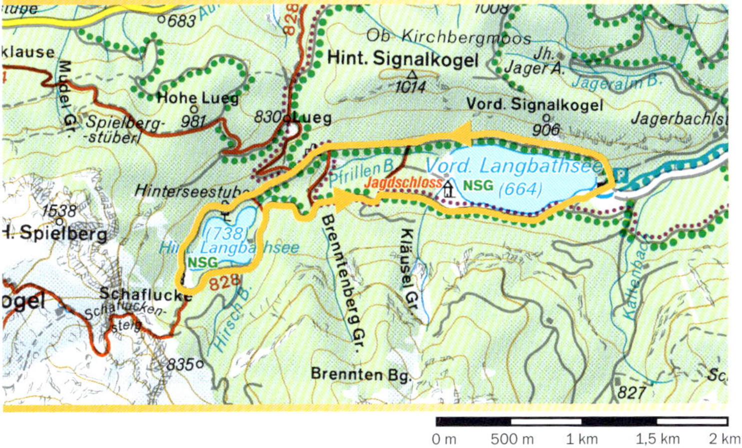

Hallstättersee – Ostuferweg

Ein Wandervergnügen für jung und alt

Wanderwegstüberl – Ostuferweg – Bahnstation Hallstatt – zu Fuß oder mit der Bahn zurück

Talort:
Bad Goisern, 500 m, Luftkurort.

Ausgangspunkt:
Das Wanderwegstüberl (ca. 515 m) am Ostufer des Hallstätter Sees nahe der Bahnstation Obersee. Zufahrt mit Kfz auf Bundesstraße Nr. 145 nach St. Agatha, dort rechts und durch die Orte Unter- und Obersee, dann am Westabhang des Sarsteins entlang zu einem Parkplatz, 8 km von Bad Goisern. Nun zu Fuß nach rechts (Westen) hinab zum Seeufer mit dem Wanderwegstüberl.

Parkmöglichkeit:
Beim Wanderwegstüberl.

Gehzeiten:
Wanderwegstüberl – Bahnstation Hallstatt ¾ – 1 Std., retour ¾ – 1 Std.; Gesamtzeit 1½ – 2 Std. Rückkehr zum Ausgangspunkt auch mit der Bahn möglich (Achtung, nicht alle Züge halten in Obersee!).

Anforderungen:
Bequeme Wanderung.

Höchster Punkt:
Bahnstation Hallstatt, ca. 520 m.

Einkehr:
Wanderwegstüberl (keine Nächtigung, vom 1. April bis 31. Oktober täglich von 9.30 bis 21.00 Uhr geöffnet).

Sehenswertes:
Holzstege und Hängebrücke im südl. Abschnitt des Ostuferweges.

Hinweis:
Die Uferwanderung kann bis Obertraun (von dort Bahnrückfahrt) fortgesetzt werden.

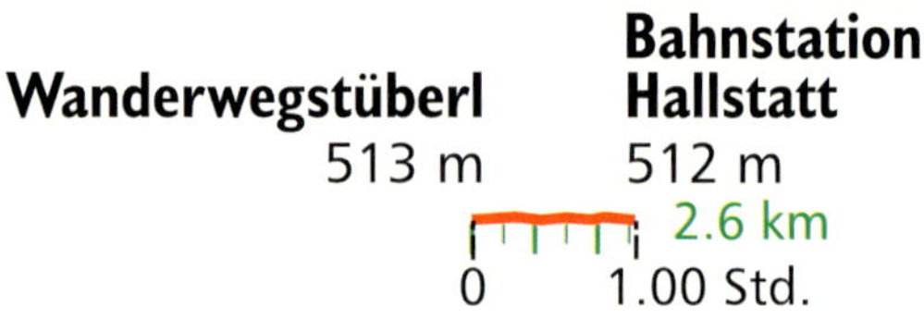

Ebenso zahlreich wie die Seen des Salzkammergutes sind auch ihre herrlichen Uferwege, deren Würdigung und Beschreibung ein ganzes Buch füllen könnte. Von ganz besonderem Reiz ist der erst 1986 fertiggestellte Hallstätter-See-Ostuferweg. Er hat als Glanzstück eine am steilen Felsufer verankerte, gegen den See vorspringende Steganlage mit lustig schwingen-

der Hängebrücke zum Schluß. Schwierigkeiten gibt es keine; es ist eine Ufer-Wanderung mit Komfort, bei der die Rückkehr zum Ausgangspunkt durch die im Sommer im Halbstundenintervall verkehrenden Züge der Bahnlinie Attnang-Puchheim – Stainach-Irdning gesichert ist, sofern man sie nicht zu Fuß antreten will.

Vom **Wanderwegstüberl** auf dem Ostuferweg zur Bahnstation Hallstatt: Zwischen Seeufer und Bahn auf Kiesweg über Wiesen, an einzelnen Häusern vorbei, im Auf und Ab nach Süden, später im Wald (Bademöglichkeit!) weiter zum Beginn des steilen südlichen Ufer-Abschnitts. Hier auf breiten, gegen den See vorkragenden Holzstegen, eine weite Bucht im Rechtsbogen ausgehend, westwärts zu origineller Hängebrücke, dem Höhepunkt der Wanderung. Auf Stegen in Westrichtung weiter, dann um eine Ecke herum zu der auf einer Halbinsel gelegenen **Bahnstation Hallstatt**, ca. 520 m.

Rückkehr entweder zu Fuß auf bekannter Route oder mit der Bahn zur Station Obersee und weiter zum Wanderwegstüberl.

Vorderer und Hinterer Gosausee

Alpen-Goldaugen und Dachsteinglanz

Parkplatz – Vorderer Gosausee – Hinterer Gosausee – Hintere Seealm – zurück zum Parkplatz

Talort:
Gosau 730 m. Aufstrebende Fremdenverkehrsgemeinde im Gosautal.

Ausgangspunkt, Parkmöglichkeit:
Großparkplatz beim Vorderen Gosausee (940 m), 7 km vom Ort Gosau.

Gehzeiten:
Parkplatz – Hintere Seealm 1¾ – 2¼ Std., retour 1¾ Std.; Gesamtzeit 3½ – 4 Std.

Anforderungen:
Lange, aber einfache Wanderung auf breiten Wegen.

Höchster Punkt:
Hintere Seealm, ca. 1160 m.

Einkehr:
Ghf. Gosausee (50 B., vom 1. November bis 15. Dezember geschlossen, sonst immer offen), Seeklausalm (im Sommer geöffnet, keine Nächtigung!), Hintere Seealm (8 B., 16 L.; vom 1. Juni bis 30. September geöffnet).

Sehenswertes:
Der Blick vom Norduferweg des Vorderen Gosausee zum Dachstein – ein Glanzstück der Ostalpen!

Hinweis:
Das Wasser des Vorderen Gosausees wird zur Stromgewinnung genutzt. Deshalb die oft extrem niedrigen Wasserstände im Frühjahr und Herbst!

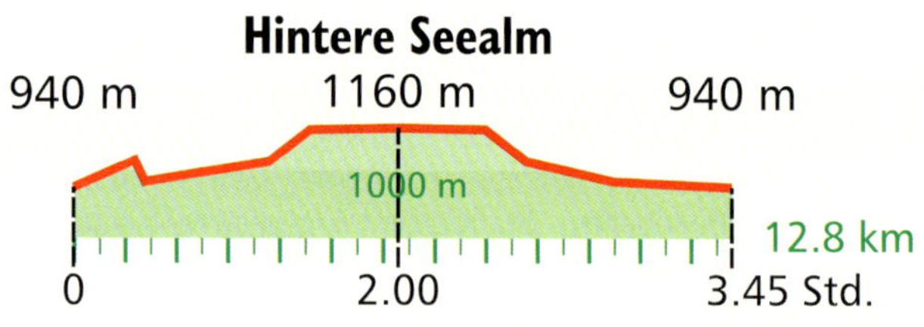

Der Abschluß des Gosautales, vor allem die Gegend um den Vorderen Gosausee, zählt zu den großartigsten Bergräumen der Ostalpen. Wie da der gletschergepanzerte Dachstein aus den dunklen Fluten des Sees emporwächst, das ist in der Tat einmalig! Die Seenlandschaft des Salzkammergutes erfährt hier ihre hochalpine Vollendung. Der weiter talein, in einem monumentalen Felskessel zu Füßen des Dachsteins gelegene Hintere See beeindruckt vor allem durch die wilde Bergnatur seiner Umgebung.

Vom Parkplatz zur Hinteren Seealm: Auf Weg Nr. 614 am Nordufer des **Vorderen Gosausees** zum See-Ende und zu einer Verzweigung. Hier geradeaus und durch Wald zum Talboden um die **Vordere Seealm** (974 m; auch „Vordere Holzmeisteralm“), dann an Gosau-Lacke (mitunter ausgetrocknet), Launigg-Wasserfall und Brandsee vorbei zu einer Steilstufe. Über sie empor und weiter zum **Hinteren Gosausee**, 1154 m. Am rechten Ufer (Südufer) weiter zur idyllisch gelegenen **Hinteren Seealm** (ca. 1160 m; auch „Hintere Holzmeisteralm“).
Rückweg zum Parkplatz am Vorderen Gosausee: Zurück zur Verzweigung kurz vor dem Vorderen Gosausee. Links ab und auf dem Süduferweg, an der malerischen Seeklausalm vorbei, wieder zum Nordwestende des Vorderen Gosausees mit Gasthof und Parkplatz.

0 m 500 m 1 km 1,5 km 2 km

Schwarzensee-Rundtour

Eine Pflichtwanderung für jeden Wolfgangsee-Besucher
St. Wolfgang – Schwarzensee – Strobl – zurück mit Bus oder Schiff

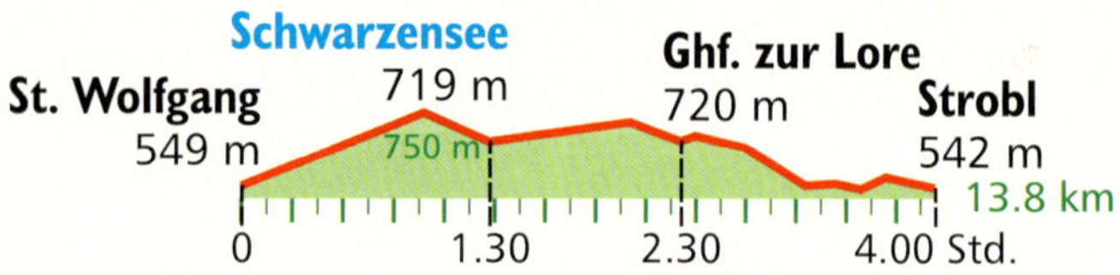

Talort:
St. Wolfgang, 549 m, und Strobl, 542 m, am Wolfgangsee.

Ausgangspunkt:
Kirche St. Wolfgang.

Parkmöglichkeit:
Im Ortsgebiet.

Gehzeiten:
St. Wolfgang – Schwarzensee 1½ Std., Schwarzensee-Umwanderung 1 Std., Schwarzensee – Strobl 1½ Std.; Gesamtzeit 4 Std.

Anforderungen:
Einfache Wanderung auf bez. Wegen. Trittsicherheit nötig!

Höchster Punkt:
Schwarzensee, 716 m.

Einkehrmöglichkeiten:
Jst. Holzerbauer (im Sommer offen!), Ghf. „Zur Lore“ (von Ostern bis 26. Oktober offen, kein Ruhetag), Alm-Stadl (Sommerbewirtschaftung), alle keine Nächtigung!; Ghf. Bürglstein (15 B., ganzj. offen).

Sehenswertes:
Von der Jst. Holzerbauer prächtiger Blick auf das Wolfgangsee-Gebiet. Reizvoll der Bürglstein-Weg.

Von St. Wolfgang zum Schwarzensee: Die Michael-Pacher-Straße nach Osten zur Elan-Tankstelle, dort links ab zu weiterer Teilung. Auch hier links und eine Asphaltstraße über Wiesen nach Norden hinauf zum Ahornplatz. Auf Straße, dann auf Wiesenweg (Nr. 28) am Waldrand entlang nach rechts (Osten), schließlich durch Wald hinauf zur Jst. Holzerbauer, ca. 680 m. Auf Naturstraße, dann auf Karrenweg über Wiesen und durch Wald nach Osten zu querendem Fahrweg. Diesen links empor zur Mauruskapelle (Verzweigung) und in Ostrichtung weiter aufwärts zur „Sattelhöhe“. Jenseits hinunter zur Denreithalm und in den Schwarzenbachgraben. An seiner linken Seite durch Wald eben fort zum Schwarzensee (716 m) mit Alm-Stadl links und **Ghf. Lore** rechts.

Rund um den **Schwarzensee**: Den ebenen Fahrweg Nr. 28 am Westufer des Sees entlang, dann die asphaltierte Ostuferstraße zurück zum Ghf. Lore.

Abstieg nach **Strobl**: Vom Ghf. Lore den z.T. gesicherten Wirersteig an der linken Seite des Schwarzenbachgrabens nach Süden abwärts, zuletzt über Holztreppen hinunter zum Elektrizitätswerk Schwarzensee. Nun auf Straße, an der „Grabenmühle“ vorbei, talaus nach Schwarzenbach (551 m) und zur Straße Rußbach – St. Wolfgang. Auf ihr rechts zum **Ghf. Bürglstein** und noch 500 m weiter zur Linksabzweigung des Bürglstein-Panoramaweges. Diesen nach Süden an den Fuß des Bürglsteins, dann rechts, am Ostufer des Wolfgangsees entlang nach Strobl, 542 m.

Rückfahrt nach St. Wolfgang entweder mit dem Bus oder mit dem Linienschiff der ÖBB (Betrieb vom 1. Mai bis 5./26. Oktober).

Foto: Barnebeck/PIXELIO

135

Auf den Spuren der Pferdeeisenbahn

Technische Denkmäler an der Kontinentalwasserscheide

Diese lange, wenig Steigungen, aber viel Aussicht bietende Tour durch die einsame, waldreiche Landschaft an der Wasserscheide zwischen Moldau und Donau macht den Wanderer mit einem Stück Pferdeeisenbahntrasse bekannt, an dem noch viele Kunstbauten erhalten sind.

Ausgangspunkt:
Rainbach im Mühlkreis, 719 m. Ab Linz-Urfahr über die A 7, dann auf der B 310 über Freistadt; Parken im Ort. Busse ab Linz und Freistadt.

Höhenunterschied:
410 m.

Anforderungen:
Lange Rundwanderung, 24,5 km; wenige, kurze Anstiege, schöne Wege, kurz auf Asphalt, durchgehend bez./besch.

Einkehr:
In Rainbach, Leopoldschlag Markt, Kerschbaum, Leopoldschlag Dorf.

Varianten:
Von Leopoldschlag Dorf nicht westl. nach Edlbruck, sondern direkt nördl. nach Hiltschen (gelb bez., ¾ Std. kürzer, ggf. Abstecher, 500 m links, zur Maria-Schnee-Kirche); Start auch in Kerschbaum möglich, dann ab Unterpaßberg-Schiffmühle 2,2 km Straße zurück nach Kerschbaum (insgesamt 5 Std., 19,5 km).

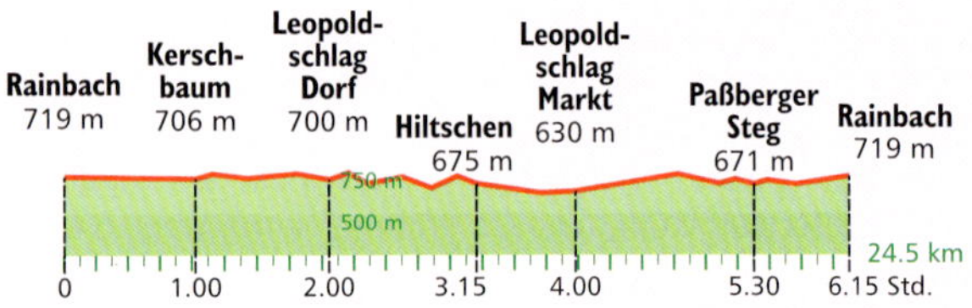

Von der Summerauerstraße 100 m außerhalb des Zentrums von **Rainbach/ Mkr.** mit R11 rechts (nordwärts). Über einen Feldweg längs der Straße Richtung Deutsch-Hörschlag zum Pferdeeisenbahn-Wanderweg (gelb), der rechts weg von der Straße durch Wiesen zum Wald zieht und dort der einstigen Trasse folgt, rechts abbiegt und auf einem Feldweg zum früheren Scheitelbahnhof **Kerschbaum**, 706 m, führt. Hier wurden Gleise über ein kurzes Stück neu verlegt. Wir verfolgen sie bis zur Dorfstraße; dort links und gleich wieder rechts zwischen Bauernhäusern bergan. Mit der gelben Markierung zu zwei Teichen, dann auf der Bahntrasse in den Wald. Nach einem Rechtsbogen und einem Viadukt scharf rechts und, bei einem Rastplatz, 708 m, zur B 310; diese queren und auf der Straße Richtung Leopoldschlag weiter. Vor dem ersten Haus von Edlbach (ehem. Wachthaus Nr. 24, daneben Stationsgebäude Pramhöf) auf dem Feldweg (gelb) links Richtung Wald. Beim Wachthaus Nr. 23 ist rechts der Turm der böhmischen Wallfahrtskirche Maria Schnee zu sehen (links das österreichische Gegenstück). Über

Wiesen nach **Leopoldschlag Dorf**, 700 m, und auf der Dorfstraße links (westlich) steil bergan. Erneut über die B 310, 745 m, und auf einem Feldweg leicht rechts hinab zu zwei Bahnbrücken in Edlbruck; dort auf dem Güterweg rechts nach Eisenhut, 670 m (Grenzübergang nach Böhmen). Kurz nach den Bauernhäusern rechts ab (im Wald Brückenreste), unter der B 310 durch und nach **Hiltschen**, 675 m. Wir verlassen den Pferdeeisenbahnweg, folgen rechts 200 m dem Güterweg (L4) und biegen rechts auf Weg L8. Im Linksbogen bergab zurück zum Güterweg. Auf ihm zuerst rechts, beim nächsten Abzweig links und nach weiteren 120 m wieder rechts zum Grenzfluss Maltsch. Auf dem Töpfer-Mühlen-Weg (GK/L7) flussaufwärts nach **Leopoldschlag Markt**, 630 m. Im Ort rechts auf der Straße zum Güterweg Leopoldschläger Berg und über diesen links bergan (L1) nach Pramhöf, 730 m. Einen Güterweg queren und mit L10 bis Unterpaßberg, 677 m. Weiter auf dem Güterweg Schiffmühle (R8) über die hier noch winzige Feldaist in den Wald. Kurz vor dem Waldende rechts ab, über die Feldaist und auf den langen **Paßberger Steg,** 671 m. Nach Waldende auf einem Feldweg, dann auf dem rechts abbiegenden Steig (R8) hinauf nach Rainbach.

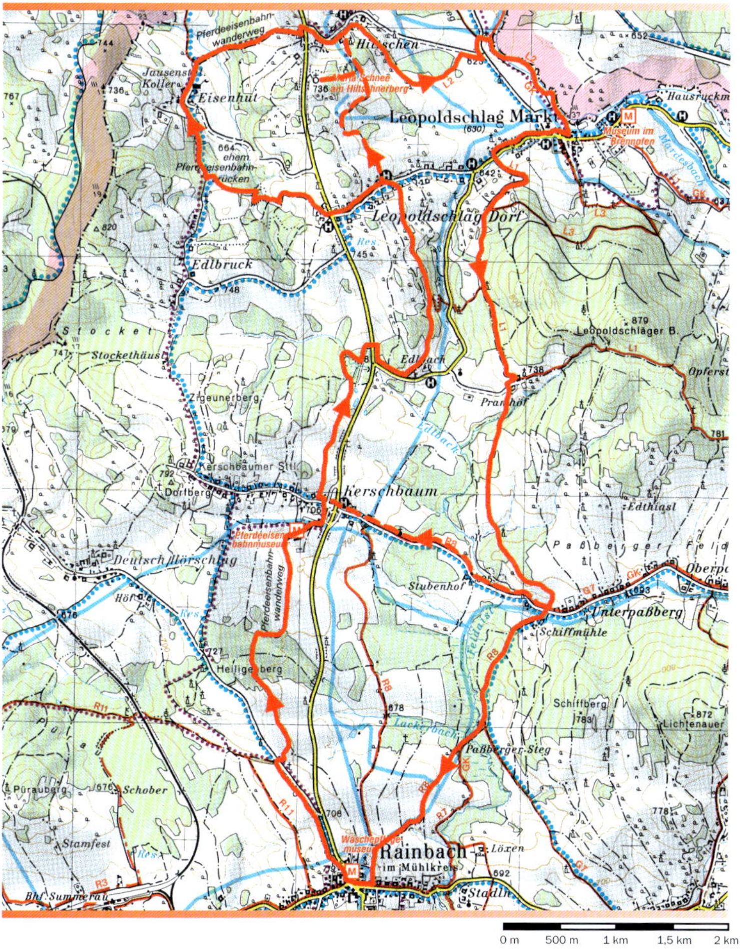

Kasberg

Aussichtspodium vor dem Toten Gebirge

Parkplatz Hochberghaus – Benn Nock – Sepp-Huber-Hütte – Kasberg

Foto: Tourismusverband Almtal

Talort:
Grünau im Almtal, 528 m. Sommerfrische und Wintersportort.

Ausgangspunkt, Parkmöglichkeit:
Parkplatz, ca. 1150 m, neben dem Hochberghaus auf der Farrenaualm, am Ende der asphaltierten Mautstraße aus dem Grünaubachtal, 6 km ab Mautstelle, 9 km ab Grünau. Für Gäste des Hochberghauses keine Maut!

Gehzeiten:
Parkplatz Hochberghaus – Sepp-Huber-Hütte 1½ Std., Sepp-Huber-Hütte – Kasberg 1¼ – 1½ Std., Abstieg Kasberg – Sepp-Huber-Hütte ¾ Std., Sepp-Huber-Hütte – Parkplatz 1 – 1¼ Std.; Gesamtzeit 4½ – 5 Std.

Anforderungen:
Einfache, aber lange Wanderung. Im Gipfelbereich (Vorsicht bei Nebel!) Trittsicherheit nötig.

Höchster Punkt:
Kasberg, 1747 m.

Einkehr:
Hochberghaus (40 Erwachsenenbetten, 16 Kinder-Stockbetten; vom 8. Mai bis 26. Oktober geöffnet), Sepp-Huber-Hütte (30 B., 80 L., ganzj. geöffnet), Schutzhaus Jagerspitz (kein Sommerbetrieb!).

Sehenswertes:
Die prächtige Rundsicht vom Kasberg (Totes Gebirge). Der Cumberland-Wildpark im inneren Almtal, 6 km von Grünau. Das „Kinderland" im Schindlbachtal, 7 km von Grünau.

Hinweis:
Von der Sepp-Huber-Hütte kann auch das Spitzplaneck (1617 m, herrliche Rundsicht!) bestiegen werden. Guter, unbez. Steig. Zusätzlicher Zeitaufwand 1 Std.

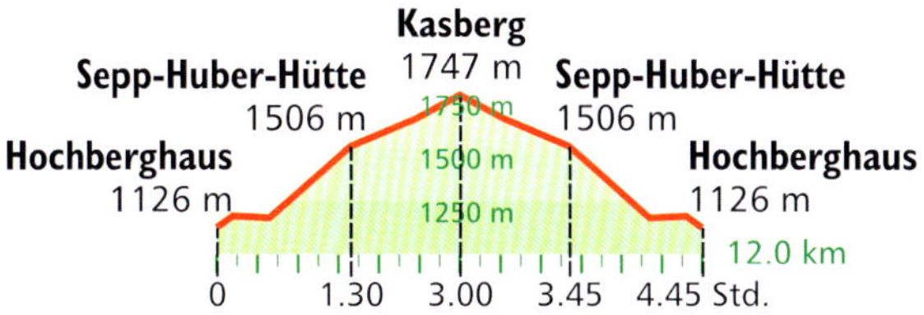

Kennern war der Kasberg schon immer ein Begriff. Er galt und gilt seiner günstigen Position wegen als ideale Aussichtswarte vor dem Toten Gebirge und als wunderbarer Skiberg obendrein. Wer heute mit dem Auto bis zum Hochberghaus fährt – die alte Kasbergstraße aus dem inneren Almtal zur Sepp-Huber-Hütte bleibt für den Kfz-Verkehr gesperrt – kann den Kasberg von dort in knapp drei Stunden besteigen. Prächtige Ausblicke gegen das Alpenvorland und später zum grünschimmernden Almsee mit den Nordabstürzen des Toten Gebirges darüber werden ihn dabei begleiten.

Vom **Parkplatz Hochberghaus** auf Forststraße südwärts im Auf und Ab zur Senke zwischen Jagerspitz und Farrenaubühel. Rechts ab und nun auf gutem Fußweg (Nr. 431) durch Wald, nahe an der abgebrannten Farrenauhütte (1180 m) vorbei, bei sanfter Steigung in Südrichtung weiter aufwärts, später kurz entlang einer Skipiste, schließlich steiler empor zum Gipfel des Benn Nock (ca. 1520 m) und jenseits hinab zur **Sepp-Huber-Hütte** (1506 m) auf der Kasbergalm. Den Weg Nr. 431 am rechten Rand der Wiesenmulde nach Süden aufwärts unter den Westrücken des **Kasberges** und nach links in seine Nordflanke. Diese durch dichten Latschenbestand (zwei drahtseilgesicherte Felspassagen) in Ostrichtung hoch, zuletzt durch eine Latschengasse mehr nach rechts empor an den Nordostrücken des Berges. Dort vorerst noch durch Latschen, dann über Karrenplatten und durch grüne Dolinenmulden hinauf zur Linksabzweigung von Weg Nr. 433 und weiter zum Gipfel des Kasberges (1747 m, Metallkreuz). **Abstieg** auf gleicher Route.

Dreiländerrunde zum Plöckenstein

Auf Adalbert Stifters Spuren

Auf der grenzüberschreitenden Runde durch Stifters Hochwald genießt man die Höhepunkte des Böhmerwalds: das Steinerne Meer mit seinen mit Legföhren bewachsenen Blockhalden, den Dreisesselfels mit weitem Blick ins Böhmische und den höchsten Mühlviertler Berg, den Plöckenstein, mit dem Stifter-Obelisk an der steil zum malerischen Karsee abfallenden Seewand.

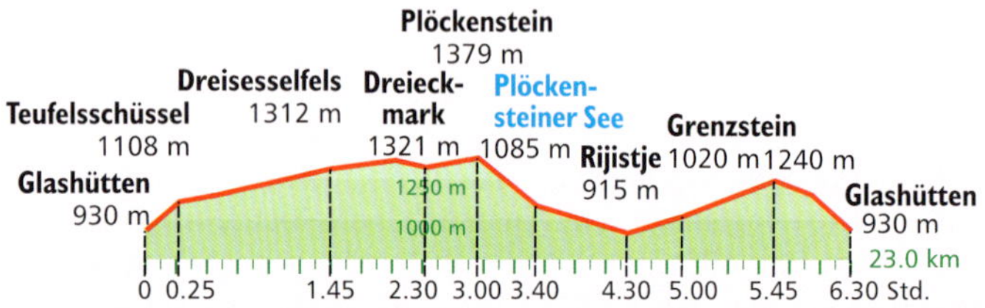

Ausgangspunkt:
Glashütten, 930 m, 3,5 km nördl. von Schwarzenberg. Ab Linz-Urfahr auf der B 127 bis Aigen, dann 19 km nördl. über Ulrichsberg, Schwarzenberg, Oberschwarzenberg; Parkplatz am Güterwegende. Bahn ab Linz-Urfahr, Mühlkreisbhf. bis Bhf. Rohrbach-Berg, dann Bus (nur bis Schwarzenberg).

Höhenunterschied:
850 m.

Anforderungen:
Lange, anstrengende Rundwanderung, 23 km; meist durch Wald, teils schmale, steile Pfade, teils Forststraßen; großer Höhenunterschied; gut bez./besch.; Proviant mitnehmen!

Einkehr:
Dreisesselberghaus, Kiosk Rijištì (bei Schönwetter); in Oberschwarzenberg und Schwarzenberg.

Hinweis:
Grenzübertritt am Plöckenstein für Fußgänger, am Seeweg auch für Radfahrer (April–Okt.);

Varianten (verkürzt):
a) Statt über den Dreisesselberg entlang der Grenze in 25 Min. zum Dreieckmark (6 km kürzer).
b) Vom Plöckenstein ohne Abstieg zum See in 40 Min. längs der Grenze bis zum Grenzposten (4 km kürzer).
c) Wie b)., aber nach 600 m direkt in 25 Min. südw. zum Kammweg (8 km kürzer).

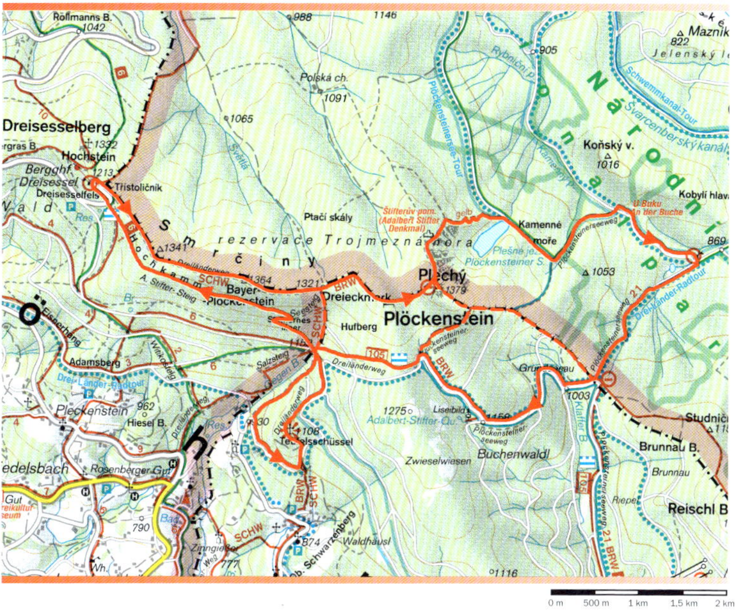

Vom Parkplatz in **Glashütten** (Wegweiser) in 25 Min. hinauf zur **Teufelsschüssel**, 1108 m (Aussichtsfels, Gipfelkreuz). Hier links auf den Böhmerwaldrundweg (rot) und nach 20 Min. auf den Nordwaldkammweg (blauweiß) beim **Grenzübergang**, 1153 m, nach Bayern. Während die rote Markierung rechts entlang der Grenze weiter bergan zum Dreieckmark zieht, überschreiten wir die Grenze, wandern auf dem Kammweg westwärts zu den Granitblöcken des **Steinernen Meers** und danach flacher durch lichten Wald (Stiftersteig) hinauf zum **Dreisesselfels** (Tristolinik), 1312 m, mit bayerischem Schutzhaus (700 m nördlich der Hochstein, 1332 m, mit Gipfelkreuz). Vom Haus ein Stück zurück und direkt entlang der Grenze (rot) am Hochkamm, vorbei am Bayerischen Plöckenstein (1364 m) zum **Dreieckmark** (Trojmezní), 1321 m (¾ Std. ab Schutzhaus). Mit der roten Markierung entlang der Grenze zum **Plöckenstein** (Plechý), 1379 m. Hier gelb markiert links auf böhmisches Gebiet und entlang der Seewand zum **Stifter-Obelisk**, 1310 m (Tiefblick); steil in Kehren hinab zum **Plöckensteiner See** (Plešné-jezero), 1085 m (40 Min. ab Gipfel). Mit der grünen Markierung rechts (südöstlich) erst durch Wald, später nordöstlich bergab durch ein steiniges Bachbett und rechts zu einer Forststraße (P. 955); auf ihr zum **Imbisskiosk Rijištj**, 915 m. Nun rechts (blau) auf einer Forststraße steil hinauf zum Grenzposten beim **Grenzstein I/10**, 1020 m (½ Std. ab dem Kiosk), wieder rechts (rot) zum Klafferbach und auf den Kammweg (blau), der rechts auf einer Forststraße stetig bergan durch die Grundseeau und den Buchenwald zieht (P. 1158; lohnender Abstecher 250 m links zu Stifter-Quelle und Liseibild). Am höchsten Punkt, 1240 m (¾ Std. ab Grenze) mündet rechts der direkte Abstieg vom Plöckenstein. Weiter auf dem Kammweg bleiben und in 20 Min. wieder zum **Grenzübergang** nach Bayern; hier links (südlich) mit der blauen Markierung des Kammwegs entlang der Grenze am **Gegenbach** in 25 Min. hinunter zum Parkplatz.

Schlögener Donauschlinge

Raubritterburgen und ein malerisches Stromtal mit Naturlehrpfad

Bei dieser Tour lernen wir neben einstigen Raubritterburgen ein einmaliges Stück Donautal kennen: die Doppelschlinge des Stroms zwischen steilen, bewaldeten, felsigen Hängen. Ein Naturlehrpfad mit Informationstafeln leitet über 4 km Länge durch das unbewohnte Talstück, von den Höhen genießt man herrliche Blicke ins tief eingeschnittene Tal.

Ausgangspunkt:
Hofkirchen im Mühlkreis, 601 m. Ab Linz-Urfahr B 127, hinter Altenfelden 10 km westw. nach Lembach, dann links 8 km nach W; Parkplatz in der Mühlgasse. Bus ab Linz.

Höhenunterschied:
Anstieg 600 m, Abstieg 650 m.

Anforderungen:
Anspruchsvolle Streckenwanderung, 18 km; teils schmale, steinige Pfade, bez.; steiler Abstieg nach Au; Naturlehrpfad nur für geübte Wanderer (teils gesichert, Trittsicherheit, anstrengend, Nässe nicht zu empfehlen), steiler Anstieg nach Niederkappel.

Einkehr:
Marsbach, Au, Hofkirchen, Niederkappel.

Tipp:
Wer sich den gesicherten Naturlehrpfad nicht zutraut, kann von Au nach Grafenau von Mai–Okt. die Rad-Längsfähre des Fährbetriebs Pumberger (Au 1, Tel. A-0 72 85/63 17) benützen und 5 km (schwierigster Abschnitt) einsparen.

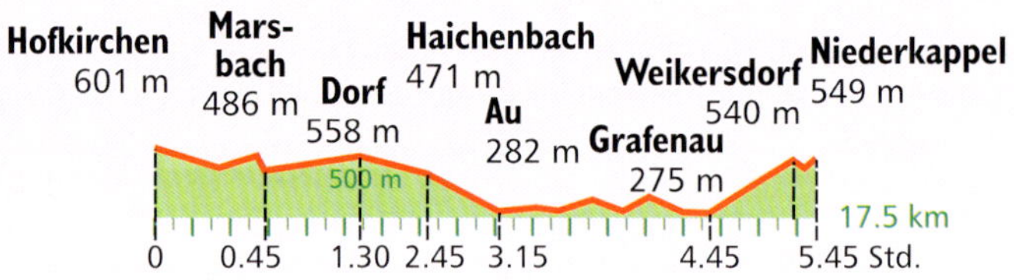

Vom Marktplatz in **Hofkirchen** durch die Mühlgasse (Marsbachweg) und auf dem Güterweg Brunndobl hinab zum **Bocksbach**, den wir überqueren. Kurz danach auf dem geraden Wegast zum nahen Hof, dann nach rechts wieder über den Bach und auf einem Wiesenweg zum Güterweg Hundsfülling (Sägewerk). Auf diesem (links) nochmals über den Bach, 522 m, dahinter rechts bis zum Güterwegende bei einem einsamen Haus

und danach bei einer Wegteilung nicht auf dem Ranningerweg bachabwärts, sondern weiter auf dem gerade ansteigenden Weg (weiß-blau bez.), vorbei an einer imposanten Felsgruppe (links). Leicht bergauf erreichen wir eine Kuppe am Waldrand (Tiefblick auf die Donau), bald dahinter einen Gasthof. An ihm rechts vorbei und unterhalb einer Kapelle auf der Asphaltzufahrt zum **Schloss Marsbach**, 486 m. Bei der Schlossmauer weisen Schilder (Donaugalerie, weiß; Donauhöhenweg, weiß-blau) links auf einen schmalen Waldpfad. Zwei Bäche (**Marsbach**, **Katzbach**) querend wandern wir durch die steile Donauleiten. Unterhalb eines Hofs von **Katzbrenning** geht es längs des Waldrands über eine Wiese, dann erneut in den Wald und von dessen Ende auf einem Feldweg links hinauf nach **Dorf**, 558 m; hier kurz links und nach dem nächsten Hof wieder rechts ab. Über den Güterweg **Kerschbaumer** zum namensgebenden Hof und auf einem befestigten Fahrweg gerade weiter (Tiefblick) zum Waldrand, wo der Asphalt nach 1,4 km endet. Auf dem breiten Waldweg (stets gerade) zur **Ruine Haichenbach** (Kerschbaumerschlössl, 471 m; die Besteigung des Wohnturms, als Aussichtsplattform eingerichtet, ist kostenlos und wegen der Aussicht zu empfehlen). Ein paar Schritte gerade weiter leiten zwei Pfade, direkt über den Bergrücken oder links in der steilen Flanke, nach ca. 750 m zum Wegweiser „Brodl-Blick“, ein 800 m-Abstecher zum Aussichtsplatz genau über dem Scheitel der Stromschlinge. Wir setzen aber den Abstieg links serpentinenreich steil durch die Donauleiten bis zu einem breiten Waldweg fort, der rechts sanfter hinableitet nach **Au**, 282 m (Fähre). An der Donau links auf den asphaltierten Treppelweg. Die sonnige Strecke endet nach 1 km (Infotafel des Naturlehrpfads), es beginnt ein leicht steigender Waldweg. Bald zeigt ein Wegweiser („Nur für geübte Wanderer“) rechts auf schmalem Waldpfad hinab zum Fluss. Nun mehrfach stromseitig durch Drahtseilgeländer gesichert durch die Donauleiten. Einmal leitet eine Metallstiege hinauf über eine Perlgneisformation, einmal

ist (absteigend) eine kurze Eisenleiter zu bewältigen, mehrfach helfen Holzstufen über glatte, rutschige Stellen, einige Rinnsale werden gequert – ein anspruchsvoller Steig. Auf einem Wiesenweg unterhalb eines Steinbruchs endet der Lehrpfad und über ein Asphaltsträßchen erreichen wir nach 500 m **Grafenau**, 275 m. Bei einem Gasthof-Werbeschild kurz nach der Anlegestelle der Fähre links zu den Häusern, dann rechts über die Asphaltzufahrt zum gerade weiterführenden Wiesenweg und bis zum Ende eines Zauns. Hier rechtwinkelig links zum Waldrand, mit dem Wegweiser des Teufelskirchenwegs links in den Wald hinein Richtung Niederkappel. Steil bergan und zuletzt im Rechtsbogen erreichen wir **Weikersdorf**, 540 m. Beim Haus Nr. 5 rechts auf den Güterweg und an der nahen Kreuzung (Bildstock) gerade auf den breiten Feldweg. Wo dieser rechts umbiegt, auf dem Wiesensteig gerade hinab zum **Haarmühler Bach**, 495 m. Kurz darauf über eine Brücke und am anderen Ufer bis zum Güterweg Weikersdorf; auf diesem rechts hinauf zur Straße nach Hofkirchen. Nach ihrer Überquerung geradeaus auf dem schmalen Pfad über die Böschung bzw. auf einem Feldrain über eine Kuppe zu einer Asphaltzufahrt. Diese leitet im Rechtsbogen hinauf zum Mühlviertler Dom in **Niederkappel**.

Foto: Lenzenweger/Wittmann

Dachsteinwarte und Hoher Dachstein

Viel begangene Gletscherwanderung zur Seethalerhütte
An schönen Sommertagen reißt der Wandererstrom auf der präparierten Trasse über den Schladminger Gletscher (Sommerskigebiet) von der Hunerkogelbahn bis zur Seethalerhütte auf der Dachsteinwarte nicht ab. Hierher auch mit Kindern. Eine Besteigung des Hohen Dachstein – mit knapp 3000 m Höhe der mit Abstand höchste Gipfel des Wandergebietes – entspricht in punkto Schwierigkeit, Schönheit und der Weite des Horizonts an klaren Tagen ganz seiner Größe.

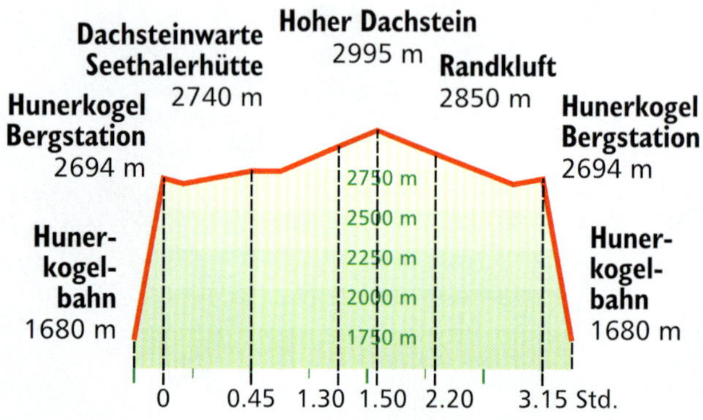

Talort:
Filzmoos, 1055 m; Ramsau am Dachstein, 1135 m.

Ausgangspunkt:
Hunerkogelbahn Bergstation, 2694 m. Zufahrt über Ramsau bzw. Filzmoos auf der mautpflichtigen Dachsteinstraße oder mit dem Bus.

Höhenunterschied:
Dachsteinwarte 200 m, Hoher Dachstein 400 m.

Anforderungen:
Leichte Gletscherwanderung auf vorgegebener Trasse zur Seethalerhütte („blau"), nur bei guter Witterung und ausreichender Akklimatisation an die Höhe, da die Bahn in 5 Min. 1000 Hm überwindet! Gutes Schuhwerk (weicher Firnschnee an heißen Tagen), Sonnen- und Windschutz! Eine Besteigung des Hohen Dachstein erfordert unbedingt Erfahrung auf ausgesetzten, schwierigen Klettersteigen (Schwindelfreiheit, Trittsicherheit, Ausrüstung und Sicherungstechnik), sonst mit Bergführer (Bergführerbüro in Ramsau Tel. 03687/81424), „schwarz"!

Einkehr:
Hotel Türlwand, Ghs. Hunerkogel und Dachstein, Restaurant an der Bergstation, Seethalerhütte (keine Übernachtungsmöglichkeit, bew. Anfang Juni bis Okt., Tel. 03687/81036).

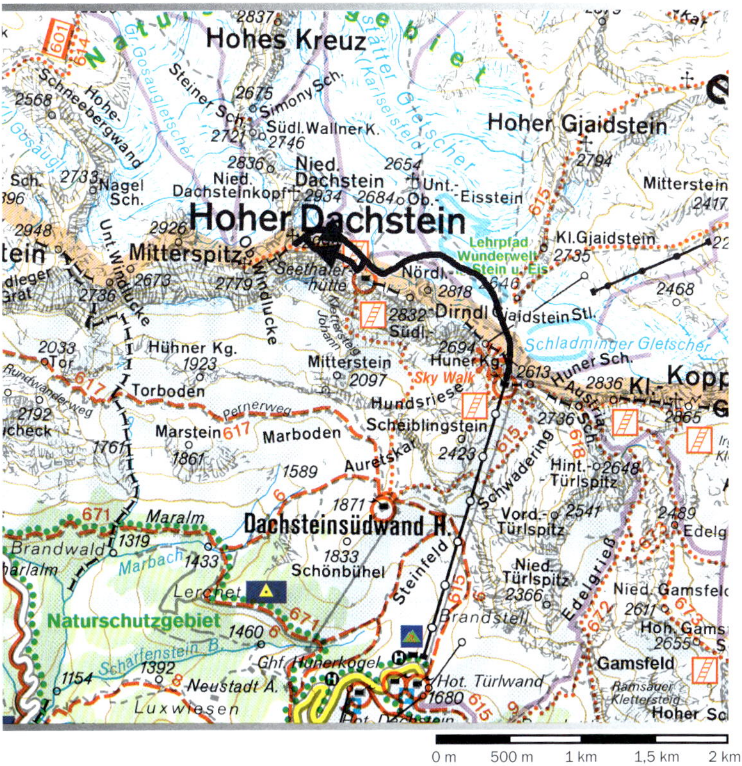

Von der **Hunerkogelbahn** schräg links auf breiter, markierter Trasse nordseitig zum Fuß des **Dirndl** mit dem gewaltigen **Kolk** absteigen, dann in weit ausholendem Linksbogen zur Felsenkuppe der **Dachsteinwarte** und zur **Seethalerhütte**. Auf gleichem Weg kehrt man wieder zur Bergstation zurück. **Überschreitung des Dachsteins** (Ostgrat-Schulter – Randkluftweg): Wo die breite Trasse links zur Seethalerhütte schwenkt, geradeaus zum Sockel des Ostgrates hinauf, an Eisenstiften und Seil über ein Wandl, links und rechts sowie direkt auf der Gratschneide steil auf die Schulter, höhengleich zu einem Felsband, auf diesem rechts in die Nordwand, wo man bei der Gipfelrinne auf den Randkluftweg trifft. Am rechten Rand der Rinne sehr steil zum Gipfel. Beim Abstieg turnt man bis zum Felsband hinab, quert auf diesem noch ein kleines Stück nach links und klettert durch einen Kamin zur Randkluft und zum Gletscher hinab. Abstiegsvariante bei großer Öffnung der Randkluft (vorher erkundigen!): Dachstein-Westgrat, Steinerscharte.

Landawirseen

Entlang der mächtigen Abstürze des Hochgolling
Gleich hinter dem Parkplatz im Göriachtal eröffnet sich auf dem weiten Talboden ein idyllisches Hüttendorf, das in dieser Art wohl einzigartig ist. Neun Bauern haben hier ihre lawinensicheren Almhütten, die jetzt allerdings zum großen Teil verpachtet sind oder – wie die Hansalhütte – zur gemütlichen Einkehr laden.

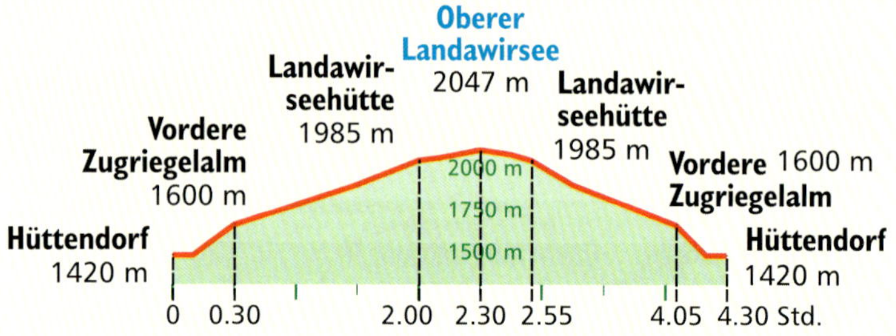

Talort:
Hintergöriach, 1250 m, nördlich von Tamsweg bzw. Mariapfarr.

Ausgangspunkt:
Hüttendorf, 1420 m, etwa 6,5 km von Hintergöriach taleinwärts. Parkplatz. Endstation des Tälerbusses.

Höhenunterschied:
Ca. 650 m.

Weglänge: 12,5 km

Anforderungen:
Einfache Bergwanderung.

Einkehr:
Hansalhütte im Hüttendorf (Mitte Mai–Mitte Okt.), Landawirseehütte (Mitte Juni–Okt.).

Varianten:
In der großen Linkskurve im Talschluss rechts in die gut markierte Gollingscharte (Weg Nr. 702) aufsteigen, auf halber Höhe links Richtung Trockenbrotscharte und Abstieg zur Landawirseehütte. Nur für sehr erfahrene und trittsichere Bergsteiger bei trockenen, schneefreien Wegen.

Nach dem Hüttendorf führt die Forststraße mit der **Nr. 775** zuerst noch eben über den Bach und geht dann bei einem wild rauschenden Wasserfall bis zu den unbewirtschafteten **Zugriegelalmen** zügig bergauf. Nun wieder wesentlich gemütlicher, führt der Weg durch das breite Hochtal direkt auf den Zwerfenberg und die Sandspitze zu, die den gewaltigen Talschluss bilden. Rechts oben grüßt das Gipfelkreuz am 2862 m hohen Hochgolling. Nach einer weiten Linkskurve taucht hinter einigen Felsrippen die **Landawirseehütte** (1985 m) der Sektion Lungau des Österreichischen Alpenvereins auf.

Etwas unterhalb der Hütte führt ein Steig zum nahen **Unteren Landawirsee**. Über eine kurze unschwierige Steilstufe erreicht man schließlich den kleineren **Oberen Landawirsee** (2047 m) inmitten einer prachtvollen Felskulisse. Nach einer wohlverdienten Rast in der gemütlichen Alpenvereinshütte geht es am gleichen Weg zurück ins **Hüttendorf**.

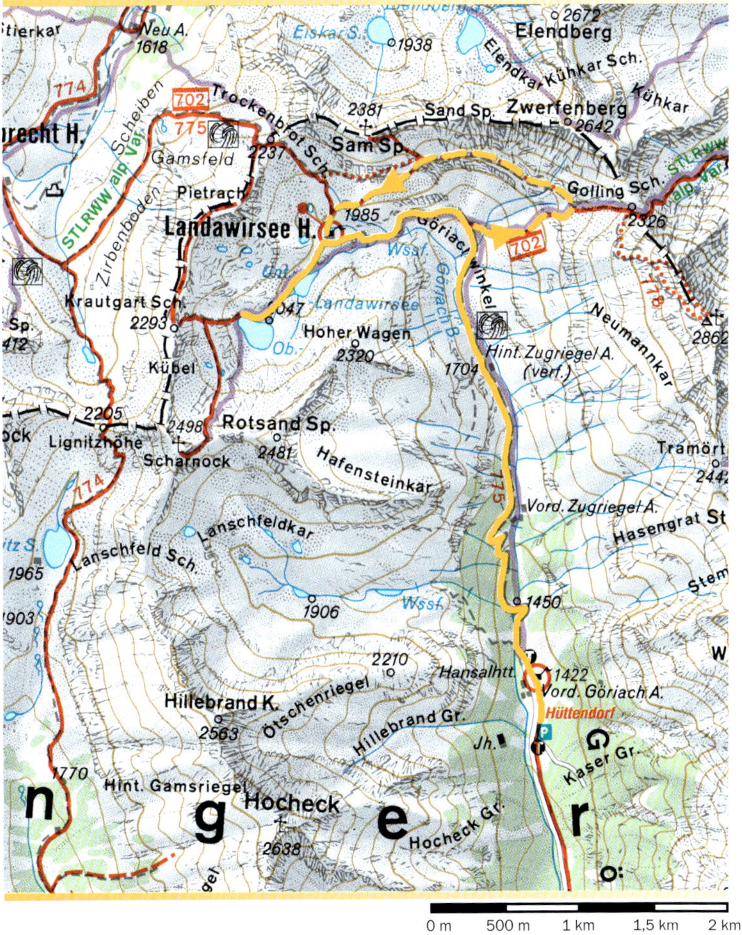

Von St. Gilgen nach St. Wolfgang

Der legendenumwobene Wallfahrerweg über den Falkenstein

St. Gilgen – Fürberg – Falkensteinsattel – Ried – St. Wolfgang – zurück mit dem Schiff zum Ausgangsort

0 m 500 m 1 km 1,5 km 2 km

Talort:
St. Gilgen, 545 m, und St. Wolfgang, 549 m.

Ausgangspunkt, Parkmöglichkeit:
Ortszentrum von St. Gilgen.
Gehzeit: St. Gilgen – St. Wolfgang 2½ – 3 Std.

Anforderungen:
Problemlose Wanderung auf Straßen oder breiten Wegen.

Höchster Punkt:
Falkensteinsattel, ca. 750 m.

Einkehr:
Ghf. Fürberg (60 B.; von Palmsonntag bis 20. Oktober offen, kein Ruhetag!), in Ried mehrere Gasthöfe.

Sehenswertes:
Die Wolfgang-Kapelle (Kriechhöhle, Wunderglocke) sowie die Kapelle mit Wunderquelle (gegen Augenleiden) in der Falkenschlucht.

Hinweise:
Vom Ghf. Fürberg Abstecher zum Ochsenkreuz (im See) und zum Hochzeitskreuz (am Ufer). Ab Falkenschlucht lohnende Variante zum „Scheffelblick“ und zum Falkenstein-Gipfel!

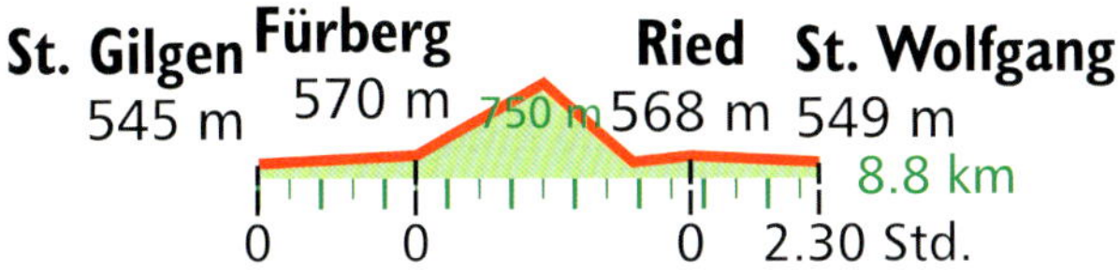

Die vorliegende Wanderung am Nordufer des Wolfgangsees entlang folgt jenem alten Pilgerweg, der schon im Mittelalter Tausende von Gläubigen aus dem Salzburger Raum nach St. Wolfgang brachte. In der Falkenschlucht erinnern zahlreiche Andachtsstätten an den Regensburger Bischof Wolfgang, der hier im 10. Jh. gegen Teufelsanbetung und Aberglauben kämpfte und eine Kapelle erbauen ließ.

Von **St. Gilgen** nach St. Wolfgang: Von der Pfarrkirche über den Streicher Platz nach Norden zur Teilung. Rechts durch die Mondseer Straße nahe dem Seeufer weiter zur Rechtsabzweigung von Weg Nr. 28 und diesen abwärts zu den Häusern von Brunnwinkl. Nun die Uferpromenade zur Fürberg-Bucht mit dem **Ghf. Fürberg**, 1 Std. Auf Uferstraße weiter in eine Badebucht mit Verzweigung. Hier links (Weg Nr. 28) den Waldgraben der Falkenschlucht steil empor zu einer Verflachung mit der Wolfgang-Kapelle rechts oben in der Felswand. Im Graben weiter zur Wunderwasser-Kapelle und hinauf zum Falkensteinsattel (ca. 750 m), 1½ – 1¾ Std. Jenseits an den bewaldeten Abhängen des Schafberges nach Südosten abwärts, später auf Güterweg nach links und bald über Wiesen hinunter nach **Ried** mit Uferstraße. Im Ortsbereich zweigt nach links die Obere Rieder Straße ab. Auf ihr oberhalb des Sees entlang weiter nach **St. Wolfgang**, 549 m. Rückfahrt nach St. Gilgen mit dem Linienschiff der ÖBB

Foto: Wolfgangsee Tourismus

Riedingtal-Hohenweg

Eindrucksvoller Rundweg zwischen Lungau und Pongau
Diese leichte und überaus lohnende Hochgebirgswanderung führt durch die Randzone des Nationalparks Hohe Tauern. Sie berührt dabei mehrere Seen und gibt immer wieder den Blick auf markante Gletscherberge frei.

Foto: Mayer

Talort:
Zederhaus im gleichnamigen Tal, 1205 m.

Ausgangspunkt:
Königalm, 1667 m. Anfahrt: Durch den Naturpark Riedingtal im hintersten Teil des Zederhaustales führt eine Mautstraße bis zum großen Parkplatz vor der Schliereralm. Von dort geht es während der Hauptwanderzeit mit dem Tälerbus gratis weiter zur Königalm. In der Hochsaison verkehrt der Tälerbus ab 9.00 Uhr zu jeder vollen Stunde, bei Bedarf auch öfter. Die genauen Abfahrtszeiten erfährt man u.a. bei allen Touristinformationen. Vor 9.00 Uhr ist die Weiterfahrt mit dem Auto bis zur Königalm gestattet; die Rückfahrt ist dann den ganzen Tag über möglich.

Endpunkt: Schliereralm, Parkplatz.

Höhenunterschied:
Über 400 m und kurze Gegensteigungen.

Anforderungen:
Ca. 500 m im Aufstieg, ca. 650 m im Abstieg.

Einkehr:
Schliereralm (Mitte Mai–Okt.), Königalm (Anfang Juni–Okt.), Franz-Fischer-Hütte (Mitte Juni–Sep.), Jakoberalm (Juni–Sep.).

Varianten:
Von der Jakoberalm über den Weg Nr. 743 etwas kürzer ins Tal, der Weg trifft einige Hundert Meter östlich der Schliereralm auf die Mautstraße.

Tipp:
Brünnwandquelle

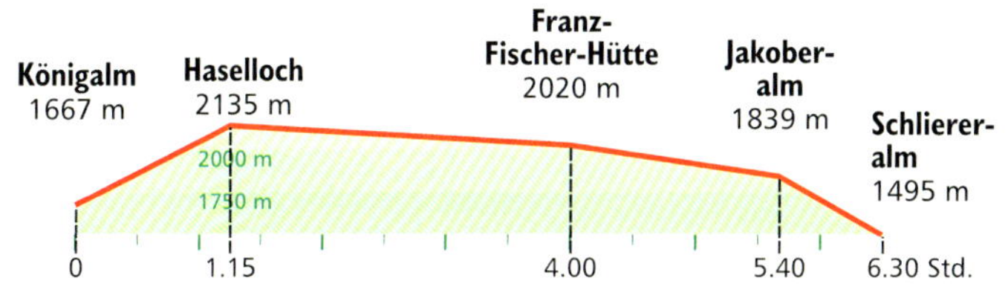

Der rot-weiß markierte Steig beginnt direkt bei der **Königalm** (1667 m) und führt anfangs ziemlich steil in westlicher Richtung zum **Haselloch** (2135 m) mit einem kleinen See. Ein lohnender Abstecher führt nördlich auf einem unmarkierten Weg in ¾ Std. auf das 2366 m hohe **Schiereck**.
Vom Haselloch rechts ein letztes kleines Stück bergauf, dann weitgehend eben über wunderbare Almböden Richtung **Franz-Fischer-Hütte** (2020 m). Auf der gegenüberliegenden Talseite das mächtige Weißeck (Tour 48), im Westen die Hohen Tauern mit Hafner- und Ankogelgruppe. Entlang des kleinen **Ilgsees** geht es zum **Zaunersee** unterhalb der Franz-Fischer-Hütte. Bei einer wohlverdienten Rast lässt sich der Blick auf die großartige Bergkulisse erst richtig genießen. Der Weg führt nun unter den schroffen Abstürzen des Mosermandls (2680 m) vorbei an den beiden **Esser Seen** fast bis zur **Jakoberalm**, zweigt aber kurz vorher auf eine blau markierte Forststraße ab, die direkt beim Parkplatz **Schliereralm** (1495 m) endet.

Um den Fuschlsee

Dreistündige Uferwanderung in erholsamer Parklandschaft
Fuschl – Hundsmarkt (Jausenstation Berger) – Schloss Fuschl – Wesenau – Fuschl

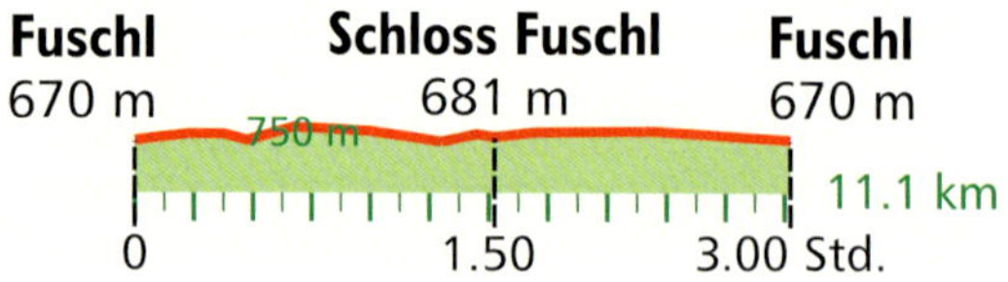

Talort:
Fuschl, 670 m, Erholungsort am Ostende des gleichnamigen Sees. Ausgangspunkt: Ortszentrum von Fuschl (Kirche, Verkehrsamt).

Parkmöglichkeit:
Im Ortsgebiet von Fuschl.

Gehzeit:
3 Std.

Anforderungen:
Bequeme Wanderung auf stets guten Wegen.

Höchster Punkt:
Schloss Fuschl, 681 m.

Einkehr:
Jst. Berger (ganzj. offen, keine Nächtigung!), Holzknechtstüberl (Selbstbedienung, im Sommer geöffnet).

Sehenswertes:
Vom Schloß Fuschl Abstecher zum Hotel-Restaurant Jagdhof (ganzj. geöffnet, Jagdmuseum mit großer Pfeifensammlung, Wildpark).

Hinweis:
Am West- und Südufer des Fuschlsees mehrfach Bademöglichkeit.

Dem von Salzburg her anreisenden Besucher präsentiert sich bald nach Hof der in liebliche, grüne Uferlandschaften eingebettete **Fuschlsee**. Mit den eigenwillig geformten Höhen des Schober, Höllkar, Ellmaustein und Schafberg darüber und dem auf einer Halbinsel malerisch gelegenen Schloss **Fuschl** davor ein herrliches, vielbewundertes Bild. Wem würde es da nicht nach einer Umwanderung des wundervollen Sees gelüsten? Eine Halbtagestour, die zu jeder Jahreszeit und bei jedem Wetter andere Eindrücke vermittelt.
Die Rundtour: Die Straße zum See zur Rechtsabzweigung der Thalgauer Straße. Auf ihr ebenfalls zum Seeufer und nach rechts (Norden) zum Hotel Seewinkel. Gleich danach auf dem Norduferweg (Nr. 1) links ab und in Nordwestrichtung am steilen, bewaldeten Ufer dahin zu den Feldbauer-

Foto: Fuschlsee Tourismus GmbH

Wiesen. Hier geradeaus weiter, dann wieder am bewaldeten Steilufer entlang, bis der See verlassen wird und man zu den freien Wiesen um Thalgauegg gelangt. Auf Fahrweg zu einer Verzweigung und nach rechts zu den Häusern von **Hundsmarkt** mit der Jst. Berger, 1¼ Std. Die Asphaltstraße nach Hof 200 m westwärts zur Linksabzweigung des Uferweges. Diesen über sumpfige Wiesen nach Südwesten zum Westende des Sees. Auf breitem Weg, am Rande eines Golfplatzes vorbei, zu einer Teilung. Halbrechts im Wald steil nach Südosten empor, dann oberhalb von **Schloss Fuschl** (nach rechts zum Jagdhof) vorbei und wieder abwärts zum See. Auf Promenadenweg (Nr. 4) am bewaldeten Südufer weiter zu den Wiesen von Fischer und zu einer Asphaltstraße. Diese nach links (Südosten), später auf Waldweg, an einer düsteren Klamm vorbei, oberhalb des Sees entlang, schließlich hinaus zu den Wiesen und Häusern von **Wesenau** mit dem Holzknechtstüberl. Ostwärts weiter, dann aufwärts zur Bundesstraße Nr. 158, die beim Brunnwirt erreicht wird. Die Straße kurz geradeaus, sodann die Ortseinfahrtsstraße nach links (Norden), am Strandbad vorbei, zurück in das Zentrum von **Fuschl**.

Frommerkogel

Ein Prädikat für eine Graskuppe im Vorfeld des Tennengebirges

Mit Bischlinghöhe, Frommerkogel und Korein hat der Karststock des Tennengebirges auf seiner Südseite bescheidene Graskuppen vorgeschoben. Da von Hüttau in das stille Larzenbachtal, in dem über mehrere Jahrhunderte Kupfererz abgebaut wurde, Fahrerlaubnis besteht, ist der Zugang zu den genannten Zielen für den Wanderer geradezu ideal. Bewirtschaftete Almen, leichte, nicht zu lange Wege und – sozusagen als „Tüpfelchen auf dem i" – eine prachtvolle Aussicht auf die Niederen und Hohen Tauern, auf Hochkönig, Watzmann, Tennengebirge und Dachstein drücken der Wanderung ihren Stempel auf. Auch die sehr ursprüngliche Pirnitzalm ist vielen einen Spaziergang von Hüttau durch das Larzenbachtal wert.

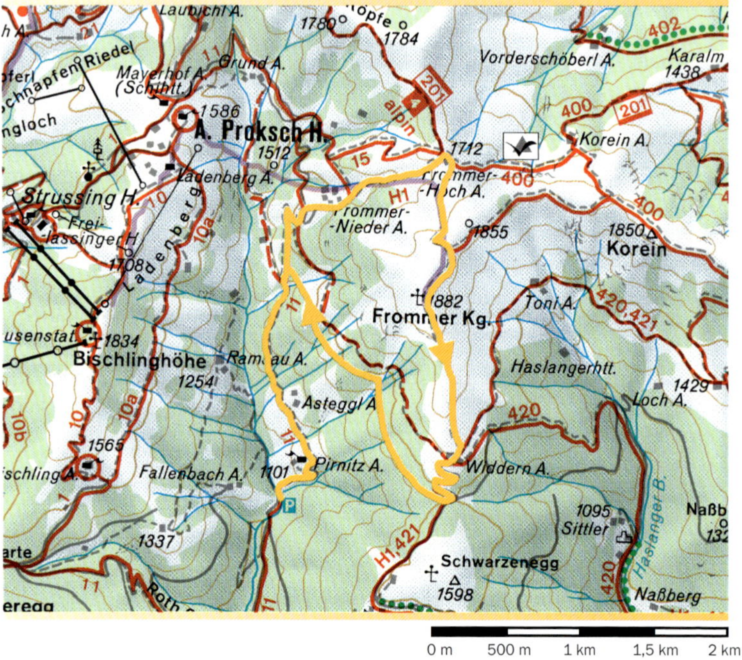

Talort:
Hüttau, 709 m.

Ausgangspunkt:
Larzenbachtal, zirka 1030 m.

Höhenunterschied:
850 m.

Anforderungen:
Forststraße, gut markierte Wanderwege und Almsteige.

Einkehr:
Pirnitzalm (bew. Mai mit Okt.), Frommer-Niederalm (bew. Mitte Juni bis Anf. Sept.), Schwarzeneggalm etwas abseits des Weges.

Tipp:
Historische Kupferzeche am Larzenbach.

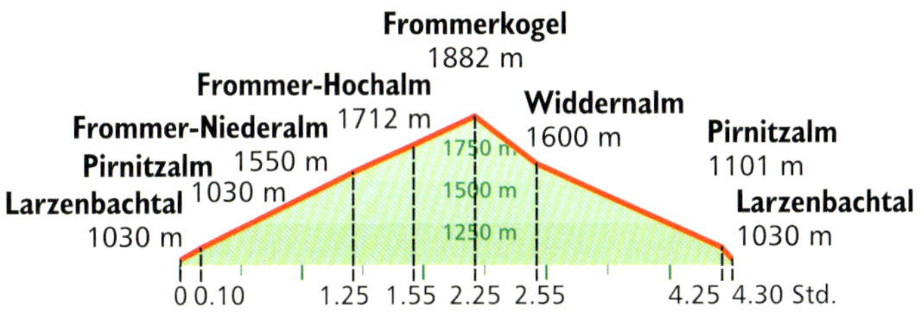

Vom Talende (Steg) gehen wir auf einem steilen Sträßchen zur **Pirnitzalm** hinauf und zweigen unmittelbar davor auf einem Wanderweg rechts ab. Der Weg Nr. 97 führt an einem von einer Almlichtung geöffneten Westhang nordwärts und mündet schließlich in eine **Forststraße**. Dieser folgen wir nach links und zweigen ca. 70 m hinter der folgenden Rechtskehre wieder links ab, um auf dem alten Wanderweg die Weiden der **Frommer-(Nieder-) Alm** zu erreichen. Über diese und eine weitere Forststraße geht es ostwärts zur Alm und dahinter stets auf der rechten Seite eines Grabens durch herrlichen Lärchenwald bergwärts, bis sich die Grabenfurche zu einer Grasmulde weitet. Hier erst schwenken wir links hinauf und treffen in Kürze auf eine Wegteilung mit Hühnerleiter. Hinter dem Zaun erreichen wir im Rechtsbogen die versteckte Frommer-Hochalm. Zum Frommerkogel läuft der Pfad südwärts durch eine kleine Mulde und über einen Hang zu einer weiteren Wegteilung hinauf. Hier geht es geradeaus durch eine Senke hindurch auf die kreuzgeschmückte Graskuppe des **Frommerkogel** (Weg Nr. 97).
Der landschaftlich reizvollere **Abstieg** führt über den Aufstiegsweg zum Ausgangspunkt zurück. Die Route über die **Widdernalm** (Nr. 81) – gleich unterm Gipfel zwar etwas steil, aber sehr gut einzusehen – verläuft stets über den Gras- und Latschenrücken südwärts und nimmt an der Alm ein Sträßchen auf, das zu einem Sattel hinabführt. Hier halten wir uns zweimal kurz hintereinander rechts (Abstecher zur Schwarzeneggalm in zirka 20 Min. möglich). Der rechte Straßenast quert die ganze Westflanke des **Frommerkogel** zur oben erwähnten Straßenkehre hinab. Von dort geht es am Aufstiegsweg (Nr. 97) über die **Pirnitzalm** ins **Larzenbachtal** zurück.

Foto: Brandl

Tappenkarseealm und Tappenkarseehütte

Ein sagenumwobener Bergsee und zwei Hütten

Der in einem Landschaftsschutzgebiet gelegene, von schroffen Bergflanken und sanften Matten umgebene Tappenkarsee lockt an schönen Tagen viele Wanderer an seine Ufer. Um ihn rankt sich die Sage von einem Lindwurm, der sich nach einem auf ihn verübten Attentat stark verletzt in die Tiefe des Sees zurückzog. Seither nagt er an der Felswand beim Seeauslauf so lange, bis er diese durchbrochen hat und sich Unheil über das Tal ergießt.

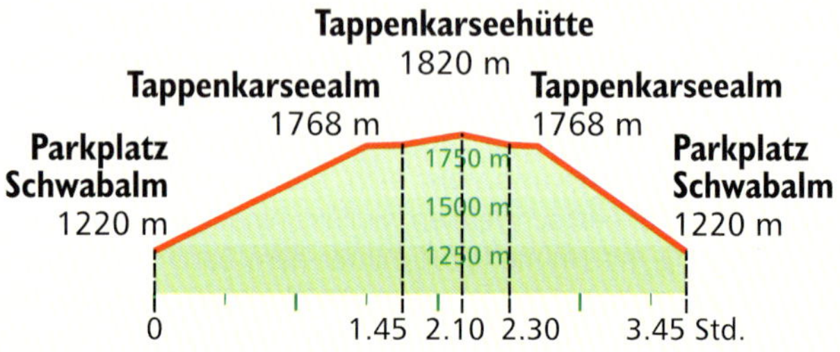

Talort:
Kleinarl, 1007 m.

Ausgangspunkt:
Parkplatz Schwabalm, ca. 1220 m. 3,5 km Mautstraße ab Jägersee oder 1 Std. zu Fuß. Wintersperre: 15.10. bis 1.6. sowie Nachtsperre beachten. Bus bis Jägersee.

Höhenunterschied:
600 m.

Anforderungen:
Breiter, schattiger Wanderweg zum See, dann weitgehend ebenes Gelände zu den beiden Hütten.

Einkehr:
Tappenkarseealm (bew. Juni bis Mitte Sept.), Tappenkarseehütte (AV, bew. Mitte Juni bis Anf. Okt., 73 L. + B., Tel. 06418/308).

Variante:
Höhenwanderung über dem Westufer des Tappenkarsees (knapp 2¾ Std., zusätzlich 400 Hm, abschnittsweise „rot"): Gleich hinter der Tappenkarseealm auf der rechten Seite des Grabens recht steil – Trittsicherheit erforderlich! – auf einen Boden, dann über eine angenehm gestufte Grasmulde aufs Draugsteintörl (Kreuz). Kurz vor (!) dem Kreuz links auf markiertem Steig die Ostflanke des Karteiskopfes zuerst ziemlich waagrecht queren, dann über seine Ostschulter hinweg auf die Kammhöhe (Scharte). An einem Zaun entlang südwärts (links) über eine unbenannte Kuppe (schönster Tiefblick zum See, Bild S. 109) und über den Gurenstein zum Karteistörl. Dort auf dem Weg 721 links über steile Bergweiden zur Tappenkarseehütte hinab.

Vom **Parkplatz Schwabalm** wandern wir auf einem Waldweg (AV 722) in weiten Schleifen und an einem Wasserfall vorbei zum Auslauf des **Tappenkarsees** hinauf. Von hier geht es auf ebenem Weg an der Felswand des Nordufers entlang zur **Tappenkarseealm**, die ein großer Teil der Wanderer als Tagesziel ansieht und sich dort vom Aufstieg erholt. Es lohnt sich aber, am sanften Westufer entlang zur gut sichtbaren **Tappenkarseehütte** und zu den reizvollen Bachmäandern am Südufer des Sees auszuschwärmen oder gar die Kammwanderung über dem Westufer des Sees (Variante) dranzuhängen, ehe man sich von der großartigen Landschaft um den Tappenkarsee verabschiedet.

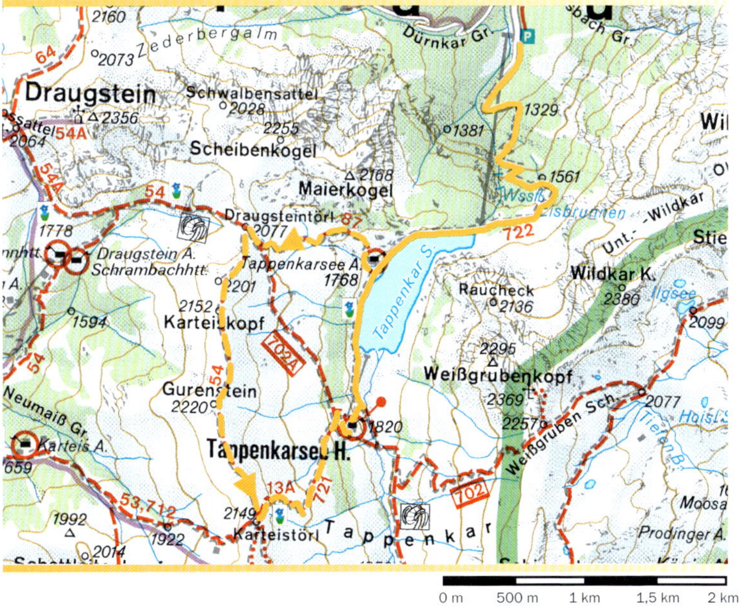

Kötschachtal

Jäger, Bauern und Naturgewalten

Bereits im 13. Jahrhundert wird das Kötschachtal erstmals in der Chronik erwähnt. Auszüge daraus sind auf den Kupfertafeln beim Trenkerkreuz am Malerwinkel festgehalten und berichten von den Naturgewalten, mit denen die Menschen dieses Tales bis in die jüngste Zeit konfrontiert waren und sind. Eine Gedenkstätte im vorderen Talgrund erinnert an das Lawinenunglück vom Januar 1951, dem während der Nacht zwei Gehöfte mit 14 Menschen samt Vieh zum Opfer fielen. Der „Grüne Baum", eine Hotelsiedlung am Eingang ins Kötschachtal, zieht seit Generationen einfache wie hochgestellte Gäste an und erlangte durch den Besuch des Habsburger Kaiserpaares zum Ende des 19. Jahrhunderts Berühmtheit.

Foto: Brandl

Talort:
Bad Gastein, 1002 m.

Ausgangspunkt:
Hotelsiedlung „Grüner Baum", 1066 m. Erreichbar mit Pkw über Bad Gastein, „Kötschachtalstraße" (zwei Parkplätze für Wanderer vor dem „Grünen Baum"), mit Bus ab Kongresszentrum, Mozartplatz oder Bahnhof Bad Gastein, zu Fuß von Bad Gastein über Kaiserpromenade ½ Std.

Höhenunterschied:
Knapp 400 m.

Anforderungen:
Bequemes Sträßchen bis Gasthof Prossau, Wanderweg und Steig bis zum Talschluss Hintere Prossau.

Einkehr:
„Grüner Baum", Jausenstation Himmelwand, Gasthof Prossau (bew. von Anfang Juni bis Ende September).

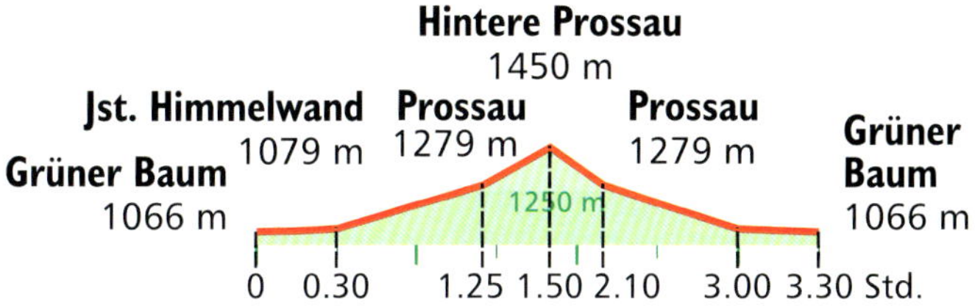

Der Wanderweg durch das Kötschachtal ist eindeutig vorgegeben. Ein bequemes Sträßchen führt vom **„Grünen Baum“** mit einem Abstecher zum Trenkerkreuz/Malerwinkel über Jausenstation Himmelwand zumeist durch Wald zum idyllischen **Alpengasthof Prossau**. Unmittelbar davor zweigt rechts ein breiter, steiniger Weg zum Talschluss in der Hinteren Prossau ab, die mit ihren sieben Wasserfällen aus dem Tischlerkar, den so genannten **Bärenfällen**, und den düsteren Felswänden beeindruckt; sie liegt bereits in der Kernzone des **Nationalparks Hohe Tauern**.
Der **Rückweg** ist mit dem Hinweg identisch.

Gollinger Wasserfall und Kühschwalb

Wasserfall und Naturpark am Fuß des Göllmassivs

Torren – Gollinger Wasserfall – Schwalberbauer – Naturpark Kühschwalb – Schwalberbauer – Gasteig/Schöne Aussicht – Torren

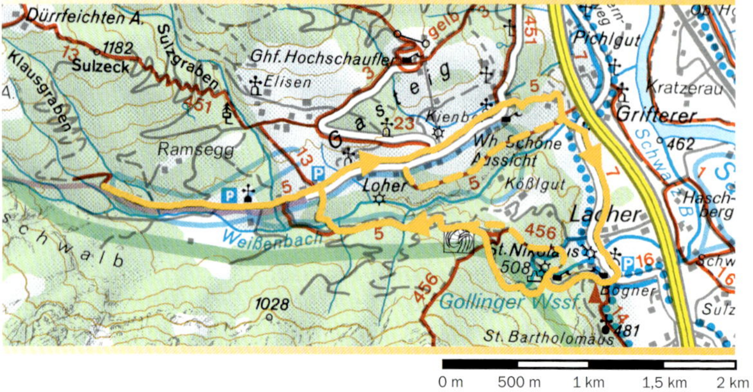

Talorte:
Golling, 481 m; Kuchl, 469 m.

Ausgangspunkt:
Torren bei Golling, 480 m. Parkmöglichkeit beim Torrenerhof und Brennerwirt.

Anfahrt:
Von Golling über die Bahnlinie und Salzach, dann auf der „Wasserfallstraße“ 2 km nach Torren. Anreise über Kuchl möglich (Ww. „Weißenbach“, nach der Salzachbrücke links).

Gehzeiten:
Torren – Gollinger Wasserfall – Schwalberbauer 1½ Std., Schwalberbauer – Naturpark Kühschwalb (große Lichtung) und zurück ca. 1 Std., Schwalberbauer – Schöne Aussicht – Torren ca. 1 Std.; Gesamtgehzeit: ca. 3½ Std.

Höchster Punkt:
Kühschwalb, ca. 770 m.

Höhenunterschied:
Ca. 350 m inkl. kleiner Gegenanstiege.

Anforderungen:
Gut markierte Wanderwege und Straßen, gesicherte Steiganlage im Bereich des Wasserfalls. Oberhalb des Wasserfalls ist auf ca. 100 m Länge Trittsicherheit erforderlich (leichte Ausweichmöglichkeit über Variante 1).

Einkehr:
Torrenerhof, Ghs. Hubertus, Brennerwirt in Torren, Ghf. Schöne Aussicht in Gasteig.

Sehenswertes:
Gollinger Wasserfall, Wallfahrtskirche St. Nikolaus auf einer Felseninsel in Torren, Kühschwalb.

Varianten:
1. Leichtere Route: Zwischen Brennerwirt und Kassahäuschen

rechts über den Bach, dann rechts zu einer mehrfachen Weggabelung. Hier links auf breitem Wanderweg stets dem Ww. „Naturpark Kühschwalb 7“ folgen. Bei unmarkierten Verzweigungen bis zur Einmündung des Wasserfallsteigs stets geradeaus, dann auf gemeinsamer Route weiter.
2. Vom Schwalberbauer in die Kühschwalb.

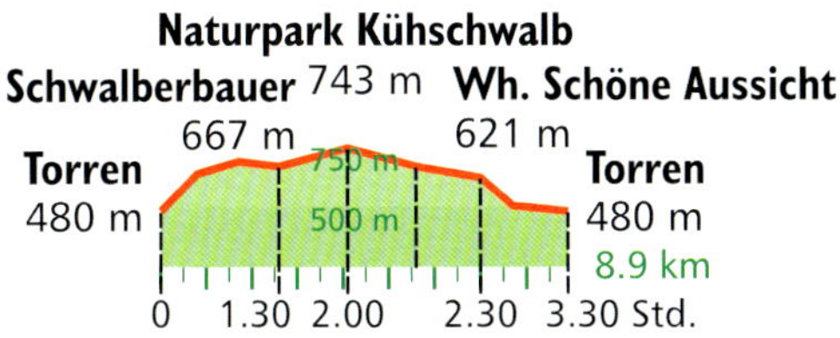

Der Gollinger Wasserfall bricht als Karstquelle in Bachbreite aus dem Fels hervor, stürzt über zwei Stufen von zusammen 76 m Höhe zuerst in einer Felsröhre, dann über eine Wand in die Tiefe. In der Kühschwalb, einem Talkessel zu Füßen des Hohen Gölls, wurde vor Jahren ein Naturpark errichtet. Wasserfall und Talschluss lassen sich zu einer Rundtour verbinden.
Eine gute Beschilderung weist von **Torren** den Weg zum Gollinger Wasserfall, der sich in einem Kessel versteckt und eher zu hören als zu sehen ist. Die untere Fallstufe überwindet man links, die obere rechts des Bachs auf einer gut ausgebauten Steiganlage. Gleich nach den letzten Holzstufen zweigt rechts ein unbeschilderter, aber markierter Pfad ab. Er führt rechts unter einem Felswandl entlang, quert bald darauf eine Forststraße, sodann einen Schlag, steigt auf einem Ziehweg ein ganz kurzes Stück rechts ab, ehe er wieder links in den Wald und dort geradeaus über eine Wegkreuzung führt, um bald darauf in den von Torren heraufführenden Weg Nr. 7 in die **Kühschwalb** (Variante 1) zu münden. An der darauf folgenden Verzweigung hält man sich an den rechten Weg und erreicht kurz dahinter auf einer kleinen Geländeterrasse die Kehre einer Forststraße. Man folgt ihrem linken Ast, bis ein Schild in ihrem Gefällsbereich rechts über einen Bach und zum Parkplatz beim **Schwalberbauer** hinausweist. Auf einer Forststraße (Weg Nr. 5) wandert man links ohne nennenswerte Steigung in den Naturpark hinein, überquert zuerst eine Brücke, erreicht kurz dahinter eine Kapelle und folgt beim Eintritt in den Wald dem rechten Sträßchen bis zu einer großen Lichtung mit Rastbänken und einer Stempelstelle. Auf gleicher Route kehrt man zum Schwalberbauer zurück und wandert von hier 1,3 km nahezu eben zum **Ghf. Schöne Aussicht** hinaus (sofern man nicht beim Weiler Loher am kürzesten rechts über den „Strubweg 5“ ins Tal absteigt). 100 m hinter der Schönen Aussicht – nicht auf der Straße weiter! – zweigt unmittelbar hinter einem Haus rechts ein unbeschilderter Weg ab; er führt gleich darauf links durch ein Gatter, dann über Wiesen und durch lichten Wald zu den beiden Bauern in Köpplpoint und von hier auf einem Sträßchen talwärts. Vor der Weißenbachbrücke mündet der »Strubweg 5« ein. Auf der Talstraße läuft man rechts 1 km nach Torren zurück.

Krumltal

Unter Adlern und Geiern

Das Krumltal zweigt aus dem Hüttwinkltal zwischen Bucheben und Bodenhaus nach Südwesten ab. Es ist in letzter Zeit durch die seit 1986 bei der Bräualm ausgesetzte Nachzucht von Bartgeiern bekannt geworden. Diese reinen Aasfresser brüten im Balkan und halten sich in den Sommermonaten in den Hohen Tauern auf. Dort befliegen sie weite Gebiete und nächtigen in geeigneten Wänden der Tauerntäler um Rauris und Hollersbach. Um die Wende vom 19. zum 20. Jahrhundert wurden sie in den Alpen ausgerottet. Im Krumltal horstet auch der Steinadler. Wer Glück hat, kann Geier und Adler sehen, doch lohnt eine Wanderung ins Krumltal auch wegen des landschaftlichen Reizes dieses Tauernwinkels mit seinem schluchtartigen Eingang, den Kesseln um die Bräu- und Rohrmoseralm, in deren Hintergrund jeweils ein Wasserfall zum Talboden herabstürzt. Der Bereich oberhalb der Rohrmoseralm, über dem die vergletscherte Nordflanke des Hocharn zu sehen ist, zählt bereits zur Kernzone des Nationalparks Hohe Tauern.

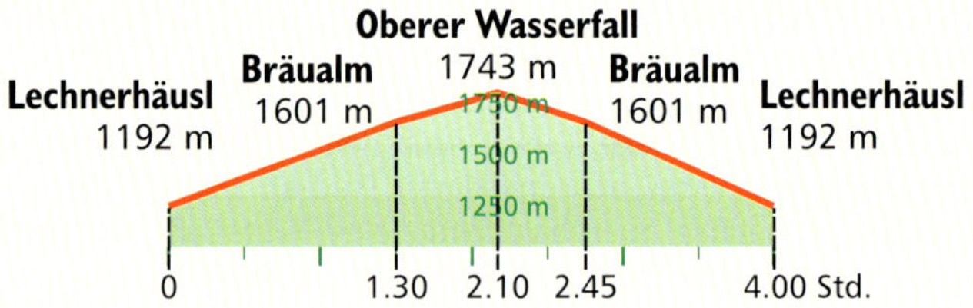

Talort:
Bucheben im Hüttwinkltal, 1144 m.

Ausgangspunkt:
Almgasthaus Lechnerhäusl, 1192 m. Südlich von Bucheben zweigt im Hüttwinkltal an der Bushaltestelle Lechnerhäusl/ Krummelklamm die alte Buchebenstraße nach rechts zum Lechnerhäusl ab.

Höhenunterschied:
Ca. 550 m.

Anforderungen:
Almsträßchen bis Bräualm, Wanderwege bis zum oberen Wasserfall.

Einkehr:
Almgasthaus Lechnerhäusl (ganzj. bew.), Bräualm (bew. Anf. Juni bis Anf. Okt.).

Die Wanderroute (Weg Nr. 21) vom **Lechnerhäusl** ins Krumltal und zurück ist denkbar einfach: Auf einem Sandsträßchen zur **Bräualm**, dort rechts über den Krumlbach und auf einem Wanderweg rechts neben dem

Wasserfall über eine Geländestufe zur **Rohrmoseralm** und zum oberen Wasserfall.
Rückweg wie Hinweg.

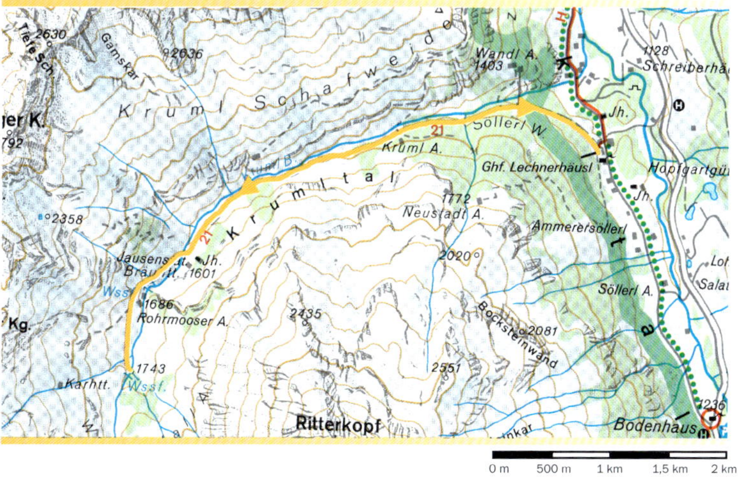

Rotmoos und Tauernalm

Gewaltige Kulisse über einem der größten Tauern-Moore

Ferleiten/Wildpark – Tauernhof – Vögerlalm – Rotmoos – Trauneralm – Ferleiten

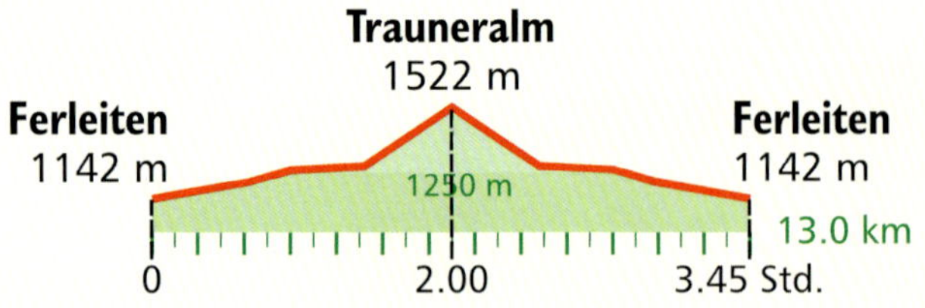

Talort:
Ferleiten, 1142 m.

Ausgangspunkt:
Parkplatz beim Wildpark, vor der Mautstelle der Großglockner-Hochalpenstraße.

Gehzeiten:
Ferleiten – Trauneralm 2 Std., Abstecher Rotmoos 1 Std. hin und zurück, Trauneralm – Ferleiten 1¾ Std.; Gesamtgehzeit: 3¾ Std., mit Rotmoos 4½ bis 5 Std. Höhenunterschied: 370 m.

Anforderungen:
Bequeme Forststraße.

Einkehr:
Gasthof am Wildpark und Tauernhof während der ganzen Saison bew., Trauneralm bew. Juni mit Sept., Übernachtungsmöglichkeit.

Sehenswertes:
Flora (breitblätteriges Knabenkraut im Frühsommer), alte Almhütten und Steinhage im Ferleitener Tal, Bergumrahmung des Talkessels, Wildpark Ferleiten.

Variante:
Von der Trauneralm in 1 Std. nach Hochmais an der Großglockner-Hochalpenstraße (1850 m) und mit dem Bus nach Ferleiten zurück. Beliebt ist auch die Variante in Gegenrichtung:
Mit Bus ab Ferleiten nach Hochmais und über die Trauneralm talwärts nach Ferleiten (ca. 2½ Std.).

Die Wanderung zur Trauneralm und/oder ins Rotmoos zählt zu den einfachsten Unternehmungen dieses Wanderführers.
Von den Parkplätzen beim Wildpark geht man zunächst auf das Westufer der Fuscher Ache zum Tauernhof. Das südwärts ins Käfertal führende Forststräßchen steigt leicht bis hinter die Vögerlalm an und führt dann eben bis zu einer Straßenverzweigung und Brücke. Vor dieser geht's rechts an einem Weiher vorbei, zwischen Steinhagen hindurch zu einer alten Almhütte und hinter einem Zaun mit „Hühnerleiter“ zu einer Jagdhütte mit Brunnen. Östlich derselben breitet sich das Rotmoos aus.
Zur Trauneralm zweigt man an der Straßengabelung und Brücke links ab und folgt dem Fahrweg meist durch Wald zur Jausenstation hinauf.
Rückweg auf der Straße oder über Hochmais.

Nationalpark Hohe Tauern
Sonnseitbratschen
Bergnerkarl
Bergnerkarl K.
2169
Bergner A.
Kühriedl
Judenplatte
Vord.-Reiterlosegg
Hint.-
Höllbach A.
Höllbach Gr.
Judenpichl
1239
Walcher Hoch A.
1853
Walcher A. Grund A.
1590
1245
Marien Stollen
Judenbichl A.
Schleierfall
Walcher B.
Gamskarl
Schattseitkar
Steinkarl
Walcherhörndl
2047
Hörndl Sch.
Tauerngasthof
Wild- u. Freizeitpark Ferleiten
Ob.-Durch
1807
1617
Ferleiten
Mauthaus
1151
Hörndlwand
Lackkopf
2086
2818
2535
Heidnische Kirche
Kreuzpalfen
Oberstattgut A.
Schleier Wssf.
1280
Oberstatt B.
Durcheckwand
2028
Hochrinne
Lengfeld
Gamskarl
Sandboden
Eiskar
Unt. Eiskar
727
1798
Lengfeldhtt.
1270
Vögerl A.
Roßkopf
Wiesbach
Windlwand
Stierwald
1528
Lapidarium
Piff A.
Jh.
Piff Hoch A.
1778
Karhtt.
Mitter A.
Rennsteineben
3B
1417
Königstuhl
1704
1580
1843
Eichornruhe
Mainzerweg
Bocknerhtt.
Grund A.
Schupfer-Hoch A.
1623
Ochsenriedl
Galerie Naturlehrpfad
Ghf. Piffkar
2317
Fegfeuer
Der Trog
Pfalz Kopf
1998
Kessel
Piffmoos
1695
Käfertal
Fuscher Ache
Stadelmaiß
Lärchach
Großglockner Hochalpenstraße
Piffkarschneid
2232
Piff
Judenbach
3C
Aussichtspunkt Hochmais
Hochmais
Hexenküche
1486
Alt Juden A.
Rotmoos
185
1290
728
Edelweiß Htt.
2571
Petersbrunn
Unt. Naßfeld
Museum Alpine Naturschau
1428
Eisbichl
1522
Alpenghf. Trauneralm
Pfalz Kg.
2403
Fuscher Törl
Unterer-
Trauner B.
Gedenkstätte
2455
Törlkopf
1750
Pfandlboden
Pfandl B.
2250
Oberer-
Leiten
Futterer Kar
Römerweg
Fuscher Lacke
Wegmacherhaus
2261
2372
Am Birgl
0 m
500 m
1 km
1,5 km
2 km

Mayrbergklamm, Schoberweißbachklamm, Triftsteig

Jahrhunderte alte Triftsteige an wilden Bergwassern

Au – Mayrbergklamm – (Obermayrberg – Schoberweißbachklause –) Auer Wiesen – Knappenstadl – Scheffsnoth – Teufelssteg – Triftsteig – Au

Talort:
Au bei Lofer, 617 m.

Ausgangspunkt:
Auf der Strecke von Lofer nach Unken zweigt man nach ca. 2 km (Bushaltestelle) rechts nach Au ab. Sehr begrenzte Parkmöglichkeiten im Dorf Au, am besten vor der Auer Brücke parken.

Gehzeiten:
Au – Mayrbergklamm – Obermayrberg 1½ Std., Obermayrberg – Schoberweißbachklause – Auer Wiesen – Knappenstadl – Scheffsnoth – Teufelssteg bei Lofer 2½ Std., Teufelssteg – Triftsteig – Au 1 Std.; Gesamtgehzeit: ca. 5 Std., ohne Mayrberg und Schoberweißbachklause ca. 4 Std.

Höchster Punkt:
Schoberweißbachklause, 973 m.

Höhenunterschied:
Ca. 370 m.

Anforderungen:
Schöne Wanderwege, Anstieg auf der kleinen Runde zu den Auer Wiesen häufig feucht, deshalb festes Schuhwerk empfehlenswert.

Einkehr:
Gasthäuser in Au: Antonia (Di. Ruhetag), Ennsmann (Mo. Ruhetag), Gasthaus Obermayr berg (Mi. Ruhetag), Knappenstadl (Do. Ruhetag), Eberlwirt in Scheffsnoth (Mo. ab 14 Uhr geschlossen), alle bew. Mai bis Mitte Okt.

Varianten:
Auer Kircherl, Mayrbergklamm, Tal und Bergumrahmung um die Schoberweißbachklause, Tiefblick vom „Jägersitz", Talkessel von Lofer mit Steinbergen, Teufelssteg, Triftsteig und „Felix Rast", interessante Informationstafeln am Triftsteig, Wildwasserrennen und Rafting (Stützpunkt in Scheffsnoth) auf der Saalach durch die Teufelsschlucht.

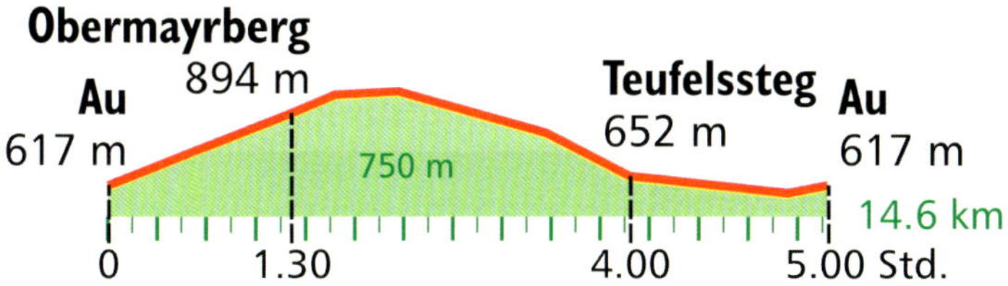

Der Holztransport zur Saline Bad Reichenhall erfolgte in früheren Jahrhunderten auf der Saalach und ihren Zuflüssen. Zur Gewinnung eines Wasserschwalls wurden Klausen (Staustufen) und an den Ufern Triftsteige angelegt. Diese verfielen zwar im 20. Jahrhundert, doch die schönsten Talabschnitte wurden in letzter Zeit wieder begehbar gemacht. Einen solchen ehemaligen Triftsteig stellt der Wandervorschlag „Mayrbergklamm – Schoberweißbachklause – Triftsteig“ in einem landschaftlich und geschichtlich höchst interessanten Gelände vor und bietet eine große und eine kleine Runde an.

Die große Runde: Von der **Auer Brücke** nach Au hinauf und hinter dem Kircherl zum Schoberweißbach hinab oder gleich am rechten Saalachufer flussabwärts zur Einmündung des Schoberweißbaches. An diesem entlang zur **Mayrbergklamm** hinauf und dahinter zu einer Brücke und einem Tunnel. Auf der Straße oder – schöner! – am Wanderweg links derselben über Waltl – Schön – Point zum Gasthaus **Obermayrberg**. Auf einem Sandsträßchen weiter zur **Schoberweißbachklause**, dort über eine Brücke und auf der anderen Talseite zu den Auer Wiesen (kurzer Abstecher rechts zum „Jägersitz“ mit schönem Blick ins Tal!). Auf der Straße über KnappenstadlKnappenstadl nach Scheffsnoth hinab, bei den ersten Häusern rechts zum **Teufelssteg** und am jenseitigen (!) Saalachufer auf dem romantischen **Triftsteig** flussabwärts durch die Teufelsschlucht zur **Auer Brücke** zurück (Jakobsweg).

Die kleine Runde schert hinter der Mayrbergklamm aus, führt über die Brücke zurück und rechts (!) vom Tunnel durch Wald zu den Auer Wiesen und zur Straße hinauf, wo sie noch vor dem „Jägersitz“ in die Hauptroute einfädelt.

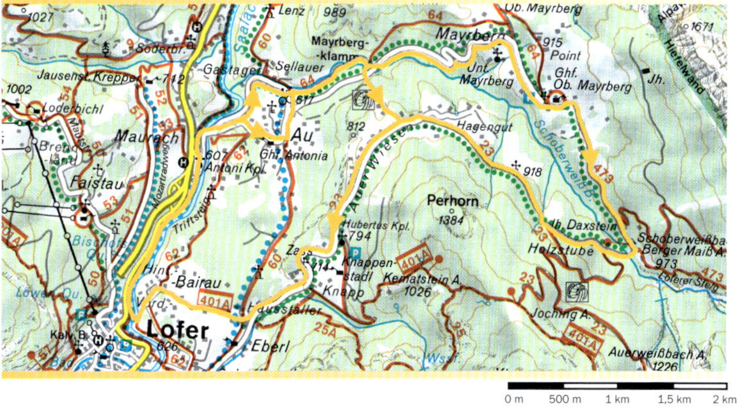

Habachtal

„Steinerne Geschichten" im Tal der Smaragde

Habachklause – Steinlehrpfad – Enzianhütte – Gasthaus Alpenrose – Moaralm – Habachklause

Das Habachtal hat als einzige Smaragdfundstelle Europas einst Berühmtheit erlangt. Einheimische bergen hier auch heute noch kostbare Schätze, von denen man einige im Museum in Bramberg bewundern kann. Der Wanderer genießt vom wilden Taleingang bis zu der im Originalzustand erhaltenen und wirtschaftenden Moaralm nicht nur die Informationen eines Steinlehrpfades sondern auch den besonderen Charakter des Tales, das sich mit zunehmender Höhe von einem V- zu einem Trogtal wandelt und von Gletscherbergen abgeschlossen wird.

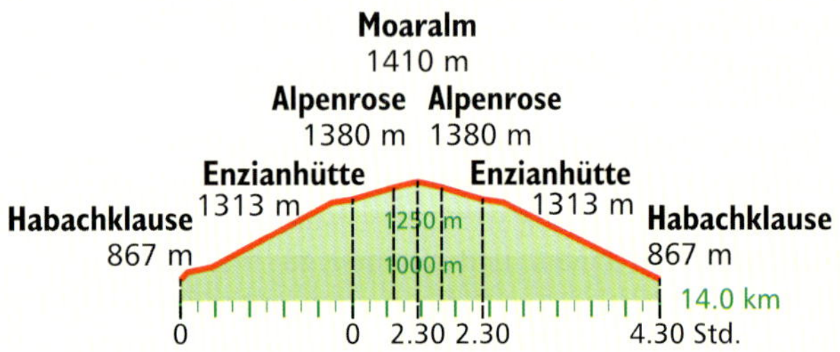

Talort:
Bramberg am Wildkogel, 819 m.

Ausgangspunkt:
Habachklause, 867 m. Anreise: Von Weyer (zwischen Bramberg und Neukirchen) ins Habachtal (beschildert), Parkplatz bei der Habachklause.

Gehzeiten:
Habachklause – Enzianhütte – Alpenrose 2¼ Std., Alpenrose – Moaralm ¼ Std., Moaralm – Habachklause 2 Std.; Gesamtgehzeit: 4½ Std. Nationalpark-Taxi von Habachklause zur Alpenrose Tel. 06566/7451.

Höhenunterschied: Ca. 550 m.

Anforderungen:
Wanderweg und Almstraße.

Einkehr:
Habachklause, Enzianhütte (bew. Juni mit Sept., 50 L. + B., 06566/7383), Ghs. Alpenrose (bew. Pfingsten bis Anf. Okt., 30 L. + 30 B., Tel. 0664/9168022), Moaralm (Mitte Juni bis Mitte Sept.).

Sehenswertes:
Geologischer Lehrpfad und „Gehsund-bergauf-Weg", das Habachtal als V- und Trogtal, Moaralm (alte, traditionelle Einrichtungen und Arbeitsweisen bis heute, Besichtigungsmöglichkeit).

Varianten:
1. Rundweg von der Habachklause über den geolog. Lehrweg und die Forststraße (ca. 1½ Std.). 2. Wöchentl. Mineralienexkursion ab Alpenrose zum Hochsedl (Juli bis Sept., mind. 6 Teilnehmer, Anmeldung im Verkehrsbüro Bramberg, Tel. 06566/7251).

Direkt am Hotel **Habachklause** vorbei wandern wir am „Alten Knappenweg“ zu einem Wehr, dahinter über den Bach und an seinem Westufer talaufwärts. Auf Informationstafeln kann der/die geologisch Interessierte „Steinerne Geschichten“ über die Entstehung des Tales und der Alpen, über das „Tauernfenster“ und vieles mehr erfahren, die durch unmittelbare Anschauung und Berührung "begreiflich" werden. Der geologische Lehrweg ist auch mit einem "Gehsund-bergauf-Weg" verbunden, der zu gymnastischen Übungen anregt. Beide münden in die Talstraße und folgen dieser mit unterschiedlicher Steigung über die Krameralm (1244 m), **Enzianhütte** (1313 m) und **Gasthaus Alpenrose** (1380 m) bis zur **Moaralm** (1410 m) und sogar noch ein Stück darüber hinaus. Über die Straße kehren wir zum Parkplatz zurück.

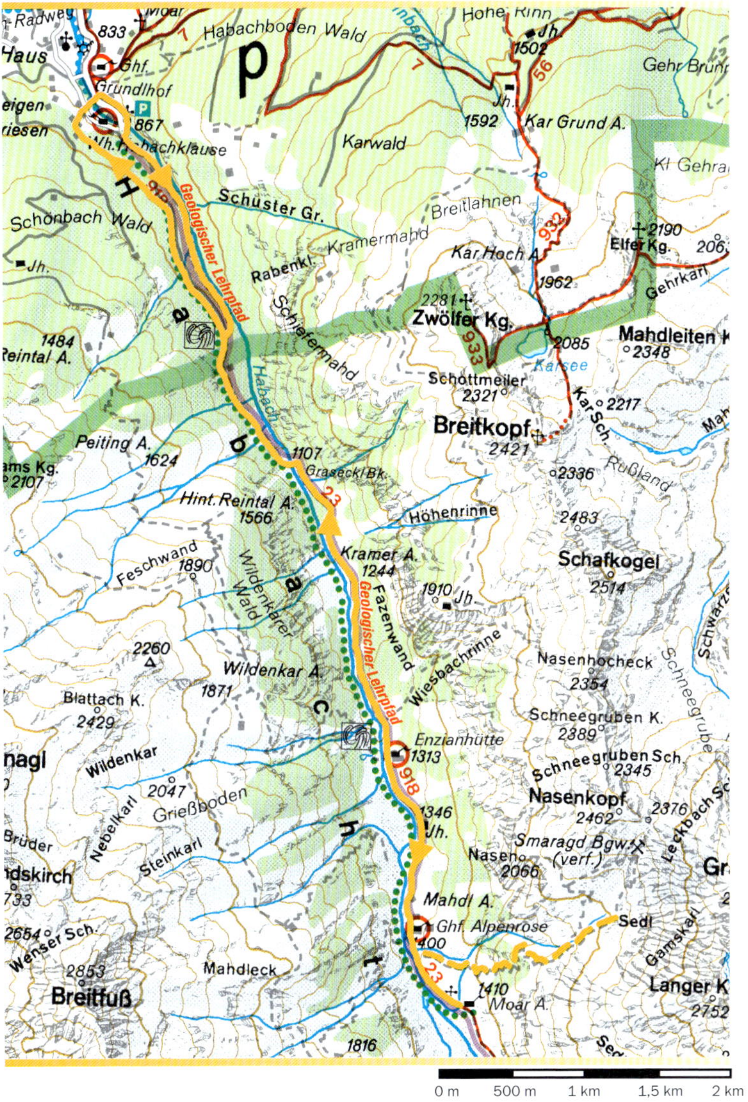

Krimmler Achental und Tauernhaus

Zur ältesten Gaststube des Pinzgaus
Krimml – Krimmler Wasserfälle – Krimmler Tauernhaus – Krimml

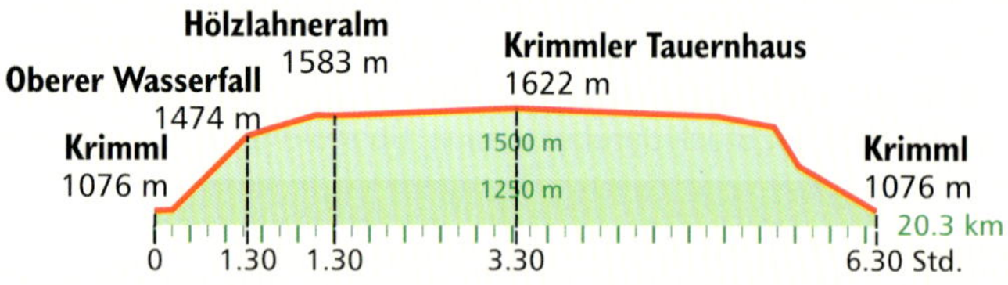

Talort:
Krimml, 1076 m.

Ausgangspunkt:
Krimml, 1076 m.

Gehzeit:
Krimml – Wasserfallweg – Oberer Wasserfall 1½ Std., Oberer Wasserfall – Veiten-/Hölzlahneralm - Krimmler Tauernhaus 2 Std., Krimmler Tauernhaus – Krimml ca. 3 Std.; Gesamtgehzeit: Ca. 6½ Std.

Höhenunterschied:
Ca. 550 m.

Anforderungen:
Sträßchen bis Tauernhaus (ca.13 km). Von Krimml fahren täglich nach Bedarf Kleinbusse zum obersten Wasserfall, zum Tauernhaus und zum Talschluss.

Einkehr:
Gasthaus Schönangerl, Veiten-, Sölln- und Hölzlahneralm, Krimmler Tauernhaus (alle privat, letzteres fast ganzjährig, die übrigen während der Wandersaison bew., 66 L. + B., Zubringerbus, Tel. 06564/8327).

Sehenswertes:
Krimmler Wasserfälle, Achental mit reizvollen Almhütten. Tauernhaus mit alter Gaststube und eindrucksvollen Bildern vom Almabtrieb über den winterlichen Krimmler Tauern nach Südtirol, Wallner-Denkmal und Kirche in Krimml.

Varianten:
Mit dem Rad ins Krimmler Achental: Auf der Gerlospassstraße von der Mautstelle durch den 1. Tunnel und über die anschließende große Kehre, dann links in Richtung Schönangerl, zwischen dem Gasthaus und dem oberen Wasserfall den für Radfahrer gesperrten Wanderweg und den Bach queren und in mehreren Kehren zum Annatunnel (ca. 300 m lang, unangenehm dunkel, Licht erforderlich, einspuriger Taxiverkehr!). Nahe der Schettbrücke zur Talstraße und auf dieser links weiter.

Foto: Brandl

Wohl seit mehr als 2000 Jahren führt durch das Krimmler Achental und seinen Nebenast, das Windbachtal, eine Verbindung vom Pinzgau über den Alpenhauptkamm nach Südtirol. Kelten und Römer, Säumer und Hirten, Juden, flüchtende Truppenteile und sogar einige Kaiser nutzten den Übergang als Handels- bzw. Fluchtweg. Es ist anzunehmen, dass für die rund 33 km lange Strecke von Krimml über den Krimmler Tauern nach Kasern und Prettau im Ahrntal schon sehr früh ein Stützpunkt im Achental errichtet wurde. Diese Funktion erfüllt das **Krimmler Tauernhaus** heute noch für den Bergsteiger und Wanderer auf den weiten Wegen zu den Hütten und Bergen in der Umgebung des Achentales. Die Unterkunft wurde bereits 1389, also vor mehr als 600 Jahren urkundlich erwähnt und gilt als älteste Gaststube des Pinzgaus. Zu den Pflichten der Tauernhauswirte zählte neben der Offenhaltung des Tauernweges und der Hilfeleistung für verirrte Reisende auch die Postbeförderung von und zu den umliegenden Almen und Schutzhütten. Das Achental selbst zieht sich von Krimml bis zum Krimmler Kees, dem ehemaligen und künftigen Salzachursprung, über 21 km hin; eine Marathonstrecke für den, der es zu Fuß in beide Richtungen durchmisst. Von den 24 Almen im Bereich des Tales sind heute noch einige im Besitz Südtiroler Bauern; die meisten gehören Pinzgauer Landwirten. Aussagekräftige Schwarz-Weiß-Bilder in der „Alten Stube“ des Tauernhauses lassen erahnen, welchen Schwierigkeiten und Gefahren Mensch und Vieh beim herbstlichen Almabtrieb vom Achental über den Krimmler Tauern nach Südtirol zuweilen ausgesetzt sind. Schon bei normalen Bedingungen rechnet man dafür mit zehn Stunden.

Die Route ins Krimmler Achental entlang des **Wasserfallweges** zum Tauernhaus und weiter bis zum Talschluss hinter der Innerkeesalm ist nicht zu verfehlen. Nach der großen Geländestufe entlang der drei Wasserfälle steigt der Wirtschaftsweg bis zur **Hölzlahneralm** noch leicht an, verläuft dann nahezu eben und überwindet erst kurz vor dem Tauernhaus noch eine Geländeschwelle.

Der **Rückweg** nach Krimml folgt dem Sträßchen bis zur Schettbrücke vor dem oberen Achenfall. Kurz davor kann man auf der Fahrstraße rechts zum Tunnel leicht ansteigen und unmittelbar davor auf dem „Alten Tauernweg“ ins Tal zurückkehren.

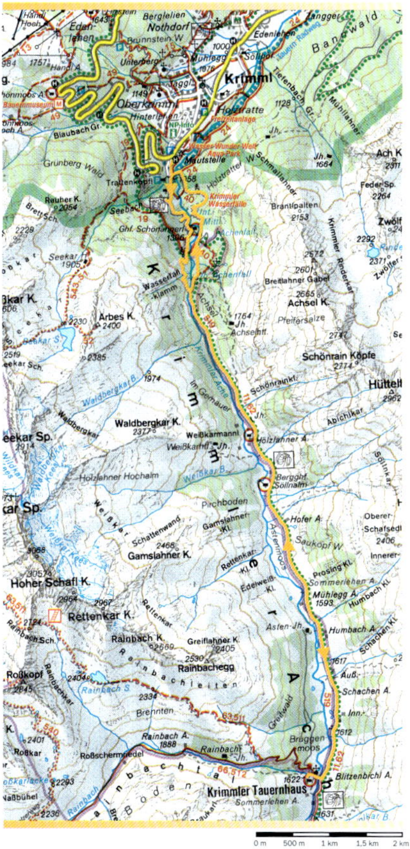

Oberhütte, Seekarscharte und Klamml

Zauberhafte Bäche, Seen und eine gemütliche Hütte
Die Wanderung von der Vögeialm im obersten Forstautal zur gemütlichen Oberhütte am gleichnamigen See, die im Kreuzungspunkt einer Nord-Süd- und Ost-West-Transversale der Schladminger Tauern liegt, prägt in besonderer Weise der Oberhüttenbach. Es lohnt sich, vom Oberhüttensee zur Seekarscharte weiterzuwandern und über das Klamml zur Vögeialm abzusteigen. Auf dieser Rundtour wird zwar kein Gipfel erreicht, doch der Abstieg durchs Klamml und der Anblick des in viele Schaumäderchen verästelten Wasserfalles – besonders schön in der Nachmittagssonne – ist ein Erlebnis. Die einfachere Route führt von der Oberhütte wieder zur Vögeialm zurück und eignet sich auch für Kinder.

Foto: Brandl

Talort:
Forstau, 923 m.

Ausgangspunkt:
Vögeialm, 1383 m, im Forstautal. Zufahrt: Von Radstadt oder Gleiming nach Forstau, von hier 11 km zur Vögeialm (mautfrei).

Höhenunterschied:
500 m bis Oberhütte, gut 700 m übers Klamml.

Anforderungen:
Problemlose Wanderwege bis Oberhütte („blau"). Übers Klamml z.T. Trittsicherheit erforderlich („rot").

Einkehr:
Vögeialm (bew. Juni bis Anf. Okt.), Oberhütte (privat, bew. Mitte Juni bis Ende September, 30 L. + B., Tel. 0664/ 9169728).

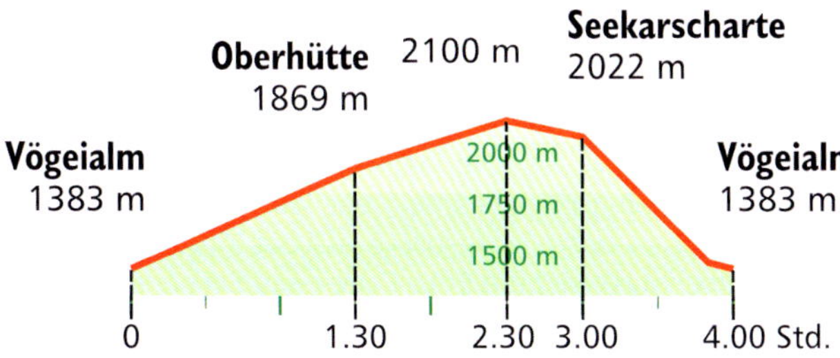

Links von der **Vögeialm** entlang eines Almsträßchens (Nr. 770) auf einen Boden hinauf, dort rechts abzweigen, durch den Wald, dann kurz auf der Forststraße und wieder durch den Wald zu einem Steg, der auf eine Märchenwiese (riesige Trollblumenfelder Ende Juni/Anfang Juli) hinausführt. Links des Oberhüttenbaches zum **Oberhüttensee** und zur Schutzhütte. Entweder zur Vögeialm zurück oder rechts des Sees zum Oberhüttensattel, dort rechts abzweigen und auf Weg Nr. 702 entlang eines Baches, über mehrere Geländestufen und durch Mulden zum namenlosen **Sattel** (ca. 2100 m) oberhalb eines Sees zwischen dem Roßkogel (links) und der Sonntagkarhöhe. Nach kurzem Abstieg quert man auf einer Rampe zur **Seekarscharte** und zweigt vor dieser rechts auf Weg Nr. 769 zur Vögeialm ab. Der Abstieg durchs **Klamml** – dieser Weg ist nicht nach dem Geschmack von Forststraßenspezialisten – ist ein echter Genuss für den Blumenfreund und zeigt die Schladminger Tauern von ihrer charakteristischen Seite: rauschende Bäche, kleine Seen, dunkle Felsen über grünen, blumenreichen Böden, Alpenrosenfeldern und einem Waldgürtel. Im Talboden geht es zur Vögeialm hinaus.

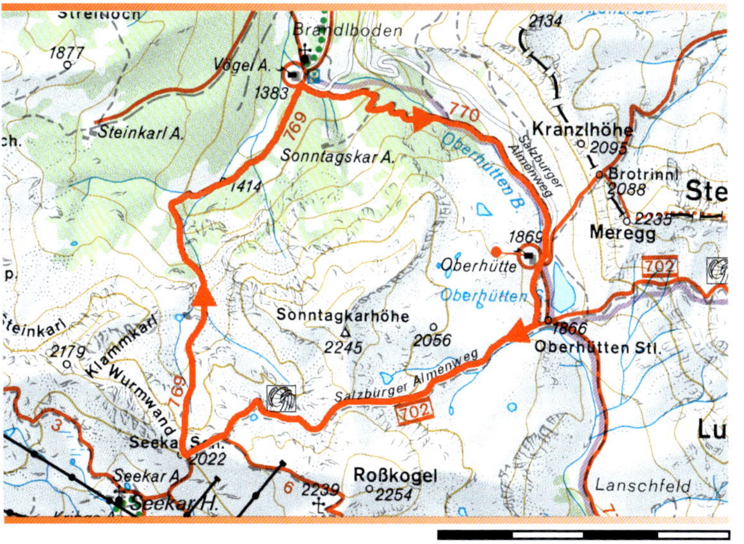

Predigtstuhl

Schattige Aussichtswarte über dem Ennstal

Die Wald- und Wiesenwanderung von Radstadt über die Seitenalm auf den Predigtstuhl (Nr. 68) kann auf eine lange Saison verweisen. Am Predigtstuhl, einer schattigen Geländekante über dem Ennstal, bieten sich zwischen den Bäumen reizvolle Ausblicke auf das Dachstein-Dreigestirn. Im Frühjahr säumen ausgedehnte Erika-Felder und Schneerosen den Weg von der Seitenalm herauf.

Foto: Brandl

Ausgangspunkt:
Radstadt, Hotel Gewürzmühle an der Abzweigung der Straße nach Forstau, 829 m. Anreise: In Radstadt Richtung Obertauern bis zum Kreisverkehr, dort links Richtung Forstau.

Höhenunterschied:
500 m.

Anforderungen:
Sträßchen, Traktor- und Waldwege.

Einkehr:
Hotel Gewürzmühle, Seitenalm.

Varianten:
Mit Bus oder Pkw von Radstadt zur Seitenalm, von hier zum Predigtstuhl und zurück 1½ Std.

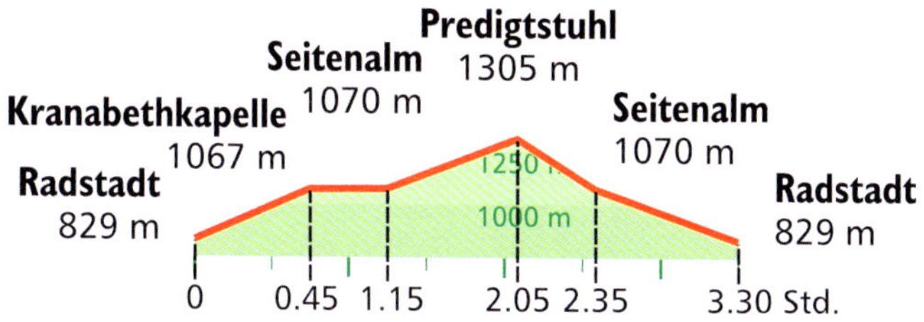

Von der **Gewürzmühle** gehen wir auf der Forstau-Straße noch gut 50 m bergwärts, dann zweigt rechts der Sauschneidweg zum gleichnamigen Bauer ab. Zwischen dessen Gebäuden steht eine Almhütte, an der wir links vorbeigehen und auf einem Traktorweg über Bergwiesen zum Wald hinaufwandern. Dort zweigt rechts der „Wanderweg Seitenalm“ ab, quert eine Skipiste und zieht am Waldrand zu einem Sträßchen bei der **Kranabethkapelle** hinauf. Der Fahrweg („Marienweg“) führt uns ohne nennenswerten Höhenunterschied links zum Kranabethbauer und durch den Wald zur Forstau-Straße hinüber. Dieser folgen wir nach rechts und erreichen bald den unübersehbaren Hotelkomplex der **Seitenalm**. Hinter dieser wandern wir über eine Wiese zum Wald hinauf (Hexenhaus) und in gleicher Richtung in diesen hinein. An der folgenden Gabelung halten wir uns rechts und erreichen eine Forststraße, die wir links zum Kammscheitel verfolgen. Dort zweigt ein Pfad links zur Kuppe des **Predigtstuhl** ab.
Auf gleicher Route kehren wir über die Seitenalm zur **Gewürzmühle** zurück, können aber vor dem Kranabethbauer (Waldaustritt) gleich rechts abzweigen und uns die Schleife über die Kapelle sparen.

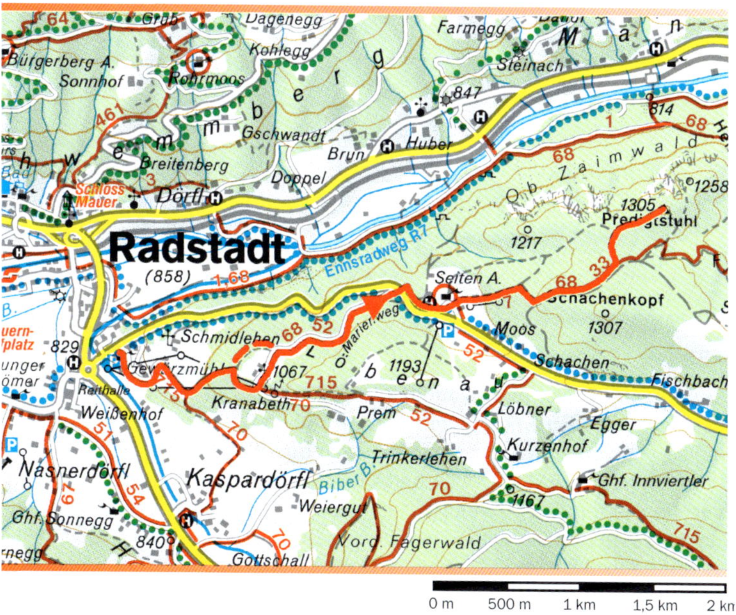

Burggrabenklamm und Schwarzensee

Das Tor zum Paradies

Burgbachau (Gasthof Jagerwirt) – Burggrabenklamm – Wiesensattel „Im Moos“ – Schwarzensee

Talort:
Burgau, 472 m. Kleiner Ort am Südufer des Attersees.

Ausgangspunkt:
Ghf. Jagerwirt, 479 m, in Burgbachau, 2 km westlich von Burgau, an der Attersee-Süduferstraße.

Gehzeiten:
Burgbachau (Ghf. Jagerwirt) – Schwarzensee 2 Std., retour 1½ Std.; Gesamtzeit 3½ Std.

Anforderungen:
Unschwierige Wanderung. Im Bereich der Burggrabenklamm (Absturzgefahr!) sind Trittsicherheit und Schwindelfreiheit nötig.

Höchster Punkt:
Wiesensattel »Im Moos«, 772 m.

Einkehr:
Ghf. Jagerwirt (im Sommer offen),
Ghf. „Zur Lore“ (von Ostern bis 26. Oktober offen, kein Ruhetag),
Alm-Stadl (Sommerbewirtschaftung),
alle keine Nächtigung!

Sehenswertes:
Die großartige Burggrabenklamm. Die im Frühsommer blumenreichen Wiesen der Moorhochfläche „Im Moos“.

Hinweis:
Bei der Madonnenstatue »Maria Klamm« zweigt links der Steig in den vorderen Teil der Burggrabenklamm (18 m hoher Wasserfall!) ab.

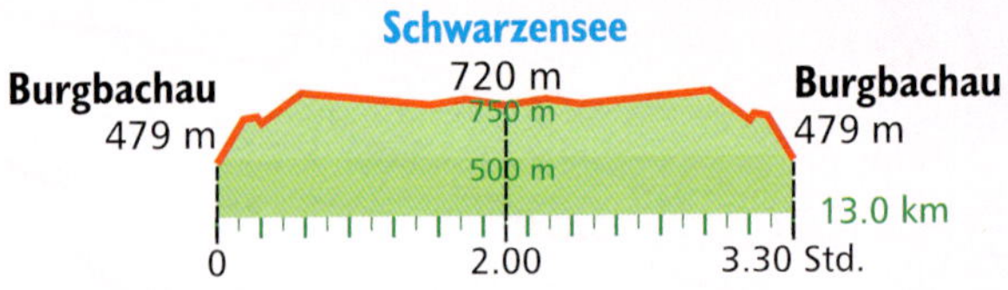

Die Burggrabenklamm am Südende des Attersees ist die wohl populärste Schlucht des Salzkammergutes. Von den vielen Besuchern geben sich die meisten mit einer Wanderung in den vorderen Klammabschnitt zufrieden. Ungleich lohnender ist jedoch der Anstieg durch den von lotrechten Wänden flankierten Spalt hinauf zur sonnendurchfluteten Wiesenhochfläche „Im Moos“ und weiter zum Schwarzensee. An seinen Ufern trifft man meist auch Urlaubsgäste aus St. Wolfgang oder Strobl. Mit ihnen wird man sich vielleicht darüber klar, daß es kaum etwas Schöneres gibt als dieses Ausflugswandern im herrlichen Salzkammergut.

Von **Burgbachau** (Ghf. Jagerwirt) zum Schwarzensee: Auf breitem Weg durch Wald nach Süden zum Eingang in die Burggrabenklamm mit der Madonnenstatue „Maria Klamm" rechts. Den „Erzherzogin-Valerie-Weg" geradeaus einen felsig-bewaldeten Steilhang in Kehren aufwärts, später an der rechten Begrenzungsflanke der Klamm auf exponiertem, aus dem Fels gesprengtem Steig (Vorsicht!) nach Süden hinauf in den oberen, flachen Schluchtabschnitt. Bald nach links über den Klausbach (Brücke) und südwärts weiter zur Magdalenenquelle (Unterstandshütte) im Talknie. In Windungen nach Westen aufwärts zu bewaldeter Schulter mit Wegteilung, 1 Std. Links auf dem „Moosweg" eine steile Waldflanke in Kehren nach Süden empor zu einem Rastplatz (Attersee-Blick!) und weiter zum Wiesensattel „Im Moos", 772 m. Nun auf Forststraße (Weg Nr. 28) über Moor- und Wiesenflächen nach Süden, dann neben dem Moosbach sanft abwärts und über die Wiesen der Ascher Alm zu einer Verzweigung. Nach rechts zum **Schwarzensee** (716 m) und dort auf dem ebenen Fahrweg Nr. 28, am Westufer entlang, zum Südende mit dem Alm-Stadl und dem Ghf. Lore.
Rückkehr auf gleicher Route.

Foto: TVB Ferienregion Attersee

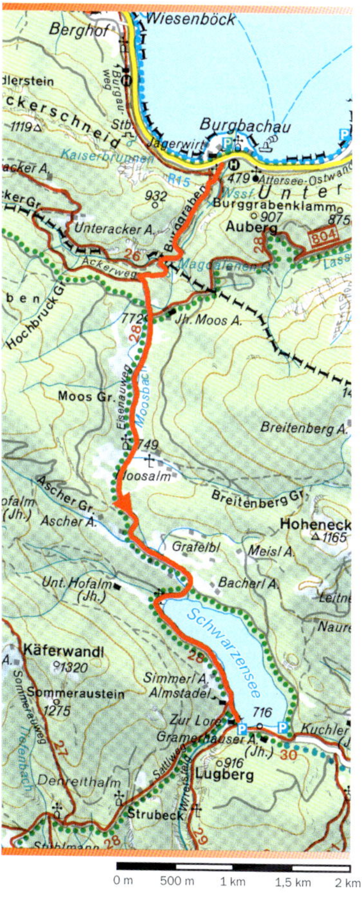

In zwei Tagen um den Gosaukamm

In einer alpinen Bilderbuchlandschaft unterwegs

Unsere Wanderroute um den Gosaukamm verläuft weitgehend auf gut markierten und viel begangenen Pfaden, dem Austria- und dem Steiglweg. Der Wanderer genießt dabei nicht nur die wechselnden Ausblicke auf die Tauern und die benachbarten Kalkalpen, auf Dachstein und Vorderen Gosausee, er schaut auch über die zwischen Felsflanken eingelagerten Riesen (Schuttkare) staunend zu so berühmten Felstürmen wie zur Bischofsmütze, zum Däumling und zum Nördlichen Mandlkogel hinauf, um nur einige dieser berühmten Gipfel zu nennen.

Sie alle wurden für viele Kletterer zu leuchtenden Säulen ihres Triumphs, für manche aber auch zu überdimensionalen, stummen Grabsteinen. Letzteres wird einem besonders an der 1964 errichteten Gedenkstätte für Lotte Wasmayer (abgestürzt, nachdem sie als erste Frau die Däumlingkante bestiegen hat) und viele andere tödlich verunglückte Bergsteiger bewusst, in der weit über 50 Namen aufgelistet sind. An erster Stelle steht gleich einer der bedeutendsten Kletterer: Dr. Paul Preuß, 1886–1913 (abgestürzt am Nördlichen Mandlkogel). Beim Lesen dieser Namen wird deutlich: Hier im Dachstein und Gosaukamm wurde Klettergeschichte geschrieben. Wer die anspruchsvolleren, seilgesicherten Passagen der Rundwanderung lieber im Aufstieg gehen will, sollte die Bergtour in Gegenrichtung durchführen. Gut trainierte Wanderer schaffen sie auch an einem Tag, andere lassen sich mehr als zwei Tage Zeit und besteigen neben der Zwieselalmhöhe je nach Können noch den einen und anderen Gipfel entlang der Route wie Donnerkogel, Strichkogel, Angerstein oder/und Mittleren Mandlkogel. Für jeden, der mit offenen Augen unterwegs und vom Wetter begünstigt ist, wird das Unternehmen zu einem nachhaltigen Erlebnis.

Talort:
Filzmoos, 1055 m.

Ausgangspunkt:
Aualm, 1366 m. Zufahrt von Filzmoos (Kreisverkehr) in Richtung Hofalmen (Mautstraße). 1,4 km hinter der Mautstelle links abzweigen und auf den Marcheggsattel, dort rechts zur Aualm (ca. 2,5 km von der Mautstelle).

Höhenunterschied:
1450 m (550 m + 900 m) in mehrfachem Auf und Ab.

Anforderungen:
Viel begangene Alpinwege. Die schwierigsten Passagen sind der Abstieg vom Jöchl ins Stuhlloch („Durchgang“) und der vom Steiglpass in Richtung Hofpürglhütte (z.T. Drahtseilsicherung, „rot“). Unangenehm schmierig und rutschig ist bei Nässe die lange Querung der Donnerkogel-Westflanke am Austriaweg.

Einkehr:
Rettenegghütte (Aualm, bew. Juni bis Mitte Okt.), Sulzkaralm (bew. Mitte Juni bis Ende Sept.), Theodor-Körner-Hütte (AV, bew. Mitte Juni bis Ende Sept., 33 L.), Stuhlalm (TVN, bew. Juni bis Okt., 40 L.), Breiningalm, Gablonzer Hütte (AV, bew. Ende Mai bis Mitte Okt., 32 B. + 40 L., Tel. 06136/8465), Hofpürglhütte (AV, Pfingsten bis Mitte Okt., ca. 150 L. + B., Tel. 06453/8304).

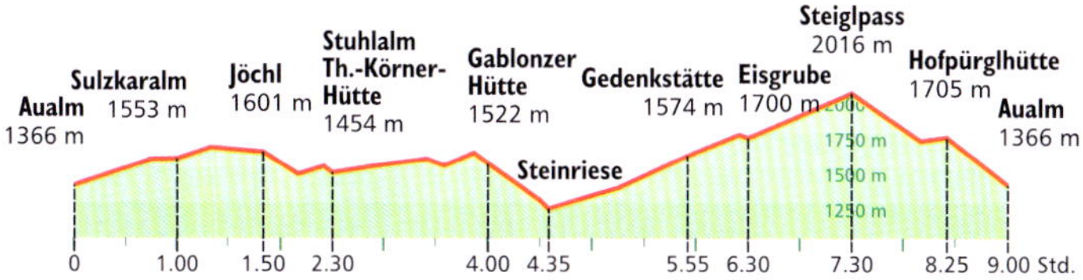

Vom Parkplatz auf der **Aualm** am Sträßchen links weiter in Richtung Sulzkaralm. Nach einem Graben verliert es sich auf einem vom Leckkogel herabziehenden Weiderücken und Sattel. Es folgen dann einige Gräben, wo zuerst ein Steig nach rechts zur Hofpürglhütte und gleich darauf einer nach links zur Arzbergalm ausschert. Wenige Meter oberhalb der zweiten Verzweigung erreichen wir die Kehre einer Almstraße, deren oberer Ast uns westseitig um den Leckkogel herum in den Kessel der **Sulzkaralm** leitet.

Hier steigen wir über einen Weidehang und durch einen Latschenstreifen zum **Austriaweg** (AV 611) hinauf, der uns links zu einem Sattel und um ein Geländeeck herumführt, schließlich nordwärts über flache Matten hinwegzieht und seilgesichert an einem Felswandl entlangläuft. Dahinter senkt er sich zum **Jöchl** hinab und steigt von dort durch eine schluchtartige, gut mit Stufen und zuletzt mit einem Drahtseil präparierte Rinne, den „Durchgang“, in das **Stuhlloch** hinab. Im Linksbogen geht es zuerst durch ein Latschenfeld, dann auf eine breite Grasschulter und dahinter zur **Stuhlalm** bzw. links zur versteckten **Theodor-Körner-Hütte** hinab, wo jeder gerne eine Rastpause einlegt.

Gleich hinter der Stuhlalm verzweigt sich der Weg. Zur Gablonzer Hütte wählen wir den oberen Pfad, der lange einen Weidehang quert, ehe er in den Wald taucht und hinter einem Rücken die Sulzkarmulde erreicht. Im Folgenden zieht sich der Austriaweg mit Ausblick aufs Tennengebirge lange an der zuerst freien, dann strauchbewachsenen Westflanke des Donnerkogel entlang. Es ist gar nicht so selten, dass man hier auf dem glatt polierten Gestein und lehmigen Untergrund einen wahren Eiertanz aufführen muss und man froh ist, wenn man den Unteren und kurz darauf den Oberen **Törlecksattel** erreicht hat, hinter denen sich der Weg zur **Breiningalm** und zur **Gablonzer Hütte** hinabsenkt. Damit haben wir unser erstes Etappenziel erreicht und finden für den Rest des Tages noch genügend Zeit, um in ca. ¼ Std. auf die **Zwieselalmhöhe** auszuschwärmen und dort das berühmte „Kalenderbild“ mit dem Vorderen Gosausee und dem aus dem Gosaugletscher wachsenden Dachstein in natura bewundern zu können.

Die **zweite Tagesetappe** beginnt mit einem Abstieg. Wir laufen nur ein paar Minuten auf dem breiten Weg in Richtung Bergstation der Gosaukammbahn hinab und zweigen deutlich davor rechts ab. Durch den Wald geht es zu einer Blockmulde und dahinter über eine bewaldete Rippe zur **Kraut-**

gartenalm hinab, unter der wir am Waldrand auf eine Wegverzweigung treffen. Hier verlassen wir die breite Spur und queren auf dem Steiglein 623 die Steinriese, hinter der uns nach einem Felseneck der vom Gosausee heraufführende **Steiglweg** (Weg Nr. 612) aufnimmt und durch den Bergwald zur unbewirtschafteten **Scharwandhütte** hinaufführt. Als Nächstes erreichen wir die Gamsriese, über der wir die berühmte Mandlkogel-Nordkante bestaunen können. Nach der Überschreitung einer Rippe wandern wir an der Scharwand-Jagdhütte vorbei, queren die Wasserriese und eine weitere Rippe und kommen schließlich zur eingangs erwähnten **Gedenkstätte**, die nur einen Katzensprung rechts über dem Steiglweg liegt. Der Wald lichtet sich nun zusehends. Nach einem unbedeutenden Abstieg zieht unser Pfad in einem Tälchen bergwärts und zeigt uns rechts oben den großartigen Felsturm des Däumling, ehe ein weiterer kleiner Abstieg in die **Eisgrube** folgt. Hinter dieser biegen wir nach rechts und mühen uns über Felsstufen, Gruben, Tälchen, Rinnen und zuletzt über eine Karmulde zum **Steiglpass** hinauf, dem höchsten Punkt unserer Tour. Kurz vorher tritt die Bischofsmütze in unser Blickfeld und hält uns ihre helle Abbruchwand entgegen.

Nach einer Rast- und Schaupause geben uns Drahtseile beim Abstieg über breite Felsbänder die nötige Sicherheit. Hinter einer Felskante windet sich der Steig über Schrofen und Schutt zu einem Boden hinab, wo sich von links der **Linzer** dazugesellt. Beide Wege führen gemeinsam über eine weitere Stufe zu einem Schuttstrom hinab und queren dann ziemlich höhengleich am Fuß des Mosermanndl zur Aussichtsterrasse der **Hofpürglhütte** hinaus. Rechts der Unterkunft geht es auf breitem Trampelpfad durch eine Kar- und Weidemulde zu unserem Ausgangspunkt auf der **Aualm** hinab.

Foto: ÖW/Mallaun

Pitschenberg

Lohnende Hochflächenwanderung und einfache Gipfelbesteigung
Oberer Parkplatz – Pitschenbergalm – Pitschenberg

Talort:
Strobl, 542 m, am Südostende des Wolfgangsees gelegener Ferienort.

Ausgangspunkt, Parkmöglichkeit:
Oberer Parkplatz (1325 m) am Ende der Postalm-Mautstraße, 16 km von Strobl.

Gehzeiten:
Parkplatz – Pitschenberg 2¼ – 2½ Std., retour 1¾ – 2 Std.; Gesamtzeit 4 – 4½ Std.

Anforderungen:
Lange, aber unschwierige Wanderung. Vorsicht bei Nebel!

Höchster Punkt:
Pitschenberg, 1720 m.

Einkehr:
Jst. Pitschenberghütte auf der Pitschenbergalm (Sommerbewirtschaftung, keine Nächtigung!).

Sehenswertes:
Die prachtvollen Lärchenwälder und ausgedehnten Heidelbeerbestände im Anstieg zum Pitschenberg. Wunderbare Rundschau!

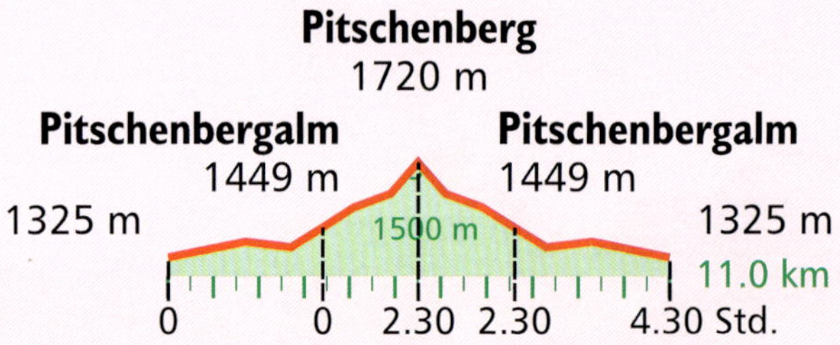

Bei einer Besteigung des Pitschenberges lernt man die ganze Weite der Postalm-Hochfläche kennen. Von der Pitschenbergalm schauen wir erstmals die Gletscherpracht des Dachsteins. Danach beginnt der Gipfelanstieg. Er führt durch einen richtigen Alpengarten, durch prächtige Lärchenwälder und ausgedehnte Heidelbeerbestände zur aussichtsreichen Höhe empor, auf der sich an Schönwettertagen oft viele Wanderfreunde einfinden.
Vom Oberen Parkplatz auf den Pitschenberg: Nach Westen hinauf zu Schranke mit Straßenteilung gleich danach. Die Straße nach links und bald zur Rechtsabzweigung von Weg Nr. 840. Auf ihm über Wiesen eben nach

Südwesten zu einem Haus (ehem. Ghf. Huber). Nun zuerst durch sumpfigen Bergwald, später über einen breiten Wiesenrücken südwestwärts zu einer Anhöhe und weiter zu einer Verzweigung. Hier geradeaus, südwestwärts, im Auf und Ab zu querendem Weg. Ihm (Nr. 840) folgen wir durch einzigartige Lärchenbestände nach rechts (Nordwesten) aufwärts zur herrlich gelegenen **Pitschenbergalm** (1449 m), 1¼ Std. Nach Westen hinauf zu einer Schulter, dort nach rechts (Nordwesten) und durch lichten Nadelwald, mehrere Dolinenmulden ausgehend, an den Ostrücken des **Pitschenberges**. Über ihn (prachtvolle Lärchenbestände!) aufwärts, später die Grashänge der Gipfelpyramide in Kehren hoch (viele Heidelbeeren!), bis der Weg nach links in die Südseite des Berges führt. Hier rechts ab und über Wiesen steil empor zum Gipfel des Pitschenberges, 1720 m.
Rückkehr auf gleicher Route.

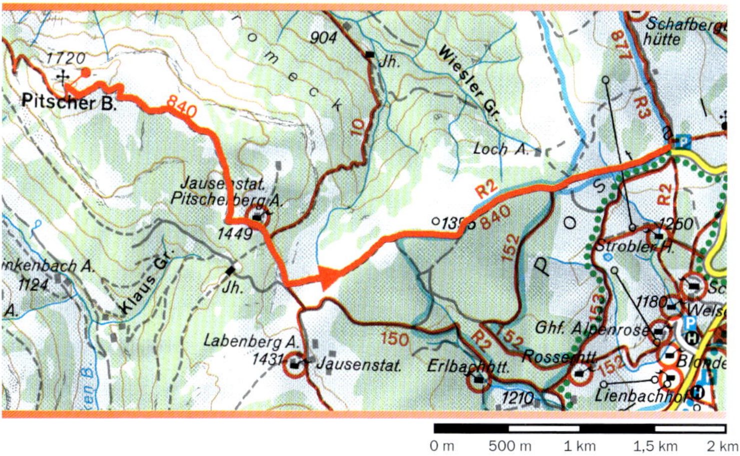

Über den Regenspitz

Bequeme Almwege – steile Gipfelpfade

Satzstein – Feichtensteinalm – Regenspitz – Bergalm – Satzstein

Talort:
Hintersee, 746 m. Östlich von Hof bei Salzburg (Baderluck) rechts über Faistenau nach Hintersee (knapp 14 km).

Ausgangspunkt:
Parkplatz beim Satzstein, ca. 770 m. An der Kirche in Hintersee rechts abzweigen (0,7 km).

Gehzeiten:
Satzstein – Feichtensteinalm 2 Std., Feichtensteinalm – Regenspitz 1¼ Std., Regenspitz – Bergalm ¾ Std., Bergalm – Satzstein 1½ Std.; Gesamtgehzeit: ca. 5½ Std.

Höchster Punkt:
Regenspitz, 1675 m.

Höhenunterschied: Ca. 900 m.

Anforderungen:
Breite Wege im Almbereich („blau"), steile Pfade am Regenspitz (Trittsicherheit erforderlich, „rot").

Einkehr:
Feichtensteinalm (bew. Mitte Juni bis Ende Sept.), Bergalm (bew. Pfingsten bis Allerheiligen), Neureithütte (bew. Mitte Juni bis Allerheiligen).

Sehenswertes:
Satzstein (Naturdenkmal), Tiefenbachschlucht mit Wasserfällen, Rauchkuchl in der Feichtensteinalm, Panorama am Regenspitz.

Varianten:
Feichtenstein, 1249 m. Vor der Feichtensteinalm nordwärts durch eine Senke und über einen breiten Rücken mit lichtem Baumbestand zum Gipfelkreuz (20 Min., „blau", reizvoller Tiefblick nach und zum Hintersee).

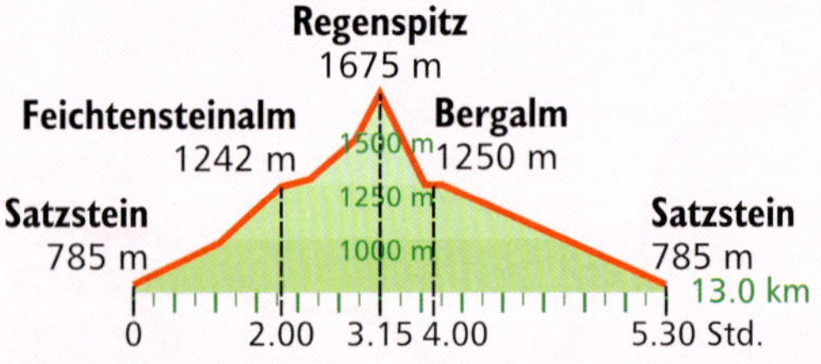

Der Regenspitz zählt zur Kategorie jener Gipfel, die eine zentrale Lage genießen, von mehreren Seiten bestiegen werden können und sich in lohnende Rundtouren einbinden lassen.

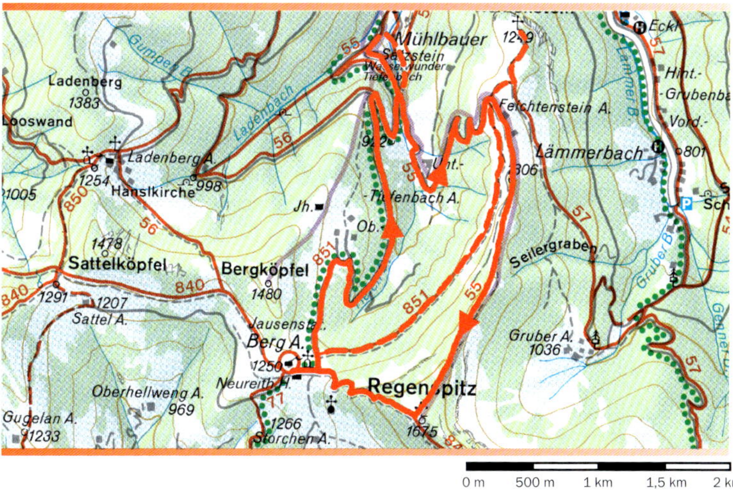

Beim **Satzstein**, einem überhängenden Irrblock, verzweigen drei Sträßchen. Das mittlere führt unmittelbar rechts am Findling vorbei, steigt zu einem Gehöft an, führt dann – an einer Gabelung links – flach talaufwärts zum Tiefenbach-Wasserfall und zu einer Brücke.

Hierher landschaftlich reizvoller: Auf der Straße links vom Satzstein zur nächsten Brücke, davor rechts weiter und an der Tiefenbachschlucht entlang über viele Stufen zum Wasserfall.

Dahinter geht es auf gemeinsamer Route links über die Brücke, zur Unteren Tiefenbachalm hinaus und bis zur zweiten Verzweigung am Waldrand. Die linke Spur windet sich in mehreren Schleifen durch den Bergwald auf einen Wiesenrücken. Dort geht es nordwärts durch eine häufig feuchte Senke zum **Feichtenstein** (Variante), südwärts zur Feichtensteinalm.

Hinter dieser lassen wir uns von einem ausladenden Grasrücken zuerst auf seinem Scheitel, dann rechts davon in Richtung Regenspitz leiten. Das Gelände steilt allmählich auf und verjüngt sich zu einem Grat, der zuerst von Wald, dann von Latschen gesäumt ist und sich z. T. über Plattenstufen zum Gipfel des **Regenspitz** schwingt.

Vom Gipfelkreuz steigen wir rechts über den Nordwestgrat, etwa in Richtung Schmittenstein, zunächst über freies Gelände, dann steil im Wald und zuletzt über Wiesen zur **Bergalm** ab.

Vor der Jausenstation weist uns ein Schild nach rechts in Richtung Hintersee. Auf breitem Wanderweg geht es an den Osthängen des Bergköpfls entlang zur Oberen Tiefenbachalm. Vor dieser finden wir Anschluss an eine lange Forststraße, der wir nach Hintersee bzw. zum **Satzstein** folgen.

Foto: Brandl

Großer Silberpfennig

Aussichtswarte vor majestätischer Bergkulisse

Gold und Silber, die Schätze der Berge um Naßfeld und Kolm-Saigurn, sind auch in zahlreichen Bergnamen dieser Gegend verewigt. Der Silberpfennig, eine namhafte Aussichtswarte vor der majestätischen Kulisse der Ankogel- und Goldberggruppe, zählt zur Kategorie dieser Gipfel.

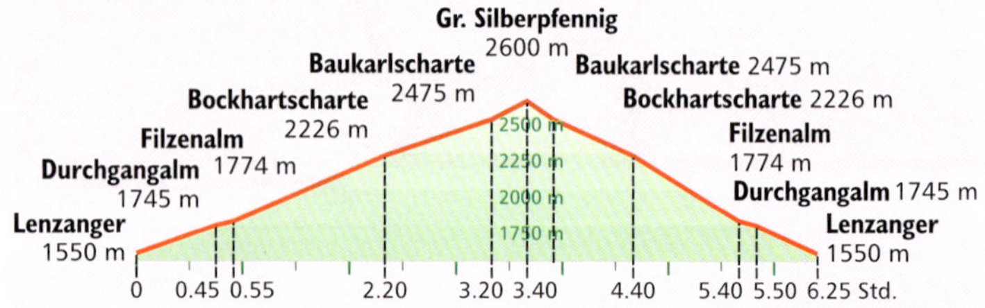

Talort/Ausgangspunkt:
Kolm-Saigurn, 1598 m (Anreise mit Bus wie Tour 48) bzw. Lenzanger, 1550 m (Anreise mit Pkw).

Höhenunterschied:
1000 m ab Kolm-Saigurn, 1050 m ab Lenzanger.

Anforderungen:
Gut markierte Almsträßchen und -steige, zuletzt Felsgrat. Unter der Baukarlscharte sind Altschneefelder bis in den Hochsommer. Stellenweise „rot", häufig „blau", stabile Witterung ratsam.

Einkehr:
Naturfreundehaus und Ammererhof in Kolm-Saigurn (beide mit Nächtigungsmöglichkeit), Durchgang- und Filzenalm.

Variante:
Zustieg zur Bockhartscharte auch aus dem Gasteinertal
.

Auf der Ostseite des **Lenzanger-Parkplatzes** wandern die mit dem Pkw Angereisten durch den von zahlreichen Moortümpeln besetzten Rauriser Urwald zur Durchgangalm hinauf (Weg Nr. 31). Diese erreichen die Busreisenden von **Kolm-Saigurn** über den Ammererhof, hinter dem ein Wirtschaftsweg zur **Durchgangalm** und zur **Filzenalm** hinaufführt. Vor der Letztgenannten zweigen wir rechts ab, gehen auch an der Alm rechts vorbei und steigen dahinter über eine zuerst freie Geländestufe (Überstieg), dann durch einen lichten Waldgürtel auf ein ausladendes, wasserreiches Weideplateau. Von diesem zieht der Weg im Rechtsbogen über einen mehr und mehr von Felsblöcken durchsetzten Grashang auf die **Bockhartscharte** (Weg Nr. 121). Hier wendet uns der Silberpfennig erstmals seine grüne Breitseite zu. Wir drehen an der Scharte nach links, umgehen den

Foto: Brandl

kreuzgeschmückten Schartenkopf auf seiner Ostseite und folgen unter dem nächsten Mugel entlang einer Grasmulde und einer Rampe. Anschließend zieht der Steig unter einer Felswand (u.U. Abbruchstelle und Querung eines Altschneefeldes bis in den Hochsommer) in den kleinen Kessel des **Baukarl** hinauf, aus dem es steil auf die gleichnamige Scharte geht. Zur Rechten lassen wir uns vom felsigen und meist gut gangbaren Nordwestgrat auf den **Großen Silberpfennig** führen. **Abstieg** wie Aufstieg.

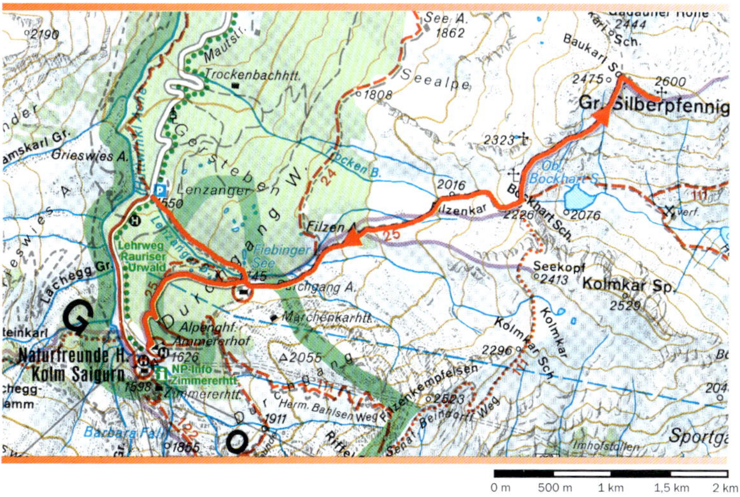

Geiereck und Salzburger Hochthron

Über den Doppler- und den Reitsteig zum Untersberg

Glanegg/Rositten – Dopplersteig – Zeppezauerhaus – Geiereck – Salzburger Hochthron – Zeppezauerhaus – Reitsteig – Rositten

Talort/Ausgangspunkt:
Glanegg, Waldparkplatz an der Rosittenstraße, 465 m. Anfahrt über Autobahnausfahrt Salzburg-Süd – an der Ampel rechts – Grödig – Glanegg, noch ca. 200 m in Richtung Fürstenbrunn, dann links in die Rosittenstraße (Ww. „Dopplersteig, Reitsteig").

Gehzeiten:
Parkplatz in der Rosittenstraße – Dopplersteig – Zeppezauerhaus 3½ Std., Zeppezauerhaus – Untersbergbahn-Bergstation – Geiereck ½ Std., Geiereck – Salzburger Hochthron ca. ¼ Std., Hochthron – Bergstation – Zeppezauerhaus knapp ½ Std., Zeppezauerhaus – Reitsteig – Parkplatz 2 Std.; Gesamtgehzeit: 6½–7 Std. Verteilung der Tour auf zwei Tage mit Nächtigung auf dem Zeppezauerhaus empfehlenswert. Bei Benützung der Seilbahn ab St. Leonhard insgesamt nur ca. 3 Std.

Höchste Punkte:
Geiereck, 1805 m; Salzburger Hochthron, 1853 m.

Höhenunterschied:
1400 m inkl. kleiner Gegenanstiege im Gipfelbereich, 1200 m bis Zeppezauerhaus; bei Benützung der Seilbahn knapp 100 m. Fahrzeiten der Seilbahn: März bis Juni und im Okt. 9–17 Uhr, Juli bis Sept. 8.30–17.30 Uhr halbstündlich, Tel. 0 62 46/7 24 77.

Anforderungen:
Für den Doppler- und den Reitsteig benötigt man gute Kondition,

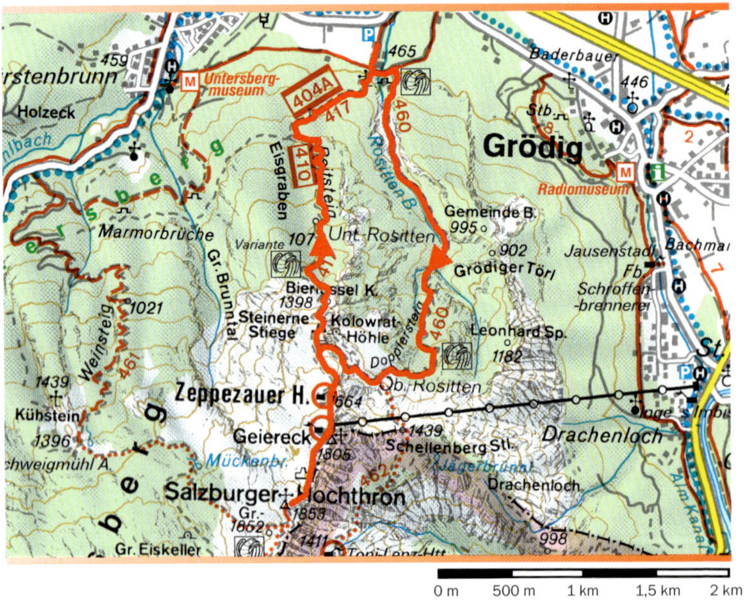

Trittsicherheit und stellenweise auch Schwindelfreiheit. Der Dopplersteig ist insgesamt schwieriger als der Reitsteig (nur für Geübte mit alpiner Erfahrung, nicht bei Nässe oder Vereisung!). Beide Steige haben zusammen weit über 4000 künstliche Stufen.

Einkehr:
Zeppezauerhaus, 1664 m (AV, bew. Anfang Mai bis 26.10., 40 L., 15 B.), Restaurant an der Bergstation der Untersbergbahn (bew. während des Seilbahnbetriebs).

Sehenswertes:
Tiefblick auf Salzburg, ins Salzachtal und aufs Alpenvorland, Schlucht des Rosittenbachs vom Dopplersteig, Gipfelpanorama, Freilichtmuseum Großgmain, Untersbergmuseum in Fürstenbrunn.

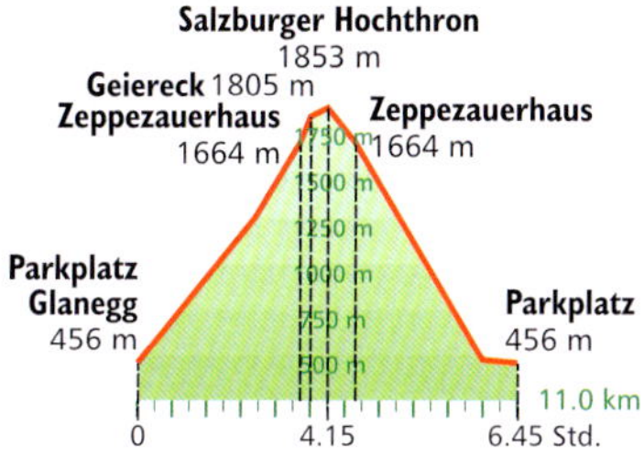

Dopplersteig und Reitsteig, zwei klassische und beliebte Anstiege zum Zeppezauerhaus und zum Salzburger Hochthron am Untersberg, haben beide den gleichen Ausgangspunkt. Der etwas schwierigere und landschaftlich schönere Dopplersteig gilt als reiner Sommerweg. Den Anstieg auf das Geiereck am Untersberg kann man auch mit Hilfe der Seilbahn ab St. Leonhard zurücklegen. Im Folgenden wird der Dopplersteig im An- und der Reitsteig im Abstieg vorgestellt.
Vom Parkplatz auf dem Sträßchen an einigen Häusern vorbei zu einer Brücke, wo die beiden Routen verzweigen. Der Dopplersteig Nr. 460 führt links über den Bach zu einem alten Steinbruch, daran rechts vorbei und zuerst über viele Stein- und Betonstufen (Drahtseil), dann über der Schlucht des Rosittenbachs entlang auf einen Boden. Dahinter wechseln viele hundert Holzstufen mit Gehgelände ab, ehe der Steig hinter mehreren Wasserrunsen den schönen Mischwaldgürtel verlässt und in einem Kar eine Wegverzweigung erreicht. Rechts geht es in Serpentinen zum Felssockel hinauf, daran mit Hilfe einer Drahtseilsicherung entlang und über mehr als 500 Stufen durch eine Steilmulde auf eine Schulter (Kreuz). Bald darauf mündet von rechts der Reitsteig ein. Auf breitem Weg strebt man über Latschenhänge dem nun sichtbaren **Zeppezauerhaus** und der Bergstation der Seilbahn zu. Von dieser führt ein straßenbreiter Wanderweg zum Metallgitterkreuz am **Geiereck** und durch zwei Mulden südwestwärts zum Kreuz am **Salzburger Hochthron**. Auf der Anstiegsroute geht es über das Zeppezauerhaus zur Verzweigung der beiden Steige zurück. Die linke Route (Reitsteig Nr. 417) führt bald darauf über einen Geländesprung hinab („Steinerne Stiege“, Drahtseile) und in vielen Windungen zunächst im lichten, nach einer freien Passage im dichten Wald zum Parkplatz ins Tal.
Hinweis für Seilbahnbenutzer: **Rückfahrt** mit dem Bus etwa halbstündlich von Glanegg (Straßengabelung) zur Talstation in St. Leonhard.

Riemannhaus und Breithorn

Tor zum Steinernen Meer
Parkplatz Sanden – Riemannhaus – Breithorn und zurück

Die Ramseiderscharte ist das bekannteste Tor auf der Südseite des Steinernes Meeres, es wird vom mächtigen Breithorn und dem Felspfeiler des Sommerstein flankiert. Im Scharteneinschnitt kann man auch aus der Froschperspektive des Saalfeldener Beckens den weißen Steinbau des Riemannhauses erkennen. Der Hüttenanstieg ist verhältnismäßig anspruchsvoll, aber auch von bemerkenswertem landschaftlichem Reiz; folglich wird die Hütte sehr viel besucht. Der Anstieg auf das Breithorn ist nicht schwieriger als der Hüttenweg und belohnt mit einer tollen Aussicht.

Talort:
Maria Alm, 802 m.

Ausgangspunkt:
Parkplatz Sanden, ca. 1150 m. Man folgt von Maria Alm 4 km dem Ww. „Riemannhaus", zuletzt steiles Schottersträßchen.

Gehzeiten:
Parkplatz – Riemannhaus 2½ Std.,
Riemannhaus – Breithorn 1¼ Std.,
Breithorn –Riemannhaus ¾ Std.,
Riemannhaus – Parkplatz 1¾ Std.;
Gesamtgehzeit: 6¼ Std.

Höhenunterschied:
Riemannhaus gut 1000 m,
Breithorn 1350 m.

Anforderungen:
Sträßchen zum Materialaufzug, dann viel begangener, alpiner Steig mit Steintreppen und Seilsicherungen. Trittsicherheit, stellenweise auch Schwindelfreiheit erforderlich! Tour evtl. auf 2 Tage verteilen (Nächtigung am Riemannhaus).

Einkehr:
Riemannhaus (AV, bew. Mitte Juni bis Anfang Okt., ca. 150 Schlafplätze, stark frequentiert, Wochenende meiden!
Tel. 06582/73300).

Sehenswertes:
Großartige Felsarena beim Anstieg zum Riemannhaus. Ausblick vom Breithorn und Sommerstein: Stein. Meer, Berchtesgadener Alpen und benachbarte Kalkalpen, Alpenhauptkamm (Hohe Tauern, Zillertaler Alpen).

Varianten:
Sommerstein (2308 m, ½ Std. vom Riemannhaus, markiert): Rechts hinterm Riemannhaus ganz kurz in Richtung „Schönfeldspitze", dann rechts und auf halber Höhe wieder rechts (gut gestuftes, grasdurchsetztes und auch felsiges Gelände, leichter als zum Breithorn, sehr lohnend).

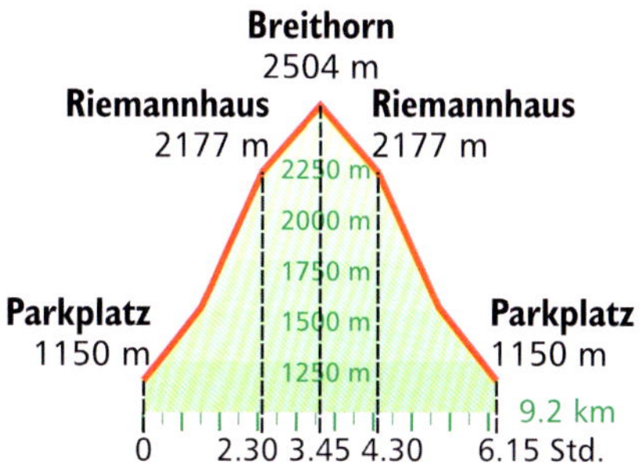

Vom **Parkplatz** führt zunächst ein Sträßchen zum Materialaufzug des Riemannhauses. Kurz davor vertraut man sich einem ausgetretenen Steig an, der sich an einem Felswandl vorbeischwindelt, dahinter über Stufen, dann in vielen Kehren über einen Gras- und Latschenhang eine auffallende Rippe erreicht. Diese zieht rechts in eine Schlucht, in der eine seilgesicherte Steintreppe die folgenden Felsabbrüche überwindet, ehe das **Riemannhaus** (2177 m) auf der Ramseiderscharte sichtbar wird. Ein steiniger Weg führt – den Sommerstein stets im Blickfeld – zu der auf der Schwelle zum Steinernen Meer gelegenen Hütte. Zum **Breithorn** geht es hinter derselben auf Weg Nr. 428 im Linksbogen durch eine Grube und an der folgenden Verzweigung wieder links. Dann müht sich der Steig an der Geländekante der Nordostabdachung entlang über Felsbänder und stufenartig aufgeschichtete Felsblöcke auf den Gipfel. **Abstieg** wie Anstieg.

Schwalbenwand

Pinzgauer Paradegipfel für Wanderer und Tourengeher

Unterberg – Hinterjetzbachhof – Hinterjetzbachalm – Hofer Plattl – Schwalbenwand und zurück

Auf der Schwalbenwand kann man zu jeder Jahreszeit jemandem begegnen, da die von verschiedenen Seiten zu ihrem aussichtsreichen Gipfel führenden Routen sowohl für den Wanderer als auch für den Skitouristen attraktiv sind.

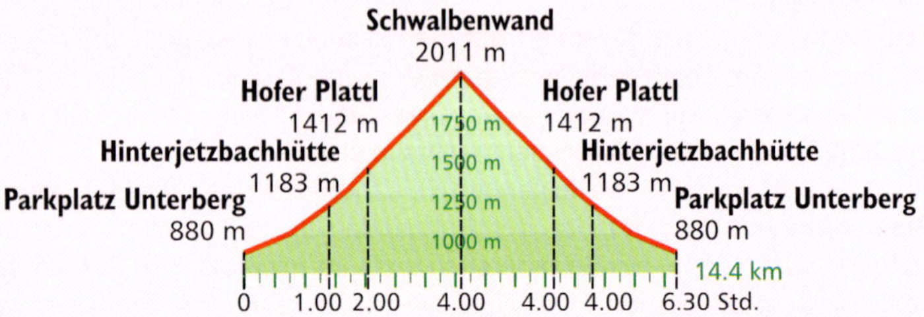

Talort:
Maria Alm, 802 m.

Ausgangspunkt:
Unterberg, 820 m, 1,6 km von Maria Alm, Haltestelle des Hochkönig-Wanderbusses. Mit Pkw: ca. 200 m nach der Einfahrt in Unterberg rechts, dann 1 km zu einem Parkplatz, ca. 850 m.

Gehzeiten:
Unterberg – Hinterjetzbachalm ca. 1 Std., Hinterjetzbachalm – Oberstegalm – Hofer Plattl 1 Std., Hofer Plattl – Hofer Hochberghütten – Schwalbenwand 2 Std., Rückweg auf gleicher Route ca. 2½ Std.; Gesamtgehzeit: ca. 6½ Std.

Höhenunterschied:
1150 m, mit kleinen Gegenanstiegen im Gipfelbereich.

Anforderungen:
Almsträßchen und Wanderwege, zuletzt unschwieriger Steig.

Einkehr:
Hinterjetzbachalm (bew. Juni bis Sept.).

Sehenswertes:
Schwalbenwand als hervorragender Aussichtspunkt auf Kitzbüheler Alpen, Wilden Kaiser, Leoganger Steinberge mit der Birnhorn-Südwand, Steinernes Meer, Hochkönig, Dachstein, Niedere und Hohe Tauern.

Varianten:
Übergang zum Hundstein nur für sehr ausdauernde Wanderer, ca. 500 m Höhenunterschied in mehrfachem Auf und Ab, ca. 3 Std., siehe Tour 25 (Westroute), genügend Flüssigkeit mitnehmen!

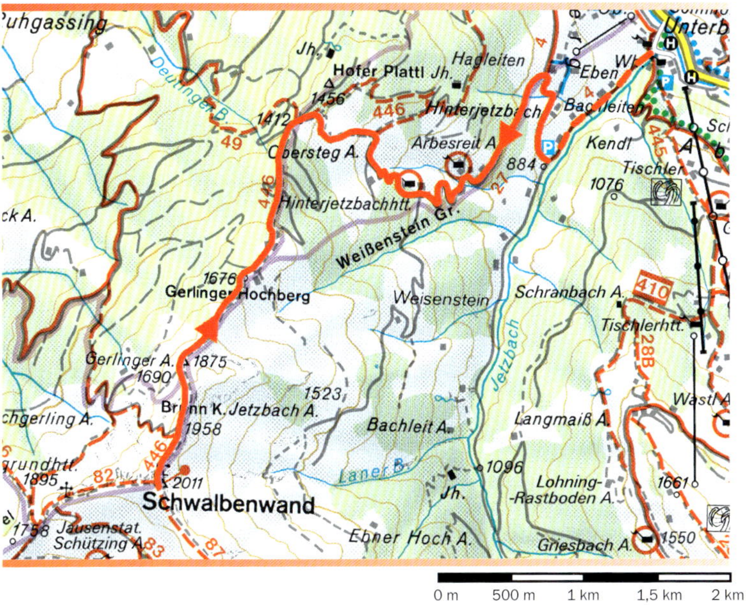

Vom **Parkplatz** im Jetzbachgraben auf einem Asphaltsträßchen rechts zum **Hinterjetzbachhof**. Ein Stück hinter dem folgenden Haus zweigt links ein Almsträßchen ab. Es führt über die Jausenstation **Hinterjetzbachalm** und einige andere Hütten zur **Oberstegalm**. Dahinter auf nur schwach ausgeprägtem Wiesensteig mit Holzpfostenmarkierung zur bewaldeten Anhöhe des **Hofer Plattl**. Auf einer Forststraße ein kurzes Stück nach links, dann auf einem markierten Waldsteig – ein paarmal ein Sträßchen queren – zu den zwei Hofer Hochberghütten. Dahinter über zwei ausgeprägte Kuppen hinweg in einen Sattel und auf die **Schwalbenwand**. **Abstieg** wie Anstieg.

163

Schmidt-Zabierow-Hütte

Stiller Wächter über dem Loferer Becken

Loferer Hochtal – Schmidt-Zabierow-Hütte und zurück

Die Schmidt-Zabierow-Hütte, der einzige Bergsteigerstützpunkt in den Loferer Steinbergen, liegt hoch droben am Gamskopf, dem Eingang in die Große Wehrgrube. Sie ist mit gutem Auge von Lofer auszumachen. Die Felsaufbauten von Ochsenhorn, Reifhorn, Hinterhorn und Breithorn bilden eine imposante Kulisse. Schade, dass der Bergsommer hier relativ kurz ist.

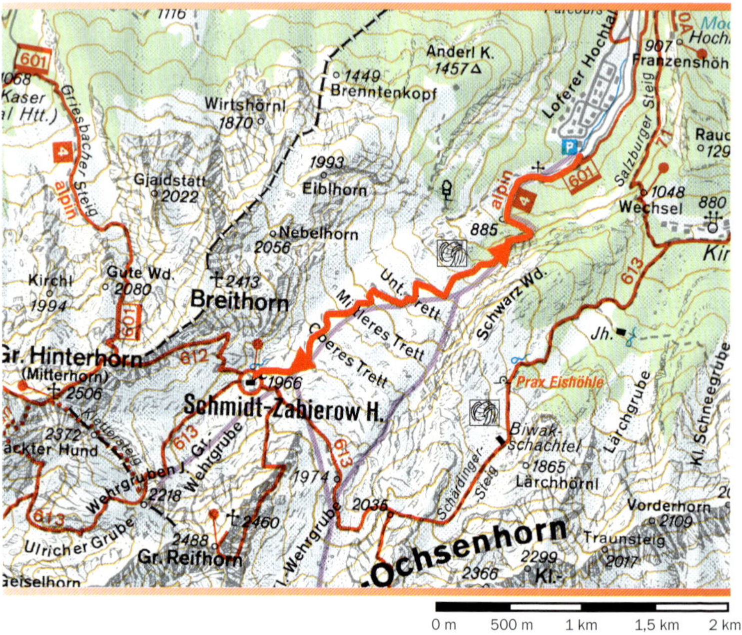

Talort:
Lofer, 626 m.

Ausgangspunkt:
Loferer Hochtal, gut 800 m. Vom Kreisverkehr in Lofer 1,3 km in Richtung Innsbruck (B 178). An der Bushaltestelle „Lofererhochtal" links ins Hochtal hinauf und an der nächsten Gabelung erneut links.

Gehzeiten:
Loferer Hochtal – Schmidt-Zabierow-Hütte 3½ Std., Rückweg 2¼ Std.; Gesamtgehzeit: 5¾ Std.

Höhenunterschied:
Ca. 1150 m.

Anforderungen:
Gut markierter Hüttenweg, Trittsicherheit erforderlich.

Einkehr:
Schmidt-Zabierow-Hütte (AV, bew. Ende Juni bis Ende Sept., ca. 70 L.+ B., Tel. 06588/7284).

Sehenswertes:
Kare und Felsarena um die Hütte, Tiefblick ins Loferer Becken.

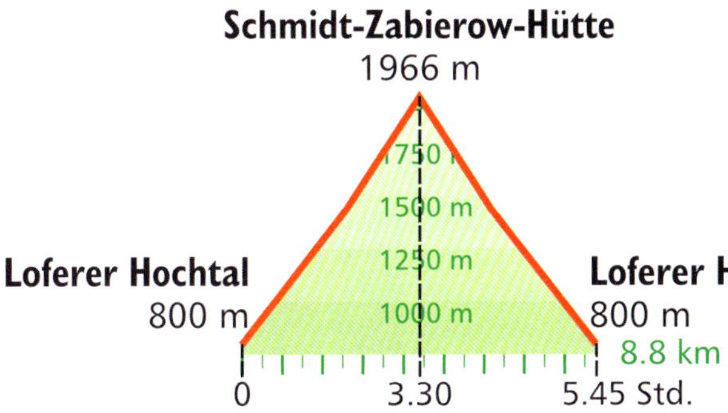

Vom **Loferer Hochtal** führt der Hüttenweg Nr. 601 zuerst in den hinteren Kessel, dann links über eine steile Waldstufe zur Schwarze Wand und zu einem Rastplatz mit Brunnen. In der anschließenden Strauchzone passieren wir die Grundmauern der ehemaligen Scheffauer Almhütte (interessante Informationstafel) und bald darauf eine zweite Wasserstelle, die etwa auf halbem Weg zur Hütte liegt. Es folgt eine ausgedehnte Graszone mit ehemaligen Schafweiden (Trett), die mehr und mehr in felsige Karrenfelder übergehen. Über diesen wird der Blick auf die noch ca. ½ Stunde entfernte **Schmidt-Zabierow-Hütte** frei. Der **Abstieg** verläuft am Anstiegweg.

Kürsinger Hütte

Wichtigste Hütte der Venedigergruppe mit einmaligem Gletscherpanorama

(Postalm –) Materialaufzug – Kürsinger Hütte und zurück

Foto: ???

Die traditionsreiche Kürsinger Hütte hat sich nach mehreren Umbau- und Erweiterungsmaßnahmen bis heute zu einem Ensemble von 6 Gebäuden entwickelt. Diese stehen auf einer abdachenden Geländeterrasse mit erstklassiger Aussicht auf die Gipfel- und Gletscherwelt um den Großvenediger. Das Haus gilt nicht nur als bedeutendste und am besten ausgestattete Schutzhütte in der Venedigergruppe, sondern zählt zu den schönsten ihresgleichen in den gesamten Ostalpen. Der Großvenediger ist der Magnet, der ab dem Frühjahr zuerst die Skitourengeher, später die Bergsteiger anzieht. Achtung! Der „Winterweg" zur Kürsinger Hütte ist im Sommer nicht mehr begehbar (mehrere Tote durch Felssturz!).

Talort:
Neukirchen am Großvenediger, 857 m.

Ausgangspunkt:
Postalm im Obersulzbachtal, 1699 m, bzw. Materialaufzug der Kürsinger Hütte, 1929 m. Zu erreichen wie Tour 14/15 (Nationalpark-Taxi ab Neukirchen oder Hopffeldboden.

Gehzeiten:
Postalm – Materialaufzug 1 Std., Materialaufzug – Kürsinger Hütte 2 Std., Kürsinger Hütte – Materialaufzug 1½ Std., Materialaufzug – Postalm ¾ Std., (Postalm – Hopffeldboden 2 Std.); Gesamtgehzeit: Ab Materialaufzug hin und zurück 3½ Std., ab Postalm hin und zurück gut 5 Std.

Höhenunterschied:
Ab Postalm 850 m, ab Materialaufzug 620 m.

Anforderungen:
Viel begangener, gut markierter alpiner Steig mit Drahtseilgeländer im Klamml; Trittsicherheit und Schwindelfreiheit nötig, nur Sommerweg. Rucksacktransport vom Materiallift zur Hütte möglich.

Einkehr:
Kürsinger Hütte (AV, bew. 2 Wochen vor Ostern bis 30. Sept., 50 B., 100 L., Tel. 06565/6450), Berndlalm (privat, bew. Mai bis Mitte Okt., 27 B., Tel. 0664/9166718), Postalm (privat, bew. 1 Woche vor Ostern bis Anfang Okt., 28 Schlafplätze, Tel. 06565/6520), Gasthöfe Steigerhof und Siggen auf der Zufahrtsstraße.

Sehenswertes:
Obersulzbachtal und Klamml; Gipfel- und Gletscherparade um die Kürsinger Hütte (Großvenediger mit Obersulzbachkees, Großer Geiger, Schlieferspitze u. a.), sommerliche Hochgebirgsflora.

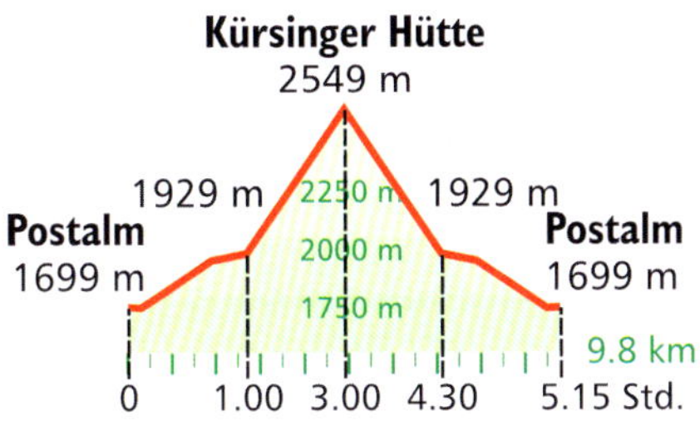

Den **Materiallift** am Oberen Keesboden erreicht man beliebig zu Fuß, mit dem Rad oder mit dem Kleinbus des Zubringerdienstes auf dem Sträßchen durchs Obersulzbachtal. Kurz hinter dem Aufzug folgt man dem linken Pfad, der schon bald die **Kernzone** des Nationalparks betritt. Bei einer weiteren Verzweigung bleibt man erneut links. Der Weg windet sich zuerst über Schutt und Blockwerk, dann felsig zu einem markanten Eck hinauf, hinter dem die interessante, in Fels gesprengte und mit Seilgeländer gesicherte Steiganlage des **Klammls** beginnt. Dahinter führt der Pfad im Bereich des Aufzugs über felsdurchsetzte Grashänge zu den Gebäuden der **Kürsinger Hütte**.

Der **Abstieg** vollzieht sich auf der bekannten Anstiegsroute.

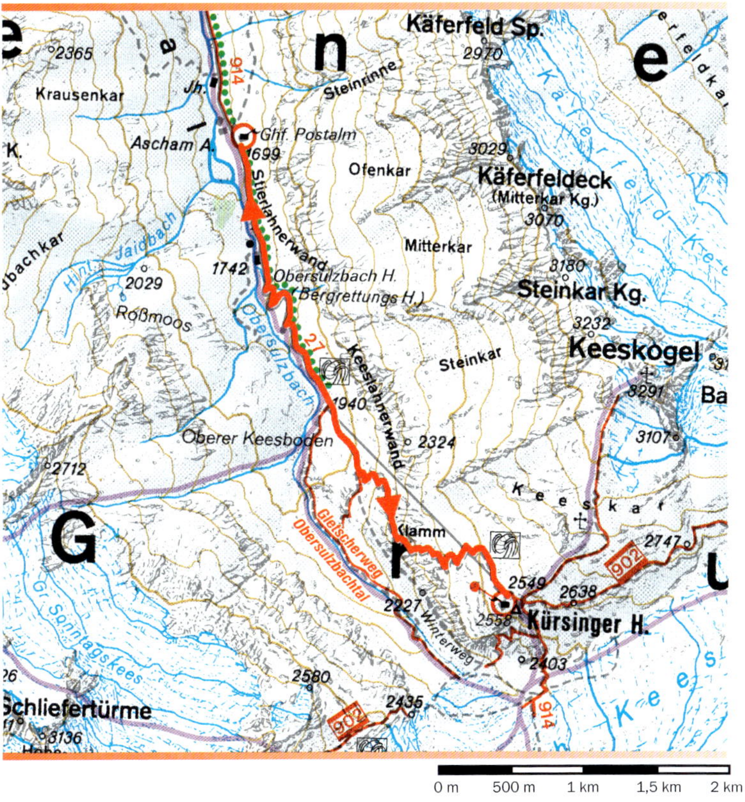

Hochgolling

Aufstieg zum höchsten Berg der Niederen Tauern

Ziel dieser langen und wohl auch schwierigsten Tour dieses Führers ist der weithin sichtbare Hochgolling im Göriachwinkel. Ist der Anstieg zur Gollingscharte mit steilen 500 Höhenmetern schon recht kräfteraubend, so folgen noch einmal gute 500 Höhenmeter zum Gipfel des höchsten Berges der Niederen Tauern, die auch einige Kletterstellen (Schwierigkeitsgrad I) bereithalten. Ausdauernde, trittsichere und schwindelfreie Wanderer erwartet allerdings ein Panorama, das kaum noch zu überbieten ist.

Foto: Brandl

Talort:
Hintergöriach, 1250 m, nördlich von Tamsweg bzw. Mariapfarr.

Ausgangspunkt:
Hüttendorf, 1420 m, etwa 6,5 km von Hintergöriach taleinwärts. Parkplatz. Endstation Tälerbus.

Höhenunterschied:
Ca. 1450 m.

Anforderungen:
Sehr anstrengende, hochalpine Tour mit einigen Kletterstellen (I). Nur für trittsichere und schwindelfreie Bergsteiger.

Einkehr:
Hansalhütte im Hüttendorf (Mitte Mai–Mitte Okt.), Landawirseehütte etwas abseits der Route.

Varianten:
Weniger erfahrende Geher können gefahrlos bis zur Gollingscharte aufsteigen. Die Aussicht ist auch von diesem viel begangenen Übergang zur Gollinghütte (1641 m) schon beeindruckend.

Tipp:
Eventuell als Zweitagestour mit Übernachtung in der Landawirseehütte.

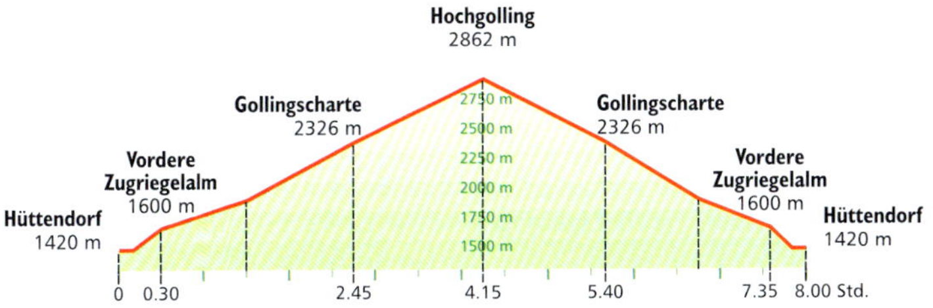

Vom Parkplatz führt der Weg **Nr. 775** bis zum Talschluss. In der großen Linkskurve zweigt der **Tauernhöhenweg Nr. 702** deutlich markiert zur **Gollingscharte** (2326 m) und auf den **Hochgolling** (2862 m) ab. Ziemlich direkt und steil zieht das Steiglein zur Scharte empor. Kurz vor dem letzten Aufschwung zweigt links – westlich – ein Weg zur **Landawirseehütte** (nur für sehr trittsichere und erfahrene Wanderer bei trockenem Wetter und schneefreien Verhältnissen!) ab.

Auf der Gollingscharte trennen sich die Wege. Der Tauernhöhenweg führt zur Gollinghütte in der Steiermark, rechts steigt **Weg Nr. 778** an der Südflanke zum Gipfel des 2862 m hohen Hochgolling auf. Gleich zu Beginn geht es recht luftig um eine Felsnase, ein erster Eindruck, was den Bergsteiger auf den nächsten 500 Höhenmetern erwartet. Gehgelände wechselt immer wieder mit Felspassagen, bei denen auch manchmal die Hände zupacken müssen.

Der **Abstieg** erfolgt wie der Aufstieg oder klingt mit einem Besuch in der nahen Landawirseehütte gemütlich aus.

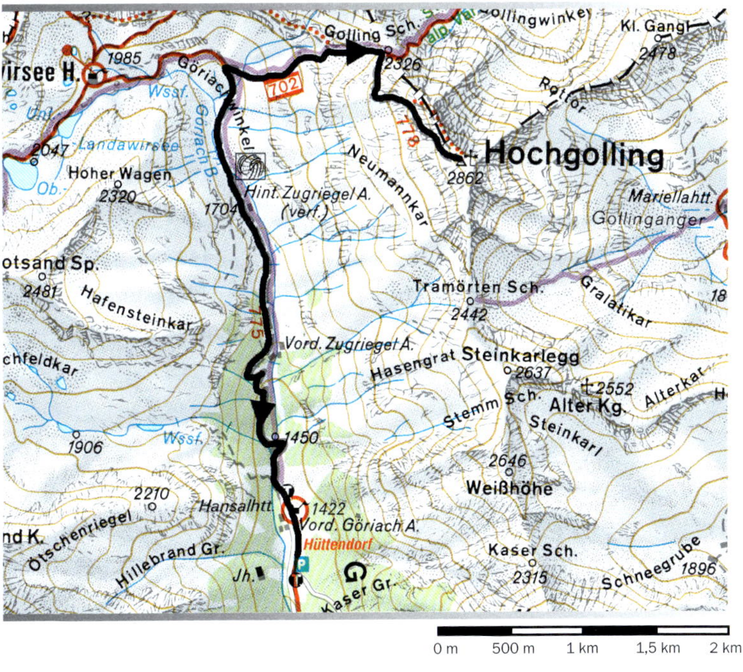

Große Bärenstaffl und Steinfeldspitze

Eine Genusstour für den Trittsicheren und Schwindelfreien

Die Überschreitung der Steinfeldspitze bleibt dem Geübten mit alpiner Erfahrung vorbehalten und ist ein Genuss für den Trittsicheren und Schwindelfreien, der auch in brüchigem Gelände gut zurechtkommt. Etwas leichter ist der östlich vorgelagerte Gipfel, die Große Bärenstaffl, ca. 2140 m, zu erreichen. In der Gegenrichtung ist die Tour zwar weniger anstrengend, da das brüchige Gelände des Westgrates der Steinfeldspitze dann im Anstieg zu bewältigen ist und auch die Gamskogelbahn in Anspruch genommen werden kann; sie ist aber trotzdem als „schwarz" einzustufen!

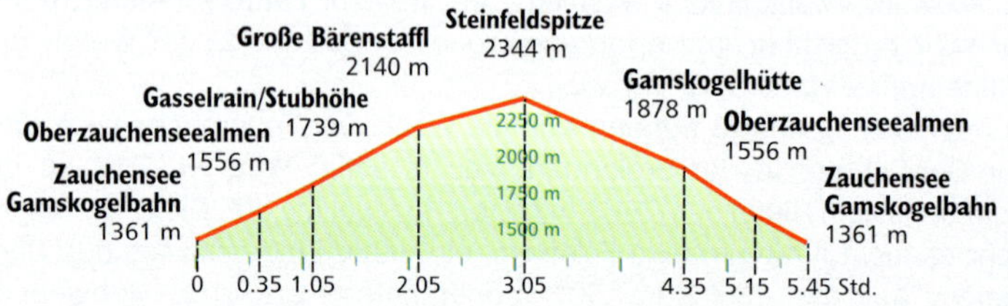

Talort:
Altenmarkt im Pongau, 842 m.

Ausgangspunkt:
Zauchensee, Parkplatz an der Gamskogelbahn, 1361 m.

Höhenunterschied:
1000 m, bei Liftbenutzung 500 m.

Anforderungen:
Bergerfahrung, Ausdauer, Trittsicherheit, Schwindelfreiheit, festes Schuhwerk, sicheres Wetter und trockenes Gelände unbedingt erforderlich.

Einkehr:
Zauchensee-Gasthäuser, Oberzauchenseealmen, Gamskogelhütte (Letztere ist nur bei Liftbetrieb bewirtschaftet).

Vom **Zauchensee** auf der Almstraße (Weg Nr. 85) geradeaus nach Süden zu den **Oberzauchenseealmen**, hier erneut geradeaus (!) weiter (Weg Nr. 84) zu einer Geländeschwelle vor dem verlandeten Becken des Oberzauchensees. Nun links abzweigen und der blauen Markierung durch lichten Wald, Latschen und Alpenrosensträucher auf den Wiesensattel des **Gasselraina** (Stubhöhe) mit einem spiegelnden Tümpel folgen. Daran rechts vorbei, durch lichten Wald, Latschen und Alpenrosen im weiten Rechtsbogen gegen die **Große Bärenstaffl** empor (Weg Nr. 73) und in deren von kleinen Rinnen gezeichneten Nordflanke über steiles Schrofengelände (kurze Drahtseilstelle) zu einem Sattel. Hier nach links

und in fünf Minuten über einen Wiesenrücken zum Gipfelkreuz der Großen Bärenstaffl. Zum Sattel zurück, über einen zuerst breiten Grasrücken, dann auf der Schneide eines Felsgrates westwärts zu einer Unterbrechungsstelle (Drahtseil). Dahinter kurz in die Nordflanke ausweichen (Drahtseile) und zuletzt entlang des grasigen Ostgrates unschwierig zur **Steinfeldspitze**.

Am Grat westwärts in ein Schartl, dann über sehr brüchiges, steiles Schrofengelände auf der Südseite desselben an Drahtseilen entlang zu einer weiteren Scharte, am Grat nordseitig zu einem Eckpunkt, wo er nun in Nord-Süd-Richtung umknickt (Tiefblick in wilde Rinnen, Kare, Schluchten). Auf der Westseite des Grates nordwärts in eine dritte Scharte, dann ostseitig unter dem Schwarzkopf entlang in einen Sattel. Nordwärts zur **Gamskogelhütte** (Weg Nr. 88), dort nach rechts (ostwärts) auf einem Sträßchen zur **Oberzauchenseealm** und am Anstiegsweg (Nr. 85) zum **Zauchensee** zurück.

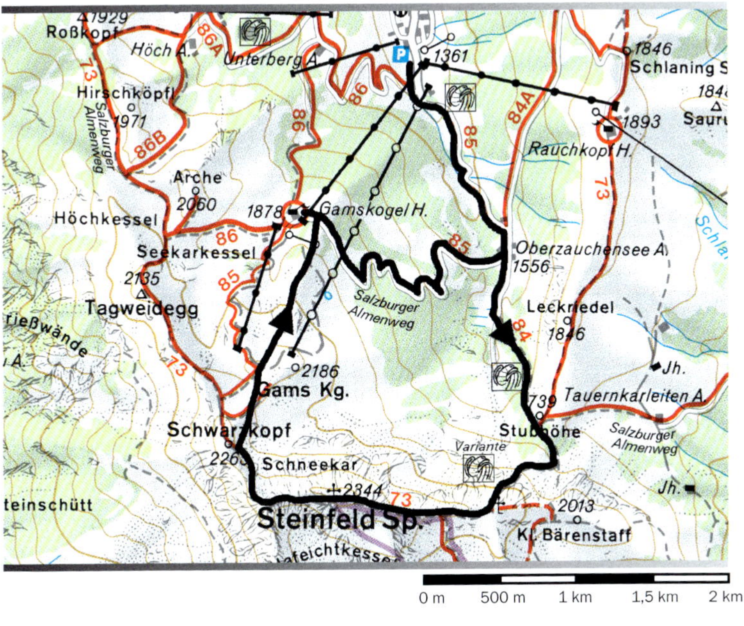

Mosermandl

Ein Kalkstock inmitten des Naturparks Riedingtal

Eine der großen Bergtouren im Lungau ist die Besteigung des Mosermandls im Naturpark Riedingtal. Die vorgestellte Rundtour erfordert einiges an alpiner Erfahrung, geht es doch durch eine enge, fast senkrechte Kaminrinne, die mit Hilfe von Fixseilen durchklettert wird. Sowohl beim Aufstieg wie beim Abstieg über den Südgrat ist besonders darauf zu achten, dass keine Steine losgetreten werden, die andere Bergsteiger gefährden. Früher Aufstieg wird dringend empfohlen. Die Sonne brennt auf die weiten Schuttkare gnadenlos nieder.

Foto: Mayer

Talort:
Zederhaus, 1205 m.

Ausgangspunkt:
Untere Eßlalm, Aufstieg Franz-Fischer-Hütte. Zufahrt mit Pkw bis Aufstieg Franz-Fischer-Hütte bis 9.00 Uhr, kleiner Parkplatz. Zurück zum Auto mit Tälerbus.

Endpunkt:
Schliereralm, Parkplatz.

Höhenunterschied:
1140 m im Aufstieg, 1190 m im Abstieg.

Anforderungen:
Lange, anstrengende Hochgebirgstour, Bergerfahrung, Trittsicherheit und Schwindelfreiheit erfordlich.

Einkehr:
Schliereralm, Franz-Fischer- Hütte, Jakoberalm.

Tipp: Brünnwandquelle.

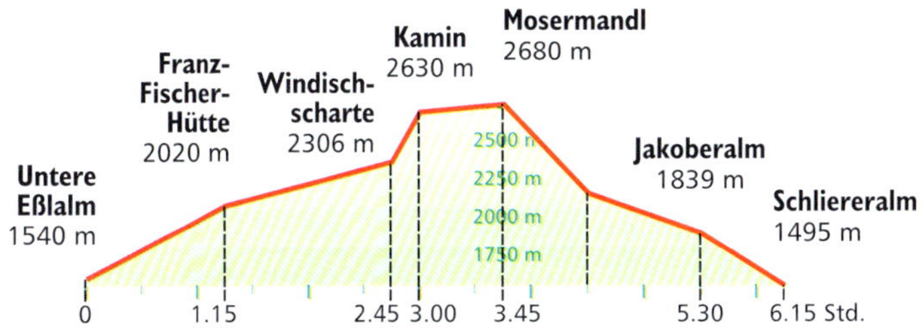

Von der **Unteren Eßlalm** (1540 m) geht es auf dem **Weg Nr. 711** zügig zur wunderschön gelegenen **Franz-Fischer-Hütte** (2020 m) am **Zaunersee**. Unterhalb der Hütte biegt der Weg nach Norden ins **Zaunerkar** zur **Windischscharte** (2306 m) ab und führt durch ein weites Schuttkar – **Weg Nr. 733** – hinauf zu einer seilgesicherten und an manchen Stellen sehr engen Steilrinne auf den kurzen, gesicherten Westgrat zum Gipfel des **Mosermandls** (2680 m). Der Blick reicht von den höchsten Spitzen der Hohen Tauern über die Berge des Lungaus bis zu den Nockbergen im Südosten.
Der Abstieg über den **Südgrat** beginnt sehr steil. Teilweise seilgesichert geht es etwa ¾ Std. und knapp 400 Höhenmeter über plattige Felsen in vielen Serpentinen bergab, bis man hoch über dem **Esser See** wieder blumenübersäte Almwiesen erreicht. Beim deutlich markierten Einstieg zum Südgrat trifft man auf den **Tauernhöhenweg Nr. 702**, dem man nach links – östlich – zur Jausenstation **Jakoberalm** (1839 m) folgt. Für die letzte Etappe zur **Schliereralm** (1495 m) kann man die etwas längere Forststraße oder einen hübschen Waldweg wählen.

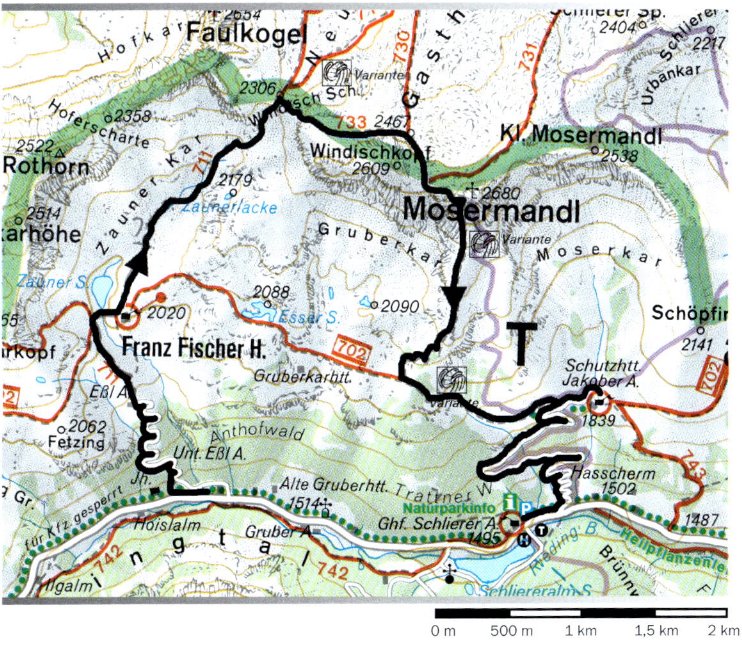

Über die Schrovinscharte zu den Rotgüldenseen

Blütenpracht am Rande des Nationalparks Hohe Tauern

Die Wanderung führt vom Murtal ins Tal des leider weitgehend abgeleiteten Rotgüldenbaches, mit herrlicher Sicht auf den Hafner, dem östlichsten Dreitausender der Hohen Tauern, und dessen Gletscher. Vor allem aber gleicht die Route einem Bilderbuch der Hochgebirgsflora. Edelweiß und Kohlröserl sind hier zu Hause und der Almrausch (Rostrote Alpenrose) bildet wahre Blumenteppiche.

Foto: Mayer

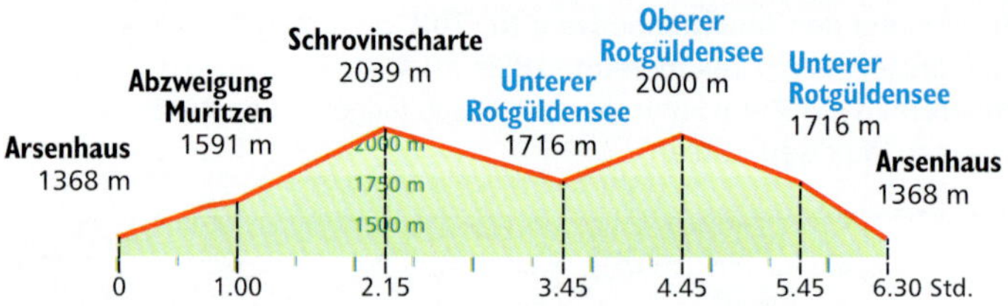

Talort:
Muhr, 1124 m, im Murtal.

Ausgangspunkt:
Die Arsenhütte, 1368 m, an der Wegteilung zum Rotgüldensee und zur Sticklerhütte, etwa 10 km taleinwärts von Muhr. Parkplatz. Tälerbus (bis zur Sticklerhütte).

Höhenunterschied:
670 m zum Unteren Rotgüldensee, mit Aufstieg zum Oberen Rotgüldensee 960 m.

Anforderungen:
Bergwanderung teils über steile Grashänge, Trittsicherheit und Schwindelfreiheit erforderlich. Bei Nässe ist von der Tour dringend abzuraten.

Einkehr:
Arsenhütte (Pfingsten–Mitte Okt.), Rotgüldensee-Hütte (Mitte Juni–Ende Sep.).

Varianten:
Vom Arsenhaus über den Naturlehrpfad direkt zum Unteren Rotgüldensee, 1 Std. (leicht), und weiter zum Oberen Rotgüldensee, 1 Std. (Trittsicherheit und Schwindelfreiheit erforderlich).

Vom **Arsenhaus** auf dem **Weg Nr. 740** (Mautstraße) durch den Schmalzgraben in Richtung **Sticklerhütte** vorbei am Parkplatz Muritzen bis zu einer Kapelle (1591 m), bei der der Weg zur Muritzen-Alm (1591 m), Karwassersee und **Schrovinscharte** (2039 m) abzweigt. Nach einem kleinen Hüttendorf führt **Almweg Nr. 540** durch den Hochwald. In einer scharfen Rechtskurve zweigt ein Steig (weiterhin Nr. 540) links ab und führt über weite Almhänge durch das Schrovinkar auf die gleichnamige Scharte, von der sich bald ein herrlicher Blick auf den Hafner und den **Unteren Rotgüldensee** (Stausee) öffnet. Der steile Abstieg zum See ist sehr mühsam und führt teils versichert über schon ziemlich verwachsene, aber ungewöhnlich blütenreiche Grashänge. Höchste Vorsicht ist hier geboten! Mächtige Lärchen säumen das letzte Stück des Weges zur neu erbauten **Rotgüldensee-Hütte** (1739 m) am gleichnamigen See. Bei genügend Kondition empfiehlt sich noch ein Abstecher zum 2000 m hoch gelegenen **Oberen Rotgüldensee**, der über einen rauschenden Wasserfall mit dem unteren See verbunden ist.
Der Abstieg von der Rotgüldensee-Hütte zum Parkplatz beim Arsenhaus erfolgt über den markierten **Naturlehrpfad**.

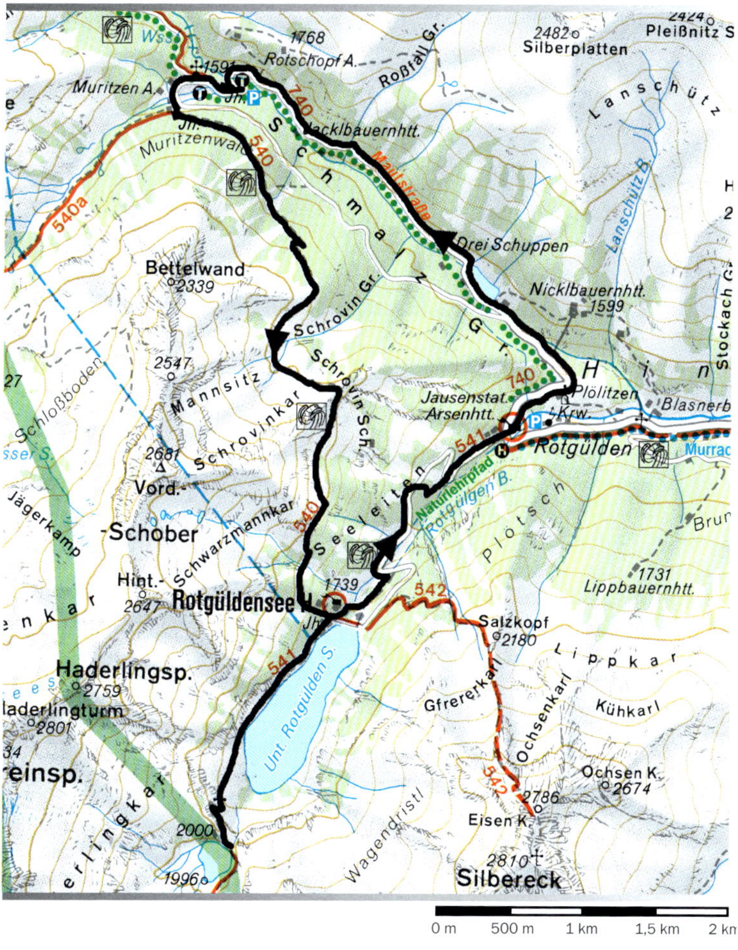

Erichhütte und Taghaube

Aussichtsloge vor wilder Felsszenerie

Parkplatz westlich des Dientner Sattels – Erichhütte – Taghaube und zurück

Die Taghaube ist der südlichste Eckpunkt eines vom Hochkönigstock abstreichenden Kammes mit großartiger Aussicht; die Anstiegsroute ist bei der Anreise von Dienten sehr gut einzusehen.

Talort:
Mühlbach am Hochkönig, 859 m; Dienten am Hochkönig, 107 m.

Ausgangspunkt:
Parkplatz 700 m westlich des Dientner Sattels, 1342 m. Haltestelle des Hochkönig-Wanderbusses Bischofshofen – Saalfelden.

Gehzeiten:
Parkplatz – Erichhütte ½ Std., Erichhütte – Taghaube 1¾ Std., Taghaube – Dientner Sattel 1¾ Std.; Gesamtgehzeit: 4 Std.

Höhenunterschied:
800 m.

Anforderungen:
Sträßchen zur Erichhütte („blau"), steiler Steig zur Taghaube, viel Trittsicherheit und Schwindelfreiheit erforderlich, nicht bei Nässe (Stelle „schwarz").

Einkehr:
Erichhütte (AV, bew. Anfang Juni bis Mitte Okt., 6 B. + 20 L.), Mitteregg-almMittereggalm und Birgkarhaus am Dientner Sattel (privat, ganzj. bew., 60 B.).

Sehenswertes:
Ausblick von der Taghaube auf die Südabstürze des Hochkönigmassivs, den Dachstein, die Niederen und Hohen Tauern mit Großglockner, Wiesbachhorn u.a.

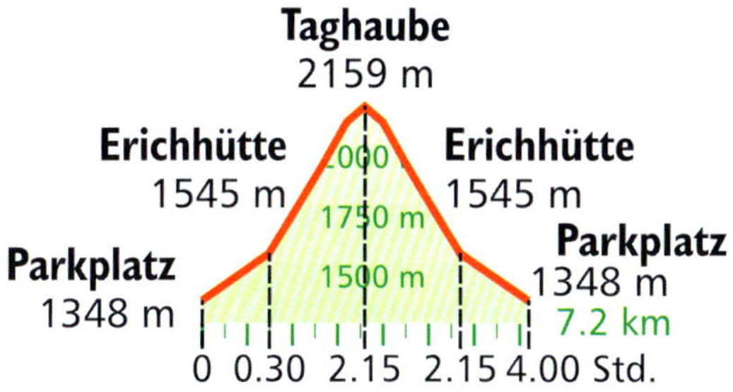

Vom Parkplatz nahe dem **Dientner Sattel** führt ein Sträßchen zur **Erichhütte**. Hier zweigen nach rechts die gemeinsamen Routen zum Hochkönig und zur Taghaube ab, die sich nach ca. ½ Std. trennen. Der rechte Steig Nr. 437 führt über einen Latschen- und Schrofenrücken und zuletzt über einen Felsgrat (kleine Leiter und Metallgriffe unter dem Gipfel) steil auf die **Taghaube**, die im Naturschutzgebiet „Salzburger Kalkhochalpen" liegt.

Der **Rückweg** ist mit der Anstiegsroute identisch.

Über den Hirschkopf

Anspruchsvolle Kammwanderung über dem Raurisertal

Die Kammwanderung vom Reißrachkopf über den Hirschkopf und Baukogel zum Roßkopf zeichnet sich durch viel Abwechslung und großartige Landschaftsbilder aus, kann aber wegen des anspruchsvollen Geländes nur erfahrenen Alpinisten empfohlen werden. Der Zugang wird durch die Hochalmbahn angenehm verkürzt.

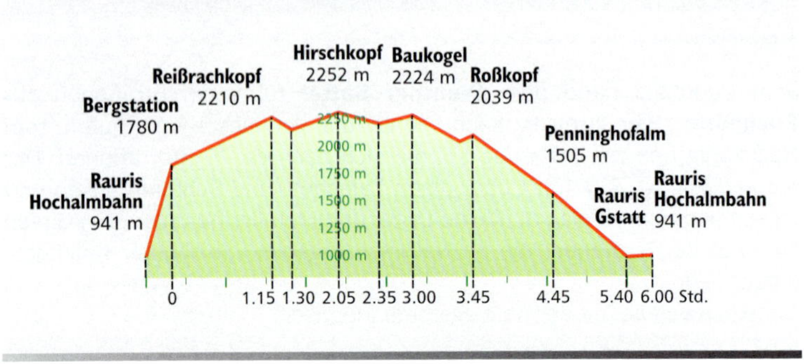

Talort:
Rauris, 948 m.

Ausgangspunkt:
Hochalmbahn-Bergstation, 1780 m. Betrieb: Juli – Mitte Sept. tägl., im Juni und von Mitte Sept – Anf. Okt. nur Do. und So., Tel. 06544/6341.

Höhenunterschied: Etwa 800 m.

Anforderungen:
Kammwanderung über vier Gipfel mit z.T. schmalen und ausgesetzten, stellenweise auch gesicherten Gratpassagen. Stabile Schönwetterlage mit ausreichender Sicht und trockenen Verhältnissen sowie alpine Erfahrung, Trittsicherheit und Schwindelfreiheit sind zwingend erforderlich.

Einkehr:
Hochalmbahn, Penninghofalm, Sportalm und Gasthäuser in Rauris.

Links von der **Hochalm** wandern wir bergwärts zu einer Weggabelung, dort rechts über die Gratlifttrasse zur Bergstation und über den Ostgrat (Weg Nr. 116) auf den **Reißrachkopf**. Vom hinab und dann (Weg 125 bis Rauris) mit Hilfe eines längeren Drahtseiles zu einem Gratkopf, der rechts zu einem Schartl umgangen wird. Über eine Rampe, eine Schulter, ein zweites Schartl und einen steilen Grashang gelangen wir auf den **Hirschkopf**. Über eine Steilstufe, deren untere Hälfte mit Seil und Trittbügeln gesichert ist, steigen wir auf einen Absatz ab. Nach einem kleinen Gegenanstieg folgt eine längere Flachpassage, ehe es in einer erdigen Rinne und um kleine Kuppen herum in die **Baukogelscharte** hinabgeht. Beim Aufstieg zum

Baukogel umgehen wir den ersten Gratkopf auf der rechten Seite, gelangen dahinter in eine Scharte und über den Südwestgrat auf den Gipfel. Von dort steigen wir über den rechten (!), anfangs sehr steilen, luftigen und nur teilweise gesicherten Grat ostwärts ab; er verlangt auf den oberen 30 Hm volle Konzentration, ehe er immer zahmer auf den **Roßkopfsattel** ausläuft (Wegteilung und Überstieg). Geradeaus folgen wir einem Zaun ostwärts auf den Roßkopf und wenden uns dann südwärts zum tiefer gelegenen Gipfelkreuz. Über ausgedehnte, steile Bergweiden wandern wir zuerst ost-, dann südostwärts zu einer Jagdhütte und rechts davon zu einem weiteren Hütterl hinab. Dort halten wir uns links und müssen gut nach der Markierung Ausschau halten, ehe wir einen Traktorweg erreichen, der links zur bewirtschafteten **Penninghofalm** führt. Der Traktorweg – nicht die Forststraße! – führt uns am raschesten durch einen weiten Waldgürtel zur Sportalm und ins Tal hinab. Auf dessen rechter Seite kehren wir zur Talstation der **Hochalmbahn** zurück.

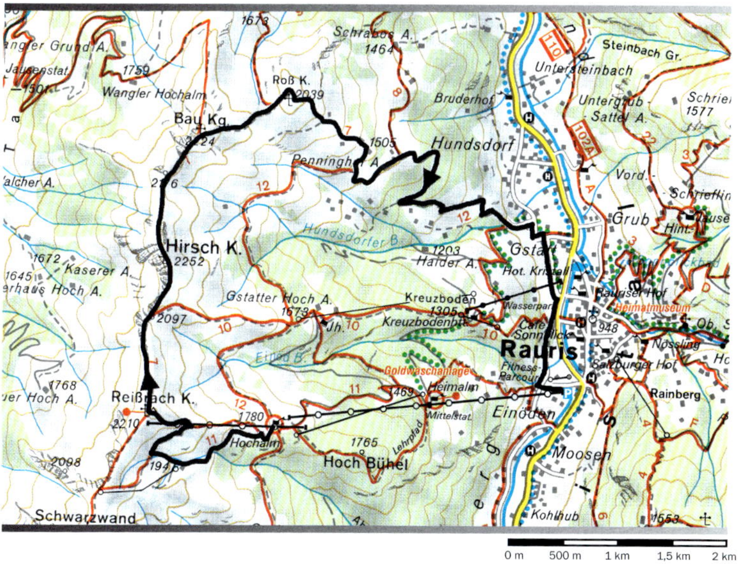

Gletscherweg Innergschlöß

Am Schlatenkees des Großvenediger

Innergschlöß – Gletscherweg – „Auge Gottes" – Salzbodensee – Innergschlöß

Foto: Drumler

Ausgangspunkt:
Almsiedlung Innergschlöß, 1689 m, auf dem Gschlößboden im Hintergrund des obersten Tauerntals (Nationalpark Hohe Tauern). Entweder zu Fuß vom Matreier Tauernhaus auf der Talstraße (1¼ Std.). Pferdekutschen zwischen 8 und 17 Uhr. Taxidienst 2. Juli bis 3. Septemberwoche ab 9 Uhr stündlich und nach Bedarf, Tel.: 04875/8820. Alpengasthof Venedigerhaus (Unterkunft, Pfingsten bis Ende Oktober).

Gehzeiten:
Innergschlöß – Gletscherweganfang 2 Std., Gletscherweg – Salzbodensee 50 Min., Salzbodensee – Innergschlöß 80 Min. Gesamtzeit ca. 4¼ Std.

Höhenunterschied:
700 m.

Höchster Punkt:
2250 m, am Gletscherweg.

Anforderungen:
Markierte, beschilderte Wege und Steige.

Einkehr:
Innergschlöß.

Sehenswertes:
Die Almsiedlung Innergschlöß. Felsenkapelle, erstes Kirchlein 1688 geweiht, nach Lawinenzerstörung 1870 Neubau in der Höhlung eines von der Weißen Wand herabgestürzten Felsstocks. Kirchtag: Mariä Geburt (8.9.). Mächtige Eiszunge sowie Gletscherschliffe des unteren Schlatenkeeses. „Auge Gottes". Salzbodensee. Schlatenbach-Wasserfall.
Das Begreifen des am 13. August 1978 vom ÖAV-Vorsitzenden Professor Lois Oberwalder eröffneten Gletscherwegs Innergschlöß unterstützt der im Venedigerhaus erhältliche naturkundliche Führer, der detailliert die 24 Beobachtungsstellen beschreibt.

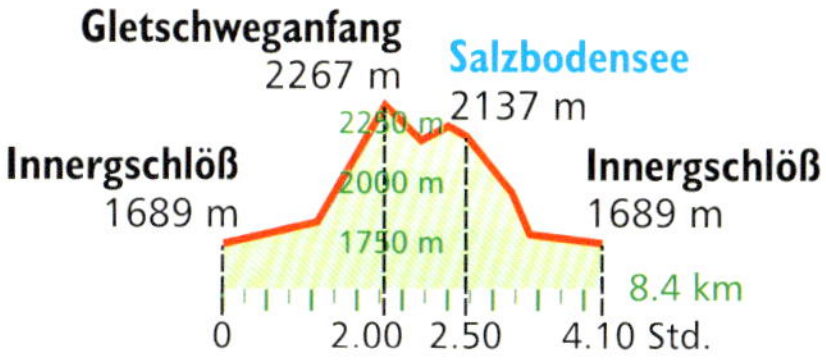

Vom Alpengasthof Venedigerhaus in **Innergschlöß** über die Brücke und am nordseitigen Ufer des begradigten Gschlößbachs auf der Talebene, genannt „Getrete", einwärts wandern. Westl. hoch oben, am Rücken des Hinteren Kesselkopfs, heben sich Alte und (höher) Neue Prager Hütte ab. Links davon sticht aus dem Eismeer des Schlatenkeeses die markante Schwarze Wand. Im Tal läuft man bis zum Vereinigungspunkt (in grauer Vorzeit) von Viltragenkees (rechts) und Schlatenkees (links). Hier, nach 35 Min., endet der breite Weg. Es geht links weiter (Tafel u. a. „Prager Hütten").

Auf einem Steg über den Viltragenbach und wiederum links haltend mittels Holzstegen über Wildbäche. Mit Kehren und Serpentinen gewinnt man, über Wiesenhänge und felsdurchsetztes Terrain, an Höhe. Ca. 1¾ Std. nach dem Innergschlöß an der Wegegabel, 2240 m, nicht über die Breitleite in Richtung der sichtbaren Alten Prager Hütte, sondern am Wegweiser links dem **Gletscherweg** folgen. Er senkt sich über eisgehobelte Felsen (rote Farbzeichen, Steinmänner, Station 22) und führt uns an die von Spalten geteilte Zunge des Schlatenkeeses (Station 23), den größten Gletscher am Venediger (im Blickfeld die Neue Prager Hütte).

Vor dem Karlesbach markiert ein mit bronzenen Lettern beschrifteter, hoher Steinmann (Rastbank) die Seitenmoräne des Jahres 1850. Nach ½ Std. Abstieg über eine Gegensteigung in ca. 10 Min. zum **„Auge Gottes"** (Seelein mit Wollgrasinsel), einem Landschaftsjuwel.

Etwas tiefer streifen wir den **Salzbodensee**, 2137 m, inmitten grasüberzogener, 9000 Jahre alter Moränenwälle. Hier legten Hirten Salzsteine aus für ihre Ziegen und Schafe. Unterhalb ist der steile, felsige Weg stellenweise durch Holztreppen ausgebaut.

Ca. ½ Std. nach dem Salzbodensee ist man bei der Moräne von 1927. Ein Stichweg führt links zum tosenden Schlatenbach-Wasserfall. Vollends hinunter auf den Talboden. Vor der Brücke geht es rechts und zurück in das **Innergschlöß**.

Vom Schwarzsee zum Gieringer Weiher

Idyllische Wanderwege im Spiegelsaal des Wilden Kaisers

Schwarzsee – Münichau – Gieringer Weiher – Erb – Schwarzsee

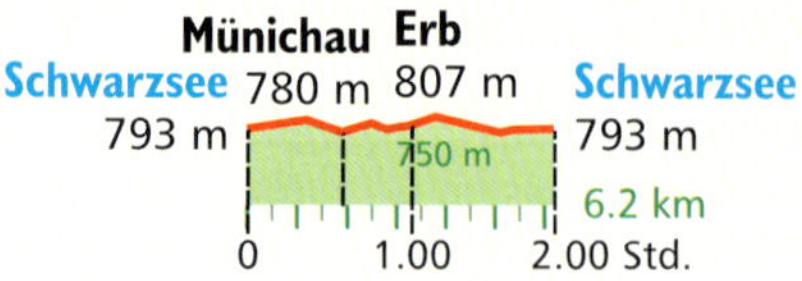

Talort: Kitzbühel, 762 m.

Ausgangspunkt:
Schwarzsee, 793 m. Zufahrt von Kitzbühel in Richtung Brixental.

Gehzeiten:
Schwarzsee – Münichau – Gieringer Weiher 1 Std., Gieringer Weiher – Erb – Schwarzsee 1 Std.; Gesamtgehzeit 2 Std.

Höchster Punkt:
Bichlachweg ca. 850 m.

Höhenunterschied: 250 m.

Anforderungen:
Gut markierte, breite Wanderwege über bewaldete Rücken.

Einkehr:
Hotels um den Schwarzsee, Badeanstalt am Gieringer Weiher, Gasthof Steuerberg (Variante 3).

Sehenswertes:
Schwarzsee, Gieringer Weiher, Erb mit Kaiserkulisse. Riesenkarpfen im Schwarzsee.

Varianten:
1. Schwarzsee-Runde, ½ Std.
2. Vom Bad am Gieringer Weiher östl. zum Südufer (10 Min., bei Windstille herrliche Spiegelungen des Wilden Kaisers).
3. Große Runde: Schwarzsee – Münichau – Gieringer Weiher – Vogelsberg-Weiher – Steuerberg – Schwarzsee 2½ Std.

Immer wieder können wir auf Kalenderblättern den Schwarzsee bei Kitzbühel mit der berühmten Kaiserkulisse bewundern. Auf den breiten Wegen um den See bis hinaus zum Gieringer Weiher ist auch der Spaziergänger und Wanderer gerne unterwegs und lässt sich vom Zauber dieser Berg- und Seenlandschaft einfangen.
Vom Parkplatz am **Schwarzsee** auf der Straße westwärts zum Hotel Bruggerhof, dort rechts („Bichlachweg 14") zum Campingplatz, gleich dahinter links über einen bewaldeten, vom Hochmoor Lutzenberg besetzten Rücken hinweg und zum Schloss **Münichau** hinab. Ca. 100 m davor rechts abbiegen und auf einem Asphaltweg auf eine freie Anhöhe und weiter bis zu einem Gehöft. An der folgenden Verzweigung rechts zum **Gieringer Weiher** hinab und an der am Nordufer gelegenen Badeanstalt vorbei (Abzweigung von Variante 2), dann ostwärts zu einer Straße hinauf, wo wir im Norden die

Foto: TV Kitzbühel · Aurach · Reith

beiden prächtig gelegenen Gehöfte von **Erb** mit der Kaiserkulisse bewundern können und vor der Entscheidung stehen, auf kürzester Route wieder zum Schwarzsee zurückzuwandern oder noch eine größere Schleife über den Vogelsberg-Weiher daranzuhängen.

Die **kurze Route** folgt der Straße nach rechts zu einer Verzweigung am höchsten Punkt eines Waldrückens, hält sich dort rechts (Ww. „Schwarzsee"), an der folgenden Gabelung links und senkt sich nun zum Schreibühelweg am Waldrand hinab. Auf diesem geht es scharf rechts zu einem Bildstock, daran links vorbei und an der folgenden Wegteilung wieder links zum **Schwarzsee** hinab. Auf einem langen Holzsteg und auf bequemen Spazierwegen können wir das Gewässer ost- und südseitig zum **Parkplatz** hin umrunden.

Die **längere Route** führt links zum **Vogelsberg-Weiher** hinab, um diesen im Uhrzeigersinn herum, über einen freien Rücken nach **Steuerberg** hinauf, auf der Straße zum **Schwarzsee** hinab und am Südufer entlang zum **Parkplatz** zurück.

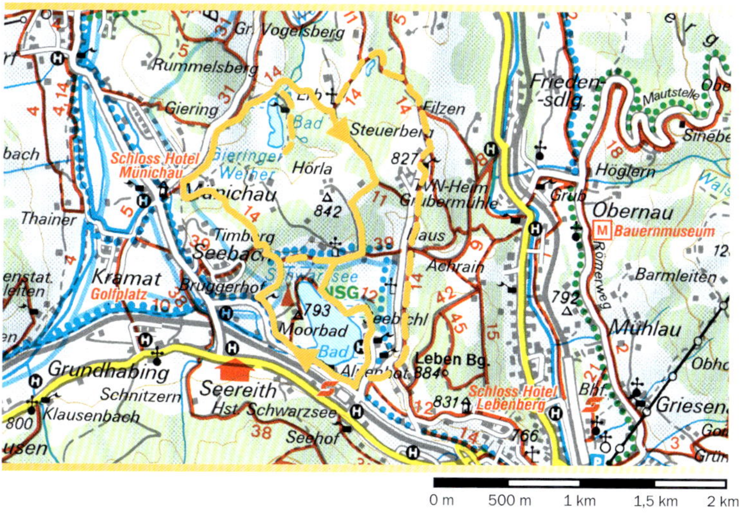

Kleiner Ahornboden – Falkenhütte

Idyllisch und grandios zugleich: vom Karwendelhaus durch den Kleinen Ahornboden und den Sauisswald zur Falkenhütte

Karwendelhaus – Hermann-von-Barth-Denkmal – Falkenhütte – Hinterriß

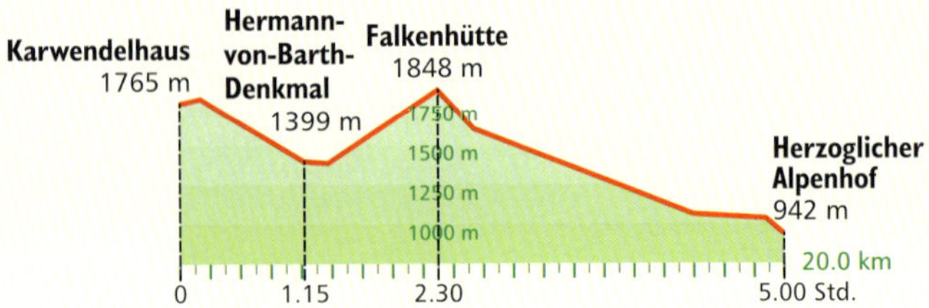

Talort:
Hinterriß, 931 m. Juni bis Sept. Busverbindung (Info: www.rvo-bus.de) nach Lenggries (Bahnstation), Achenkirch, in die Eng.

Ausgangspunkt:
Karwendelhaus, 1765 m; stattliches Alpenvereinshaus, bewirtschaftet von Pfingsten bis Mitte Oktober. Von Hinterriß/Herzoglicher Alpenhof zu Fuß in 3 – 4 Std. erreichbar.

Gehzeiten:
Karwendelhaus – Hermann-von-Barth-Denkmal 1¼ Std., Denkmal – Falkenhütte 1¼ Std., Falkenhütte – Herzoglicher Alpenhof/Hinterriß 2½ Std., insgesamt 5 Std.

Höhenunterschied:
481 m.

Anforderungen:
Leichte und genussreiche Wanderung mit nur wenigen Aufstiegs-Höhenmetern.

Einkehr und Unterkunft:
Karwendelhaus; Falkenhütte, 1846 m, bewirtschaftet von Pfingsten bis Oktober; Alpenvereinshütten.

Vom **Karwendelhaus** steigen wir in ¼ Stunde auf dem Fahrweg zum Hochalmsattel auf. Ab hier verfolgen wir die Straße noch über die ersten Almmatten in östlicher Richtung hinab, bis linker Hand der Fußweg durch das Filztal zu den malerischen Jagdhäusern am Kleinen Ahornboden abzweigt. Dort angelangt sollten wir unbedingt eine kurze Rast einlegen und den großartigen Kontrast zwischen den uralten, erstaunlicher Weise immer noch grünenden Ahornbäumen, den abweisend grauen Felswänden und dem verwitterten Braun der Holzhäuser auf uns wirken lassen.

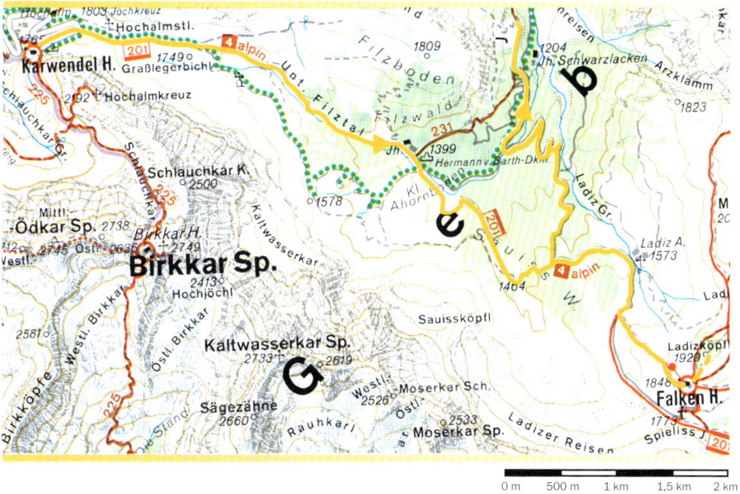

Danach halten wir uns auf einem Fahrweg, vorbei am **Hermann-von-Barth-Denkmal**, und durchschreiten immer der Markierung 201 folgend den Kleinen Ahornboden. Dabei wechseln wir einmal kurz über die Wiese von einer Almstraße auf die andere. Zweitere quert dann noch eine Schuttreisse, ehe sie in den Sauisswald hineinführt. Wir überschreiten nun immer auf der Straße einige bewaldete Rücken, ehe wir auf der anderen Seite nahe der Ladizalm wieder ins helle Sonnenlicht treten. Ohne die Almen direkt zu berühren, biegen wir nach Süden ein und gelangen im Bogen – auf die von der Laliderer Spitze herabspringende scharfe Herzogkante zu – auf das Spielissjoch. Über zwei Serpentinen nach Norden zur **Falkenhütte**.

Beim Abstieg kehren wir zunächst an den Ladizalmen vorbei in den Sauisswald zurück. Dort zweigt rechter Hand eine Fahrstraße ins Johannistal ab, durch das wir schließlich nach **Hinterriß** hinaus wandern.

Foto: Probst/pixelio.de

Von der Hungerburg nach Thaur

Beschauliche Wanderung am nördlichen Mittelgebirge

Die Hungerburgbahn zu Beginn unseres Wegs, eine Standseilbahn (2006/07 nach Plänen von Zaha Hadid erbaut), bringt den Wanderer in kürzester Zeit aus der Stadtmitte auf das nördliche Mittelgebirge.

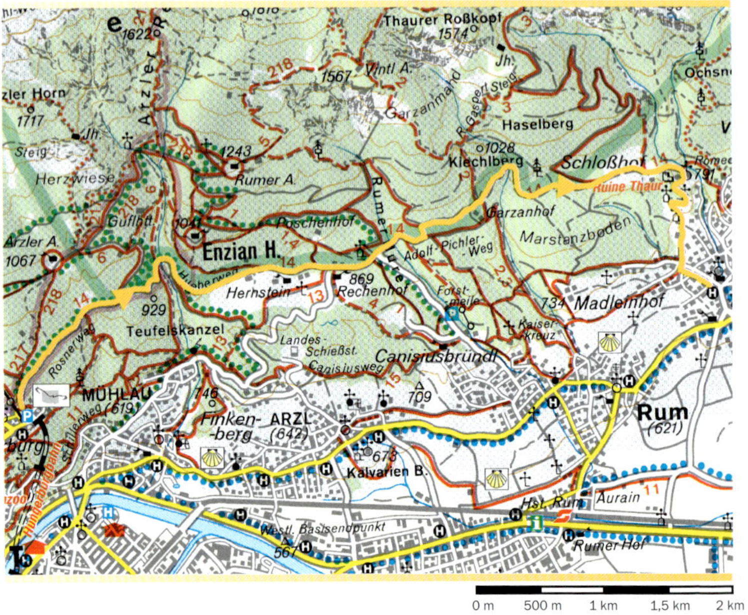

Talort:
Innsbruck, 574 m.

Ausgangspunkt:
Stadtmitte, Kongresshaus, Talstation der Bahn auf die Hungerburg; oder Bus zur Hungerburg.

Endpunkt:
Thaur, 833 m.

Höhenunterschied:
250 m im Abstieg.

Anforderungen:
Breite, ebene, gut mark. Waldwege.

Einkehr:
Auf der Hungerburg und in Thaur Gaststätten; Ghf. Rechenhof.

Sehenswert:
Die Ruinen des Thaurer Schlössls und das Romediuskirchlein mit ehemaliger Einsiedelei; St. Romedius ist der Thaurer Ortsheilige, der im frühen Mittelalter einen der damals noch häufigen Bären durch bloßes Zureden bändigte und danach ein Kloster im Nonstal (Trentino) gründete. Viele Thaurer Männer heißen bis heute Romed. Der Ort ist auch durch seine Krippenschnitzer und Bildhauer bekannt.

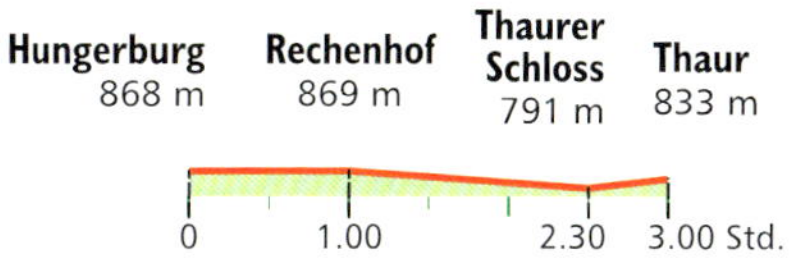

Vom Parkplatz an der **Hungerburg-Seilbahnstation** auf asphaltierter Straße kurz ostwärts und beim Ww. zwischen den letzten Häusern links hinauf. Bald im Wald empor zum meist breiten **Rosnerweg**, der stets etwas an- oder absteigend unter dem großen Lawinendamm vorbei in die Mühlauer Klamm leitet (Gedenktafel an die Erbauer des Wegs). Jenseits des Bachs dem linken, schmaleren Weg folgend steil auf die Höhe und fallend durch Wald auf die weite Wiese des **Purenhofs**. Am Hof vorbei und weiter zum **Ghf. Rechenhof**. Der **Adolf-Pichler-Weg** setzt – nun wieder als Fahrweg – den Rosnerweg in gleicher Richtung fort. Man erreicht nach kurzem Marsch durch Wald die große Wegkreuzung **„Sieben Wege"**, geht wiederum in gleicher Richtung (ostwärts) weiter, überquert das wilde Bachbett der Rumer Mur und kommt zum **Garzanhof**, einem Einzelgehöft auf großer Wiese. An dieser südlich vorbei und auf dem nun schmaleren Weg durch Wald zum Schlosshof über Thaur mit den Ruinen des Thaurer Schlosses; kurz unterhalb das schmucke Romediuskirchlein.
Von hier direkt nach Süden hinab (Bildstöcke) nach **Thaur**. Ab der Ortsmitte Busverbindung nach Innsbruck.

Obernberger See und Wildgrube

Schöne Runde um einen lauschigen Waldsee

Ghs. Waldesruh – Ghs. Obernberger See – Seesteig – Innere und Äußere Wildgrube – Ghs. Waldesruh

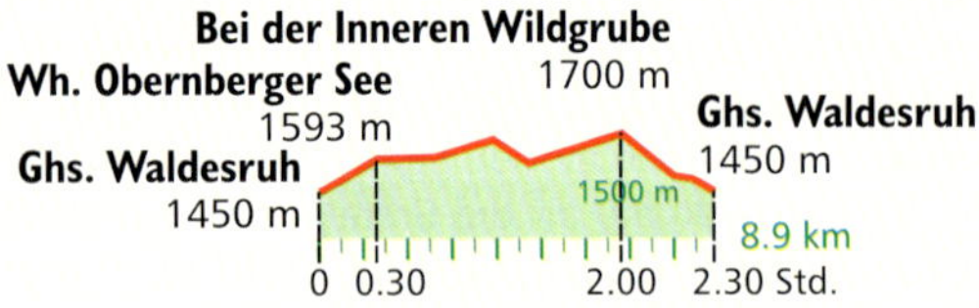

Talort:
Obernberg, 1393 m.

Ausgangspunkt:
Das Ghs. Waldesruh, 1450 m, am Ende der öffentlich befahrbaren Straße, 2 km hinter Obernberg, Busendstation.

Parkmöglichkeit:
Beim Ghs. Waldesruh (Parkgebühr).

Gehzeiten:
Ghs. Waldesruh – Obernberger See ½ Std., um den See, in die Innere Wildgrube 1½ Std., zurück zum Ghs. Waldesruh ½ Std. Gesamtzeit 2½ Std.

Anforderungen:
Flache, gut beschilderte Waldwege.

Höchste Punkte:
Obernberger See, 1590 m; Innere Wildgrube, ca. 1700 m.

Höhenunterschied:
300 m.

Einkehr:
Ghs. Obernberger See.

Sehenswertes:
Der von dichtem Wald und großen Felsblöcken eingerahmte Bergsee, überragt vom Obernberger Tribulaun.

Der Obernberger See ist in seiner Art in den Stubaier Alpen, ja fast in Tirol einzigartig, umrahmt von dichten, dunklen Wäldern und mächtigen Felsblöcken. Die Halbinsel, die ihn in zwei Teile teilt, gekrönt von einer kleinen Kapelle, im Westen überragt von den schroffen Abstürzen des Obernberger Tribulauns, der den Talschluss beherrscht, im Osten die sanfteren Wald- und Wiesenberge Allerleigrubenspitze, Koatnerberg, Geierskragen und Grubenkopf.
Vom **Ghs. Waldesruh** gelangt man in ½ Std. zunächst auf dem Fahrweg (für private Pkw gesperrt), dann über den Fußweg, vorbei an der Unterreinsalm zum **Ghs. Obernberger See**, 1593 m, das am nördlichsten Zipfel des Sees steht. Ein guter Weg führt nahe dem Ufer um den See herum.
Wer noch etwas weiter wandern möchte, hält sich vom Südende des Sees

Foto: Klier

weiter am Bach entlang talein, bis sich nach einem kurzen Waldstück die Weiden der Seealm öffnen. Am nördl. Waldrand zweigt man rechts ab und folgt dem so genannten **Seesteig** westl. über dem See durch den Wald nach Norden, biegt allmählich um das Tribulaunmassiv herum nach Westen ins einsame Hochtal der **Inneren und Äußeren Wildgrube**, wo man auf den Weg zum Gstreinjöchl trifft. Diesem Weg folgen wir talaus, dem Hinterennsbach entlang, am Waldbauern vorbei zurück zum **Ghs. Waldesruh**.

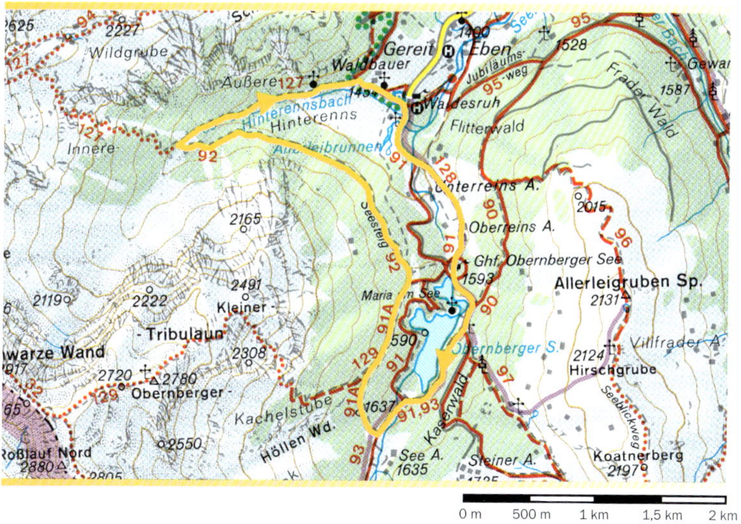

Riffelseehütte

Eine Runde um den schönsten See im Pitztal
Mittelberg – Taschachalm – Riffelseehütte – Runde um den See

Foto: ÖW/Loebl-Schreyer

Talort, Ausgangspunkt:
Mittelberg, 1736 m, die letzte Dauersiedlung im Talschluss des Pitztales, am Fuß des Mittagskogels.

Parkmöglichkeit: Im Ort.

Gehzeiten:
Zur Hütte 2 – 2½ Std.,
Runde um den See ½ – 1 Std.,
Abstieg 1 – 1½ Std.

Anforderungen:
Bezeichnete Wege und Steige. Alle genannten Zugänge sind bei nassem Wetter schmutzig und rutschig und dann schlecht zu begehen. Den schnellsten An- und Abstieg bietet die Skipiste zur Taschachalm – dort sind zwei mit Drahtzaun gesperrte Brücken zu überwinden. Seilbahn Tel.: 05413/862 97.
Betrieb 8.30 – 12.15 Uhr und 13.00 – 16.30 Uhr.

Höchster Punkt:
Riffelseehütte, 2289 m.

Einkehr:
Riffelseehütte, Taschachalm, Restaurant an der Seilbahn-Bergstation.

Sehenswertes:
Der Riffelsee, 2232 m, ein großer Moränensee, eindrucksvoll gelegen unter den südlichsten der Kaunergratgipfel: Zuragkogel, Hoher Kogel, Seekarlesschneid, Seekogel und Rostizkogel

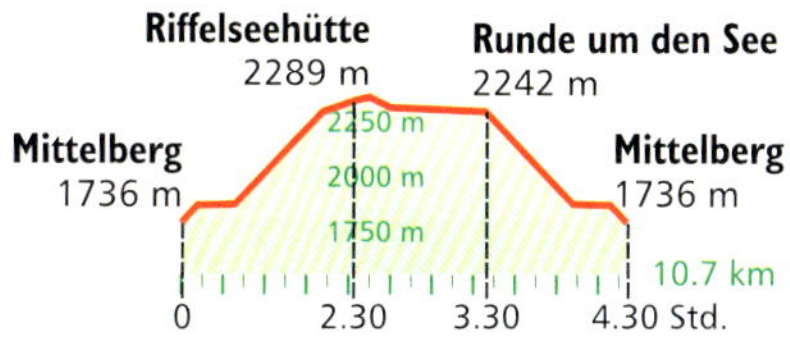

Von **Mittelberg** auf einem etwas versteckten Waldweg (bezeichnet, Nummer 924) leicht ansteigend westwärts im Auf und Ab hinüber zum Taschachbach und nach dessen Überschreitung nach rechts zur **Taschachalm**, 1784 m. Hierher gelangt man auch auf guten Wegen von Plangeross und vom Gasthof Gletscherblick (an der Straße vor Mittelberg). Der Weg führt nun leicht ansteigend ins Taschachtal (nicht verwechseln mit dem im Talgrund zum Taschachhaus verlaufenden Weg). Nach etwa 5 Min. biegt er hinter dem Riffelbach rechts ab und führt nahe dem Bach durch das steile Gelände aufwärts. Sobald sich der Hang gegen den Seeausfluss zurücklegt, überquert der Weg scharf nach rechts nochmals den Bach und führt in wenigen Minuten empor zu der schon sichtbaren **Riffelseehütte**, schön auf einer Geländeschulter zwischen Pitztal und Riffelsee gelegen. Weniger ambitionierte Wanderer können mit der Gondelbahn von Mandarfen mühelos auf dieselbe Seehöhe gelangen; die Bergstation befindet sich nordöstlich knapp über dem See; von der Hütte gelangt man in wenigen Minuten hierher. Die **Runde um den See** ist ein beschaulicher Spaziergang.
Abstiegsmöglichkeiten: Wiederum bietet die Bahn natürlich die am wenigsten anstrengende. Will man nicht auf dem selben Weg nach Mittelberg zurück, so bieten sich zwei steile, aber gut markierte und instandgehaltene Steige an, die von der Hütte bzw. der Lift-Bergstation durch den extrem steilen Hang ostwärts ins Pitztal hinabführen und sich auf ca. 2000 m im sogenannten Hirschtal treffen. Der mit 8 numerierte Steig erreicht knapp außerhalb von Mandarfen bei einer Brücke den Talboden.

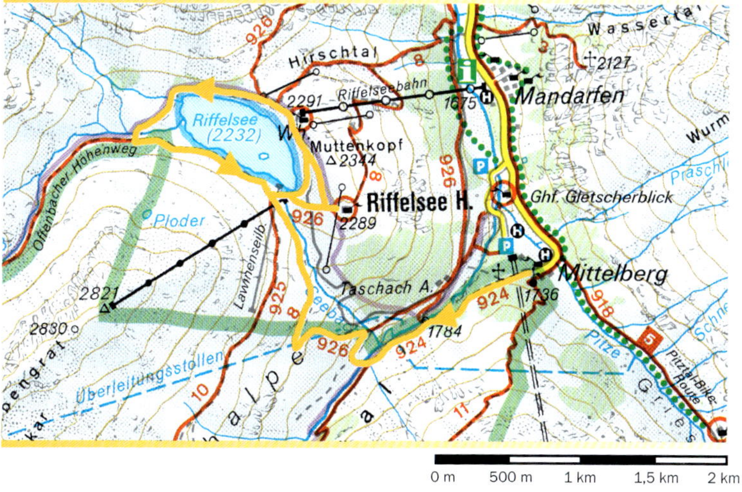

Schnadiger Weiher

Badeausflug über dem Tor des Kaunertals

Wanderung oberhalb von Kaunerberg, der sonnigen Streusiedlungsgemeinde über dem vorderen Kaunertal östlich von Prutz. Der eigentlich für Bewässerungszwecke aufgestaute Schnadiger Weiher lädt abgehärtete Naturen auf der erholsamen Höhenwanderung zur erquickenden Schwimmrunde in einer großartigen alpinen Umgebung.

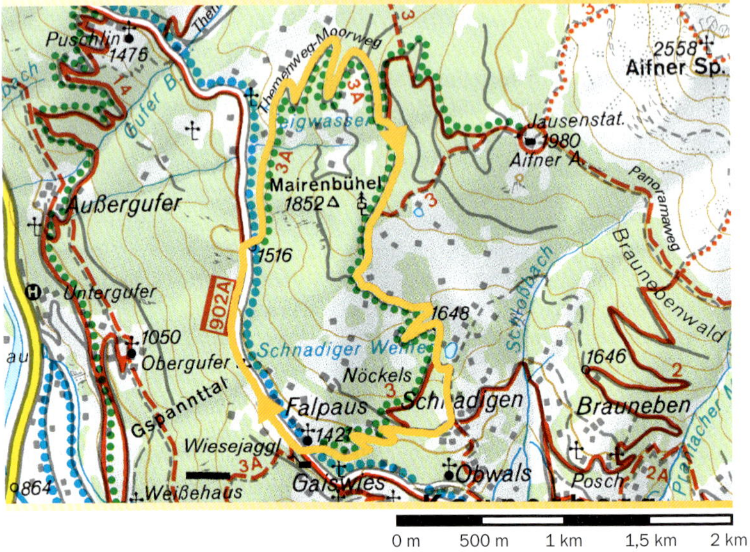

Talort:
Kaunerberg, 1330 m.

Ausgangspunkt, Parkmöglichkeit:
Falpaus, Martinskapelle unterhalb des Ortes, 1421 m; Parkmöglichkeit. Zu erreichen von Kauns auf der Bergstraße Richtung Piller über Obergaiswies.

Anforderungen:
Ausreichend bezeichnete Forstwege und zu Beginn sowie am Schluss der Tour verkehrsarme Bergstraße, kurzer Pfadabschnitt. Nur mäßig steile Anstiege.

Höhenunterschied: 390 m.

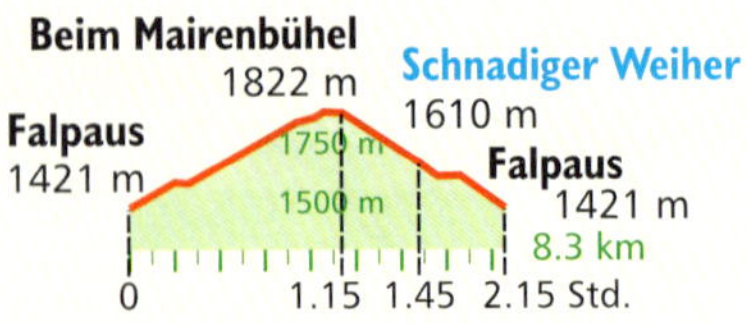

Von der **Martinskapelle** begnügen wir uns erst mal mit der Bergstraße über die Wiesen hinauf nach **Falpaus**. Trotz des Nadelwaldes schenkt die Fortsetzung der wenig befahrenen Route nette Ausblicke zum grünen Inn und zu den Kalkzinnen der Parseiergruppe. Nachdem die Hochspannungsleitung zum zweiten Mal die Straße gekreuzt hat, zweigen wir auf den Forstweg Richtung Aifner Alm ab. Einzelne Bergmähder lockern den Waldspaziergang auf. Ab und an lässt sich der Hohe Riffler durchs Geäst erspähen.
An der Gabelung bei den prächtigen Feuchtwiesen mit Orchideen und Wollgräsern halten wir uns links und an der folgenden Verzweigung rechts. Von der nächsten Gabelung wählen wir die Route Richtung Kaunerberg. Kurz nach der Wegkuppe (1810 m) am **Mairenbühel** lädt uns auf einem Wiesenfleck, wo der Steig zur Aifner Spitze abzweigt, ein sonniges Rastplätzchen zum Verweilen ein.
Wir bummeln nun talwärts über Viehweiden und Bergwiesen, teils mit schönen Zirben, und kommen in den Genuss faszinierender Blicke auf die zersägten Gratschneiden der spitzgipfligen Kaunertaler Berge. Später leiten ein paar Wegschleifen hinunter durch den Nadelwald. Gleich nach der Schranke links am Wegrand biegt ein unmarkierter Pfad ab, der uns kurz bergab zum **Schnadiger Weiher** leitet. Das romantisch gelegene Gewässer verführt zu einer erfrischenden Badepause. Die spiegelnden Bergzacken geben ein märchenhaftes Bild ab. Direkt über dem See ragt die Hohe Aifner Spitze auf.
Anschließend folgen wir weiter dem talwärts führenden Pfad nach **Schnadigen** (1560 m), wo wir auf eine Straße stoßen. Von der Abzweigung am Ortsrand halten wir uns geradeaus und treffen bald darauf wieder bei der Kapelle von **Falpaus** ein.

Vilsalpsee und Bärgacht

Seewanderung und eindrucksvoller Wasserfall

Das Ganze ist ein recht bequemer und dabei völlig harmloser Bergspaziergang, bei dem es viel zu schauen gibt, und der deshalb auch Kindern Spaß macht. Der immerhin 1,4 km lange Vilsalpsee zwängt sich recht malerisch zwischen die steilflankigen Berge, nur am Nord- und am Südufer gibt es sanfte Wiesenflächen. Auf den Uferwegen und bis zur Vilsalpe geht es oft recht lebhaft zu, während im hintersten, von hohen Wänden eingeschlossenen Talwinkel relativ wenige Wanderer unterwegs sind. Dabei bietet der große, in mehrere Arme zerteilte Wasserfall wohl das schönste Naturschauspiel im Bereich des Tannheimer Tales. Selbstverständlich zeigt dieser große Quellbach der Vils im Frühsommer, wenn er durch das Schneeschmelzwasser angeschwollen ist, den imposantesten Anblick. Dann gibt es auch eine reiche Blumenpracht zu bewundern. Bärgacht heißt dieser abgelegene Talwinkel, wobei das „Gacht“ etwa steil, jäh bedeutet.

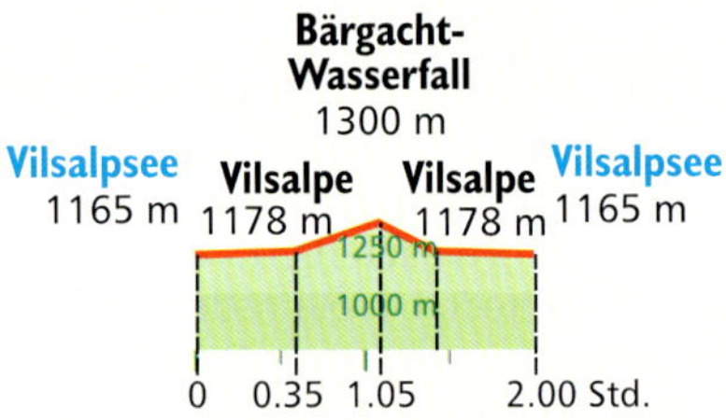

Ausgangspunkt:
Vilsalpsee, 1168 m, 4 km von Tannheim; bis 10 Uhr ist die Zufahrt mit dem Pkw möglich, dann nur mehr mit dem Bus von Tannheim aus.

Höhenunterschied:
135 m.

Anforderungen:
Bis zur Vilsalpe ganz gemütliche Wander- und Fahrwege, im hinteren Tal kleinere, steinige Steige.

Einkehr:
Jausenstation Vilsalpe und Ghs. beim Parkplatz am Nordufer des Sees.

Beim Gasthaus nach rechts über den Ausfluss des **Vilsalpsees**, dann immer auf dem breit ausgebauten Wanderweg am Westufer entlang. Auf dem Boden am Ende des Sees trifft man dann bald auf einen Fahrweg, dem man bis zur **Vilsalpe** folgt. In gleicher Richtung weiter zum Wald, der ganz auffallend von Geröllflächen durchsetzt ist. Nach etwa 20 Min. erreicht man den hinteren Waldrand, wo der breite Weg endet. Den Trittspuren folgend längs des Baches nach Süden an den Fuß des Wasserfalls.

Foto: Seibert

Ein gut markierter Fußweg führt auf der anderen Seite des Baches – anfangs durch eine malerische Wiesen- und Blocklandschaft – zurück zur **Vilsalpe**. Dann auf dem Fahrweg östlich um den See hinüber zum Ausgangspunkt.

Obstanser See und Pfannspitze

Alte Frontwege zum Kriegerfriedhof und Familienkreuz

Kartitsch – Wiesenboden – Obstanser Seehütte – Pfannspitze

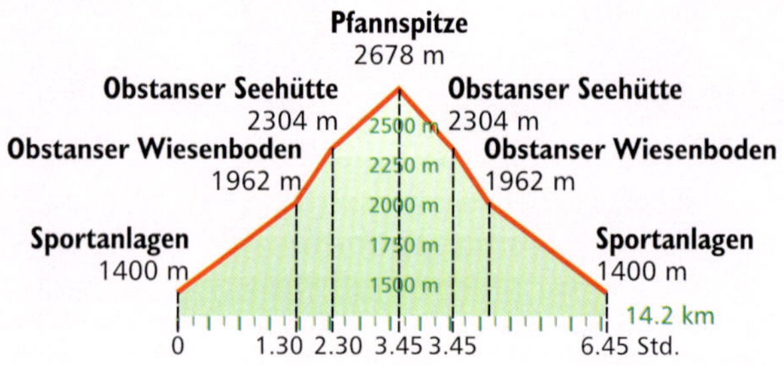

Talort:
Kartitsch, 1358 m, Urlaubsort im Kleinen Gailtal. Postbusse von Sillian, 9 km, und Kötschach-Mauthen, 39 km.

Ausgangspunkt:
Sportanlagen im Winklertal, 1400 m, 25 Min. Gehzeit von Kartitsch, 10 Min. vom Gasthof Waldruhe.

Gehzeiten:
Sportanlagen – Obstanser Wiesenboden 1½ – 2 Std., Wiesenboden – Obstanser Seehütte 1 Std., Seehütte – Pfannspitze 1¼ Std., Abstieg 2½ – 3 Std., gesamt 6 – 7 Std.

Anforderungen:
Schönwetter vorteilhaft, Trittsicherheit ratsam; markiert und beschildert, Bez. 466 im Winklertal.

Höhenunterschied:
1278 m.

Einkehr:
Obstanser Seehütte, ÖAV-Sekt. Austria, 30. Juni – 30 Sept., 34 Lager, 10 Notlager, Tel.: 04848/5422 oder 0664/1618723.

Geschichte:
Im Dolomitenkrieg 1915 – 18 im Winklertal Kämpfe bis zum Karnischen Kamm, Kartitsch war Aufmarschraum.

Kartitsch, Ausgangspunkt zahlreicher Bergtouren, bietet dem Kulturinteressierten die Schimmelkirche, den Kriegerfriedhof oberhalb des Obstanser Sees und die Prinz Heinrichs-Kapelle am Obstanser Wiesenboden, 1962 m. Das liebevoll renovierte, kleine Heiligtum erzählt von den Geschehnissen während des I. Weltkrieges in diesem Gebietsteil.

Von den Sport- und Freizeitanlagen mit Parkplatz (vom Hotel Waldruhe durch ein Fichtenwäldchen per Auto oder zu Fuß in 25 Min.) wandern wir südlich in das **Winklertal** und überschreiten den gleichnamigen Bach nach ½ Std. zur anderen Talseite. Bei mäßiger Steigung gelangen wir in den vom Wasserfall beherrschten, steilwandigen Talschluss. Dort führt der Kehrensteig rechts zwischen Erlen und großen Felsbrocken empor (Gedenktafel). Besonders eindrucksvoll empfinden wir den entlang lotrechter Wände führenden Felsenweg, der zum Abgrund hin ausreichend gesichert ist. In Treppen angeordnete Kanthölzer erleichtern den Aufstieg. Auf halber Höhe kommen wir an der in einer Felsnische geborgenen Gedenkstätte vorbei, die den beim winterlichen Heuziehen Verunglückten gilt. Noch ist der gewaltige Felsaufschwung nicht überwunden. Auf einer Brücke überschreiten wir den hell schäumenden Bach und später auf einer Holzrampe ein steiles Felsgemäuer. Nach einer Kehre erblicken wir die **Prinz-Heinrichs-Kapelle** auf der vorderen Felsböschung des Obstanser Wiesenbodens, 1½ – 2 Std. In der Nähe bietet der Unterstand, 1962 m, Schutz bei Schlechtwetter. Der hoch gelegene

Wiesenboden birgt ein Dutzend Heuschupfen und heute noch wird hier händisch gemäht. Vor der Obstanser Seehütte liegt ein zweites „Stockwerk“ vor uns. Aus der Verebnung windet sich der Steig südlich über Erlenhänge und eine breite Schutthalde empor. Zu Füßen des wuchtig und steil aufragenden Roßkopfes gelangen wir zur ehem. Zollhütte und dann zur umzäunten Schutzhütte am **Obstanser See**.

Zur **Pfannspitze** gehen wir rechts am See vorbei zum Kriegerfriedhof (20 Min.). Dort rechts weiter und auf dem Steig (Bez. 5a) zum Obstanser Sattel, 2453 m, am Karnischen Kamm. Wir wenden uns der nordöstlich

aufragenden **Pfannspitze** (ital. Cima Vanscuro) zu, wohin der Friedensweg (403) führt. Auf dem unschwierig begehbaren Felsgrat weichen wir kurzzeitig auf die linke Seite aus, um einige Felsecken und an verfallenen Schützengräben vorbei zum Familienkreuz (seit 1988) am aussichtsreichen Gipfel (Buch).

Der **Abstieg** führt zurück bis vor den Obstanser Sattel und zweigt dort nördlich ab (Bez. 5 b). Wir durchschreiten seichte Hochtalmulden und Rasenhänge und erreichen im Kar den vom Roßkopftörl kommenden Steig. Auffällig ist hier das Aufeinanderprallen von zwei unterschiedlichen Gesteinszonen. Bald darauf überqueren wir den Seeabfluss kurz vor der Hütte, ¾ – 1 Std. Bemerkenswert ist, dass der Abfluss dort versiegt und erst am Wiesenboden unten wieder zu Tage tritt. Zurück ins Tal gelangen wir am Anstiegsweg.

Gratlspitze

Erstrangige Aussichtswarte zwischen Alpbach und Inntal

Rossalm – Bischoferalm – Hauserjoch – Gratlspitze – Hausberg – Rossalm

Talort:
Alpbach, 975 m.

Ausgangspunkt:
Rossalm, ca. 1070 m.

Zufahrt:
An der Verzweigung in Alpbach links, dann stets geradeaus und erst nach ca. 1,3 km rechts zur Rossalm („Parkplatz Bischoferalm").

Gehzeiten:
Rossalm – Bischoferalm gut ¾ Std., Bischoferalm – Gratlspitze über Westgrat ca. 1¾ Std. (über Holzalm gut ½ Std. länger), Gratlspitze – Hausberg gut 1 Std., Hausberg – Rossalm ¾ Std.; Gesamtgehzeit ca. 4½ – 5 Std.

Höhenunterschied:
Ca. 800 m.

Anforderungen:
Neben- und Almstraßen bzw. Wanderwege zum Hauserjoch und zur Holzalm sowie von Hausberg zur Rossalm. Vom Hauserjoch über die Gratlspitze bis nach Hausberg steil und fast durchwegs „rot", Trittsicherheit und z. T. auch Schwindelfreiheit erforderlich. Nicht bei Nässe oder Vereisung!

Einkehr:
Rossalm, Bischoferalm (privat, bew. Mai bis Okt. und Weihnachten bis Ostern – Winterwanderweg von Alpbach – Mo. Ruhetag), Holzalm (nur bei Variante).

Sehenswertes:
Alpbach und Umgebung, Ausblick von der Gratlspitze aufs Inn- und Alpbachtal, auf die Nördl. Kalkalpen vom Karwendel bis zum Hochkönig, Glockner-, Venediger- und Reichenspitzgruppe, Stubaier und Kitzbüheler Alpen.

Variante:
Mit Pkw von Brixlegg zur Holzalm (8 km, 1452 m) und von dort am Normalweg in 1½ Std. zur Gratlspitze (in Gipfelnähe ist Trittsicherheit erforderlich, ansonsten „blau").

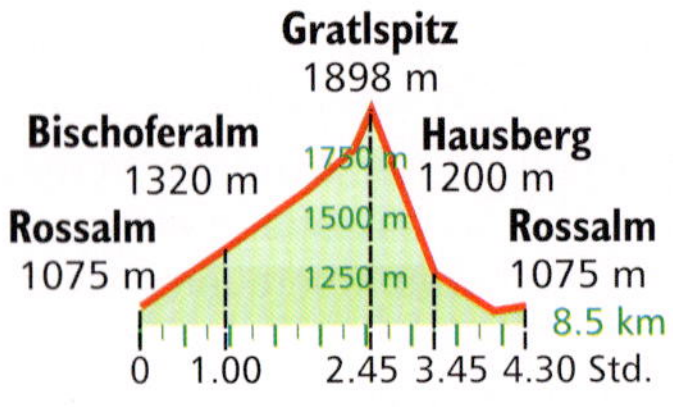

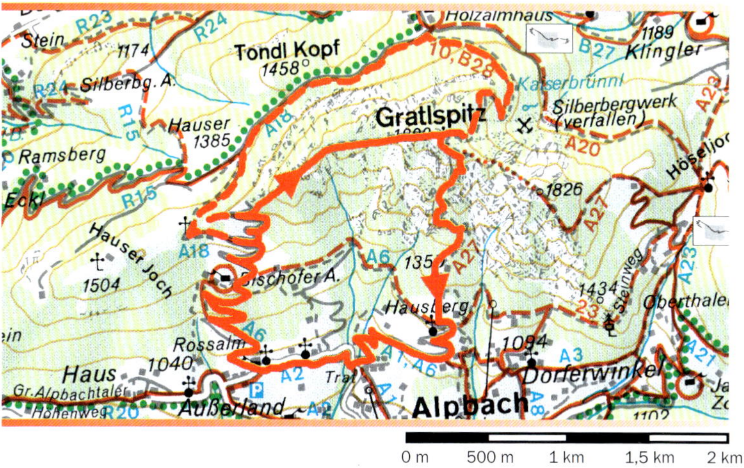

Wer den kürzesten Weg zur Gratlspitze sucht, fährt von Brixlegg zum Parkplatz nahe der Holzalm hinauf und wandert dann über die viel begangene Normalroute zum Gipfel. Wer sich aber über größere Strecken steiles Gelände zutraut, findet an der Route von Alpbach über den abwechslungsreichen Westgrat und den südseitigen Steilabstieg nach Hausberg großen Gefallen, zumal er hier wiederholt mit einzigartigen Aussichtspunkten rechnen kann. Kultur- und heimatkundlich Interessierte werden außerdem von den bis zu 450 Jahre alten Bauernhäusern und von kleinen Kapellen am Wegrand begeistert sein und auch einen Rundgang durch Alpbach machen.

Von der **Rossalm** auf einem Fahrweg zur aussichtsreichen **Bischoferalm** und dahinter noch über zwei Kehren hinauf, bis der Steig (**A18**) über Almwiesen und durch einen Waldstreifen zum **Hauserjoch** abzweigt und sich dort bei einem Kreuz teilt. Der schräg rechts verlaufende Weg führt über eine Forststraße hinweg, dann zur Hauseralm (1385 m) hinab und an der bewaldeten Nordflanke der Gratlspitze entlang zur Holzalm und von dort ggf. zum Gipfel. Die kürzeste Route zur Gratlspitze verfolgt der Weg von der Bischoferalm herauf bis zu seinem Ende oder quert vom Hauserjoch rechts (südlich) eines Grasrückens zur Forststraße und zum bewaldeten **Westgrat** hinüber. Hier geht es zunächst recht steil zur Sache und nach einer weniger geneigten Passage über eine seilgesicherte Felsstufe auf eine kreuzgeschmückte Schulter. Es folgt eine Scharte, dann eine kleine Stufe und schließlich welliges Gelände mit einigen Schärtchen, ehe sich der latschenbewachsene Grat zum **Gipfel** hin noch einmal aufstellt.

Von dort steigen wir am Weg **A27** nach Alpbach ab. Der Steig führt zuerst entlang des **Ostgrates** bis zur nächsten Scharte, dann rechts über steiles Latschen- und Waldgelände, anschließend kurz auf einer Rippe und schließlich durch zwei parallele Rinnen auf eine aussichtsreiche Schulter hinab. Hier wendet sich der Pfad nach links und wird nun wesentlich angenehmer zu begehen. Er windet sich durch grasigen Bergwald, über eine Lichtung und zuletzt über Bauernwiesen nach **Hausberg** hinab. Hier folgen wir der Straße mehr als 1,5 km bis zu einer **Brücke**, queren auf dieser einen großen Graben nach rechts und kehren auf dem „**Höhenweg Reith A 17**" leicht steigend zur **Rossalm** zurück.

Vomper Loch

In der wilden Urlandschaft des Karwendels

Das Vomper Loch ist einer der eindrucksvollsten Teile der Nordtiroler Kalkalpen, eine tiefe, unwegsame Schlucht unter den über 1000 m hohen Nordabstürzen der Zweiten Karwendelkette. Die Wege hier sind durchwegs erst durch künstliche Hilfsmittel gangbar gemacht und nach Unwettern oft beschädigt. Man sollte sich stets vor der Tour über ihren Zustand erkundigen.

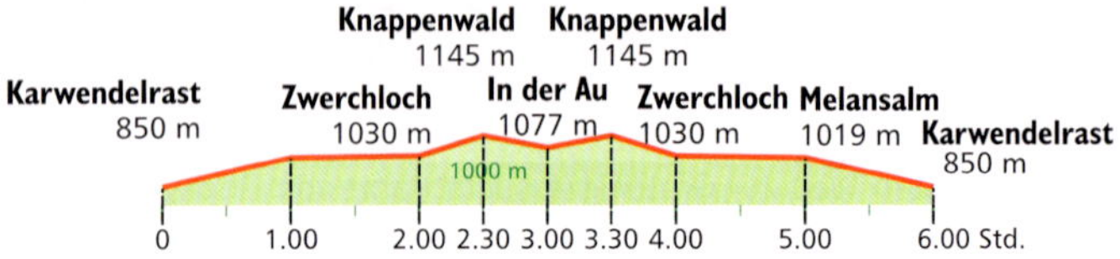

Talort:
Vomp, 563 m.

Ausgangspunkt, Parkmöglichkeit:
Ghs. Karwendelrast am Vomper Berg, 850 m, von Vomp auf Autostraße wenige Minuten, Parkplatz.

Höhenunterschied:
Ca. 500 m.

Anforderungen:
Ausdauer und absolute Trittsicherheit. Wer Zeit hat, sollte eine 2-Tages-Tour mit Übernachtung am Halleranger und Weiterweg durchs Halltal nach Absam oder zum Hafelekar einplanen.

Einkehr:
Ghs. Karwendelrast.

Von dem auf weiter Sonnenterrasse über der schluchtartigen Mündung des Vomper Lochs gelegenen **Ghs. Karwendelrast** geht man zunächst auf breitem Waldweg nordwestwärts ins Tal hinein, bis sich nach etwa 20 Min. der Weg gabelt. Man folgt dem linken Weg in westlicher Richtung über zwei tiefe Gräben zur **Melansalm**. Stets in gleicher Richtung weiter, vor dem Eingang des **Zwerchlochs** eine Kehre abwärts und nach rechts einwärts in das Zwerchloch und zum Jagdhaus. Von hier steigt man zum Bach hinunter, überquert ihn und gelangt kurz südwärts zum Beginn der **„Katzenleiter“**, eines durch 160 Stufen gangbar gemachten Steilabfalls. Man überschreitet die **Huderbankklamm** und steigt weiter südlich empor auf einen Rücken, wo sich der Weg wieder nach Westen in die Hauptrichtung des Vomper Lochs wendet. Man hält sich nun ohne größere Höhenverluste talein, zuletzt mit einigen steilen Kehren hinab in den **Ödbachkarlgraben**. Jenseits des Bachs steil empor, dann unter der so genannten **„Triefenden Wand“** steil abwärts in den Talboden des Vomper Lochs, über den Bach und am rechten Bachufer in Fließrichtung zum Jagdhaus **„In der Au“**. Rückkehr auf demselben Weg.

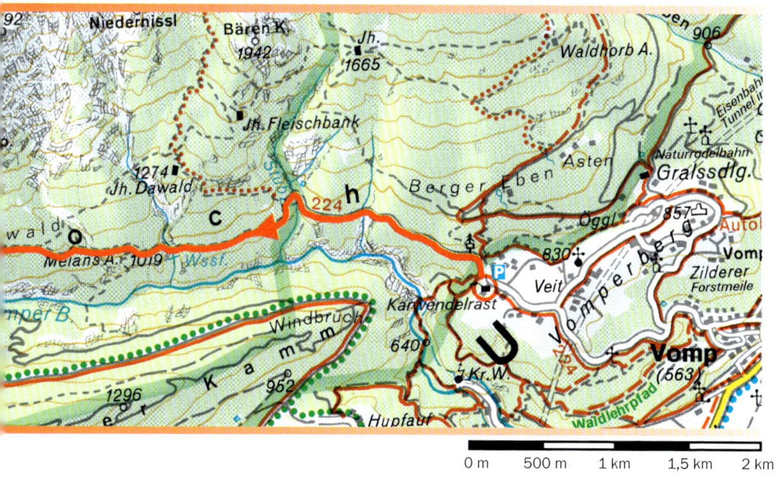

Glungezer

Auf den Hausberg der Haller

Der Glungezer, seit Jahrzehnten ein beliebter Skiberg, lohnt auch im Sommer oder Herbst die Besteigung; die knapp unter dem Gipfel gelegene Hütte bietet Rast, Verpflegung und Unterkunft. Die Glungezer Bahn verkürzt und erleichtert den Aufstieg (wenn man will, auch den Abstieg) ganz erheblich.

Talort:
Tulfes, 923 m.

Ausgangspunkt, Parkmöglichkeit:
Bergstation der Glungezer Bahn (Tulfes – Halsmarter, 1550 m – Tulfeinalm, 2035 m); Parkplatz an der Talstation.

Höhenunterschied:
643 m im Aufstieg, 1755 m im Abstieg.

Anforderungen:
Markierte Wege, Steige.

Einkehr:
Tulfeinalm; Glungezer Hütte; Ghs. Halsmarter; Tulfer Hütte; Jausenstation Wimpissinger; Windegg.

Sehenswert:
Zirbenbestände an der Waldgrenze; Rundblick vom Gipfel.

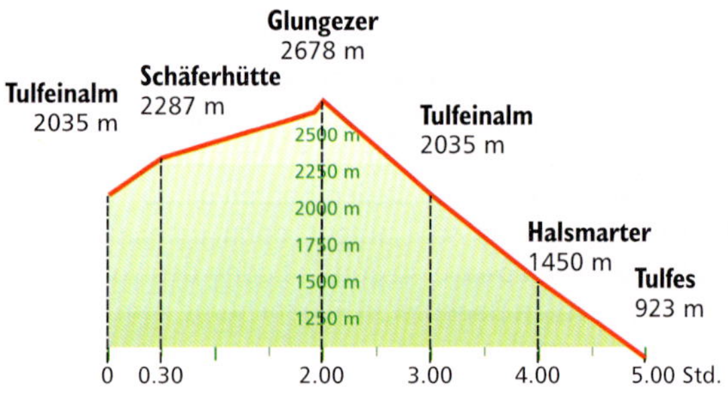

Der Weg führt von der **Liftstation** kurz hinüber zur **Tulfeinalm** und von dort südostwärts über die freien blockigen, mit Alpenrosen bewachsenen Hänge hinauf in eine Senke zur **Schäferhütte** und hält sich dann auf dem breiten Nordostgrat zur **Glungezer Hütte**, 2600 m. Von dieser in wenigen Minuten auf Steigspuren zum Glungezer (mit militärischer Luftüberwachungsstation). Man kann den Gipfel auch direkt erreichen, indem man sich bei der schwach ausgeprägten Wegteilung knapp unterhalb der Hütte links hält.
Für den Abstieg geht es zurück zur **Schäferhütte**, wo sich der Weg teilt. Der Rückweg führt wieder zur **Tulfeinalm**, in der Nähe des Lifts hinunter nach **Halsmarter** und weiter nach **Tulfes**.
Variante: Man hält sich rechts und gelangt über dem Voldertal talauswärts absteigend nach Halsmarter. Von hier kann man auch in weiterem Bogen nach Norden ausholend über die Tulfer Hütte und das Windegg (Ausflugsgasthöfe) nach Tulfes absteigen.

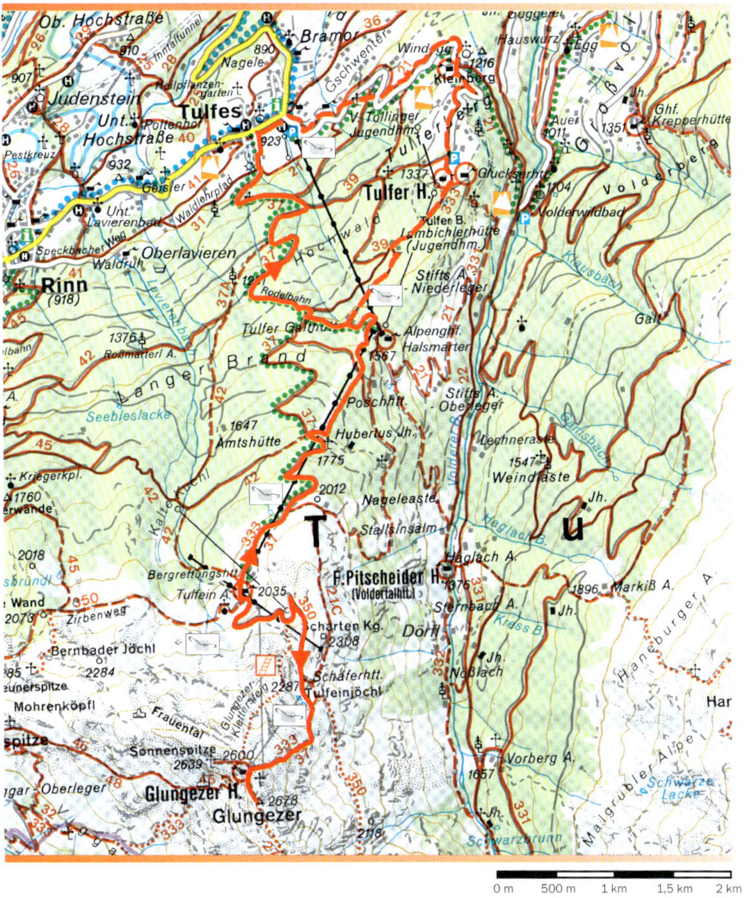
Ob. Hochstraße
Inntaltunnel
Bramor
Gschwenter
Windegg
1216
Kleinberg
Hausdwurz
Egg
Nagele
890
910
907
Judenstein
Heilpflanzen-garten
Tulfes
Unt. Hochstraße
Poltenhof
Pestkreuz
923
V. Tollinger Jugendhm.
Tulferberg
Auer 1011
1351
Ghf. Krepperhütte
Volderberg
932
Geisler
Unt. Lavierenbad
Waldlehrpfad
1337
Glückserhütte
1104
Volderwildbad
Tulfer H.
Tulfer B. Lambichlerhütte (Jugendhm.)
Speckbacher Weg
Waldruh
Oberlavieren
Hochwald
Rinn
(918)
Rodelbahn
Stifts A. Niederleger
Krausbach
Galt
Tulfer Galthu.
Alpenghf. Halsmarter
1567
1376
Roßmarterl A.
Langer Brand
Seebleslacke
Poschhtt.
Stifts A. Oberleger
1647
Amtshütte
Hubertus Jh.
1775
Lechnerasté
1547
Weindlaste
Kriegerkpl.
1760
2012
Nageleaste
Kalte Kochl
Stallsinsalm
Haglach B.
2018
Bergrettungshtt.
Haglach A.
F. Pitscheider H. (Voldertalhtt.)
1375
Tulfein A.
2035
1896
Markiß A.
Zirbenweg
2078
Scharten Kg.
2308
Dörfl
Sternbach A.
Kress B.
Bernbader Jöchl
2284
Schaferhtt.
Tulfeinjöchl
2287
Nößlach
Haneburger A.
Mohrenköpfl
Frauental
Glungezer-Klettersteig
Sonnenspitze
2639
2600
Vorberg A.
1657
Malgrubler Alpe
Schwarze Lacke
Oberleger
Glungezer H.
2678
Glungezer
2118
Schwarzbrunn
0 m
500 m
1 km
1,5 km
2 km

Foto: Kiler

Westfalenhaus

Fels- und Eislandschaft der Stubaier Alpen

Den Talschluss von Lüsens beherrschen der (allerdings stark zurückgewichene) Lisenser Ferner und der Fernerkogel, die mächtige Pyramide, die jäh über dem flachen Boden südlich von Lüsens aufragt.

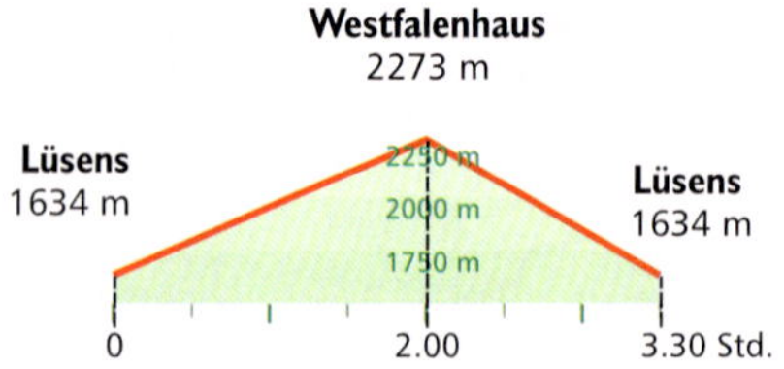

Ausgangspunkt, Parkmöglichkeit:
Lüsens, 1634 m, Parkplatz (gebührenpflichtig).

Höhenunterschied:
639 m.

Anforderungen:
Gut mark. und beschilderte Steige.

Einkehr:
In Lüsens; Westfalenhaus (DAV).

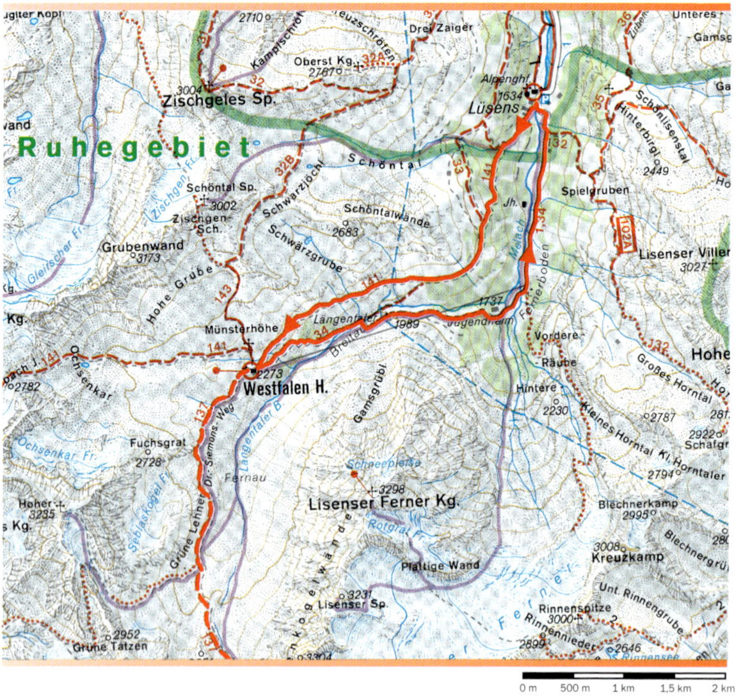

Der **Sommerweg** zum Westfalenhaus führt ab der kleinen Häusergruppe von **Lüsens** am westlichen Bachufer nach Süden und gleich am Hang empor; man wählt also nicht den Weg, der weiter in den flachen Talhintergrund hineinführt (Winterweg, Hinweistafeln). Der Weg steigt allmählich, am Ausgang des kleinen Schöntals vorbei, an der Lehne der Schöntalwände entlang und wendet sich an der Waldgrenze, halben Wegs von Lüsens, nach Westen ins Längental, durch dessen steile, zerfurchte, von Schafen beweidete Hänge man das schon von weitem sichtbare **Westfalenhaus** erreicht. Die Hütte, in den Siebzigerjahren in geglückter Weise erneuert, passt gut in die Moränen-, Fels- und Weidelandschaft des inneren Längentals.

Wer noch nicht müde ist, geht ein Stück auf dem Dr.-Siemons-Weg von der Hütte fast eben nach Süden gegen die mächtigen Moränen des zurückgegangenen Längentaler Ferners.

Der **Untere Weg** (Sommerweg) führt von der Hütte weg gleich nach rechts über die steilen Hänge hinunter auf den flachen Boden der **Längentaler Alm**, 1989 m. Von dieser gelangt man über die nächste Steilstufe nahe dem (von der Überleitung zum Finstertaler Stausee angezapften) Wildbach auf den weiten ebenen **Fernerboden**, den innersten Talgrund des Lüsenstals. Über diesen talaus wieder nach **Lüsens**.

Von der Zugspitze nach Ehrwald

Abstiegsabenteuer von Deutschlands höchstem Berg
Zugspitzplatt – Knorrhütte – Gatterl – Ehrwalder Alm – Ehrwald

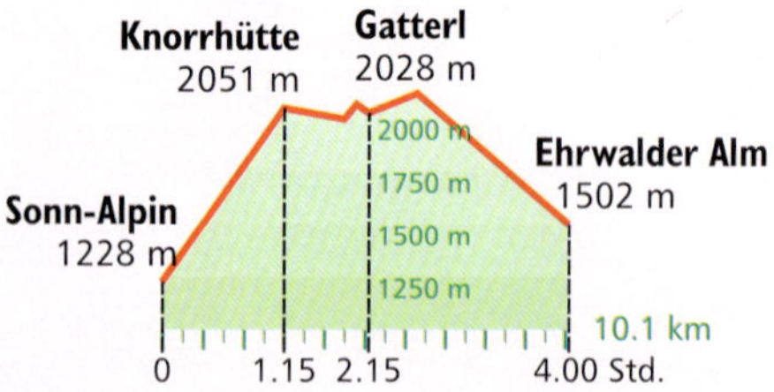

Ausgangspunkt:
Talstation der Ehrwalder Zugspitzbahn, 1228 m; von Ehrwald 3 km auf guter Straße.

Gehzeiten:
Sonn-Alpin – Knorrhütte 1¼ Std., Knorrhütte – Gatterl 1 Std., Gatterl – Ehrwalder Alm 1¾ Std., Gesamtzeit 4 Std.

Höhenunterschied:
Ca. 160 m Aufstieg; 1200 m Abstieg.

Anforderungen:
Raue, steinige Bergpfade, am Gatterl eine kurze Felsstelle mit Drahtseil. Keinesfalls bei Nebel begehen!

Einkehr und Unterkunft:
Knorrhütte (DAV), 2051 m, 120 Schlafplätze, Tel.: 08821/2905; Zwei Gasthäuser auf der Ehrwalder Alm.

Foto: Seibert

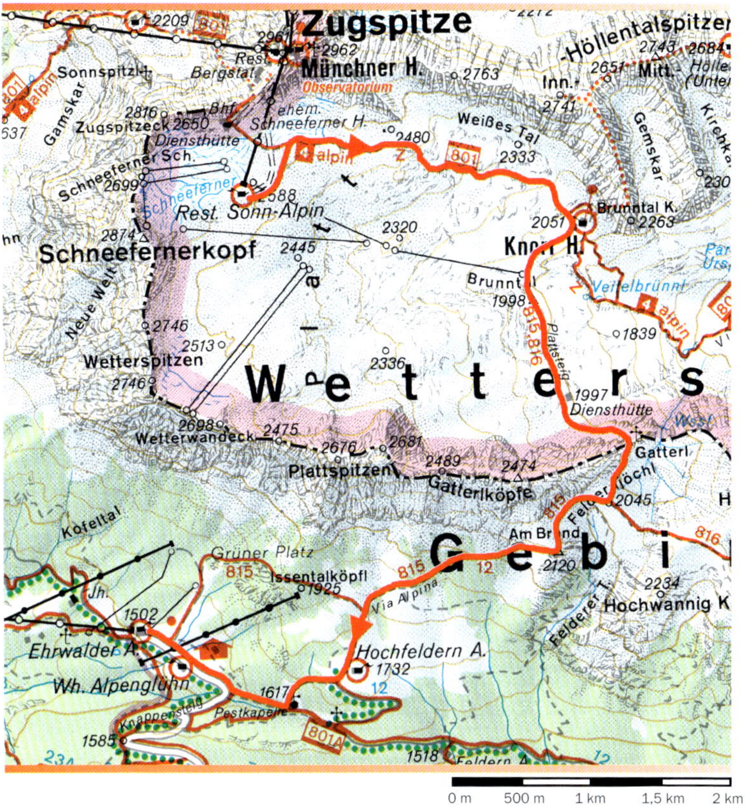

Der große Abstieg vom Zugspitzplatt über das Gatterl nach Ehrwald vermittelt die unterschiedlichsten Eindrücke. Da gibt es zunächst den Gang über das ewig weite Karstplateau des Platts, dann den Blick von der Knorrhütte auf die 1400 m hohe Nordwand des Hochwanners. Nach dem Gatterl dominieren schließlich die Mieminger Berge mit ihren hohen, dunklen Felsmauern im östlichen Teil und den wild zerklüfteten Zacken im Westabschnitt.

Mit der Seilbahn fährt man auf die **Zugspitze**, 2962 m, und am besten mit der kleinen Plattseilbahn hinunter zum Restaurant Sonn-Alpin, 2588 m (Abstieg zu Fuß unangenehm steinig und nicht einfach). Von dort wandert man immer auf der linken Seite des weiten, schrägen Plateaus, Zugspitzplatt genannt, über die Fels- und Geröllflächen zur **Knorrhütte**, 2051 m, am Rand des großen Geländeabbruchs hinab. Von dort geht es in leichtem Auf und Ab nach Süden und rasch hinauf in das felsige **Gatterl** (Drahtseile). Nach kurzem Abstieg steigt man wieder empor ins nahe Feldernjöchl, 2045 m, und noch weiter hinauf auf die Schulter „Am Brand“, 2120 m. Jetzt folgt noch der lange Diagonalabstieg über Schuttfelder und Grashänge – oberhalb die hohen Wände der Platt- und Wetterspitzen – zur **Ehrwalder Alm** mit zwei Gasthäusern. Von dort fährt man mit der Kabinenbahn hinab zur Talstation und mit dem Bus ins Ortszentrum von **Ehrwald** bzw. weiter zum Ausgangspunkt.

Wildes Mannle

Lohnender Aussichtspunkt über dem Tal von Vent

Im Sommer von der Bergstation des Wildspitz-Sessellifts gut zugänglicher Felsberg, der mit versicherten Kletterstellen aufwarten kann. Grandiose Rundsicht auf Ötztaler und Stubaier Gletscherberge, eindrucksvoll der zerklüftete Rofenkarferner und die nahe Wildspitze.

Talort: Vent, 1895 m.

Gehzeiten: 4½ Std.

Ausgangspunkt, Parkmöglichkeit: Bergstation Stablein der Wildspitzbahn (Talstation in Ortsmitte bei der Kirche) Gebührenpflichtige Parkplätze am Ortseingang oder an der Talstation, kein freies Parken im Ort.

Anforderungen: Für die Steige („Jubiläumssteig") an der Westflanke des Wilden Mannles sind Trittsicherheit und gutes Schuhwerk erforderlich.

Höhenunterschied: 660 m.

Einkehr: An der Lift-Bergstation.

Sehenswert: Sehr schöne Blicke in die Südabstürze der Wildspitze, außerdem auf die Kämme von Ramolkogel und Kreuzspitze.

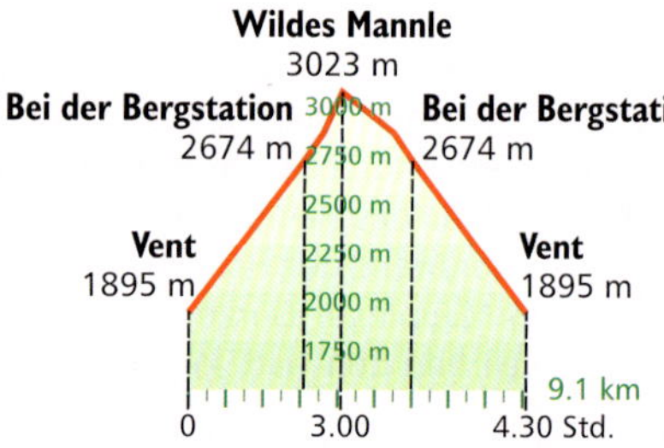

Von der Bergstation **Stablein** der Wildspitzbahn dem Weg zur **Breslauer Hütte** folgen, bis man auf eine Kehre des Fahrwegs trifft (¾ Std.), wo bei einem Wegweiser nach rechts der bezeichnete Weg zum Wilden Mannle abzweigt. Er führt zunächst über den grasigen Rücken nordwärts empor, vorbei an der Schlepplift-Bergstation, bei den ersten Schrofen links und durch erdig blockiges Gelände wieder zum Kamm empor; zuletzt über Blockwerk auf die flache Kuppe des **Wilden Mannles** mit Kreuz. Abstieg entweder auf demselben Weg oder vom Kreuz, den Steinmännern folgend, über den Blockkamm leicht nach Norden hinunter; bevor der Rücken wieder steil ansteigt, beim letzten Steinmann links ab und durch die steile Flanke auf dem teils abschüssigen Steig (eine versicherte Kletterstelle) auf

die östliche Seitenmoräne hinunter. Auf ihr abwärts, bis man auf die Abzweigung zur **Breslauer Hütte** trifft; weiter gerade hinab und zurück zum Normalanstieg und zur **Bergstation**. Abstecher zur Breslauer Hütte: Vom Gipfel aus ist die Hütte, weiter westlich am freien Südabhang der Wildspitze gelegen, schon gut sichtbar. Man erreicht sie auf einem bezeichneten Steig, indem man ohne größeren Höhenverlust durch das Rofenkar quert. Von der Hütte auf dem üblichen Anstiegsweg wieder zurück nach **Stablein** und **Vent**.

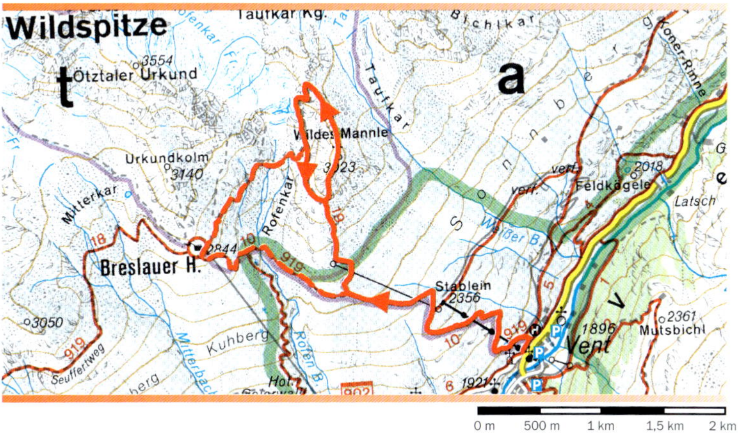

Kogelsee

Großer Bergsee unter wilden Felsgipfeln

Kein anderes Gebirge der Nördlichen Kalkalpen ist heute noch so unberührt und ursprünglich wie die Lechtaler Alpen. Dafür gibt es einen guten Grund: Hier ragt die Bergwelt besonders schroff, steil und unzugänglich auf, ist also für den Menschen kaum „verwertbar". Das verhilft den Wanderern dort zu besonders tiefen und bleibenden Erlebnissen. Gerade auf dem Weg zum erstaunlich großen Kogelsee ist man mitten in dieser Urwelt unterwegs, besonders imponierend zeigen sich die eigenartig geschweiften Wände an den Bockkarspitzen, 2607 m, denen man am Schluss ganz nahe kommt. Als Gegenpol dazu gibt es ausgeprägte Grasberge mit einem vor allem im Frühsommer sehr reichen Blumenschmuck.

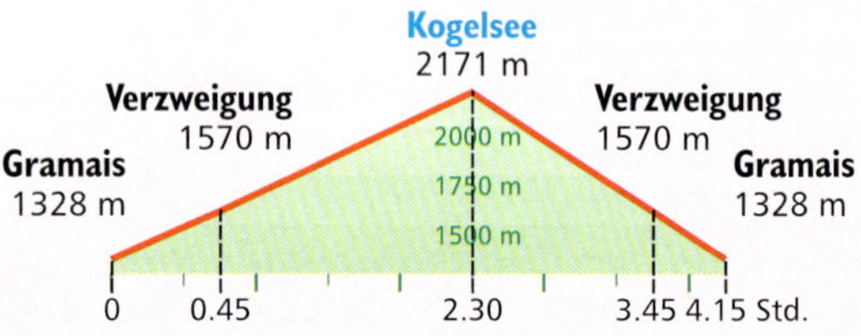

Talort:
Häselgehr, 1006 m, im mittleren Lechtal.

Ausgangspunkt:
Ordentliche Bergstraße nach Gramais, 1328 m, 7 km, beschränkte Parkmöglichkeiten, Bus ab Häselgehr.

Höhenunterschied:
850 m.

Anforderungen:
Gut angelegte Bergwege, zum Teil jedoch steil und steinig.

Einkehr:
Ghs. in Gramais.

Von **Gramais** links oberhalb des Platzbachs auf breitem Weg in dem scharf eingeschnittenen Tal – im Norden steigen riesige Steilgrashänge auf – zur Wegverzweigung nach 1 km. Rechts über den Bach, dann etwa 300 m steil über die Latschenfelder unter einer Wandfluh empor und hinein in den Talschluss. Nun links des Baches in Serpentinen über die Stufe, dann in dem markant eingeschnittenen Tal über Gras und Gletscherschliffe zum immerhin 230 m langen **Kogelsee** am Fuß der wilden Bockkarwände. Der Rückweg ist nur auf der gleichen Route möglich.

Durchs Gamor zum Nauderer Höhenweg

Alpenrosenmeere und Ortlerblick

Durch das Gamor – im unteren Abschnitt heißt das Hochtal Valrie – brachen früher immer wieder verheerende Lawinen und Murenabgänge über Nauders herein. Heute ist der Gamorbach durch umfangreiche Verbauung gebändigt.

Talort, Ausgangspunkt:
Nauders, Bushaltestelle an der Post, 1360 m; Parkplatz.

Anforderungen:
Meist gut bezeichnete Almwege, Steige und Pfade. Überwiegend angenehme Steigungen.

Höhenunterschied:
860 m.

Einkehr:
Jausenstation Novelleshof.

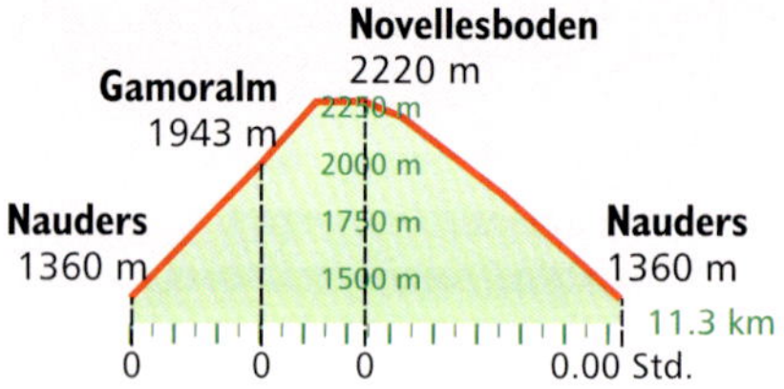

Wir starten bei der Post in **Nauders** und spazieren am Spitalkirchlein bergan zum Dorfbrunnen. Unterhalb der Kirche orientieren wir uns am Wegweiser „Parditschhof“. Vom Ortsende weist uns das Täfelchen „Gamortal“ auf einen steilen Almweg. An der gleich folgenden Gabelung wandern wir erst links auf einem kurzen Pfad Richtung Munt und an der nächsten Verzweigung rechts hinauf ins Valrie.

Auf einem Ziehweg halten wir uns über die Bachbrücke und folgen auf einem noch mäßig steigenden Pfad dem Bach. Bald treffen wir wieder auf den Ziehweg. Das Tal verengt sich. Ein Steig führt uns nun spürbar bergan. Die Bezeichnung „Zum Nauderer Höhenweg“ beachtend, geht's ein Stück auf einem Forstweg weiter und wieder auf dem Steig über Almweiden zu den Bünnler Böden. Dort treffen wir bei der kleinen **Gamoralm** (1943 m) auf das Ende des Forstwegs. Mit Blick ins Unterengadin steigen wir hinauf zur Abzweigung des Nauderer Höhenwegs beim Gamorbachsteg. Diesen weltvergessenen Winkel muss man ein Weilchen wirken lassen.
Der leicht ansteigende Steig leitet uns über Alpenrosenhänge Richtung Novellesboden. Nach Überschreiten des Ferminztals betreten wir auf 2220 m Höhe auf dem **Novellesboden** den höchsten Punkt unserer Runde. Plötzlich ragen hinterm Reschen mit dem reich gegliederten Massiv der Klopaier- und der Bergkastelspitze, die gletschergekleideten Ortlerberge auf – ein Anblick, der zu einer Schaupause zwingt. Jenseits der Innsenke stehen aufgereiht die Samnaunspitzen.
Ein bequemer Pfad führt uns nun über Grashänge leicht bergab. Oberhalb des Höhenwegs werden Ziegen und Schafe gesömmert. Bald tauchen wir zwischen den ersten Lärchen unter und folgen an der Kreuzung auf dem Stables-Hochboden dem Steig Richtung Stables.
An der Verzweigung im kranken Fichtenwald weist uns die Beschilderung „Jausenstation Stables“ auf einen breiten Wanderweg. In **Stables** (1816 m) achten wir auf die Abzweigung zum Novelleshof. Ein Pfad führt an einem sehenswerten, ursprünglichen Anwesen (1833 m) vorbei und quert oberhalb der nicht mehr existierenden Jausenstation Stables (heute Ferienhaus) die Wiesen und den Galdstirbach zur **Jausenstation Novelleshof** (1694 m). Nach einem kurzen Stück auf der Teerstraße folgen wir in der Waldkehre dem Steig am verfallenen Gebäude Einsiedel vorbei zurück zur bekannten Route nach **Nauders**.

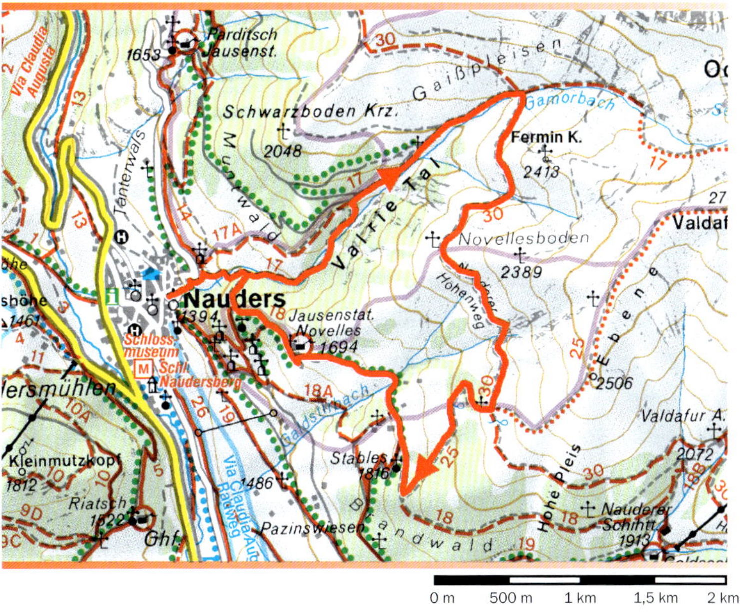

Rauher Kopf

Traumsteige auf den nordöstlichen Silvretta-Eckpfeiler
Mathon – Außerbergler Taja – Rauher Kopf

Talort:
Ischgl, reges internationales Sommersportparadies und weltberühmter Wintersportort im Paznauntal. Information: Tourismusverband, 6561 Ischgl, Tel.: 05444/5266.

Ausgangspunkt:
Mathon, Bushaltestelle an der Silvrettastraße, bei der Kapelle am Dorfeingang, 1440 m.

Gehzeiten:
Mathon – Außerbergler Taja 2 Std., Außerbergler Taja – Rauher Kopf 1 Std., Abstieg 2 Std., Gesamtgehzeit 6 Std.

Höhenunterschied:
1090 m.

Anforderungen:
Vorbildlich bezeichnete Steige, am Anfang kurz Wirtschaftswege. Überwiegend steile Anstiege verlangen Kondition.

Höchster Punkt:
Rauher Kopf, 2478 m.

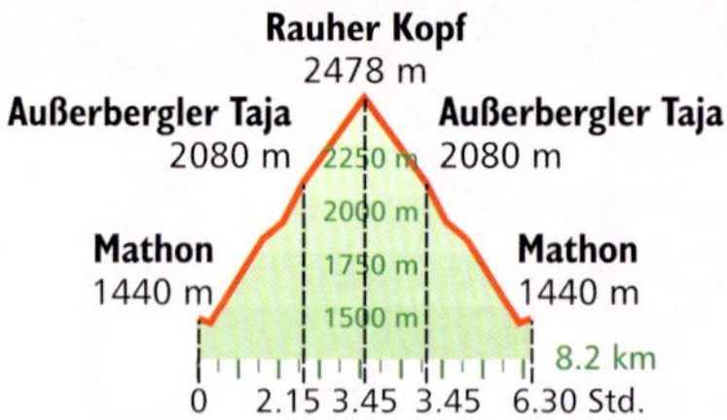

Man muss ihn einfach mögen, den verspielten Steig durch den aufsteilenden Bergwald zu den aussichtsreich gelegenen Hütten des Außerbergles. Über ein Meer von Alpenrosen wandelt der glückselige Gipfelanwärter weiter zum einsamen Kreuz des Rauhen Kopfs, das in freiwilligen Arbeitsstunden von der Ischgler und Mathoner Jugend aufgestellt wurde. Wer eine ausgedehnte Runde zusammenbasteln möchte, kann auf der ebenfalls markierten Route nach Ischgl absteigen und von dort auf dem Talwanderweg zurück nach Mathon spazieren.

Wir wandern von der **Bushaltestelle** die Anliegerstraße bergab und folgen dem Feldweg am Wegkreuz vorbei. Eine Wirtschaftsstraße trägt uns über die Trisannabrücke, wo uns der mit „Rauherkopf“ beschilderte Feldweg aufnimmt. Gleich darauf setzt der ungemein reizvolle, wenngleich auch anstrengende Steig durch den steilen Jungwald an. Die beispielhaft markierten Windungen führen uns durch eine begeisternde Vegetationsvielfalt: Lärchen und Erlen, Heidekraut und Wacholder, weiter oben auch Birken. Blaubeersammler finden hier ein verschwenderisches Schlaraffenland. Zwischendurch laden kleine Wiesenabsätze mit anregenden Tiefblicken und einer informativen Ausschau zu den Verwall-Gipfelkronen um die Friedrichshafener Hütte zu kleinen Rastpausen ein.

Nach einer Forstwegquerung zwängt sich die spannende Himmelsleiter in weiterhin sehr anstrengender Manier durch eine dichte, von den hier lange lagernden Schneemassen geplagte Gebüschzone. Auf 1720 m Höhe leitet ein Holzsteg über den Lahnerbach, einen ungestümen Sturzbach, in den Hochwald. Von einem betagten, mächtigen und gnomenhaften Kiefernstrunk überrascht ein plötzlicher Tiefblick auf Ischgl. Das abschüssige Gelände verlangt besonders im Abstieg erhöhte Aufmerksamkeit. An den zwei Hüttchen **Außerbergler Taja** (2080 m) mit einem verfallenen Heustadel ist die Waldgrenze erreicht. Die Ausblicke sowohl aufs untere Paznauntal als auch zu den Bergregenten um die Bieler Höhe verleiten zum Schwärmen. Ein Brotzeitplätzchen vom Allerfeinsten.

An der Gabelung kurz oberhalb weist uns die Beschilderung „Rauher Kopf“ auf einen wesentlich weniger steilen Steig, der nach Queren der Grashänge wieder etwas anzieht, hinauf zu einer Einsattelung (2411 m). Nun geht's nur noch ein Stück über den Gratrücken und rechts um einen letzten Aufschwung herum zum **Rauhen Kopf**.

Foto: Mayr

Ellmauer Halt

Anspruchsvoller Klettersteig zum höchsten Kaisergipfel
Gruttenhütte – Ellmauer Halt – Gruttenhütte – Wochenbrunneralm

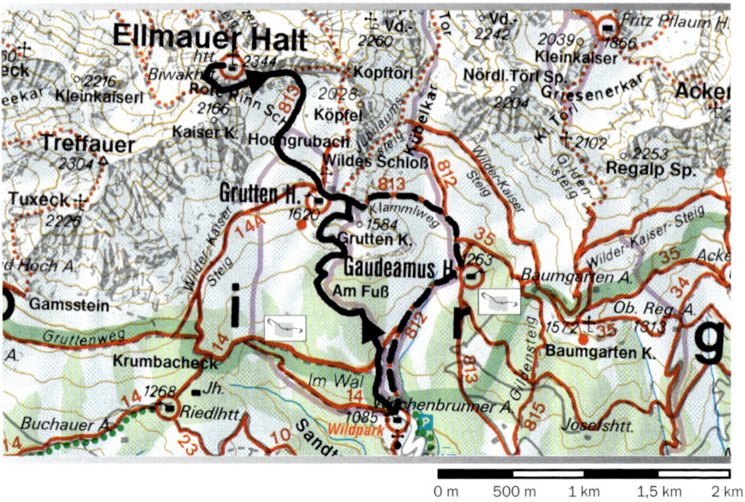

Talort:
Ellmau, 804 m. Bus von Kufstein.

Ausgangspunkt:
Gruttenhütte, 1620 m, bzw. Parkplatz Wochenbrunneralm, 1085 m, Zufahrt von Ellmau auf Mautstraße.

Gehzeiten:
Wochenbrunneralm – Gruttenhütte 1½ Std., Gruttenhütte – Ellmauer Halt 3 Std., Ellmauer Halt – Gruttenhütte – Wochenbrunneralm 3½ Std.; Gesamtzeit 8 Std., bei Nächtigung auf der Gruttenhütte und Abstieg zum Parkplatz 6½ Std.

Anforderungen:
Trittsicherheit, Schwindelfreiheit, alpine Erfahrung, guter Orientierungssinn und stabile, trockene Verhältnisse sind unerlässlich! Glatt geschliffener Fels und Steinschlaggefahr (Steinschlaghelm!) erhöhen das Risiko auf der technisch schwierigsten Tour dieses Wanderführers. Bergführer und vorherige Nächtigung auf der Gruttenhütte empfehlenswert.

Höhenunterschied:
1260 m.

Einkehr:
Wochenbrunneralm, Gruttenhütte (AV, bew. Juni bis Mitte Okt., 50 B., 120 L., Tel.: 05358/2242), Notunterstand in der Babenstuberhütte ca. 40 m unterm Gipfel (nicht blitzschlagsicher!).

Sehenswertes:
Umfassender Rundblick auf die Felswildnis des zerklüfteten

Kaiserstockes, auf den fernen Alpenhauptkamm von den Tauern bis zu den Stubaier Alpen, auf die Gebirgsgruppen zwischen Watzmann und Zugspitze sowie auf das zu Füßen liegende Sölland und das Inntal.

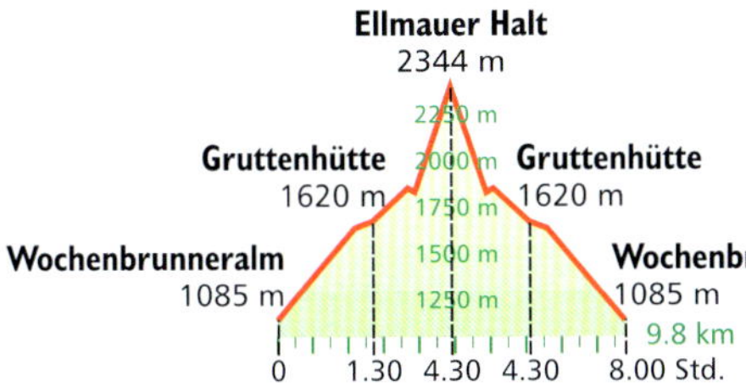

Die Ellmauer Halt, der höchste Kaisergipfel und gleichzeitig das schwierigste Tourenziel dieses Wanderführers, zählt zu den begehrtesten und damit am häufigsten besuchten Gipfeln im Wilden Kaiser. Bergerfahrung ist unerlässliche Voraussetzung für diese Tour! Der „Gamsängersteig", ein mit Drahtseilen und Eisenbügeln gesicherter Klettersteig, bildet dennoch den „leichtesten" Zugang zu diesem Gipfel.

Von der Gruttenhütte zur Ellmauer Halt: Von der Hütte ein kleines Stück gerade empor, dann in einer weiten Schleife links (nordwestlich) ausholend in den großen Karkessel „Hochgrubach", in den die Ellmauer Halt mit ihrer 500 m hohen Südwand und dem nach Osten ziehenden Kopftörlgrat abbricht. Durch den flachen Karboden, dann mit zunehmender Steigung (in manchen Jahren lange Altschnee) an steile Grasbänder heran. In mehreren Stufen (z. T. mit Drahtseil gesichert) links hinauf („Gamsänger"), an gelber, mit großen Trittbügeln präparierter Wand entlang, über gut gestufte Felsrinnen zu einem Felsturm, dann leicht rechts haltend zu einer Wegteilung. Die linke Route führt durch einen tiefen Kamin und über eine Eisenleiter, die rechte mit Hilfe von Eisenbügeln und Drahtseilen entlang eines Felsspaltes und über eine luftige Kante auf eine Geröllrampe. Von ihrem Ostende in deutlichem Bogen zuerst links (westlich) ausholend, dann rechts zur Babenstuberhütte (stets geöffneter Notunterstand) und in gleicher Richtung an kompakten Felsplatten entlang zu dem bereits sichtbaren Gipfelkreuz. Der **Abstieg** zur Gruttenhütte hält sich ganz an die Anstiegsroute.

Foto: Brandl

Deferegger Pfannhorn

Grenzgipfel zu Südtirol

Wanderparkplatz – Erlasboden – Hirschbichl – Schmelzgrube – Deferegger Pfannhorn

Ausgangspunkt, Parkmöglichkeit:
Wanderparkplatz, 1914 m, an der Staller-Sattel-Straße nordöstl. der Staller Alm, 5½ km von Erlsbach; Postbushaltestelle 400 m nördl., werktags 2. Juliwoche bis 1. Oktoberwoche.

Gehzeiten:
Parkplatz – Deferegger Pfannhorn 2¾ Std., Abstieg knapp 2 Std. Gesamtzeit knapp 4¾ Std.

Höhenunterschied: 930 m.

Höchster Punkt:
Deferegger Pfannhorn, 2820 m.

Anforderungen:
Am Gipfelaufbau Trittsicherheit und Schwindelfreiheit notwendig; stellenweise müssen die Hände zu Hilfe genommen werden. Gefährlich bei Neu- oder Altschnee infolge nordseitigem Gipfelgang bzw. Schnee im ostwärts gerichteten Kar. Keine Einkehr!

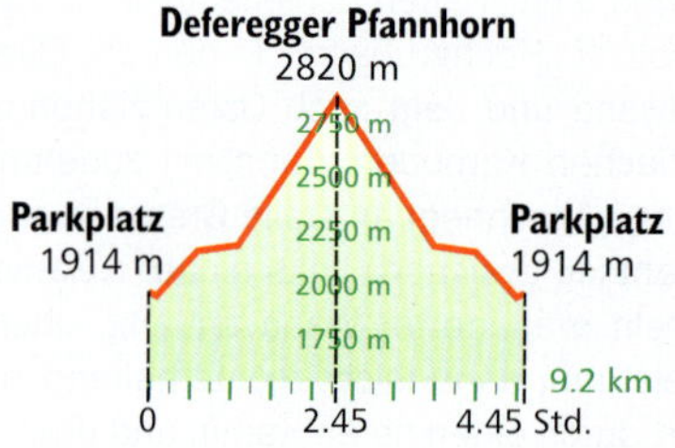

„Corno Fana“ lautet der italienische Name des Deferegger Pfannhorns im Grenzkamm zu Italien, alpingeografisch im Schindelholzer Kamm der Villgratner Berge bzw. Deferegger Alpen mit einer großartigen Aussicht: nördl. die Sonnenflanken des Panargenkamms bzw. der gesamten Lasörlinggruppe; nordwestl. die Gletschergipfel der Rieserfernergruppe, südöstl. die Konturen der Sextener Dolomiten und weit im Osten der Großglockner.

Vom **Wanderparkplatz** (die Wegweiser „Lappach-Alm, Blindisalm, Alp Stalle, Jesachalm“ ignorierend) gehen wir abwärts (Fahrspur), nehmen den Staller-Almbach-Steg und halten uns danach mit rot-weißen Farbzeichen halb links, schräg ansteigend im Hang, anfangs über Alpenrosenteppiche und später durch Grünerlengebüsch.

Nach dem Speikbodenbachl wird es zunehmend steiler. Es folgt das **Schartenmoos**, ein verlandetes Seelein. Wir erreichen den mit Zirben und Lärchen bewachsenen idyllischen **Erlasboden**, 2116 m. Streckenweise fast eben in ¼ Std. bis in die Wiesenmulde, 2120 m, vor dem licht bewaldeten

Hirschbichl und dem Biotop **Planklacke**. Dort wurde 1987 ein mittelsteinzeitliches Jägerlager entdeckt: bisher ältester Nachweis von Menschen in der Nationalparkregion (Funde im Museum St. Jakob).
Aus der Mulde biegt man rechts (rote Mark. – Holzpflöcke) in Südrichtung ein. Es geht wieder spürbar (undeutliche Spuren) bergan über den Großboden. Ca. 1 Std. nach dem Hirschbichl öffnet sich halb rechts das Weittal. Es wird von der **Schmelzgrube**, einem steilen Hochkar, abgelöst. Links davon folgen wir zunächst einem Rücken (links abzweigende Farbzeichen bleiben unbeachtet). Vor einem Felsaufschwung links und über Blockwerk auf einen z. T. exponierten Rücken. Er geht weiter oben in einen Blockgrat über, von dem sich die Markierungen rechts abwenden. Zuletzt über kehrenreiche Steigspuren in feinem Sand steil zum Vermessungszeichen, Kreuz und Wanderstempelkasten auf dem **Deferegger Pfannhorn**. Südwestl. ragt der Kerlskopf auf, mit 2836 m der höchste Gipfel des Schindelholzer Kamms. Östl. unterbricht das Gsieser Törl den Grenzkamm.
Der Abstieg erfolgt auf dem Anstiegsweg.

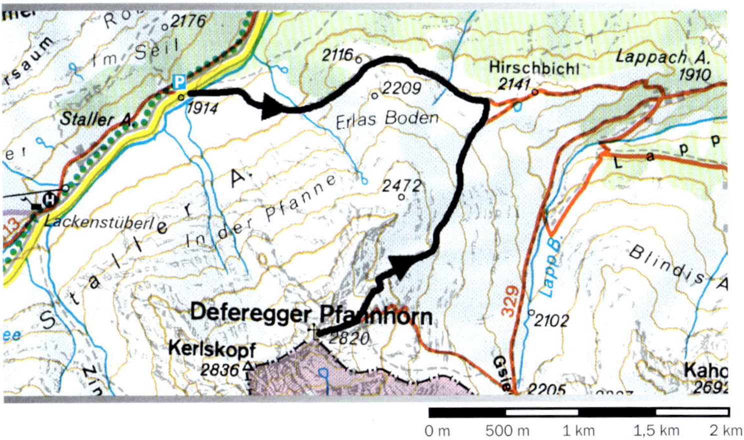

Ahornspitze

Der Hausberg von Mayrhofen
Filzenrast – Edelhütte – Ahornspitze und zurück

Talort:
Mayrhofen, 633 m.

Ausgangspunkt:
Filzenrast, 1960 m, Ghf. und Bergstation der Ahornbahn. Talstation am südlichen Ortsrand von Mayrhofen, an der Straße in den Stilluppgrund.

Parkmöglichkeit:
An der Talstation.

Gehzeiten:
Filzenrast – Edelhütte 1 Std., Edelhütte – Ahornspitze 3 Std., Abstieg zur Filzenrast 2½ Std. Gesamtzeit 6½ Std.

Anforderungen:
Gut markierte Steige; am Gipfelaufbau abschüssige Stellen, Trittsicherheit und gutes Schuhwerk sind absolut erforderlich.

Höchster Punkt:
Ahornspitze, 2973 m.

Einkehr:
Filzenrast und Bergstation-Restaurant Panorama, Edelhütte. Whs. Alpenrose im Abstieg von der Edelhütte nach Mayrhofen.

Sehenswertes:
Bei klarem Wetter genießt man von der Ahornspitze eine einzigartige Rundsicht über Zillertaler Alpen und Tuxer Voralpen, insbesondere auf die Reichenspitzgruppe, den Ahorn- und den Floitenkamm.

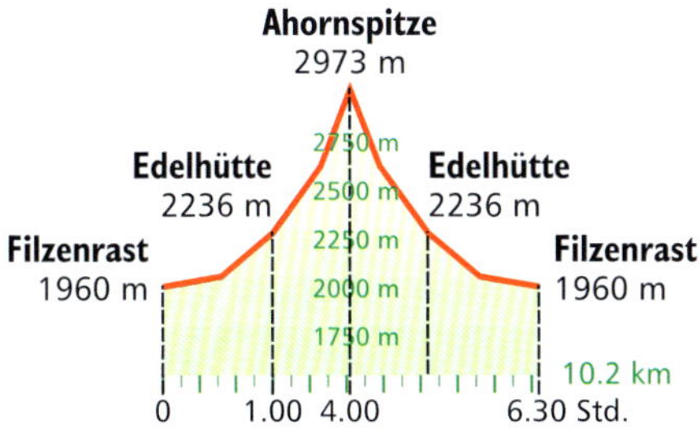

Durch die Ahornbahn von Mayrhofen relativ leicht erreichbar gemacht, zählt die Ahornspitze zu den beliebtesten, am häufigsten bestiegenen Aussichtsbergen im Zillertal. An schönen Sommertagen pilgern wahre Karawanen von Bergwanderern von der **Filzenrast** zur Edelhütte und viele noch weiter bis auf den Gipfel. An den heiklen Stellen am Gipfelaufschwung kommt es dann nicht selten zu skurrilen, aber auch gefährlichen Situationen wegen Überfüllung und der mangelnden Trittsicherheit einzelner. Auch auf Steinschlag sollte hier geachtet werden.

Von der Seilbahnstation Filzenrast, 1960 m, den Hinweisschildern folgend über den welligen flachen Rücken bis vor den grünen Aufschwung des Filzenkogels, der von hier auf einem Steig erstiegen werden kann. Hier nach links in die **Nordflanke**, unter dem Föllenbergkar durch und im Bogen hinauf zu der schon von weitem sichtbaren Edelhütte, 2236 m. Von der Hütte steigt man auf gutem Steig stets ostwärts gegen den felsigen Westrücken der Ahornspitze an; zuletzt durch felsiges, nicht ungefährliches Gelände in Kehren zur Scharte zwischen den zwei Gipfeln, aus der man kurz über Blockwerk den Nord- (mit Kreuz) und den Südgipfel der Ahornspitze erreicht. Am einfachsten kehrt man auf gleichem Weg zurück zur Filzenrast. Von der Edelhütte kann man über die Föllenbergalm und das Whs. Alpenrose auf schönem Fußweg nach Mayrhofen absteigen, ebenso von der Filzenrast über das Ghs. Wiesenhof – was nötig wird, wenn man die letzte Talfahrt der Seilbahn (um 17 Uhr) versäumt hat.

Serles

Der „Hochaltar Tirols" im Süden über der Landeshauptstadt
Maria Waldrast – Serlesjöchl – Serles

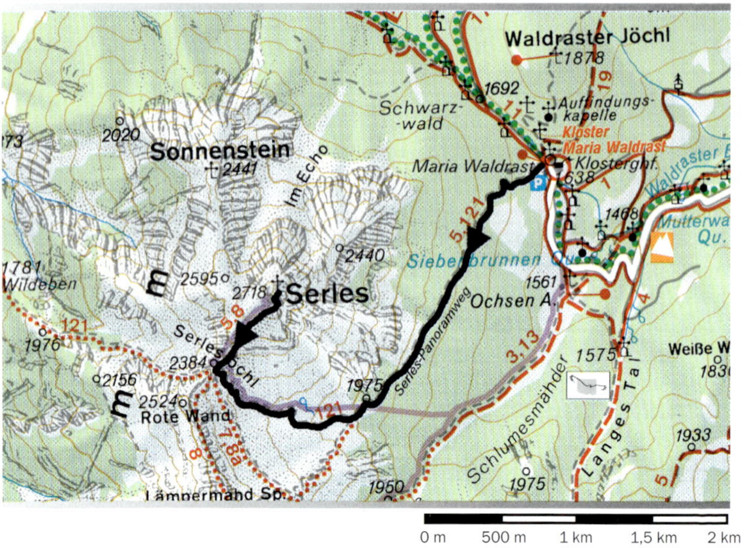

Talort:
Matrei am Brenner, 992 m.

Ausgangspunkt:
Maria Waldrast, 1636 m, Alpenghf. im Gebäude der alten Wallfahrtsstätte; Kloster des Servitenordens, seit alters beliebte barocke Wallfahrtskirche. Auf gut ausgebauter, teils ziemlich steiler Mautstraße vom nördl. Ortsende von Matrei (Wegweiser) über das kleine Dorf Mützens durch das Waldraster Tal zu dem wunderschön am Oberrand von weiten Wiesen gelegenen Kloster, mit Blick auf die Berge des Tuxer Hauptkamms. Zu Fuß von Matrei 2½ Std., vom Beginn der Mautstraße 2 Std.

Parkmöglichkeit:
Bei Maria Waldrast.

Gehzeiten:
Waldrast – Serles 3½ Std., Abstieg 2 Std. Gesamtzeit 5½ Std.

Anforderungen:
Steiganlage, teils gesichert; Trittsicherheit und Bergausrüstung erforderlich.

Höchster Punkt:
Serles, 2718 m.

Höhenunterschied:
1100 m.

Einkehr:
Nur in Waldrast.

Sehenswertes:
Waldrast, die Klosterkirche; der Rundblick von der Serles gehört zum umfassendsten im ganzen Land.

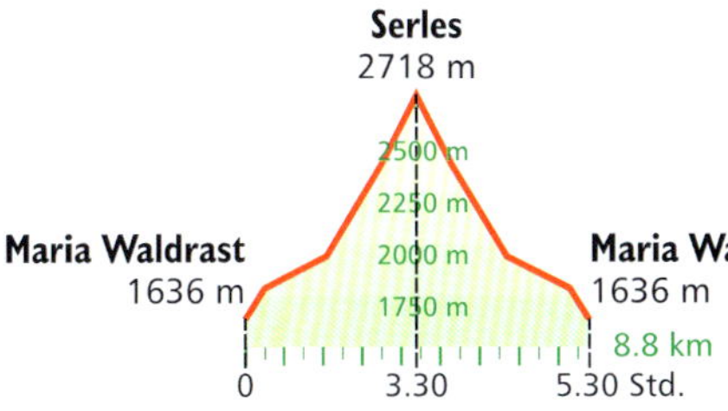

Diese Bergtour ist zwar, besonders im letzten Teil, etwas mühsam und an sonnigen Tagen schweißtreibend, der einzigartige Rundblick vom Gipfel lohnt aber die Anstrengung mehr als genug. Die Serles ragt mit dreigipfliger, formschöner Gestalt im Süden über der Landeshauptstadt Innsbruck auf. Von dieser Seite, der sie ihre zerfurchten Nordflanken zeigt, wirkt sie abweisend; über die geneigte Südflanke jedoch hat der erfahrene Bergsteiger keine Schwierigkeiten zu erwarten.
Von **Maria Waldrast** leitet der Steig (Bez. Nr. 121) hinter dem Wirtshaus in Kehren steil empor, zuerst durch Fichten- und Lärchenwald, dann durch Latschen- und Alpenrosengestrüpp, und quert sodann unter den Südabstürzen der Serles in die trümmererfüllte Serlesgrube hinüber (Quelle). Weiter in Kehren zum **Serlesjöchl**, 2384 m, der Einsattelung zwischen der Roten Wand und der Serles (2½ Std. von der Waldrast); hier schöner Tiefblick ins Stubaital. Vom Jöchl über eine kurze, gesicherte Felspassage auf den steilen, breiten, schotterbedeckten Südwestrücken des Bergs, über den man, nochmals unschwierig Felsen überwindend, in 1 Std. den Gipfel der **Serles** mit Kreuz erreicht.
Der Abstieg erfolgt auf gleichem Weg.

Foto: Klier

Wilder See

Zum großen See in einsamer Höhe – ein Abenteuer für Bergkatzen
Eggenstall – Jagdhütte – Innere Schwarzenbergalm – Wilder See – Eggenstall

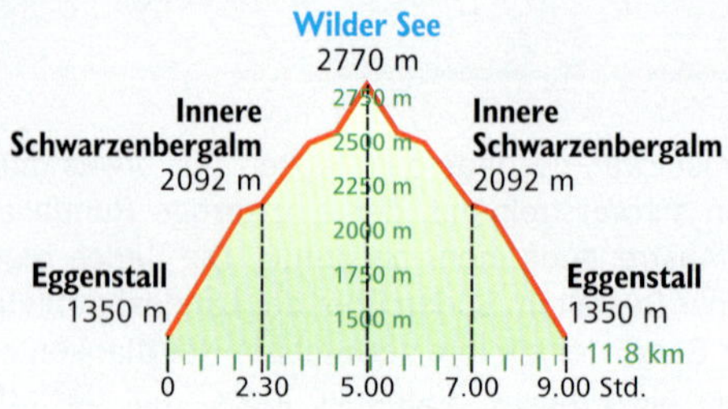

Talort:
St. Leonhard, 1366 m, Hauptort des inneren Pitztales, erstreckt sich mit seinen romantischen Weilern über die letzten 20 km des Pitztales.

Ausgangspunkt:
Talstation der Materialseilbahn (Wegweiser Agetwaid) an der Straße zwischen Hotel Alpenhof und Liesele (Eggenstall), Mündung des Ronach-Baches. Busstation in der Nähe.

Parkmöglichkeiten:
Beim Ghs. Liesele und in der Nähe der Talstation.

Gehzeiten:
Eggenstall – Innere Schwarzenbergalm 2½ Std., Innere Schwarzenbergalm – Wilder See 2 – 2½ Std., Abstieg Wilder See – Innere Schwarzenbergalm 2 Std., Abstieg von der Alm ins Tal 2 Std.

Anforderungen:
Anstrengende und lange Wanderung. Äußerst steiles Gelände; zur Inneren Schwarzenbergalm Drahtseilsicherungen; z.T. sind Felsstufen zu überwinden. Die letzten hundert Höhenmeter zum Wilden See weglos. Markiert. Nur für konditionsstarke und sichere Geher. Keine Einkehrmöglichkeit.

Höchste Punkte:
Jagdhütte, 2000 m; Innere Schwarzenbergalm, 2100 m; Gampen, 2267 m; Wilder See, 2770 m.

Sehenswertes:
Nach der Überwindung des Steilstückes herrlicher Ausblick von den freien Hängen bei der Inneren Schwarzenbergalm. Sehr schöner Blick auf den gegenüber aufragenden, schroffen Kaunergrat mit der Rofelewand. Der Wilde See, ein sehr großer, klarer Bergsee inmitten steiler Felswände. Vom Rastplatz am Grat über dem See schöner Blick zu den gewaltigen Eisbergen des Weißkammes im Süden.

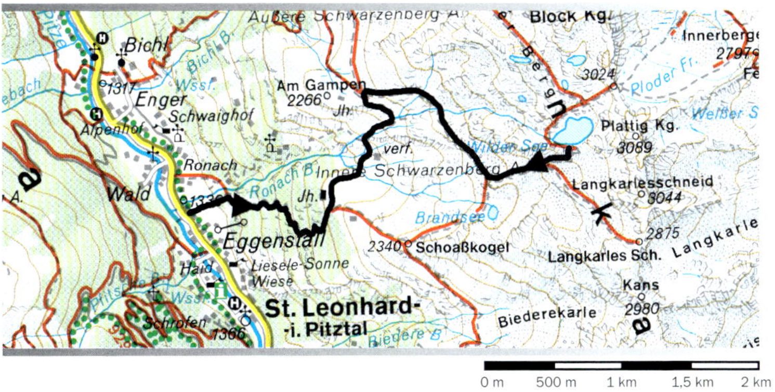

Bei der Materialseilbahn an der Talstraße in **Eggenstall** Wegweiser „Agetwaid". Über den Hang an den Beginn des Waldes und in vielen Kehren sehr steil aufwärts. Zuletzt kommt man zum Zaun des Aufforstungsgebietes. Hier entlang aufwärts und zur **Jagdhütte**. Links hinauf zum Waldrand und über die freien Hänge zu den Resten der ehemaligen **Inneren Schwarzenbergalm**.

Von der Hütte der Inneren Schwarzenbergalm nun gegen Norden, Markierung beachten: Nicht, wie in allen Karten eingezeichnet, gerade ostwärts den Steilhang empor, sondern die Hänge entlang bis auf die Höhe über dem Gampen, wo der Weg von der Äußeren Schwarzenbergalm heraufkommt; nun gegen Süden und dann, wieder Richtung Osten ansteigend auf einen begrünten, mit großen Felsblöcken bedeckten Rücken hoch über dem **Wilden See**. Über den Rücken aufwärts. Der Steig zieht dann nach links aufwärts, zuletzt über den steilen Hang zu dem Felsgrat über dem Seeufer. Auf Steigspuren nach Westen zu einem schönen Rast- und Aussichtsplatz in luftiger Höhe.

Abstieg auf dem gleichen Weg. Ein Abstieg direkt zur Inneren Schwarzenbergalm führt in den unwegsamen Steilhang, über den früher der Weg hinabführte. Dieser Weg ist heute verfallen.

Foto: ÖW/Mallaun

Biberkopf

Vergnügliche Kraxelei zum südlichsten Gipfel Deutschlands
Lechleiten – Biberkopf

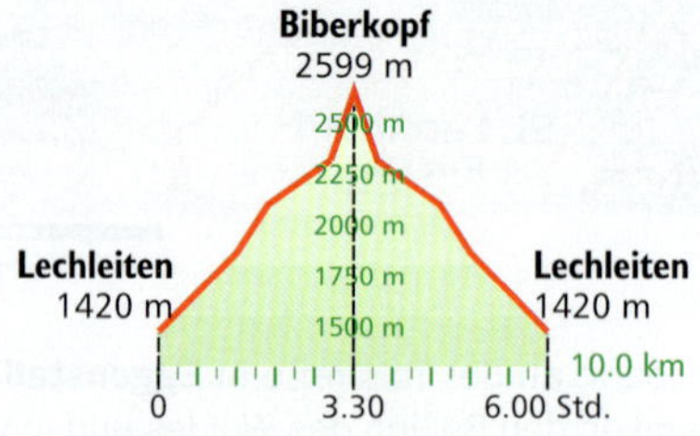

Talort:
Steeg, Erholungsort und letztes Dorf im Lechtal. Information: Tourismusverband, 6655 Steeg, Tel.: 05633/5308.

Ausgangspunkt:
Lechleiten, Bushaltestelle an der Pension Waldheim, an der Hochtannbergstraße, 1420 m.

Gehzeiten:
Lechleiten – Biberkopf 3 Std., Abstieg 2 Std., Gesamtgehzeit 6 Std.

Höhenunterschied:
1180 m.

Anforderungen:
Überwiegend gut bezeichneter Steig, anfangs Teerstraße; im Gipfelbereich teils versichert mit leichten Kletterstellen in meist zuverlässigem Fels (Schwierigkeitsgrad I), Trittsicherheit notwendig. Meist sehr steil. Stabiles Wetter erforderlich, nicht bei Nässe und Schneeauflage!

Höchster Punkt:
Biberkopf, 2599 m.

Einkehr:
In Lechleiten.

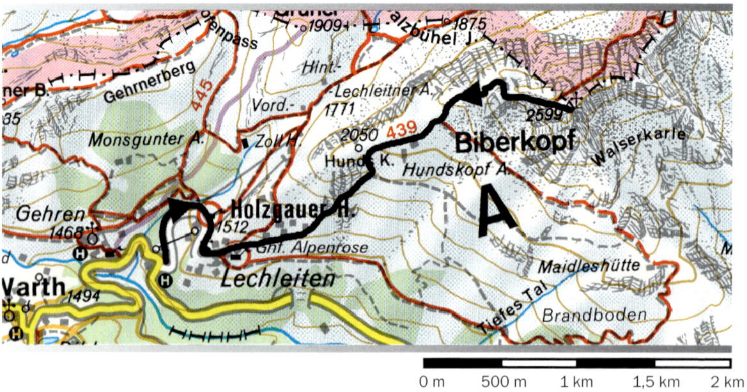

Auch wenn das unscheinbare Haldenwanger Eck bei Warth geodätischer Genauigkeit zufolge dem Äquator ein paar Meter näher kommt, so bleibt doch dem mit leuchtenden Platten gemauerten Biberkopf der Rang des südlichsten Gipfels Deutschlands unbenommen. Die einst an den Bächen unter der formenschönen und abweisenden Felspyramide emsig werkelnden Biber haben der verhältnismäßig problemlos zu erreichenden Eckwarte des Allgäuer Hauptkamms - bei den Tirolern früher „Hundskopf" genannt - seinen Namen gegeben.

Wir spazieren von der **Pension Waldheim** die Straße hinauf zum ansprechend gelegenen Bergdörfchen **Lechleiten**. An der Kapelle folgen wir dem bergwärts führenden Weg. Dies wechselt in eine Wiesenspur, die auf einen Wegweiser zuhält. Richtung Biberkopf steigt der teils nur spärlich markierte Kurs über Bergmähder mit Heustadeln leicht bergan. Die Latschenhänge empor, „im Gang" genannt, zur verfallenen Hundskopfalp, setzt der gut markierte Pfad bald spürbare Anforderungen an die Kondition. Von der Gabelung auf dem Absatz geht's über einen weiten Bogen und im Zickzack empor über den aufsteilenden, grasigen Südwestrücken.

Nach einem Stück auf der anschließenden grünen Schneide nimmt die leichte und unterhaltsame, teils mit Drahtseilen und einer Leiter gesicherte und mitunter etwas ausgesetzte Kletterei in meist zuverlässigem Fels ihren Auftakt. Erst mogelt man sich rechts, dann links unterhalb des zunehmend felsigen Westgrates entlang. Das Gipfelkreuz des **Biberkopfs** gewinnt man, durchwegs zuverlässig markiert, über eine schön gestufte Rinne, abermals versichert. Vorzügliche Griffe und Tritte gewähren stets ausreichend Halt. Vom höchsten Punkt in der weiten Runde belohnt neben einem großartigen Tiefblick zu den schäumenden Lechfluten eine informative Ausschau auf das Allgäuer Gipfelmeer, die aufgereihten Lechtaler Bergspitzen sowie die nahen Felsgesellen des Lechquellengebirges die kraftfordernde Unternehmung.

Rehenberg-Vorsäß

Alprunde beiderseits des Subersachtals
Die von der jungen Subersach zweigeteilten, weltabgeschiedenen Alpgebiete zwischen Sibratsgfäll und Schönenbach verkörpern mit ihren bequemen Wegen eine ideale Wanderecke, in der man ohne Leistungsstress Ruhe und Erholung tanken kann.

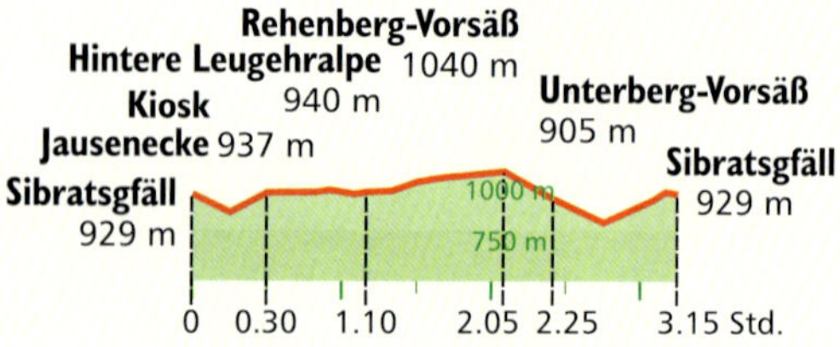

Ausgangspunkt, Parkmöglichkeit:
Sibratsgfäll, Bushaltestelle beim Gasthof Hirschen; 929 m; Parkplatz.

Höhenunterschied:
380 m.

Anforderungen:
Gut beschilderte Güterwege und Pfade, kleine Abschnitte auch auf Pfadspuren und einer verkehrsfreien Straße. Leichte Steigungen.

Einkehr: Kiosk Jausenecke.

Vom Gasthof Hirschen in **Sibratsgfäll** führt ein Weg an der Kirche bergab, von dem gleich wieder Richtung Hoher Ifen ein Bachuferpfad abzweigt zum Weiler Krähenberg (840 m) in der Talkerbe der Rubach. Auf einem anfangs asphaltierten Güterweg geht's anschließend hinauf zum **Kiosk Jausenecke** mit Kapelle (937 m). Nun orientiert man sich stets am Wegweiser „Schönenbach". Wo sich der Hauptweg gabelt, wählt man die rechte Abzweigung Richtung Wasserfall.
Hinter der Nußbaumers Krähenbergalpe (940 m) folgt ein kurzer Pfadabschnitt, bevor uns ein Ziehweg über die Büttenbrücke trägt. Die Subersach stürzt hier über einen Wasserfall in ein beachtliches Strudelloch einer tiefen Felskluft. Wenig später ist die **Hintere Leugehralpe** (940 m) mit geschindelter Miniaturkapelle erreicht. Wir wandern rechts auf einem Güterweg an der Vorderen Leugehralpe vorbei und nach sanftem Anstieg unter der bewaldeten Ställerhöhe übers Weidegebiet der Vorderen Ställenalpe (1010 m) zum **Rehenberg-Vorsäß** am Fuße des Winterstaudenmassivs. Auch dieses verträumte Alpdörfchen schmückt eine kleine Schindel-Kapelle. Hübsche Ausblicke ergeben sich vom Hittisberg bis zum Feuerstätterkopf.
Der Richtungszeiger „Holzersteg" lenkt uns talwärts zum benachbarten **Unterberg-Vorsäß** (905 m). Ab der dortigen Kapelle geht's auf einem Pfad

durch schönen Auwald, wo wir auf dem Holzersteg (790 m, Drahtsteg) die Subersach überqueren. Ein Feldweg leitet nun an der privaten Mähmoos-Ranch bergauf. Am Beginn des Ortsteils Mähmoos schlendert man erst auf einer Wiesenspur, zuletzt auf einem Feldweg nach **Sibratsgfäll**.

Rohrspitz

Im größten Süßwasserdelta Europas

Das vom Rheinspitz bei Gaißau bis zur Dornbirner Ach reichende Naturschutzgebiet Rheindelta gilt als größtes Süßwasserdelta Europas. In den Schilfröhrichten und auf den Streu- und Magerwiesen des 20 Quadratkilometer großen Areals wachsen viele gefährdete Pflanzenarten. Rund 330 Vogelgattungen kommen hier vor, davon sind 127 als Brutvögel nachgewiesen. Das Rheindelta beherbergt die größte Flussseeschwalben-Brutkolonie Österreichs. Neben 700 Schmetterlings- und 40 Libellenarten findet man in dem Schutzgebiet beispielsweise auch einen Mauserplatz der nahezu gesamten alpinen Population des seltenen Gänsesägers.

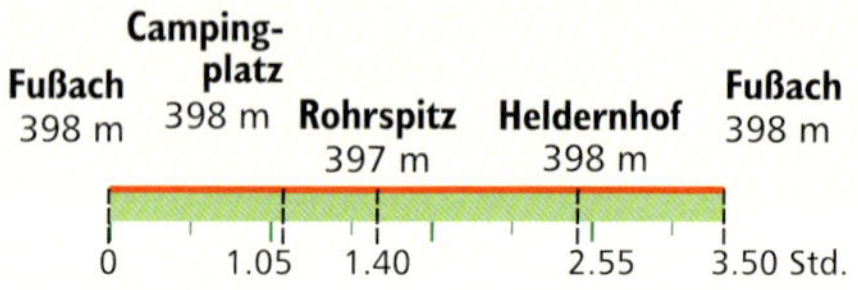

Talort:
Fußach, Bodenseegemeinde an der Rheinmündung. Information: Verkehrsverein, 6972 Fußach, Tel.: 05578/75 71 60, Fax: 05578/757 16 19.

Ausgangspunkt, Parkmöglichkeit:
Bushaltestelle Altes Postamt am Ortsanfang, 398 m; Parkplatz.

Anforderungen:
Die Wanderung verläuft auf teilweise beschilderten Wirtschaftswegen und mitunter sandigen Fußwegen ohne Steigungen.

Einkehr:
Camping-Restaurant und See-Restaurant.

Wir gehen in **Fußach** am Ortsanfang über die Bachbrücke und benützen den Gehsteig der Riedlestraße. Am Dorfende folgen wir der mit „Riedle“ beschilderten Wirtschaftsstraße in das durch Gehölzinseln gegliederte Naturschutzgebiet Rheindelta mit seinen ungedüngten Riedwiesen. Zur Linken zeigen sich die Appenzeller Berge.

Bei einem kleinen militärischen Sperrgebiet schwenkt der Erholungskurs nordwärts ab. Wo man wenig später auf einen Querweg stößt, nimmt man vorzugsweise links den parallelen Pfad, bald darauf den Fahrweg auf dem Polderdamm am Schilfgürtel entlang, einem bedeutenden Brut- und Laichgebiet. Dieser Abschnitt der hier identischen Fernwanderwege E 4 und E 5 leitet zum **Campingplatz** (398 m).

Dort biegen wir rechts ab und bummeln hinaus auf eine Halbinsel. Im weiteren Verlauf entführt uns ein sandiger Fußweg ans Bodenseeufer mit seinen paradiesischen Badeplätzen. Beim Blick zur Rheinmündung endet der Weg, bevor die Uferlinie südlich zur Fußacher Bucht umbiegt, an einer der

einsamsten Ecken des Dreiländergewässers: dem **Rohrspitz** (397 m). Was für ein Gegensatz zum überwiegend verbauten deutschen Ufer!
Zurück am Campingplatz nehmen wir wieder den Dammpfad auf. Nach dem See-Restaurant, kurz vor dem Schöpfwerk Höchst, spazieren wir auf einer Wirtschaftsstraße landeinwärts. Beim Heldernhof schlagen wir einen Links-rechts-Haken und halten uns an der Verzweigung beim Teerbeginn links, ebenso am Ortsanfang von **Fußach**.

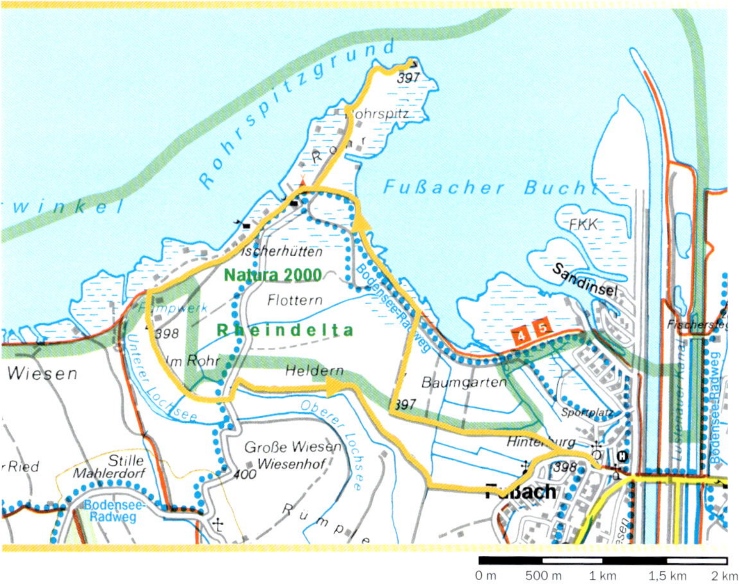

Gandasee

Juwel am Fuß der majestätischen Madrisa
Gargellen – Kesslhütte – Gandasee – Obwaldhütte – Gargellen

Talort:
Gargellen (Gemeinde St. Gallenkirch), Höhenkurort im Gargellental und höchstgelegene Siedlung des Montafons.
Information: Tourismusbüro, 6787 Gargellen,
Tel.: 05557/6303,
Fax: 05557/6690.

Ausgangspunkt:
Bushaltestelle am Postamt, 1400 m.

Parkmöglichkeit:
kurz nach der Bushhaltestelle am Postamt.

Gehzeiten:
Gargellen – Gandasee 2¼ Std., Abstieg 2 Std., Gesamtgehzeit 4¼ Std.

Höhenunterschied: 700 m.

Anforderungen:
Meist gut bezeichnete Steige und kurze Güterwege. Längerer Steilaufstieg.

Höchster Punkt:
Schafbergplateau, 2070 m.

Einkehr:
Kesslhütte, Obwaldhütte.

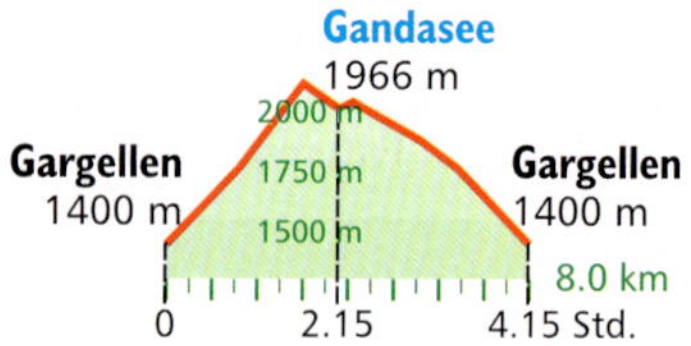

Wogende Alpenrosenmeere, dazwischen duftend golden leuchtende Arnika; Hinabtauchen zum romantischen Seeauge unter dem dreigipfligen Giganten aus Gneis, der Madrisa; während des Talstiegs prachtvolle Zirben, wie Relikte aus der Urzeit – diese Eindrücke umgeben den Gandasee.
Wir gehen vom Postamt in **Gargellen** hinauf zum Kirchlein. Ein Fußweg leitet uns Richtung Schafberg – Gandasee über die Wiesen zu den obersten Häusern. Auf der anderen Seite des malerischen Hochtals sockeln das imponierende Felsenhorn des Schmalzbergs und das Massiv der Ritzenspitzen. An einer Gabelung folgen wir dem steilen, pinkfarben markierten Geologischen Naturlehrpfad, einem Waldsteig, zum Einzelanwesen von Rüti (1600 m).
Beim Weidedurchgang beachten wir das Schild „Alpe-Gargellen“ und mühen uns durch einen Fichtenwaldstreifen empor. An einer Verzweigung queren wir den Gargellenbach. Nach einem kräftigen Aufschwung ist am Beginn weiter Alpweiden die Gargellenalpe mit der **Kesslhütte** (1733 m)

erreicht. Ein steiler, teils verbuschter Alpenrosenhang führt uns unterm Schafberglift hindurch. Plötzlich baut sich der formenschöne Felskoloss der Madrisa vor uns auf. Bei der Talstation des dritten Schlepplifts auf dem Schafbergplateau (2070 m) stoßen wir auf ein Fahrwegende. Nach ca. 100 m leitet ein blau-weiß markierter Steig zu einer Abzweigung und in eine blockübersäte Mulde mit dem klaren **Gandasee**.

Zurück an der Abzweigung, weist uns die Tafel „Oberwaldhütte" zum bekannten Fahrweg. In Kehren geht's an stattlichen Zirben vorbei talwärts, zuletzt auf einem Pfad, zur **Obwaldhütte** (1863 m). Ein gemütlicher Steig durch lichten Fichtenwald quert einen Bachtobel und mündet an der Kesslhütte in den bekannten Kurs nach **Gargellen**.

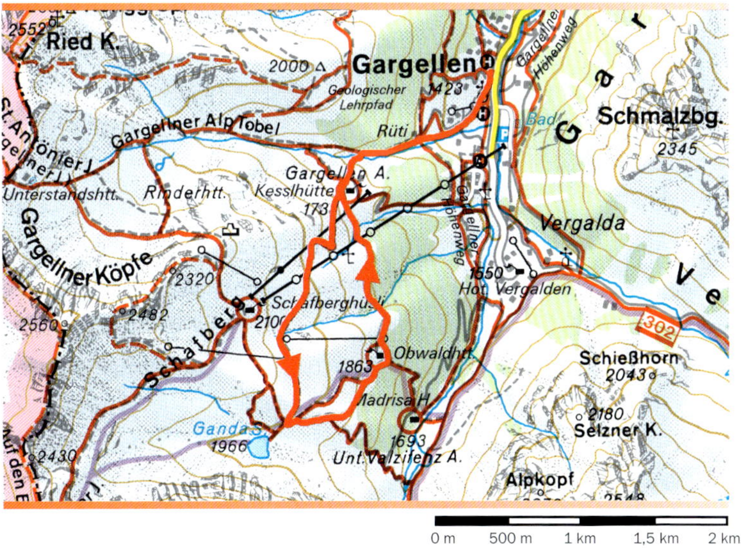

Kirchle (Rappenloch- und Alploch-Schlucht)

Durch die Rappenloch- und Alplochschlucht

Die Exkursion durch die abenteuerliche Unterwelt der Rappenloch- und Alplochschlucht bietet ein anregendes Freizeitvergnügen. Ein besonders für Kinder vorzüglicher Anschauungsunterricht in Sachen Geologie.

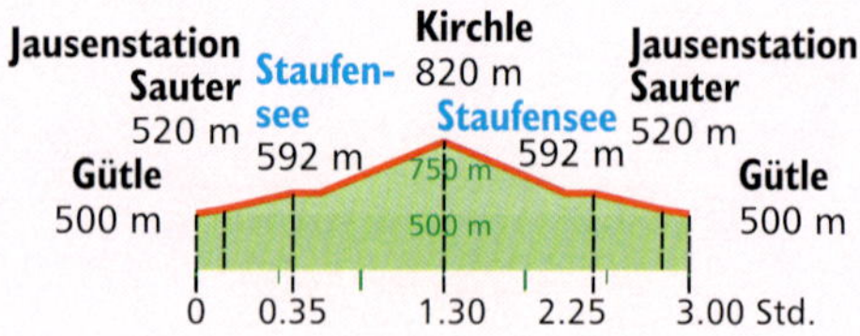

Talort:
Dornbirn, Wirtschaftszentrum und größte Stadt Vorarlbergs am Austritt der Dornbirner Ach ins Rheintal. Information: Dornbirn Tourismus, 6850 Dornbirn, Tel.: 05572/221 88, Fax: 05572/312 33.

Ausgangspunkt, Parkmöglichkeit:
Bushaltestelle in Gütle, 500 m; Parkplatz.

Höhenunterschied:
320 m.

Anforderungen:
Mitunter gesicherte Spazierwege und zuletzt Steig, bestens bezeichnet. Längerer Steilaufstieg.

Einkehr:
Jausenstation Sauter.

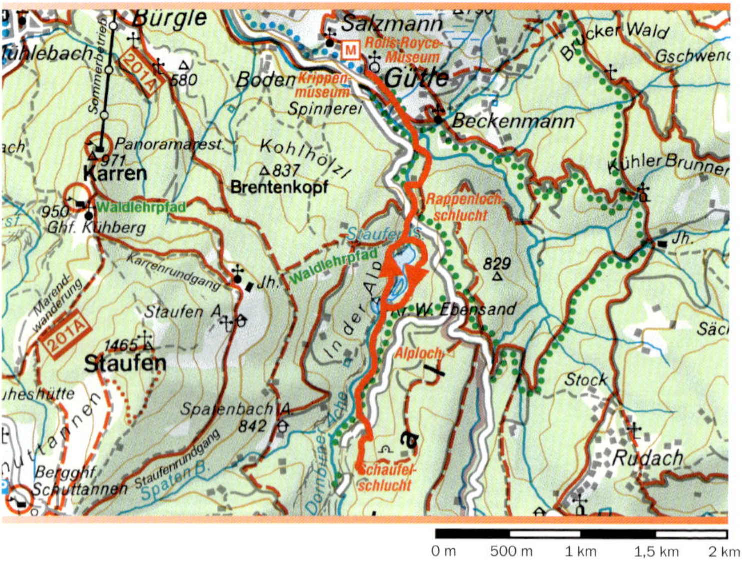

Bei der Bushaltestelle an der Brücke in **Gütle** gehen wir auf dem Weg an der Dornbirner Ach durch das enge Tal zum Gasthof. In der ehemaligen Textilfabrik ist heute das weltweit größte Rolls-Royce-Museum untergebracht. Das Schild „Rappenlochschlucht“ lenkt zu einem fremdländisch anmutenden Mammutbaum. Kurz geht's auf einem Waldspazierweg bergan, dann schlendern wir zur Jausenstation Sauter.

Die Kobelach, über die uns ein Holzsteg trägt, verbindet sich hier mit der Dornbirner Ach. Der anregende Kurs taucht unter einem Felsüberhang hindurch zur Rappenlochschluchtsperre. Ein einfallsreicher Kopf hat die fesselnde Naturbühne als Ausstellungsgelände für seine skurrilen Aluminium-Skulpturen verwendet. Der vorzügliche Schluchtenweg leitet an einem Unterstand vorbei und mogelt sich teilweise mittels luftiger aber solider Holzstege an abdrängenden Felswänden entlang. Ein köstliches Erlebnis.

Plötzlich schießt eine enorme Fontäne aus dem Bergesinneren in die gischtende Tiefe. Über einen Eisensteg wechseln wir das Ufer. Bald nehmen überhängend aufstrebende Wandfluchten die Ach in die Zange. Riesenfelskloben versperren den ungestümen Wildwassern den Weg. Dann verschluckt uns ein kalter, stockfinsterer Tunnel. Von einem ausladenden Felsendach führen zahlreiche Holz- und Steinstufen bergan. Oberhalb weist die Tafel „Rundgang um den Staufensee“ über einen Staudamm mit beachtlichem Wasserfall. Unsere Route leitet nun, später auf einem Fahrweg, Richtung Alploch am Staufensee zum **Kraftwerk Ebensand** (592 m), wo sich ein Wasserrad dreht. Gleich darauf steht man am Eingang der wilden, klammartigen Verengung der Alplochschlucht.

Wieder entführt uns eine ausgeklügelte Anlage von Holzstegen in die geheimnisvolle Tiefe. Unter einer Felsendecke entscheidet sich der Wanderkurs für das andere Ufer mit klaffender Gesteinsfalte. Der Ausstieg schwingt sich bergan zur Ebniter Straße. Der Kirchleweg, ein steiler Waldsteig, bringt uns zur wohl gut 20 m tiefen Klamm namens Kirchle. Ein kurzer drahtseilgesicherter Abstieg entführt in das rätselhafte Innere. Das überdimensional aufsteilende Naturdenkmal war früher wasserführend und zeigt imponierende Strudellöcher. Eine Naturbrücke überspannt in schwindelnder Höhe ein riesiges Fenster.

Auf dem Rückweg nach **Gütle** wählen wir die Alternative über den Achsteg und die Westseite des Staufensees.

Rote Wand

Stolzer Regent des Lechquellengebirges
Formarinalpe – Schwarze Furka – Rote Wand

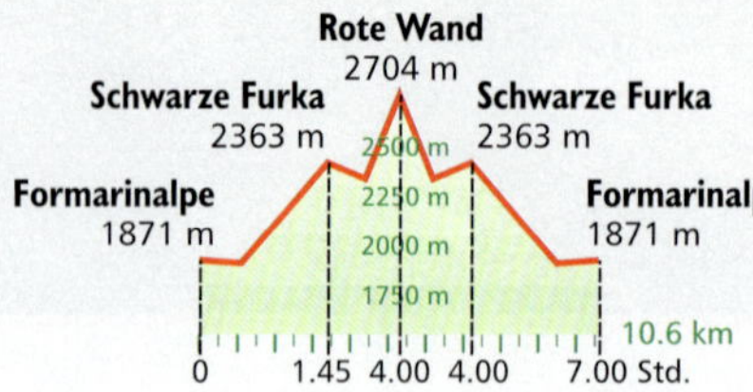

Talort:
Lech am Arlberg, hochgelegener Sommerferienort und internationaler Wintersportplatz. Information: Verkehrsamt, 6764 Lech am Arlberg, Tel.: 05583/2161-0.

Ausgangspunkt:
Formarinalpe am Ende der Mautstraße von Zug, 1871 m. Zu erreichen von Lech mit Bus oder bis 9.00 mit dem PKW (zwischen 9.00 und 15.30 für Privatverkehr gesperrt).

Gehzeiten:
Formarinalpe – Schwarze Furka 1 Std., Schwarze Furka – Rote Wand 2 Std., Abstieg 3 Std., Gesamtgehzeit 7 Std.

Höhenunterschied: 1200 m.

Anforderungen:
Gut bezeichneter Steig, anfangs Alpweg; abschnittsweise steinschlaggefährdet, leichte Kletterstellen (Schwierigkeitsgrad I), Trittsicherheit in teils splitterigem Fels erforderlich. Mehrere Steilanstiege erfordern etwas Ausdauer. Nur bei sicherem Wetter, nicht bei Nässe oder Schneeauflage!

Höchster Punkt:
Rote Wand, 2704 m.

Der Formarinbach und der Spullerbach sind die Hauptquellbäche des Lechs. Der ursprüngliche Name „Licca“ bedeutet angeblich soviel wie „Steinach“. Die Lechquellen haben der gesamten Gebirgsgruppe ihren Namen gegeben: das Lechquellengebirge. Faszinierendster Aussichtsberg und gewaltigste Erscheinung ist die geologisch vielfältige Felsbastion der Roten Wand, nach der Großen Wildgrubenspitze der zweithöchste Gipfel des Lechquellengebirges.
Von der **Formarinalpe** auf dem gleichnamigen Joch spazieren wir auf dem Alpweg hinunter zum Nordufer des Formarinsees. Wo der Weg zur Freiburger Hütte abschwenkt, lenkt uns die Bezeichnung „Rote Wand“ auf den Laguzweg. Kurz darauf zweigt ein Steig ab, der über anfangs steile Weidehänge, mit latschenbewachsenen Felskloben übersät, empor zum Grünen

Bühel leitet. Unterwegs bannt der schimmernde Seespiegel immer wieder den Blick.
Am Bergfuß des Rothorns entlang, in greifbarer Nähe die Südwand unseres Gipfelzieles, lässt uns der flache Weg nun etwas verschnaufen, bevor er sich über den schuttbedeckten Hang hinauf zum Sattel der **Schwarzen Furka** (2363 m) schwingt. Mit Tiefblick ins Große Walsertal wechseln wir nun auf die Westseite der Roten Wand. Der Schuttsteig trägt uns leicht fallend hinüber zur Gratverbindung mit dem Madratsch. Drahtseilgesichert und ein bisschen ausgesetzt steigen wir über gut gestuften Fels hinauf zum Oberen Sättele, einer kleinen Einschartung im Grat.
Abermals mit geringem Höhenverlust und dem Steinschlag ausgesetzt, quert man unter dem Gipfelaufbau die ebenfalls schuttige Nordwestflanke und kämpft sich im Zickzack über den spärlich begrünt aufsteilenden und zum Grat verschmälernden Rücken hinauf zu einer Schulter. Hier setzt die technisch unschwierige, aber Trittsicherheit verlangende Kletterei in etwas splitterigem Fels an. Unter uns das ganzjährige Firnfeld. Unterbrochen von einem flacheren Abschnitt, strebt der anregende und bei voransteigenden Gipfelbewerbern nochmals etwas vom Steinschlag bedrohte Nordgrat dem Kreuz der **Roten Wand** entgegen. Vom Bodensee bis hinein in die Silvretta und Bernina sowie in die Ötztaler Berge und zum Ortler sucht das nimmersatte Auge während der Gipfelrast nach bekannten Gestalten.

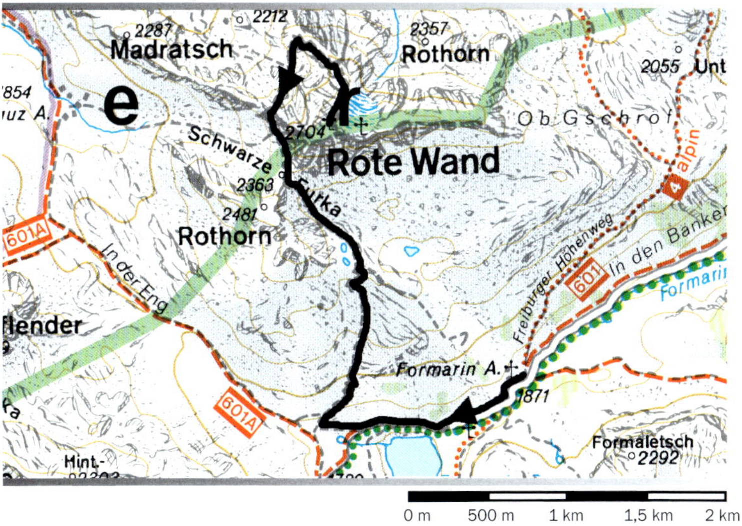

Panüelerkopf

Zweithöchster Rätikongipfel mit Bernina- und Ortlerblick

Innertal – Oberzalimhütte – Mannheimer Hütte – Panüelerkopf – Spusagangscharte – Innertal

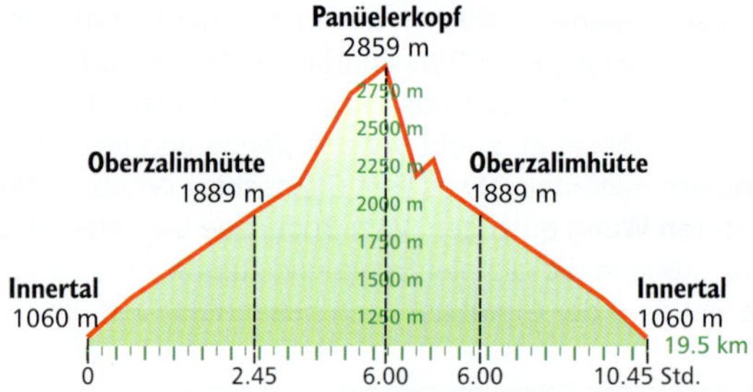

Talort:
Brand, als langes Straßendorf angelegter Ferien- und Höhenkurort im oberen Brandnertal, am Fuß der Schesaplana, touristische Metropole des Rätikons. Information: Brand Tourismus, 6708 Brand, Tel.: 05559/5550, Fax: 05559/555 20.

Ausgangspunkt, Parkmöglichkeit:
Innertal, Bushaltestelle an der Palüdbahn, 1060 m; Parkplatz.

Gehzeiten:
Innertal – Oberzalimhütte 2¾ Std., Oberzalimhütte – Panüelerkopf 3¼ Std., Abstieg 4¾ Std., Gesamtgehzeit 10¾ Std.

Höhenunterschied:
1800 m.

Anforderungen:
Gut bezeichnete Güterwege und ausgesetzte, gesicherte Steige sowie Steiganlagen. Längere steile Anstiege. Einfache

Kletterstufen (I) verlangen Trittsicherheit und Schwindelfreiheit. Nur für erfahrene, ausdauernde Bergwanderer bei zuverlässigem Wetter, Vorsicht bei Nässe, nicht bei Schneelage! Als Zweitagestour zu empfehlen.

Einkehr:
Oberzalimhütte (Übernachtung), Mannheimer Hütte (Übernachtung).

Unsere Marathontour zum charaktervollen Panüelerkopf mit der höchsten Rätikonwand führt auf dem Zalimweg von der Palüdbahn in **Innertal** zur **Oberzalimhütte** (1889 m). Das Schild „Mannheimer Hütte" lenkt zur nahen Oberzalimalpe. Zwischen Latschenflecken streben wir dem Einstieg in die Felsen zu. Im steilen Zickzack schwingt sich der stellenweise in den Fels gesprengte und drahtseilgesicherte Leibersteig zum Ansatz der Querung teilweise schuttbedeckter Bänder und einer Geröllhalde unter dem Panüelerkopf. Ein anstrengender Schutthang leitet zu einem Sattel auf der Abbruchkante des Brandner-Gletscher-Beckens, über die man die **Mannheimer Hütte** (2679 m) erreicht. Verlockend nah die Schesaplana.
Nach einer Stärkung gehen wir kurz zurück zum Sattel und mühen uns auf dem Straußsteig nach einem Aufschwung und kleinen Flachstück über den schrofigen Ostrücken empor. Ab der Gabelung auf der Nordostschulter leiten Steinmännchen zum **Panüelerkopf** mit seinem Rundblick für Götter.
Wieder an der Gabelung geht's Richtung Nenzinger Himmel. Die älteste Steiganlage der Ostalpen mit einer Eisenleiter quert nun die schattseitige Gipfelflanke und verläuft teils auf, teils neben dem Nordgrat, der aufregende Tiefblicke beschert. Ausgesetzte Passagen und leichte Kletterstellen (I) in gut gestuftem Fels sind mit Drahtseilsicherungen entschärft. Erst nach einer Rinne verlassen wir über die **Spusagangscharte** (2237 m, auch Oberzalimscharte) die Nenzinger-Himmel-Route auf einem unangenehm geröllbedeckten Schrofenabstieg. Über einen Latschenrücken gelangt man zur Oberzalimhütte, wo man den bekannten Weg nach **Innertal** einschlägt.

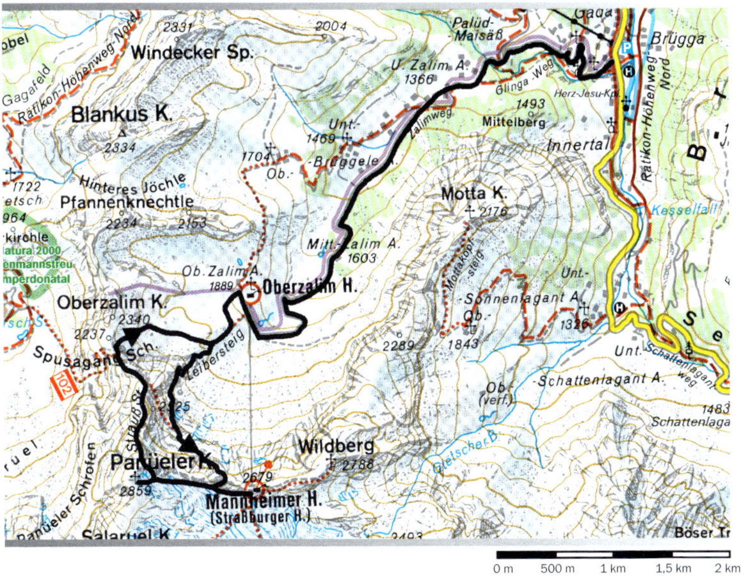

Index Touren

Name	Tour
Achleiten	123
Achleitensattel	55
Adlersruhe	120
Admonter Haus	99
Adolf-Pichler-Weg	174
Ahornspitze	191
Allhut	124
Almeskogel	47
Almkreuz	89
Almrauschhütte	91
Almsee	130
Alpenrose	151
Alploch-Schlucht	198
Altaussee	83
Altausseer See	83
Altenmarkt	22
Alter Pocher	119
Althütten	45
Ameiswiese	66
An der Goldenen Stiege	20
Andau	1
Angenofen	77
Ankogel	118
Antenstein	79
Apetlon	2
Araburg	24
Ardning	81
Arsenhaus	168
Atz	47
Atzsattel	47
Au	17, 138, 150
Aualm	156
Auge Gottes	171
Augstsee	92
Aumühle	123
Außerbergler Taja	188
Bad Leonfelden	126
Bäergacht	178
Baichberg	46
Barbarakapelle	30
Bärenfälle	146
Bärenkarmauer	99
Bärenlacken	69
Bärental	85
Barockkloster Waldhausen	121
Bartholomä-Sattel	89
Basilika Sonntagberg	46
Baukarlscharte	159
Baukogelscharte	170
Baumannboden	58
Baumbachspitze	114
Bei der Inneren Wildgrube	175
Benking	56
Bergalm	158
Bernsteinhütte	89
Bertahütte	110
Biberkopf	194
Bischoferalm	180
Bleiburg	117
Blockheide	42
Blockheidepark	42
Blockheideteich	42
Bockhartscharte	159
Bocksbach	138
Bodeneck	112
Bodensee	93
Bodenwiese	50
Böhlerwerk	46
Bösendürnbach	31
Bosruckhütte	125
Brandstätterkogel	43
Brandstätter-kogelhütte	43
Bräualm	148
Brauhaus	35
Breiningalm	156
Breite Ries	48
Breitenbrunn	3,4
Breithorn	161
Breitofnerhütte	107
Brendlhütte	87
Brennwiese	58
Breslauer Hütte	185
Brettenriegel	6
Brockenberg	122
Brücke von Andau	1
Brücklwiese	15
Brucksattel	98
Bründlleiten	52
Bründlweg	76
Brunnboden	96
Brünner Hütte	84
Brunngraben	53
Brünnlriessteig	61
Brunnsee	96
Buchkogel	5
Buchsteinhaus	98
Burg Hartenstein	35
Burg Mödling	20

Index Touren

Name	Tour
Burg Rappottenstein	40
Burgbachau	155
Bürgeralpe	75
Burggrabenklamm	155
Bürkle-Rettungshütte	48
Buschberg	17
Buschberghütte	17
Buschniggweg	75
Cholerakreuz	55
Christofberg	104
Cobenzl	11
Concordiatempel	16
Dachsgraben	54
Dachsteinwarte	139
Damberg	72
Damböckhaus	49
Deferegger Pfannhorn	190
Deutscher Peter	109
Diex	102
Dimbach	121
Dirndl	139
Donnerskirchen	3,4
Dorf	138
Dr.-Vogelsang-Klamm	125
Dreieckmark	137
Dreimarkstein	6, 11
Dreisesselfels	137
Duisburger Hütte	114
Durchgangalm	159
Durlaßgraben	32
Durlaßsattel	32
Dürnbach	62
Dürnbacher Klause	62

Name	Tour
Dürnbachtal	62
Dürnstein	55
Dürnsteiner Klettergarten	33, 55
Dürre Wand	26
Dürrenstein	70
Dürrenstein-Hochfläche	70
Dürrnstein	33
Dürrsattel Pollereshütte	28
Ebenmühle	129
Ebersanger	97
Edelhütte	191
Edelsteig	86
Edelweißhütte	75
Eggenburg	30
Eggenstall	193
Ehrwald	184
Ehrwalder Alm	184
Eibenboden	57, 58
Eibenmühle	58
Eibenstein	, 53, 124
Eicherthütte	23
Eichkogel	19
Eichmayerhöhle	35
Eisenerzer Reichenstein	88
Eisenkappler Hütte	108
Eisernes Bild	37
Eisernes Kreuz	107
Eisgraben	22
Eisgrube	156
Eisseehaus	114
Elendgraben	52

Name	Tour
Ellmauer Halt	189
Elsarn	31
Eng	50
Engelweingarten	77
Ennstaler Hütte	90
Enzianhütte	47, 151
Enziansteig	47
Erb	172
Erdgeschichts-wanderweg Eggenburg	30
Erichhütte	169
Erlasboden	190
Erlaufklause	59
Erlebniswelt Granit	129
Erzherzog-Johann-Hütte	120
Erzherzog-Johann-Warte	75
Esser See	167
Eßlalm	167
Etschlsattel	118
Ettenberg	121
Fadensteig	63
Fadenwände	63
Fahnenwand	68
Falkenhütte	173
Falkensteinhöhe	57
Falkensteinhöhle	29
Falkenstein-Südwände	29
Falkert	105
Falkertsee	105
Falpaus	177
Feichtenstein	158

Index Touren

Name	Tour
Feistritzer Spitze	117
Feldsee	115
Felling	35
Ferdinand-Mayr-Weg	64
Ferleiten	149
Fernerboden	183
Fesslhütte	33
Festenberg	22
Filzenalm	159
Filzenrast	191
Fischerhütte	49, 63
Florlhütte	86
Föhrenbigl-Alpenblick	32
Formarinalpe	199
Forsthaus Hagengut	59
Förthof	33
Förthofgraben	33
Franzensburg	16
Franz-Fischer-Hütte	142, 167
Franz-Jonas-Steig	66
Franzosenkreuz	86
Freiwald	122
Friedenskirchl	84
Friedental	45
Friedmanner	76
Friedrich-Haller-Haus	50
Friesach	103
Friesacher Burgen- und Kulturwanderweg	103
Frohnberg	26
Frommer-Hochalm	144
Frommerkogel	144

Name	Tour
Frommer-Niederalm	144
Fürberg	141
Furthof	54
Furtmühle	128
Fuschl	143
Fuschlsee	143
Fußach	196
Gablonzer Hütte	156
Gabrielensteig	51
Gahns	50
Gahnshochfläche	50
Gaiskirchl	29
Gaisruck	47
Galgenberg	18
Gamor	187
Gamoralm	187
Gamsecker Hütte	65
Gamskogelhütte	166
Gamsmauer	67
Gamsstein	60
Gandasee	197
Gargellen	197
Gasselrain	166
Gasthof zur Lore	134
Gatterl	184
Gauermannhütte	26
Gegenbach	137
Geiereck	160
Gertrusk	107
Geschriebenstein	7
Geyerhof	50
Geyersberg	103
Geyerstein	50, 54

Name	Tour
Gideon Laudon-Grab	14
Gieringer	172
Gießelsdorfberg	72
Gießenbachtal	123
Gillauser Bach	35
Gingatzsattel	85
Gingatzwiese	85
Gippel	67
Gippelbachgraben	67
Gippelhütte	67
Gippeltörl	67
Glanegg	160
Glashütten	137
Glenktörl	115
Gletscherweg	171
Glitzfelsen	87
Glockenhütte	111
Glocknerkreuz	120
Glocknerleitl	120
Gloriette	12
Glungezer	182
Glungezer Hütte	182
Gmündner Höhe	42
Gollinger Wasserfall	147
Gollinghütte	100
Gollingscharte	100, 165
Gollingwinkel	100
Görikapelle	77
Gosaukamm	156
Gößl	82
Grabkapelle	30
Grabneralmhaus	99
Grafenau 138	

Index Touren

Name	Tour
Grafenbach	102
Graf-Meran-Haus	85
Graf-Meran-Steig	86
Gramais	186
Graselhöhle	52
Graslmühle	124
Gratlspitze	180
Greimelgraben	59
Greimelsteg	59
Grenzlandhof	72
Grenzsteig	124
Greutberg	14
Groß Enzersdorf	9
Große Bärenstaffl	166
Große Kanzel	23
Große Kehre	116
Große Klause	62
Große Krems	35
Große Mühl	128
Großeibenstein	42
Großer Buchstein	98
Großer Frauenkogel	87
Großer Silberpfennig	159
Großer Sonnleitstein	66
Großer Speikkogel	87
Großer Stein	37
Großes Wetterloch	39, 69
Großglockner	120
Grüner Baum	146
Grüner See	78
Grüntalkogel	38
Grüntalkogelhütte	38
Gruttenhütte	189

Name	Tour
Gsengbrücke	80
Gstatterboden	90, 98
Gudenushöhle	35
Guntramsdorf	19
Gut am Steg	56
Gütle	198
Haarmühler Bach	138
Habachklause	151
Habachtal	151
Habertheuergraben	75
Habertheuersattel	75
Habetsbergsattel	38
Habsburghaus	65
Hafnerberg	22
Haichenbach	138
Haidlmühle	53
Hainbrug	15
Hainbuch	21
Hall	99
Hallstatt	132
Hallstättersee	132
Halsmarter	182
Halterbachtal	14
Hammermühle	124
Hängender Stein	52
Hannoverhaus	118
Hanselkamin	61
Hanselsteig	61
Hanselsteighaus	61
Hans-Pichler-Haus	56
Hans-Wödl-Hütte	93
Hardegg	51
Harmanschlag	45

Name	Tour
Harrimann-Jagdhütte	96
Haselloch	142
Haselquelle	72
Haselsteinhöfe	44
Haselsteinwand	44
Hasenfleck	35
Haslach	128
Hausalm	116
Hausberg	180
Hauserjoch	180
Hausstein	25
Heidenstein	124
Heldernhof	196
Helmut-Erd-Schutzhaus	91
Hengelwand	33
Hermannskogel	11
Hermann-von-Barth-Denkmal	173
Hermesvilla	13
Herrenalm	70
Herrentisch	6
Herrnberg	21
Herzoglicher Alpenhof	173
Heßhütte	97
Heudürrgraben	55
Heukuppe	65
Heuweg	56
Hiesberg	37
Hietzing	12
Hiltschen	135
Himberg	72
Himmelreichbauer	76
Himmelreichkapelle	76

Index Touren

Name	Tour
Himmelwand	146
Hintere Leugehralpe	195
Hintere Ötschergräben	59
Hintere Seealm	133
Hinterer Gosausee	133
Hinterer Langbathsee	131
Hinterholz	38
Hinterjetzbachhütte	162
Hinternaßwald	65, 66
Hinterriß	173
Hinterseestube	131
Hinterstoder	127
Hirnalm	88
Hirschberg	21
Hirschbichl	190
Hirschegg	89
Hirschegger Alpe	89
Hirschgstemm	13
Hirschkopf	170
Hirschwand	68
Historikersteig	53
Hochalm	170
Hochbärneck	57
Hochbärneck Hütte	57
Hochberghaus	136
Hocheck	76
Hochgolling	100, 165
Hochkogelhaus	23
Hochobir	108
Hochpetzen	117
Hochscheibenalm	90
Hochschwab	86
Hof Raståller	54

Name	Tour
Hof Walzberg	38
Hofalm	67
Hofer Plattl	162
Hofkirchen	138
Hofpürglhütte	156
Hohe Veitsch	85
Hohe Wand	23, 61
Hohenwartscharte	120
Höhenweg Reith	180
Hoher Dachstein	139
Hoher Sonnblick	119
Hohe-Wand-Plateau	61, 62
Höllboden	86
Hölzlahneralm	152
Holzmeister	73
Hößgang	43
Hotter	3
Hubertushaus	23
Hubertuskapelle	6, 42
Hubertuskapelle von Olbersdorf	31
Hubertuswarte	13
Huderbankklamm	181
Humpellehen	41
Hundsfeldscharte	105
Hundsmarkt	143
Hunerkogel	139
Hunerkogelbahn	139
Hungerburg	174
Husarentempel	20
Hüttendorf	140, 165
Hüttenkogel	39
Hüttensee	93

Name	Tour
Hutterer Böden	127
Iglsee	142
Illitsch Rauth	110
In der Au	181
In der Sulz	52
Innere Schwarzenbergalm	193
Innergschlöß	171
Innertal	200
Jagdhaus Pöllatal	113
Jagdhaus Sandgraben	60
Jägerkreuz	42
Jagersimmerl	130
Jägersteig	123
Jägerwiese	11
Jakoberalm	142, 167
Jakobsquelle	64
Jauerling	56
Jesuitenwiese	10
Jöchl	156
Johannesberg	101
Johannesbründl	99
Johannesbrunnen	77
Johannessteinbruch	30
Johnsbach	80
Josefsberg	101
Jubiläumswarte	50
Jubiläumsweide	32
Kahler Gipfel	17
Kaisereiche	3
Kaisersteig	65, 66
Kaiserstein	49, 63
Kajabachgraben	51

Index Touren

Name	Tour
Kamin	167
Kammersee	82
Kapelle St. Bartholomä	89
Karl-Ludwig-Haus	65
Karnabrunn	18
Karnabrunner Wald	18
Karnerwirt	25
Karnitschstüberl	61
Kartitsch	179
Karwendelhaus	173
Karwendelrast	181
Kasberg	136
Kasernbrücke	9
Kasparstein	101
Kasten	70
Katlbründlberg	13
Katzbach	138
Katzbrenning	138
Katzenleiter	181
Kaumberg	24
Kelag-Speichersee	115
Kepa	110
Kernhof	67
Kerschbaum	135
Kesslhütte	197
Kieneck	47
Kienthaler Hütte	64
Kirchberg	4
Kirchenwald-steinbruch	42
Kirchle	198
Kirchleiten	53
Kirchwaldsattel	47

Name	Tour
Kirschblütenweg	4
Klafferkessel	94
Klafferkogel	94
Klamml	153
Kleine Klause	62
Kleiner Ahornboden	173
Kleiner Ankogel	118
Kleiner Dürrenstein	70
Kleiner Frauenkogel	87
Kleiner Ötscher	39
Kleiner Pal	116
Kleinglockner	120
Kleinmariazell	22
Kleinzell	129
Klinger-Mausoleum	53
Klomnock	111
Klosterwappen	49, 63
Knappenwald	181
Kniepssattel	117
Knorrhütte	184
Kobersdorf	8
Kogelsee	186
Köglberg	71
Kohlerwagner	122
Kohlröserlhütte	67
Kolk	139
Kollmannhof	24
Kollmitzdörfl	53
Königalm	142
Konrad-Mautner-Weg	82
Konstantinhügel	10
Koralpenhaus	87
Kothvogel	77

Name	Tour
Kötschachtal	146
Kramerin	87
Kranabethkapelle	154
Krauste Linde	20
Krautgartenalm	156
Kreiskogel	91
Kremstal	35
Kreuthsattel	25
Kreuzeck	115
Kreuzeiche	11
Kreuzkogelwarte	74
Kreuzteich	78
Krieau	10
Krimml	152
Krimmler Achental	152
Krimmler Tauernhaus	152
Krumltal	148
Krumme Ries	48
Krummriesgraben	49
Krumpenalm	88
Krumpenhals	88
Kühbodenalm	90
Kühschwalb	147
Kukubauerhöhe	32
Kukubauerhütte	32
Kukubauerwiese	32
Kummerbauerstadel	28
Kummerbrücke	97
Kürschnergrube	5
Kürsinger Hütte	164
Lackabodengraben	50
Lackenhof	39
Lahningries	48

Index Touren

Name	Tour
Lainzer Tor	13
Lämmerkar	94
Landawirsee-hütte	140, 165
Landawirseen	140
Landsee	8
Landsturmweg	116
Langbathsee	131
Lange Lacke	2
Längentaler Alm	183
Lanischer Ochsenhütte	113
Lanischseen	113
Larzenbachtal	144
Latisberg	11
Laxenburg	16
Lechleiten	194
Lechnergraben	70
Lechnerhäusl	148
Legsteinalm	70
Lehardikreuz	70
Lehnerberg	122
Leitergraben	23
Leithagebirge Höhenweg	3
Lenzanger	159
Leopold Figl-Warte	21
Leopoldschlag Dorf	135
Leopoldsteinersee	79
Lettanger	86
Liebenau	122
Liechtensteinsäge	87
Lieserquelle	113
Lobaumuseum	9
Lockenhaus	7

Name	Tour
Loderhof	61
Loferer Hochtal	163
Loiblstraße	109
Loipersdorf	71
Lorberkapelle	74
Loretto	5
Losenheim	48
Loser	92
Loserhütte	92
Luckete Wand	29
Lukas Hoffmann Naturpfad	2
Lunz	70
Lunzer See	70
Lüsens	183
Magdalensberg	104
Maierkapelle	30
Mairenbühel	177
Mamauwiese	27
Manhartsberg	31
Mannheimer Hütte	200
Marbachgraben	56
Margaritzen-Stausee	120
Maria Langegg	34
Maria Schutz	28
Maria Waldrast	192
Mariazell	75
Marmorstiege	113
Marsbach	138
Martesberg	26
Martinskapelle	177
Mathon	188
Matterhörndl	20
Mauerbach	21

Name	Tour
Mayerhof	24
Mayrbergklamm	150
Melansalm	181
Merkersdorf	51
Meurersteig	68
Mieslingtal	36
Mirafall	59
Mirafälle	25
Miratal	47
Mirnock	112
Mittagskogel	99, 110
Mittelberg	176
Mittellandweg	121
Mittersee	70
Moaralm	60, 151
Mödling	20
Mondteiche	42
Morau	128
Mosermandl	167
Mostalm	14
Mostlandwanderweg	101
Muggendorf	25
Mühlbachgraben	59
Mühlenweg	124
Münichau	172
Naßkamm	65
Naßriegel	65
Nationalparkzentrum Hardegg	51
Natterriegel	99
Naturpark Blockheide	42
Naturpark Jauerling	56
Naturpark Kühschwalb	147

Index Touren

Name	Tour
Naturpark Ötscher-Tormäuer	57
Nauderer Höhenweg	187
Nauders	187
Nazwirt	62
Nebelstein	45
Nebelsteinhütte	45
Nestelberg	58
Nestelberggraben	58
Neues Schloss Laxenburg	16
Neufelden	129
Neurathberg	77
Neustift bei Liebenau	122
Niederalpl	85
Niederkappel	138
Niederleis	17
Nördlicher Grafensteig	48
Novellesboden	187
Oberbergen	71
Obere Dullwitz	86
Obere Glocknerscharte	120
Obere Klafferscharte	94
Obere Lobau	9
Obereibenhof	57
Oberer Klaffersee	94
Oberer Landawirsee	140
Oberer Rotgüldensee	168
Oberes Klemmende	64
Oberhütte	153
Oberhüttensee	153
Oberkienstock	68
Oberleis	17
Oberleiser Berg	17
Obermayrberg	150
Obernberger See	175
Oberort	78
Oberschlag	43
Obersee	93
Oberstegalm	162
Oberzalimhütte	200
Oberzauchensee-almen	166
Obstanser See	179
Obstanser Seehütte	179
Obstanser Wiesenboden	179
Obwaldhütte	197
Ochsenstein	87
Ochsenweg	26
Ödbachkarlgraben	181
Ödes Schloss	52
Ödmühle	40
Ödteich	41
Opferstein	40
Orthof	29
Oselgraben	66
Ötscher	39, 69
Ötschergräben	59
Ötscherhaus	39, 69
Ötscherhias	59
Ötscherhöhlen	69
Ötscherwiese	69
Panüelerkopf	200
Passauerhof	21
Paßberger Steg	135
Pauliberg	8
Payerbach	50
Penninghofalm	170
Peter-Rosegger-Denkmal	84
Petersberg	103
Pfaffenbründl	17
Pfaffental	55
Pfannspitze	179
Pfarrerteich	78
Pferdeeisenbahn	135
Pfinnigsteigmühle	53
Pilzstein	42
Pirnitzalm	144
Pitschenberg	157
Pitschenbergalm	157
Plackles	23
Plankenstein	38
Plankogel	73
Planlacke	190
Planspitze	97
Plateau Rundwanderweg	23
Pleschbach	72
Plöckenhaus	116
Plöckenstein	137
Pöckensteiner See	137
Pogusch	76
Poguschsattel	76
Pollwischalm	67
Pongratzwirt	89
Possegger Gasthof	112
Postalm	164
Prater	10
Praterstern	10

Index Touren

Name	Tour
Predigtstuhl	154
Preintaler Hütte	94
Prießnitztal	20
Prinz-Heinrichs-Kapelle	179
Prochenberg	44
Promiskagraben	50
Prossau	146
Puchberg	48
Pulverturm	37
Purbach	4
Purenhof	174
Pürgschachen	81
Pürgschachenmoos	81
Quitten-Radlbach	56
Radeckscharte	118
Rading	126
Radstadt	154
Raggaschlucht	106
Rainbach	135
Ranecksattel	69
Ranftlmühle	82
Rappenloch	198
Rappottenstein	40
Rauher Kamm	69
Rauher Kopf	188
Rauschermühle	52
Raxalpe	65
Raxplateau	65
Rechenhof	174
Regenspitz	158
Rehbodenwiese	65
Rehenberg-Vorsäß	195
Reichenhals	88

Name	Tour
Reichensteinhütte	88
Reichenthal	124
Reißrachkopf	170
Reißtal	65
Ried	141
Riedingtal-Höhenweg	142
Riegerin	96
Riegerinalm	96
Riegerinboden	96
Rieglerhütte	14
Riemannhaus	161
Riffelboden	39
Riffelsattel	39
Riffelseehütte	176
Rijistje	137
Rohrbach	6
Rohrerwiese	11
Rohrspitz	196
Rörndlwies	45
Rosemialm	84
Rosenau	46
Rosenburg	52
Rosenkranzweg	75
Rosnerweg	174
Rossalm	180
Rösselhals	88
Roßkopfarm	15
Roßkopfsattel	170
Rote Wand	199
Rotes Tor	36
Rotgangboden	86
Rotgüldensee-Hütte	168
Rotgüldenseen	168

Name	Tour
Rotmoos	149
Rottörl	88
Rubner Teich	122
Ruine Aggstein	34
Ruine Dürnstein	33, 55
Ruine Kaja	51
Ruine Kollmitz	53
Ruine Landsee	8
Ruine Zelking	37
Rupertisteig	95
Rußbachquelle	18
Sabathyhütte	91
Sagenweg	80
Salamanderlift	48, 63
Salmannsdorfer Höhe	11
Salmhöhe	120
Salmhütte	120
Salzbodensee	171
Salzburger Hochthron	160
Sandgrube Kühnring	30
Sandgrube Obernholz	31
Sattlerhof	32
Sattlerkapelle	32
Satzstein	158
Saualpe	107
Saualpensattel	107
Saugraben	62
Sauter	198
Schäferhütte	182
Schäffer-Huber	76
Scharbachtal	54
Schareck	114

Index Touren

Name	Tour
Scharfes Eck	91
Schartenmoos	190
Scharwandhütte	156
Scheibenbergsattel	60
Schemming	72
Schiereck	142
Schiestl Haus	86
Schiestlscharte	111
Schleierfall	59
Schliereralm	142, 167
Schlögener Donauschlinge	138
Schloss Fuschl	143
Schloss Marsbach	138
Schloss Rosenburg	52
Schloss Seehof	70
Schloßberg	33, 55, 121
Schloßbergweg	33, 55
Schlosspark Laxenburg	16
Schlosspark Schönbrunn	12
Schmelz	91
Schmelzgrube	190
Schmelzhütten	106
Schmidt-Zabierow-Hütte	163
Schnadigen	177
Schnadiger Weiher	177
Schnalzstein	67
Schneckensteig	38
Schneeberg	48, 49, 63
Schneeberg-Zahnradbahn	48
Schneedörfl	50

Name	Tour
Schneidergraben	48
Schoberweißbach-klamm	150
Schoberweißbach-klause	150
Schöckl	95
Schöcklbartl	95
Schöckl-Halterhütte	95
Schöcklkopf	95
Schönbrunn	12
Schöne Aussicht	147
Schöner Jäger	5
Schristophenstein	42
Schrovinscharte	168
Schütt	40
Schuttkar	88
Schwabalm	145
Schwaighof	38
Schwalbeninsel	15
Schwalbenwand	162
Schwalberbauer	147
Schwarze Furka	199
Schwarze Kuchl	129
Schwarzensee	134, 155
Schwarzsee	172
Schwedenkreuz	42
Schwemmkanal	128
Schwoabauerkreuz	73
Sebastian-Holzknechthütte	75
Sebastian-Wasserfall	27
Seealpe	108
Seeau	79
Seebach	79
Seehaus	130

Name	Tour
Seekarscharte	153
Seekopf	68
Seepromenade Lunz	70
Seetal	70, 86
Seethalerhütte	139
Seewiesen	86
Seewigtalstüberl	93
Seinerkreuz	89
Seitenalm	154
Sepp-Huber-Hütte	136
Serles	192
Serlesjöchl	192
Sibratsgfäll	195
Sieben Heufuhren	89
Sieben Wege	174
Siebenhütten	117
Sieggraben	6
Sievering	11
Silberberg	74
Silberbergwarte	74
Silberne Eiche	31
Silbersteig 53	
Simbachgraben	55
Soachabachfälle	58
Sohlenalm	85
Sohlenkogel	85
Sommeralm	73
Sonn-Alpin	184
Sonnleiten	27
Sonntagberg	46
Sonnwendstein	28
Sophienalpe	14
Sopotnigofen	102

Index Touren

Name	Tour
Spital am Phyrn	125
Spitz	36, 56
Springkogel	70
Spusagangscharte	200
St. Anna am Aigen	72
St. Gilgen	141
St. Gotthard	38
St. Josef	101
St. Lorenz 68	
St. Michael	36
St. Michaeler Höhenweg	36
St. Oswald bei Haslach	128
St. Paul	101
St. Pauler Berge	101
St. Radegund	95
St. Wolfgang	134, 141
Stablein	185
Stables	187
Stainz	77
Stainzer Panoramaweg	77
Stainzer Warte	77
Staller Wölla	115
Starhembergwarte	33, 55
Staufensee	198
Steiglpass	156
Stein	71
Steinbauerkapelle	77
Steinegg	52
Steiner Tor	33
Steinerhaus	84
Steinerne Stube	123
Steinernes Kreuz	37, 46

Name	Tour
Steinfeldspitze	166
Steinige Ries	68
Steinriese	156
Sternstein	126
Steuerberg	172
Sticklerhütte	168
Stift St. Paul	101
Stifter-Obelisk	137
Stiftsreut	125
Stillensteinklamm	123
Stiller Stein	123
Stoakoglhütte	73
Stockerscharte	120
Stoderzinken	84
Stopfenreuth	15
Stopfenreuther Au	15
Stradenberg	72
Strobl	134
Struden	123
Stuhlalm 156	
Stuhlloch	156
Sulzkaralm	156
Tadten	1
Taghaube	169
Tamischbachturm	90
Tappenkarsee	145
Tappenkarseealm	145
Tappenkarseehütte	145
Taschachalm	176
Teichbach	36
Teufelsbett	42
Teufelschlüssel	137
Teufelskirche	58

Name	Tour
Teufelssteg	150
Thal	47
Thallern	19
Thaur	174
Thaurer Schloss	174
Thenauriegel	3, 4
Theodor-Körner-Hütte	156
Tiefentales	55
Tiergarten Schönbrunn	12
Toplitzsee	82
Töpperbrücke	70
Toreck	57, 58
Törlecksattel	156
Torren	147
Trappenschutzgebiet	1
Trauneralm	149
Trefflingfall	58
Trefflingtal	57
Triefende Wand	181
Triftsteig	150
Trübenbach	58
Tschaukofall	109
Tscheppaschlucht	109
Tulbinger Kogel	21
Tulfeinalm	182
Tulfes	182
Türkenbründl	46
Türnitzer Höger	54
Türnitzer Hütte	54
Umlaufberg	51, 52
Ungerberg	26
Unterberg	162

Index Touren

Name	Tour
Unterberg-Straße	25
Unterberg-Vorsäß	195
Untere Klafferscharte	94
Unterer Klemmeingang	64
Unterer Landawirsee	140
Unterer Rotgüldensee	168
Unterkienstock	68
Unterlaimbach	126
Untermühl	129
Unternberg	129
Unterurasch	128
Vent	185
Vilsalpe	178
Vilsalpsee	178
Virgilienberg	103
Vögeialm	153
Vogelsberg	172
Voisthalergaßl	86
Voisthalerhütte	86
Volksprater	10
Vomper Loch	181
Vordere Seealm	133
Vordere Tormäuer	57, 58
Vordere Zugriegelalm	140
Vorderer Gosausee	133
Vorderhainbach	14
Wachauer Höhenweg	55
Wackelstein	42
Waldandacht	54
Waldburgangerhütte	50
Waldegger Klause	62
Waldeggersteig	62

Name	Tour
Waldesruh 1	75
Waldhausen	121
Waldhüttsattel	67
Wallfahrtskirche Karnabrunn	18
Walzberg	38
Wandfuß	65
Warmsee	2
Wasseralmtal	66
Wasserfallboden	93
Wasserfallweg	97
Wehrkirchen-wanderung	102
Weichtalhaus	64
Weichtalklamm	64
Weigetschlag	126
Weikersdorf	138
Weinhof Sammer	71
Weinstraße	19
Weinweg der Sinne	72
Weißbergerhütte	107
Weiße Wand	95
Weißenkirchen	55
Weißes Kreuz	46
Weißes Mäuerl	39
Weitental	39
Wenger Weg	98
Wesenau	143
Westfalenhaus	183
Wetterkreuze	73
Widdernalm	144
Wiesen	43
Wiesenalpe	70
Wiesmühle	40

Name	Tour
Wilder See	193
Wildes Mannle	185
Wildgrube	175
Windischscharte	167
Windkreuz	32
Winklertal	179
Winterleitenhütte	91
Wochenbrunneralm	189
Wöllatörl	115
Wotansfelsen	35
Ybbstaler Hütte	70
Ysperklamm	41
Zauchensee	166
Zaunerkar	167
Zaunersee	142, 167
Zelking	37
Zeppezauerhaus	160
Zikafahnlgraben	65
Zikafahnl-Plateau	65
Zirbitzkogel	91
Zirmsee	119
Zittelhaus	119
Zogelsdorf	30
Zugspitze	184
Zwerchloch	181
Zwickl	35
Zwieselalmhütte	156

Notizen

Notizen

Notizen

Notizen

Notizen